U1007250

夏敬渠与屠绅研究论文选萃

萧相恺　冯保善　苗怀明　薛仲良　选编

凤凰出版社

图书在版编目（CIP）数据

夏敬渠与屠绅研究论文选萃 / 萧相恺等选编. -- 南京 : 凤凰出版社, 2012.7
ISBN 978-7-5506-1410-9

Ⅰ. ①夏… Ⅱ. ①萧… Ⅲ. ①夏敬渠（1705～1785）—人物研究②夏敬渠（1705～1785）—文学研究③屠绅（1744～1801）—人物研究④屠绅（1744～1801）—文学研究 Ⅳ. ①K825.6②I206.5

中国版本图书馆CIP数据核字(2012)第131729号

书　　名	夏敬渠与屠绅研究论文选萃
选 编 者	萧相恺　冯保善　苗怀明　薛仲良
责任编辑	林日波
出版发行	凤凰出版传媒集团 凤凰出版传媒股份有限公司 凤凰出版社(原江苏古籍出版社) 发行部电话025-83223462
集团地址	南京市湖南路1号A楼,邮编:210009
集团网址	http://www.ppm.cn
出版社地址	南京市中央路165号,邮编:210009
经　　销	凤凰出版传媒股份有限公司
照　　排	南京凯建图文制作有限公司
印　　刷	南京大众新科技印刷有限公司 南京浦口大桥北路京新村546号,邮编:210031
开　　本	880×1230毫米　1/32
印　　张	20
字　　数	538千字
版　　次	2012年7月第1版　2012年7月第1次印刷
标准书号	ISBN 978-7-5506-1410-9
定　　价	60.00元

(本书凡印装错误可向承印厂调换,电话:025-58849828)

前　言

萧相恺

我有一种理念:进入一部中国小说史的小说,也许只有二三百部,但组成整个中国小说历史的,却应该是中国小说历史上曾经出现过的所有小说。研究中国古代小说,尤其是研究中国古小说史的人,不能只研究那进入小说史的二三百部小说,更不能只研究那几部名著,而要研究历史上曾经出现过的现在还能找得到的所有小说。小说历史的演进,绝不像某些小说史描述的那样总是一路向前。它有高山,有低谷,有平原,有陡坡,有进还有退。那二三百部小说不过是小说历史上分布的二三百个点。它们可能处在某一阶段的某一个制高点上,但它是如何攀上这个制高点?它又将如何下来,或如何向另一个制高点前行?这些问题不探究清楚,如何能够确定它们在整个小说发展过程中的准确位置,勾勒出一条小说史发展的明晰线索,构建一部准确反映历史发展真貌、全貌的中国小说史?每一部名著——小说发展一定阶段上的每一座高峰,实际也都是在若干小峰、漫坡的延展中逐步形成,不研究这些小峰、漫坡,那么高峰的"庐山真面目"怕也难于真正认识清楚;更何况,名著和非名著是相比较而言,于辩证中存在:无所谓非名著,实际也就无所谓名著。

但中国历史上出现过的如今依然存在的小说那么多,光靠一个人的力量,要想对它们一一作深入研究,又几乎是不大可能的事情。怎么办?这就要团队——整个中国古代小说研究队伍——的力量。因此,我和欧阳健先生主持《明清小说研究》杂志编辑工作的时候，就专门提倡研究者在研究名著的同时，分一点精力，去研究一些非名著小说和稀见、未见著录的小说，我们自己也身体力行，以期能在小说史大厦的构筑中作一点贡献，并希望借此来改变一下研究者只重名著而轻其他小说的不合理研究格局。这种格局的不合理，陈大康先生曾用统计学的方法，在《明清小说研究》杂志上专门发文批评过。

为了改变这种不合理的格局，我们还做过其他的努力，比如，多次在连云港召开《镜花缘》与才学小说研讨会；2009 年，我们又曾在江阴召开“海峡两岸夏敬渠、屠绅与中国古代才学小说学术研讨会”。对《镜花缘》的研究，比起对夏敬渠的《野叟曝言》及屠绅的《蟫史》、《琐蛣杂记》的研究来，还较深一些，所以，江阴会议以后，我们就商定先编一本《夏敬渠与屠绅研究论文选萃》，一来借此呼吁研究界扩展对夏敬渠、屠绅的研究；一来给研究者提供一些可资参考的材料。

《夏敬渠与屠绅研究论文选萃》选录截至 2011 年 6 月底前于各类报刊杂志等媒体公开发表的论文，凡二十九篇，外加附录两篇，计三十一篇，五十余万言，所选论文的作者均系教授或研究员，论文学术性较强，可以说，代表了目前学术界对夏敬渠、屠绅及其著作研究的最高和最新成就。一些前辈学者如赵景深等先生的文章，因为研究时尚处夏敬渠、屠绅及其著作研究的草创阶段，筚路蓝缕之功自不可没，但惟其尚处草创阶段，一些研究不够深入也在意想之中，而且这些研究成果多已收入其后编辑的集子中，也颇易得；沈燮元先生的《屠绅年谱》是深入的研究之作，因为已然成书，虽不易得，但不合《选萃》的编辑体例，故也未选收。

这部《选萃》本该早与读者见面，由于我个人的原因，直到今日方才编成。《选萃》的编辑出版，得到学术界相关朋友的支持，更得到江阴市人民政府及暨阳名贤研究院的大力支持，特致谢意。

2011 年 12 月 15 日

目 录

夏敬渠著作考论

王琼玲

夏敬渠(1705—1787),字懋修,号二铭,自号浣玉生、浣玉主人,人称“旭台先生”。江苏江阴人。一生著作极富,除了著名的才学小说《野叟曝言》之外,尚有《经史余论》、《学古编》、《浣玉轩文集》、《全史约论》、《纲目举正》、《医学发蒙》、《浣玉轩诗集》、《唐诗臆解》等。

夏敬渠著作虽多,却因生前未刊刻及战乱而散佚;诸文献所载的著作书目又不尽相同。今仅见《野叟曝言》、《纲目举正》的“前编”“正编”二卷,及由夏敬渠从侄夏祖耀、曾侄孙夏子沐搜罗其诗文残篇及各书序文编成的《浣玉轩集》四卷[①]。

兹根据源远堂《江阴夏氏宗谱》[②]及《浣玉轩集》内容、书首所附诸《序》及夏祖耀所撰之《浣玉轩著书目》等,并参考相关文献,论述夏氏一生之著作,并观察其与《野叟曝言》之关系:

一 《经史余论》

《经史余论》一书,《宗谱》卷八《小传纪事·第十一世“敬渠”》、《江上诗钞》卷九十八《邑志文苑传》、光绪《江阴县志》卷十七、民国九年(1920)《江阴县续志》卷二十等著录,无卷数。

原书今未见。《浣玉轩集》中收录潘永季于乾隆十五年(1750)二月所撰之《〈经史余论〉序》(下文简称潘《序》),从中可得知此书之概况:

二铭设帐都门，为及门讲经、史……因著有《读经余论》、《读史余论》……诸书。……余非长于经史者，而心实好之。故独钞其两《余论》，合为一编，名曰《经史余论》。

可知《经史余论》乃是潘永季合并夏敬渠所著《读经余论》与《读史余论》之称。此书是乾隆元年至五年(1736—1740)夏敬渠讲学京师时所作，时年三十二至三十六岁[③]。

夏敬渠谈经论史，颇为精辟，备受时人激赏。礼部尚书杨名时、直隶总督孙嘉淦[④]常“击节叹赏”[⑤]之，他甚至“因二铭讲‘君子中庸’章，谓有功于圣人者大，养以大烹，尊以南面，且设坛四拜以致敬，曰：‘为后世学者拜夏君惠也！’”潘永季亦云：“观其所著经史诸论……编中如论四书、论五经、论《左传》、论《史记》、论《三国志》、论《外纪》，皆发千古所未发。破群疑，释众难，折衷一切，而归于至是。至‘庸’字一论，为圣教筑万里长城，其功与论‘君子中庸’章相埒。”(以上皆见潘《序》)

潘《序》又云：

……《经史余论》，谋付之梓人，以公同好，以惠来学。而苜蓿寒毡，徒怀虚愿。幸相国东轩高公(高斌)开府南河，礼聘二铭，讲论性理。高公粹于经学，与二铭必水乳，则斯编之刻，旦晚间事耳。爰归其原稿，而跋数语于简末，作附骥之想焉！

可知潘永季因经费不足，未能刊刻《经史余论》。再据《浣玉轩集》所录夏敬渠女婿六斗南的《〈浣玉轩诗集〉跋》：“外舅著作等身，如《读经余论》、《纲目举正》，皆堪不朽，惜不能梓以行世。”曾侄孙夏子沐的按语说：“右从曾祖二铭公所著书，均未梓。”确知夏敬渠所有著作，在其生前皆未得刊刻，故知曾任文渊阁大学士的高斌[⑥]亦未资助夏氏刊刻《经史余论》。

《经史余论》虽然未能刊刻，所幸大部分内容保存于夏氏的《纲目举正》、《野叟曝言》及《浣玉轩集》之中。

《纲目举正》是夏敬渠晚年亲自编纂以备迎銮献书之用，为其一生史论之集成（详下文）。原《读史余论》中部分论《左传》、《三国志》、《外纪》的文章，已被夏敬渠自己编入《纲目举正》中[7]。嘉庆十年(1805)，夏祖耀遂将《读史余论》所剩未编入《纲目举正》的文章，连同《读经余论》编入《浣玉轩文集》四卷中[8]。

清末，夏敬渠著作因兵燹而残佚。光绪十六年(1890)，夏子沐将《读经余论》、《读史余论》及若干史论残篇，分别收入《浣玉轩集》卷一及卷二中，且将潘永季《〈经史余论〉序》弁于《浣玉轩集》全书之首。

今查《浣玉轩集》卷一所录《读经余论》，其内容分段不分章，无标题，依次讨论《中庸》、《论语》二书之若干问题。

又《浣玉轩集》卷二所录《〈医学发蒙〉自序》中，夏敬渠云：

> 是则生孔子后而言儒，宜无不宗孔子者。而有陆象山、王阳明者出，乃阳附孔子，阴合老释，为儒学之蠹。……陆、王……(儒)之杨、墨也，宜明著其罪，以为天下后世戒，乃振笔而为《读经余论》。……《余论》非专为陆、王设，而并论陆、王……能言距杨、墨者，圣人之徒。……牧羊者，务去败群，亦犹《余论》之一宗程、朱，间取注疏；而于陆、王二子，则必辞而辟之耳！[9]

可知《读经余论》之创作主旨在于：崇尚儒学，力辟佛、道二教及陆、王心性之说，并补充、发扬程朱学派的义理。

对照《野叟曝言》第八十七回，可知文素臣对太子论《中庸》的内容，乃是摘自《读经余论》；整部小说中，排佛道、崇程朱、斥陆王的理论，亦多源于《读经余论》。尤其是第二、十、十一、五十九回中，文素臣、水夫人等所发表之言论，大抵都可在《读经余论》中找到基本理论。

《读史余论》的部分内容，现存于《浣玉轩集》卷二，并以“附录”之形式置于《纲目举正》卷一中[10]。全文分段不分章，无标题，内容以褒贬《史记》为主[11]，兼而评骘历代若干名人及史事。例如：论述司马迁文笔之优劣；赞扬其尊黄帝、崇儒术、贬汉高祖之识见，但深责其记“叔梁纥与颜氏野合而生孔子”事，谓之“重诬圣人”；并列举其所认为《史记》中宜删改之处十七条[12]。

二 《学古编》

《学古编》：《宗谱》卷八《小传纪事·第十一世“敬渠”》、《江上诗钞》卷九十八《邑志文苑传》、光绪《江阴县志》卷十七、《江阴县续志》卷二十等著录，无卷数。

原书今未见。据潘永季《〈经史余论〉序》得知，其撰成时间亦是乾隆元年至五年（1736—1740）夏敬渠讲学京城时；内容风格类近唐宋八大家之古文[13]。

夏敬渠生前，将此书收录于《浣玉轩文集》中，惜未付梓。夏祖耀编辑夏敬渠旧作时，将《学古编》收入《浣玉轩文集》四卷中（详参注⑧）。兵燹后，亦散佚不全。

《浣玉轩集》书首录有朴山方婺如为《学古编》所作之《序》：

> 吾门侯生元经，游江南，持古文一帙归视予，则江阴夏子二铭氏所作。予阅而异之。且为予道：“夏子之为人，有以异世俗之所为者。”予尤异之。今侯生将复游江南，为夏子问序于予。……虽然不同乎俗，乃能志乎道；不合乎世，乃能信乎古……天下甚大，来世甚远，必有能传之者。予于斯文决之矣！乃取其深合于古者分注之，而弁其篇之首，因示侯生，以为何如也。朴山方婺如撰。

祖耀按：“此文钠先生《序》，为旧名之《学古编》而作也。”由《序》文可推知一二事：《学古编》的内容为“古文一帙”。侯嘉翻（字元经）赞赏夏敬渠之为人，故持之以求序于其师方婺如。方氏读后，亦肯定夏氏“志于道、信乎古”的作风，故为之写《序》；又选取《学古编》

中"深合于古者分注之"。方注今亦未见。《学古编》或有部分文章幸存于夏子沐所编的《浣玉轩集》中，但因未标明，已难详考。

三 《浣玉轩文集》

《浣玉轩文集》：《宗谱》卷四《南街宗世录·第十一世"敬渠"》、《宗谱》卷八《小传纪事·第十一世"敬渠"》著录，无卷数。《江上诗钞》卷九十八《邑志文苑传》合并夏敬渠之诗、文，称《浣玉轩诗文集》，亦无卷数。光绪《江阴县志》卷十七仅言夏氏著有"诗文集若干卷"。《浣玉轩集·浣玉轩著书目》则著录为四卷。

据潘永季《〈经史余论〉序》，乾隆元年至五年(1736—1740)，夏敬渠讲学京城时，即撰有《浣玉轩文集》，其风格是"国初之文也"[14]。此外，好友侯嘉翻亲自为《浣玉轩文集》写序，叹赏读其文有如"往来于天柱峰之树影处。《集》中摹刻古人神形，都化杪椤，乃复在人间耶"[15]。蒋衡《跋》则赞美夏敬渠"天资学力俱到，其性情与古"，所著古文则具有韩昌黎高古之风[16]。

按：夏敬渠自己所编的《浣玉轩文集》原包含《经史余论》、《学古编》、《文集》三部分，惜未付梓。嘉庆十年(1805)夏祖耀删去已被编入《纲目举正》的史论，重编为《浣玉轩文集》四卷，注明其内容为"第一《读经余论》，第二《读史余论》，第三序传杂文，第四杂著"(详注⑧)，必然已增收夏敬渠在乾隆五年之后的单篇文章，惜此书又因庚申(1860)战乱而散佚。今夏子沐所编《浣玉轩集》，则保存若干骈、散文。

今考《宗谱》卷十五《内集·文辞》载录夏敬渠《拟明中书舍人戚公传》、《节妇王蔡氏祠堂记》、《何烈女论赞》、《维扬高氏家谱序》、《辟佛论》、《悼亡妹文》六篇骈、散文，均为《浣玉轩集》中所有。

细味夏氏之散文，大部分作品确实文气充沛，风格高古。显然夏敬渠不只思想上尊崇孟子的拒杨、墨，韩愈的辟佛教；在文气章法上亦多摹仿孟子、韩愈的风格。此种风格在其"论经"、"论史"及《忘情说》、《尽年说》、《人化说》、《天命说》等"论理"的文章中，已充分展现;在《拟明中书舍人戚公传》、《节妇王蔡氏祠堂记》等"论人"的文章中亦复如此。夏敬渠模仿辞赋体所写的文章,如《七解》、《广恨赋》等,多借主客间之答问来抒情或说理。虽然形式仿古,然展现其才华与情性,亦颇有可观之处。但是,夏氏文章常为了求气盛而强词夺理(最明显者如其辟佛诸文),为了反复说理而拖沓夹缠(如《浣玉轩集》卷二《书〈全史〉后》),此是其散文的弱点。

至于夏氏的骈俪文,如《〈浣花集〉序》、《〈浣玉轩诗集〉自序》、《悼亡妹文》等作品,则文藻典丽,对偶精工;更难得的是情意真挚,堪称"为情造文"的佳作。甚至如《请汉留侯诛壁虱(时寓留侯庙中)》这样的游戏文字,亦看得见失意文人的心酸及苦中作乐的幽默。当然,僻典过多是夏敬渠骈文的缺点,此又是其炫耀才学的习性所致。

四 《全史约论》

《全史约论》:《宗谱》卷四《南街宗世录·第十一世"敬渠"》、光绪《江阴县志》卷十七、《江上诗钞》卷九十八《邑志文苑传》、《江阴县续志》卷二十,皆著录为《全史约编》。《宗谱》卷八《小传纪事·第十一世"敬渠"》、《浣玉轩集·浣玉轩集著书目》及所附夏祖耀"按语"皆称《全史约论》。原书已佚,未详孰是。姑从夏祖耀之说。以上皆未载卷数。

由夏祖耀按语得知:《全史约论》内容本录有夏敬渠起自秦朝迄于元代的史论,后因《纲目举正》已采入自晋迄元的史论,故所录以秦、汉、三国之论为多[17]。今存者或已散入《浣玉轩集》中,难以详辨。

《浣玉轩集》卷二收录《书〈全史〉后》一文,乃夏敬渠亲撰之跋文。文中反复申论君臣相处之道无他:君王必须"治民以德",臣下必须"事君以忠"[18]。可证《全史约论》的主旨,在于假借评论"自秦迄元"的史事,阐扬"德治"与"忠君"的观念。而《全史约论》"忠君"的言论及理想,几乎全数落实在《野叟曝言》的情节中。夏敬渠发挥其无比的想象及创造能力,极力塑造文素臣成为忠君报国的“奋文揆武,天下无双正士”[19],其以一介儒士,“恃忠”欲兴儒教,除邪佞而忤权奸、批逆鳞,因此几乎被斩首午门;旋又被贬谪辽东,差点命丧边陬。之后,再因“恃忠”,而到得到东宫太子的绝对信任,成为“真救驾匹马归朝”,“只手擎天”的“白衣阁老”。最后终因“恃忠”,立下征苗、卫宫、诛藩、救劫、迎銮、靖虏、平浙、剿倭等“八案首功”而被天子尊为“素父”。又因“恃忠”而“禄盛宠盈而不溃”,得到“百世推恩、侯伯子男递衍”的皇宠,又获致“七十国献寿六宝齐归”的尊荣。故《全史约论》忠君报国之思想,实涵盖整本《野叟曝言》。

五 《浣玉轩诗集》

《浣玉轩诗集》:《宗谱》卷四《南街宗世录·第十一世“敬渠”》著录,无卷数。《宗谱》卷八《小传纪事·第十一世“敬渠”》,仅著录《亦吾吟》。《江上诗钞·邑志文苑传》合并夏敬渠之诗、文,称《浣玉轩诗文集》,亦无卷数。光绪《江阴县志》卷十七,仅言夏氏著有“诗文集若干卷”。《江阴县续志》卷二十著录夏敬渠有“《浣玉轩集诗钞》二卷、续四卷”及其他著作,则明显错误[20]。

据潘《序》,乾隆元年至五年(1736—1740),夏敬渠讲学京城时所撰之诗以《亦吾吟》为篇名,以“唐诗”之体式呈现[21]。

再据夏祖耀之“按语”得知,夏敬渠自行编纂《浣玉轩诗集》时,除《亦吾吟》外,尚辑录《向日吟》、《五都吟》、《鼠肝吟》、《吴歈吟》、《秣䔍吟》、《瓠虣吟》等编。夏祖耀重编时,“并是题而辑作两卷,仍以《自序》弁之”[22]。惜夏祖耀所编之《浣玉轩诗集》二卷经庚申(1860)兵燹后,亦已散佚不全。夏子沐将尚存诗篇收入《浣玉轩集》第四卷中,今统计约一百五十四首;《自序》则载录于《浣玉轩集》卷三。今《宗谱》卷十七《内集·诗词》载录夏敬渠诗作:《送楚雄太守张禹则之官》、《有感》、《古意》、《七月十六》、《孤儿行》、《苦雨行》、《忆母》、《别兰台叔》、《阙里谒至圣庙》、《都门除夕》、《明岁春正,奉请家母入都。此时已届岁除,不知家中阙会计否?客邸悬念之甚,聊自述》、《送八叔父之广西罗城》、《悼亡》、《合卺夕悼亡》、《见柳忆亡妹》、《哭妹》等十六首诗作，皆不出《浣玉轩集》所录之范围。

清顾心求所辑《江上诗钞》卷九十八《邑志文苑传》，辑录夏敬渠诗若干首，其诗题及内容皆与《浣玉轩集》大致相同[23]。其中《偕胡修六都阃望滕王阁故址（时阁毁于火）》一首与《浣玉轩集》中的《秋兴八首即用少陵元韵》第三首虽然题目不同，内容却大同小异。且由内容的差异处，可推测《浣玉轩集》所收录者，应是夏敬渠较年轻时所写；而《江上诗钞·邑志文苑传》中所录的诗题及内容，则是夏敬渠年事较高时所修定[24]。

纵观夏敬渠的诗作，“记实重情，不拘格律”是其创作的基本态度。故《自序》云：“水百沸而未平，何知节奏？肠一号而即断，孰谙宫商？”即为了尽吐胸中块垒，往往不斤斤计较于格律。且每首诗咸是“独自衔悲，聊涂四壁；一时写怨，不计千秋”的记实重情之作，故《诗集》中“纵多悦耳之音，俱是呕心之血；即有娱情之什，翻成变徵之声”。且无论是长篇古风、五七言近体，皆是夏敬渠描述、抒发其生平、家庭、交游、心志、遭遇、感怀的实录，内容丰富多样，情意真挚感人；风格或凄婉、或豪放、或绵密、或激荡，皆堪称佳作。夏氏女婿六斗南推崇其“大气包举，竟似盛唐”、“祖汉祢魏，兄事盛唐诸公”、“笃于至性”并无过誉[25]。

今查《浣玉轩集》卷四中，计有十一首诗被存录于《野叟曝言》中：《古意》录进《野叟曝言》的第一回，《都门除夕》录进第十一回，《远行》、《滕王阁放歌》录在第十五回，《西游辞》录在第十九回，《昭关》录在第七十五回，《秋兴八首即用少陵元韵》之第七首录在第一百十八回，《阙里谒至圣庙》、《诗礼堂》、《孔子手植桧》、《谒复圣庙》四首诗录进第一百四十二回中。以上诗作，仅部分文辞为配合作者当时心境、小说情节需要，或为加强修辞而稍作更改，绝大部分保留原诗的本貌。

盖夏敬渠写诗的目的，本即是用以抒情、言志并记录生平经历，故以其本人化身为主角文素臣、以其生平经历演化为重要情节的《野叟曝言》，理所当然可以运用、存录其旧有诗作。但夏敬渠刻意存录诗作于小说中，仍可明显看见其“以小说传诗”之苦心。假设能恢复夏祖耀所编《浣玉轩诗集》二卷之全貌，相信必可在《野叟曝言》中发现更多抄录、运用为素材的诗作，绝非前文所述十一首而已。

六 《唐诗臆解》

《唐诗臆解》:《宗谱》卷四《南街宗世录·第十一世“敬渠”》、《宗谱》卷八《小传纪事·第十一世“敬渠”》、《江上诗钞·邑志文苑传》卷九十八，民国九年(1920)《江阴县续志》卷二十等著录，无卷数。夏祖耀《浣玉轩著书目》中著录“《唐诗臆解》二卷”，无按语。光绪《江阴县志》未著录。

据潘《序》，知《唐诗臆解》的创作时间，亦在乾隆元年至五年(1736—1740)夏敬渠讲学京城时[26]，且最晚在乾隆五年之前已成书[27]。

《唐诗臆解》书甫成，即享盛誉且传抄于夏氏友朋之间。潘《序》云：

> 《臆解》则空前人诸解之解也。客山李君工诗，与确士(即沈德潜)齐名，谓读二铭解《秋兴八首》，乃知从前笺注，直是痴人说梦。(谢)皆人心醉《臆解》，宿二铭斋中，三日不忍舍去。恨年已迟莫，不克尽弃所学而学之。

此外，蔡香谷、吴子景、惠南园更亲手钞录《唐诗臆解》，蔡香谷推崇此书：“此余遍历天下六十年中，耳之所未得闻，目之所未得睹者。”甚至“学诗五十年、说诗五十年”的惠南园，也因读了《唐诗臆解》而“废学、废说”[28]。

此书今未见。赵景深《〈野叟曝言〉作者夏二铭年谱》云：“《唐诗臆解》不久将由夏氏后裔‘厥谋’、‘挺斋’等刊印行世。”[29]似《唐诗臆解》未亡且刊行有望。但至今未见是书印行；而夏子沐却说夏敬渠的著作，在咸丰十年(1860)太平天国及英法联军的“庚申兵燹”之后，“诸书无复存者”，故赵氏之说存疑。

因《唐诗臆解》不得见，故夏氏究竟如何解唐诗，仍难臆测。不过，依夏氏引用诗文旧作以入小说的惯例，应该不会舍弃《唐诗臆解》，而不摘录写进《野叟曝言》中。故由《野叟曝言》中人物之论唐诗，可约略推测《唐诗臆解》的大概。

今考《野叟曝言》开卷第一回，夏敬渠首先叙述崔颢作《黄鹤楼》诗，李白为之搁笔。但是“无奈历来解诗之人，都不得作诗之意”，“自唐及今，无人不竭力表扬，却愈表愈蒙”，致使“崔颢之诗名日盛一日，其心反日晦一日”。一直到“道学先生——文素臣”解释此诗，方使人“拨云见天”，“知道青莲搁笔之故”，崔颢之诗心，遂“如日临正午，月到中天”。文素臣之解释为：

> 此诗之意，是言神仙之事，子虚乌有，全不可信也。“昔人已乘白云去”，曰“已乘”，是已往事，人妄传说，我未见其乘也。“此地空余黄鹤楼”，曰“空余”，是没巴鼻事，我只见楼，不见黄鹤也。“黄鹤”既“一去不复返”，则“白云千载空悠悠”而已！曰“空余”，皆极言其渺茫，人妄传说，毫没巴鼻之事，为子虚乌有，全不可信！李商隐诗：“青雀西飞竟未回，君王长在集灵台”，疑即偷用此颈联二句之意。“晴川历历”，我知为“汉阳树”；“芳草青青”，我知为“鹦鹉洲”。至昔人之乘白云，或乘黄鹤，则渺渺茫茫，我不得而知也！痴人学仙，抛去乡关，往往老死不返；即如此地空余黄鹤楼，而昔人竟永去无归。我当急返乡关，一见父母妻子，无使我哀昔人，后人复哀我也！故合二句曰：“日暮乡关何处是？烟波江上使人愁！”……若上句解作昔人真正仙去，则诗中连下“空余”、“空悠悠”等字，如何解说？且入仙人之境，览仙人之迹，当脱却俗念，屏去尘缘，如何反念乡关？且乡关不见而至愁也？……

《野叟曝言》中，夏敬渠如此解《黄鹤楼》诗，固然是因为要配合主角文素臣“道学先生”的身份；且借着解释此诗，作为全书“排佛斥道”

的开场白。考《浣玉轩集》中颇多崇理学、斥佛道的文章，甚至解经论史，都不忘批佛辟道。因此，推论夏敬渠在《唐诗臆解》中解释唐诗，或许也多是如此。近代学者金性尧在《唐诗三百首新注》[30]中，批注崔颢《黄鹤楼》诗："全诗写望云思仙，仙不可知；时当日暮，于是江上烟波，亦切乡关之思。"应是受夏敬渠之影响。

另《野叟曝言》第七十七回，评论杜甫的《咏明妃》诗。夏敬渠详引《汉书》所载王昭君和番与再嫁的历史，断定其真相是："昭君妻前单于，生一子；妻后单于，生二女；又并无上书求归事，有何怨恨？"用以驳斥范晔《后汉书》、杜甫《咏明妃》及历来解诗者之错谬、缺失。推测此段议论，应是夏氏取材于旧作《唐诗臆解》以写入小说中。所论内容颇为详密精确，亦可见夏氏论史、评诗之功力。

又：《野叟曝言》第十回，文素臣对和尚法雨、好友余双人所"开示"的"作诗之法"，也很可能是夏敬渠将《唐诗臆解》中的诗论主张写录于《野叟曝言》中[31]。

《唐诗臆解》之外，《浣玉轩集》卷四载夏敬渠原撰有《论诗绝句六首》，可推知其论诗之主张，惜今只存其一：

> 厌听宗分律与禅，工夫到时自超然。指从百炼刚中绕，珠向千年蚌里圆。

主张创作时，诗律、诗法的讲究，尚在次要；淬炼、琢磨之工夫，方最要紧。作诗者必须下苦功苦练，工夫纯熟后，自有佳作出现。

《浣玉轩集》卷二《浣香诗序》，亦存有夏氏若干论诗主张：

> ……予不喜作诗而喜诗。予于诗独嗜摩诘。予之嗜之，嗜其静也。……盖诗之浮者其思浅，诗之躁者其情佻，诗之恃气者其致突而易竭，诗之一见而可喜者，再四过之即无味，则不静之故也，皆不足以为余嗜也。

又可知夏敬渠喜王维诗，以其能"静"故也。夏氏认为诗若"不静"，则有“思浅”、“情佻”、“致突而易竭”、“一见而可喜者，再四过之即无味”等弊病，此论点颇有见地。然“予不喜作诗而喜诗”一句，则是谦词而已，因夏敬渠年十五六即参与江南文士之诗会[32]，著有《浣玉轩诗集》二卷；《野叟曝言》中又有五百多首诗作以炫耀诗才。由此可断定，夏氏应是“喜作诗又好诗”者才对。

七 《医学发蒙》

《医学发蒙》：《宗谱》卷四《南街宗世录·第十一世“敬渠”》、《宗谱》卷八《小传纪事·第十一世“敬渠”》著录，无卷数。《浣玉轩集·浣玉轩著书目》著录四卷，夏祖耀无按语。光绪《江阴县志》未著录。

本书今未见，幸《浣玉轩集》卷二存录夏敬渠的《〈医学发蒙〉自序》，可窥知其内容大概及创作主旨；而小说《野叟曝言》正是夏敬渠表现其医术与医论的舞台，二者可相互补充及印证。《自序》云：

> 儒曷昉乎？昉于伏羲氏；医曷昉乎？昉于神农氏。儒之学曷阐乎？阐于陶唐、有虞氏；医之学曷阐乎？阐于岐伯、轩辕氏。伏羲画八卦，开儒之宗，而阐精一之传者，唐、虞也；神农尝百草，开医之宗，而阐《灵》、《素》之传者，轩、岐也。儒也医也，同源而共其本也。儒者以全人心性为业，医者以全人躯命为业，两者缺一，则形虽存而神已亡，神欲存而形已敝，均之无生也。儒与医之重若此。

夏氏标举医、儒同源共本；强调儒、医并重，方能全人心性，保人躯命。其目的在于抬高医家地位，使其脱离传统“巫、医、乐师、百工”之流，而与儒家相对等。

基于“医、儒同源共本”的理念，在《野叟曝言》中，夏敬渠用以自况兼寄托理想的主角——文素臣，一方面既是崇正道、辟邪说的“圣教功臣”，另一方面又是精通医道、活死人、肉白骨的“再世华佗”，藉以表现自己本具“既是良相可医国，又是良医可救人”的才器，满足自我的幻想；顺势也炫耀了自己的医学才识。

《〈医学发蒙〉自序》云：

> 仲景生于汉末，而直接轩、岐《灵》、《素》之传……仲景著《伤寒》、辑《要略》，以垂训万年……医亦至此而大成矣……生仲景后而言医，宜无不宗仲景者。而有张子和、张会卿者出，乃阳附仲景，阴持梃刃，为医学之蠹。……二张……医之杨、墨也，宜明著其罪，以为天下后世戒，乃振笔而为……《医学发蒙》。……《发蒙》非为二张设，而并论二张。（参注⑨）

故知夏敬渠撰写《医学发蒙》的动机，是为了尊崇东汉张机（仲景）的《伤寒论》、《金匮要略》之医理，而辟“医之杨、墨”——张从正（子和）及张介宾（会卿）的“异端邪说”。

《〈医学发蒙〉自序》又云：

> 前贤著书……论医者，亦可汗桃林之牛。顾其自成一家者，必各立一帜，偏寒偏热，不善用之，祸且反掌；其荟萃诸说者，皆淆列其法，不善择之，目且如盲。此书则宜寒而寒，宜热而热，不同于胶柱。若症为寒，若症为热，无异于列眉。明者，会意于言外，固可通方；庸者，索骥于图中，亦堪疗病。发蒙振落，为事至便，用力不劳，此《发蒙》之所由名也。
>
> 而子和“三法”，托于长沙（按即张机），似是之说，明者惑焉！会卿《全书》，悖于长沙，如狂之论，庸者惑焉。惑者固蒙，信者亦蒙也，名书之意，亦将概与发之耳！

由上引文可知，《医学发蒙》命名之由有二：一是此书善择诸说，“宜寒而寒，宜热而热”，绝不拘泥一家之言，习医者可“发蒙振落，为事至便，用力不劳”，故为“发蒙”也。二是夏敬渠认为张从正之“三法”、张介宾之《景岳全书》，令习医者“惑焉蒙焉”，故撰此书以“发蒙解惑”也。

今考夏敬渠极力辨正其非的“三法”，系指金张从正所著《儒门事亲》十五卷所倡言的“汗法”、“吐法”、“下法”，号“张子和‘汗、吐、下’三法”。《四库提要》批评此“三法”云：

> 其汗、吐、下三法，当时已多异议，故书中辨谤之处为多。……中间负气求胜，不免过激。欲矫庸医恃补之失，或至于过直。又传其学者，不知察脉虚实，论病久暂，概以峻利施治，遂致为世所藉口。（卷一百四《子部·医家类》）

《金史·方伎·张从正传》亦评曰：

> 妄庸浅术，习其方剂，不知察脉原病，往往杀人，此庸医所以失其传之过也。（卷一百三十一）

可知张子和汗、吐、下三法，历来已为医界所争议，而其后学流弊更甚。夏敬渠所以视其为“医之杨、墨”；并著《医学发蒙》一书力辨其非，实其来有自。

夏敬渠《〈医学发蒙〉自序》又指责：

> 会卿著《景岳全书》，不特讥河间（按即刘完素）、东垣（李杲）、丹溪（朱震亨）[33]，并讥仲景，且及岐黄矣！宁以后人之狂愚，而废前人之绳墨邪？

夏敬渠视为“狂愚之论”的《景岳全书》，乃明张介宾所撰，六十四卷。《四库提要》评其：

> 其命名皆沿明末纤佻之习；至以《伤寒》为典，《杂证》为谟，既僭经名，且不符字义，尤为乖谬。……专以温补为宗，颇足以纠卤莽灭裂之弊，于医术不为无功。至于沿其说者，不察

证候之标本,不究气血之盛衰,概补概温,谓之王道。不知误施参桂,亦足戕人。(卷一百四《子部·医家类》)

足见《景岳全书》向来亦是毁多于誉。《四库提要》又指出:张介宾攻诘朱震亨"阳常有余,阴常不足"之论,及"滋阴降火"之医法不遗余力,但是,"震亨意主补益,以饮食色欲为箴,却颇受医界肯定;所立补阴诸丸,亦多奇效"(《子部·医家类·〈格致余论〉提要》)。因此,夏敬渠指责张介宾悖离医学绳墨,亦是颇有见地。

夏敬渠在《〈医学发蒙〉自序》中,述及医理之根本与取长略短之原则:

……余此书于《灵》、《素》外,一宗长沙;而参以洁古[34]、东垣诸子,偏于寒凉如刘、朱辈,亦皆取其长而略其短,未尝轻置一辞,惩夫后出而讥前辈者之失也。惟于子和、会卿,虽亦略为节取,而必专论以辟之。牧羊者,务去败群。

夏敬渠医学乃是以《黄帝内经》——《素问》、《灵枢》[35]及张机之《伤寒论》为宗;兼取张元素、李杲诸家之长;又采刘完素、朱震亨等之优点,而略其缺点。更难能可贵的是,夏氏虽"专论以辟"张从正、张介宾之说;但对于其长处,亦"略为节取"。

因夏敬渠推崇《黄帝内经》、《伤寒论》之医理,故《野叟曝言》中每论医理,必尊岐、黄、张机为宗。如第二十一回,文素臣云:

若夫提纲挈领,则断推仲景一书。《素问》、《灵枢》、《难经》、《脉诀》[36],既沉浸而含咀,则其源已深;以仲景达之,其流乃沛然而莫御也。百病皆生于感,仲景以《伤寒》发之,则百病受治矣!

可见夏氏对《黄帝内经》及张机医学之景仰、遵从。唯《野叟曝言》论医情节中,夏敬渠未写入对张从正、张介宾的具体批驳。

今《医学发蒙》已亡佚，但夏氏用以庋藏博学、炫耀才艺的《野叟曝言》，以极大篇幅谈论医术医理[37]，若去除其浮夸部分，则尚可略见夏氏之医学底蕴[38]。

八 《野叟曝言》

《野叟曝言》初仅以手钞本传世，且因书中未题撰者姓名，故《宗谱》、《江阴县志》甚至《浣玉轩集》等皆未著录为夏敬渠所撰，故作者为谁，向有异说，或言江阴“缪某”，或言夏宗澜[39]，皆不可信。

《野叟曝言》光绪七年毗陵汇珍楼木刻活字本“知不足斋主人”《序》及光绪八年石印本、《申报》馆排印本之“西岷山樵”《序》，皆言《野叟曝言》乃“江阴夏氏”所撰。黄人《小说小话》、邱炜萲《菽园赘谈·续小说闲评》皆从其说。

鲁迅《中国小说史略》则据“西岷山樵”《序》及金武祥《江阴艺文志·凡例》，进一步推断是夏敬渠所作。鲁迅之考证虽简略[40]，然学者莫不从之。1937年左右，赵景深先生亲访江阴夏氏后裔[41]，撰写《〈野叟曝言〉作者夏二铭年谱》，更确定《野叟曝言》作者为夏敬渠无误。

今再考《浣玉轩集》卷四《夜梦感赋》：

> 近归忽动远归情，华发星星暗自惊。秦岭无云家万里，潼关有梦月三更。《曝言》容易千金购，史论精专百日营。吾道肯因衰老废？归心又比一毛轻。

由夏敬渠自云：“《曝言》容易千金购，史论精专百日营。”及《宗谱》卷十六《外集·文辞》所录夏敬渠知己张天一所撰的《与二铭二兄书》：“而吾兄著作，尤弟所日萦于怀者：《曝言》一书，乃神工鬼斧之笔。”更可确知《野叟曝言》乃是夏敬渠所撰。铁证已得，毋须置疑。

然而，堂侄夏祖耀编《浣玉轩著书目》时，不言夏敬渠著有《野叟曝言》;曾侄孙夏子沐编辑《浣玉轩集》时,亦故意避重就轻地以“他书”一词来取代《野叟曝言》(详下文)。推究夏氏后裔隐而不谈夏敬渠著有《野叟曝言》的原因,大致有:

甲、夏敬渠创作《野叟曝言》时,并未在书上正式署名;后人尊重祖上,不敢擅自言及。

乙、历来轻视小说之传统观念作祟,致使夏氏后代编录且标举夏敬渠谈经、讲史、论医、解诗及诗文等“可登大雅之堂”的著作,却刻意回避其撰写“致远恐泥”的“小道”小说——《野叟曝言》的事实。

丙、小说中多艳情描写,恐不足以增作者之令名,反为后人添辱,故避而不言。

至于《野叟曝言》撰写于何时?最迟何时成书?

《宗谱》卷十五《内集·文辞》所录夏敬渠堂弟夏敬秀《尹儒侄入都诗册序》云:“丁亥初冬,予从兄二铭……今老矣!倦于行,仰屋梁而著书,洎如也。”按:丁亥岁(乾隆三十二年,1767),夏敬渠年六十三。之前,夏敬渠“壮游京师”时期,所完成的著作虽多,但《野叟曝言》不在其列;为衣食而“幕游天涯”之际,按理亦无暇静心创作小说。而乾隆三十二年(1767),夏敬渠“倦于行”归乡养老,“仰屋梁而著书”,所“著”之“书”,很可能就是《野叟曝言》。

再据《夜梦感赋》诗所云“华发星星暗自惊”、“吾道肯因衰老废”,则《野叟曝言》之成书,必非青壮之时[42]。

又《浣玉轩集》卷四《都门除夕》诗:

> 千里壮心辞骨肉,三更残蜡对风尘。不须后日催前日,已见今人代昔人。烛泪正怜除夜影,椒花又颂别年春。可能裘马翩翩地,自觉绨袍稳称身。

此诗乃夏氏“壮游京师”时所作,时夏氏年三十余,年轻气盛,功名可期,故有末联“可能裘马翩翩地,自觉绨袍稳称身”之语。然而,此诗被录进《野叟曝言》第十一回时,夏氏已改末联为:“且愁裘马翩翩地，何计支离着此身！”可见夏敬渠创作《野叟曝言》时，必然已时不我予，壮志消沉，遂有此强烈之悲叹。故《野叟曝言》之创作，必在夏氏晚年功名绝望、颇历沧桑之后。

而《野叟曝言》的完成，笔者推测应该在乾隆三十七年（1772）时。因为来年（三十八年，1773）乾隆皇帝下诏开馆修《四库全书》，年届六十九岁的夏敬渠，已有时间及精力加紧整理昔日“未汇成编”的旧稿，以成《纲目举正》一书（详下文）。因此，《野叟曝言》在此之前必已杀青完稿。

且乾隆三十八年（1773）夏敬渠继配黄氏七十寿庆，张天一既然撰写《征寿二铭先生德配黄孺人七秩诗公启》（存录于《宗谱》卷十六《外集·文辞》），按理也应该亲至江阴参加寿庆。推测两位知己见面，夏敬渠必然出示近年来的心血结晶《野叟曝言》，而张天一匆忙之际也粗览一遍。因此张天一云：“《曝言》一书，乃神工鬼斧之笔，弟虽粗得其梗概，而尚未细撷其精华，寤寐牵怀，不能自已。”（《宗谱》卷十六《外集·文辞·与二铭二兄书》）

乾隆四十一年（1776）二月，夏敬渠七十二岁时，继配黄氏卒。子夏祖焞返乡奔母丧时，张天一托其转呈《与二铭二兄书》[43]给夏敬渠，信中感慨《野叟曝言》“卷帙繁重，携带维艰，自揣此生不获再见矣”，故保守推断，《野叟曝言》创作于乾隆三十二年（1767）夏敬渠六十三岁时；乾隆三十七年（1772），夏敬渠六十八岁时已完稿。最迟乾隆四十一年（1776）二月，夏敬渠七十二岁前，张天一已读过此本小说。比起赵景深先生臆测《野叟曝言》在“乾隆四十四年（1779，七十五岁）左右完成”[44]，还提前八年左右。而赵氏所言《野叟曝言》第一百四十七回《七十国献寿六宝齐归》的情节似乎是夏敬渠以自己七秩寿庆时，怡亲王遥祝以“天鹭耆英”之匾额，及七十三岁时，朝廷赐恩纶“秉心醇朴、饬行端方”“这两件事实想象的扩大”，也是错误的。因为夏敬渠六十八岁之前，《野叟曝言》早已完稿，不可能再以七十岁之后的人生经历作为小说素材。

除此之外，尚有一事需特别注意——夏敬渠以“扶桑晓日图”、“春风晓日图”作为《野叟曝言》的代称，并以《漫题扶桑晓日图》一诗概括《野叟曝言》的创作意旨及主要内容。

按：在《野叟曝言》中，“扶桑晓日图”又名“春风晓日图”，乃是刘璇姑所裁绣、赠予文素臣的定情物——一方白绫汗巾手帕。

此手帕在整部《野叟曝言》中是极重要的“表记”：“上面绣着晓日曈昽，杨柳披拂之势。题着一行小字曰：‘春风晓日图’。”刘璇姑将此帕“系在素臣裤上，垂泪道：‘见巾如见奴也。’”（第八回）此图的象征意义延至第九回，夏敬渠借角色“梁公”口中道出：

> 这春风晓日，尤与表兄（指文素臣）相称。表兄志在攘斥异端，正如日出扶桑，阴邪悉灭，阳光普照，万物皆春。他时功业兆于此图矣！

后来好友景日京代替文素臣寻找璇姑，因遗失此帕（第十三回）而让刘璇姑流离失所，历尽劫难（第二十六至三十三回）。第八十八回，东宫太子命侧妃鸾音按刘璇姑原“春风晓日图”图样，绣制另一方手帕。太子以之持赠文素臣时，特别强调：“愿先生佩之，如旭日一升，诸邪皆灭，阳和普被，万汇昌明也。”并赋诗曰：

> 大德临行报一毫，纱冠宝带雁翎刀。威宣北地乾坤转，功盖南天泰华高。海上神鹰方作势，穴中社鼠岂能逃？太平无事归来日，弟与先生换紫袍。

后来奸人设计将此诗末联“太平无事归来日，弟与先生换紫袍”的“弟”字改为“朕”字，使得明宪宗大为震怒，太子、文素臣并蒙冤受难。尔后文素臣终于排除万难，救驾除奸；继而铲佛灭道，达内圣外王之境。故“春风晓日图”实贯串《野叟曝言》的所有重要情节。

正因如此，北京大学图书馆所藏《野叟曝言》道光钞本[45]第八回回末《总评》云：

> “春风晓日图”为全书名目，不应至此回始出。曰：此非外

人可知。而书以晓日为名，本取旭日一升，阴邪皆灭之义，而必云“春风晓日”者，重乎东宫之赐，并重乎东宫之言也。东宫之赐为“春风晓日图”，东宫之言并及煦阳之意，此书所由命名也。黄河之水始于滥觞；此回之“春风晓日图”即滥殇之原，与东宫所赐是一非一，是是非非，如镜花水月，分拆不开，执着不得。厥后此图失而复得，仍归璇姑，其事若毕。迨东宫特命真妃绣帕，转赐素臣。名书之意，至八十七回（按：应是八十八回）始出，而读者于此回即只镜花为实花，水月为真月，且嚣然议其迟出。惟其迟出，乃见高手；惟其迟出，而有先出者为其嚆矢，使读者目乱神迷，无复于风雨中辨其何者是罗，何者是浮，乃愈见高手，宁可以得诗之多寡定马之高下也哉。[46]

光绪四年精钞本《野叟曝言》第九回回末《总评》，针对第八、九两回有关“春风晓日图”的内容，提出重要说明：

书之命名，至八十七回（笔者按应是八十八回）始出。八回之“春风晓日图”其蒿矢也。……此回于梁公口中提出，攘斥异端正义，而云他日功业兆于此图，是有明以此图为名书之故……

两则总评一再强调“‘春风晓日图’为全书名目”，“书之命名……‘春风晓日图’其蒿矢也”，可证明“春风晓日图”与书名《野叟曝言》的密切关系。也可推论同义的“扶桑晓日图”与《野叟曝言》密不可分。因此，以“春风晓日图”、“扶桑晓日图”来代称《野叟曝言》，是极合理之事。

今考《浣玉轩集》卷四所录的《漫题扶桑晓日图》诗，即是夏敬渠题咏《野叟曝言》一书：

一轮晓日透扶桑，盥漱初鸣领众芳。泉滴灵珠来活水，石悬嫩乳作匡床。静看女史分弧角，漫听娇娥说扁仓。红线青萍方敛锷，班姬彤管欲流香。先天悟出阴阳妙，太极参余佛老荒。鱼跃鸢飞真造化，云行川逝大文章。科头岂为儒冠误，坦腹难容异学猖。赤舄元公应入梦，春风曾点拟同裳。葱茏园圃探生意，寂寞沧溟泛野航。四美图成乌有传，任他千古捉迷藏。

诗中所提及的“静看女史分弧角，漫听娇娥说扁仓。红线青萍方敛锷，班姬彤管欲流香”中的“四美”，即是《野叟曝言》中分别善长算、医、兵、诗的璇姑、素娥、木难儿及湘灵“四妾”。文素臣与四妾的姻缘及聚离分合，正是《野叟曝言》前半部的情节主线；且“得四位慧姬，以传自己算、医、兵、诗四项绝学”，正是文素臣之大愿（第八回）。因此，诗末夏氏发出“四美图成乌有传，任他千古捉迷藏”的俏皮语。诗中“科头岂为儒冠误，坦腹难容异学猖”应指文素臣一生虽科场失意，但终不容佛道异端猖狂。“先天悟出阴阳妙，太极参余佛老荒”应是强调文素臣秉持儒学，完成铲佛灭道之理想。而铲佛灭道，实践内圣外王之儒家理想，则是《野叟曝言》后半部的主要情节。故此首《漫题扶桑晓日图》诗，实切合夏氏创作《野叟曝言》之主旨精神及内容情节。

再者，《宗谱》卷十八《外集·诗词》载杨肩吾（大受）的《题旭台先生扶桑晓日图》：

澄江浩淼素涛起，君山崒嵂青屏峙。江山淑气钟名区，中有幽人浣玉子。昔我入蓉城，籍籍传鸿名。闻名不相识，景慕常含情。倏遇东洵慰结想，道貌岩岩胸荡荡。壮气挥残虀十瓶，高风扫尽尘千丈。磊落还深沉，雄谈通古今。赋诗即天性，名医亦道心。六韬辨晰兵机熟，三角精研算术足。静参造化分阴阳，环愿苍生共忧乐。昔哉贤才偏厄穷，功名何日铭鼎钟？茫茫四海谁知己，悠悠寓意图画里。披图命我坐题诗，暗捉迷藏若得之。晓日春风狂士志，美人香草楚臣辞。我亦识真趣，有怀托毫素。春申山麓大江滨，青鞋布袜从君去。

同卷,黄申(菜坡)《题二铭先生扶桑晓日图》:

红栏绿树清且都,中有髯翁轩而盱。静观物志皆故吾,疑是变相三生图。书剑韶年气未除,即今风雨敝庐居。活人利国犹有书,不数管氏兼淳于。那识醉翁不在壶,掷米狡狯如麻姑。心事漫从笔墨摹,华胥之蝶天为徒。吁嗟乎!眼前佳丽无时无,但少达者心目舒。髯翁髯翁夫何如?独榻展卷神蘧蘧。

同卷,何瓖《奉题旭台夫子扶桑晓日图》:

夫子今濂洛,心源洙泗通。雄文过贾谊,至孝薄王戎。读史犀然渚,研经茧辟丛。廉常严四畏,介不易三公。友爱从天性,甄陶见化工。安贫惟饮水,寻药只吟风。道合三文定,形忘两仲弓。高阳推小学,和郡仰纯忠。小子依融帐,私夸在狄笼。未随时雨化,幸发出泉蒙。忆昔叨初命,驰书戒匪躬,言言伐钟鼓,字字醒昏梦。自愧材如栎,难期玉在砻。一官犹素食,同学总高□。有客开青巘,添毫写紫瞳。双图归掌握,四美列崆峒。旭日邪具散,春风气正雄。传观知至教,浏览得深衷。二氏根株拔,千秋雨露中。何当传绝学,百年意难穷。

以上三首诗,乃是杨肩吾、黄申、何瓖三人在阅读《野叟曝言》后,撰诗题咏夏敬渠心志、经历及《野叟曝言》的主旨内容,更可证夏敬渠以“春风晓日图”、“扶桑晓日图”作为《野叟曝言》之代称。

九 《纲目举正》

《纲目举正》:《宗谱》卷四《南街宗世录·第十一世“敬渠”》、《宗谱》卷八《小传纪事·第十一世“敬渠”》、《江上诗钞》卷九十八《邑志文苑传》、光绪《江阴县志》卷十七等著录,无卷数;《江阴县续志》卷二十著录为二卷。

《纲目举正》编纂成书于何时？据夏敬渠《自拟进〈纲目举正〉表》云：

> 恭逢圣主右文，特命儒臣纂修《四库全书》。伏念五经皆有御纂，而全史未赐折衷；《纲目》虽蒙御批，而诸说尚仍旧本。……用是焚膏继晷，竭蹷成书，名曰《纲目举正》。(《浣玉轩集》卷二及《纲目举正》书前附录)

乾隆三十八年(1773)二月，下诏编定《四库全书》，故夏敬渠以自己的史学旧著，改写编纂成《纲目举正》，必在此时。

《浣玉轩集》卷四录有夏敬渠《夜梦感赋》诗(详前文)，而萧相恺先生在《江上诗钞》卷九十八中发现此首《夜梦感赋》有二注：一在"《曝言》容易千金购"下，注云："著《野叟曝言》二十卷，刻资约需千金。"另一在"史论精专百日营"下，注云："《史论》为辇下诸公怂恿，分任刻资，而著尚未就。"萧先生推断："这两条注，从语气看，殆为作者自注无疑。"(见萧相恺先生《读〈野叟曝言〉手札》)其推断精确合理。

又按：诗中所指《曝言》，自然是《野叟曝言》无疑；"史论"一书，则应指《纲目举正》。可见《野叟曝言》之成书时间，确定早在《纲目举正》之前；而《纲目举正》的编纂时间，夏敬渠自言仅需"百日营"。因此，乾隆三十八年(1773)二月，下诏编定《四库全书》时，夏敬渠开始"焚膏继晷"编纂《纲目举正》；而三个多月之后，已经"竭蹷成书"，即杀青完稿了。

"辇下诸公"必是夏敬渠昔日故友，当时虽有心"分任刻资"以刊行《纲目举正》，但此书却尚未完稿，后来完稿，未知何故，又一直未付手民刊印。

《纲目举正》虽未付梓，却以钞本流传。光绪间，夏敬渠之族裔孙夏明经从书肆中钞录全书，但迟至 1934 年，谢鼎镕才交付"陶社"校刊、出版。原书四卷，今仅存"前编""正编"二卷，为"钩录斋藏本”。由附民国二十三年(1934)谢鼎镕《跋》可知其内容存佚及付梓始末[47]。本书一向被认定亡佚，笔者数年前于台北新文丰书局1989年出版的《丛书集成续编·史地类》中寻获。

《纲目举正》今虽仅存“前编”“正编”二卷，但书前所附《自拟进〈纲目举正〉表》、《目录》、《凡例》等，皆是有助于探讨此书之重要数据。

据《自拟进〈纲目举正〉表》，可推知夏敬渠的创作动机及书名的来源：夏氏认为历来有关《通鉴纲目》之著作[48]，“每存悠谬之谈，循习之说”，甚至“复多臆见，不足发明推广《纲目》微意，反以隔阂而蒙蔽之”。是故年届六十九岁的夏敬渠，整理昔日“未汇成编”的史论旧稿，以成《纲目举正》一书。书名《纲目举正》，即欲举出《通鉴纲目》诸著作中所有错谬之论，而加以辨明纠正也。

夏敬渠创作《纲目举正》的目的是想“恭呈御览”，但因“家贫身老，不克匍匐入都”献书，自乾隆三十八年(1773)完成《纲目举正》之后，遂“置箧有年，献芹无路”。五年之后(乾隆四十一年，1778)，张天一在《与二铭二兄书》中，仍云：

> 《举正》书乃千秋特笔必传之书也，但恐进呈之后，藏之内府，不能广布，尚须再谋刊刻耳。(《宗谱》卷十六《外集·文辞》)

语重心长地主张必须将《纲目举正》刊刻之后，再求献书，以广流传。然而字里行间，不无劝抚老友之意。

然而，夏敬渠想“恭呈御览”的心志依然很强烈，据夏祖耀云：“是书既成，携入闽中，祈故友福建抚军富公纲奏呈，未果。归。”(《浣玉轩集·浣玉轩著书目·纲目举正四卷》)

考《清史稿·疆臣年表六》所载，富纲巡抚福建，是在乾隆四十四年五月至四十六年五月之间(1779—1781)。因此，夏敬渠入闽求富纲代呈《纲目举正》御览不果之事，必发生在这两年内。当时，夏敬渠已高龄七十六左右了。

再据《自拟进〈纲目举正〉表》：

> 嗣于乾隆四十八年八月十七日，伏读军机处补交乾隆四十七年十一月初七日上谕。以周礼《发明》、张时泰《广义》，于辽、金、元事多有议论偏僻及肆行诋毁者，特命量为删润。臣窃谓周礼、张时泰之说，流传日久，非实指其谬而明辨之，无以豁读史者之迷。则与其删润而曲存其说，不若辞而辟之，足以扩清其邪说，扶世教而正人心。臣所著《举正》一书，虽兼正诸说，不止专攻周礼《发明》、张时泰《广义》；而于《发明》、《广义》之偏僻而肆行诋毁者，皆已明著其谬妄而痛斥之，实足使读者豁然心开，而共烛其狂肆之罪。

乾隆四十八年八月十七日，夏敬渠读到"军机处补交乾隆四十七年十一月初七日上谕"，受到乾隆诏命删润周礼《续通鉴纲目发明》、张时泰《续通鉴纲目广义》事件的鼓舞，认为自己所著的《纲目举正》可以扩清周礼、张时泰之说，"烛其狂肆之罪"，进而达到"扶世教而正人心"的成效，遂又重燃起献书的希望。夏祖耀按语云：

> 遇乾隆丙午（五十一年，1786）南巡，赴苏迎銮，拟躬进献，又有所阻。（《浣玉轩集·浣玉轩著书目·纲目举正四卷》）

此是重要之记载，但是乾隆南巡，夏氏赴苏迎銮之日期却有误。查清高宗六度南巡，分别在乾隆十六、二十二、二十七、三十、四十五及四十九年。"丙午"年为乾隆五十一年（1786），并未南巡。而乾隆四十五年左右，夏氏赴闽求富纲代呈《纲目举正》，不果。因此，欲赴苏迎銮，拟亲自进献，被阻，应在乾隆四十九年（甲辰，1784）乾隆第六次南巡时。"丙午"是"甲辰"之误。时夏敬渠已年高八十，真乃"老骥伏枥，志在千里"矣！

夏敬渠"迎銮献书"的念头何以如此坚定？究其原因，除了清初在野士子有此风气之外，应该是受到父祖辈的影响。因为其祖父夏敦仁、胞叔夏宗澜、堂叔夏宗沂，都有过“迎銮”之举。

据杨名时所撰《乡贤夏君传》载：

> 某某岁，圣皇帝南巡，学使者征江左表颂，汇为《圣武扬言集》。首录调元（即夏敦仁）文以进。令迎谒所在，献诗文若干首。奉旨随班候擢用，以亲老不果行。……方调元诣行在归，文名藉甚。（《宗谱》卷七《传略行状》）

另《宗谱》卷十四《著述》载夏敦仁撰有“《十七史论要》十卷”。夏祖耀对此书下按语云：

> 祖耀识曰：“康熙乙酉岁（四十四年，1705），圣驾南巡。先生尝献文行在，赋诗表颂而外，复进《乞修二十一史策》。……韪哉！言乎先儒未之及也。乃蒙随班擢用之旨，卒以养亲辞……竟抱遗编以老。”

综合《宗谱》二项记载，可知夏敦仁于康熙四十四年（1705），迎銮行在所，献《十七史论要》、赋诗表颂、进《乞修二十一史策》等，得到降旨“随班擢用”。此事对其嫡孙夏敬渠的撰写《自拟进〈纲目举正〉表》及欲赴苏迎銮献《纲目举正》一书，必有示范性的影响。

此外，夏敬渠五叔父夏宗澜、从叔夏宗沂，也分别有“迎銮”之事。据《宗谱》卷七《传略行状·监丞夏公传》载：夏宗澜受杨名时荐举，“诏为国子监监丞”，却因为“以试员误领双俸事落其职”，“迨后，圣驾南巡，始以迎銮恩复之，而不及用矣”[49]。

夏宗澜“迎銮”事，发生在乾隆二十七年，高宗第三次南巡时。但早在乾隆十六年、二十二年，高宗第一、二次南巡时，夏敬渠的从叔兼诗文知己夏宗沂，已有“迎銮献诗颂”之举。《宗谱》卷七《传略行状·药芊公传》载：

> 乾隆辛未（十六年，1751）及丁丑（二十二年，1757），今上

南巡，诸生迎献诗颂者九十余人。御选二十七人。君（夏宗沂）在前列，蒙恩奖励，赐彩缎。

综合上述，胞叔夏宗澜迎銮之举，得以“赎罪复职”；从叔夏宗沂二度迎銮之举，得以“蒙恩奖励，赐彩缎”，此二事对年迈且功名无成的夏敬渠，必有极大的鼓舞作用。再加上夏敬渠与祖父夏敦仁同是喜好钻研史事者，遂以祖父迎銮进呈《乞修二十一史策》之事为楷模，且深惧重蹈祖父“抱遗编以老”的覆辙，故夏敬渠在八十暮年之际，尚有欲赴苏迎銮献书的“壮举”。

夏敬渠拟进献《纲目举正》给乾隆御览，虽历经波折而不成功，却可见其“用世之心”，至老不衰；又可推知其对自己一生史学的结晶——《纲目举正》，极是自得、自重。

究竟《纲目举正》之内容大要为何？据前文所述，已知此书是夏敬渠自行辑录旧作《读史余论》、《全史约论》及其他史论，加以扩充编纂而成，以作为献书之用。除了辨正朱熹若干学说之外，以“欲一举而扩清”诸家对《通鉴纲目》之“错谬”见解为主。内容起自三皇，迄于元顺帝至正二十七年（1290），原分四卷，考今所存“昫录斋藏本”，仅见第一、二卷，存先秦迄后周世宗之史论共一百零一条。

夏敬渠晚年先撰写《野叟曝言》后，再编著《纲目举正》，故二书部分内容同样都有来自史论旧著者。今将现存《浣玉轩集》中的史论、《纲目举正》正文及《野叟曝言》内容加以比对，发现夏氏辑集存录史论旧作的方式，主要有以下数种：

甲、将旧作完整录进《纲目举正》者，如《纲目举正》卷一“前编”即有“附录《读史余论》”，乃是将《读史余论》一字不差地存录。

乙、保持“史论原作”的理论，但存进《纲目举正》时，文辞则分散处理，部分加以删削或改写，以符合《纲目举正·凡例》所订“是篇名《纲目举正》，故但举《纲目》中诸说之讹误者正之，古今一切史论，其未见于《纲目》者，皆置勿论云”的规则。如：由潘《序》确知，《左传论》本应是《读史余论》的篇章，晚年夏敬渠整理史论旧作时，将其内容打散改写、加工处理后，存录于《纲目举正》第一卷“前编”中。

丙、采用史论原作之观点、理论，改写为《野叟曝言》小说的情节。例如：夏敬渠将原作《左传论》中“辨‘吴季札辞国而乱生’之谬”的观点，改写成《野叟曝言》第七十四回《寿梦》戏剧中的《遗命》、《再让》、《三让》、《魂讥》四出戏，让文素臣观戏后大谈“季札辞国，去之延陵，终身不入吴国，其知可谓至明，处之可谓至当”的理论。同样的，《野叟曝言》中评论汉高祖及李世民的功过，亦用此法。

丁、夏氏的史论旧作“陈寿《三国志》帝蜀不帝魏”一篇虽已完整录进《野叟曝言》第七十八回中，但后来编著《纲目举正》时，仍将此篇打散处理，存录于该书第一卷“前编”中。换言之，今《浣玉轩集》卷二的“陈寿《三国志》帝蜀不帝魏”的内容（按：此文在《浣玉轩集》中仅有内容，并无标题），洋洋洒洒列举二十四条例证，用以说明陈寿撰写《三国志》时“帝蜀不帝魏”的用心。此篇根据潘《序》可知原本是《读史余论》的文章。夏敬渠创作《野叟曝言》时，配合小说情节，利用角色对话的方式，将全文完整存录于第七十八回的《主代帝、殂代崩，暗尊昭烈；前比尹、后比旦，明颂武侯》的情节中，全文一气呵成。但是，清末夏子沐编辑夏氏遗著时，因找不到《纲目举正》一书，只好从《野叟曝言》第七十八回内容中节录出“陈寿《三国志》帝蜀不帝魏”的内容，收录于《浣玉轩集》卷二中。且在文后加按语：“此篇旧载《纲目举正》中，原稿已逸，今从他书节录，字句异同，无由较订，姑存崖略云！”

夏子沐所谓的“他书”，应指《野叟曝言》无疑。因为比对《野叟曝言》第七十八回及《浣玉轩集》卷二，二者论“陈寿《三国志》帝蜀不帝魏”的字句、内容，几乎无别。而《纲目举正》中所论“帝蜀不帝魏”的内容，虽与前二者差别不大，但部分文句及内容编列，已经过夏敬渠的加工处理了。故夏子沐因遍寻不着《纲目举正》，遂从《野叟曝言》中节录《陈寿〈三国志〉帝蜀不帝魏》一文，可谓是“失之东隅，收之桑榆”，因为《野叟曝言》所存录者，应该更贴近夏敬渠原作的本貌。

综观夏敬渠之史论，论理未必缜密，但气强势盛，颇具说服力。如《左传论》论赞郑庄公：

> 春秋时，惟郑寤生最知兵；惟左邱明能传之。如：伐许，许溃，传其能用先也。伐戴，取师，传其能用后也。克段，传其能料敌而用奇也。繻葛，传其能摧弱而乱强也。至祝聃衷戎师一传，则寥寥数行，而寤生兵法之妙，无不抉露。[50]

但详载郑庄公逐弟囚母、不孝不弟，夏敬渠断定是《左传》作者刻意揭露郑寤生“极恶、极忍而更极深”的心机：

> 左氏之深笔，以诛其大奸用诈之心……庄公何不幸而遇左氏，使魑魅魍魉悉献形于禹鼎……余读传至此，益恶庄公极恶、极忍而更极深，惟左氏为能诛之也。（同上）

以上两段理论，皆铿锵有力，以气势慑人耳目。另《浣玉轩集》卷二及《纲目举正》卷一，并录有《读史余论》中评论汉高祖的内容：

> 高帝以泗上亭长，崛起在位，诛暴秦、布宽令，解民倒悬之急，功同汤、武。而内行不修，居心鸷刻。分羹则口出枭獍之言，拥彗则心善家令之语。及其置酒未央，犹以太上平日之言反唇相稽，与群大臣笑以为乐，此上逆其父；封羹颉以扬巨嫂之恶，容辟阳以售吕后之奸，此中怼其兄而纵其妻；爱戚姬而屡谋废立，此下薄其子……

以上夏敬渠对汉高祖的评论，被改写进《野叟曝言》第七十四回，假借文素臣观看《铄釜》、《纵奸》、《陷父》、《分羹》四出戏剧，痛批第一位平民皇帝刘邦，其虽有诛暴秦、布宽令而解民倒悬的旷古事功，但因口出“分我一杯羹”不孝之言，致使“太公虽幸而不死项王之鼎，已死于其子之口与心矣！”“推汉高之意：不杀父，则我得假行权之名;杀父,则我得托复仇之义。总把其父看作赘疣”。再者,刘邦又“因铄釜而仇其嫂,至封其侄为‘羹诘侯’,亦可见其宿怨蓄怒,褊窄心肠。而前人称其豁达大度,诚足齿冷”。夏敬渠《纲目举正》卷二中,又引录以上的评论[51],指责汉高祖“灭绝天理,尤属禽兽不如”。

《野叟曝言》中,文素臣议论汉高祖的文字,气势磅礴,用辞凌厉。读者折服于夏氏滔滔雄论之余,恐怕会如角色“飞娘”一样,忘了诘问“纵奸”的内容是否是蓄意毁谤汉高祖、厚诬吕后与郦食其[52];且读者若不细心思辨,也会疏忽夏氏所言刘邦“即位之后,立妻为皇后,立子为皇太子,至其父仍为太公……尊妻、尊子而不尊其父”,其说根本是违背史实[53]。

而当时文士对夏敬渠之史论,亦颇为推重。潘永季赞美夏氏“论《左传》、论《史记》、论《三国志》、论《外纪》,皆发千古所未发。破群疑,释众难,折衷一切,而归于至是”。又云:“顾君宁人论史,执鲁子家之说,以讥陈寿先主后主之卑其故君,余心是之。及阅二铭之论《三国志》,乃不禁汗下通体。”(见《〈经史余论〉序》)

传说“光绪壬寅(二十八年,1902)苏州科考,主试者李殿林古学题为《陈寿志三国不帝蜀论》,有某生者,即以书中《主代帝、殂代崩,暗尊昭烈》一回论之,获第一,是岁即贡成均”[54]。此说虽难考其真伪,不过可证明:① 夏敬渠的史论颇受士子推崇;②《野叟曝言》在民间流传颇广且影响力不小。

前文云及夏敬渠在乾隆南巡时想要“赴苏迎銮,拟躬进献”《纲目举正》一书,却“又有所阻”而不果。推测其原因,可能是至亲(如:女儿、女婿六斗南,嗣孙夏翼陛,侄儿祖勋、祖烈、祖焘等)觉得夏氏已年高八十,不忍其以老迈之躯,奔波涉险,故“有所阻”。此事以讹传讹,遂有多项揣测及误说出现。《花朝生笔记》载:

> 《野叟曝言》一书,相传为康熙时江阴缪某所撰。缪某有才学,颇自负,而终身不得志,晚乃为此书以抒愤。……会纯庙南巡,缪乃缮写一部,装潢精美,外加以袱,将于迎銮时进呈,冀博宸赏。缪之女,颇通文墨,且明慧晓世事。知此书进

呈，必酿巨祸；又度其父性坚执，不可劝止，乃与父门人某谋。密用白纸装钉一部，式与原书等，即置诸袱中，而匿原书于他处。迨缪将迎銮，启袱出书，重加检阅，则书犹是，而已无一字矣！缪哭失声，以为是殆见忌于造物，故书渠（遽）羽化而去也。……缪无如何，郁郁而罢。缪卒，女以此为乃父一生心力所在，不当遂令淹没。将其书润饰一过，秽亵之语，删除略尽，始付诸手民，即近日流传之本也。[55]

《清稗类钞·著述类·野叟曝言》所载亦相同，惟将"纯庙"清高宗乾隆[56]南巡改为"圣祖南巡"。

钱静方《小说丛考》则云：

相传是书（《野叟曝言》）成时，适值圣祖南巡。乃装潢成册，欲呈御览。诸亲友以书多秽语，恐触上怒致不测，力阻其献，不听。乃以危言动其妻，使阴阻之。其妻乃于每册毁去四五纸。迨将献，故惊曰："汝欲上呈御览耶？向小儿女不知，已毁去多纸矣！"夏君怒甚，急为补缀齐全。而驾已沿江东下，不及献矣！[57]

按：以上三书所载，都有错误。《花朝生笔记》和《清稗类钞》云《野叟曝言》作者为"缪某"，是一错误。《清稗类钞》和《小说丛考》将献书年代记为清圣祖康熙时代，亦是一误；且夏敬渠欲迎銮献书时，其妻黄氏早已过世。综合以上诸说，其共同的最大错误是：夏敬渠要迎銮上呈御览的书，不是《野叟曝言》，而是《纲目举正》。

以上三书所载献书事，并载于《澄江旧话》卷二何听松的《〈野叟曝言〉补闻》。又许指严《南巡秘记·〈野叟曝言〉全稿》所载则与《花朝生笔记》略同，更指"缪某"之女名为"衡娘"，与其表兄"金冠玉"共谋，阻挠其父献书[58]。另周越然《书·书·书》亦载献书事，其说多沿自《南巡秘记》[59]。

总而言之，夏敬渠著作虽多，却因未能刊刻及遭战乱而散佚。

今仅存《野叟曝言》、《纲目举正》残编及《浣玉轩集》四卷。

所幸夏敬渠创作《野叟曝言》的目的之一，即是以小说存录其未能刊刻的作品内容。因此，根据《野叟曝言》所载录的诗、文、经学、史论、医术医理、诗学诗评等，再配合《纲目举正》残卷及夏祖耀所搜集到的各书《序》文，正可逆推夏敬渠亡佚诸书的样貌、内容、旨趣及得失等等，尤其可推断夏敬渠创作《野叟曝言》的正确时间，并了解《纲目举正》的撰写动机、献书的曲折经过，廓清后世的误会传说，抑吾辈研究夏敬渠其人其书颇值得庆幸之事。

再者，夏氏生前，《野叟曝言》因内容多达一百五十四回，百万余字，故“刻资约需千金”，而无力付梓。夏氏身后，《野叟曝言》以钞本流传。道光间，竟名列江苏《计毁淫书目单》中。光绪初，《申报》馆数度访求《野叟曝言》；《沪报》则长期连载《野叟曝言》，销售大增。上海两大报因竞抢此书而颇有龃龉[60]。知不足斋主人抢先一步出版“毗陵汇珍楼刊本”《野叟曝言》，但内容颇有残阙。因此，号称“全本”、“足本”的各种排印本、石印本，争相推出。全本、残本、作者原著、后人补全等争论蜂起，并引发评者、注者为谁之迷思。此时，《野叟曝言》在小说界、报界、出版界、艺文界，可谓从被禁后的荡漾余波，掀腾为滔滔巨浪。

更不可思议的是，夏敬渠一生受困于科考，但光绪末年，相传某考生以《野叟曝言》中的史论“陈寿帝蜀不帝魏”应试，竟然中举获第一！（见前文）

宣统初，名作家陆士谔撰写了《野叟曝言》的续书——《新野叟曝言》，颇为轰动。坊贾还曾将《六合内外琐言》命名为《新野叟曝言》出版。

1938 年底，京剧大师麒麟童（周信芳）在上海卡尔登戏院主演由《野叟曝言》改编的连台本戏——《文素臣》，竟然造成“不看《文素臣》，不算上海人”的盛况。一时间潮剧、越剧、汉剧、黄梅剧亦风云会集地推出《文素臣》戏目。

1966 年，邵氏公司所拍电影《文素臣》在星（新）、马地区上映时，马来西亚佛教总会在隆加召开世界佛教大会，有一百二十余华人佛教寺庵团体及代表大僧参加，强力挞伐此影片“辱僧毁佛”，最后竟遭禁映。

1970年，台湾电视公司推出由《野叟曝言》改编、黄俊雄所演出的布袋戏“云州大儒侠”，收视率竟空前绝后地高达百分之九十几，造成“百业怠工”的盛况。至今，在各大“艺术季”中，犹时时受邀演出。

因此，夏敬渠虽然怀才不遇、一生困蹇，但是创作不辍，著作等身。由诸书的旨趣概要，可推知其才学之丰硕；而记录、呈现其丰硕才学的小说《野叟曝言》，更是影响后世深远，尤其由《野叟曝言》所改编的戏曲、电影、布袋戏等等，不只是众流汇集成汪洋，且时至于今，此汪洋大海仍不断回澜拍岸，蔚为奇景[61]。

【注】

① 夏敬渠著作极富，生前均未能付梓。嘉庆间，夏敬渠堂侄夏祖耀复搜集整理其文章、诗作，骈、散文集为四卷，古体、近体诗作集为二卷。咸丰十年（庚申，1860）太平天国及英法联军之乱后，诸书无复存者，诗文集亦无完本。光绪十六年（庚寅，1890）秋，夏敬渠之曾侄孙夏子沐搜罗其诗文残篇及各书《序》文，编为《浣玉轩集》梓行。1936年，江阴谢鼎镕复整理修补旧版，重新刊行。南京图书馆藏。（详参《浣玉轩集·浣玉轩著书目》末所附夏子沐之“识语”及《浣玉轩集》书末所附谢鼎镕的《跋》）

② 源远堂《江阴夏氏宗谱》（下文简称《宗谱》）历经夏氏六世宗亲纂修，记录四百六十八年之宗族事迹（1422—1890），于光绪十二年（1886）开始正式编修，光绪十六年（1890）完成。二十卷，线装十大册。江阴夏氏后人、南京图书馆、上海图书馆等藏。（详参《宗谱》所载夏子沐《江阴夏氏宗谱跋》）

③ 详参拙作《野叟曝言作者夏敬渠年谱》，台北学生书局2005年版，第264—295页。

④ 夏敬渠与杨名时、孙嘉淦关系深厚，详参拙作《夏敬渠与野叟曝言考论》第四章《夏敬渠交游与〈野叟曝言〉关系考论》，台北学生书局2005年版，第214—235页。

⑤ 潘永季是孙嘉淦、杨名时的及门弟子，熟知二人对夏敬渠的器重，其《〈经史余论〉序》云："余自束发后，即受业凝斋杨夫子（杨名时）之门。及官国子，复师事懿斋孙夫子（孙嘉淦）。两夫子为当代大儒，著书充栋，发挥四书、五经之奥义殆尽。……余友二铭夏君，以晚学后生，独出其心所得者，辄言于两夫子之门。两夫子辄击节叹赏之。"

⑥ 高斌（1683—1755），《清史稿》卷三百一十、《国朝耆献类征》卷二十、《从政观法录》卷二十二、《国朝诗人征略初编》卷二十三皆有传。夏、高二家关系深厚：夏敬渠曾担任高斌、高恒父子的幕僚；夏敬渠胞兄夏敬枢是高恒子高朴的业师。详参拙作《夏敬渠与野叟曝言考论》第四章《夏敬渠交游与〈野叟曝言〉关系考论》，台北学生书局2005年版，第245—257页。

⑦ 潘永季《〈经史余论〉序》文后，夏祖耀之"按语"云："此方陵先生《〈经史余论〉序》也。文内所称《左传》、《三国志》、《外纪》等论，已有入之《纲目举正》者。"

⑧《浣玉轩集·浣玉轩著书目·浣玉轩文集四卷》："第一《读经余论》，第二《读史余论》，第三序传杂文，第四杂著。"祖耀按："《集》旧分三目：一为《经史余论》、一为《学古编》、一为《文集》。今史论之文已入《纲目举正》者，不赘录。因并三目，择而辑之为一集，成四卷云。嘉庆十年（1805）乙丑元夕。"

⑨ 夏敬渠《〈医学发蒙〉自序》原文，乃合并医、儒二家，以论《医学发蒙》及《读经余论》二书。兹为了行文方便及阅读顺畅，乃单独引用其论经的内容。下文讨论《医学发蒙》一书时，再单独引用其论医的内容。

⑩《纲目举正》、《浣玉轩集》、《野叟曝言》中，尚保存有夏敬渠原《读史余论》的部分内容，下文将详论之。

⑪《纲目举正》卷一《附录〈读史余论〉》，夏敬渠云："臣按：《史记》舛误颇多，其才华则非范、班所及，尝著《余论》一篇纪之，谨录于后……"见《丛书集成续编·史地类·纲目举正》，台北新文丰书局1989年版，第308页。

⑫ 此十七条多为历史公案，夏氏仅言及自己的判断，并未推论及举证。

⑬《浣玉轩集》书前所附潘永季《〈经史余论〉序》："二铭设帐都门，为及门讲……今古文。因著有……《学古编》……其《学古编》则八家之文也。"

⑭ 潘永季《〈经史余论〉序》："二铭设帐都门……因著有……《浣玉轩文集》……《文集》则国初之文也。"

⑮《浣玉轩集》书首所附《浣玉轩文集序》："余尝……登天柱峰，其上有桫椤树，盖百千年物也。……越十年，而余过友二铭氏，茶话间忽忽忆此，而所著《浣玉轩》一编，则新触手矣。于是左手持所著文，右手执茶盏，且读且话，而此意已数往来于天柱峰之树影处。《集》中摹刻古人神形，都化桫

椤,乃复在人间耶!……临海侯嘉翻撰。”

⑯《浣玉轩集·浣玉轩著书目·浣玉轩文集四卷》所附“金坛蒋衡湘驭氏”所撰之《跋》:“……作者天资学力俱到,其性情与古更有投于臭味者。昌黎云:‘其高出魏、晋不懈而及于古,其他浸淫乎汉氏矣!’篇中除六朝骈俪外,庶几近之。视今之餔啜糟粕而貌为古人者,其相去为何如?”

⑰《浣玉轩集·浣玉轩著书目·全史约论》:“祖耀按:是编因成,《纲目举正》既将《约论》中语采入,故《约论》中自晋迄元之论已少,而存秦、汉、三国之论为多。”

⑱《浣玉轩集》卷二《书〈全史〉后》:“……故治天下者,百不可恃者也,而有所可恃者一而已。一者何?‘德’而已。……事君者,百不可恃也,而有一可恃,曰‘忠’而已矣!……”

⑲“奋文揆武,天下无双正士;镕经铸史,人间第一奇书”,此二十字乃是夏敬渠用来分系《野叟曝言》二十卷卷首的字。

⑳《江阴县续志》卷二十著录夏敬渠著有“《浣玉轩集诗钞》二卷、续四卷”,又著有“《亦吾吟》、《五都吟》、《鼠肝集》、《吴歈吟》、《韎韐吟》、《瓠巇吟》”等,不仅将《浣玉轩诗集》二卷、《浣玉轩文集》四卷混为一书,复将夏氏原诗集中之篇名误作书名。且《鼠肝集》之“集”字,当是“吟”字之误。

㉑《浣玉轩集》书前所附潘永季《〈经史余论〉序》:“二铭设帐都门……因著有……《亦吾吟》……《亦吾吟》则唐人之诗。”

㉒《浣玉轩集·浣玉轩著书目》著录“《浣玉轩诗集》二卷”。祖耀按:“《诗集》旧分《亦吾吟》、《向日吟》、《五都吟》、《鼠肝吟》、《吴歈吟》、《韎韐吟》、《瓠巇吟》等篇,兹并是题而辑作两卷,仍以《自序》弁之。”

㉓《江上诗钞》卷九十八辑录夏敬渠诗若干首。其中《秋暮喜闻陕西报捷,用少陵秋兴韵》一首,经核对即是《浣玉轩集》卷四《秋兴八首即用少陵元韵》的第七首,诗题有异,内容全同。

㉔《浣玉轩集·秋兴八首用少陵元韵》第三首原诗为:“客舍萧然揽夕晖,闲中野马动微微。烟横南浦平空卷,云落西山著地飞。簪笏百龄尘事起,晨昏万里素心违。幽州老将凭楼望,笑指秋原苜蓿肥。”而《江上诗钞·偕胡修六都阃望滕王阁故址(时阁毁于火)》将原诗首联改为“徙倚高楼揽夕晖,珠帘画阁事全非”;第三联改为“簪笏无缘浑若梦,晨昏有泪欲沾衣”。按:据诗句推测,原诗应是夏敬渠壮年为衣食奔走天涯时所作,故有“客舍萧然”之悲及不得晨昏定省“素心违”之叹。而“簪笏百龄尘事起”犹有雄心,但改为“簪笏无缘浑若梦”,则显示年华已逝,壮气蒿莱。第二句“珠帘

画阁事全非"点题，说明是再度登眺，滕王阁却已毁于大火。

㉕《浣玉轩集·浣玉轩著书目》附录《〈浣玉轩诗集〉跋》："甥六云望斗南氏跋曰：'昔外舅夏二铭先生……外舅则大气包举，竟似盛唐。……大抵其声大而远，貌厚气完，其人必贵而寿，外舅之诗，其类是耶？……至于诗祖汉祢魏，兄事盛唐诸公，其于齐、梁、中晚，则自桧以下也。而尤笃于至性，《集》中如《孤儿行》、《远行》等作，哀音宛转，不啻风人之赋《蓼莪》也。'"

㉖潘永季《〈经史余论〉序》："二铭设帐都门……因著有……《唐诗臆解》……《臆解》则空前人诸解之解也。"

㉗《浣玉轩集·浣玉轩著书目》附惠南园所撰《〈唐诗臆解〉序》："庚申（乾隆五年，1740，夏敬渠年三十六）春，余始识二铭于义兴，朝夕者数阅月，未尝知二铭之深于诗也。适同邑蔡君香谷持一帙造二铭，余时亦至二铭斋中，因就观之，则二铭所著《唐诗解》，盖香谷钞毕而归其原稿也。"

㉘蔡香谷钞录《唐诗臆解》事，见前注。又：惠南园《〈唐诗臆解〉序》："其（蔡香谷）友吴子景，曾于暑日钞之，恐有一二字讹误，亲自校阅，勿敢懈。……虽然，余将志之……因复为钞之，钞之而复其稿，即书于其稿之末，以见余之学诗五十年而忽废学，说诗五十年而忽废说者，诚知其难也夫。诚知其难，自余之得交二铭始也。"（《浣玉轩集·浣玉轩著书目》附录）

㉙赵景深《〈野叟曝言〉作者夏二铭年谱》，收录于《小说戏曲新考》，世界书局1939年版，第45—63页。

㉚金性尧《唐诗三百首新注》，香港中华书局1987年版。

㉛有关夏敬渠在《野叟曝言》中的诗论，详参拙作《夏敬渠与野叟曝言考论》，台北学生书局2005年版，第297页。

㉜《宗谱》卷七《传略行状·汤孺人传略》："元槐与慎修（即夏敬渠胞兄夏敬枢）、二铭交最密。二铭自十五六时，与槐结交文社，朝夕过从，如影附形者垂三十余年。"

㉝《金史》卷一百三十一《方伎·刘完素传》："刘完素，字守真，河间人。……撰有《运气要旨论》、《精要宣明论》；虑庸医或出妄说，又著《素问玄机原病式》，特举二百八十八字，注二万余言。好用凉剂，以降心火，益肾水为主。"《四库全书总目》卷一百四《子部·医家类·〈内外伤辨惑论〉提要》载李杲生平："李杲（金、元时人），字明之，自号东垣老人。初，杲母撄疾，为众医杂治而死，迄莫知为何证？杲自伤不知医理，遂捐千金，从易州张元素学，尽得其法。而名乃出元素上，卓为医学大宗。"著有《内外伤辨惑论》

三卷、《脾胃论》三卷、《兰室秘藏》三卷等。《元史·方伎》有传。《〈格致余论〉提要》载元朱震亨，"字彦修，金华人。受业于罗知悌，得刘守真之传。其说谓阳易动，阴易亏，独重滋阴降火。创为阳常有余，阴常不足之论。张介宾等攻之不遗余力。然震亨意主补益，故谆谆于饮食色欲为箴；所立补阴诸丸，亦多奇效。孙一奎《医旨绪余》云：'丹溪生当承平，见人多酗酒纵欲，精竭火炽，复用刚剂，以致于毙，因为此救时之说。'"著有《格致余论》一卷、《局方发挥》一卷、《金匮钩元》四卷等。

以上刘完素、李杲、朱震亨及张从正，向被中医界尊为"金元四大家"。其医理、医术可参考今人陈紬艺编著之《金元四大家医学新解》，《中国古典医籍丛书》，"国立"中国医药研究所1995年版。

㉞《金史·方伎·张元素传》载："张元素，字洁古，易州人。八岁试童子举。二十七试经义进士，犯庙讳下第，乃去学医，无所知名。"（卷一百三十一）后治愈刘完素之疾，始显名。著有《病机气宜保命集》三卷，"于医理精蕴，阐发极为深至"（《四库全书总目》卷一百四《〈病机气宜保命集〉提要》）。

㉟《黄帝内经》乃医籍之最古者，分《素问》、《灵枢》二种。《素问》二十四卷，记黄帝、岐伯相问答之语。唐王冰《注》。《灵枢》十二卷，详于针刺。《素问》，张机曾引之，《隋书·经籍志》始著录；《灵枢》则《四库提要》断为王冰所伪托。（详参《四库全书总目》卷一百三《〈黄帝素问〉提要》及《〈灵枢经〉提要》条）

㊱《难经》：周秦越人撰，元华寿注。"越人"，传即扁鹊。凡八十一篇。隋、唐《志》始载。其曰《难经》者，谓经文有疑，各设问难以明之。其文辨析精微，词致简远。（详参《四库全书总目》卷一百三《〈难经〉提要》条）《脉诀》凡十卷，九十七篇，文约事详，世传王叔和撰，实王著乃《脉经》一书，后人乃依托而伪造此书。（同上，《〈脉诀〉提要》条）

㊲《野叟曝言》中论及医药之重要章节有：十七回"天泉破腹，通儒笺释岐黄"；十九回"怪医方，灯下撕衣惊痘出"；八十七回"五日抱两皇子，医法通神"；八十八回"医怪病青面消磨"；九十一回"苗婆闻水安息回生老命"；九十二回"扮医生有心除毒"；九十三回"疗奇疯，药婆认叔"；九十四回"治香以臭，别开士老之奇语"等等。在此数回中，作者连篇累牍、淋漓尽致地表现其医理、医术，其他以医药穿插点染的细节更是不遑枚举。

㊳夏氏在《野叟曝言》中所展现的医术、医理，大略可分为三种：①有本有据、中规中矩的医术、医理。②根据、推衍前人医案的偏方奇术。③偏离医道，为增添趣味性而创设的医方医理。（详参拙作《清代四大才学小

说》，台北商务书局 1997 年版，第 149—155 页）

㊴ 蒋瑞藻《小说考证》卷八转录清《花朝生笔记》云："《野叟曝言》一书，相传为康熙时江阴缪某所撰。缪某有才学，颇自负，而终身不得志，晚乃为此书以抒愤。"徐珂《清稗类钞·著述类·野叟曝言》所载与《花朝生笔记》略同。又：《野叟曝言》内容侈谈理学，故或误以为此书乃江阴理学家夏宗澜所撰。鲁迅《中国小说史略》云："其（指《野叟曝言》作者）崇仰盖承夏宗澜之余绪，然因此遂或误以《野叟曝言》为宗澜作。"

㊵ 鲁迅《中国小说史略》第二十五篇《清之以小说见才学者·野叟曝言》云："金武祥《江阴艺文志·凡例》则云夏二铭作。二铭，夏敬渠之号也。"

㊶ 赵景深先生云："八九年前（按：即 1937 年左右）我因事到江阴去了一趟，趁便调查清代江阴两大小说家（夏二铭和屠绅）的身世……结果夏二铭的家谱、诗文，都在夏氏后裔处找到，写了一篇《夏二铭年谱》。"（详见《关于小说家屠绅》一文，1945 年撰，收录于赵景深《中国小说丛考》，齐鲁书社 1980 年版，第 452—453 页）

㊷ "华发星星"指发白年老。左思《白发赋》："星星白发生。"《文选》谢灵运《游南亭诗》："戚戚感物叹，白发星星垂。药饵情所止，衰疾忽在斯。"欧阳修《秋声赋》："渥然丹者为槁木，黟然黑者为星星。"

㊸《宗谱》卷十六《外集·文辞》载张天一《与二铭二兄书》："尹儒（按：即夏敬渠独子夏祖焞，字尹儒）奔丧南返，弟力绵不能多为饮助，深歉余怀。……至于《纲目举正》及他著作，如《所见录》等书，卷帙减于《曝言》，秋间尹儒尚拟北来，倘能携以示我，则照乘之珠，连城之璧不足道也。"今考张天一希望夏祖焞北上带来的《所见录》一书，在记录夏敬渠著作的所有文献中，包括《宗谱》卷十四《著述》、《浣玉轩集·浣玉轩著书目》、光绪《江阴县志》卷十七、《江上诗钞》卷九十八《邑志文苑传》、民国九年《江阴县续志》卷二十等，都未著录。故可能是张天一个人听闻之误，存疑待考。

㊹ 赵景深《〈野叟曝言〉作者夏二铭年谱》复根据《宗谱》卷八所载夏敬渠"七秩称庆"，"怡亲王遥祝以额曰'天鹭耆英'"；及夏氏七十三岁时，获颁"'秉心醇朴，饰行端方'之恩纶"赠语等二事，推测"《野叟曝言》第一百四十七回《七国献寿六宝齐归》似这两件事实想象的扩大"；又"二铭写《野叟曝言》中文素臣做寿，似即暗射七十大庆"，故"疑此书成于七十以后的数年"即"乾隆四十四年（1779，七十五岁）左右完成"。

㊺ 疑是同治抄本，详潘建国《新发现〈野叟曝言〉同治抄本考述》，发表于《文学遗产》2005 年第 3 期。

㊻ 笔者印象中，光绪四年精钞本中亦有此条《总评》，存疑待考。

㊼ 谢鼎镕《跋》："吾乡之深于史学者，首推沙定峰、夏二铭二先生。定峰先生《读史大略》一再付梓，几于家有其书。二铭先生所著《纲目举正》，当时拟进呈未果，先生没后，此书遂不知散佚何所，识者惜之。清光绪间，其族裔孙彦保明经……一日，获睹是书于逆旅中，狂喜。明经固素以网罗散佚自任者，况其为族尊之著作乎！遂假而钞之。书凡四卷，竭数十日之力始竟。既竟，邮赐其族弟涤初姑丈（夏子沐），谋继《浣玉轩集》付之梓。事未果，书存姑丈家，此四十年前事也。今则姑丈与明经先后俱归道山；艇斋表兄宦游虽倦，尚滞燕平，是书迄无有过而问焉者。余为陶社刊印先哲遗书，每忆是书，则为耿耿……及亲往检点，乃只有上二卷，其自宋以下二卷，俱付缺如。此则令人欣然之下不能无爽然者。……使他日复能得下半部而刊之，俾如平津神物之离而复合，则尤私心之所窃祷者耳！阅者幸勿以其为残本而少之。甲戌（1934）盛夏冶龕谢鼎镕识。"琼玲按：夏子沐必然是在辑校、出版《浣玉轩集》后，才收到夏明经所邮寄的《纲目举正》，否则不会在《浣玉轩集》卷二"陈寿帝蜀不帝魏"文后加按语："按：此篇旧载《纲目举正》中，原稿已逸……"

㊽ 夏氏《自拟进〈纲目举正〉表》文中指出有关《通鉴纲目》之著作有"金履祥《通鉴前编》、陈柽《节通鉴外纪》、南轩《订正通鉴前编》、商辂《续通鉴纲目》、《通鉴纲目》所引胡寅之说、尹起莘《通鉴纲目发明》、刘友益《通鉴纲目书法》、周礼《续通鉴纲目发明》、张时泰《续通鉴纲目广义》"等。

㊾ 夏宗澜落职事，发生于乾隆十三年（1748），详拙作《野叟曝言作者夏敬渠年谱》，台北学生书局 2005 年版，第 317—318 页；夏宗澜"迎銮"事，发生在乾隆二十七年（1762），详拙作《野叟曝言作者夏敬渠年谱》，第 340—341 页。

㊿ 引文出自夏敬渠所著《读史余论》中的《左传论》，收录于《浣玉轩集》卷一。又《纲目举正》卷一《前编·周平王二十八年》亦收录《左传论》此段内容。

51《纲目举正》卷二论汉高祖："推汉高之意：不杀父，则我得假行权之名；杀父，则我得托复仇之义。总把其父看作赘疣。"与《野叟曝言》一字不差。

52《野叟曝言》第七十四回："第二出纵奸，是食其、吕雉白日行奸，被太公撞破，训责子媳。刘邦护妻，吕雉撒泼，百般把太公顶撞。太公气苦，欲寻短见，经其嫂委曲劝止。"文素臣大发汉高祖不孝不弟的"史论"之后，飞娘道："奴也恼这刘邦，却还被行权之说所误，怕这《纵奸》一出，忒冤屈了他，今被文爷指破，才知道这四出之妙处。"

53《史记》卷八《高祖本纪》："六年，高祖五日一朝太公，如家人父子礼。太公家令说太公曰:‘天无二日,土无二王。今高祖虽子,人主也;太公虽父,人臣也。奈何令人主拜人臣? 如此,则威重不行。’后高祖朝,太公拥彗,迎门却行。高祖大惊,下扶太公。太公曰:‘帝,人主也,奈何以我乱天下法?’于是高祖乃尊太公为太上皇。”

㊹ 见范烟桥《中国小说史》,未详出处,汉京文化事业有限公司1983年版,第188页。

㊺ 据蒋瑞藻《小说考证·附续篇拾遗》卷八转录,上海古籍出版社1984年版,第239页。

㊻《清史稿·高宗本纪》载高宗崩后,“上尊谥曰‘法天隆运、至诚先觉、体元立极、敷文奋武、钦明孝慈、神圣纯皇帝’”。

㊼ 钱静方《小说丛考·野叟曝言考》,台北长安出版社1979年版,第162页。

㊽ 许指严《南巡秘记》,上海书店出版社1997年版,第38—51页。

㊾ 香港汉学图书供应社1966年版,第118页。

㊿ 详见潘建国著《晚清上海的报馆与〈野叟曝言〉小说》,发表于2004年北京香山所举办的“小说文献与小说史国际研讨会”。

61 详参拙作《从余波汇成汪洋——〈野叟曝言〉的流传与改编》,《明清小说研究》2006年第3期(总第81期),第4—21页。

(原载《明清小说研究》2010年第1期)

《野叟曝言》版本辨析

欧阳健

《野叟曝言》的版本主要有二：一为光绪辛巳（七年）毗陵汇珍楼刊活字本（以下简称“甲本”），一为光绪八年《申报》馆排印本（以下简称“乙本”）。两个版本的主要区别是：甲本为二十卷一百五十二回，且多有残缺；乙本则为二十卷一百五十四回，不惟多出二回，亦且无一缺损。关于甲本与乙本的关系，学界向无歧义，一般都认为甲本是原本，而乙本则出于他人的增补。早在光绪丁未（1907），《小说林》载蛮所撰之《小说小话》，即谓《野叟曝言》“原缺数回，不知何人补全，先后词气多不贯”。1923年，鲁迅在《中国小说史略》中谈到《野叟曝言》的版本时也说：“……迨印行时，已小有缺失，一本独全，疑他人补足之。”尔后，孙楷第1932年在《中国通俗小说书目》卷四《野叟曝言》条下亦指光绪八年本“序自谓足本，然实是增补本”。赵景深1937年在《〈野叟曝言〉作者夏二铭年谱》中也认为：“《野叟曝言》自以光绪七年毗陵汇珍楼活字本一百五十二回为可靠，惟缺第一百三十二、三、四、五回，第一百三十六回‘亦仅存末幅及评’。光绪八年《申报》馆本虽较多两回，且缺失皆已补完，恐是增补本；所增补的部分，不一定是夏敬渠的原作。”（《中国小说丛考》，齐鲁书社1980年版）持此说者虽众，然皆是推测之词，除《小说小话》“先后词气多不贯”一条外，基本上未作论证。就中鲁迅据以介绍作者生平的材料，恰是引用了乙本中的西岷山樵序，如以西岷山樵之序为信史，就不该得出“他人补足”的结论。总之，《野叟曝言》的版本问题，关系到如何认识作品的原貌，从而在此基础上对作品进行科学研究的问题，故仍需重新予以细致的辨析。

汇珍楼活字本（甲本）刊于光绪七年（1881）冬月，首为知不足斋主人序，序中说："……惜原本残阙，有名太史某公，才名溢海内，拟为补之，终以才力不及而止，则此书之奇可知已。近有某先生者，邃于宋学，谓此书足资观感，欲为付梓，集资甫成，遭乱而辍。兵燹后，传本愈鲜，残失愈多。予自维才谫，何敢续貂？姑搜辑旧本之最完者，缮付剞劂。普天下才人倘有能续而完之者乎？予将瓣香祝之矣。"甲本又有凡例六条，其五云："此书因有缺失，从未刊刻，兵燹后抄本又多遗阙，恐灭没无传，有负作者苦心，故特觅旧本，集腋成裘，勉力付梓。"其六云："缺处仍依原本，注明下缺，不敢妄增一字，贻笑大方。乃阅者不免以未睹全书为憾，然终无可搜罗，姑为刊出，以俟高才补续。"《野叟曝言》自乾隆年间成书之后，一百几十年中惟以抄本流传，年深月久，加之兵燹战乱，至光绪七年付梓时，传本已经很少，而且残缺十分严重，从而造成了"终无可搜罗"的状况；加之作序者又一再呼唤"高才补续"，所以当将甲本所有缺失一一弥补完足的乙本出版之后，人们就自然而然地把它当作他人的增补本了。

但是，从甲本的序与凡例看，《野叟曝言》的传本至光绪年间虽然已经甚少，但尚不曾变成孤本，刊行者方得"搜辑旧本之最完者"，"集腋成裘"。甲本的最大长处在于它对底本的高度忠实，它不仅"不敢妄增一字"，而且在底本的"缺处仍依原本注明下缺"。这种严肃的态度，使得我们对于《野叟曝言》版本的研究，获得了充分的便利。

甲本的残缺，大抵有四种情况：

一、整回的缺失。第一百三十二回回次下注："已下四回，原稿全缺，只录卷数回目，姑俟觅得完璧补梓。"也就是说，甲本第一百三十二回、一百三十三回、一百三十四回、一百三十五回共四回，只存卷数与回目，正文皆缺。

二、回末与回首的残缺。回末残缺的有第二回（下注："下有发水、覆舟、救妹、挖龙、擒怪、宿庙、结妹，逢凶、截僧、烧寺、破墙、放女等事，世无全稿，只仍原缺"）、第二十九回（下注："下少几页，是原缺”)、第一百三十回(下注:“此下缺二十八行”)、第一百三十一回(下注:“下缺一页并评”)、第一百三十八回(下注:“下有缺”)等。回首残缺的有第三回(回目下注:“回首有缺”)、第十一回(回目下注:“照原缺”)、第七十六回(回次下注:“迭去首半页”)、第八十四回(回次下注:“此回前有缺页”)、第一百三十六回(回次下注:“此回亦仅有末幅与评”)、第一百四十回(回次下注:“回首亦缺”)等。第一百三十九回则首尾俱缺(回次下注:“首尾悉属原缺”)。

三、正文中间的残缺。这又有两种情况:一为成段的缺失,如第三回正文“鸾吹道:‘这真是鬼使神着……’”(下注:“内有缺文”),第一百七十回正文“宫人日夜辛苦,也都伏在景王床边打盹,忽地觉有响动,睁开眼来……”(下注:“原缺半页”)等;一为句中文字的缺蚀,如第五十九回正文“湘灵忽地笑得打跌,说道:‘奴却真有计较(下注:“缺四字”)得了夫荣妻贵的采头,行令又遇着洞房(下注:“缺十字”)抢红,那个抢的多,就是新郎,余人做(下注:“缺十三字”)归洞房”等。

四、回后总评的残缺。如第六十五回,在“总评”二字下注:“仍原缺”,第一百二十一回末注:“下缺一页并评”。第六十六回、六十七回、六十八回等则无总评,又不注明缺失。第四十回总评末条未完,下注:“以下遭失”等。

总之,甲本缺失的情况是极为严重的,尽管甲本的搜辑刊行者已经作出了最大的努力,最终还是发出了“无可搜罗”的哀叹。面对把甲本所有缺失一一补足了的乙本,人们有理由首先审查一下它的来历,而不能采取轻信的态度。

关于这一点,乙本卷首光绪八年西岷山樵序作了详尽的介绍:

康熙中,先五世祖韬叟宦游江浙间,获交江阴夏先生。……先生亦幸订交于先祖,屏绝进取,壹意著书。阅数载,出《野叟曝言》二十卷以示。先祖始识先生之底蕴,于学无所不精,亟请付梓。先生辞曰:“士生盛世,不得以文章经济显于时,犹将以经济家之言上鸣国家之盛,以与得志行道诸公相印证。是书托于有明，穷极宦官、权相、妖僧道之祸，言多不祥，非所以鸣盛也。”先祖领之，因请为评注，先生许可，乃乘便缮副本藏诸箧中，先生不知也。先生既没，先祖解组归蜀。风雨之夕，出卷展读，如对亡友。尝谓曾祖光禄公曰：“尔曹识之，承夏先生之志，慎勿刻也。”自是什袭者又百有余年矣。乃今夏六月，余友程子自海上购得此书，以予好读奇书，持以相赠，不觉大诧。余友为述刻书之由，始知是书成于吴中书贾，而出之者，夏先生之后人也。然已缺失十一，不若吾家副本之全。余惟夏先生之为人著述震海内，传世之文当非一种，是书抒写愤懑，寄托深远，诚不得志于时者之言，故深自秘靳而不欲问世。今则去先生之世已远，无所忌讳；其后嗣既出其书，徒以兵燹剥蚀，使海内才人，皆有抱残守缺之憾，则将以是书知先生而不足以尽知先生，并无以知余祖与先生之交及当日慎重勿刻之意矣。夫后世不以是知先生，先生亦不以是书见知均之已矣；既以是知而仍无异乎勿知，则亦非吾祖之所乐也。爰出全书以付余友，达诸海上之刊是书者，亟谋开雕，俾读者快睹其全，并述藏书之由，以告夏先生之达人，证二百年前之交契云。

此序将乙本的来龙去脉交代得一清二楚，殊无牵强造作之意。据此序，可知乙本为《野叟曝言》原本之副本，出诸西岷山樵五世祖韬叟。韬叟不光是《野叟曝言》副本的缮写收藏者，而且是此书的评注者。如果此序所述诸事得以证实，无论对于研究夏敬渠的生平思想还是研究《野叟曝言》的艺术成就，都是极有价值的。

现在，让我们试着从以下几个方面，对甲本与乙本的关系作一番具体深入的考察，从而求得实事求是的科学结论。

第一，关于乙本所多出的二回的考察。

乙本与甲本相比，最大的特点还不是将其缺失者一一补完，而是多出了两回。甲本共一百五十二回，乙本却是一百五十四回。乙本是不是后人的“增补”，由此入手，最易寻出充足的证据。

应该引起注意的是：乙本所多出的两回，既不在全书之尾，如一般之续书然；亦不在全书之首，如冯梦龙之“增补”《新平妖传》然，而是在甲本第二回之后、第三回之前，插入了二回，如《水浒全传》之“插增”田、王二传。按甲本第二回“看花色眼急雨淋瓠子之头　挥麈雄谈冷水浇葫芦之背”末叙文素臣驳和光和尚“使我佛稍有欠缺，此教便应久灭，何以万古长存”之论道：“……历考从前，固尝一灭于魏，再灭于宇文，三灭于后周武帝，尽毁佛祠，世宗毁像铸钱，魏主则诛杀沙门，至无一存者，其时牟尼三世等佛，何以并没神通……”甲本至此中断，另行谓：

下有发水覆舟救妹挖龙擒怪宿庙结妹逢凶截僧烧寺破墙放女等事世无全稿只仍原缺

甲本第三回下注：“回首有缺”，正文起始为：“……复看众妇女时，虽也有几分姿色，比着鸾吹主婢、璇姑姑嫂，竟有天渊之隔了。”据甲本的格局，其所缺失者，仅为第二回之末与第三回之首。按甲本版式为半叶十行，每行二十八字，每回的篇幅约在十五页左右，计八千四五百字，其第二回已有十页，第三回亦余七页，二回之间所缺，当在七八千字，要在这极为有限的篇幅内，包囊上述“发水、覆舟、救妹、挖龙、擒怪、宿庙、结妹、逢凶、截僧、烧寺、破墙、放女等事”，是完全不可能的。而乙本恰是在补出了甲本二回的全稿之外，另列了两个回目：

第三回　只手扼游龙暗破贼坟风水　寻声起涸鲋惊回弱女余生

第四回　异姓结同怀古庙烘衣情话絮　邪谋蛊贞女禅堂掷炬秃贼惊

再将甲本之第三回易为第五回，余类推，以后各回回目亦全同，则全书共得一百五十四回。

那么，有什么证据说明乙本第三回、第四回是原本所有，而非他人所添加的呢?

证据之一:甲本第七回回后“总评”有这样一段话:

> 书之命名至八十七回始出,八回之春风晓日图其蒿矢也,故以系在裤带,及“见巾如见奴”等语,隐示轻亵,不足当命名之意。

此为第七回的评语,怎么会牵扯到第八回的情节呢?再查甲本,恰在第六回“非雨非云绝胜巫山好梦　画天画地恍图周髀遗经”中,有如下的描述:

> ……璇姑亦寻出十条白绫巾,上面绣着晓日曈昽、杨柳披拂之势,题着一行小字曰:“春风晓日图”。系在素臣裤带之上,垂泪道:“见巾如见奴也。”

这里明明是第六回的情节,总评何以说是“八回之春风晓日图”呢?按诸乙本,“春风晓日图”事恰在第八回,而上述甲本第七回的总评,正为乙本第九回。以第九回之总评,评及第八回的情节,不是再合逻辑不过的吗?由此可证,乙本第三、四两回确为《野叟曝言》原本所固有,甲本在“缮付剞劂”时,因第三、四回正文并回目皆失,遂将第五回的残稿改为第三回,直接接第二回残稿之后,以致全书仅剩一百五十二回。

证据之二:甲本第八十回“总评”云:

> 第三回千里大山忽而飞来者,旋复飞去,令人积疑积闷。至十二回之后,乃始得见其一峰一岫。直至此回,忽于无意中勘问褚宗,竟使全山俱见。连连丧败,云气消没,术士飘然,知机托故。素臣初出茅庐之功,至于如此,不亦快哉。

这一总评比较费解,需结合全书的情节方能分析明白。此回叙文素臣擒获靳直部将褚宗，褚宗招道："他家祖坟葬着龙穴，那年西湖发水，后山人亲见他坟内发起金龙，祖宗上天，子孙就该发迹，却反连连丧败，坟山上五色云气也没有了。望气的术士原许他做皇帝，后便飘然而去，可见是不能成事的。也有见几之人，托故辞去。"夹批："龙穴一段，较叶豪之说更详，素臣初出茅庐之功，亦愈著明。"总评所说之"千里大山"，是喻指文素臣那年在西湖扼游龙破靳坟风水事在全书结构中的作用。查甲本第三回为"灯花发火茶毗两个淫僧　虎足从风结识一条好汉"，绝无破风水的影子，而乙本第三回恰是"只手扼游龙暗破贼坟风水"。此回写道："北山云势黑阵阵直拥而上，雨点愈密，一股腥风裹紧云头，东穿西扑，隐隐望见鳞爪飞舞……看那龙时，蜿蜒夭矫，全身却现，忽然张牙舞爪，直奔素臣头上。"素臣与龙相搏，以神力拗断龙尾之后："那龙已不知去向。仰视天空，黑气也渐渐淡薄，雨势也渐渐收过大半。"此龙"忽而飞来，旋复飞去"，竟毫不交代其来龙去脉，纵使回中也写了老者关于"靳公公家葬坟，请遍有名风水，说这穴是真龙潜伏，只怕被文曲星破掉"的话，还是"令人积疑积闷"。总评又说："至十二回之后，乃始得见其一峰一岫。"而到了乙本第十三回"为寻姬欣逢豪杰　因失帕迟误婚姻"开首（注意：这正是所谓"至十二回之后"！而甲本此回系十一回），即写奚奇、叶豪与素臣道："靳家有坟在西湖山上，数年之前有徽州风水先生说他葬的真龙发迹之地，那靳仁一发胡为。谁知今年三月初头，这山上出了蛟，把坟都冲塌了。"按甲本第十一回失却开首部分，无以核对，但回末总评亦有："叶豪述靳坟之事，表明素臣初出茅庐第一功也。远隔十回，使读者猜度万遍，智力俱竭，始为点破，作者之苦读者乎？善读者乃愈得乐耳。"可见叶豪述靳坟之事，亦为甲本所应有。据甲本回评所言，十一回之"远隔十回"，当为第一回，此回回目为"三首诗写书门大意　十觥酒贺圣教功臣"，则此回之不会涉及靳坟之事，其理至明。而乙本十三回之"远隔十回"，恰为第三回，即乙本所多出来的"只手扼游龙"的那一回。答案只有一个：甲本第八十回总评所说的"第三回"，确是指乙本所多出的第三回。

《野叟曝言》原本之应为一百五十四回，还可从甲、乙两本分卷的合理与否推知。按二本皆以“奋武揆文天下无双正士镕经铸史人间第一奇书”二十字分卷，然二本各卷所占回数却颇有不同。现试列表如下：

卷次	甲本		乙本	
1. 奋	1—5回	共5回	1—7回	共7回
2. 武	6—11回	6	8—13回	6
3. 揆	12—17回	6	14—19回	6
4. 文	18—23回	6	20—25回	6
5. 天	24—30回	7	26—32回	7
6. 下	31—38回	8	33—40回	8
7. 无	39—46回	8	41—48回	8
8. 双	47—54回	8	49—56回	8
9. 正	55—62回	8	57—64回	8
10. 士	63—70回	8	65—72回	8
11. 镕	71—78回	8	73—80回	8
12. 经	79—86回	8	81—88回	8
13. 铸	87—94回	8	89—96回	8
14. 史	95—103回	9	97—105回	9
15. 人	104—110回	7	106—112回	7
16. 间	111—117回	7	113—119回	7
17. 第	118—125回	8	120—128回	9
18. 一	126—137回	12	129—137回	9
19. 奇	138—145回	8	138—145回	8
20. 书	146—152回	7	146—154回	9

从上表可知，甲乙两本，自“武”字卷二至“间”字卷十六，各卷所占回数与内容全同，惟“奋”字卷一甲本为五回，乙本为七回；“一”字卷十八甲本为十二回，乙本为九回，显得颇不匀称。按综观上表，乙本各卷所占回数最少为六回，最多为九回，各卷篇幅大抵

相当;甲本除卷一、卷十八外,也与乙本相近。只是由于甲本卷一失落了两回,而卷十八则内有四回半空文,为求得各卷分量之均衡,故不得不将卷十七、卷十九、卷二十的内容进行调整,所以才出现如此参差的状况。而乙本的分卷,是符合原作的面貌的,卷一中的三、四两回,确为原作所有。

第二,关于乙本对整回文字补缺的考察。

甲本第一百三十二回至一百三十五回,有回目而无正文,这四回是:

第一百三十二回　泰运将开囊括扶桑日本　疑胎乍脱血凝铁丐银儿

第一百三十三回　七年病遇三年艾　一世盲开万世明

第一百三十四回　舌战中朝除二氏　风闻西域动诸番

第一百三十五回　古佛今佛两窟俱空　君圂臣圂四灵咸集

如果从"增补"的角度看,这四回就与上述二回的情况大有不同:三、四回是有内容提示(即所谓"发水、覆舟……")而无回目,增补者有较大的自由;而此四回是有回目而无内容提示,近于限题作文,有些回目的含义又极隐晦,那位"才名溢海内"的太史某公,拟为补之而终以才力不及而止,大约已苦头备尝。所以乙本中的这四回,究竟是后人增补,还是原本所有,只要对内容稍加剖析,便可立见分晓。

比如,第一百三十五回"七年病遇三年艾",就是很不好弄的回目。乙本是回叙文素臣一病七年,如梦如醉,一旦闻上皇崩,便忽传素娥诊脉。母水夫人以为其病必有转机,素臣之子鸥儿从旁插舌道:"婆婆,那《孟子》上说'七年之病,求三年之艾'。孙儿生的那年,父亲已病,恰是七年,只消取些陈艾,一灸便好。"水夫人欢喜道:"这真是沈媳儿子,也会讲起医理来。但《孟子》岂是如此解法么?"七岁孩童的口吻何等天真、何等真切、何等富有文学情致,岂是他人所能向壁虚构的么？

又如第一百三十七回“君囿臣囿四灵咸集”，叙文麟在蒙古获麟，文龙在南洋获龙，龙又引龟，四灵已得其三，单少一凤，文麟遂言得父书，云文凤于上元之夜得凤，于是“四灵咸集”。总评云：“以麟得麟，以龙得龙，理之当，事之偶也。而以凤得凤，此处从无插入之法，妙在于家书中得之，而偏一无痕迹，恰好此处补述，文笔如精灵古怪，不可以常情测之。”构思之妙，绝非他人所能越俎。

此数回中，“泰运将开囊括扶桑日本”、“风闻西域动诸番”均是大开大阖，别开生面之文，恐非续貂者所敢一试，其余如铁丐疑银儿系立娘与素臣苟且所生，名其为“淫儿”，以致与立娘反目，至是因滴血方释疑胎（一百三十四回），素臣灭二氏，召见天竺僧法雨，将其收入门墙，作为归儒领袖（一百三十六回）等等细节，均与前文密合无痕。

要之，此四回皆出作者手笔，殆无可疑。

第三，关于回末与回首缺文的考察。

回末与回首残文的“增补”，似较整回撰写为易，但其间亦有难处，原因在于“词气之连贯”与否，稍加按察，结果便可立致。现姑各举一例以见之。

甲本第二回末叙文素臣之论曰：

> ……历考从前，固尝一灭于魏，再灭于宇文，三灭于后周武帝，尽毁佛祠，世宗毁像铸钱，魏主则诛杀沙门，至无一存者，其时牟尼三世等佛，何以并没神通……

正文至此中断。乙本接续为：

> ……可知佛亦胎生类中一具体之人而已，有甚灵感？彼之所以得行其教，以不生中国故也。汉通西南夷之前，闽粤以外即属异域，从古不通中国，未闻圣人之教；佛生印度，更远万里，以坚辩之言文僻伪之行，何怪愚夫愚妇，靡然而从之乎？

故佛在外国，听之可也。然且圣人之徒犹有用夏变夷之志，今俨然毒痡中国，与圣人树敌，尚可忍乎？魏周宇文之世，灭不终灭，盖德薄祚短，继起无人耳。若处当今圣明之世，而有守先待后之儒行乎权之所得，则爝火之光，一吹便灭，即势利好僧亦将背其所主、自逃法网，尚肯布佛尽力耶？你说万世长存，无论佛生在圣人之后，又数百年而入中国，兴废盛衰不能并衡；即以西域言之，佛在印度，其教自西而北，红黄异派，愈变愈盛，蒙古之行喇嘛，遂成国俗，乃元代驸马诸王偏镇印度，其时印人大半习麻哈默特之教，子孙北归，顿改回俗。是佛早不行于印度，何况中国本非佛所行教之处，由渐而兴，亦可无端而灭，佛即有灵，岂能与气数争权？……

痛斥佛教之妄，正是素臣一贯主张，且慷慨陈词，痛快淋漓，层层进逼，毫无滞塞不通之感。

甲本第十一回“为寻姬欣逢豪杰　因失帕迟误婚姻”，回目下注：“照原缺”。开首即为：

“本心并不要杀人的。”素臣回头向大郎道：“何如？我说是你这大话闯出来的。”大郎羞得要死……

乙本第十三回回首较甲本多1184字，开首为：“素臣听见‘松庵’二字，急问奚奇……”按甲本第十回结末：“素臣急问：‘怎又有甚松庵和尚？’奚奇言无数句，逗出根苗，正是：逆竖阴谋入明镜，阉竖泄气露机械。”二者紧密衔接。之后方写到奚奇谈及杀人之事：

“有一日众弟兄经过山岗，遇着一不识势的，手里执着铁鞭，掣马冲来，看人不在眼里。众弟兄只得同他很斗，不料官兄弟一不留手，那人的头就滚下马来，这是那人说大话惹出来的……小人们的本心并不要杀人的。”素臣回头向大郎道：“何如？我说是你这大话闯出来的。”大郎羞得要死……

词气前后贯通，人物对话与心理描写也极自然合理，不像他人所后补。

第四，关于正文中残缺的考察。

正文中残缺部分的增补如何，亦可见真赝之别。甲本第三回正文中云：

> 素臣道："这又奇怪了，那蜡台有四十多斤，你如何运得动他？"鸾吹道："这真是鬼使神着(夹注：内有缺文)登时俱着，满屋火起，两个贼秃都被烧死。"

再看乙本第五回的相关部分：

> 鸾吹道："这真是鬼使神差，妹子那时心也慌掉了，也不估量他轻重，顺手一推，不料那和尚腻了油脸，正靠住供桌，直向他脑袋上戳进，霎时血流如注，抱头鼠窜而去。妹子着实担忧，二哥又未回来，倘贼秃有了不测，虽则告官不出，就告了官，爹爹的分上，只消诉明根由，也自不妨，但传哄出去，却不好听。那时妹子和素娥急得没法，就有许多沙弥等进来把我们送到地窖外面屋里，也不知他何意。后来妹子因倦睡着，却被素娥叫醒，随奶奶已在面前说和尚痛得晕去，叫一个五台僧行昙用祝由科符水救治。"素臣听到"行昙"二字，恍然道："这行昙被柯浑放了，着实便宜，却到此地则甚？你且说来——"鸾吹道："随奶奶是看见的，说尔时屋里只有两个和尚，行昙焚起符来，那知烛台翻落，火烧衣袖，延及床帐，登时俱着，满屋火起，两个贼秃都被烧死。"

中多264字，且不说前后对话贯通一气，水乳交融，单是"鬼使神着"为"鬼使神差"就极有讲究。甲本因正文有缺蚀，"差"字亦模糊不全，故误为"着"。类似的例子还有甲本第一百四十五回正文："况大元帅常说，中国有了公相，用他着不当"(夹注；此下缺一页)，而乙本第一百四十七回则为:“况大元帅常说,中国有了公相,用他不着,当于海外创立非常之功,以成公之志。”“用他着不当”,显然不通,原因也在底稿剥蚀脱落倒置所误,乙本则是正确的。

至于补出正文中个别文字的缺损,无异于填空,更能见乙本之真实面貌。如上引甲本第五十九回正文,乙本第六十一回已将所缺文字补上:

> 湘灵忽然笑得打跌,说道:“奴却真有计较,方才四姐得了夫荣妻贵的采头,行令又遇着洞房花烛,竟叫他做新娘,我们抢红,那个抢的多,就是新郎,余人做喜娘傧相,搀扶交拜,牵红执烛,送归洞房。

乙本所加之字,不仅数字与原注字数相等,且臻一字不易之境界。

甲本的好处是忠于底本,不妄增一字,偶有缺失,即依原格式空缺,如第八十四回:

> 班新回来的弟兄守寨率领小人们去汤阴县降伏
　　　　泊又夺了几回钱粮如今连河南也不敢走了
　　　　　　　着小人到登莱一带探听致有此祸请问文爷是几时到此素臣把回到丰城及出门以后之事约略说了一遍道我为剿除又全救拔

乙本第八十六回则为:

> 班新回来的弟兄守寨率领小人们去汤阴县降伏了一伙强盗就乘便得了水泊又夺了几回钱粮如今连河南也不敢走了奚大哥怕他由海岛中接济故着小人到登莱一带探听致有此祸请问文爷是几时到此素臣把回到丰城及出门以后之事约略说了一遍道我为剿除又全救拔

所缺字数正好补齐，惟“奚大哥怕他由海岛中接济”，多了一个“中”字，也许是甲本计数之误，也许是乙本衍出之字，不足为病。

又如甲本第一百二十八回：

> 俱系大老爷长生禄位字样水夫人看毕怫然不悦谓诸（下注：下缺皆从原本）
>
> 臭孩子怎生当得欲撤去之汝等意下如何诸夫人未及回答
>
> 族间侄孙文周忙说道这是通县百姓的公举五叔公阻止
>
> 起来这个断使不得水夫人沉吟一会复进第三进屋去（下注：可二）
>
> 也是五间大殿殿中塑着素臣之像像前牌上金书华盖谨身
>
> 士兼吏兵二部尚书太保镇国公精忠神勇首辅元功文太师爷长生禄

乙本第一百三十回作：

> 俱系大老爷长生禄位字样水夫人看毕怫然不悦谓诸夫人此辈皆乳臭孩子怎么当得欲撤去之汝等意下如何诸夫人未及回答只见趋进族间侄孙文周忙说道这是通县百姓的公举五叔公阻止不掉只得塑起来这个断使不得水夫人沉吟一会复进第三进屋去
>
> 也是五间大殿殿中塑着素臣之像像前牌上金书华盖谨身两殿大学士兼吏兵二部尚书太保镇国公精忠神勇首辅元功文太师爷长生禄

甲本第四行下注：“可二”，即可直接相联之意，而乙本适将四、五二行直接联接，反映了乙本确是原本。

最有说服力的是甲本第一百四十回写文界游曲阜孔庙，圣公陪同、文界题诗的那一段文字的缺文的“增补”：

圣公见其振笔直书有如宿构字法秀劲笔笔褚河南圣公（下行间缺悉从原本）

接过讽咏觉情文交至于无可形容处形容出来

一付抒柚不觉赞不容口

过去指点这是诗礼堂这是唐槐

采果唐槐气郁葱美他千载受春风愿为一寸阶前草长露中

乙本第一百四十二回则作：

圣公见其振笔直书有如宿构字法秀劲笔笔褚河南圣公待其书完忙接过讽吟觉情文交至于无可形容处形容出来与历来名人所题另是一付抒柚不觉赞不容口文畀谦逊了一会走出殿除从廊下穿去圣公过去指点这是诗礼堂这是唐槐文畀讨过笔砚就题诗礼堂

庭训亲承独立时异闻何事叩吾师相攸当日无他格学礼闲来诵白圭

因在花笺上接题唐槐

采木唐槐气郁葱美他千载受春风愿为一寸阶前草长在尼山雨露中

乙本除了补完空白之外，最大的特点是多出题诗礼堂之诗。文中既有圣公分别指点诗礼堂与唐槐之事，则文畀题诗，就没有单题唐槐而漏却诗礼堂之理。按夏敬渠《浣玉轩集》亦载《诗礼堂》诗，然题下却为此中之《唐槐》诗，亦不对题旨。《浣玉轩集》为夏氏后人所辑，或许即据《野叟曝言》之甲本所录。从“增补”的角度来说，只需把缺失补齐便可，一般不必画蛇添足，另作新诗。而乙本出自《野叟曝言》之副本，其《诗礼堂》诗，正可据以改正《浣玉轩集》之误。

第五，关于总评缺文的考察。

甲本回后总评,多有缺失,而乙本不缺。如甲本第十四回“又李伤寒遗铁弹　素娥取冷卧铜屏”之总评仅二条,后注:“评之首尾,俱照原缺。”乙本第十六回总评共六条,现一并录下,以供对照:

△素臣初次出门,在昭庆借寓,次日即遇未老,舟中叙话,同被水灾,泅浮遇怪,接着斗龙,两番很力,已觉困惫,及见鸾吹,杀陶贼,又是惊忧喜怒,交集一时。方回寺中,稍可息养,忽而奔波城内,忽而救火夺钩,忽而拆墙放女,数日之间,身心交瘁。乃别过未老,回到吴江,安然江阴赴试,并未因劳感疾。此次出门,因访璇姑不着,心下担忧,趁船闲玩,突遇头陀,登岸出恭,巧援随妇。辛苦一夜,事毕回船,风露之中,放头大睡,加以几碗冷饭,积食未消,严陵滩三日波涛,滕王阁一番哭泣,内因外感,积累而来,一到丰城,奄然大病;何先后体气之不类耶?掩卷思之,乃知人生最不忘情,莫如知己之生死。前之不病者,撄心之境,尚有快意之遭,以未公父女得救,事后自可宽怀也,后之必至于病者,劳身之后骤值痛心之事,到门见状,悲生仓卒,临时不及遏也。谓此时而素臣犹能却病,非真知素臣者也。

△忆母一诗与滕王阁怀古一篇,皆真血性文字。遭际愈奇,阅历愈深,悲骚亦愈甚。使在初次出门之日,即不应有此胸襟,又安得有此文字。善读书者,自能设身处地而得之。

△又李之病虽为素娥而设,而既写其病,即无突然而病之理。故自前回开除头陀受寒劳身起,节节生根,至寒气逼入骨里,则病已成矣,觉道头疼,则病已见矣,加以郁勃赋诗,大哭大笑,复在柩前哭至伤心,病安得不速发且极重乎?此亦云之触石而出,肤寸而合,然后不崇朝而遍天下之义。

△不特开除头陀以后节节生根,而其根伏于第六回璇姑之香口。又李云:素娥姐果然精于岐黄,璇姑之言不谬。是未种根之先,先安一医病之国手矣。周身骨节,节节灵通,真至文也。

△头陀包内之药后来借作攻苗之具，是素臣之开除头陀不取包内别物而独留此药者，却早有作用在内。然以孤客而驻足于嫌疑之地，此等物件自应弃去，乃因此而几酿大祸，不知者将以素臣为何如人耶？

△素臣却色本领，自是独绝。前次璇姑以有兄嫂之命，救命之恩，自己终身之托，故于第二夜放入被窝之后，觉得与素臣十分亲爱，沾皮贴肉，似结成团，是情至于极，使素臣于此，断难支持，而后却色之本领见，此次素娥炽炭卧屏，于素臣不谓不恩，枕边垂泪，情由恩起，已无异于璇姑之亲爱，无如病中感激，瘦骨支离，在素臣心固无他，即素娥亦不肯遽就，无处可见却色本领，故不得不以误服药丸作一逼势，使素臣又至于无可奈何之地，而后见其真能却色。读至后回，令人胆战心惊不止。邪符所魔，正士偏心；淫药所迷，贞姬失节，天下误事之物，不必尽是补天丸，而如补天丸者多矣，可畏也哉。

全回六条总评，层次清楚，风格一致，与全书总评之主旨也完全相合。

又，甲本第四十回总评有半截残缺，末条为："素臣止一衿耳，特以引见时数言，遂致名重天下，观店家……"（下注："以下遗失"）而乙本则为："素臣止一衿耳，特以引见时数言，遂致名重天下，观店家所言，如此郑重，可知口碑。入后烂草绳一语，忽地酸辛，其生也荣，其死也哀，是之谓矣。"前后浑然一体，的为原评。

还有，甲本第六十五回总评下明白注出："仍原缺。"但第六十六至六十八回亦无总评，却不曾注明"仍原缺"字样，这种有违体例的做法，似别有原因。按甲本除总评外，复有文中双行小字夹批，然自第六十五回下半回起，至六十八回止，皆无双行夹批。大约是因了这几回秽亵过甚，故在刊行时连同总评、夹批一概削去，所以不注"原缺"字样。而乙本相应之数回，皆有总评，这些总评益加令人相信是原本所固有者。

综上所述，《野叟曝言》光绪八年本，不是后人的增补本，而是作者原作的副本。我们完全可以把它看作有机的整体,放心地据此本去从事夏敬渠的思想和艺术的研究。

不过,应该指出的是:甲本也好,乙本也好,都没有完全反映《野叟曝言》原来的全貌。第一,此二本都失落了原本的“总论”。甲本第二十四回总评云:“断笔之妙,详见总论,读者细意体之,兹不复赘。”第五十一回总评亦云:“总论云五十一回之伏在虚实之间,盖指此龙涎香而言。”可见原本中确有一篇“总论”,而二本皆无。第二,此二本又都删削了原来的注。乙本凡例后二条与甲本不同,其六云:“此书原本评注俱全,其关合正史处一一指明,如景王之为宸濠,安吉之为万安刘吉,法王之为妖僧继晓,皆一望而知,熟于有明掌故者自可印证,不以全注为嫌也。”甲本因是残缺本,故凡例之六为刊行者易为交代“缺处仍依原本,注明下缺,不敢妄增一字”,但二本皆无注,则是一致的。甲本虽然是一个残缺本,但却保留了原本正文中的极有价值的双行小字夹批,这又是其长处。因而,甲、乙两种版本,在《野叟曝言》的研究中都是有用的。

(原载《明清小说研究》1988 年第 1 期,后收入中国文联出版公司 1992 年版《明清小说新考》中,略有增删,本书据后者)

新发现《野叟曝言》同治抄本考述

潘建国

一　《野叟曝言》抄本的流传与搜集

《野叟曝言》成书之后，因篇幅长大，刊印成本竟高达千金，清顾心求辑《江上诗钞》卷九十八录小说作者夏敬渠《夜梦感赋》诗，云"《曝言》容易千金购，史论精专百日营"，下有小注"《野叟曝言》二十卷，刻资约需千金"，故无力付梓①，在很长时间内仅以抄本流传。道光十八年(1838)，江苏按察使裕谦颁布禁毁"淫词小说"令，并开列《计毁淫书目单》，其中已收录《野叟曝言》，可见该书曾一度传抄颇盛。此后江南迭经兵燹，书籍损毁严重，《野叟曝言》小说的抄本亦多零落遗阙，知者日少，至晚清时期其搜寻便已十分困难。

第一次公开征集《野叟曝言》抄本者，乃《申报》馆主人——英商美查。光绪三年(1877)六月八日，《申报》登载"尊闻阁主"的"搜《野叟檐曝记》、原本《红楼梦》二书启"：

> 顷者，辱荷藤花馆主人远道损笺，备承奖眷，盥薇雒诵，惭愧交并。承示《野叟檐曝记》未经付梓，原本《红楼梦》与坊间所刻者迥不相同云云。此二书名，不佞昔时早耳之，特苦无从购觅，今蒙函稔，江阴某氏及泾县某氏有此二种，用特附启渎陈，倘肯见示，欣幸何极？或海内藏书家亦有此种，便祈觅妥寄下，若可付之剞劂，本馆不吝报琼，如其本已丛残，本馆亦即

奉璧，无任鹄俟，乞勿金玉尔音也。

尽管此时美查连小说的书名也误为《野叟檐曝记》，但他对该小说的兴趣却十分浓厚。此后，《申报》曾先后登载过三则文字不同的搜书启事，其时间从1877年延续至1880年，可谓痴心不改：

启者：昨由苏垣接奉手教，知夏二铭先生所著之《野叟曝言》一书，贵友处有底本，可付本馆排印问世，以广流传。此诚高谊若云，感佩无似。祈将此书全部由信局寄来，先扩眼界为幸为盼。此覆。顺颂近祺。不尽。（光绪三年〔1877〕九月廿三日《申报》载“乞寄《野叟曝言》稿本书”）

《野叟曝言》一书，本馆搜访已有年所，去年承友人寄示一部，惜中多残缺，未便排印，今特再出告白，遍行搜采，如有家藏此书，祈将全帙一并寄下，本馆即出收条，或作价洋，或送新本，本馆皆不吝重酬也。此布。（光绪五年〔1879〕十一月初九日《申报》载“搜访《野叟曝言》”）

《野叟曝言》一书，本馆搜访有年，迄无全本。兹接友人来书，谓泰兴县刁家铺赵君应谷家有此一部，最为全备，又江阴县中亦有两部。为此再行奉告，务祈不吝惠示，俾宇宙间流传一绝妙文章，不使久秘枕中，日就湮没，天下人士日望之矣。至元本或恐损坏，本馆不惜重酬，或酌减酬数，由本馆延人抄写，一一遵示而行可也。此布。（光绪六年〔1880〕二月十三日《申报》载“搜访《野叟曝言》”）

随着搜访的深入，《野叟曝言》小说的相关情况逐渐清晰起来：光绪三年（1877），小说作者夏二铭的名字首次出现；光绪五年（1879），报馆搜得一个版本，惜“中多残缺，未便排印”；光绪六年（1880），报馆探知泰兴刁家铺赵应谷家藏有全本，小说作者家乡江阴县也藏有两部。《野叟曝言》的庐山真面目已显露在即，但不知出于何种原因，《申报》馆最终仍未能找到一个较为完善的、可供排印的版本[②],《野叟曝言》抄本流传之稀,由此可见一斑。

第二个致力于《野叟曝言》抄本搜集工作的,是夏敬渠的同乡后辈——“知不足斋主人”。光绪七年(1881),毗陵汇珍楼出版了《野叟曝言》的活字本(以下简称“汇珍本”),标志着该小说的传播,结束抄本时代而进入刊本时代。知不足斋主人在书首序言中说道:“兵燹后,传本愈少,残失愈多。予自维才谫,何敢续貂?姑搜辑旧本之最完者,缮付剞劂。”该书《凡例》亦称:“此书因有缺失,从未刊刻,兵燹后抄本又多遗阙,恐灭没无传,有负作者苦心,故特觅旧本,集腋成裘,勉力付梓。”凡此云云,都透露出当时搜罗之不易。

汇珍本凡二十卷、一百五十二回,残损情况颇为严重,从整回文字、回首回末到正文行间及回后总评,均有不同程度的缺失,令“阅者不免以未睹全书为憾”。约一年之后,即光绪八年(1882)年底至九年(1883)年初,“全本”《野叟曝言》出版问世,二十卷、一百五十四回,首附光绪壬午(1882)九月西岷山樵序言(以下简称“壬午本”),凡汇珍本缺失之处,此本均完好无损。此后,《野叟曝言》的翻印本、改编本颇多,其流传亦日渐广远。

然而,对《野叟曝言》抄本的调查、搜集工作仍未结束,只不过其承担者从出版商转为研究者。如前所述,《野叟曝言》壬午本是一个十分完整的版本,但或因过于“完美”,遂引发研究者对壬午本是小说原本还是增补本的激烈讨论:孙楷第、赵景深诸先生认为壬午本乃属后人增补本;而欧阳健、萧相恺、石昌渝、王琼玲等学者则认为是小说原文[③]。在此背景下,出于版本研究的需要,《野叟曝言》的早期抄本再度令人关注。

1995年,王琼玲发表论文《〈野叟曝言〉光绪四年精抄本析论——兼论〈野叟曝言〉版本问题》[④],首次对藏于中国社会科学院文学研究所资料室的光绪四年(1878)抄本进行了较为详细的介绍和研究。此本第九、十一、十三、七十一、一百二十六回的回目文字与汇珍本、壬午本均大异,正文与回末总评的存缺情况也具有自己的特征,有裨于《野叟曝言》小说版本研究的深入。但正如王文所云,光绪四年精抄本"本身也有若干疑点",值得作进一步探讨,却"因无夏氏原稿及其他抄本可对比,颇不易解决",可见,《野叟曝言》早期抄本的发现与搜集,仍然具有非常重要的文献价值和学术意义。

二　同治抄本的文本形制及存缺情况

笔者新发现的《野叟曝言》抄本,庋藏于北京大学图书馆,列为善本。凡三函,总数原应为二十四册,现已缺失一册,即卷十一(自第七十八回至第八十五回),故存二十三册。抄本页高 18.2 厘米,半页宽 12.9 厘米;半页抄 10 行,每行 25 字,行间夹批为双行小字,回末总评较正文低两字书写,字体均为行楷。抄本所用纸张为普通竹纸,偶印有红色长方形牌记,龙纹边框,中间竖题"兆有财记"字样,或即为纸行之名,但未审此纸的产地及生产年代。

首册封三左上角,贴有 1957 年 8 月北京图书业同业公会印制的售书签,称此书为"道光抄本",但遍阅全书,未能发现任何可支持此说的明确证据。第二十三册末尾,有一则墨笔题跋,文云:

> 此书吾乡夏二铭先生所著,当时极为脍炙人口,然因篇幅过长,传抄不易,以致流传甚少。洪逆乱后,更为稀见。此乃客腊以五金得之于姑苏书肆。同治壬申莫春古澄半园客注。

文后钤有"半园客"(阴文)、"巢云阁"(阳文)两枚印章。"壬申"为同治十一年(1872),"古澄"乃江阴的古称,"半园客"应是跋者之别号,"巢云阁"当是其室名,但遗憾的是,尚未能查到此人的真实身份。半园客购买此抄本的时间为"客腊",即同治十年(1871)冬天,则抄本的下限当为同治十年(1871)冬。尽管老一辈的书业人员,也许是根据纸张、墨色等因素,推断其为道光抄本,亦不可断然否决,但在没有找到确切证据之前,姑且称其为"同治抄本",比较稳妥。

半园客跋语的反面，附有墨笔题诗一首，审其笔迹，与半园客及抄本字迹皆不同，当出另人之手。诗前有短序，称"是书读竟，赠以五言十六韵"，则诗或为《野叟曝言》小说的某位读者所留。诗云：

一代扶轮手，千秋学道身。泽民多佐圣，辟佛更锄凶。至理分先后，名言判异同。置身黄阁上，开论紫垣中。剪恶征迁谪，灭威服远戎。倾心输夜鬼，格物感人熊。险壁神猿示，天荒石女通。珠儿争错落，弦索助玲珑。铁面哀难白，铜头血洒红。扛鼎原逐鹿，搅海出长虹。百信雷声吼，重生虎气雄。纸兵窜外殿，妖物歼后宫。独具回天力，频吹偃草风。有交皆白壁，无梦不江东。品格河阳上，文心郸架香。巍乎尧与舜，德业嫌萧嵩。

从诗歌的内容来看，题诗者对《野叟曝言》小说的情节十分熟悉，全诗对仗工整，用典不隔，寓意雅训，盖出自晚清传统文人之手。

同治抄本共二十卷、一百五十四回，卷回的分属与汇珍本、壬午本均不同，今制为一表，以便比较：

卷　次	同治抄本		光绪四年抄本		汇珍本	
卷一奋	1—4	4	1—4	4	1—5	5
卷二武	5—15	11	5—12	8	6—11	6
卷三揆	16—20	5	13—20	8	12—17	6
卷四文	21—28	8	21—28	8	18—23	6
卷五天	29—36	8	29—36	8	24—30	7
卷六下	37—44	8	37—44	8	31—38	8
卷七无	45—52	8	45—52	8	39—46	8
卷八双	53—60	8	53—60	8	47—54	8

续表

卷 次	同治抄本		光绪四年抄本		汇珍本	
卷九正	61—70	10	61—68	8	55—62	8
卷十士	71—77	7	69—76	8	63—70	8
卷十一镕	78—85	8	77—84	8	71—78	8
卷十二经	86—93	8	85—92	8	79—86	8
卷十三铸	94—101	8	93—100	8	87—94	8
卷十四史	102—109	8	101—108	8	95—103	9
卷十五人	110—117	8	109—116	8	104—110	7
卷十六间	118—125	8	117—124	8	111—117	7
卷十七第	126—133	8	125—132	8	118—125	8
卷十八一	134—141	8	133—140	8	126—137	12
卷十九奇	142—149	8	141—148	8	138—145	8
卷二十书	150—154	5	149—154	6	146—152	7

同治抄本首即为目录页，以朱笔标明残缺情况，其中第三、四回回目文字空白，下各标“全缺”两字；第一百三十四、一百三十五、一百三十六回存回目文字，下各标“全缺”；第五、三十一、七十一、一百三十七、一百四十一回存回目文字，下各标“半缺”。但仔细核对正文，情况略有出入：第一百三十七回目录标“半缺”，事实上正文“全缺”；另有多回残缺回首、回末或正文中间（详见下文），但目录页并未标出。同治抄本回目文字，有四回与汇珍本、《字林沪报》连载本、壬午本均大异，而与光绪四年抄本相同，它们是：

第九回　力较高低陌路订同心之谱　义关生死高堂纳内助之言

第十一回　竦论醒病人回生起死　题诗怀老母触景伤神

第二十三回　泄阉坟旺气文素臣远虑如神　失美女香罗

景日京粗心被拐

第七十一回　信假面仙人曲承师意　说真心侠女细数亲恩

光绪四年抄本第一百二十六回回目作“五星聚井五星聚奎喜出一门之内　三索得男三索得女祥呈六子之占”，同治抄本却又与之不同，而与汇珍楼本相同，作“五星聚井五星聚奎　三索得男三索得女”。此外，各回目字词异文甚多，今亦列为一表（为检查是否存在形近而讹的情况，故将文字转作繁体）：

回　数	同治抄本	光绪四年抄本	汇珍本
12	放將盜去	放得盜去	放得盜去
21	野路三旬	野路三旬	野路三千
26	暗排坑塹	安排坑塹	安排坑塹
45	生僧燒作熱僧	生僧燒作熟僧	生僧燒作熟僧
51	假口全真	假口全真	假口全貞
52	破地獄	破地藏	破地藏
54	口中得意	口中得喜	口中得喜
55	魂飛花箋	腸斷花箋	腸斷花箋
72	禽獸之恩	禽獸之恩	禽獸之心
75	萬古心胸	平日心胸	平日心胸
81	月照雙頭	月照雙頭	月照雙郎
82	斷鐵匣	斷鐵組	斷鐵組
87	兩王子	兩皇子	兩皇子
94	治香以臭	治香以臭	治臭以香
95	正氣女	心正女	心正女

续表

回　数	同治抄本	光绪四年抄本	汇珍本
102	四伏降毒龍	四伏降毒龍	四伏降六龍
103	龍蟠於火	蟒燔於峒	龍燔於洞
106	天羅罩暗	天羅窣暗	天羅窣暗
107	變出炎凉之界	生出炎凉之界	久出炎凉之界
109	逆藩伏法	逆藩伏法	逆藩授首
122	主奴聚舊	主奴叙舊	主奴叙舊
129	拜觀音	戲觀音	戲觀音
133	真天使	奚天使	奚天使
138	會狀後歸門婿	會狀復歸門婿	會元復歸門婿
141	聞冰淵	聞冰淵	開冰淵
149	百歲堂中	百壽堂前	百壽堂前
150	兩孿生	二孿生	一孿生
152	駁先賢	毀先賢	毀先賢

由表可知：除第四十五、五十一、一百四十一回可能属于形近而讹之外，其他均为改动所致，且各本互有出入。正如研究者所指出的："章回小说中各本回目不同者比比皆是"，"推究此现象之成因，大抵是作者、评者修改；抄本、刊者改易；甚至读者更动；或辗转传抄、翻刻时讹误所致"⑤。同治抄本回目与其后诸本存在差异，自亦不能说同治抄本一定优于其他各本，但它毕竟为我们提供了一份更为原始的、更接近小说作者原稿的回目，故弥足珍贵。

同治抄本正文及回末总评的残缺情况，统计如下：

正文第三、四、一百三十四、一百三十五、一百三十六、一百三十七回，共六回全缺；

正文第五、十三、一百七、一百三十八、一百四十一、一百四十二回，共六回首残；

正文第二、三十一、五十二、六十九、一百三十二、一百三十三、一百四、一百四十一、一百四十二、一百五十三回，共十回尾残；

正文第七十二、七十四、一百九、一百三十二、一百三十九、一百四十七回，共六回文中有整段或多行残缺；

正文第二、三、四、五十二、六十七至七十、一百二至一百九、一百三十三至一百三十七、一百四十、一百四十一、一百五十至一百五十四回，共二十八回回末总评全缺；

正文第十三、十五、十六、三十六、四十二、四十六、六十、八十六、九十、九十一、九十二、九十三回，共十二回回末总评有部分残缺。

此外，北京大学图书馆所藏同治抄本，已遗失一册，故第七十八至八十五回均不存，其文本的具体情况亦不详。

三　同治抄本的版本研究价值

同治抄本是目前所知存世时间最早的《野叟曝言》版本，由于它的出现，使光绪四年抄本、汇珍本及壬午本诸版本获得了一个较为可靠的参照物，因此，对于《野叟曝言》小说的版本研究，意义颇为重大。我们将同治抄本的版本价值，概括为如下三个方面：

1. 提供了迄今为止最为原始的《野叟曝言》文本面貌。

抄本与刻本相比，缺乏文本的稳定性，在传抄的过程中，容易发生讹误、脱落、错简、异文甚至整段整回残缺的现象，故其版本梳理殊为不易。凡是有过抄本传播史的小说，情况大抵如此。《野叟曝言》成书之后，未能及时刊印，缺少一个体现作者原稿面貌的初刻本，因此，现在只能通过不断地搜集早期抄本，互校互补，缀合拼接，以求接近或重现小说之原貌。

同治抄本的发现，一方面可以加深或证实我们原先对《野叟曝言》小说文本的若干基本认识：譬如，《野叟曝言》全书应是一百五十四回，欧阳文曾利用汇珍本的回末总评资料，作过精彩的考辨，而同治抄本目录页明确标有一百五十四回，第一百四十四回总评第二则亦称："言乐一段，将一百四十三回以前所作所为全数重提，历落而出，与后百出戏文一副杼轴，两样花色，千呼百应，以结束全部一百五十四回之洋洋大文也。"言之凿凿，不容再疑⑥。另一方面，同治抄本也带给我们不少新的信息，启发若干新的思考。兹特举三例如下：

其一，关于《野叟曝言》有无"夹注"问题。壬午本《凡例》第六则云："此书原本评注俱全，其关合正史处一一指明，如景王之为宸濠，安吉之为万安刘吉，法王之为妖僧继晓，皆一望而知，熟于有明掌故者，自可印证，不以无注为嫌也。"受其影响，研究者亦认为《野叟曝言》原有夹注，今已悉数缺失⑦。但是，既然同治抄本、光绪四年抄本、汇珍本均只有行间夹批及回末总评而无夹注，壬午本的《凡例》或有误？或许，壬午本所谓"评注俱全"，是将汇珍本的行间夹批当成了夹注而刊落，故其止剩回末总评。

其二，关于部分回目缺失夹批、总评问题。汇珍本自第六十五回下半回起至六十八回结束，均缺夹批及总评，亦未注明"仍原缺"，欧阳文怀疑"这种有违体例的做法，似别有原因"，"大约是因了这几回秽亵过甚，故在刊行时连同总评、夹批一概削去，所以不注'原缺'字样"。这一解释恐难成立，因为"秽亵过甚"的小说正文，汇珍本均照刊不误，又何必非要削去夹批及总评不可呢？我们再看同治抄本，这几回文字同样没有夹批，没有总评，且未留空白。这两个早期重要版本表现出来的高度一致，使我们有理由推测：或许这几回原本就没有夹批、总评。试想：评点者鉴于内容过于色情，避而不评，岂非正在情理之中？

更值得关注的是小说第一百二至一百九回回末总评，同治抄本与汇珍本均无，且未标明残缺；光绪四年抄本则较为复杂，其中第一百二、一百三、一百四、一百五回回末总评的则数及文字，均与壬午本相同，但存在之形式耐人寻味，第一百二、一百四回回末抄满一页，其余总评以签条形式夹于此页夹层之中，第一百三、一百五回因未留空白页，故总评全部夹于正文最后一页的夹层中；第一百六、一百七、一百八、一百九回回末总评均无，书页夹层中亦无。

上述情况清楚地表明:光绪四年抄本所据底本的第一百二至一百九回,原来也无回末总评,现存文字乃是据别本抄补,这一"别本"很有可能就是壬午本。

特别有意思的是,若《野叟曝言》小说的第六十七至七十回、第一百二至一百九回,果真原无夹批及回末总评,那么,壬午本回回有总评,岂非反而露出了后人增补的破绽?

其三,关于"春风晓日图"问题。汇珍本第七回(实际应是第九回)总评云:"书之命名至八十七回始出,八回之春风晓日图其蒿矢也,故以系在裤带,及'见巾如见奴'等语,隐示轻亵,不足当命名之意。"验诸第六回(实际应是第八回)情节,正有璇姑将一条绣有"春风晓日图"的白绫巾系于文素臣裤带之上的内容,但奇怪的是,汇珍本该回总评对此关系到全书主旨的"春风晓日图"却未置一喙!再看同治抄本,较汇珍本多出一则总评,而且正是评析"春风晓日图"者:

> "春风晓日图"为全书名目,不应至此回始出。曰:此非外人可知。而书以晓日为名,本取旭日一升,阴邪皆灭之义,而必云"春风晓日"者,重乎东宫之赐,并重乎东宫之言也。东宫之赐为"春风晓日图",东宫之言并及煦阳之意,此书之所由命名也。黄河之水,始于滥觞;此回之"春风晓日图"即滥觞之原,与东宫所赐是一非一,是是非非,如镜花水月,分拆不开,执着不得。厥后此图失而复得,仍归璇姑,其事若毕。迨东宫特命真妃绣帕,转赐素臣。名书之意,至八十七回始出,而读者于此回即指镜花为真花,水月为真月,且嚣然议其迟出。惟其迟出,乃见高手;惟其迟出,而有先出者为之嚆矢,使读者目乱神迷,无复于风雨中辨其何者是罗,何者是浮,乃愈见高手,宁可以得诗之多寡定马之高下也哉。

这段总评,对"春风晓日图"的深远寓意及其在小说中的重要作用,作出了十分清晰的解释和概括。而"此非外人可知"一句,又隐约透露出评点者的模糊身影，他至少应与作者存在密切关系，并了解夏敬渠对“春风晓日图”的特别态度：夏氏《浣玉轩集》卷四载《漫题扶桑晓日图》诗，文云：“一轮晓日透扶桑，盥漱初鸣领众芳。泉滴灵珠来活水，石悬嫩乳作匡床。静看女史分弧角，漫听娇娥说扁仓。红线青萍方敛锷，班姬彤管欲流香。先天悟出阴阳妙，太极参余佛老荒。鱼跃鸢飞真造化，云行川逝大文章。科头岂为儒冠误，坦腹难容异学猖。赤舄元公应入梦，春风曾点拟同裳。葱茏园圃探生意，寂寞沧溟泛野航。四美图成乌有传，任他千古捉迷藏。”诗中所谓“四美”有传、辟佛灭道云云，正“切合夏氏创作《野叟曝言》之主旨精神与内容情节”[8]。可见，同治抄本存有的此则总评，乃是一段非常重要的“点睛之笔”。

2. 充分证明了汇珍本乃是一个可靠的版本。

汇珍本《凡例》声称“缺处仍依原本，注明下缺，不敢妄增一字，贻笑大方。乃阅者不免以未睹全书为憾，然终无可搜罗”云云，正文之中又屡屡以小字标注的方式，提醒读者“内有缺文”（第三回）、“迭去首半页”（第七十六回）、“下缺一页并评”（第一百二十一回）、“首尾悉属原缺”（第一百三十九回）等等，其态度之严谨，颇令人赞赏。但是，由于缺乏早期抄本作比照，我们对汇珍本的可靠性仍然存有疑虑。现在，发现了同治抄本，这份疑虑终于得以彻底地消除。

笔者将同治抄本与汇珍本逐回进行了细致的对读，发现两者的存缺情况基本一致，包括整回缺失、回首回末残缺、正文中间残缺、回末总评全缺以及回末总评部分残缺等各种情形，均是如此；更有甚者，许多回目正文中间的残缺，起讫竟不差一字，譬如：第三十一回，同治抄本目录页标“半缺”，正文至“下下棋，分分心也”，以下空白，汇珍本亦至此缺失，标注“下少几页是原缺”；第七十二回正文，同治抄本自“已着人前去，须明日才”至“想方爷既有福建书信”之间，有一整页空白，汇珍本于此间标注“此中失去页”；第七十四回正文，同治抄本自“好食狗粪”至“文爷你这梦准得怕人”之间，有一整页空白，汇珍本亦于此间标注“此中缺数行”；第一百四十一回正文，同治抄本首尾均残，回首有一整页空白，存文始于“差内侍驰驿至吴江”，止于“亦敬惜圣贤遗意”，汇珍本于该回回目下注“首尾悉属原缺”，正文起讫与同治抄本丝毫无差。类似的例证甚夥，兹不赘举。凡此均可证明：汇珍本刊印之时，确实严格忠实于其搜罗到的《野叟曝言》抄本，未敢“妄增一字”，其可靠性不容置疑。

当然，也有若干回目的正文及回末总评存在同治抄本与汇珍本互为补阙的情况，其中最具研究价值者，当数那些汇珍本已缺而同治抄本却未缺的文字，此详下文。总之，若将同治抄本与汇珍本互校，去其重复，补其遗阙，最后缀合而成的《野叟曝言》文本，庶可代表该小说传抄至清代后期、特别是同光时期的基本面貌。

3. 引发了对壬午本及光绪四年抄本的质疑。

如前所述，关于光绪壬午本是作者原本还是增补本的问题，自20世纪30年代以来颇具争议，但因缺乏可靠的早期版本作为参照，迄无定论。同治抄本的发现，为解决这一争论提供了许多有力的证据。笔者拟综合相关史料，撰写另文《〈野叟曝言〉光绪壬午本为增补本考》，从回末总评、小说正文及出版过程三个方面，详细论证壬午本为增补本。此限于篇幅和体例，略举其中最为直观的一个证据，以便显示同治抄本的重要版本价值：

汇珍本第八十四回（同治抄本、壬午本第八十六回），回首注“此回前有缺页”，正文始于“班新回来的弟兄守寨”。同治抄本、壬午本此处均不残，然而对读两个版本，其情节和文字却大相径庭。尽管两段引文稍嫌冗长，但为能清楚地说明问题，仍悉数转录如下，其中黑体为汇珍本存有的文字：

同治抄本文云：

有逃脱的几个健役，忙赴衙门通知汛弁，登时营兵、汛快、地方保甲，一齐赶来，把受伤之人，搀的搀，抬的抬，收拾本箱，牵挽马匹，到察院衙门击鼓通报。按院立刻坐堂，问明情节，道：“不干你们事，这明是又全所使，他截夺本章，罪上加罪，候本院再出本题参便了。”吩咐将一干人众押赴县里验伤取供，缉犯解究。众人因本章被毁，安心受刑，却重话也没说一句，个个感激，磕头如捣的谢了出去。立时草奏，重复拜本(笔者按：行间原有空白)兵百名护送出境。

又全的家人通信进监，又全大喜道："把柄已去，任他上本，不怕他了。"吩咐唤总管俞忠进来，此后不必躲避，家人们有话只顾进监面回。此信一出，又全家人伙计，个个舒眉放眼，意气飞扬。俞忠进监，又全掀髯大笑道："劫本一着，乃罡风搅海之计，他一个白面书生，岂能料得到此？你如今就去，快请岳惊天写起御状，并三法司各科道衙门揭帖，着家人知会景府及赵光耀老爷，并通知靳公公，去登闻鼓上陈，告按院挟仇诬陷叛逆，凶抄家业，凌辱妻妾，锁禁无辜，他的手笔是我用熟的，不必再拿来我看，总以速为主。若把按院问了一个反诬，正了法，以后还有何人敢与我作对？你们在外也更有兴头了。塞翁失马，焉知非福，我好快活，你出去作速赶办，不可迟误。"俞忠喜极，连声应诺而去。

素臣在衙，翻阅又全账簿，忽见日记上开着："请某人等午饭，分送银四百两。"旁注为"半千田业"字样，大喜道："有这一笔，田生之屈得伸矣。"因把账簿发刑厅严讯详报。忽又想起被又全食精的大汉，怎这般面熟？凝思一会，忽然触起道："一些不错，是东阿山庄的。"因令门役向班房中提来，越看越是，因道："你是东阿山庄头领，怎假说是巫明？"那大汉猛吃一惊，抬头细看素臣道："老爷莫非姓文？"素臣道："我便是文素臣。"大汉连连叩首道："梦里不想是文爷，却是文爷来救小人性命，小人实是叶世雄。"素臣唤起令坐，世雄告罪坐下，说道："小人自去年三月初一日见过文爷，就奉差往河南汤阴县去，直至月前才到莱州。"素臣道："且住，去年三月初一日，我在江西省城，并未见你。"世雄道："文爷虽未见小人，小人却见过文爷，直候文爷往丰城去了才回小庄的。"素臣抚掌大笑道："经年之疑，释于一旦矣。且问，你为我讼事，用掉山庄内多少银子？"世雄嗫嚅不语，素臣道："你也是个汉子，怎为这几两银子藏头露尾,快实说来。"世雄道:"那年二月,因护送文爷到丰城,知道有甚官事,遂复跟至省城,有带去的人,遇见文管家,才知为选绣女之事。后来探知廖监逼要银子,连夜赶回山庄,带来三千银子,只说是任老爷清廉仁爱,万民感激,里长们公凑三千银子,孝敬公公,求免解京,复还原职。廖监原想千金,忽得三倍,便连天都许下来,把这件事平复了。因是奚大哥吩咐不许泄露的,故此迟疑。将来若见奚大哥,还求文爷包庇。"素臣点头,复问:"河南去为着何事?"世雄道:"山庄内全靠靳家一股钱粮,自吴天败后,靳家就改道走了河南。奚大哥留叶大哥(笔者按:行间原有空白)班新回来的弟兄守寨,率领小人们到汤阴县降伏了几个水贼,占了湖泊,又夺了几回钱粮,如今连河南也不敢走了。奚大哥猜是海运,故着小人到登莱一带探听,致有此祸。请问文爷是几时到此?"

壬午本文云:

李家家人闲汉,把奏本敕札搜出烧毁,各人分投跑逃,登时将一桩天大祸事,弄得泯然无迹。几个心腹的疾忙走入府监报知又全,又全大喜,问道:"你们抢夺时还看见什么人马过去没有?"家人答道:"本箱未出来时,出城的人马怕还没有,先前有马匹直冲过去,小的见他空身,又见打探的人在后摇手,所以止住。后来本箱出来,埋伏的人却个个上前动手,都打得七零八落。只是一件事,那背本的承差,被殴太重,恐有不测,按院必定严紧催缉,张扬出来,恐露口角哩。"又全道:"这本箱被劫的事,按院自己不便,他说得出口吗?就是府县也怕处分,即使严催,亦只得拖延下去。他们动手的,都依着我分付各样打扮的吗?"家人答道:"都是依着老爷行事的。况且,抢了下来,举火便烧,城外空闲,天色乍明,除了这些逃的人,没一个路人看见。"又全道:"这便是了,任他捕风捉影的手段,也拘不到一个。你却速回去,叫俞忠赶人到景州,须要日夜趱行，一面先再派人上京，另写几封信由塘递带去，知照京中解铺里随时发银应用，不可有误。”家人道：“小的就去与俞忠商办，如今大事已定，老爷放了心才可摆布。”又全又将处置随氏的话叮嘱一番，家人方才出去。

这里承着等一二十人喊哭进来，跪诉中军传进本箱被劫等情，金相大怒，立刻传到府县，当堂申饬，限令即日要把抢本人犯一齐拘拿勘审。唤过承差等人，即着当面验伤，填格备案。掖县禀请带回一干人细讯情节，以便购线出赏。府尊又禀道：“大人发本，正在黎明，虽则尚早，究属白昼行劫，不知是那里来的大盗，应以通报海缉为要。”金相正在沉吟，只听见素臣屏后微咳一声，转过头来，素臣使个眼色，金相会意，便厉声道：“贵府贵县怎看得此事毫不打紧，方才众供俱明白眼见抢本的人，都是在田耕作模样，夹杂些肩挑小贩在内，显系李家庄仆佃户，受其钱财所为，有何情节不明，而烦贵县再讯。至贵府欲通详踩缉，装点外来大盗打劫，不过规避处分。试思差弁等人匹马长行，何来行李致勤匪人欣羡？所劫止有本箱，登时烧毁灭迹，谓非李金奸谋，谁其信之？出城不及里许，一见差弁即四面赶拢，其为近地之人无疑；事毕即散，无赃无证，何必远逃？要各属通缉则甚？贵府县政声久著，境内愚民目无王法，竟敢纠抢钦使本章，而贵府县乃欲避重就轻，卸其事于外来客匪，养奸纵恶，是何居心？本院补发一本，即将出城，遇劫情形，声说在内，恐贵府县未必即能诿卸。速去依限查拿，若有违误，本院自然咨会题参，那时就与通报无异了。”府县连声称是，打躬出去。金相进内见过素臣，自去办理别事。

素臣忽然想起，昨日同李家歌姬一同绑带回衙之人，面相颇熟，后来问供说叫巫明，莫非是假姓名，与我吴铁口一般？且唤他进来问一问。因叫家人禀过金相，发出一签，走到班房传巫明进来，说是本院当面研讯，差役等人一概回避，不必传班。不多一会，家人带了进来，那人一见素臣，急叫“文爷”，倒身便跪。素臣细看，果是东阿山庄内的叶世雄，忙扶他起来，令其就坐。世雄不敢，素臣使了眼色，然后坐下。素臣问道："你如何落他陷阱？却为何事，几时从山庄起身的？"世雄道："奚大哥因靳家京里下来的银钱粮草，屡被众兄弟截住，改道由粮船南下，特着一班新回来的弟兄守寨率领小人们去汤阴县降伏了一伙强盗，就乘便得了水泊，又夺了几回钱粮，如今连河南也不敢走了。奚大哥怕他由海岛中接济，故着小人到登莱一带探听，致有此祸。请问文爷是几时到此？"

差异如此大的两段文字，不可能是因传抄而产生的异文，其中必有一段属于后人补撰。笔者认为：同治抄本是原文，壬午本是后人增补文字。理由如下：

其一，同治抄本的问世时间要早于壬午本，按照文献学研究的一般规律，时间早者自然相对较为可信。

其二，此回回末的前五则总评，同治抄本、汇珍本、壬午本三个版本均存，且文字完全相同。而这五则总评，恰恰是针对回首情节而发的：

"又全掀髯大笑"一段，真有笔歌墨舞之致，欲抑故扬，欲翕故辟，文法之秘，若平平说去，便减无数气色，何能夺目？

廖监变头，至此始为揭破。素臣云"经年之疑，释于一旦"，余亦云"三十回以前之疑，释于一旦"；素臣抚掌大笑，余不禁抚膺大恸，我亦有知识，亦有灵明，何乃昏昏邓邓，任作者覆入盆底，不放一线日光入我之目也，悲夫！

带来的人遇见文管家，与前五十五回（笔者注：汇珍本、壬午本作"五十三回"）百忙里不见奚囊，及遇见东阿山庄头目，一路上说了几句话相应。然则作者一面覆盆，一面透进日光，非全掩读者之目也。总缘心不细、机不灵，故如没缝鸭蛋，钻研不破耳。此后读书一句一字不可放过，切记，切记！

不覆盆，不见作者之巧；不透进日光，尚不见作者之巧之绝伦也。何故不见奚囊？何故与头目说话？作者明明透进日光，而读者紧闭双目，不一注视，枉自抓心挖肚，爬搔不着。则惟有极口赞叹作者之巧之绝伦而已。余故曰：此后读书一字一句不可放过也。

以前读书亦知一字一句不可放过，无奈读他书此法即明，读此书此法即昧。以他书之一句一字皆自画供招，此书之一句一字，如囫囵鸭蛋也，"不见奚囊"、"说几句话"，数字中岂知有世雄跟至省城、探知廖官要银、赶回山庄、假托里长公凑三千银子孝敬之事，非今日世雄亲口一五一十告诉出来，仍自昏昏邓邓，在盆底里过活也。则亦惟有极口赞叹作者之巧之绝伦而已。

很显然，五则总评与同治抄本所存之情节内容的为原配，天衣无缝；总评中引及的"又全掀髯大笑"、"素臣云'经年之疑，释于一旦'"诸语，均可在同治抄本中得到一一落实。相反，壬午本的文字与此五则评语却风马牛不相及，上述诸语也踪影全无。

其三，核对相关回目之情节：此回后半部分情节有"此日刑厅进见密禀道：'昨日老大人发下田半千一案，卑职把账簿指实，将原中套夹吓问，即据供招受贿袒证实情"云云，同治抄本所存文字，正有素臣翻阅又全账簿，发现田半千案证据，将账簿"发刑厅严讯详报"之事，前后呼应，滴水不漏，而壬午本却与此事丝毫无涉；另同治抄本第五十五回（即汇珍本第五十三回）写道："素臣根问奚囊，在城门边何故挤散？奚囊道：'起船时遇见东阿山中头目，暗伏下文变头，须记着。一路上说了几句话，就落在后边。'"此回回末总评称："百忙里不见奚囊、与山庄头目说话两层，伏笔神乎其神。"可见，这一精彩伏笔，早在小说第五十五回便已暗暗伏下，评点者也一再用夹评、总评，提醒读者们留心，直至第八十六回，方才彻底解开谜底，堪称是《野叟曝言》的得意之笔。而壬午本只是根据前后情节，连回末总评亦未及细阅，就草率作出增补，虽亦勉强可读，但增补者焉知其中机关，前不呼，后不应，遂使夏敬渠苦心经营的千里伏笔，毁于一旦，其后人妄续的破绽，亦昭然若揭。此实乃壬午本为增补本的铁证。

这里，还必须提及光绪四年抄本，此本约以一百六回为界，之前基本完整，凡同治抄本、汇珍本残缺之处，它大致不缺，文字多与壬午本完全一致；第一百六回开始，则存在缺文，其残缺情形又与同治抄本、汇珍本大抵相同，甚至丝毫不差。这种前后有别的现象，不免令人疑窦顿生。事实上，光绪四年抄本乃是一个情况比较复杂的版本：它一方面与同治抄本似存在同源关系，譬如其第九、十一、十三、七十一回的回目文字与同治抄本全同，而与汇珍本迥异；上文所引第八十六回回首的情节文字亦与同治抄本基本相同，仅有少数字词差异。但另一方面，它又与杂有后人增补文字的壬午本关系密切。关于此，笔者拟另撰《〈野叟曝言〉小说光绪四年抄本考辨》予以详论，兹不展述。

【注】

① 参王琼玲《夏敬渠生平、著作与〈野叟曝言〉之创作素材、动机》，载王氏《清代四大才学小说》甲编第一章，台湾商务印书馆1999年版；另光绪壬午九月"西岷山樵"《野叟曝言》序言称："阅数载，出《野叟曝言》二十卷以示。先祖始识先生之底蕴，于学无所不精，亟请付梓。先生辞曰：'士生盛世，不得以文章经济显于时，犹将以经济家之言上鸣国家之盛，以与得志行道诸公相印证。是书托于有明，穷极宦官、权相、妖僧道之祸，言多不祥，非所以鸣盛也。'""先生既没，先祖解组归蜀。风雨之夕，出卷展读，如对亡友。尝谓曾祖光禄公曰：'尔曹识之，承夏先生之志，慎勿刻也。'自是什袭者又百有余年矣。"西岷山樵的序言，虽有书贾伪托之嫌，但反映了晚清文人对《野叟曝言》始终未及刊行的另一种特殊理解。

② 关于《申报》馆与《野叟曝言》小说之间的因缘关系，参见拙文《晚清上海的报馆与〈野叟曝言〉小说》，2004年"小说文献与小说史国际研讨会"（北京香山）会议论文。

③ 参孙楷第《夏二铭与〈野叟曝言〉》，载《沧州后集》，中华书局1985年版；赵景深《〈野叟曝言〉作者夏二铭年谱》，载《中国小说丛考》，齐鲁书社1980年版；欧阳健《〈野叟曝言〉版本辨析》（正文以下简称"欧阳文"），载《明清

小说研究》1988 年第 6 辑，后收入其《明清小说新考》，中国文联出版公司 1992 年版；王琼玲《野叟曝言研究》，台湾学海出版社 1988 年版；萧相恺《光绪辛巳和壬午刊〈野叟曝言〉》，载《珍本禁毁小说大观》，中州古籍出版社 1992 年版；石昌渝《中国古代小说百科全书 · 野叟曝言》，中国大百科全书出版社 1993 年版；石昌渝《中国古代小说总目 · 白话卷》之《野叟曝言》，山西教育出版社 2004 年版。

④ 论文首载台湾东吴大学《东吴中文学报》1995 年第 1 期，复经改写后收入王琼玲《清代四大才学小说》甲编第二章，台湾商务印书馆 1999 年版。

⑤ 王琼玲《光绪四年精抄本〈野叟曝言〉》，载王氏《清代四大才学小说》甲编第二章，台湾商务印书馆 1999 年版。

⑥ 至于汇珍本将第三、四回删去，复将第五回提上递补，还不厌其烦地修改总评中所涉及的回目数，如此做法的动机是什么？且汇珍本整回残缺的尚有第一百三十二、一百三十三、一百三十四、一百三十五回，为何不删这四回而惟独要删去第三、四回？若说是因为第三回涉及批判佛道的文字，但小说其他回目中辟佛灭道之言论甚夥，却又为何不删？凡此种种，笔者至今仍觉得难以解释，暂且阙疑。

⑦ 欧阳健《〈野叟曝言〉版本考辨》称，"应该指出的是：甲本也好，乙本也好，都没有完全反映《野叟曝言》原来的全貌。第一，此二本都失落了原本的'总论'"，"第二，此二本又都删削了原来的注"。文载《明清小说新考》，中国文联出版公司 1992 年版。

⑧ 王琼玲《夏敬渠生平、著作与〈野叟曝言〉之创作素材、动机》，载王氏《清代四大才学小说》甲编第一章，台湾商务印书馆 1999 年版。

（原载《文学遗产》2005 年第 3 期）

晚清《字林沪报》连载本《野叟曝言》考

潘建国

一

《字林沪报》初名《沪报》，乃西人字林洋行创办的一份中文报纸[①]。字林洋行曾于咸丰十一年十月（1861 年 11 月）创办中文《上海新报》，后因受到《申报》的强大压力，被迫于同治十一年十二月二日（1872 年 12 月 31 日）停刊。光绪八年四月二日（1882 年 5 月 18 日），该行创办《沪报》，日出一号，星期日休刊。至第 73 号，改名为《字林沪报》。《沪报》效仿《申报》的做法，聘请戴谱笙、蔡尔康等中国文人为主笔，负责报纸的编辑业务。当时，该报的头号竞争对手乃是《申报》。也许是出于吸引读者、增加销量的考虑，《沪报》决定开始连载小说。有意思的是，其选择的第一部小说竟为《野叟曝言》[②]。

光绪八年四月二十五日（1882 年 6 月 10 日），《沪报》第 21 号载“刊印奇书告白”：

> 《野叟曝言》一书，海内皆知其名，惜无从购取其本。近见坊间所刻，每部定价六元，其中缺误指不胜屈，且有指为元缺者，自三四行至二三回不等。本馆今特购求善本，其中略有脱误之处，延请名手一一补足，务使毫无缺憾而后已。自下礼拜一为始，每日于本报后增加两页，将此书排日分登，且篇幅较

宽,合之可作新闻,分之可成卷帙,而取价仍不加增,不过一年可窥全豹,统计价值,既较坊间售买不全书本为廉,而更得阅各处新闻,实属一举两得。诸君请即前来预定,以便多印。倘日后追买前报,本报虽多印若干纸,深恐不能遍给也。

《沪报》选择连载《野叟曝言》小说的原因,主要在于:

1. 由于《申报》自光绪三年(1877)起,连年征求该小说而未得,《野叟曝言》在当时引起了读者们的普遍关注,形成了一个潜在的读者市场。

2. 光绪七年(1881)冬,汇珍楼本《野叟曝言》出版并在上海销售,满足了部分读者的阅读愿望,但是,此本残缺情况严重,读者不免又产生了阅读足本的新需求。

3.《沪报》主笔蔡尔康曾为《申报》副主笔③,乃《申报》征求《野叟曝言》小说的知情者或当事人之一,对此小说具有特殊浓厚的兴趣,且不能排除其藉此搜求到《野叟曝言》善本的可能性。

总之,基于上述背景,《沪报》通过连载“奇书”《野叟曝言》招徕读者,扩大报纸的社会影响,既在情理之中,亦属切实可行。光绪八年四月二十七日(1882 年 6 月 12 日)星期一,《沪报》第 22 号正式开始连载《野叟曝言》小说,第 22 号至 25 号连续四天登载目录,第 26 号(1882 年 12 月 16 日)登载“凡例”和小说正文第一回。此后大抵每 2 至 3 天登载一回,间有停载。《沪报》自第 73 号(1882 年 8 月 10 日)改名为《字林沪报》后,《野叟曝言》连载依旧,直至《字林沪报》第 833 号(1884 年 12 月 15 日),整部小说始悉数登完,前后历时 2 年 6 个月零 3 天,虽旷日持久,却有始有终,可谓近代小说连载史上的一段佳话。《野叟曝言》因此又增加了一个新的版本,姑且称之为“《字林沪报》连载本”(以下简称“《沪报》本”)。

值得注意的是,《沪报》第 22 号(1882 年 6 月 12 日)的新闻版面内刊载有“龙溪赏奇室主人”所撰《野叟曝言序》,题署时间为“光绪第一壬午芒种后三日”,即 1882 年 6 月 9 日。此序弥足珍贵,今将全文转录于下:

且天下之所谓章回小说者，吾知之矣。曰《三国志演义》，世所称为第一奇书也，元本正史朽腐也，而神奇之，宜若可以惬心而贵当矣，然而意征实而难巧，综其所纪，不过争地争城、杀人如草而已，而于朝庙之大经，圣贤之实学，茫乎其未窥涯涘也；曰《金瓶梅》，又世所称为第一奇书也，铸鼎象物，魑魅魍魉举莫能遁其形，然而猥亵之语累牍连篇，诋为导淫，诚非臆说，况乎事不过日用起居之细，人不外卑鄙龌龊之流，展卷未终，辄复生厌；类乎《三国志》者，曰《水浒传》，长枪大戟，豪气逼人，而神奸巨蠹之心，使人于言外见得，亦古今来绝无仅有之书也，然而侈陈贼焰，藐视王章，命意既差，多文曷贵？脱胎于《金瓶梅》者，曰《红楼梦》，摹影事于帷灯匣剑，纪艳情于碗茗炉香，凡夫痴男怨女之心情，百世而下，犹跃然于纸上，洵言情之极则，赋恨之外篇也，然而才不胜意，学不副才，满纸铺张，不过风云月露，十年梦幻，绝无政事文章，虽曰小言，究伤大雅。外此者则有《品花宝鉴》，化《红楼梦》之局而卒莫能出其范围，傍户依门，卑无足道。至若《荡寇志》，则固矫《水浒》之失，而一以尊王为本者也，其人颇能究心于医算诸术，持论到极精微处，足以启发胸次，涤荡襟怀，而一腔忠孝之心，复流露于行间字里，以视以上诸书，固已出一头地矣，惟酷好道家之说，牛鬼蛇神纷然纸上，取悦于俗目，不可谓非计之得也，其如长异端之气焰，何哉？其余祸枣灾梨者，尚复汗牛充栋，纵使更仆难数，付诸自郐无讥间。尝上下古今，流览宇宙，欲于章回小说书中求一奄有众长，扫除众弊者，而卒不可得。意者章回小说固正人君子之所不屑为，多才多艺之所不欲为者乎？意者为章回小说之人，固皆坐井观天，一斑窥豹者乎？

今乃于祸枣灾梨者汗牛充栋之外，竟得一书焉，曰《野叟曝言》，其书上蟠下际，旁烛无垠。其论性理之微，虽周程张朱并世而生，亦当分一席以居之，以共捍陆氏明心之说；其论用兵之奥，虽孙吴复起，亦当卷旗解甲，肃立坛下，听其指挥；其论医学，虽与黄帝歧伯分庭抗礼，亦不为过，彼世之夸三折肱者，咸望尘而却步矣；其论算学，虽周髀大章，亦或前席请益，彼僧一行辈，方兹褊矣；其论诗学，虽青莲子美，咸愿把臂入林，至李杜以下余子，碌碌不足数也。然此特其显焉者也，其书更以崇正辟邪为己任，不特佛老之大悖乎圣人者，不惜大声疾呼，以冀挽狂澜于既倒，即于儒术之中有稍拂乎圣人者，亦必反覆指陈，务使孔孟之道，皎然与日月争光，不使纤尘得以蒙蔽。洵堪为圣学之功臣，尼山之肖子，又乌得以章回小说轻之哉？抑更有进者，每论一事，必先以低一层者作为陪笔，阅之已觉不可几及，然后追进一层以压之，令人有天际真人，不可端倪之想，是固千古著述名家所莫能望其项背者，何论乎章回小说之流亚哉！

吾乃重有感焉，夫使若人得志，翌赞皇猷，坐而言者起而行，其所设施讵可限量？否则，传道得徒，使天下有志实学者，各得一艺以去，亦可慰平生扶翼名教之心，而乃终老牖下，仅托诸笔墨以传，且仅托诸章回小说之笔墨以传，夫亦大可悲矣。况乎恐遭世网，更以猥亵夸诞诸说错杂其间，以自污其书。呜呼！何所遭之不幸也！又况构造物之忌，劳丁甲之收，无暇之白璧，等于已破之金瓯，湮没者几何年，残缺者若干帙，苟不及今补葺传播人间，是使天地间绝无仅有之书，终汩没于兵燹风霜而外，奚其可者？爰于暇日，一一缮校完备，怂恿泰西字林主人，按日以活字板排印成册，以公诸世。夫而后向之所谓第一奇书者，皆将匿迹销声，不敢抗颜于章回小说中矣。时光绪第一壬午芒种后三日龙溪赏奇室主人撰。

“赏奇室主人”，未得确考，或谓蔡尔康的又一别号。此序不啻一篇早期的通俗小说研究论文，对《三国演义》、《金瓶梅》、《水浒传》、《红楼梦》、《品花宝鉴》、《荡寇志》、《野叟曝言》等7部通俗小说发表了自己的评论，虽多基于“文以载道”的立场，颇显迂腐，却体现着晚清大多数传统文人对待通俗小说的真实态度。

二

《沪报》本凡二十卷，一百五十四回，各卷连载的页数大致相当，其具体情况如附表[1]所示。全书合计 561 页，每页 36 行，行 50 字，总字数约为 1009800。上海图书馆藏有《沪报》本的合订本，共十七册。其中卷一至卷十、卷十二、卷十三、卷十七，均完整无缺；余皆有残缺。具体情况为：卷十一残缺凡 13 页，即第 4—11、13—17 页；卷十四残缺凡 20 页，即第 6—19、21—26 页；卷十五残缺凡 17 页，即第 1—13、18—20、22 页；卷十六残缺凡 21 页，即第 3—10、12—24 页；卷十八残缺凡 25 页，即第 3—12、14、15、17—21、25、26、28、30—34 页；卷十九残缺 28 页，即第 1—4、6、7、9—11、15—30、33—35 页；卷二十残缺凡 2 页，即第 9、14 页。整个上图藏本残缺 126 页，约 226000 字，占总字数的 22.5%左右。

附表[1] 《沪报》本各卷连载页数表

卷　数	连载页数	卷　数	连载页数
卷一	24	卷二	24
卷三	23	卷四	34
卷五	19	卷六	23
卷七	27	卷八	25
卷九	24	卷十	35
卷十一	29	卷十二	33
卷十三	32	卷十四	26
卷十五	22	卷十六	24
卷十七	32	卷十八	34
卷十九	46	卷二十	25
共计 561 页，《沪报》本每页 36 行，行 50 字，全书版面字数约 1009800 字			

连载《野叟曝言》，对于《字林沪报》的销售产生了非常积极的影响，《字林沪报》印数逐日攀升，却仍供不应求，以致不得不隔一段时间就重印“前报”，甚至采用回收旧报的办法，来满足大量读者的“追补”之需。《字林沪报》第 73 号(1882 年 8 月 10 日)登载《补印奇书告白》：

本报所印之《野叟曝言》一书，购者踵趾相接，故虽多印若干纸，而前数日之报，业已销售一空，追补者尚复纷纷不绝。今特饬工重排前八页，于即日在本馆帐房出售，或托送报人代购亦可。每张取价四十文，购者请即赐顾为盼。至现在陆续附印报后之书，如欲购阅者，请早日订定。若俟售罄后始来补买，恐须迟至数十日也。

《字林沪报》第 96 号(1882 年 9 月 6 日)载《补印奇书告白》：

本报所印之《野叟曝言》一书，购者踵趾相接，故虽多印若干纸，而前数日之报，业已销售一空，追补者尚复纷纷不绝。前月饬工重排前八页，在本馆帐房出售，或托送报人代卖。每张取价四十文，诸君赐顾者又复纷至沓来。又查得自前次印售之后，所有以前各报，复渐次售罄，诚恐不足以副雅意，刻下又将重印八页，四五日内可以出售，价仍照前。至现在陆续附印报后之书，如需购阅者，请即早日订定为盼。

《字林沪报》第 118 号(1882 年 10 月 2 日)载《本馆告白》：

本馆所售之报，日渐增加，而除现销外，必多印若干张，以备他日索补者由后追前之用。现查连日报章，尚有赢余，惟五月十一、十二、十三、十四等四日之报，一洗而空，诸君如有愿将前买之报未曾墨污、裁割者，缴还本馆，每张给大钱十文。当向本馆帐房及卖报人兑收可也。

《字林沪报》第156号(1882年11月15日)载《补印奇书第二次八页出售告白》:

> 本报后幅附印之《野叟曝言》一书,聊为点缀,并非报纸正文。乃蒙购者踵趾相接,故虽多印若干纸,而自四月二十七起至五月十四日止之报,业已销售一空,追补者尚复纷纷不绝。六月间饬工重排前八页,在本馆帐房出售,或由送报人代卖。每张取价四十文,诸君赐顾者又复纷至沓来。兹又将自前次印售之后八页,计自第一卷第三页起至第十页止,重印一纸,于本月初六日即礼拜四,依照旧定价目,每张大钱四十文出售,欲追补者,请即顾本馆帐房或送报人代购均可。至现在陆续附印报后之书,如欲购阅者,请早日订定为盼。

《字林沪报》第161号(1882年11月21日)载《本馆告白》云:

> 本报后印《野叟曝言》所有旧存报纸,屡蒙诸君补购,遂售缺若干纸。今自此次补印八页后,与前报相接,查无缺页。远近诸君,欲购全前印各书者,请即赐顾可也。

《字林沪报》的崛起,对《申报》构成了不小的竞争压力,以致两家报馆因此而产生摩擦。《字林沪报》第542号(1884年2月22日)载《本报覆〈申报〉馆书》,文云:“昨接《申报》馆主人来书,略言《沪报》前日所登一节,谓《申报》日有所减,但本报较之去年此日实已加增,应即更正等语。本馆查是日《沪报》,谓阅者厌之,报纸销场遂不觉日有所减。此系承‘阅者’句下,盖谓阅者云然耳。本馆原非管《申报》之帐,何从而知其日有所减。今既接《申报》馆主人来书,合为代登之曰:《申报》日有所增……”语含不屑,透露出《字林沪报》在获得快速增长后的自信与力量。

正是因为《野叟曝言》小说对于《字林沪报》的销售有着举足轻重的影响,所以报馆费尽心思,甚至不惜工本,也要确保“奇书”的连载。《字林沪报》第 503 号(1884 年 1 月 1 日),载有《本报增字告白》,称:"本报开设伊始,每纸仅有六页,此固草创之举,不足道也。继而改为八页,始略可观。继而觅得第一奇书,印入报后,遂又加至十页,阅报诸君已无遗憾。然本馆初意放此两页,原专印异书而设,不谓曾不数日,新闻又渐加增,每日仅可印书一页,及至近数月以来,不特新闻更多,且蒙惠登告白者纷至沓来,并此一页之书,几无位置,其何以副诸君赐阅之怀。"为增加报纸篇幅,腾出空间连载《野叟曝言》小说,《字林沪报》馆"爰特发电信而至英京,托制造印字机器厂制就大机器一架,由公司船星速运来,遂定于西历一千八百八十四年正月初一日,即华光绪九年十二月初四日为始,于此十页之中,每页加阔五行地步,总计每日报纸加增字数至二千七百有奇之多",从此不但新闻、告白皆可刊载,"而报后所印第一奇书,亦可按日登录,不致有间断之虑"。

《字林沪报》连载《野叟曝言》时,采用了相对独立的方式,即把小说与新闻分开,别纸印刷,随报附送,这有利于读者逐日收集,装订成册,所谓"合之可作新闻,分之可成卷帙"。光绪九年正月初六(1883 年 2 月 13 日),《字林沪报》馆为向读者祝贺新春,特意请人画了一幅《颂椒图》,印于报纸首版,并将此日报纸(包括连载的《野叟曝言》小说)改以红纸印刷,以增添喜庆气氛。但如此一来,会影响到《野叟曝言》装订本的美观,细心的报馆编辑于年初七(2 月 14 日)第 228 号《字林沪报》上登载《本馆告白》:"本馆昨以岁事方新,诸事宜从吉利,延名手绘一《颂椒图》,印于首幅,又念中国俗尚红色,即以红纸印成,藉申贺悃。仰蒙诸君不弃,赐顾有加。惟是报后所印之第一奇书,侧闻诸君多有裁钉成帙者,苟其中间一红色纸,未免白璧之瑕。爰于本日报后重印一次,仍接续新书一页,俾得两不相妨。"报馆对《野叟曝言》小说连载的重视,亦可见一斑。

光绪九年十月二十四日(1883 年 11 月 23 日),《野叟曝言》连载至第一百三十四回,所剩无多,为顾及今后报纸的销路,《字林沪报》馆开始筹划登载新的小说,并于该日登载《搜访异书》启事:"本馆今欲访求一新奇可喜，雅俗共赏，而又为世所不经见之书。诸君子邺架中如有珍藏者，请即送交本馆，壹是面议可也，此布。《字林沪报》馆启。”但奇书难求，告白连续登载了数十天，也未见结果。光绪十年十月二十八日(1884 年 12 月 15 日)，《野叟曝言》终于连载完毕，《字林沪报》特意为此刊登了启事：

> 本报后幅所印之《野叟曝言》，初则连日登印，继因新闻日多，告白亦日多，无奈随印随断，须竭力腾出余幅，间印一次。兹幸日积月累，得于今日藉手告竣。从此阅报诸君，逐一检出，装订成册，全豹同窥，何乐如之。惟是书卷帙既富，关目尤繁，偶一躁心，猝难理会。云间最不奇生，以其余暇，悉心考订，撰成《文素臣年谱》一书邮赠本馆。详细披阅，罗罗清疏，实为奇书之良佐，且为阅者之导师。爰拟乘此北河冰冻，邸钞阻滞之际，偶有余地，陆续登印，想皆以先睹为快也。是为启。十月二十八日。

启事中言及的《文素臣年谱》，乃是目前所知时间最早的《野叟曝言》研究文字，但遗憾的是，笔者搜检了其后数月的《字林沪报》，均未见刊载，难窥其详。云间“最不奇生”的真实姓名，亦存疑待考。

三

《字林沪报》连载《野叟曝言》，始于光绪八年四月二十七日(1882 年 6 月 12 日)，其第三回《蛟龙鼓浪全家都伴波臣　忠信涉川双手救回娇女》、第四回《宿古庙素臣认妹　掷烛台莺吹惩奸》的连载时间为光绪八年五月八日至十九日(即 1882 年 6 月 23 日至 7 月 4 日)。此时，《野叟曝言》问世的刊本，仅有残缺了第三、四回而总数为一百五十二回的毗陵汇珍楼本。因此，《沪报》本乃是目前所知出版时间最早的《野叟曝言》一百五十四回足本，具有十分特殊的版本研究价值。兹分凡例、回目及正文三个方面，对此略加探讨。

1. 关于《沪报》本的“凡例”。

《沪报》本的“凡例”，登载于光绪八年五月一日(1882 年 6 月 16 日)《沪报》第 26 号，凡七则，前四则文字与汇珍楼本完全相同，后三则迥然不同，且未载于《野叟曝言》小说的任何其他版本。文云：

> 一　原书共一百五十四回，坊间所刻仅一百五十二回，其第三、第四两回并回目，尽行削去，今照元本补入。
>
> 一　原书脱稿以后，闻作者竟欲呈御览，已付书人缮写完备，装潢齐整，而其女恐蹈不测之祸，取不著一字之纸，仿照书式，潜行更易，迨作者重复检点，以为被六丁六甲收去，遂置元稿于不间(问?)，蠹鱼三食，间有缺误，而外间钞本，复经风霜兵燹，遗失至数回之多，更有缺一二页一二行者，指不胜屈。今幸得名家珍藏之本，不敢终秘，排日列于《沪报》之后，以公海内。
>
> 一　是本亦微[4]有脱简，今详阅前后文势，一一补全，阅者识之。

这里涉及到两个非常重要的问题：其一，《野叟曝言》小说的总回数。汇珍楼本的目录及正文，均未透露出残缺第三、四回的确切信息，它只在第二回末尾标“下有发水、覆舟、救妹、挖龙、擒怪、宿庙、结妹、逢凶、截僧、烧寺、破墙、放女等事，世无全稿，只仍原缺”，第三回文前标“回首有缺”。根据这些文字，读者可以得出汇珍楼本第二回后半部分、第三回前半部分存在残缺的结论，但无从知道其间竟然缺掉了两个整回，也不可能推知该小说的总回数是一百五十四回。更为关键的是，截止到光绪八年五月一日(1882 年 6 月 16 日)，没有任何文献资料曾载及《野叟曝言》小说的总回数为一百五十四回。而《沪报》本不仅在“凡例”中明确声称“原书共一百五十四回”，而且在稍早刊登的目录中，列出了全部一百五十四回的回目文字。这种情况有力地证明:《沪报》馆(或者就是蔡尔康)肯定掌握着一个比较完备的《野叟曝言》抄本,其"凡例"所谓"幸得名家珍藏之本",或非虚言。此版本尽管也存在残缺,但或许存有汇珍楼本所缺之第三、四两回文字,至少也应提供了《野叟曝言》总回数为一百五十四回的确切信息。

其二,关于夏敬渠"献书"的传闻。据研究⑤,在《江阴夏氏宗谱》中,确实不止一次载及夏氏家族献书之事,譬如夏敬渠的祖父夏敦仁,曾于康熙四十四年(1705)迎銮进献《乞修二十一史策》;夏敬渠的从叔夏宗沂,亦于乾隆十六年(1751)、二十二年(1757),两次"迎銮献诗颂"。受此影响,夏敬渠也多次萌发"迎銮献书"的想法,乾隆四十九年(1784),他甚至不顾八十高龄,亲自"赴苏迎銮,拟躬进献"。但夏敬渠打算进呈御览的书籍,乃是他花费无数心血编成的史部著作《纲目举正》,而非通俗小说《野叟曝言》。

至晚清光绪年间,或受《申报》馆登报搜求而不得的影响,《野叟曝言》小说声名鹊起,然其书迭经天灾人祸,已多残缺,颇显神秘,遂至以讹传讹,开始出现所谓"拟进呈御览而遭家人删改"的传闻。《沪报》本此则凡例,虽不知其依据为何,却是目前所知最早提及此事的史料。此后,复有蒋瑞藻《花朝生笔记》(《小说考证·野叟曝言》引)、徐珂《清稗类钞·著述·野叟曝言》、钱静方《小说丛考·野叟曝言考》及徐再思《澄江旧话》等书引及,其时间均晚于《沪报》本"凡例":徐再思和蒋瑞藻分别生于1890年、1891年,《小说丛考》首载于《小说月报》1913年4月第4卷第1号,而《清稗类钞》的初版时间则已迟至民国六年(1917)。

2. 关于《沪报》本的回目。

《沪报》本的回目文字,在《野叟曝言》现存各版本⑥之中,与汇珍本较为一致。为便于阅者校读,今将同治抄本、汇珍楼本、《沪报》本及光绪壬午序刊本(以下简称"壬午本")相关回目文字,勒为附表[2]:

附表[2] 《野叟曝言》四种版本相关回目文字比较

回数	同治抄本	汇珍楼本	《沪报》本	壬午本
3	有回、缺目及正文	回、目及正文均缺	蛟龙鼓浪全家都伴波臣 忠信涉川双手救回娇女	只手扼游龙暗破贼坟风水 寻声起涸鲋惊回弱女余生
4	有回、缺目及正文	回、目及正文均缺	宿古庙素臣认妹 掷烛台鸾吹惩奸	异性结同怀古庙烘衣情话絮 邪谋蛊贞女禅堂掷炬秃奴惊
21	野路三旬	野路三千	野路三千	野路三千
26	暗排坑堑	安排坑堑	安排坑堑	安排坑堑
45	生僧烧作热僧	生僧烧作熟僧	生僧烧作熟僧	生僧烧作熟僧
52	破地狱	破地藏	破地藏	破地藏
54	口中得意	口中得喜	口中得喜	口中得喜
55	魂飞花笺	肠断花笺	肠断花笺	肠断花笺
72	禽兽之恩	禽兽之心	禽兽之心	禽兽之心
75	万古心胸	平日心胸	平日心胸	平日心胸
81	月照双头	月照双郎	月照双郎	月照双郎
87	两王子	两皇子	两皇子	两皇子
94	治香以臭	治臭以香	治臭以香	治臭以香
109	逆藩伏法	逆藩授首	逆藩授首	逆藩授首
129	拜观音	戏观音	戏观音	戏观音
149	百岁堂中	百寿堂前	百寿堂前	百寿堂前

由上表可知：各版本回目文字存在的差异，并非手民形近误植，而是显示了小说文本在传播过程中的改动痕迹，这种修订，或

许是小说原作者所为,也可能出自传抄者之手。就《野叟曝言》诸版本来说,同治抄本与后三者的差异较多,鉴于它是目前所知时间最早的版本[7],故其应该代表着《野叟曝言》较为原始的文本面貌;后三个版本,除第三、四两回存在差异外,其他回目文字基本相同,但其版本性质各不相同:汇珍楼本是一个忠于原书的可靠版本,“壬午本”则是一个经书贾增补的版本[8],而《沪报》本也杂有报馆增补的文字(详见下文)。

3. 关于《沪报》本的正文。

将《沪报》本与汇珍楼本进行对读,可以发现:凡是汇珍楼本残缺之处(包括整回、回首、回末及行文中间),《沪报》本均完整无缺。按照《沪报》本“凡例”所说,其增补的情况有两种:一是“照元本补入”;二是“详阅前后文势,一一补全”。也就是说,《沪报》所增文字中,有一部分乃是小说作者夏敬渠的原文,而另一部分则出自报馆文人之手。这里,有两个问题必须加以分析:其一,“凡例”的话是否可信?其二,如果可信,那么哪些是夏氏原文?哪些是报馆增补?能否将两者区分开来?

如前所述,《沪报》本乃目前所知刊行时间最早的《野叟曝言》一百五十四回足本。但是,由于它是以连载的方式刊行,其出版周期长达2年6个月零3天,即从光绪八年四月二十七日(1882年6月12日)至光绪十年十月二十八日(1884年12月15日)。而就在这段时间中,一百五十四回的“壬午本”问世,根据笔者的研究[9],它首先由“瀛海词人”出版,铅印小本十册,光绪八年十二月二十一日(1883年1月29日)正式发行;然后由《申报》馆重排,铅印小本二十册,出版时间约在光绪八年十二月二十一日(1883年1月29日)至光绪九年一月二十七日(1883年3月6日)之间。如此,仅从时间上来看,《沪报》本似乎存在抄袭“壬午本”的可能性,故其正文的版本情况变得极为复杂,研究之时必须另行加入时间的因素。

(1) 关于第三回、第四回。

由附表[2]可知:四个版本中,唯《沪报》本与“壬午本”保留有

《野叟曝言》第三回、第四回的正文。两相对读，主干情节相近，然具体文字差异极大，彼此之间也未见明显的承继痕迹。事实上，《沪报》本第三、四回连载之时，“壬午本”尚未出版，自然不存在《沪报》本抄袭“壬午本”的可能性。笔者认为，其真实的情形不外乎如下两种：

其一，《沪报》本与“壬午本”一真一假，即或者《沪报》本的第三、第四回文字乃《野叟曝言》作者原稿，而“壬午本”出于后人补撰；或者相反。由于缺乏足够的旁证资料，目前尚不能对此作出明确判定。

其二，《沪报》本与“壬午本”的第三、第四回文字均属于后人增补，因汇珍楼本第二回末尾已作了情节提示，故两个版本的主干情节相近；因增补文字出自不同文人之手，故具体语言面貌又迥然有异。鉴于目前所知《野叟曝言》诸抄本，均只存有第三、四回的回数，而没有回目文字及正文，因此，笔者认为这种情形存在的可能性较大。

若撇开上述问题，单就现存文字来看，《沪报》本与“壬午本”的第三、第四回情节曲折，描述生动，语言流畅，前后衔接亦颇自然紧密，未见明显的增补漏洞，其文学水准实难分轩轾。

(2) 关于第三十一回回末文字。

《野叟曝言》第三十一回，同治抄本及汇珍楼本均自“下下棋，分分心也”以下残缺，而《沪报》本与“壬午本”则完整无缺，前者约2400字，后者约2800字，其主干情节大体相近：叙四嫂送来淫书引诱璇姑，石氏愤怒，璇姑则以言相劝，复在《娇红记》书上题写诗句。至夜，隔壁张老实夫妇因服用春药，交欢狠斗，几乎丧命，石氏、璇姑惊怜不已。

不过，仔细比较两本，笔者却发现存在若干细节差异，尤以如下两则最为引人注目：

其一，《沪报》本中四嫂送淫书的情节，前后共送了两次，先送《金瓶梅》、《肉蒲团》，被退回，再送《娇红传》；而“壬午本”中只送了一次，送来“一部《会真记》、一部《娇红传》、一部《好逑传》”。

其二,《沪报》本录有璇姑题于《娇红传》上的三十六句诗歌;而“壬午本”则未录此诗。为便于论述,今将有关小说正文转引如下:

“壬午本”为:

(四嫂云:)“……大姑娘,我带来几部书,替你们两个解解闷……”(璇姑)因把四嫂送来之书展开一看,是一部《会真记》、一部《娇红传》、一部《好逑传》,板清纸白,前首绣像十分工致,约略翻阅,却已得其大概。……璇姑取出一张纸,提笔便写。正是:欲传振聩惊聋语,蓦地残云破雨来。……璇姑满心懊恼,不忍再听,看看灯油将尽,诗已写完,那桌子上物件无一不动,不堪再坐。因把写的诗夹在《娇红传》中,匆匆上床,倒头便睡。石氏慌忙收拾书本,也自息灯上床。

《沪报》本为:

(四嫂云:)“……我家有几本破书,人人都说是极好的,我去拿来给大娘和大姑娘看。”石氏随口答应道:“也好。”四嫂便搭着说了几句话,回到自己房里拿了公子交来的一部《金瓶梅》、一部《肉蒲团》,都是红绫包角,绿锦装函,笑嘻嘻捧到璇姑房里道:“这是祖传下的,请大姑娘慧眼赏鉴一番。”石氏和璇姑二人见那书甚是整齐,看他签题上明明写着《金瓶梅》、《肉蒲团》字样,却从未曾听见这书名目,便各自取了一本,向夕阳影里略略翻阅,见内中大半是男女猥亵之事,石氏的一本,前面更带着所画的各种秘戏图像,不觉怒形于色,便道:“四嫂怎拿着这样混帐书本,污人眼目?”璇姑笑吟吟的对石氏道:“嫂嫂何必生气。”一面又取那一部随手翻看,仍旧装入函中,对四嫂道:“奴道是四嫂家藏什么好书,这书果是好的,只是我们蠢人,不懂其中妙绪,便烦四嫂拿了去吧。”四嫂笑道:“阿呀呀,像大姑娘这样,还说是蠢人,我们这样老婆子,便是木雕泥塑的东西了。只是这两部书到底有什么不好处,大姑娘何不留着细看。”璇姑道:“这书并没有什么不好处,只是我们生性愚笨,不配看这样书罢了。”四嫂见无可措词,只得把书捧了,一面走,一面说:“我家中不知道还有什么书,一发拿来请教大姑娘。”石氏道:“四嫂不必费心。”一语未完,四嫂已匆匆的出了房门,走进墙门,顶头遇见公子,公子便问:“什么了?”四嫂将璇姑言语述了一遍,道:“天下怎有这等女子?”公子道:“我原知道这几部书太俗,我还藏有一部《娇红传》,又文雅又浓艳,若是被他看了,必定喜欢,烦四嫂再拿给他。”一面便走进书房,取了那部《娇红传》递与四嫂……(四嫂)一面即将取来的一套书摆在桌上,道:“我看了你们孤孤凄凄,实在是怪可怜的。还有这一部极好的书,请你们略解愁烦。我此刻还要回去煮夜饭吃,恕不奉陪你们了。”石氏道:“我们自不喜欢看这样书,请你带了去,免得费手。”四嫂已是头也不回的去了。璇姑叹道:“恶奴使尽心计,究竟所为何事?”一面便看那书,见签上题着“娇红传”三字,随手解开,见封面上分明钤着“连城私印”,对石氏道:“奴料是恶奴之计,果然。”揭开看时,见刻板精工,甚是可爱。卷首又绘着无数天魔秘戏,眉目秀丽,姿态生动,奇情逸趣,百变不穷,较前两部雅俗悬殊。……(璇姑)随手又取那《娇红传》翻阅,见书中说那申厚卿风流潇洒,气概不凡,天资卓越,杰出世表;娇红则美丽清绝,西施妃子,殆相伯仲,而风韵过之,且色莹肌白,眼长而媚,爱作合蝉鬓,似有忧怨不足之状。又缕述两情相慕之私,细绘两美必合之景,绮情艳思,触手纷来。及至遇妖一段,更猥亵不堪言喻。……璇姑重复看下,须臾将一部《娇红传》从头至尾看毕,便取一张花笺,磨墨濡笔,写诗一首道:

> 理欲界人禽,所争只一息。名教有乐地,怡然各自得。胡为蚩蚩氓,好德不如色。娇红良家子,十载驾机织。芭蕉卷愁心,菡萏缄香薏。咄哉申厚卿,来自槐安国。色授兼魂与,云情难抑勒。振万子元虫,绳美息妫默。论者徒断断,争诮花中贼。岂知物先腐,虫豸始纷

蚀。梅花凝冷艳，蜂蝶不敢逼。不见古共姜，之死矢靡慝。井水盟妾心，渭浊泾逾湜。人生处危境，定识贞定力。精金谢鼓铸，顽石耐劖刻。任彼如簧口，为鬼复为蜮。一尘清不染，亭亭出淤植。太息语娇红，悔与天无极。

写毕，见灯油已尽，璇姑匆匆上床，就着余焰解衣安寝。石氏慌忙收拾书本，也便上床。

单就第三十一回来看，上述细节差异似乎并不能说明太多的问题。但是，倘若将其置于小说情节发展脉络中视之，便可透露出若干有意思的信息。《野叟曝言》第三十二回回首文字，现存诸本均不缺，且文字完全一致，其中有两段涉及第三十一回的情节：

四嫂趁口说道："……大姑娘，这书看过没有？"璇姑道："都看完了。"四嫂道："这书比那两部好看些吗？"璇姑道："四嫂拿来的书，自然一样好看的了。只可惜枉费四嫂一片心机，却碰着我们这样蠢人，连四嫂说的那顽石还比不上来哩。四嫂，累你原拿了去，却不要再费你手脚，又换啥仔好看的书来了。"

（公子）再看那一部时，见有一幅字纸露出些头，取来一看，如兜心着了一拳，口定目呆，手足无措，天良忽动，反覆细看，满头满背似百十桶冷水，一桶一桶的浇将下来，寒气入骨，毛发俱竖，不觉长叹一声，道："此女中圣贤也，我连城妄想图谋，罪通于天矣。"因提起笔来，在纸后写道："我不淫人妻，人不淫我妇。天道已见端，斯言诚不朽。小人度君子，窥天而自牖。磨乃益无磷，涅乃愈无垢。从兹一片心，廓然空所有。百拜受箴铭，前愆能赎否？"

此外，第三十一、三十二回的回末总评，现存《野叟曝言》诸版本皆完整无缺，其中均有专文评及璇姑的题诗，第三十一回回末总评云：

> 璇姑一诗，消释张老夫妻无限力气，此粪秽中发出九穗嘉禾，上为国瑞，下赡民食者。

第三十二回回末总评云：

> 璇姑之诗，局外者见之尚有瞿然悚畏之念，况连城之局中且连遭淫祸者乎？初看如兜心一拳，细看如冷水浇背，自非下愚不移，必有翻然悔悟一机。非作者强情就法也，而立地翻空，已另换一番世界，奇文大文。

综合上述内证，特别是"这书比那两部好看些吗"、"却不要再费你手脚，又换啥仔好看的书来了"、"璇姑之诗，局外者见之尚有瞿然悚畏之念"诸句，可知《野叟曝言》第三十一回原稿必定有四嫂前后两次送淫书的情节，亦必定录有璇姑所题诗句。"壬午本"顾此失彼，前后不相照应，再次露出其属后人增补的痕迹；而《沪报》本则丝丝入扣，浑然天成，其所存者极有可能就是小说作者夏敬渠的原文。

(3) 关于第六十八回的色情描写文字。

《野叟曝言》第六十七回至七十回乃小说中描写较为色情的段落，尤以第六十八、六十九两回为甚。对于以报刊连载方式行世的《沪报》本来说，自然不便悉照原稿登载。笔者将《沪报》本与汇珍楼本进行了比较，发现凡是比较露骨的情节或淫秽的语词，《沪报》本均作了程度不同的删改。

不过，也有若干无关色情的文字，《沪报》本与汇珍楼本仍存在明显差异。譬如第六十八回结尾处，汇珍楼本云：

> 大娘道："如今轮到三妹了。"三姨娘道："这种曲子，休说

肚里没有，便有也张不开口来。”四姨、五姨都涨红了脸，大姨娘们齐声相劝，三姨娘眼泪汪汪的，百不肯唱。只听得里面一片声喝着：“采那浪蹄子来。”外面早跑进许多丫鬟、仆妇，把三姨娘推的推，搡的搡，蜂擒而去。霎时，听那捶打哭泣之声，好不凄惨。只见伏侍的许多丫鬟，直滚进来报道：“不好了，三姨娘打了三百鞭子，打死了，又来捉各位姨娘了。”正是：地老天荒无此事，耳闻目见有其人。

《沪报》本云：

大姨娘对三姨娘道：“方才说笑话，你躲过了，做了一个道学先生，如今曲儿却要你打头，必须要风流出众，博得吴先生欢喜。”便递过酒杯，说：“三妹，你润一润喉咙着。”三姨娘也不接酒，也不答应，呆呆坐着，百不肯唱。众姨娘齐声相劝，三姨娘眼泪汪汪的，只待要哭。只听得里面一片声喝着：“采那浪蹄子来。”外面早跑进许多丫鬟、仆妇，把三姨娘推的推，搡的搡，蜂擒至又全跟前跪下，又全切齿怒骂道：“我平日那样待你，你偏愿我早死。”三姨娘低垂粉颈，哭的如泪人一般，说：“奴那敢愿爷早死，只是想着奴和爷有名分的．怎好和外人顽耍，累爷声名？”又全拍桌道：“那个和你有名分？那个要你顾我声名？你这浪蹄子，到我跟前，还敢挺撞么！”连叫：“拿皮鞭来，与我着实打。”众丫鬟、仆妇不敢违拗，便乱纷纷揿到三姨娘，取着皮鞭，向着腿上乱打。又全喝道：“你们都是不中用的东西，剥去他的衣裤，叫那小厮来重重的打。”众人便将三姨娘衣裤尽行剥去，外面来了四个小厮，揿头的揿头，按脚的按脚，轮替鞭打，又全还连声吆喝重重的打。三姨娘始而痛哭，继而嚎叫，打到三百鞭上，连叫都叫不出来了。又全喝令：“停打，去叫那几个浪蹄子来。”众丫鬟、仆妇又奔到随氏房中来，素臣自见三姨娘擒去后，听那远远捶打哭泣之声，好不凄惨，正自伤心，各姨娘也都捏着一把汗，不要说酒菜不敢吃，连那曲儿也不敢唱。只见伏侍的许多丫鬟，直滚进来报道："不好了，三姨娘打了三百鞭子，打死了，爷又叫人来捉各位姨娘了。"正是：地老天荒无此事，耳闻目见有其人。

第六十八回回目曰"十六妾奉先生乌龟脸面　三百鞭箠贞妇强盗心肝"，则鞭打三姨娘事乃此回重要情节，宜有一定篇幅渲染之。阅读上引两段文字，《沪报》本语言流畅，描摹细致，实已胜出汇珍楼本一筹；况且，此处原无色情描写，没有删改的必要。因此，笔者颇疑汇珍楼本所存乃作者初稿，而《沪报》本所存或为夏敬渠改定之文。

(4) 另经笔者比勘，汇珍楼本第一百三十八、一百三十九、一百四十、一百四十一、一百四十二、一百四十七、一百五十三诸回所缺文字，《沪报》本与"壬午本"均完整且基本相同；第一百三十八回之前诸回所缺文字，《沪报》本与"壬午本"则存在较大差异，然无法判定孰为作者原文，孰为后人增补。

总之，综合上述各种因素，笔者认为，《沪报》馆（或蔡尔康本人）当年可能确实觅得过一个《野叟曝言》的抄本，与同治抄本一样，此抄本虽亦有残缺，但较之汇珍楼本，它至少应具如下优点：蕴涵着《野叟曝言》总回数为一百五十四回的确切信息；某些回目中（譬如第三十一回回末、第六十八回回末等）可能存有汇珍楼本残缺的小说原文。《沪报》馆以此抄本为底本，聘请高手增补删改，使其成为一个完整的、且适合于公共媒体刊载的小说本子。不过，由于连载周期过于漫长，特别是亦经后人增补完整的"壬午本"的出版，《沪报》馆的《野叟曝言》连载受到了不小的冲击，譬如光绪九年二月二十三日（1883 年 3 月 31 日）第 267 号《字林沪报》，登载"旧报减价告白"云：

本报后幅所印之《野叟曝言》一书，较之坊间售卖不全者，固有天渊之隔；即较之貌为全书、动多脱节者，亦有上下床之别。是以陆续售存之报，常蒙诸君赐购。今查得所有无多，拟将尽数出售，以免积压。自本日起，凡一百号以前者，每张取价三文；百五十号以前者，取价四文；二百号以前者，取价五文；二百五十号以前者，取价六文。自二百五十一号起，一概照算。诸君请即赐顾为盼。

广告所谓“貌为全书、动多脱节者”，即指铅印或石印大的“壬午本”。“壬午本”的出版，不仅导致报纸积压，引发降价销售的局面，而且对《沪报》馆增补删改《野叟曝言》的工作也造成了消极影响，《沪报》本自第一百三十八回之后，补缺之文基本与“壬午本”相同（或径袭自“壬午本”亦未可知），即为一证也。

【注】

① 参见范慕韩主编《中国印刷近代史初稿》第三章第二节之三“外国人在中国出版的报刊及其印刷机构”，印刷工业出版社 1995 年版；陈玉申《晚清报业史》第一章“外人在华办报”，山东画报出版社 2003 年版。

② 郑逸梅《书报话旧·报纸登载长篇小说的创始者蔡尔康》云：“那时《野叟曝言》只有稿本，在文网森严之下，深恐稍有抵触，造成文字狱，所以当时没有付印。蔡从《野叟曝言》作者的后人手里，借来刊载于报上。后来该报让给日本同文会接办，改称《同文沪报》”，“后又改名《同文消闲报》，所取材料，无非诗词小品，游戏文章，似乎《野叟曝言》没有继续刊载”。学林出版社 1983 年版。郑逸梅先生的记载，虽讹误颇多，但却是目前所见资料中较早提及《野叟曝言》连载之事的文字，功不可抹。

③ 蔡尔康《万国公报百卷庆成记》（《万国公报》1897 年 5 月第 100 期）声称：“二十多岁，出佐《申报》三年，继住《沪报》八年，继创《新闻报》五月。”参见章晖、马军《游离在儒耶之间的蔡尔康》，载《档案与史学》1998 年第 5 期；另郑逸梅先生藏有蔡尔康名片一张，右上角有“四品衔分部主事，奏保经济特科，六举优行恩贡生。历办《申报》副主笔，《沪报》总主笔，《新闻报》开创正主笔。《南洋官报》采访委员，历掌《万国公报》、广学会正翻译”，见《清娱漫笔·名片谈往》，上海书店 1984 年版，第 87 页。蔡尔康离开《申报》，据其自己所说乃是因为人际关系的问题，蔡氏《创兴〈新闻报〉记》一文有云：“岱生初入报馆，自未能有所异同。部署略定，乃索阅各地寄来邮

件，则悉已由司账启封。余谓是又袭《申》馆帐房独揽外埠大权之故智也。余在《申》馆时，务欲收回此权，致触司账赵逸如之忌，遇事叠肆谗构，余竟由是告归。”此档案藏于上海市档案馆，档号为Q430-1-173，转引自孙慧整理《〈新闻报〉创办经过及其概况》，文载《档案与史学》2002年第5期。

④ 上海图书馆藏《沪报》本的装订本，有“增改《野叟曝言》凡例”，凡七则，第七则称“是本亦殊有脱简”，与报刊连载时作“微有脱简”不同，虽一字之差，但反映出来其底本的残缺情况轻重有别。至于造成异文的原因，可能是报馆日后加印时有所改动，而上图藏本的“凡例”恰好是加印的。

⑤ 参见王琼玲《夏敬渠生平补证——夏敬渠与〈野叟曝言〉补论之二》，未刊稿。笔者2003年赴台湾中正大学参加学术研讨会，承王教授将未刊大作惠赠，特此标明，非敢掠美。

⑥ 根据笔者所掌握的资料，现存较为重要的《野叟曝言》版本有：同治抄本、光绪四年(1878)抄本、光绪壬午(1882)序刊铅印本(甲、乙两种)、光绪壬午(1882)序刊石印本，以上均为一百五十四回本；光绪七年(1881)毗陵汇珍楼木活字本，一百五十二回本。

⑦ 参见本书《〈野叟曝言〉同治抄本考述》。

⑧ 参见《〈野叟曝言〉光绪壬午本为增补本考辨》，《古代小说文献丛考》，中华书局2006年版。

⑨ 参见拙文《晚清上海的报馆与〈野叟曝言〉小说》，提交2004年9月中国社科院文学所中国古代小说研究中心举办的“小说文献与小说史国际研讨会”。

（原载《古代小说文献丛考》，中华书局2006年版）

夏氏先人对夏敬渠及《野叟曝言》的影响

王琼玲

"源远堂"《江阴夏氏宗谱》(下文简称《宗谱》),线装,十大册,二十卷,详细载录江阴夏氏宗族的源流谱系、个人传略、敕诰表章、著作目录、文章诗词等等,是撰述严谨、资料详密又保存完好的宗族实录。

整体而言,江阴夏氏宗族有朴实的家风及孝悌的传统,大多数的宗族成员,对于儒家传统思想不只推崇景仰,甚且勉力遵行。但是,由于对儒家思想缺乏深刻的认知与反省,对世俗礼教又过度拘泥执着,夏氏先人偶尔会自陷于道德的泥淖,做出扭曲人性、违反常情的"特异言行"。

因此,藉由《宗谱》所载,可得知夏敬渠先祖许多忠、孝、节、义的感人事迹;也可看到其"居丧哀毁而亡"、"急公好义、毁家趋贫"及许多"苦孝"、"苦节"的特殊情事,正、反两者对于夏敬渠都有极大的影响。

本章主要以《宗谱》、《浣玉轩集》为主,以光绪《江阴县志》、《明史》、《江南通志》及相关文献为辅,先分二节,分别探讨夏敬渠祖考、祖妣之事略,以了解其对夏敬渠思想、行为及创作《野叟曝言》之影响。第三节再综合探讨夏氏先人对《野叟曝言》"崇正辟邪"理念的影响。

第一节 夏氏祖考事略及其对夏敬渠、《野叟曝言》的影响

江阴夏氏系出浙江会稽，本姓“姒”。明朝宣德年间，“厚庵公”坤元(1422—1486)[①] 迁居江阴，遵祖制改姓“夏”，是为第一世。《宗谱·凡例》载：

夏氏系出会稽厚庵公，于明宣德间来迁江阴。明季鼎革时，旧谱毁于兵燹，公以前世录无可稽考，疑者阙之，断以始迁江阴祖为第一世。

《宗谱》卷七《传略行状·始迁江阴祖厚庵公传》载：

公讳坤元，字广生，号厚庵。先世本“姒”姓，浙江绍兴府会稽县人。会稽故禹墓在焉，禹之后在咸阳者以国号姓，因议守墓居本邑则“姒”姓，徙他邑则“夏”姓，故公之改姓遵祖训也。家牒毁于明季，生出本末及生平行谊，概用阙如。惟公生于永乐二十年(1422)，由宣德间来江阴，方十余龄耳。

夏敬渠直系亲族属于“南街宗”世系，夏敬渠属第十一世。其直系及重要旁系宗谱谱表见《宗谱》卷一《先祖世系》谱表：

第一世：坤元。
第二世：永清。
第三世：艮。
第四世：忠。
第五世：时正。
第六世：嘉祯、嘉祥、嘉佑、嘉祚。
第七世(嘉佑子)：方明(所巷宗)、维炎(钓台宗)、维新(南街宗)。

《宗谱》卷四《"南街宗世系"七世至十七世》谱表：

第七世：维新。
第八世：霈。
第九世：敦仁、敦义、敦礼、文彬。
第十世(敦仁子)：宗泗、宗汉、宗洛、宗淮、宗澜。
第十一世(宗泗子)：敬枢、敬渠。
第十二世(敬渠子)：祖焞。
第十三世：翼陛[②]。
第十四世：子钧、子鉴。
第十五世(子钧子)：诒洁、诒浚、诒溥。
第十六世(诒浚子)：孙本。
第十七世：纬卿[③]。……

(一) 高叔祖夏嘉祚、高祖父夏维新、高族叔父夏永光、四姓仆，抗清殉明

夏敬渠高祖父名夏维新(1604—1645)，字灿焉，号彩邦，明崇祯癸酉科(六年，1633)第九十九名举人[④]。《宗谱》卷八《小传纪事·第七世"维新"》载其：

……天资颖异，抱干济，熟名义。夙以文章、气节推重东林。

夏维新既有经世济民之才干，又重视文章、气节，其身处明末，国势凌替，自然痛心疾首。清世祖顺治元年(明崇祯十七年，甲申，1644)李自成攻陷京师，崇祯帝自缢于煤山，明亡。于时夏维新作《痛哭》诗：

痛哭机先朝议汹，铜驼何处复攀龙？倾天犹有歌《长恨》，自古谁闻殉九重？车峡五千空柙纵，函关百二不丸封。蜩螗

贻祸君亲辱，泪洒江皋对夕峰。(《宗谱》卷十七《内集·诗词》)

此诗忧国忧时，真挚深刻。“自古谁闻殉九重”一句，既痛诋贪生怕死之辈，也隐约透露其“临难毋苟免”的心志。清兵入关之际，夏维新果然矢志抗清且壮烈殉国。

顺治乙酉(1645)清兵南侵。五月，南京亡，列城皆下。闰六月，围江阴，江阴士子起而抗清，夏维新殉明。其事正史有载，《明史·侯峒曾传》：

明年(顺治乙酉，1645)五月，南京亡，列城皆下。闰六月，诸生许用倡守城，远近应者数万人。典史陈明遇主兵。……明遇乃请(阎)应元入城，属以兵事。……大清兵来益众，四围发大炮，城中死伤无算。犹固守。八月二十一日，大清兵从祥符寺后城入，众犹巷战，男妇投池井皆满。明遇、用皆举家自焚，应元赴水，被曳出，死之。……举人夏维新、诸生王华、吕九韶自刎死。(卷二百七十七)

《宗谱》卷七《传略行状·彩邦公传》载夏维新自刎殉明之事更详：

顺治乙酉六月朔，江阴之奉故明城守也，倡之者诸生许用，而崇祯癸酉举人夏维新为辅。江阴于明犹瘠邑，然薙发令下，则维新从许用，髭发张激，疲癃孱弱登陴，奉阎典史(即前典史阎应元)入城，守抗嘉定。胜军八十一日。……城破，许用戕，阎尉夜受磔，而维新先自刎。[5]

留都南京已失守，诸城望风投降，江阴毫无军事外援。如此恶劣情势，许用、夏维新等士子还敢高举抗清大纛，足见其忠勇异常、胆识过人。且敌我势力极端悬殊之际，还能守城八十一日之久，足见主事者的不凡才干。城破之后，诸士子无论被杀或自戕，都体现了知识分子慷慨就义的节操。

夏氏宗族抗清殉明者，非仅有夏维新一人。同是第七世的夏永光：

> 乙酉岁，江阴城破。将书作甲以卫其身，战死于文昌巷，尸首不知何在。……一门十一口同殉难。（《宗谱》卷八《小传纪事 · 第七世“永光”》）。

夏永光焉能不知“将书作甲”必不能抵挡枪炮刀剑！只是“几曾识干戈”的一介书生，面对屠城惨事，痛恨之余，遂抱定必死的决心，以这种“悲情的装束”，表达捍卫文化与家园的心志，强烈抗议异族的杀戮。

此外，夏敬渠的六世高高叔祖夏嘉祚，亦殉明而死：

> 嘉祚字文溪。顺治乙酉六月，大清兵南下，江邑未降，围之。公先令仆徐秀挾侄孙霈避于石幢，而己偕侄维新在城捍御，城陷死之。冯、潘、高四姓仆（按：冯姓仆有二人，见注⑦）从死。（《宗谱》卷八《小传纪事 · 第六世“嘉祚”》）。

关于徐秀保护幼主夏霈逃亡，四义仆随从夏嘉祚、夏维新叔侄殉死的始末，《宗谱》卷八《小传纪事 · 第七世“维新”》载之较详：

> 先是围急时，家有老仆徐秀，见主誓以身殉，恐祧嗣遂斩，乃偕同业四人，夜负幼主及图籍缒城出，至无锡石幢叶氏姻家匿焉。四仆仍入城随主，而徐以护幼主独留。城陷，四仆见主自刎死，亦俱自杀。兵定返城，觅公遗体不得，泣三昼夜，以衣冠殓柩……成葬礼云。⑥

夏嘉祚、维新、永光三人的殉难，是知识分子临危不惧、从容就义的节操。徐秀的保护幼主、延续夏氏宗祧；四位仆人的重返危城，殉主而死，则不愧是“家之荩臣”[7]。武进刘毓麟赞扬其事云：

> 慕义之殷，虽台隶亦若此乎哉！然明自甲申(1644)国亡，大臣忸怩，俯首新朝，而其仆固未闻有慷慨蹈义者也。[8]

如此，主殉国以尽忠、仆殉主以尽义，显示夏氏宗族忠义为尚的家风，更可想见其平日待仆、教仆的风范。

乱事过后，清廷为求收揽民心，对殉明志士采取旌忠表义的作法，故夏维新“钦定入祀忠义祠”，可谓享有死后哀荣[9]。

《江南通志·人物志·忠节》载江阴中书舍人戚勋一家二十一口自焚殉明事，且将夏维新等与其同传：

> 戚勋字伯屏，江阴人，以诸生例入国学，授中翰。奉差督闽饷归。顺治乙酉，城破，大书“阖门殉难中书戚勋”八字于壁，挈妻、妾、女婢二十一口，自焚死。同死者，癸酉举人夏维新，字灿焉，诸生。王华、吕九韶、许用。(卷一百五十三)[10]

而夏敬渠撰有《拟明中书舍人戚公传》，文中对高祖父夏维新殉明不屈、江阴士子守城抗清及百姓临难求死之事，有详细的记录与补充：

> 乙酉五月，王师(即清兵)南下，弘光衔壁降。(戚)勋复归家密谋后举。闰六月辛酉朔，举人夏维新、诸生许用、王华、吕九韶纠众守城，迎前典史阎应元为将以抗我师。勋在围中，因病未任事。应元谋勇俱绝，设机视衅，连败我兵。维新、九韶辈亦多出奇计。许用复制乐府《五更曲》，月夜于城上歌之，以乱我军士心。军士闻之皆思归，不能力战。前后两月余，伤我将士数万。
>
> ……八月庚子日，我军以大炮攻破城北门。应元坚不肯

降,诛之。维新等皆自刎死。时勋病犹未愈,因力疾率妻孥,设明太祖及怀宗神位,朝服叩颡。曰:"大事已去,臣无能为矣!"伏地大泣,妻孥亦泣,泪尽继之以血。勋则出坐厅,召家人辈环列,谓曰:"国破君亡,义不可苟活。余从先帝地下,汝辈宜早为计。"妻谓勋曰:"夫死为君,妾死为夫。夫死妾生,欲何为?"子女曰:"父母死忠,儿生玷父母遗体,请从死。"婢仆皆进曰:"主且死,奴辈何忍偷生?"……勋于是命仆举火,阖户俱焚死者,盖二十有一口。……

许用之母,年已八十矣! 据邑之大井而招曰:"盍相死于此!"男子往投辄不许,曰:"虽死,不可混也!"皆惮而去之。须臾,我兵至,乃自投井,则已实矣,遂自扼其喉而绝。其他男妇之死者,盖不胜纪也。此岂勋之阖户俱焚,其忠烈之气有以感之欤!(《浣玉轩集》卷二)

江阴士子领军抗清,无任何外援,居然能"胜军八十一日",且击伤清兵"将士数万",可见夏维新、吕九韶的"出奇计",许用的《五更曲》[11],都发挥了极大的功效。

然而,民众坚决的抗清行动,引来城破后的屠城杀戮,由百姓争先恐后的自杀求死,可以想见当时江阴必已成为人间炼狱。《拟明中书舍人戚公传》记录、反映了改朝换代时腥风血雨的历史惨剧,文末,夏敬渠云:"余每至(戚勋)其家,瞻拜感怆,辄低徊不忍去云!""呜呼! 勋之死与日月争光矣!"更可看出夏氏对先祖、先贤的孺慕、景仰之情。

今查光绪《江阴县志》,亦记载许用全家自焚事;但所言许母之死,却与夏文颇有出入:其云许用于所居后楼,跪抱母李氏膝,举火自焚而死[12]。夏敬渠则云许用之母据邑之大井相招女眷投井,最后因井中尸体已满,遂自扼己喉,绝气而亡。二者所载略不相同。盖因光绪《江阴县志》的写作时代距离江阴围城已远,且是官修,有所顾忌。而夏氏上距江阴围城时间较近,况且其文是为同邑前贤戚勋作传,戚勋、许用的亲友必知其事,众目昭揭之下，差误较小，可信度大为提高。故夏敬渠的《拟明中书舍人戚公传》，实保存了此段史事的真相。而比对《宗谱》、《浣玉轩集》及光绪《江阴县志》三者描述江阴抗清事件，实有相互补阙、正谬的功用。

另：夏敬渠《浣玉轩集》卷四《题鹅溪先生传后》(并序)，赞颂江阴士子顾维寰的临难殉国：

> 先生姓顾，名维寰，字含英，用他姓入长洲学。明怀宗凶闻至苏，直指周一敬绣衣入明伦堂，先生与同学生张长润叱而易之。退语人曰："在位者如此，时事可知矣！"遂自经于祖墓。
>
> 大帅遥呼小帅降，西清东阁总沧桑。先生肯与乡邻斗，一死能从社稷亡。报国岂堪因宦达？明伦原合在宫墙。绣衣不用多惊诧，曾著儒冠拜素王。

由《拟明中书舍人戚公传》及《题鹅溪先生传后》二诗文，可看出夏敬渠对江阴抗清事件的了解，对殉难的先贤的缅怀及对忠义情操之向往。

然而，夏敬渠生于康熙四十四年乙酉(1705)，上距清世祖福临甲申年(1644)入关已六十余年。大清正处盛世，文治武功皆超迈前代；对汉文化、儒家思想又极其尊崇；对知识分子的高压兼怀柔政策亦高度奏效。故夏敬渠虽是缅怀前贤，却已全然没有反清思想。且其深受先祖忠烈精神的感发，又终身崇奉并遵循程、朱学派，遂对朝廷忠心不贰。因此，尽忠报国的思想，在其所著的《浣玉轩集》诗文中处处呈现。如《浣玉轩集》卷二《书〈全史〉后》：

> 事君者，百不可恃也，而有一可恃，曰"忠"而已矣！恃之以立功，恃之以成名，恃之以触邪，恃之以遇主，恃之以弭谤议，恃之以批逆鳞，恃之以屈而伸，恃之以死而生，恃之以乱而治，恃之以亡而存，恃之以危如累卵而不堕，恃之以微如一缕之系千钧而不绝其纶，恃之以动天地，恃之以孚豚鱼、格草木

而泣鬼神，恃之以禄盛宠盈而不溃，恃之以杀身成仁而争耀乎日星……

以上“事君以忠”的言论及理想，几乎全数具体落实在《野叟曝言》的情节中。夏敬渠发挥其无比的想象及创造能力，极力塑造文素臣成为忠君报国的“奋文揆武天下无双正士”[13]，其从一介儒士，“恃忠”欲兴儒教、除邪佞而忤权奸、批逆鳞，因此几乎被斩首午门，旋又被贬谪辽东、差点命丧边陲。之后，再因“恃忠”，而得到东宫太子的绝对信任，成为“真救驾匹马归朝”、“只手擎天”的“白衣阁老”。最后终因“恃忠”，立下“征苗、卫宫、诛藩、救劫、迎銮、靖虏、平浙、剿倭”等“八案首功”而被天子尊为“素父”。又因“恃忠”而“禄盛宠盈而不溃”，得到“百世推恩、侯伯子男递衍”的皇宠，又获致“七十国献寿六宝齐归”的尊荣。故忠君报国之思想，实涵盖整部《野叟曝言》。

而徐秀护幼主避难、四姓仆返危城殉主之事，对夏敬渠创作小说亦颇有影响。《野叟曝言》中，文素臣家仆无论男女，个个文武双全，忠肝义胆，文素臣能立下“八案首功”，其奴仆的牺牲奋斗，功不可没。

小说中，又屡屡出现义仆救主或殉死的情节。例如：第三回，西湖出蛟发大水，老仆跃入惊涛骇浪中，以背驮扶着不谙水性的老主人未澹然，载沉载浮十余里。第十六回，婢女素娥为了报答小姐未鸾吹平日厚待之恩，故不顾男女之嫌，赤身卧铜屏取冷、炙炭火取暖，贴身照顾因疟疾而寒热交逼的文素臣[14]。第一百零六回，男仆文容（又名未容儿），不惜扮作女尼，与景王妃云氏偷情，进而刺探军情，使主人文素臣得以平定景王之乱。奚勤本是苗丁，滞留于苗峒中数年，探知攻杀毒龙之法，帮助主人文素臣降服苗疆。第一百三十三回中，此二仆更为了替主人出征倭国而殉死异域。

忠仆义奴在《野叟曝言》中，多至不胜枚举。论其原因，固然是夏氏敷演长篇小说的情节时有其需要；但其先祖老仆徐秀的临危救孤，四姓仆的殉国殉主，对夏敬渠的小说创作必有不可忽视的启发与影响。

夏维新抗清殉明事件中，有一值得特别注意者，即是有人发出"维新主饷，啬不发，城以陷"的强列责难。对此，刘毓麟特为其申冤辨白：

> 武进刘毓麟曰：当许用悬明高皇帝像明伦堂时，沿江列郡多不守，而维新以举人且拜且泣其后，夫岂不知江阳军之必不能不熠，而顾乐而就此也？顾訾维新者曰：维新主饷，啬不发，城以陷。呜呼！且乐死矣，尚区区饷乎之啬乎哉！彼固亦传闻有异词也。（《宗谱》卷七《传略行状·彩邦公传》文末所附评语）

按：夏维新守江阴殉明而死，事本壮烈，却仍有訾议者，批评其扣发军粮，导致城陷。实则清军大举压境，江阴士子能抵抗八十一日之久，已极其难得。推测夏维新倘真有扣发军粮，必是为长久守城计，应无私心可言；何况或许是"传闻有异词"而已，未必真有其事。江阴城破，乃双方兵力悬殊所致，与军粮有无扣发事关系极微。因此，毁谤夏维新之议论，实乃重诬烈士。

夏氏宗族修仁行义，代出忠臣、烈士、义仆、节女，然而，此"积善之家"不只功名稀有，缺乏"余庆"、"天报"可言，尚还时时遭受毁谤。除上述诬指夏维新扣发军粮，导致城陷事之外；尚有诬指夏氏子孙办理夏敦仁丧事时，诸子"诵五经作佛经"是"奉邪教"；且怀疑夏敦仁数次疏浚斜泾河事为虚假；又诬认《乡贤夏君传》非江阴名宦杨名时所写，据此谣言、诽谤，欲将夏敦仁排除在"崇祀乡贤"之外，且不列入《县志》中。

以上诸事，对夏氏宗族是极大的诬蔑，亦影响夏敬渠，使其"气刚易动"、"性绝孤高，情偏狷介"、"锋顽似铁、性拙如鸠"[15]的个性更趋强烈，亦造成其创作《野叟曝言》时有"用力太猛"的缺失（详下文）。

（二）曾祖夏霈不仕清、三浚斜泾河

夏敬渠曾祖父夏霈（1629—1689），字若时[16]，江阴围城时，被义仆徐秀等救出。兵定返城后，遍寻父尸不着，哭泣三昼夜后，只能以衣冠殓柩，成葬礼（事见前引文）。《江南通志·人物志·孝义》载其："有孝行，遇亲忌辰，必素服斋居，泣涕竟日。"（卷一百五十八）光绪《江阴县志》卷十六《人物·孝弟》所载同；同卷《乡贤》中，称夏霈为"夏孝子"[17]。

夏霈经历国亡家破的重大变故，遂读书自娱，不求世用，终身不仕清。《宗谱》卷八《小传纪事·第八世"霈"》载：

> 至性孝友，品行端洁。痛父死难，不复存用世想，惟日左图右史，以吟啸写其怀。诗尤造唐人三昧。

其一生最值得注意的是"喜行利济事"，子孙承其志，蔚成夏氏家风。据《宗谱》所载，夏氏宗族疏浚斜泾河达七次之多，首倡者即是夏霈。

夏霈直接或命令长子夏敦仁参与疏浚斜泾河事共三次。《宗谱》卷八《小传纪事·第八世"霈"》载：

> 喜行利济事：康熙十七年，旱。倡捐，得谷三百余石，募饥民浚斜泾河，寓以工代赈之意，全活无算。

康熙十七年（戊午，1678）江阴大旱，夏霈倡导以工代赈，募饥民疏浚斜泾河，活人无算。此是夏氏亲族首次疏浚斜泾河。

康熙十八年（己未，1679）春，夏霈捐粟百担，命长子夏敦仁率众疏浚斜泾河。《宗谱》卷十七《内集·诗词》载夏敦仁所撰诗，其诗题曰《斜泾河在妯娌山之阳，溉田万计，岁久就湮，己未春，先君子（夏霈）捐粟百石，命仁董其役浚之，是夏大旱，濒河田亩俱获有秋……》。此是夏氏亲族第二次疏浚斜泾河。浚河所得到的具体成效是："（十八年，己未，1679）复大旱，合境俱荒，滨斜泾万余亩独

稔，至今蒙其利。”(《宗谱》卷八《小传纪事·第八世“霈”》)

夏氏亲族第三次疏浚斜泾河，在康熙十九年(庚申，1680)。《宗谱》卷八《小传纪事·第八世“霈”》载：

> 十九年大水，圮，行旅颇溺。出粟修筑，复为坦道。

夏霈此次浚河的具体成果是“旱涝有备者二十年”[18]。

夏霈自奉俭薄，急公好义，又著作良多：

> 计终岁所入，给日用外，悉以应助不足及地方义举，如浚河、修途梁类。著有《森玉轩诗》、《救荒未义》、《训蒙要则》诸书。(《宗谱》卷八《小传纪事·第八世“霈”》)

因此，夏霈因孝义卓著，被“载于《大清一统志》、《江南通志》、邑志”(同上)。

夏霈“至性孝友”的个性影响子孙甚巨，夏氏家族以孝友为尚，且不乏苦孝之行(详下文)。其“喜行利济事”，亦形成“好义若渴”的家风。《宗谱》卷七《传略行状·汤孺人传略》载：

> 初，若时公(夏敬渠曾祖父霈)有田千余亩，至调元公(夏敬渠祖父敦仁)只二百，至传一公(夏敬渠父宗泗)仅可得数十亩，而好善乐施则如一辙。
>
> 若时公会一岁所入，以其半为日用，其半则以倡捐建桥、修道、浚河诸公事。冬则施姜水，夏则施凉茶，夜则施灯烛，雨则施草履，寒则施以棉衣，死者施以棺木，施玉枢救苦诸丹以疗时疫，施眼药以疗目疾，施回生丹以疗产难，施疳积药以疗疳疾，岁费辄千余金。
>
> 若时公殁，调元、履中(夏敬渠叔父夏敦礼)两公暨传一公继之，率一为常。

夏氏子弟多以乡梓福祉为要、救灾济民为急：夏霈长子夏敦仁、媳叶氏，三子夏敦礼；孙辈夏宗泗、夏宗洛等，都因行善济民而名闻江阴；曾孙夏敬枢、敬渠昆仲，曾因救灾而几乎丧命。夏敬渠并且将其家族赈灾救难的事迹改写为《野叟曝言》众多情节，下文将依次详论之。

(三) 祖父夏敦仁崇礼尊君、救灾赈贫

夏敬渠祖父夏敦仁，字调元，号识字布衣，邑庠廪生。顺治九年(1652)生，康熙四十九年(1710)卒，年五十九。崇祀乡贤祠。事载《一统志》、《江南通志 · 孝义传》、《邑志 · 文苑传》，江阴名宦杨名时为立《乡贤传》。著有《十七史论要》、《亦政编》、《爱日编》、《杭游录》、《训蒙要则》、《四书字解》、《鸣阴集》，同学杨文定公(即杨名时)合刻制义。……子五：宗泗、宗汉、宗洛、宗淮、宗澜。(据《宗谱》卷四《南街宗世录 · 第九世"敦仁"》载)

夏敦仁乃影响夏氏宗族最巨者，兹分述其重要事略及死后大事于下，以探讨其对子孙及夏敬渠创作《野叟曝言》的影响：

1. 承父志，再浚斜泾河

夏敦仁父夏霈一生致力于疏浚斜泾河、造福乡梓。康熙十八年(己未，1679)春，夏敦仁已奉父命，率众参与第二次疏浚斜泾河的工作。当年夏季大旱，"合境俱荒，滨斜泾万余亩独稔"，此是夏霈、夏敦仁父子在江阴所立的汗马之功。康熙十九年(庚申，1680)夏霈第三度浚河，使"旱涝有备者二十年"，夏敦仁亦参与其事(详下引文)。

夏霈亡后，夏敦仁承父志。康熙四十七年(戊子，1708)，虽遭母丧大故，仍命表弟叶松年及次子夏宗汉，协助官府疏浚斜泾河。此事由《宗谱》卷十七《内集 · 诗词》所载夏敦仁诗之"诗题"可知始末：

……明年(康熙十九年，1680)复继浚河，遂流通，旱涝有备者二十年。…… 今淤如故，戊子春(康熙四十七年，1708)复有事兹役，而重罹大故(按：指母丧)，不获身至河干，邀二尹

> 王公主其事，表弟叶松年及宗汉实左右焉，河流深阔更倍于前，王公作诗见诒，步韵以答。

此次浚河的成果是“直教扬子三春水，遍溉蓉城一县花”[19]，带给江阴富庶及美景。

《江南通志》对夏敦仁浚通斜泾河之功劳，亦大表赞扬，其《人物志·孝义》载：

> 夏敦仁为名诸生……城南有斜泾河，引江水溉田，可千顷。敦仁一再浚之。（卷一百五十八）

杨名时所撰之《乡贤夏君传》亦云其“城南有斜泾河，引江潮溉田，可千顷。沙泥淤积，遂至壅塞。调元（夏敦仁）凡一再浚之，深广加倍，民赖之至今”。也因此赞叹“调元虽不遇，其立功施惠，未尝不历历可称道”（《宗谱》卷七《传略行状》）。

康熙四十七年（1708），夏氏亲族第四度疏浚斜泾河。尔后，夏敦仁弟敦礼在康熙六十一年（1722）、雍正二年（1724）进行第五、六度疏浚斜泾河[20]。雍正七年（1729），敦仁三子夏宗洛（夏敬渠之三叔父）亦浚河[21]。乾隆元年（1736）夏宗洛重修江阴城南九里塘岸，亦是“踵祖德”的具体表现[22]。

总计夏霈、夏敦仁、夏敦礼、夏宗汉、夏宗洛三代，七次修浚斜泾河、二度整治九里塘岸，夏家对江阴公益事业的贡献不可谓不大。

2. 救灾赈贫，急公好义

治河之外，夏敦仁救灾赈贫，不余遗力。《宗谱》卷八《小传纪事·第九世“敦仁”》载其：“里党间，每时存任恤。求，辄应。尝有庐州人贫病，启箧资之归。”可见其好义行善之一斑。杨名时《乡贤夏君传》则详载其善行：

> 某岁大祲，调元设粥厂煮赈，全活甚众。又纠同志诸人，

集赀为同善会，凡义冢、义棺、夜镫、草履、棉衣、姜汤、药饵之施于贫病者，皆取给焉。族中之贫不能自存者，月有廪，岁有赠。至于姻戚之有志寻父者、远商缺赀留落不归者、故人子女无力延师及婚嫁者、邻里乡党以匮乏告者，必给助之不少吝。迄于今，邑中浚渠、成梁、除道、捐赈诸善举，犹首推夏氏。

《江南通志》所载略同㉓。

夏霈开启的"好行利济事"家风，到长子夏敦仁可谓发扬光大，同时带动其妻叶氏、弟夏敦礼施仁行义、救灾赈贫。叶氏日后被《江南通志》誉为"巾帼之丈夫，闺帷之豪侠"。其弟夏敦礼，好为福乡里，不只在乡梓传为美谈，且兄弟同传，并载事行于《大清一统志》及《江南通志》中。而子夏宗泗、宗洛等，孙辈夏敬渠昆仲等，亦延续此家风而不坠。

3. 尊君崇礼、迎銮献诗呈表

夏敬渠的六世高高叔祖夏嘉祚、七世高祖父夏维新、高族叔父夏永光，顺治二年(1645)守孤城江阴，抗清殉明，壮烈牺牲。曾祖父夏霈痛父死难，一生不仕清。然而，至其祖父夏敦仁时，却转为"崇礼尊君"的态度。杨名时《乡贤夏君传》云夏敦仁：

朔望则率子弟学徒诣学宫，展拜丁祭，执事尤谨。元旦万寿，必设香案向北阙九叩。常语人曰："尊君、亲、师，无贵贱，一也。"(《宗谱》卷七《传略行状》)㉔

诣学宫，展拜丁祭，展现了夏敦仁对儒家思想的景仰与遵奉；而元旦万寿日，设香案北向九叩之举，则呈现夏敦仁对大清政权的臣服。毕竟改朝换代的战争早已止息，清又处于盛世高峰，夏敦仁此举，正是一般知识分子对现实政治的服从、满意与接受。

康熙四十四年(乙酉，1705)康熙南巡，夏敦仁迎銮，赋诗表颂，杨名时《乡贤夏君传》载此事：

某某岁(按:即康熙四十四年,1705),圣祖皇帝南巡,学使者征江左表颂,汇为《圣武扬言集》。首录调元(夏敦仁)文以进。令迎谒所在,献诗文若干首。奉旨随班候擢用,以亲老不果行。……方调元诣行在归,文名藉甚。(《宗谱》卷七《传略行状》)

按:夏敦仁虽是一介廪生,却有迎銮献诗,元旦万寿日,设香案北向九叩等“尊君崇礼”之举。无怪乎延至其嫡孙夏敬渠,在诗、文、小说中,更表现对清廷的耿耿忠心。是故若言《野叟曝言》有反清复明思想[25],则纯属臆测,不足采信。

夏敦仁既“尊君崇礼”,夏敬渠则将此思想在《野叟曝言》中大大地加以发挥。第四十回,当文素臣首次谒见明宪宗,大放崇儒教、辟佛道的言论,得罪当权者安吉、靳直等人,被远贬辽东时,其母水夫人认为:身为人臣,“倘因直谏,触怒朝廷,既戮其身,复连及家属,自当投身有司,或刑或戍,顺受国法,岂敢逃避山泽以求幸免乎?”故全家对朝廷非但不敢有丝毫怨怼,反而“深感皇仁解网”,铺设红毡、备齐香烛,由水夫人带领“望北拜谢皇恩”。第一百三十二回,文素臣拜相,得明孝宗信任,已臻“民已殷实,亦知敦行”的治绩。时机既成熟,文素臣于是上奏本,欲铲佛灭道,贯彻“崇正辟邪”的理念。不料太上皇(明宪宗)刻意阻挠。文素臣虽已位极人臣,万众归心,却犹然不敢逾越礼制,只好佯狂装疯,俟太上皇驾崩后,方大展所图(第一百三十五、一百三十六回)。

因此,在小说中,明宪宗纵然昏暗至极,一无是处,文素臣也只是托罪委过于权奸、阉党的蒙蔽圣听,既不敢指斥君王之非,更不可能有孟子“诛一独夫”的伟大气魄。夏敬渠对君王,所持者乃守礼尽忠的保守态度,缺乏大是大非、以民为本的理念[26]。《野叟曝言》毗陵汇珍楼刊本知不足斋主人所写的《凡例》云此部小说“教孝劝忠……无一不臻顶壁一层”,实为过度赞誉。

再者,清帝南巡,江南士子多有“迎銮”献诗文之举,夏敦仁亦参与其事;其五子夏宗澜、侄儿夏宗沂亦效法之;孙子夏敬渠亦在

八十高龄,欲“赴苏迎銮,拟躬进献”《纲目举正》一书。(参第五章第二节)

夏敦仁迎銮进献,赋诗表颂之外,并进《乞修二十一史策》。据《宗谱》卷十四《著述》载,夏敦仁撰有“《十七史论要》十卷”,夏祖耀对此书下按语云:

> 祖耀识曰:康熙乙酉岁(四十四年,1705),圣驾南巡。先生尝献文行在,赋诗表颂而外,复进《乞修二十一史策》。
>
> 大略谓史多繁略不一,重复不伦;或体制殊而记载谬,欲请约二十一而为七:自唐虞逮周秦为《古史》,合两汉、三国为《汉史》,附十六国春秋于《晋史》,增志表于延寿之纪传为《南北史》。并新旧两《唐书》而附以《五代史》,如《晋书》十六国例为《唐史》,赵宋为南,辽金为北,如延寿之例为《后南北史》,而增补明修《元史》之挂漏为《元史》。韪哉! 言乎先儒未之及也。乃蒙随班擢用之旨,卒以养亲辞……竟抱遗编(指《十七史论要》)以老。

夏敦仁《乞修二十一史策》认为:历来史书“繁略不一,重复不伦;或体制殊而记载谬”,因此,建议朝廷将“二十一史”简化为七,且撰写《十七史论要》作为理论基础。夏敦仁的《十七史论要》后来经江苏巡抚采进,被编入《钦定四库全书总目》卷九十《史部四十六·史评·存目二》之中[27]。

再观其孙夏敬渠创作《纲目举正》的动机,则是因为“深慨《(通鉴)纲目》一书为诸说所充塞,欲一举而扩清之”,故将昔日史论旧作,汇编纂集而成《纲目举正》。将“三皇迄元顺帝”的二百五十九条史论,系分为四卷,同样是秉持其祖父“御繁于简”的处理原则。而其撰《自拟进〈纲目举正〉表》的用意,与其祖父写《乞修二十一史策》的目的,亦相差无几。乾隆四十九年(1784),皇帝第六次南巡时,夏敬渠欲赴苏迎銮,呈表并献书。可见夏敦仁的史观、史论及具体行动,对夏敬渠都有不小的影响。

4. 重儒宗，辟二氏；先器识、后文艺

夏敦仁一向有“性英敏，书过目成诵，试辄冠军，文名溢江左”[28]之称誉。杨名时在《乡贤夏君传》中又称赞其教育之功：

> 方调元诣行在归，文名藉甚，来学者益众，有齿相若及数年以长者，折节请为弟子。调元教人，先品诣，次经史，而后及文艺。扃关而督课之，必以身倡，于是及门类能自好。子侄辈多以五经七艺售，江邑之习五经，自调元始。（《宗谱》卷七《传略行状》）

可见杨名时对夏敦仁教人“先品诣，次经史，而后及文艺”的进德修业次序，及提高江阴研习五经的风气二事，极为赞扬。

《宗谱》卷十《表章·祠坊》“崇祀九世敦仁”载夏敦仁一生之学行如下：

> 生（指夏敦仁）潜心理学，于关、闽、濂、洛诸书，穷年探讨，深切著明，以身体力行为本。静存动察，至老不倦。至于旁通史籍，淹贯百家，又其余事。
>
> 生学术一归中正，教授里中，广集有志之士，相与讲贯者，无非儒先奥义、圣贤指归。重儒宗，辟二氏；先器识，后文艺；一切阴阳术数之说，以及绮词艳曲，必加禁斥。一时学者识入道之门，屏轻浮之习，大抵倡明之力居多。

按：夏敦仁“重儒宗，辟二氏”的主张，影响其子夏宗泗、夏宗澜甚巨；在其孙夏敬渠所著的《野叟曝言》中，更强化并铺叙为贯穿全书的主题思想——“崇正辟邪”。

夏敦仁所持传统儒家“先器识，后文艺”的教育理念，其媳汤氏亦承袭之，强调“士人先立品，而后文艺”，以此教养夏敬渠昆仲（事见《宗谱》卷七《传略行状·汤孺人传略》）。此事亦被写入《野叟曝言》中：水夫人训子、教媳、勉孙，莫不以砥砺德行为第一要务，其余才艺则居其后。如文素臣虽早慧，四岁即通四声之学，但水夫人以立品为先，戒其沉溺于雕文琢句；文素臣亦以此事告诫子孙："但我至七岁始学作诗，母亲犹以为戒；至属对则不讲求。"（第一百十八回）即是明证。

5. 行笃孝友，丁母艰，哀毁罹疾而卒

夏敦仁承袭其父夏霈"至性孝友"的风范，"侍父卧病十余年，服劳尽瘁。殁后，奉母益谨；督诸弟学，训课殷切，疾痛疴庠无不关"（《宗谱》卷八《小传纪事·第九世"敦仁"》）。

夏敦仁迎谒康熙行在所，献诗呈表后，得到"奉旨随班候擢用"的荣耀与晋身良机，但却因"亲老"而"不果行"，即为了养亲尽孝故，而放弃唾手可得的功名富贵。且"时太孺人年近七旬，调元与诸弟怡怡色养，晚则共寝寝门内，如是者历十余年"（《宗谱》卷七《传略行状·乡贤夏君传》），而"丁母艰时，年五十又七，犹亲苫块，毁瘠尽礼，如居父丧，以年老悲伤成疾，不二年而即殒"（《宗谱》卷十《表章·祠坊》"崇祀九世敦仁"）。

按：夏敦仁与诸弟，共寝于其母之寝门内十余年；居母丧时又哀毁逾常，罹疾而亡。其孝行不免太过，有逾越人情之嫌。然而夏氏宗族"苦孝"为尚的家风却已形成，对夏敬渠及其文学创作有不小影响（详下文）。

6. 夏敦仁卒后，因入祀乡贤祠事，引发轩然大波

夏敦仁卒后，乡绅为其申请入祀乡贤祠，因异议者阻挠，引发轩然大波，因事属复杂，影响又重大，故述要于下：

（1）康熙五十年（1711），初次呈请崇祀夏敦仁于乡贤祠，有司认为所开列事迹堪膺崇祀，但尚宜俟年久论定，再行结报[29]。

（2）康熙五十八年（1719），第二度呈请核准崇祀夏敦仁于乡贤祠，经覆勘后核准明年入祀[30]。

（3）康熙五十九年 1720），有异议者进阻挠崇祀夏敦仁于乡贤祠之计，杨名世（杨名时之弟，字圣翼）不听[31]。夏敦仁顺利入祀乡贤祠[32]。

（4）雍正五年（1727），江阴通行查核崇祀乡贤祠者，案牍稽

延,夏敦仁未得核报[33]。故其入祀乡贤祠的合法性及《江阴县志·乡贤传》载不载夏敦仁传二事,都受到质疑[34]。

(5) 雍正十年(1732),官方查勘江阴崇祀乡贤事,因并祀诸人贤否混杂,杨名时遂为夏敦仁撰《乡贤夏君传》[35],以彰明其孝行及事功。

(6) 乾隆八年(癸亥,1743),江阴县令蔡侯澍奉命重修《县志》,吴恂、苏逸滨二人为主笔[36]。别创"乡贤"一门,凡无具题者不入传。夏敦仁遂被屏斥,不能入邑志[37]。赵曦明、严学诚欲求入《志》局,且谋别修邑志,遂怂恿杨名世(圣翼)以为倡助,且造《乡贤夏君传》为代作而非杨名时亲笔之诬[38]。

(7) 乾隆十年(1745),夏宗澜撰《与内舅祖杨圣翼书》,信中申明数事:

甲、力辟时议《乡贤夏君传》系代作而非杨名时亲笔所撰之谣。

夏宗澜《与内舅祖杨圣翼书》:

> 先父崇祀乡贤,至雍正年间,奉旨通行查核。文定公(杨名时)知之,特许作传以垂不朽,且为永留崇祀之助,此则生死肉骨,大有造于家门者……
>
> 近日则又有疑此传为代作者,不知文定公之亲笔现在,誊稿者则有表叔,则用图书者有刘六先生。天日在上,鬼神难欺!澜诬其师,则在澜为不弟,澜一人之身,既欲陷以不孝,旋又疑其不弟,是可忍孰不可忍!(《宗谱》卷十五《内集·文辞》)

文末夏祖耀按语云:"书言'誊稿者则有表叔',即文定公嗣子,圣翼先生长子,名应询字苍毓者也;'用图书者有刘六先生',即文定公内弟字御乘者也。"

按:杨名世与夏敦仁、敦义自少即有嫌隙,又被赵曦明、严学诚等人怂恿、利用,竟附和《乡贤夏君传》非杨名时亲笔之诬。日后,杨名世编纂其兄杨名时诗文集时,再度罔顾事实,刻意不收录《乡贤夏君传》。故夏祖耀[39]在夏宗澜《与内舅祖杨圣翼书》信后的"按语"中指责:"是书(指《乡贤夏君传》)寄到之时,圣翼先生(杨名世)即未见文定公亲笔传稿,其子苍毓及刘御乘现在,宜无不向问,岂不知作《传》之真确? 乃后编文定公集,竟置是《传》不录,岂犹抱前嫌及是书之或唐突耶?"

乙、驳斥夏家被诬"诵五经作佛经为奉邪教"之诋毁。

夏宗澜《与内舅祖杨圣翼书》:

> 而疑先父者则曰诵五经作佛经为奉邪教。夫以五经为佛经诚不可也,然此出于诸友之奉行不善,先父之命不尔也! 先父之命不尔也? 先父命诸子曰:"遇忌日不得作佛事,但就室中设我位,诸子俱朗诵五经一过,死而有知,必欣然听之,古人所谓思其嗜好者是。"不肖辈至今奉命不敢违。此奉佛乎,不奉佛乎? 为当日亲友当先父新丧,来丧次诵五经毕,文人技痒,各经作赞一首向柩前白之,此为多事。然未尝如释道所谓跪拜而节以鱼鼓者。以此为先父罪,是以死后亲友之过举文致前人也,而可乎? 前日文定公为先父作《传》时亦尝询此事,澜亦如此答。文定公曰:"此可释然矣!"故《传》中开端便有爱厚嫌忌等语,且语澜曰:"予此数语所以释前之疑,解后之惑也。"(《宗谱》卷十五《内集·文辞》)

丙、强调其父夏敦仁整治河防、孝事双亲及立功施惠诸事,其师杨名时知之最深,故《乡贤夏君传》言之有据。

夏宗澜《与内舅祖杨圣翼书》:

> ……迨至壮年,奔走万里,立文定(杨名时)夫子之门,备蒙教诲栽成,如聋忽听,如瞽克视,此大有造于身心者一也。
>
> ……(杨名时撰写《乡贤夏君传》)至叙入宣力河防,省侍严慈处,则又语澜曰:"此余生平最得意事,为他人所不可得者。"致历叙先父立功施惠等事,则又曰:"此段极关系,作乡贤

要有实事,不可略也。"(《宗谱》卷十五《内集·文辞》)

丁、说明杨名世主张《江阴县志·乡贤》采"不具题不载"之错误,并申述《江阴县志·乡贤》应载夏敦仁传之故。

夏宗澜《与内舅祖杨圣翼书》:

《乡贤》一志,闻舅祖有"不具题不载"之议。先父实未具题者,坐此一言,已是屏斥矣!……

乡贤崇祀在雍正五年以后,未有不具题者,雍正五年以前,本有"题"、"咨"两项。"题"固奉旨,"咨"亦奉□(宪),而咨者十居八九,题者十无一二,以题难而咨易也。迨至五年,通行查核,督抚加看,以允宜从祀覆部汇,题奉旨依议则奉宪者已。……

夫《县志》记载从详,自《郡志》而上以渐而略,有载于郡、县《志》,而不列《一统志》、《省志》者矣。未有《一统志》、《省志》既载,反见遗于郡、县者也。先父虽寒微,荷蒙我朝阐幽显微,《一统志》、《省志》具载姓氏列传,而区区《县志》,秉笔者必欲与朝廷抗是?(《宗谱》卷十五《内集·文辞》)

按:以上数点,是夏宗澜在信中对杨名世慷慨陈辞的内容。而夏敦仁入祀乡贤祠及载传于邑志的风波,后来得以顺利平息,盖因"震轩先生亦自寄书后,又历数载始归……及至家,则别修(《江阴县志》)之议已久寝,而人(杨名世)亦云亡,盖遂无从理论云"(《与内舅祖杨圣翼书》后夏祖耀按语)。

夏敦仁最后终于得以永久崇祀于乡贤祠,且在《江阴县志·乡贤》中立传。今光绪《江阴县志》卷十八《人物·乡贤》载夏敦仁云:

夏敦仁字调元,霈之长子。霈,故邑所称夏孝子若时也。敦仁以五经世其家,浑厚朴茂,制义言有本元,滚滚不绝。自称"识字布衣",著《爱日编》等书数种,后进咸慕之。尤存心利济，始霈以斜泾河民田资灌溉浚之，后复就淤，敦仁大捐资以浚，身董其役。至今父老耕畔者，犹称述夏氏之德。……

但是，俗云“迟来的正义已不是正义”，综观夏敦仁崇祀于乡贤祠及乡志立传二事，其风波自康熙五十九年(1720)“有异议者欲进阻挠夏敦仁崇祀乡贤祠之计”开始，延宕至乾隆十年(1745)夏宗澜寄《与内舅祖杨圣翼书》申辨父冤为止，前前后后争议已超过二十六年。

此风波中，异议者① 阻挠夏敦仁崇祀乡贤祠；② 诬指夏家“诵五经作佛经为奉邪教”；③ 谣传《乡贤夏君传》非杨名时亲撰；④ 怀疑夏敦仁无整治河防、孝侍双亲及立功施惠诸事；⑤ 审核乡贤事迟不定案；⑥ 重修《江阴县志·乡贤》屏斥不载夏敦仁传。总共六事，事事诬陷、侮辱夏家，对夏氏家人的伤害不可谓不巨。

夏氏宗族自六世祖夏维新殉明开始，崇尚忠、孝、节、义，事迹卓著；且治河救灾、兴学赈贫，对乡梓贡献良多。但是，仅仅是夏敦仁崇祀乡贤祠一事，却已是风波不断、倍受诋毁。夏敬渠为夏敦仁之嫡孙，身处是非争端数十年(从夏敬渠十六岁起至四十一岁以后)，内心焉能不悲愤？势必加重、增强其原本就孤高刚强之个性，因此，撰写《野叟曝言》时，遂借小说极力地惩奸罚恶、毁佛灭道；兼之替天行道，降福赐禄于善人，用以补偿天道之瞢瞢，大鸣人世之不平，却也造成本书“用力过猛”的缺失。

(四) 父夏宗泗暖圹身亡

夏敬渠父名宗泗(1680—1711)，字传一，夏敦仁长子，邑庠增生。康熙十九年(1680)庚申七月二十五日未时生，康熙五十年(1711)辛卯十二月十六日卒。年三十二。(据《宗谱》卷四《南街宗世录·第九世“敦仁”》载)

夏家世代书香。夏霈、夏敦仁皆好学，著作良多。夏宗泗“承先世忠孝，绩学励行，无间寒暑”，且“好学工文，植行潜修，专心简策，不营外慕，亦不事家人生产”。夏宗泗虽绩学励行，不事生产，所幸其妻汤氏“脱簪珥资膏火，每一灯彻旦，相与研究经史，辩论得失,虽伉俪而实有师友之助焉"[40]。

祖父夏霈的喜行利济事、父夏敦仁、叔敦礼的急公好义,同样影响到夏宗泗,其慷慨助人,甚至不惜借贷以济贫。《宗谱》卷七《传略行状·汤孺人传略》载:

公(夏宗泗)性慷慨,喜周急,孺人奁资千余金,公悉散于窭人而犹责其券。孺人曰:"此窭人岂得偿耶!何券为?"公曰:"不券将无以处人。"孺人韪之。奁已尽,贷者犹踵相接也。公复贷于人以应之。及公易箦时,谓孺人挈箧来,出诸券,皆火之。……当是时,人之贷公者皆火矣,而公之贷人者且四五百金固在也。

济贫助人,一般人皆量力而为,但是夏氏先人却因乐善好施,而毁家趋贫[41],至夏宗泗又不事生产且借贷助人,毋怪乎其身后萧条,夏敬渠更是为贫所驱,幕游天涯。

夏敦仁兄弟共寝于母亲内室十余年,世俗虽赞誉是"孝友"行为,但不免有违逆人情之嫌。且夏敦仁年老居丧,却不知节哀应变,以致有毁瘠亡身的行为,又不免太过,有伤孝道了。

然而,无独有偶,夏敬渠的父亲夏宗泗一样表现了居丧哀毁、不顾其身的愚孝:

康熙庚寅(四十九年,1710)闰七月,传一公(夏宗泗)遭父丧,水浆不入口者三日。既殡后,日唯食糜粥一盂。昼夜哀号,擗俑骨立。……(《宗谱》卷七《传略行状·汤孺人传略》)

遭逢大丧,椎心泣血,乃人子之常情。但夏宗泗不仅仅断食哀号、擗俑骨立;竟还做出"卧穴暖圹",以致"死于孝"的行为:

宗泗至性过人,丧父哀毁。将葬,天大寒,不忍亲灵入冷穴,乃身先卧圹中两日夜暖之,致疾不起。邑人以为死于孝,

合祠，请旌。终以暖圹事不经见，未予。（《宗谱》卷八《小传纪事·第十世“宗泗”》）

夏宗泗卧穴暖圹两昼夜，“致疾不起”，虽有邑人认为其“死于孝”，欲请朝廷旌表为孝子，但时议大致认为暖圹与割股疗亲事同属“不经”，故驳不准。此事导致夏母汤氏守节一生，却拒绝向朝廷请旌，亦影响夏敬渠创作小说时以绝大的篇幅大谈割股之事，其影响不可小觑（详本章第二节）。

按：《野叟曝言》首回，言文素臣的家世：“忠孝传家，高曾祖考俱列缙绅”，确实是夏敬渠祖考的写照。而文素臣的父亲：“字道昌，名继洙，敦伦励行，颖识博学，由进士出身，官至广东学道。……年止三十，卒于任所。”盖“宗”者“继”也；洙、泗合流，“道”学以“昌”，故“文继洙”即是“夏宗泗”的影射。文继洙早逝，乃夏敬渠影射其父早逝的事实；至于科名、任官等事，则是为推展小说情节且尊崇其父而虚设。

又：夏敬渠父、祖二代皆因居亲丧时哀毁逾常而病亡，如此“苦孝殒命”的行为，实在不足为法。但是，夏敬渠受“天下无不是之父母”的传统观念所束缚，又拳拳服膺于“百善孝为先”的固有信条，因此对“苦孝殒命”的行为，非但缺乏反思，反而无限景仰、推崇。《浣玉轩集》卷二有《拟西斋徐公传》一文。文中描述孝子徐昆奔父丧时的情节：

（父丧）讣至，昆擗踊登舟，凭棺一恸，遂仆地不起。家人辈以姜水救之，稍得苏息。而积劳积痛，已入膏肓中矣。复以……不得扶榇急归，既已心裂肠断，而风霜雨雪复自外至，以故回署即病，病即不起。…… 自生及卒，才阅三十三岁耳！

亲丧固然至哀至恸，但孝子宜哀不伤生、毁不灭性，方不逾礼越节。但是，夏敬渠因父、祖二代皆“死于孝”的关系，遂对同样哀毁殒命的徐昆满怀崇敬，文末称颂徐昆为：“古所云翩翩浊世之佳公子。…… 痛父成疾,以至于死。昆之死,得其所矣!"

父、祖辈的苦孝行为,对夏敬渠的观念有巨大的影响;其本身又事母至孝,崇敬寡母汤氏如女中圣人。在此特殊的心态及背景之下,夏敬渠心中所认定的"孝",虽仍本着《论语》所言:"孝弟也者,其为仁之本欤!"但已渐渐趋向严苛,成为人们为人处世、德行事功的一切根本,除此而无由。故倘若违背"百行之原"[42]的孝弟,纵然建有旷世事功,也该受到鄙弃。故其《左传论》评论郑庄公:

> 春秋时,惟郑寤生最知兵;惟左丘明能传之。如:伐许,许溃,传其能用先也。伐戴,取师,传其能用后也。克段,传其能料敌而用奇也。繻葛,传其能摧弱而乱强也。至祝聃衷戎师一传,则寥寥数行,而寤生兵法之妙,无不抉露。[43]

郑庄公虽然最懂兵法之妙,且立有辉煌事功;但因逐弟囚母、不孝不弟,故夏敬渠论断《左传》作者刻意揭露其"极恶、极忍而更极深"的心机:

> 左氏之深笔,以诛其大奸用诈之心……庄公何不幸而遇左氏,使魑魅魍魉悉献形于禹鼎……余读传至此,益恶庄公极恶、极忍而更极深,惟左氏为能诛之也。(同上)

在《野叟曝言》中,夏敬渠也持"孝弟为百行之原"的理论。凡所有的好人,无一不是善尽孝弟者。而成大功、立大业如明孝宗、文素臣者,皆是从孝道之基础推展其事功的。且强调自古以来,虽不乏建立丰功伟业者,但若犯有不孝不弟的恶行,则不仅前功尽弃,且遭后世唾骂。如第七十四回,假借文素臣观看"铄釜"、"纵奸"、"陷父"、"分羹"四出戏剧,痛批第一位平民皇帝刘邦,其虽有诛暴秦、布宽令,解民倒悬的旷古事功,但因口出"分我一杯羹"不孝之言,致使"太公虽幸而不死项王之鼎,已死于其子之口与心矣";"推汉高之意:不杀父,则我得假行权之名;杀父,则我得托复仇之义。总把其父看作赘疣”。再者,刘邦又“因铄釜而仇其嫂,至封其侄为‘羹诘侯’,亦可见其宿怨蓄怒,褊窄心肠。而前人称其豁达大度,诚足齿冷”。故其不孝、不弟之行“灭绝天理,尤属禽兽不如”。

以上《野叟曝言》中文素臣的言论,全钞录自夏氏所撰的《读史余论》,并存录其内容于《纲目举正》中[44]。

第七十四回又评论唐太宗李世民虽有“勘定祸乱,复开太平,武功几于汤、武;而贞观之时,君明臣直,政简刑轻,致治等于成、康”[45]的伟大事功,却因有玄武门“逼父”、“灭亲”的行为,故“太宗治天下,却是贤君;若讲修身齐家,便几于禽兽之行”。

至于充斥《野叟曝言》全书的反佛、道思想,亦以人伦孝弟作为立论的根据,夏敬渠强烈批判和尚、道士等出家修行,既抛弃父母、违背手足,又拒绝生养子女,是违逆人伦、断宗绝嗣,不可宽宥的重大恶行。

(五)叔祖父夏敦礼、叔父夏宗洛乐善行义

夏敬渠旁系先人中,以三叔祖父夏敦礼(1666—1733)、三叔父夏宗洛(1688—1737)对其影响较大。

夏敦礼,字履中[46],太学生,工文砺行。屡试棘闱,却功名失意。继兄夏敦仁未竟遗志,纠合弟侄辈,营构宗祠[47]。又承父兄乐善好施之家风,为福乡里。据《宗谱》载:雍正元年(癸卯,1723),江阴惨遭蝗旱,岁歉大饥,夏敦礼会同子侄辈“捐赈设厂”。四年(丙午,1726),夏敦礼协助官府“修葺学宫,以金三百余捐倡,悉心筹划,前后一新”[48]。此事《江南通志》特别记载并称许之:

> 弟敦礼,雍正元年,赈饥,输粟百石。四年,邑令祁文瀚修学,首捐二百余金,乡党咸多之。(卷一百五十八《人物志·孝义》)。

此外,夏敦礼治河浚渠,其功厥伟,如康熙六十一年(壬寅,1722)至雍正二年(甲辰,1724)间,“累疏斜泾河,胥为通邑永利”。四年

(1726)"筑玉带河石岸"。七年(1729)"督浚城河于黄田匣,捐版设役,时其启闭"。

治河之外,雍正十年(壬子,1732),江阴发生百年未见的"壬子潮灾",夏敦礼"捞溺殓埋,无不协同子侄,捐助救济"。当时夏氏宗族捞溺殓埋的尸体有六百四十具之多(详第三章第一节)。其他,如"己酉(雍正七年,1729)董建先农祠,耕田坛壝,折衷古制,典法咸宜",及"义棺义冢之设,寒衣药病之施,请严宰牛之禁,预备救火之具,凡关民生利弊者,皆罄心力图之",足见夏敦礼乐善好施,贡献乡梓良多。

夏敦礼救灾诸役中,侄孙夏敬渠昆仲都参与其事:夏敬渠在"癸卯蝗旱"时,设厂煮粥赈灾,差一点劳瘁致死(详本章第二节);夏敬枢在"壬子潮灾"中,"暴露风雨中月余,归而大病欲死"(详第三章第一节)。可见夏家三代公而忘私的家风。

夏宗泗暖圹得疾早死,留下一门孤寡,夏敦礼时时赒济侄媳汤氏、侄孙夏敬渠等,《宗谱》卷七《传略行状·汤孺人传略》载:

> 调元公弟履中公,重孺人节孝而怜其贫寡,岁时稍稍周之。孺人念其为传一公胞叔,义不得辞,则推多受少,曰:"免死而已矣,敢多取以玷夫子清节?"余则概谢勿受,宁以十指自赡,虽粥不济,宴如也。

夏敦礼身为长辈,慈爱施惠;汤氏身为晚辈,辞受有节,由二者之互动,已可略见夏氏诗礼传家之风范。

夏敬渠三叔父夏宗洛(1688—1737),字参三,号凝宇,邑庠生[49]。幼聪颖,通五经,年十九,即以"七艺获隽",惜困于场屋,功名不就。当时夏氏同堂昆季多才学,功名却不顺遂,故时人以"难兄难弟"称之[50]。

夏宗洛虽试棘闱十余次,厄于遇,但承父、祖辈之志,造福乡梓,不落人后。《宗谱》卷八《小传纪事·第十世"宗洛"》载:

为善若不及:如雍正元年(1723)赈荒,四年(1726)修理庙学,七年(1729)浚河,十年(1732)瘗埋潮灾浮尸且赈给衣食,举"同善会",施义榇、茶汤、镫履。十一年(1733),掩埋四城内外曝露尸棺,停棺待举者,助之。十二年(1734),独董邑城十方庵赈厂。十三年(1735),铸办学官祭乐各器。乾隆改元(1736),踵祖德,重修城南九里塘岸,罔弗捐赀,执劳倡始。而癸丑(雍正十一年,1733)、甲寅(雍正十二年,1734)间,开建育婴堂,总其务,购基营屋,立规置具,经阅三载,尤为尽瘁。所画事宜咸重久远。性耐劳苦,精神心力之运,无处不到;兴事就功,始终完密,无留余憾而不自居其功。壬子(1732)潮灾之役,抚军奉旨,访恤死赈贫者,具题议叙列事实第一,辞焉。……

足见夏宗洛急公好义、功成不居之性情,及对江阴公益建设的具体贡献。

其中癸卯蝗旱(雍正元年,1723)时的设厂煮赈;壬子潮灾(雍正十年,1732)时的瘗埋浮尸,夏敬渠在祖母叶氏、叔祖夏敦礼、叔父夏宗洛的指挥下,尽心劳瘁地参与救灾大事,且将其主持水南厂煮粥救灾的经验化为《野叟曝言》的内容情节(详本章第二节)。

《宗谱》载夏宗洛于雍正四年(1726)曾"修理庙学"。按:江阴地区在北宋时即"即庙为学",高帝建炎(1127)之后,因战乱而废为营屯。绍兴三年(1133)知军崔颂稍加修葺。五年(1135),王棠以左朝奉郎知江阴军时,则请于朝更新之[51]。故"即庙为学"的制度遂相沿至清代。且因江阴地区,程朱理学为盛,故"即庙为学"所教授者以理学为主。夏宗洛在清初重修江阴庙学,一则接续夏氏"喜行利济事"及"宗理学"之家风;一则传承江阴"即庙为学"的教育传统,对江阴理学风气的维系及夏敬渠的学行都不无影响。

夏宗洛在学问上,"崇正谊,辟异端",且"幼弟宗澜从受业,遂为异日经学胚胎";而夏敬渠幼年起受教于五叔夏宗澜(详下文),一生宗仰程朱理学,排拒佛、道二教;其在《野叟曝言》中,更以"崇正辟邪”为创作主旨。故二位叔父对夏敬渠之学行、思想及小说创作都有不小的影响。

又：夏宗洛“立功过格，纪每日所行以自检”。可见其对自我品格的要求及言行的约束，都相当严格，故能“立品制行，言动皆有矩矱”；进一步做到“克己强恕，不欺暗室”。其“尝拒一奔女且诲以义”一事，值得注意。

按：《野叟曝言》第六回《刘璇姑降志酬恩》、第十一回《竦论醒病人回生起死》（此据精钞本回目，若坊间排印版则回目为《唤醒了缘回生起死》）、第十七回《恶药迷心贞媛排徊理欲》、第七十回《深宵谈正义尽洗尘心》四回内容中，女子或受亲人强迫、或因爱慕男子、或受春药迷心、或欲摆脱恶夫，都有“不顾羞耻”及“自动献身”的激烈行为，而文素臣或婉言相劝、或严辞开导、或急智化解。总之，皆是秉持“发乎情止乎礼”的原则，做到“不欺暗室”的效果，使得原先已逾越男女大防“自荐枕席”的女子，复归于守礼全节，不及于乱。此类情节固然为一般古典小说所常有，但推测三叔父夏宗洛“尝拒一奔女且诲以义”之事，对侄儿夏敬渠创设此类小说情节，应该也有灵感提示、精神鼓动或提供素材等作用。

叔祖夏敦礼[52]、三叔父夏宗洛之外，二叔父夏宗汉（1683—1746）[53]当癸卯蝗旱（雍正元年，1723）夏氏全家总动员设厂煮赈救灾时，曾代替夏敦礼平息饥民闹事[54]，夏敬渠亦将其经验写入《野叟曝言》中，下节将详及。

总体而言：高祖父夏维新等人的殉明，强化了夏敬渠所秉持的儒家忠君思想；徐秀护主及四姓仆殉主的义举，强化了夏敬渠“义”的观念，加重了《野叟曝言》中义仆的角色与分量。夏敬渠曾祖父夏霈的“孝友”及“喜行利济事”则开展为夏氏宗族的两大家风，祖父夏敦仁、祖母叶氏、叔祖夏敦礼、叔父夏宗洛，皆大兴义举，造福乡梓。夏敬渠髫龄即知为善，成人后，又参与多次的救灾活动，故夏氏救灾的经验也成为夏敬渠创作《野叟曝言》的内容素材。而祖、父二代皆因居丧哀毁，罹疾亡身，此则影响夏敬渠孝道思想，“孝弟”在夏敬渠观念中遂为“百行之原”。夏敦仁入祀乡贤祠的波折及夏氏宗族所受的屈辱，则增强了夏敬渠孤高刚强之个性，成为其创作《野叟曝言》时"用力过猛"的潜在心理因素。且夏敦仁迎銮赋诗表颂，其子夏宗澜、堂侄夏宗沂效其行，故夏敬渠不顾八十岁的高龄，仍欲赴苏迎銮以献《纲目举正》[55]。

第二节　夏氏祖妣事略及其对夏敬渠暨《野叟曝言》的影响

夏敬渠祖妣中，曾祖母名叶淑，为搢绅之后：其父名孝基，为明诸生；祖父名茂才，为明朝工部侍郎，"东林八君子"之一，《明史》有传[56]。叶氏受家学浸染"胚胎理学，有大家风"[57]，故于归夏家之后，其宗理学之思想，影响其子夏敦仁，孙辈宗泗、宗洛、宗澜，甚至及于曾孙夏敬渠。

夏敬渠的祖母，亦是出身无锡石幢叶氏，与夏敦仁是表兄妹结亲[58]；婆媳二人既是姑侄又是"东林理学名家"之后代[59]，故论及夏敬渠推崇理学的思想，实受到曾祖母及祖父母莫大的影响。

夏氏祖妣之中，祖母叶氏被《江南通志》称为"巾帼之丈夫，闺帷之豪侠"；母亲汤氏则有"名闻天下、节冠江南"之誉，二人不只影响夏敬渠的言行、思想甚巨；在《野叟曝言》中，夏敬渠更以其祖母、母亲作为文素臣母亲水夫人的人物原型，又以二人的言行、事迹作为《野叟曝言》的情节素材。此外，其他旁系女祖的守节事，亦影响夏敬渠对女姓的贞操观念，兹分别论述之：

（一）祖母叶氏："巾帼之丈夫，闺帷之豪侠"

夏敬渠祖母叶氏（1654—1724）[60]济困乐施，赈灾救荒，功在江阴，故朝廷名臣如鄂尔泰、杨名时等人，颁赠叶氏"义洽闺闱"、"族推女宗"、"媲美丸熊"、"坤型无忝"等匾额赞词；《江南通志》更称扬其为"巾帼之丈夫，闺帷之豪侠"[61]。

按：叶氏，先世自吴江迁无锡，居石幢。年十七，归夏敦仁。"相夫学，孝养舅姑，一本其所以事父母者事之。训子严以行慈，不少姑息。……自先生卒后，独持家政者十余年，力守遗规，内外斩斩。"[62]

叶氏博学喜读,“幼娴《女箴》,通《孝经》、《小学》、《毛诗》,旁及唐宋诗文”[63]。在思想上是“承东林理学之传”,在才艺上是“受梅廊诗学之教,素娴吟诵”[64],尤其是善长“算学”一事[65],极为特殊。盖夏敬渠有医、诗、兵、算四大才学,并将此四大才学写入《野叟曝言》中,以炫才耀学。推测其“算学”之专长,有可能是得自祖母的遗传、启蒙或教导。且祖母宗理学,“一切善事,知无不为,惟不肯皈僧佞佛”(《夏母叶太君传》),也强化夏敬渠反佛、道的思想。

祖母叶氏除了“算学”、“理学”及“斥佛”对嫡孙夏敬渠有不小的影响之外,其生平尚有数件大事与夏敬渠及《野叟曝言》关系密切。例如:

1. 崇礼仪、反陋习

《宗谱》卷七《传略行状·夏母叶太君传》载叶氏“以礼自处,亦以礼处人”,知其对于礼仪,不只恭谨履行,更推己及人,具备反迷信、破陋习,择善固执的道德勇气。《夏母叶太君传》载:

> 习俗有所谓“拔亲”者,莫以为非。太君弟某卒,其家适惑于此,已成言矣。太君虽老,闻之,买舟疾归,力止之。即劝以其婚费,先营丧事;且为之经纪其丧,毕丧乃返。其情理周至,率类此。

按:古礼居丧不婚,或有因时属艰虞,乘新丧而娶者,谓之“拔亲”,《日知录集释·丧娶》载:“……今人有乘新丧而娶者,谓之‘拔亲’,或云‘白亲’。”向来这种“人莫以为非”的“拔亲”习俗,叶氏一介女流,且已年老,竟敢挺身抗之,务求尊重死者,使入土为安,且营办丧事,尽礼而返,其见识、才干确实过人。

夏敬渠母亲汤氏“不佞佛,不信鬼神”,一向“见祈祷者,每叹曰:‘何不以是周贫乏?’”(《宗谱》卷七《传略行状·汤孺人传略》)亦是承袭其婆婆叶氏崇理性、反陋习及“不肯皈僧佞佛”的作风。而夏敬渠昆仲小小年纪时,即敢“践辱五圣庙”(详第三章第一节),挑战成人世界的迷信、陋习,其精神、勇气与其祖母飞舟渡江,力阻

“拔亲”陋习是很相近的。

2. 急公乐善、济孤助贫

夏敬渠祖父敦仁承家风，好义若渴，祖母叶氏不只玉成其夫婿为善的义举，又推而广之。据《宗谱·传略行状·夏母叶太君传》：“先生故好施，太君佐之，周恤内外族姻，推之道路羸瘠，一切善事知无不为。”《江南通志·人物志·列女传》“夏敦仁配叶氏”载叶氏之善举：

……至若给舍绵一丝缕，身亲纺织，助施榇木瘗埋，皆赖维持。因弟殁而抚孤十数年，恩勤倍挚；助甥资而寻父三千里，骨肉重圆。镫火、茶汤，昼夜均沾利泽；药囊、草屦，颠危悉沐恩施。推解遍及于亲邻，救济不遗乎物命。其他美懿，莫罄揄扬。诚“巾帼之丈夫，闺帷之豪侠”。（《宗谱》卷十《表章·纪载》转录）

叶氏“推解遍及于亲邻，救济不遗乎物命”的德行义举，受到极高的称誉；夏敬渠对祖母又深具孺慕之心，故执笔创作小说时，遂以其祖母做为水夫人的原型之一，以其事迹作为内容素材。如：《野叟曝言》第一百二十一回《五子说策请五湖》，描述文素臣率五儿惮思竭虑地设法寻找母舅水云；第一百四十四回《二老来归君臣同乐》，则写明孝宗与文素臣同时寻获失散六七十年，隐居在洞庭湖的母舅纪恩与水云，以上二段情节，应是夏敬渠从祖母叶氏“助甥资而寻父三千里，骨肉重圆”的事迹所得的灵感，而加以改写夸大，顺便颂扬圣君（指明孝宗）在朝、圣人（指文素臣）执政、天下归心、野无遗贤的理想。

3. 七十大寿，太后赐吴绫以贺

雍正元年（癸卯，1723），叶氏七十大寿，太后赐吴绫祝贺，此项殊荣，其子夏宗澜在《五十自叙寄内》诗提及：

……岁在癸卯母七秩，恩沾太后赐吴绫。（《宗谱》卷十七

《内集·诗词》)

其孙夏敬渠则将此事改写为小说情节:《野叟曝言》第一百三十回,文素臣已"立功"、"立德"、"立言"三并不朽,母以子贵,故水夫人六十寿辰之前几日,天子已令三品以上官员、外国使节、朝廷命妇等须往赴镇国府向水夫人庆寿。寿辰前一日,天子亲临拜寿;八月初五生日当天,则由"太皇太后率领皇后、皇妃、长公主、公主、郡主庆寿"。

以上情节的素材,应该是作者取自祖母叶氏七十大寿时"恩沾太后赐吴绫"的一点点事实,但移转至小说后,便极力地铺张、夸大。表面上强调文素臣的功勋使得皇室感恩戴德,礼遇褒扬其母水夫人,实质上却是夏敬渠藉此情节,一以抒发自己功名无着的大恨,二以补足自己不能显亲扬名的缺憾。

4. 江阴蝗旱肆虐,叶氏病重,命宗亲、子孙煮赈救灾

叶氏七十寿庆后,病重命危,夏宗澜《五十自叙寄内》诗云:

> 寿宴方暖秋气冽,二竖为祟潜膏肓。辞馆回家侍汤药,绝粒刺血呼穹苍。泣言儿壮母病危,母命愿以儿命偿。(《宗谱》卷十七《内集·诗词》)

而叶氏病重之时,也是江阴"癸卯蝗旱"最严重的时候。据光绪《江阴县志》卷八《祥异》载:

> 雍正元年五月至七月,不雨,江潮不至;八月飞蝗四塞成灾。勘报:灾田八十六万七千七百五十亩……大小饥民二十四万五千八百三十四口。

可见灾情之惨烈。而此时叶氏亦病重,群医束手之际,诸子乃欲祷天。叶氏却不允,命诸子"撤其祷于神者以祷于人":

未卒之前一岁，尝病剧。请祷不允，诸子环而泣。则曰："吾今亦可以祷矣！然非汝等之所为祷也。今岁饥，民贫，嗷嗷望哺，汝等祷资诚厚，何不撤其祷于神者以祷于人耶？"(《宗谱》卷七《传略行状·夏母叶太君传》)

《宗谱》卷十七《内集·诗词》夏宗澜《五十自述寄内》亦载：

医谢无能乃请祷，母言祷则物命戕。祷亦如医须对症，我今欲祷汝其聆：方今大旱野如赭，嗷嗷赤子饿且僵。我苦有食不下咽，彼则能食悭秕糠。若使若辈尽得食，我病虽殆其可禳。

叶氏不顾自己病危，只命子孙要全力救灾。因此，诸子听母命鬻产，合捐二百余斛，倡导救灾，因成效斐然，官府遂将"赈事全委之"[66]。夏家遂设六厂，煮粥赈灾，历时三月，广惠灾民。《江南通志·人物志·列女传》"夏敦仁配叶氏"载其始末：

粤稽元年(雍正元年，1723)被旱，本城赤地千村。时蒙藩宪赈荒，每县白金三百，邑主议开六厂，派分诸地以均施。饥民动集万千，赈济一时而难继。(叶)氏心孔迫，竭虑以图，承宪谕而命子劝输助粮者，后先云集；鬻奁赀而易粟，煮赈效力者，昼夜星驰。自冬季以至来春，广开三月，由近城而及僻壤，惠及兆民。(《宗谱》卷十《表章·纪载》转录)

当时江阴设六厂，煮粥以赈济灾民，全部由夏氏家人主持[67]。

六厂中，"章卿厂"、"北涸厂"二厂曾发生"闹厂"事件。因夏宗汉、夏宗澜处置得宜，止息之。《宗谱》卷八《小传纪事·第十世"宗汉"》载：

雍正癸卯(1723)，邑民阻饥，设六厂赈之。叔履中公董

“章卿”一厂，有奸人谋质之以求赀，噪而哗。乃易公往，赈抚合宜，四阅月乃竣。

《宗谱》卷十七《内集·诗词》夏宗澜《五十自叙寄内》：

我厂北涸独僻远，豪右自大殊披猖，谋嗾其党败乃事，挟梃猬集思击搒。我以羽扇挥蚊蚋，还开药笼收参苓，朝构干戈暮玉帛，反为我用惟所令[68]。富家巨室胥用劝，车牛负担输金籯，民以大和法倍肃，出入以度喧哗屏。

雍正元年(1723)，夏敬渠年仅十九，却已奉祖母命主持“水南厂”，此厂乃六厂中煮赈最久，捐输最多，食粥者最众之厂，可见夏敬渠确实有“经济才”。《宗谱》卷七《传略行状·汤孺人传略》载：

二铭有经济才，年十九，即奉祖母叶太君命煮粥赈贫。时邑设厂者六，皆叶太君与叔履中公倡捐以救荒者。二铭主“水南厂”。食粥者数千人。晨则点名给放，昼则出劝捐，暮则监舂杵，夜则监煮粥，目不交睫者数月。六厂中煮赈之最久，捐数之最多，食粥者之最众，莫如“水南”。

按：雍正元年，江阴蝗旱，叶氏协同夏敦礼暨子孙，鬻产、劝输、并代理官府，设六厂，煮粥赈济灾民之事，是夏家总动员的盛事，亦是夏敬渠人生之大事。故檃括、改编此家族大事以为《野叟曝言》内容，乃是极自然之事。

例如：祖母叶氏在七十大寿“恩沾太后赐吴绫”之后，罹患重症，药石罔效。夏敬渠在《野叟曝言》中，将此段事实改写为文素臣之母水夫人六旬寿庆，备受太后及皇帝荣宠之后，因旱魃为虐，百姓受难，故“一心忧旱起迍邅”：

五、六、七三个月，复遇大旱，寸秧不种，眼见是奇荒了，水夫人焦劳愈甚。……每日忧煎,容颜只顾消瘦,饮食只顾减少……水夫人自九月盼起,盼到十月尽边,点雨俱无,将一身肌肉尽行落去,卧床不起,每日只吃几口粥汤。……(第一百三十回)。

《野叟曝言》描述大旱发生于五至七月,时间颇符合《江阴县志·祥异》所载雍正元年的癸卯旱灾。而水夫人在六十大寿之后,因悲恤灾黎,故督促子孙全力救灾,自己则减食断药,几乎"以身殉灾"的情节,内容素材便是取自夏敬渠祖母叶氏不顾病危、赈灾救民的善行。

而夏氏家族为救灾所设置的六厂之中,已知"章卿"、"北涸"二厂曾发生"闹厂"事件,幸因夏宗汉、宗澜兄弟处置得宜而平息。当时,十九岁的夏敬渠掌管"水南厂",必深以闹厂事为戒,且熟谙夏宗汉、宗澜二位叔父平息闹厂的方法。如此重要的救灾体验,夏敬渠将其作为素材写入小说中:《野叟曝言》第六十四回,丰城一县风灾为患,文素臣以"不贪泉"窖内的百万白银作为赈灾之费[69],并详尽地写出以"民力"救灾赈民时,所要注意的事项:

(1) 若是恶吏当道,虽然救民十万火急,亦不可冒然"先发后闻"(即先发送赈灾之物,再奏闻官府),此是预防栽赃嫁祸、远讼保身的首要之务。应该要"先会县公,但说明设法公捐,不动丝毫国帑,却不要他(指官府)派差出票,反致掣肘生事"。

(2) 选择可信任、有才干者,先建立完整的灾户名册及数据:"在亲族宾从中,择其信慎有才者,分路挨村,查照贫户生名死口。一面差人买木作棺,买米备赈,多雇人夫,连夜殓埋。"

(3) 灾时制做棺木、灾后盖建屋舍,木材需求甚多,防范木材业者哄抬价钱之法为:"木牙遇此风变,木价已涨。当趁此未甚涨时分,遣十人同时入店(按:当地有十家木材店),同时交易,使彼各不及知,各幸其货早脱,再贩渔利。而一店卖完,即十店卖完,无从抬价矣!"

(4)"煮赈一事,每事闹厂,既不能挨村分散,而赴领者多,拥挤必甚，小则倒仆狼藉，大则抢夺哄闹。”而消弭灾民抢夺、预防闹厂之法为：

> 煮赈之法，惟在分而速。查验之时，即按口给与粥筹，红绿分记，循环去来，赶厂领粥。各厂须于大寺院中安设，前开一门，令其鱼贯而入。内于厢房或廊阶，横设挡木。挡木之内，连排一二十缸，随空处交筹；即此领粥换筹。粥勺分大口小口，大小均计口而与。领换既毕，即令由后门而出，不使复走前门。如此，则人既分散，事复疾速，无从哄争矣！
>
> 但有一事，最要留心的是煮粥夫役，最善偷米，不监看下锅，则干米必去；但监看下锅，则湿米必去，粥遂稀清；若再暗用石灰稠粥，以遮盖偷米之迹，更要坏人。闹厂之事，亦往往由此，非选择妥人刻刻监看不可。

《宗谱》载，雍正元年癸卯蝗旱时，夏敬渠主持水南厂。此厂“食粥者数千人”，“六厂中煮赈之最久，捐数之最多，食粥者之最众，莫如‘水南’”。

但是，《宗谱》记载除了“晨则点名给放，昼则出劝捐，暮则监舂杵，夜则监煮粥，目不交睫者数月”数句稍为点到夏敬渠救灾的方法及身心劳瘁之外，其主持水南厂时，如何煮赈？如何防备闹厂？才有如此卓著的功效？却没有详细记录。今比对《宗谱》及《野叟曝言》二书，可推知夏敬渠当癸卯蝗旱时，在江阴所用的赈灾经验，应该就是文素臣在丰城风灾时具体采用的救灾方法。

因此，由《宗谱》所载，可探知夏敬渠承继其先祖好义行善的家风，其救灾表现亦可圈可点；而《野叟曝言》的情节也具有补充、加强《宗谱》内容记载的价值，二者可谓相辅相成。

赈灾结束后，夏敬渠因过度劳瘁而罹患重病，有性命之忧。《宗谱》卷七《传略行状·汤孺人传略》载：

> （赈灾毕）而二铭则已惫。赈毕归，形仅骨立，食惟饭半

盂，气促神夺。医者危之。孺人曰："是不宜死，安有以活人之道而杀人者乎？天道必不如是！"

夏敬渠在癸卯蝗旱期间，几乎因赈灾而"过劳死"，所幸真如夏母汤氏所言："天道神明，宜无有求活人而先自毙。"[70]逐渐痊愈，而夏敬渠一生急公好义的个性，在此已见其概况。

5. 叶氏临终遗命：含殓丧祭必以礼，不用巫觋绝道僧

《宗谱》卷十七《内集·诗词》载夏宗澜《五十自叙寄内》诗：

直待天子诏贷赈，此役方竣复北堂。母言我病终不起，活人无算目可瞑。……含殓丧祭必以礼，不用巫觋绝道僧。

叶氏眼见夏氏宗族赈灾功成，救人无数，故安心瞑目。临终时，又遗命子孙，治丧祭祀，"不作佛事，勿信地师，一以朱子《家礼》从事"[71]。夏氏家族一贯"崇程、朱，排佛、道"的思想，又落实于叶氏的丧祭大事上，此举必然再度加强夏敬渠"崇正辟邪"的理念。

（二）夏母汤氏："名闻天下、节冠江南"

影响夏敬渠一生最大的人，非其母汤氏莫属。

汤氏守节抚孤、孝养孀姑、安贫崇礼、严以教子。若以旧传统社会对妇女德行的评断标准而言，汤氏的操守及言行，几乎已达到无瑕须掩、无懈可击的地步。故"心坚操苦"、"苦节可风"、"金石同坚"[72]等，是诸高官名人颁赠汤氏的额词；大学士徐元梦更亲题"名闻天下、节冠江南"[73]以贺汤氏六十寿庆。

按：夏母汤氏（1683—1753）[74]出自名门：高祖汤沐，明丙辰科（明神宗万历四十四年，1616）进士，累官至大理寺卿，赠工部右侍郎，以清节"不奉诏"显于时[75]。外祖朱廷鋐[76]，历升奉天府丞大理少卿。"外祖母徐夫人，又名媛也。有《史论》、《偕隐》等集行世"[77]。祖汤尚卿，邑庠生；父汤岵瞻，为诸生祭酒（《宗谱》卷七《传略行状·汤孺人传略》）。

汤氏幼颖悟，五岁时，其父即"延名师教之，一过目成诵。年十

三，始出学舍，已博通今古”。而其“读书见大意，动以古列女为法，不欲以才见”。所用心钻研者，多“圣贤心性学”，至于“一切诗赋文词，屏勿道也”（同上）。

正因为钻研圣贤心性之学，又以古列女为法，故汤氏之操守行止实非一般妇女所能及，兹举其要项于下：

1. 为父吮痈、孝养孀姑

夏母汤氏以尽孝称闻乡里。未出阁前，即有“为父吮痈”的孝行。《宗谱》卷七《传略行状·汤孺人传略》载：

> 昔孺人父岵瞻公患痈，毒不得出，楚甚。孺人为吮之，痈遂减。岵瞻公垂泪谓孺人：“愿尔子孙孝尔如尔孝我！”

及于归后，夫婿夏宗泗居父丧，“昼夜哀号，擗俑骨立”时：

> 孺人（汤氏）无一言谏止，而苫块号泣，顾一如传一公（夏宗泗）。或谓孺人宜少节哀；劝夫子不宜太过，以伤死者心。孺人泣曰：“丧致其哀，岂有当大故而可惜其躯命者乎？夫子故不能听；予也何忍言也？”（同上）

可见汤氏居丧，但求尽哀尽礼。然而，虽是尽哀尽礼，却知不可哀毁灭性，以伤死者之心。

> 是岁十二月，丧调元公（夏敦仁）。开圹后，公不忍以父棺入冷穴，卧穴中暖之。孺人知之，哭谓公曰：“此则恐伤死者心。毁不灭性，严冬大寒，可卧穴中两日夜乎？”力劝服药，公哭泣匆暇，因是致病。明年辛卯，公遂卒。（同上）

夫亡后，汤氏甚贫，但是：

> 孺人虽贫，所以养叶太君特甚腆。岁时伏腊，犹罗列珍

> 美，富厚之家勿如；而私所食，则惟脱粟麦饭耳。遘岁荒，常至不举火，有六日不火食，只食蚕豆数粒。（同上）

可见汤氏孝养孀姑叶氏之尽心尽力。及姑病重时，汤氏则“衣不解带，目不交睫者三月；每夜焚香吁天，求以身代”。叶氏病殁后，汤氏“哀毁几不能生。居丧寝苫块，百日不茹蔬菜，期年不饮酒、不茹荤”（同上）。可见汤氏奉养其姑，竭其所能，尽其所有；送死居丧，则尽哀尽礼。论其孝行，尚未违逆人情，亦不沦为愚孝，比起其夫夏宗沺执意暖圹，致使一门孤寡，茕穷无依，实高出甚多。

2. 焚穷人贷券，玉成夫志

夏氏家风，好义若渴。夏敬渠父宗沺生前之乐善好施，前文已详述。夏母汤氏成就其夫之善行，功不可没。当时汤氏“奁资千余金”[78]，都被夏宗沺“悉散于窭人”。倘汤氏生性吝啬，无济世助人之热忱，焉能玉成其夫行善之举？且当“奁已尽，贷者犹踵相接也，公复贷于人以应之”的时候，汤氏亦未加阻止。“及公易箦时，谓孺人挈箧来，出诸（债）券，皆火之”时，汤氏亦玉成其事。甚至在其夫死亡“逾月后，孺人理旧笥，则券犹有存也，尚数百金，复火之。曰：此夫子之志也”。可见夏宗沺固然乐善好施，然其背后的资源及力量，实来自其妻汤氏无怨无悔的付出。

3. 苦节抚孤，严教子女

夏宗沺不听妻劝，暖圹罹疾而亡，汤氏哀恸逾恒，誓不欲生，绝食八日。姑叶氏二度亲谕之，始进食。《宗谱》卷七《传略行状·汤孺人传略》载：

> 孺人痛公之死于孝也，誓不欲生，水浆不入口者三日矣。既殡后，仍不进勺水，亲串皆劝之，不听。叶太君闻之，亲往谕，始勉承命，进水浆，然犹未食粒米。又数日，叶太君泣谕之，孺人仍进粥。盖绝粒者八日矣。

汤氏“誓不欲生”而“绝粒八日”的行为，固然太过，但可见其新遭夫丧时的悲恸。在其姑叶氏的劝导下，年仅二十九的汤氏[79]，开始展开其守节抚孤的艰苦岁月。当时夏敬渠七岁，兄夏敬枢十一岁，幼妹甫出生，尚在襁褓，全赖寡母汤氏抚养成人。

汤氏严教子女，勉其成器。《宗谱》卷七《传略行状·汤孺人传略》载：

> 督孤子慎修、二铭两嗣君课甚严……教子以义方，有不率，挞之流血。或谓曰："此孤子也，何忍如是？"孺人曰："惟孤子乃愈不敢姑息耳！"……孺人有一女，既长，或谓孺人宜教之积蓄为奁资地。孺人曰："是教之盗也。读书欲其识大义耳！奈何以利导之？"

可见汤氏严教子女，不事姑息，勉其读书以识大义。

《野叟曝言》首回载：文素臣之父文继洙"年止三十，卒于道所"之后，"水夫人既寡，只此两子（文素臣与其兄古心），爱子如宝，却不事姑息，督之最严"，即是影射夏母汤氏严以教子之事。

第十一回《古风》诗，内容为文素臣回忆七岁初遭父丧，其母椎心泣血并艰苦持家之情况："我生七岁我父亡，音容至今都渺茫。寡母苦块血已枯，宵来纫绩茹苦荼。"可视为夏敬渠初遭父丧时的真实写照。又：诗中描述文素臣父亡后，水夫人辛勤教子识字，又严加管教之情景："篝灯教字还勤劬，嗟予少小何所知？惟知逐逐为儿嬉，母怒责儿儿叫哭，慈母伤心泪谡谡。"可与夏敬渠的童年真实状况相呼应。

汤氏虽然"教子以义方，有不率，挞之流血"，但是，当幼子有善行时，则勉励有加。《宗谱》卷七《传略行状·汤孺人传略》载：

> 慎修（夏敬枢）、二铭（夏敬渠）初出就傅。同学生日皆五餐；孺人以贫故，日两餐。而每晨益二子钱各二文，市糕饼食之。慎修习见其祖、父之勤于施也，则偕二铭私以一木柜，戒其仆勿市糕饼，积其钱，岁得一千四百有奇。孺人母朱孺人，

月各给钱六十，慎修、二铭并积之。又得钱一千四百有奇。岁终出之，为棉衣十件，以衣寒者。孺人勿禁，虽日用乏绝，勿之取。或诘之。曰："童子当有仁心，此方长，不可折也，折之则生意尽矣！"[80]

夏敬渠昆仲继承乐善好施之家风，自幼即累积尊长所赐零钱，买衣以赠贫寒者。汤氏在"日用乏绝"的贫苦窘境下，非但不取用之，反而赞同鼓励其善心义行。由此事，可看出汤氏一向"与人为善"之本性，又可知其教导子女确实"有义方"。

汤氏又戒子立品为先，不贪忮、不妄求。当敬枢、敬渠兄弟皆困于场屋；夏敬渠举鸿博复下第，入京又荐举不成时，其母既能抚慰其失意，又勉之以高德：

慎修名敬枢，二铭名敬渠，先后得一衿，而皆困于诸生。二铭举鸿博复下第。当事者屡欲荐举，辄不果，时有所感慨。孺人每戒之曰："立品是汝曹第一事，虽不第何害？"

此外，汤氏其他"教子有义方"之事，如：

甲、夏敬渠昆仲幼时，曾践辱五圣庙。母汤氏反迷信，未深责之。

乙、汤氏为夏敬渠拒婚富室。

丙、夏敬渠娶元配朱氏。朱氏奁资不厚，夏母欣然也。

丁、癸卯蝗旱、壬子潮灾，夏敬渠、敬枢救灾，劳瘁得疾，几死，母鼓励义行，坚信其必无恙。

戊、江阴县令萧廷瑞拔夏敬渠为县试第一。邑有势豪，欲结交县令，厚赂夏敬渠。母戒之，勿与通。

己、戒夏敬渠勿流连江南文会，促其入都，游杨名时门下。

庚、嘱夏敬渠协办杨名时丧事。

辛、夏敬渠在无锡县担任县令王熙泰的幕僚。有讼者欲行贿赂，夏母汤氏严拒之。

壬、王家遭逢家难，奸人设计驱逐夏敬渠。王熙泰求助于夏母汤氏。汤氏作《谕次儿敬渠书》告诫之。夏敬渠果然承母意，帮助王熙泰，使无纤介之患。

癸、王熙泰将转调阳湖县令。某生虽善为文，却欲以百金行贿夏敬渠，以取阳湖县县考榜首。夏敬渠听母命，义辞馆职。

以上十事，可见汤氏教子有方，且品格高洁、行事磊落；并证明汤氏对夏敬渠思想、行为之巨大影响，下文将陆续详论之。

4. 安贫崇礼

夏氏先祖“好义若渴”，竟至“毁家趋贫”[81]；传至夏宗泗时，仅有田数十亩而已[82]，又不事生产，且借贷助人，临终及死后，又焚贷者债券，以致于“人之贷公者皆火矣；而公之贷人者，且四五百金固在也”。

夏宗泗死后，其母“叶太君始析产”，汤氏母子共分得“田五十”及“债且数百金”。汤氏将所分得的五十亩田地全数变卖，以偿还旧债，曰：“不可使夫子有负债名。”[83]旧债中包含欠汤氏母家的借贷在内，汤氏亦明明白白地归还，丝毫不敢徇私敷衍：

> （叶太君析产）孺人得田五十而分债且数百金，叶太君念孺人贫且寡，特以逋孺人父岵瞻公者分孺人，意可缓于偿也。孺人鬻所分田偿公债，乃并此偿之，曰：“虽兄弟亦债也，不可使夫子有负债之名。”盖是时岵瞻公已殁矣，诸弟欲勿受，惮孺人方严，不敢言。而孺人于是贫甚。[84]

汤氏变卖所分田产偿还所有债务后，生活更为贫苦。但其操守坚忍，不愧为“孝女、淑妇、令妻、节母”[85]，因此“族人哀其志，欲分建祠金并公田”以周济之。但是汤氏不但“坚不受”[86]，且认为若不出钱建宗祠，将愧对祖宗及先夫：

> 时特有公□（按：此字漫漶，疑为“款”字）可千金，若时公（夏霈）遗为建祠费；诸叔祖（夏敦礼等）议实大司成曹峨嵋公

"漫园"[87]为之。或念孺人孤苦,欲孺人勿与,分其金以资薪水。孺人慨然曰:"吾子将营宫室,宗庙为先,祠成实居先祖尊章,暨先夫子皆将安侑焉,是何可以不与?"(《宗谱》卷七《传略行状·汤孺人传略》)

汤氏不只辞谢"建祠金"的周济,又坚持分担建祠的费用。此外,又坚拒"公田"的救济:

(夏氏宗族)又有老分公田八十亩,亦若时公(夏霈)所置,每岁计所入以周族里之甚贫乏者。小分公田二十亩,调元公(夏敦仁)所置,为扫墓祭祀之用。或谓孺人贫乏,乃更胜于族与里之贫乏者,且打扫祭祀,分年轮值,亦无须二十亩之入。八十亩内,孺人可分五亩;二十亩内,孺人亦可分五亩佐饘粥费。孺人曰:"此祖宗法度,可自我废乎?与其悖祖制而生,孰若遵祖制而死乎?"

汤氏宁可因贫而死,也不愿违悖祖制,接受公田的救济。其苦节安贫、谨守礼制的言行,遂让"闻者咸叹服"。其他,如叔祖夏敦礼周济夏敬渠母子,汤氏推多受少,"宁以十指自赡",不敢"多取以玷夫子清节",在在显示汤氏安贫苦节的操守。

汤氏对礼节要求严谨,夏敬渠昆仲奉行不违。《宗谱》卷七《传略行状·汤孺人传略》载:

慎修昆仲适令节生辰,必设单率妻子旅拜;每出入必告,百里外必叩拜。或以为繁。孺人曰:"臣弑其君,子弑其父,非一朝一夕之故,所由来者渐矣。世人每谓至亲无文,子弟渐生骄慢以驯,至于忤逆不孝,皆无礼以预防之也。礼以生敬,敬以止逆,虽繁,正未可弃耳。"

按:《野叟曝言》中文素臣对水夫人的敬畏、依恋及礼敬(如第一、

九、十、五十五、一百二十一、一百三十回……)便是夏氏母子情深及相处实况的描述或反映。

且不只夏敬渠昆仲孝敬其母,连母家诸弟及夫家小叔亦对汤氏礼敬有加:

> 季叔震轩(夏宗澜)罢官归,每朔望,必整衣冠向孺人揖。诸弟汤惟岳、西昆诸君,虽年五六十,朝夕见孺人,每见必肃揖。或谓孺人宜止之,何多礼为?孺人曰:"是但不失礼耳,非多礼也,胡止焉!"(同上)

母家诸弟与夫家小叔对汤氏的礼敬,不可能只是因应汤氏对"礼"的要求;应该是众人对这位"孝女、淑妇、令妻、节母"出自诚心的推崇。

5. 不喜汉儒"行权"之论

夏母汤氏"性喜读书,每不喜汉儒'行权'之论,谓最足坏人心术"(《汤孺人传略》)。夏敬渠将此事写入小说中。《野叟曝言》第九回,水夫人道:"我读史书,最恼汉儒牵扯'行权'二字。子臧云'圣达节、贤守节'。贤且不能,妄言达节耶?假权之名,行诈之实,真乃小人之尤。"

夏敬渠因母氏认为行权"最足坏人心术",故释义"行权"多为"假权之名,行诈之实"。又推衍此说,严正批驳世俗"明哲保身"之论。《野叟曝言》第三十八回:"水夫人怫然道:'明哲保身'四字,是圣人重道行权之学,非大贤以下所能;古今来不知有多少人,误在此四字上。"第一百十八回:水夫人又道:"古来名臣,俱为'明哲保身'四字所误。"

如何才能做到"圣人重道行权之学",免"'明哲保身'四字所误"?《野叟曝言》中没讲清楚。但是,第一百三十二回《素父忽迷罗刹国》描述当明孝宗为帝、文素臣为相,天下大治之际,文素臣奏明孝宗,欲铲除佛道二氏。太上皇宪宗却出面阻挠。文素臣立刻佯狂装疯,七年不问朝政。水夫人对其子之疯狂举动,了然于心,无一责备。后来宪宗宾天，文素臣"七年病遇三年艾"，马上痊愈，果然一举除灭二氏（第一百三十五回）。此长达四回的内容，或许即是夏敬渠心中既顾全君臣（宪宗、孝宗与文素臣）大义、父子（宪宗、孝宗）之情的"重道行权之学"吧！也顺便颂赞文素臣的"明哲保身"、"行权"已是凡人所不可及的"圣人之学"了。

细勘此四回情节：夏敬渠让化身文素臣跻于"圣人"之列，实现自己在道德品性上的理想；又让谨守礼法的文素臣，放浪形骸、纵情酒色七年，满足自己的肉欲幻想；且七年中，文家子孙掌理国政，天下太平，又补足其子嗣单薄、功名无成的遗憾，夏敬渠可谓一举而多得。至于情节是否粗俗，内容有无迂腐，思想是否流于浅陋，凡相关小说创作的重要原则，夏氏在此是无暇且无心去顾及的。

6. 对待仆婢，宽严中节、恩义并重

夏母汤氏对待仆婢，宽严中节。《宗谱》卷七《传略行状·汤孺人传略》载：

> 二铭媵婢名云云莲，尝缘碗架取碗，架仆，碗大小百十件尽碎。二铭叱之。孺人曰："无叱也，彼已受惊矣。"及藉米于地，则必挞之。其御下之宽严，必中其节，类如此。

宽严中节之外，汤氏对待婢仆又恩义并重：

> 孺人媵仆有沈顺者，其妻名文琴，故儒家女也。廷尉朱公（按：即汤氏的外祖父朱廷铉）任陕时所买。其祖、父皆生员。孺人于归后，即言于传一公，欲放为良民。文琴爱恋孺人，泣不忍去。公殁后，孺人决意放免之。文琴夫妇乃痛哭去。

《野叟曝言》第五十八回，精通武艺的婢女木难儿"温柔贤淑，识礼知书，兼通数学"，即是被没入官籍的"官宦之后，搢绅之裔"，故水夫人视如女儿，且命令全家礼遇之，称其为"木四姐"。

又:水夫人有一婢女秋香,因个性戆直,偶而会出言无状,一向赏罚分明的水夫人却常常宽宥之,引起家人的纳闷。后来水夫人道出个中原委:原来秋香乃水夫人的婆婆“木太夫人”[8]临终前吩咐要善待的小丫鬟,水夫人因思念亲恩而不忍严责之,所幸秋香禀性忠厚,并无大过,只是嘴快而已(见第六十回)。文素臣晋身宰相,家中成年女婢五人因平乱有功,皇帝降旨赐婚。消息传来,众女婢因为不忍离开水夫人,各自掩面悲啼(第一百二十三回);秋香更做出“痴丫鬟辞婚投水”(第一百二十四回回目)的傻事。

比对《汤孺人传略》所载及上述《野叟曝言》的部分情节,可见夏敬渠是将母亲汤氏敬重“故儒家女”文琴且放其为良民之事,改写成水夫人悲悯“搢绅之裔”的木难儿,命全家礼遇之的情节。且文琴乃汤氏外祖父所买之丫鬟,陪嫁于夏家,故汤氏对其恩情特隆。此事则被夏敬渠改写为水夫人因思念婆婆而不忍严责秋香之事。至于文琴爱恋汤氏,宁为奴婢,不忍离去,最后被迫痛哭而别之事,则被夏氏夸大、改写成秋香不愿远嫁而投水辞婚的情节。以上小说情节,既记录现实中夏氏主仆间的深情厚义,亦展现夏敬渠对母亲的孺慕之情。

7. 守节四十三年,生前坚拒请旌

乾隆七年(壬戌,1742),夏母汤氏六十大寿。因其守节已三十余年,按例可请旌于朝廷,表扬为节妇。夏敬渠友人赵元櫆等,欲具呈请旌,汤氏却坚拒之。原因是:当年其夫夏宗泗暖父圹得疾死,时议斥其不经,与割股事相类,不得旌表为孝子。夫既不得以“孝”旌,汤氏遂不欲以“节”旌。《宗谱》卷七《传略行状·汤孺人传略》:

> 元櫆时为诸生,随诸亲知后,登堂祝孺人毕,欲具呈为孺人请旌。慎修兄弟凄然色变,曰:“非兄言亦早作此计,特吾母坚不欲。奈何!”元櫆曰:“孺人自二十九岁守节,至今已三十余年,例得旌,独奈何勿欲?”因叩其故,而知传一公之死于孝也,有为公请旌者,时议以暖圹不经,与割股事相类,驳不准。

孺人以公之不得以孝旌也，故不欲己之以节旌。且曰："守节是妇人分内事，安得渎天子听耶。"是以慎修昆仲虽屡请而孺人坚不许。

《宗谱》卷七《传略行状·夏节母传》亦载汤氏拒绝请旌事：

母年已合旌例，坚不欲。初，邑人以传一先生死于孝请旌，时议以暖圹不经，不予旌。母心伤之，故不欲其子以节求旌也。

夏敬渠父夏宗泗死后，"时议以暖圹不经，与割股事相类"使其"不得以孝旌也"；也因此，夏母汤氏虽然守寡三十余年"已合旌例"却坚持"不欲己之以节旌"。对孝顺的夏敬渠而言，其父母可谓都深受委屈，必然耿耿于怀。

因此，汤氏卒后一年（乾隆十九年，1754），夏敬渠昆仲等即设法将母亲守节四十三年之事"闻于朝"，朝廷遂"给帑旌其门"，且"崇祀节孝祠"[89]，终于为母亲申屈补恨。

然而，夏父暖圹死，被讥为与"割股事相类"，不得旌表为孝子之事，却已成定局，无法改变。此类现实中无可挽回的事实，在小说中，却可以假借情节，以鸣其不平或代为雪恨报屈。因此，夏敬渠创作《野叟曝言》中，虽只字不谈其父暖圹而死之事，但对于被斥为"不经"的"割股疗亲"，却大作文章：

《野叟曝言》第一百三十至一百三十一回，夏敬渠"借题发挥"叙述文素臣一家割股治愈水夫人重病之事：先是水夫人"一心忧旱起迍邅"，因大旱不雨，民不聊生，遂自行断谷绝药，欲以身殉灾。其病已渐入膏肓，回天无术，子文素臣只能夜夜跪求祖庙救母，但亦不支病倒。

长孙龙儿迫于无奈，只好割股疗亲，伪称是太皇太后亲手调赐的"鹿脯汤"以进祖母。水夫人吃后，病状稍稍得以缓解。龙儿又彻夜跪地祷天，最后终于求得大雪三尺，解除旱象。水夫人忧心一解，病即起色。且不只龙儿一人割股，女儿、媳妇、孙儿七人也跟着割。水夫人遂在不知情的情况下，吃了"八片香肱"而"脾神大醒"，恢复了健康。

然而，夏敬渠精通医药，著有《医学发蒙》一书，岂能不知"割股疗亲"事有违医理？针对此矛盾，夏氏遂刻意安排情节，让水夫人在发现真相后，对着割臂煮汤的媳妇、孙儿等，进行精神训话，明示自己病情痊愈，乃是天降瑞雪、忧心遂解所致；又指斥"若臂肉可疗疾，则大孝如舜、文、曾、闵，应有割股之事；而古之孝子，亦无先殁之亲矣"。

以上水夫人的议论，表面上看来，似乎夏敬渠对"割股疗亲"事是采否定的态度。但是小说中，此事横跨两回，将近八千多字的长篇内容；且因子孙辈割股的"孝行"，使老祖宗水夫人得以起死回生的生动情节，虽不致于"讽一劝百"，亦绝非是等闲之笔。推勘夏氏的用意，即是强调至孝之行可感天动地、治愈沉疴。

因此，夏敬渠虽不鼓励"割股疗亲"，但是也反对将其贬斥为"不经"的愚行，故利用小说情节，拐弯绕道地为割股疗亲事进行辩驳，此应是夏敬渠针对其父不得"以孝旌"之事所做的消极抗议及申辩。

夏敬渠在《野叟曝言》中，大费心思地描述且肯定"割股疗亲"事，又与下列事件有关：

一是夏氏宗族苦孝之风。据《宗谱》可知夏氏宗族极崇尚孝道，但是，平日怡然养亲，尽人子之责，一般人即可为之，并无特殊之处。故为了突显异于常人的"孝行"，夏家成员常常不惜折磨肉身，甚至逾越人情礼制来呈现之。在"苦孝"为尚的家风熏陶下，夏敬渠对割股疗亲之事，当然不会完全否定。

除了受"苦孝"家风影响之外，夏氏家族还真的发生过"割股疗亲"事，割股者又是受朝廷建坊旌表的节妇"周氏"。据《宗谱》卷七《传略行状 · 周孺人传》载，周氏是夏敬渠族叔夏宗鲁的未婚妻，夏宗鲁二十二岁未娶而亡，周氏"闻讣惊号，誓欲从死。而念舅姑贫且老，请奔丧守贞，以代子职"。未婚之女，自愿入夫家守贞，必然艰苦异常:周氏“事舅姑,操酒浆、织纫及浣涤厕腧之事,悉身亲之”,使得其舅姑“相喜慰,忘其老而无子之苦也”。不只如此,周氏“在家时,父病笃,常私割臂肉作汤以进,疾得瘳”。归夏氏后,其舅“疾革,药罔效……至是,复刲臂以进”。周氏“割股疗亲”的行为,在宗族中传为美事,不仅《宗谱》载之。夏敬秀《正本家源》卷上《事亲尽道》中,亦盛赞其事:

> 吾族叔母贞孝周孺人,在家割臂以疗父;及来守贞,又割臂以疗舅。

夏敬秀《正本家源》又载:“世侄朱映嘉[90]咸庆,年十五,割臂以疗母。”可见夏家亲族割股者不只周氏一人。其事亦载入光绪《江阴县志》之中[91]。

又:江阴一县,割股疗亲疾者人数甚多,朱咸庆之前已有十四人[92]。其中:

> 赵氏龙,字德公。庠生。母病一月,谷药不尝。氏龙割股,给以鹿肉,进之,顿愈。(光绪《江阴县志》卷十六《人物·孝弟》)[93]

《野叟曝言》中,文素臣儿子龙儿向祖母进割股肉汤时,绐称为“鹿脯汤”,夏敬渠创作此情节的灵感,或即是来自于赵氏龙割股疗亲时的“给以鹿肉”。

纵观上列诸事,可推知“苦孝”为尚的夏氏家风、族叔母周氏、世侄朱咸庆及同邑赵氏龙等人真实的割股行为,已提供《野叟曝言》撰写《八片香肱脾神大醒》情节的丰富素材。再加上江阴时议认定“暖圹”事,如同“割股”事不经,致使夏父宗泗不得受朝廷旌表为孝子,夏母汤氏生前遂拒绝奏报朝廷受旌封为节妇。父母所受之委屈,与“割股”事如此密切,故夏敬渠创作小说时,便委婉曲折地道出割股虽是孝亲之下策,但若出自至诚,非是沽名钓誉,则真孝可感动天地，故不须对“割股”事过于严苛。

因此，堂弟夏敬秀在《正家本论》卷上《事亲尽道》针对割股疗亲所发的议论，正可代表夏敬渠真正的心声：

> 割股疗亲，昔人议其毁伤灭绝，陷于危难；且恐有求名者，故例不请旌。然诚发于至性，唯恐人知此，亦难能而可贵者矣！……变而不失其常者也，岂可轻议哉！

总而言之，由于特殊的家族背景及个人因素，使得夏敬渠虽崇奉儒家孝道，但却未深省并体现其内在精髓，反而陷入世俗愚孝之中。故《野叟曝言》所呈现的孝道，不免有矫情或扭曲之处。

因此，《野叟曝言》中“割股疗亲”的情节其来有自，夏敬渠为其父申述委屈之本衷亦情有可悯。但是迂腐的孝道主题及让水夫人连续吃了子孙“八片香肱”之后才“脾神大醒”的内容，往往令阅读者感动者少，不安者多，文学艺术性因此大为降低。至于如第五十三回，黄铁娘受恶姑陷害凌虐至死，临死仍然为姑辩解，以脱其罪的情节，则更是为了尽愚孝而到了是非不分、善恶不辨的地步，更难引起后代读者之共鸣。

8. 性严整，自律严苛

汤氏个性执善固执，《汤孺人传略》载其：

> 性严整，年虽老，足勿逾国。非亲子侄不得见。……生平未尝入寺观烧香许一愿，设一斋醮；不观剧，不游春，不看灯；不熟一尼姑、卖婆；不探看亲戚；父母殁后，不归本家；不妄出一语，不私蓄一钱。（《宗谱》卷七《传略行状》）

故其平日言行，不只是“严谨”，乃是已达自求“严苛”的境地了。《汤孺人传略》的作者赵元樾自言其自幼与夏敬渠兄弟有深交：“元樾与慎修、二铭交最密。二铭自十五六岁时与文樾结交文社，朝夕过从，如影附形者垂三十年。”但是三十年之中“未尝见孺人一衣裾，闻孺人一謦咳”。且夏敬渠如此形容其母亲：

二铭尝言：孺人虽盛暑，不坐庭院；中夜虽键户，必裾不露裈，必领不露项，必膝衣不露胫，必垂袖不露臂。传一公殁后，未尝启齿一笑。生平未尝挞一婢仆，婢仆惮之如神明。……诸妯娌姻娅，无敢于孺人前出一谑语；有嬉戏者，虽长于孺人，闻孺人来，必遽止。

汤氏律己如此严苛，是故面对富贵，自然有雍容磊落、不慑不谄的气度：

二铭之缔姻于朱氏也。朱氏母谢孺人为侣桐、乔升两公胞姊。侣桐名旻，任江西巡抚；乔升名迁，任湖广粮道，皆贵显。于归时，各遣一掌家妇来守房。妇皆金珠饰、服罗绮。而孺人荆钗布裾，坐受其跪拜无少怍。满月后，归语谢孺人曰：“妇等阅贵人多矣！未有端严可敬畏如夏太太者。”其严惮如此。

若以旧传统社会对妇女德行的评断标准而言，汤氏的操守及言行，几乎已达到无瑕须掩、无懈可击的地步。自幼失怙的夏敬渠对寡母的德行，更是感恩、尊崇不已。《浣玉轩集》中《有感》、《明岁春正，奉请家母入都。此时已届岁除，不知家中阙会计否？客邸悬念之甚。聊自述》、《〈浣玉轩诗集〉自序》、《忆母》、《远行》、《怀人》、《怀八叔父滇南》及忆妹、悼亡妹诗文中，皆吐露其孝母之深情。

夏敬渠孝母之心，不只表述于《浣玉轩集》的诗文中，亦寄托在《野叟曝言》小说中。如：第十一回，文素臣功名未就、家计贫乏兼远游思亲，遂援笔撰写《古风》一首以抒悲：

……孝子有心不可说，欲说不说先悲伤。……我生七岁我父亡,音容至今都渺茫。寡母苦块血已枯,宵来衽绩茹苦荼。篝灯教字还勤劬,嗟予少小何所知,唯知逐逐为儿嘻。母怒责儿儿叫哭,慈母伤心泪谡谡。二十年来教子心,泪痕日日沾衣襟,最怜自幼及成人,都无一事酬吾亲。埘中既乏茅容鸡,仲由菽水犹难支。厨头爨火禁不起,萧然无以供甘旨。年过二十仍诸生,眼看同学多簪缨。伏雌不飞复不鸣,阒然无以扬亲名。……

此诗乃假借文素臣之笔,寄托了夏敬渠对母亲汤氏守节抚孤的感恩,并表达自己功名无成,不能显亲扬名的愧咎。

《野叟曝言》第十五回,文素臣在舟中思念母亲水夫人而写了另一首《古风》:

远行出门闾,举足心自量。鄙夫念鸡肋,男子志四方。况值阳九运,云胡守闺房?闺房讵足道,顾瞻萱草堂。仰头发长啸,低头重彷徨。儿行三千里,母心万里长。万里有时尽,母心无时忘。母心无时忘,儿行途路旁。路旁无深谷,路旁无高冈。高冈与深谷,乃在慈母肠。游子动深省,泪下沾衣裳。儿泪有时干,母心无时忘。母心无时忘,儿行途路旁。儿行途路旁,一步一悲伤。

小说中,此诗诗题为《舟中忆母》[94],但在《浣玉轩集》中,此诗录存于卷四,诗题为《远行》。可见是夏敬渠创作小说时,将此首昔日旧作钞录、运用于《野叟曝言》中,仅有数句为配合小说情节及润饰辞藻而更动罢了[95]。

《野叟曝言》描述文素臣一生崇程朱,斥陆王,排佛道,拒权奸,最后终于得君行道,不只"泰运将开倭人臣服"、"舌战朝中除二氏",且"绝邪念万载常清"(第一百三十四、一百三十六、一百五十四回回目),完成内圣外王,家齐、国治且天下平的伟大事功。此固然是夏敬渠终其一生,梦寐以求的理想,也是其在科举无望后,所编织来聊以自慰的幻想。但夏氏在小说中一再强调文素臣得以立德、立功、立言三不朽，皆因水夫人平日身教、言教所致。此在心态上，是夏氏爱恋、景仰其母的感情投射。亦即夏氏在真实人生中，深以不能立身行道，显亲扬名为憾，故只好幻设一圆满的小说世界，以补偿其一生之最大失落。且《野叟曝言》中，文素臣远游必思亲，返家常跪捧母足呜咽（第五十五回），此应是现实生活中夏氏对“萱堂少寡，尽历霜寒；蔗境高春，仍茹荼苦”（《浣玉轩集》卷三《〈浣玉轩诗集〉自序》）的寡母寸草春晖之真情。

由《浣玉轩集》之诗文可知，自幼失怙的夏敬渠对寡母汤氏“孝而贞正，通达礼仪。年二十九，誓《柏舟》”的德行，感恩、尊崇不已。再加上时议赞扬汤氏有“名闻天下、节冠江南”的美德，二者交融后，成为强烈的情感，宣泄于小说中。故夏敬渠以母亲汤氏及祖母叶氏做为原型所塑造的水夫人，在《野叟曝言》首回中，是“贤慈孝惠，经学湛深，理解精透”的“女中大儒”；第一百十九回，因勉子尽忠报国，使立有“八案首功”，故钦封为“宣成镇国太夫人”，不久又晋封为“镇国卫圣仁孝慈寿宣成文母水太君”（第一百四十四回）；在第一百五十四回的《泄真机六世同梦》中，水夫人因教子立有三不朽之旷世巨功，遂升格成为“尧母庆都、舜母握登、禹母修己、汤母扶都、文王母太任、武王周公母太姒、孔子母征在、孟子母肌氏、程子母侯氏、朱子母祝氏”等历来圣贤之母所“让位推崇”的“圣母太君”了。

（三）旁系祖妣多孀居苦节者

夏敬渠直系女祖中，祖母叶氏受推崇为“巾帼之丈夫，闺帷之豪侠”；母亲汤氏被赞誉为“名闻天下、节冠江南”。二人在夏敬渠心目中，已形成至高无上、完美无瑕的女性典范。夏敬渠心中一方面敬仰其祖母及母亲的崇高典范，一方面又受传统父系社会男尊女卑的思想所制约，其对女姓贞操的审度标准，遂趋于严苛。

夏敬渠旁系宗亲中，每多孀居苦节，受朝廷旌表节烈的女祖。例如：夏敬渠叔祖父夏敦义二十二岁卒[56]，叔祖母王氏“年十八而寡，矢志霜闺，操凛冰雪”。后来在“道光己丑（九年，1829），恩旌节孝”(《宗谱》卷八《小传纪事·第九世“敦义”》)。族叔夏宗鲁(属“所巷宗”第十世),“年二十二,将请期而遘疾不起”,未婚妻周氏(按:即前文所述割股疗父、疗舅者)亦守节不渝:

> 闻讣惊号,誓欲从死,而念舅姑贫且老,请奔丧守贞,以代子职。父母知不可夺,听其来归。既归我夏氏也,事舅姑,操酒浆、织纫及浣涤厕牏之事,悉身亲之。舅禹功公、姑沈孺人,相喜慰,忘其老而无子之苦也。……禹功公家固穷,孺人女红以佐养,乃迭遭大丧,营小姑嫁,遂至无升斗之储,一椽之覆。(母家)周氏又甚式微,孺人于是一无倚托矣!……年二十三守贞,后常素服,不茹荤,终其身。女工之暇,长斋绣佛,不苟言笑,待诸子侄甚慈爱。……将卒,盥沐端坐而言曰:“吾为未亡人六十余载,前二十年,为夫代子职;后四十年,待死而已。”

周氏死后,江阴县令颁予“贞节可风”匾额;“乾隆九年,三院汇题请旨给帑建坊,入节孝祠崇祀”(《宗谱》卷七《传略行状·周孺人传》)。未嫁而入门守贞,已大不易;代替未婚之亡夫尽孝于公婆,更是难上加难。周氏贞、孝两全,其艰苦卓绝,可以想见。

第八世夏震妻高氏:“来归后二十七岁而寡,茹素终身,督孤读书,游庠成立。”(《宗谱》卷八《小传纪事·第八世“震”》)又“复姓宗”第九世夏元□妻王氏,守节六十二年:“十又八龄而于归,二十三岁而矢志。葬夫葬翁,既尽哀而尽礼;为妇为母,实克顺而克慈。”(《宗谱》卷十《表章·祠坊·王太安人贞节碑记》)

夏氏女于归夫家,亦有艰苦守节,抚孤成立者。如光绪《江阴县志》卷十九《列女·节妇》载夏敬渠的姑母夏氏:

> 夏氏,增生徐昆妻,廪生夏敦仁女,二十九岁夫亡,课子蒙求游庠,寿七十八。

计夏敬渠姑母,守寡五十年,其与夏母汤氏同在乾隆时旌表为节妇。

亦有夏氏女出嫁，夫死，回母家守节者，光绪《江阴县志》卷十九《列女·节妇》载：

> 夏氏，元和邱懋禄妻。候选通判夏一驹女。懋禄殁于父廷溥云州吏目任所，氏年二十二，扶柩归葬，守节母家，寿七十四。

夏一驹为夏家第十世，其女与夏敬渠同辈，但其出嫁夫亡后，在母家守节五十三年，夏敬渠应知其人其行。

又：传统习俗中，夫亡，妻有子，则宜守节；妾则任凭再嫁可也。但夏氏家族，连侧室都不乏艰苦守节者，如：第七世夏维炎妾曹氏，二十六岁夫亡，“无出，其兄欲契归，夺其志。截发自誓，坚守不渝。日勤纺织以佐嫡子”，守节六十二年卒，以节孝载入《邑志》(《宗谱》卷八《小传纪事·第七世“维炎”》)。第十世夏一驹妾徐氏，十七岁夫死，守节六十三年。

> 孤子五岁，乙亥岁(乾隆二十年，1755)大饥，明年二月，嫡子熊与氏分析各爨，并无勺米寸薪，独与幼子孤苦相依，营纺织、勤针黹，百端拮据，以命自安。宗族皆称其安分。(《宗谱》卷十《表章、祠坊》)

夏敬渠母汤氏、叔祖母王氏、姑母夏氏，夏宗鲁未婚妻周氏、夏震妻高氏、夏元□妻王氏、夏维炎妾曹氏、夏一驹妾徐氏、女夏氏诸人，皆受朝廷旌表节孝，崇祀节孝祠，俱载于光绪《江阴县志》卷十九《列女·节妇》中。

总计夏氏祖妣从七世至十世，守节三十年以上且受朝廷旌表、建贞节牌坊或崇祀节孝祠者，至少有九人。在“苦节”为尚的家风浸染下，无怪乎夏敬渠对女性贞操是采保守又严苛的态度，缺乏通情达理的人性关怀与包容。

总而言之，夏敬渠因受到祖母叶氏、母亲汤氏完美形象的影响；再加上旁系女祖每多孀居苦节，既受时人尊崇、又受朝廷旌表者。夏敬渠内在思想中，遂认为守贞不贰是女性的根本大节，除此之外，纵然有其他才华，亦不足道。

故《浣玉轩集》卷二《节妇王蔡氏祠堂记》一文，夏氏以激昂之文笔，叙述节妇蔡氏在夫亡后，本欲从死，但念及不可“以节废礼”，遂“立限三十六月”为期，在克尽“为夫殡且葬，行苴麻哭泣之礼”、“岁时哭泣祭祀之”后，三年服满，即“绝粒，凡勺水不进者十二日”而死。夏敬渠称颂古来节妇者多矣，但是“求其早计于三年，而饥饿急迫于十二日之久，以捐其躯而全其节者无有也”。且蔡氏父母、姑舅皆早亡，无人教以节烈事，故“节妇之学固足于性，而其志乃定于天”，乃古今罕有天生节烈之女子。

同卷又有《何烈女论赞》一文载：

> 江邑陈氏有媳曰何冰姑者，幼失父母，畜于陈，事翁姑以孝。家贫，勤女工以佐食。未合卺，夫病卒。姑截发纳棺中，绝粒送葬之。明日，遂自缢。

夏敬渠盛赞何烈女殉夫的行为：

> 从容引绝决，不类激烈者之所为。夫未殡，不敢以死也；夫未葬，不敢以死也；夫之魂气未复，不敢以死也。迨既殡矣、既葬矣、夫之魂气复矣，而后乃以死殉。若姑之死，古往今来有几人哉？……姑盖巾帼而须眉者也，见姑之行、闻姑之风，其不肖者有愧，而贤者更将有以自励也！

尽管清朝在康熙二十七年(1688)已下诏“永永严禁”夫死妻子从殉者的节烈旌表[97]。且同是清初文人，吴敬梓(1701—1754)在《儒林外史》第四十八回《徽州府烈妇殉夫》中，也已经对妇女殉夫的陋习及男性世界所定义的“节烈”提出强烈的讽刺，对拘泥于恶毒礼教的人们,亦寄予悲悯[98]。

反观夏敬渠在以上二文中,对于殉夫的蔡节妇、何烈女,却是极尽歌颂之能事,对于生命的价值并未重视,对偏颇的世情礼教,也无任何反省、批判,可见其对妇女贞操的观念,确实是十分保守。

此种保守的贞操观念,衍化进小说中,则变本加厉,成为极严苛的道德戒律。故《野叟曝言》中,充斥"性命事小,失节事大"的思想。身为女子,不可不"固守贞节";而"固守贞节"的终极表现,往往便是"殉夫"。如第四十回,文素臣被绑赴午门候斩,家中除了有孕在身的田氏正妻,为事孀姑及保子嗣,不敢言死之外;其余众妾,即使是未合卺者,也都一心求死以殉夫。第三十三回《刘大娘三犯江儿水》描述石氏落难,为了怕"遇着了不良之人,强行奸辱,岂不污了名节? 到那时寻死,便是迟了"。仅仅有失节的担忧,刘氏竟然就数度投江,以求保全名节。且小说中,节妇死后,不止朝廷下诏旌表,亦可得到天帝的封诰。如五十三回:黄铁娘生前虽守节冤死,但死后得朝廷旌封,建坊立祠;天帝又敕封其为"香烈娘娘",位列天神,得到万世崇祀(八十四回)。至于淫荡之女,则时时被丑化为鬼魅妖狐,人人可得而诛之。如六十九回:幻化人形、淫杀男子无数的玉面狐"九姨",即被文素臣所诛灭。

是故《野叟曝言》中,女性的贞操绝对比性命重要,导致本书有思想迂腐之讥。且小说中正面形象的女性,其言行举止,不是幽贞娴静、知书达礼者(如文素臣正妻田氏,妹文遗珠、义妹未鸾吹);便是崇德守分,兼具才艺者(如文素臣五妾:璇姑、素娥、天渊、湘灵、红豆)。负面形象的女性,几乎全是淫荡无耻、乖张贪狠,或庸碌拙鲁者(如单二姨、李四嫂、李又全的十几位妻妾)。如此一刀二分,既简化人性,降低小说的深度;又使众女子的形貌、思想趋于平板化,读之趣味寡淡,与《金瓶梅》、《红楼梦》塑造女性的成就相比较,则差距甚大。

第三节　夏氏先人对《野叟曝言》“崇正辟邪”理念的影响

崇尚儒学，力辟佛、老及陆、王心性之说，是夏敬渠一生思想的主轴，其在《读经余论》中，特以“君子”、“小人”来区隔儒学正道与佛、老二氏（按：夏敬渠所反对的“老”，虽混同道教与老庄，但主要指道教而言）：

> 《中庸》次章，朱子但为君子、小人反覆推究，而未明言君子、小人之为何人。余特为注之曰：君子者，尧、舜、禹、汤、文、武、周公也；小人者，老与佛也。尧、舜、禹、汤、文、武、周公之为君子、为中庸、为时中，可知也；老、佛之为小人、为反中庸、为无忌惮，未可知也。（《浣玉轩集》卷一）

夏敬渠替朱子《中庸》次章作注，君子者是尧、舜、禹、汤、文、武、周公等儒家道统；小人者则为佛、老二氏。佛、老何以为小人，以其“反中庸、无忌惮”二大罪行故也，因“古今来，非圣人之道，别为一端者多矣！而皆不足当‘反中庸、无忌惮’之两言；即稍足当之，而不足尽之。惟老、佛足以当之，而且尽之”（同上）。

夏敬渠进一步指出佛、老“反中庸”，即是“反五伦”；“反五伦”则是“无忌惮之至”也。

> 中庸之道，莫大于五伦，而老、佛敢于废君臣、弃父子、绝夫妇、尽去昆弟朋友之交，而别求其昆弟朋友。其废之、弃之、绝之而尽去之者，反之至也。其敢废之、弃之、绝之而尽去之者，无忌惮之至也。
>
> 人为天地所生，宜忌惮者，莫如天地；而佛、老则无一不与天地相反：天地之大德曰生，佛、老则反之使不生。天地之大数曰死，佛、老则反之使不死。天地以仁、义、礼、智赋于人为性，而佛、老则以为贼与障而尽灭以反之。天以耳目与人，而

堕黜以反之。天以须发与人,而髡鬄以反之。天以阴阳与人,而闭塞以反之。天命有德、天讨有罪,而造作因果忏悔之说以反之。无忌惮若此,至矣尽矣!蔑以加矣!试问古今异端,如杨、墨、申、商、苏、张、荀、扬之徒,以及谶纬术数之学,有一如老、佛之毫无忌惮而尽反中庸者乎!……(《浣玉轩集》卷一《读经余论》)

佛、老反五伦,无忌惮,故敢违反天地生、死之大德,以贼、障灭绝天地仁、义、礼、智之性;堕黜耳目、髡鬄须发、闭塞男阳女阴;又造因果忏悔之说,以反天命。因此,佛、老超越所有古今异端,是反中庸、无忌惮之极至。

夏敬渠虽并斥佛、老二氏[99],但对于佛教还是挞伐得比较激烈,其在《辟佛论》中,大辟佛家"空虚"、"寂灭"之说,言:"法华、楞严诸经,语虽千变万幻,要不过空虚寂灭而已。"

然而佛家的空虚、寂灭,在夏敬渠眼中有好几个破绽:

……而如佛之说,必无有天地而后可,必天地不生物也而后可,天地而不生物也,则天地而不生佛也,佛不生而其说且何有哉?(《浣玉轩集》卷三)

夏敬渠认为"寂灭则丧心,空虚则绝理"[100]。若万般俱空虚、寂灭,则天地而不生物,不生物则亦无生佛,"佛"为空虚;"佛道"亦寂灭,则佛之说何有哉?

何况天地万物,自有其生死循环,无佛家所谓空虚、寂灭者:

吁!日月星辰之照临,山陵河海之流峙,草木禽兽、虫鱼介豸之蕃衍,老壮幼弱生死之循环,天地间无所为空虚,无可为寂灭者也。佛何为哉?(同上)

再以人身之出生、处世、欲求三大项观之,亦无所谓空虚、寂灭者:

饥欲食、寒欲衣、少欲怀、病欲养，不能外父母而生，不能别天地而处。人之身无所为空虚，无可为寂灭者也。好佛何为哉？（同上）

且佛家违反人伦，以“强离”为空、为寂；以“强合”为不空、不寂，其理固不中立：

本父母兄弟也，而路人之；本路人也，而父子兄弟之。从其前为强离，从其后为强合。以强离为空、为寂，则强合为不空、不寂，理固不中立也。且佛不既曰空虚、不既曰寂灭乎？既曰空虚、既曰寂灭，是即不空、不虚、不寂、不灭之一证。（同上）

夏敬渠的反佛，虽未深入佛教教义，仅就宗教表相进行批判而已；但由上文，已可见到其滔滔之辩才及细密的逻辑推理。

夏氏宗理学，崇程、朱，斥陆、王。程、朱重在“学”，陆、王重在“悟”，夏敬渠将重“悟”的陆、王与佛教相模拟：

……学、悟二字，为儒、释分途，重学则入儒，重悟则入释，此为人、禽生死关头。后世如陆子静、王守仁辈，非无入儒之质，而皆厌学而阻乎道；喜悟而堕于禅。……（《浣玉轩集》卷一《读经余论》）

因此，陆象山、王阳明者，乃是“阳附孔子，阴合老释”之小人，堪称为“儒学之蠹”、“儒之杨、墨”：

是则生孔子后而言儒，宜无不宗孔子者。而有陆象山、王阳明者出，乃阳附孔子，阴合老释，为儒学之蠹。……陆、王……儒之杨、墨也，宜明著其罪，以为天下后世戒。（《浣玉轩集》卷二《〈医学发蒙〉自序》）

其他如《浣玉轩集》所录的《读欧阳子论〈春秋〉书后》、《读〈庄子〉》、《书〈全史〉后》、《天命说》以及其若干序、传、杂文，亦零星有反佛道、斥陆王的言论。

夏敬渠奉为主臬者，乃儒家修、齐、治、平的理想。故在思想上，尊崇尧、舜、禹、汤、文、武、周公、孔子之正道。在言行上，则颂扬孟子之辟邪说、除异端，韩愈的《原道》；而以反佛、道，斥陆、王为终身职志。概括言之，即是"崇正辟邪"的理念与理想。此是夏敬渠在《野叟曝言》一再强调的"理念"；且最后不惜以政治力及武力所达成的"理想"。

欲探讨夏氏先祖对夏敬渠"崇正辟邪"理念的影响，须先厘清夏敬渠此理念的内在意涵及各项成因。兹列述于下：

（一）"崇正辟邪"的要义及成因

在《野叟曝言》中，一再标举的"崇正辟邪"究竟何指？此可从第一回正文中看出端倪。如夏敬渠用以自况的主角文素臣，其父名"继洙"字"道昌"，其目的除了偕义其父名"宗泗"之外，亦暗喻自己生平以继承洙泗之学[101]，使儒道昌盛为大愿。

夏氏又将《野叟曝言》的主角命名为"文白"，字"素臣"。"文白"二字乃拆己姓"夏"字而得；"素臣"则取义于杜预《春秋左传序》所云："说者以仲尼自卫反鲁，修《春秋》，立素王；丘明为素臣。"即明言文素臣将羽翼儒道，成为"圣教功臣"，首回回目云"十觥酒贺圣教功臣"是一证。

《野叟曝言》又述文素臣出生时，"其父文公，梦空中横四大金字，曰'长发其祥'；又梦至圣亲手捧一轮赤日，赐与文公。旁有僧、道二人争夺，赤日发出万道烈火，将一僧一道，登时烧为灰烬"。夏敬渠藉此情节，暗示文素臣资禀超异，得自天授，故至圣孔子委付"毁佛灭道"的重责大任，使儒术"长发其祥"。

故由《野叟曝言》开宗明义的第一回，已然可确定《野叟曝言》的主旨在"崇正辟邪"——亦即崇儒术，斥异端也[102]。

然则何谓"正"？名义上虽指孔、孟儒学，但由《野叟曝言》内容观之，实乃专指儒学中的程、朱理学。何谓"邪"？则除了儒学之外，百家尽属之；其中又以佛、道"为祸"最烈；而理学中的陆、王心性学派，在夏氏心目中，亦是"邪说"而已。

故夏敬渠在《野叟曝言》中，不只以长篇大幅的议论文字，阐明其所谓崇程、朱，斥陆、王[103]，排佛、道的"崇正辟邪"理念；亦创设许多情节，具体描述如何"崇正"——标举个人、家庭成员、朋友、君臣之言行份际；如何"辟邪"——对异端邪说，宜理论辨正、行为劝化，甚至政令禁止、武力灭绝。并展现"崇正"的具体成效——个人可成德立业；朋友必生死相交；家庭必雍穆和谐，国家则太平安乐。"辟邪"之具体成效——陆、王心性及佛、道教派灭绝；人民一归正道；万国咸归王化等等。

故在夏敬渠心中，自有一幅经由"崇正辟邪"，以达"内圣外王"的蓝图。此蓝图在其场屋失意后，已然实现无望，是故夏氏藉《野叟曝言》之创作，阐述理学主张，记录反佛灭道议论，并满足其得君行道、位极人臣、尽享荣华富贵的幻想，此乃夏氏既皮藏博学又炫才寄慨之特殊方式。

细勘夏敬渠"崇正辟邪"思想的主要成因有：

1. 受传统儒家之影响

传统士子浸淫四书五经，鲜有不受儒家思想熏陶、影响者，夏敬渠当然不例外。其在《读经余论》中，极力阐述《中庸》、《论语》之学说，处处以尧、舜、孔、孟、程、朱之信徒自居，以传承圣道为终身职志；且因受孔子"攻乎异端，斯害也矣"，孟子"正人心，息邪说，距诐行，放淫辞"及历来诸家反佛之影响，故时时以护儒卫道为己任。故大环境中，传统儒家思想对夏敬渠"崇正辟邪"之理念影响至深。

2. 受江阴理学风气之启导

江阴理学之风[104]，自北宋熙宁九年(1076)"平居博览群籍，尤精性理之学"的杨孝孺，"以太子中允知江阴县，为治宽猛相济，安而有序"，遂使江阴治史及理学之风逐渐萌芽(光绪《江阴县志》卷十五《名宦》)。

王棠于绍兴五年(1135)，知江阴军，更新修葺学堂，拔邑中子弟为学宫弟子员，以军闲田充士廪。于是，在游艺有庠序，衣食有官廪的情况下，江阴学术风气遂日益兴盛。其后，又有郑谬：绍兴十一年(1141)，任江阴军教授，加意引掖后进；又奉命修学，使江阴学风系之不辍(同上)。

而将江阴学风导入程朱系统的是南宋名儒尤袤[105]。尤袤为程颐之再传弟子，生平服膺朱熹，推行其善政[106]。孝宗朝，又曾面折廷争维护道学，故其学行宗主程、朱，坚定不移。而其特立之言行，已足以左右江阴士风。此后，江阴一县便以格物致知、居敬穷理之程、朱学派为学术主流。

有明一代，陆、王心性之说大盛，江阴程、朱学风亦因之稍偃。清初，士人多责陆、王末流，空谈心性，导致明亡，程、朱派遂转盛，江阴又人才辈出了。

康熙朝，杨名时师事李光地，致力于程、朱之学；又德高位隆、奖掖后进，乡党辈翕然从之，江阴义理学风遂大盛。如：缪宏仁潜心性理诸书；叶廷甲为杨名时编次《杨氏全书》三十六卷。夏宗澜更终身师事杨名时。杨名时、夏宗澜对夏敬渠一生影响更巨(详下文)。

3. 以历来反佛诸家为基础

直接影响夏氏排佛的，乃南朝的范缜。据《梁书·范缜传》载：范缜出仕宜都太守时，即“下教断不祀”，禁绝辖内所有庙寺之祭祀。复创“神灭论”，致使梁武帝率同名僧法云及六十余位朝臣与之争辩。今《弘明集》中即存有六十四篇的“反神灭论”的文章。《野叟曝言》第一百三十六回，文素臣下命全国断灭寺庙；及独立朝中，舌战群臣以除佛老的情节，与范缜事迹颇类近。

范缜《神灭论》主张“形神相即”，“形消神灭”；且本于人情伦理、政治教化及民生经济的立场，反对佛教。夏敬渠在《野叟曝言》中所持反佛的理由，亦不外乎此。故《野叟曝言》中，虽未提及范缜，但推本溯源，夏敬渠仍受其直接或间接的影响。

范缜之后，排佛最力者，则非昌黎韩愈莫属。《野叟曝言》屡次称引《原道》、《谏迎佛骨表》，对于韩愈的反佛推崇备至，认可上比亚圣的距杨墨、辟邪说(如第二回)。而夏敬渠排斥佛、道的用意，乃在于"将吏部这一篇亘古不磨的文章，实实见诸行事"（首回，文素臣言志），亦即在贯彻昌黎遗志，实现《原道》之理想。可见夏氏反佛的动机、理由、目的，多受韩愈之影响。

两宋理学家为振兴儒术，莫不反佛；夏氏钻研理学，颇受其影响。盖佛教自释迦以来，虽宗派义蕴殊繁，但总归其教义，皆以人身为障累，视当世为虚妄、无明；须"脱生死海、证大涅盘"，即舍离世界以求超升，所持乃是"否定世界"的态度。宋儒反佛，则基于"肯定世界"的立场；认为世界本有伦理纲常，万物生灭自存生生之德；此生即可成己成物，不须空待来世；此岸即能成德成圣，无须妄寻彼岸。

是故张载指明：佛教舍离世界、否定文化，非但是不明天理，且又丧失人道[107]。程颐认为：佛教教义，主要落在生死苦乐的层面上，只能算是一种精神的陷溺而已[108]。朱熹亦言："彼（指佛教）见得心空而无理，此（指儒道）见得心虽空而万理咸备。"（《朱子语类》卷一百二十六）《野叟曝言》第一百三十一回，夏敬渠批评佛教以天理为障，以生死轮回惑众，沦三纲，绝四维，逆天心，幻妄虚空，与儒家精神相抵牾等，其说大致与宋儒相符合。

故自范缜以迄宋儒，卫道之士已提供给夏敬渠足质足量的反佛理由及根据。至于《野叟曝言》中雷彻风行的灭佛大举，则是受"三武灭佛"的启导。

三武灭佛的动机虽各有不同[109]，但皆以帝王之力，敕令天下禁佛。而《野叟曝言》第一百三十六回，文素臣得君专宠后，亦挟政治力量大举灭佛，其焚佛牙、毁佛骨、逐僧尼、没寺产、镕像铸钱诸举动，实乃三武灭佛的翻版。

4. 反映明代道教祸国之史实

起于华夏的道教，因系本土的传统信仰，历来卫道者率皆"宽以待之"[110]；不至如外来佛教，被卫道之士视为洪水猛兽。故夏敬渠在《野叟曝言》中的排拒道教，主要是要反映明代道教祸国之史实。盖明代道教方士的猖獗，为历代所鲜有，其中又以宪宗、世宗二朝为最甚。帝王的宠信道士，致使奸佞满朝，生灵涂炭，亦是明亡国主因之一。以明宪宗、孝宗朝为背景的《野叟曝言》，固然需要反映道教祸国之史实，并配合其"崇正辟邪"的理想，遂严诋道教[111]。

夏氏既排拒道教，对于道教所依附之老、庄思想，亦深表痛恨："老、庄与释氏之理为障，乃一而二、二而一，皆与圣人之学南北背驰、水火互异"(《野叟曝言》第五十九回)；"须焚《道德》、《南华》，以永绝后患"(第一百三十一回)。

5. 夏敬渠个人气质因素所致

儒家信徒的"维护道统"、"攻乎异端"的使命感，江阴故乡崇程、朱，拒佛、道的学术风气，历来反佛诸家的影响，且为了要反映明代道教祸国的史实，使得夏敬渠自愿扛下"崇正辟邪"的大纛。

再加上夏氏一生怀才不遇，愤懑满胸，故自喻"儒林赢质、文苑饿夫"，自认"我本天上辰，落为地下尘"；"凤皇备九苞，雌伏乎鸡巢"，以及"锋顽似铁、性拙如鸠"的个性；"异世俗之所为"的为人作风[112]。

以上五种内在心理、外在因素，互相激荡、影响，遂使夏敬渠晚年创作《野叟曝言》用以庋藏博学、炫才寄慨时，遂变本加厉地以"崇朱斥陆"、"铲佛灭道"作为中心理念。

（二）"崇程朱、辟佛道"家风对夏敬渠的影响

除了上文所述的五种因素之外，夏敬渠"崇正辟邪"理念，主要受到夏氏宗族"崇程朱、辟佛道"家风的影响。

由《宗谱》所载得知，夏氏家族宗理学、反佛道，由来已久。夏敬渠曾祖母叶氏，其祖父叶茂才，为"东林八君子"之一，故叶氏"胚胎理学，有大家风"。祖母叶氏系出同门，"承东林理学之传"，且"一切善事，知无不为；惟不肯饭僧佞佛。曰：'此吾所不识，亦夫子所不信，我不为也！'"[113]张叙撰《夏母叶太君传》时，盛赞此事：

自佛法入中国也，虽贤士大夫不免，其在闺阁中人为尤

甚,有宁薄生人之养以养之者矣!今太君之丰于施者如彼,而吝于佛者如此,见何卓也!……不愧东林理学家风。(《宗谱》卷七《传略行状》)

而叶氏卒后,子孙经办丧事时,亦尊奉其遗教,"含殓丧祭必以礼,不用巫觋绝道僧"[114],即"遵命不作佛事,勿信地师,一以朱子《家礼》从事"[115]。

夏敬渠祖父夏敦仁,一生"重儒宗、辟二氏",学行以理学为依归:

潜心理学,于关、闽、濂、洛诸书,穷年探讨,深切著明,以身体力行为本。静存动察,至老不倦……生学术一归中正,教授里中;广集有志之士,相与讲贯者,无非儒先奥义、圣贤指归。重儒宗,辟二氏;先器识,后文艺;一切阴阳术数之说,以及绮词艳曲,必加禁斥。一时学者识入道之门,屏轻浮之习。[116]

夏敦仁潜心、尊奉理学,至老不倦,其《临终吟》诗云:

读书略观大意,理学经济未优。此去性灵不昧,来生取次研求。(《宗谱》卷十七《内集·诗词》)

此诗前二句,谦称自己为学不求甚解;后二句则表明若死后性灵尚存,且来生可期的话,则愿继续研习理学并致力于经世济民之事。由此更可见夏敦仁一生念兹在兹的职志。

夏宗澜《家忌》一诗,言其父敦仁事称:"吾父有遗言,生平富经籍。既无佞佛情,岂有谈真癖?他年逢子卯,须把坟典绎。"(同上)可见夏敦仁一生对"重儒宗,辟二氏"的执着,至死不变。

但是,正因为夏敦仁生前坚持自己的丧礼,不采佛教诵经、道教念忏的形式;且每逢祭日,子孙们要做到"须把坟典绎"的祭祀原则。此事与一般民间风俗大异,故受到时议的强烈攻击,甚至诬陷夏家"诵五经作佛经为奉邪教"。并以此项罗织的罪名,要将夏敦仁排除在"崇祀乡贤"之外,且不列入《县志》(按此事始末,详见本章第一节)。夏宗澜在《与内祖杨圣翼书》加以辩驳:

> 先父命诸子曰:"遇忌日不得做佛事,但就室中设我位,诸子俱朗诵五经一过。死而有知,必欣然听之。"……不肖辈至今奉命不敢违。(《宗谱》卷十五《内集·文辞》)

夏敦仁临终遗命诸子丧礼不采佛教仪式,且诵读五经以慰亡灵等,正是贯彻其一生"重儒宗,辟二氏"的信念。而诸子的"奉命不敢违",亲友的共襄其事,不只显现夏氏宗族的孝道传家,也可看出其尊儒学、反佛道的一贯家风,已颇具影响力。在此家风熏陶之下,夏敬渠深受感召。而有心人士,诬陷夏家信奉"邪教","诵五经作佛经",欲摈斥夏敦仁于"崇祀乡贤"之外。此事对个性"锋顽似铁、性拙如鸠"的夏敬渠,必激起强烈的反弹,更加深其一向反佛、道的信念与决心,无怪乎在可驰骋幻想的小说中,夏敬渠变本加厉,由"反佛斥道"进一步要"铲佛灭道"了。

夏母汤氏也是崇正学、反佛道者,其"生平未尝入寺观烧香许一愿、设一斋醮","不熟一尼姑",且"不佞佛,不信鬼神"。当夏敬渠"作《辟佛论》、《七解》诸作,皆诋攘佛教。儒者或以为过",汤氏却"特好之"[117]。律己极苛、教子甚严的汤氏,本身对佛、道的排拒,对儿子反佛、道的绝对支持,对孝顺的夏敬渠坚持"崇正辟邪"思想,必是强力的奥援。

胞叔中夏宗洛亦是"学崇正谊、辟异端"的学者(《宗谱》卷八《小传纪事·第十世"宗洛"》);而五叔父夏宗澜(1699—1764)[118]的学行,对夏敬渠有着更深刻的影响。盖夏宗澜终身师事杨名时[119],杨名时[120]则师事李光地[121],李光地精通程、朱理学,乃清初大家,极受康熙器重[122]。杨名时宗主师说,阐扬程、朱格致之学,不取陆、王心性之说[123]。夏宗澜师事杨名时,故并宗李光地之学,终身奉行之。但《四库提要》评其学说渐趋于“肤阔”[124]。

夏宗澜生于康熙三十八年(1699),仅年长夏敬渠六岁。夏宗澜是“年甫十二失吾父,茕茕在疚危巢倾”;夏敬渠则是“我生七岁我父亡,音容至今都渺茫”,叔、侄同命相依,情谊最是亲厚。夏宗澜十九岁时“居家训两侄”,对夏敬渠的思想及才艺,必有启导作用[125]。其宗师杨名时与夏家关系匪浅,对夏敬渠又有荐举之恩(事详第四章第二节)。由于以上多重且深厚的关系,故夏宗澜的学行及其师承,对夏敬渠崇程、朱,斥陆、王的理念,实有推波助澜的效用。

夏宗澜宗程、朱之外,亦反佛、道。其诗文中屡屡强调与诸兄办理父、母丧事时,遵守遗命,绝对不行佛、道仪式。《五十自叙寄内》诗中又叙述其任职国子监丞时,天子视察太学时的情况:

> 天子右文躬视学……释奠先师荐德馨……大哉王言口讲解,平章位育昭穆清。圜桥观者以万计,约束演习推东厅。喇嘛教习求备数,挥斥不使玷簪缨。(《宗谱》卷十七《内集·诗词》)

天子视察太学,统其事的国子监丞夏宗澜允许数以万计的民众圜桥观看皇帝风采,且聆听皇帝讲学;但却严厉拒绝喇嘛列席的请求,认为即使只是“备数”,也会“玷(辱)簪缨”。由此可见夏宗澜反佛、道的强烈信念,此信念对侄儿夏敬渠着实有不小的影响。

综合上说,夏敬渠的家族成员,从曾祖母叶氏起,至祖父夏敦仁,叔父宗洛、宗澜,皆宗仰理学,推崇程、朱之说。而反佛、道又是夏氏宗族相沿不辍的家风,此家风影响夏敬渠形成“崇正辟邪”的理念,为呈现此理念,崇程、朱,斥陆、王,铲佛灭道的情节,遂成为《野叟曝言》的最主要的内容。

【注】

①《宗谱》卷一《先祖世系》:"第一世坤元,永乐十年(1422)生,成化二十二年卒。寿六十五。"

②《宗谱》卷四《南街宗世录·第十二世"祖焞"》:"祖焞子二。翼垣,嫡氏出,殇。次,侧室出,殇。以从弟祖焘(夏敬枢第三子)长子翼陛嗣。"又:"第十三世'翼陛':祖焞嗣子,字升阶,乾隆二十八年癸未十月初七日子时生,道光十年庚寅闰四月巳时终,寿六十八。"

③ 赵景深《〈野叟曝言〉作者夏二铭年谱》载:第十八世:武申。又云:"武申是民国十四年(1925)九月生的,今年(民国二十六年)还只十三岁。"(收录于《小说戏曲新考》,世界书局1939年版,第45—63页)又萧相恺、陈庆浩二先生于1999年亲往江阴访问夏氏宗族,寻找夏敬渠直系后裔已不得。

④《宗谱》卷四《南街宗世录·第七世"维新"》:"嘉佑四子,字灿焉,号彩邦……万历三十二年甲辰(1604)八月初七日生。"又《宗谱》卷八《小传纪事·第七世"维新"》载:"明崇祯癸酉科九十九名举人。"

⑤《宗谱》卷八《小传纪事·第七世"维新"》亦载此事:"……顺治二年乙酉(1645)五月,大清兵南下,留都失守,列城望风款。闰六月朔,公与江邑士民引义为明守,未下。大清兵围焉。八月二十一日申时,城破,死之。"

⑥《宗谱》卷七《传略行状·若时公传》所载四仆殉主事相同,仅文字稍有异耳。

⑦《宗谱》卷十《表章、额联》:"'家之荩臣'——乾隆年,两淮盐运使司盐运使,德州卢公见曾题奖夏氏义仆徐秀、潘姓、冯姓、冯姓、高姓。"又夏敬渠堂弟夏敬秀著有《正家本论》,其刻本藏于南京图书馆古籍部,为研究夏氏宗族的重要辅助资料。其卷上《宽待仆婢》篇载徐秀及四仆称:"……(夏氏)祠堂之侧,立义仆祠,岁时祭之。"

⑧ 见《宗谱》卷七《传略行状·若时公传》文末所附刘毓麟评论。

⑨ 夏维新"顺治乙酉殉节。乾隆四十一年,钦定入祀忠义祠。道光八年从祀三公祠"。其殉国事又被载于"《明史·侯峒曾传》及《大清一统志·忠节传》、《江南通志》、横云山人《明史稿》、江上遗民《忠录》诸书"(《宗谱》卷七《传略行状·若时公传》)。

⑩ 光绪《江阴县志》卷十六《人物·乡贤》亦载戚勋生平及殉难事:"戚勋,字羽明,诸生,以例入南雍,授中书舍人。乞假归,国变,福王建号,授前官,奉命督闽饷,将行,奏请设官防江。情词恳挚。比反,福王已被执,遂自青

旸移家入城，在围中，坚守八十余日。城破，积薪绕屋，焚香、具朝服，北面拜，呼烈皇帝，大书于壁曰：'大明文华殿中书戚勋死节之地'。先命三妾二女一婢投环，遂纵火自焚死，一门死者二十一人。著有《留丹集》、《佩朱随笔》。"又：《明史》卷二百七十七《侯峒曾传》载："(江阴城破)里居中书舍人戚勋，令妻及子女、子妇先缢，乃举火自焚，从死者二十人。"

⑪ 光绪《江阴县志》卷十六《人物·忠义·许用》亦载此事："……遂定守城之计，居围中，与阎应元、陈明遇商榷机务。中秋月夕，效楚歌作《五更转曲》，教守陴者，按拍倚歌，闻者泣下。"

⑫ 光绪《江阴县志》卷十六《人物·忠义》载："及城破，(许用)于所居后楼，跪抱母李氏膝，举火自焚，死时年三十有六。从死者妻某氏、弟某、女弟二人，婢仆十一人，举家十七口。其伯父国泰亦诸生，妻亦李氏，甥女二人，俱同焚死。……有赁用门居者，将举火，遣之去，其人曰：'主人自焚，客将焉往？'亦俱死。"

⑬ "奋文揆武、天下无双正士；镕经铸史、人间第一奇书"此二十字，乃是夏敬渠用来分系《野叟曝言》二十卷卷首的字。

⑭ 未鸾吹因已订亲，且即将出阁，故避男女之嫌，不得亲自照顾义兄文素臣。而当时文素臣为了躲避仇敌追杀，暂时改名为"白又李"(第十六回)。

⑮ "气刚易动"一句，见《宗谱》卷十五《谕次儿敬渠书》后夏祖耀的"按语"。《浣玉轩集》卷三《悼亡妹文》中夏敬渠论及自己的个性是"性绝孤高，情偏狷介"。在《〈浣玉轩诗集〉自序》中夏敬渠亦自云："仆也，江左小儒，芙城末士，锋颃似铁、性拙如鸠。"(《浣玉轩集》卷三)

⑯《宗谱》卷四《南街宗世录·第八世"霈"》："维新长子，字若时，邑庠生，例赠儒林郎州同知，貤赠文林郎国子监丞。明崇祯二年己巳(1629)三月二十五日戌时生，国朝康熙二十八年己巳(1689)闰三月初五日未时终，寿六十一。……旌表孝子，崇祀孝悌祠，载《一统志·孝义传》、《江阴孝悌录》。子四：敦仁、敦义、敦礼、文彬。"

⑰ 光绪《江阴县志》卷十六《人物·乡贤·夏敦仁》："夏敦仁，字调元。霈之长子。霈，故邑所称'夏孝子'若时也。"

⑱《宗谱》卷十七《内集·诗词》载夏敦仁所撰诗，其诗题曰："己未春(康熙十八年，1679)……明年(康熙十九年，1680)复继浚河，遂流通，旱涝有备者二十年。"

⑲ 夏敦仁此诗曰："单车董戒涉河涯，鼙鼓声传恶泽赊。佚道使民曾不怨，天工时亮信非夸。直教扬子三春水，遍溉蓉城一县花。京兆三王应济美，颂

声知属使君家。”

⑳《宗谱》卷八《小传纪事·第九世“敦礼”》:“及壬寅(康熙六十一年,1722)、甲辰(雍正二年,1724)间,累疏斜泾河,胥为通邑永利。”

㉑《宗谱》卷八《小传纪事·第十世“宗洛”》:“(雍正)七年浚河。”

㉒《宗谱》卷八《小传纪事·第十世“宗洛”》:“乾隆改元,踵祖德,重修城南九里塘岸,罔弗捐赀,执劳倡始。”

㉓《江南通志》卷一百五十八《人物志·孝义》载夏敦仁:“饥司粥,敛散有方,又纠同志,集赀为同善堂、义学、义冢,殓死瘗骸,夜镫、草履、棉衣、姜汤、药饵之施于贫乏者,皆取给焉。”

㉔《江南通志》卷一百五十八《人物志·孝义》载夏敦仁崇礼尊君事,与杨名时《乡贤夏君传》同。

㉕ 如方骥龄《〈野叟曝言〉新评价》:“(《野叟曝言》)以教忠劝孝为本,表扬忠义大节:正气磅礴,乃影射反清复明史实。”(《“中央”日报》1966年6月18—19日副刊)拙作《野叟曝言研究》第三章第三节《〈野叟曝言〉有无反清复明思想?》已反驳其说(台北学海出版社1988)。

㉖ 夏敬渠守礼尊君的思想,除了受先祖家风影响之外,亦受到程、朱理学中尊君思想的影响。详参拙作《清代四大才学小说》甲篇《野叟曝言研究》,第126—128页。

㉗《钦定四库全书总目》卷九十《史部四十六·史评·存目二》:“《十七史论要》九卷、年表一卷,江苏巡抚采进本。国朝夏敦仁撰。敦仁字调元,武进人。是书论断史事,始于汉,终于五代。大抵陈言每代各列世系于前,僭伪之国皆然。末年表一卷,以帝王与僭伪并列,而所纪,始汉终元,与十七史数不相符,未喻其故。”

㉘ 见《宗谱》卷八《小传纪事·第九世“敦仁”》所载。又《宗谱》卷八《小传纪事·第九世“敦仁”》亦载:“学以穷经明道为宗。善敦诱,先器识,次文词,律身端严,而襟期洒脱,涵养粹然。”

㉙《宗谱》卷十五《内集·文辞》所录夏宗澜《与内舅祖杨圣翼书》,文末夏祖耀按语云:“祖耀按:……是曾祖父调元府君,于康熙五十年,合邑绅士孔毓玑、杨大辂等五十余人,开具行实,呈请学使铜仁张公元臣,恳予崇祀乡贤祠。荷饬由县府司申详。随据儒学县府递详至司。缘藩台金公虽以所开事迹堪膺崇祀,但尚宜俟年久论定,再行结报。”按:乡绅所开具行实,即前文所引之《宗谱》卷十《表章·祠坊“崇祀九世敦仁”》中之条文。

㉚《宗谱》卷十五《内集·文辞》载夏宗澜《与内舅祖杨圣翼书》文末夏祖耀按

语云:"祖耀按:……是曾祖父调元府君,故至康熙五十八年(1719),又据通学衿士于肯播、王学琦等十九人,以儒宗历久论定;再吁学使昆明谢公履厚核准崇祀,仍由县覆勘,于康熙五十九年(1720)制主入祠。"

㉛《宗谱》卷十五《内集·文辞》载夏宗澜《与内舅祖杨圣翼书》:"先父进乡贤日,有宵人颇进阻挠之计,舅祖谕之曰:'前事已过而不留,近日新成姻好,此言非所愿闻。'澜闻之即踵门叩谢,今犹感激。"夏祖耀按语云:"祖耀按:乾隆十年,叔祖震轩先生在保定莲池书院时,与杨圣翼先生书。……圣翼名名世,廪贡生候选训导,系杨文定公次弟。……书中圣翼先生所谓前事已过而不留者,即指合刻制艺之事欤。"笔者按:杨名时自幼附读于夏氏家塾,与夏敦仁、敦义兄弟为同学友,感情亲厚。但其次弟杨名世(字圣翼)与夏氏兄弟感情龃龉,故夏祖耀云:"虽以文定公弟圣翼先生龈龈于其间,不能有间于世好也。"然而,杨名世虽然不能离间于通家世好之情,在夏敦仁死后进乡贤祠一事,也不听从"宵人"所进献的"阻挠之计"。但是,日后(雍正五年,1727),通行审核乡贤祠时,杨名世受人怂恿,却主张"不具题不载",几乎使得《江阴县志·乡贤》不载夏敦仁传,并怀疑《乡贤夏君传》非其兄杨名时为夏敦仁所撰,故不在杨文定公集中收录之;又提夏敦仁丧礼忌日,旧闻所"诵五经为佛经为奉邪教"诸事。故乾隆十年(1745)时,夏宗澜写此封《与内舅祖杨圣翼书》,竭力申辨、直指其非。

㉜《宗谱》卷十五《内集·文辞》载夏宗澜《与内舅祖杨圣翼书》文末夏祖耀按语云:"祖耀按:……是曾祖父调元府君……仍由县覆勘,于康熙五十九年(1720)制主入祠。"

㉝《宗谱》卷十五《内集·文辞》载夏宗澜《与内舅祖杨圣翼书》:"先父崇祀乡贤,至雍正年间奉旨通行查核。"夏祖耀按语云:"祖耀按:是曾祖父调元府君……于康熙五十九年(1720)制主入祠。雍正五年(1727),通行查核,案牍稽延,概未核报。雍正十年(1732),文定公在滇闻之,用是为立《乡贤传》。"

㉞ 按:夏敦仁在康熙五十九年(1720)入祀乡贤祠,雍正五年(1727)年,通行查核,因案牍稽延,迟迟未能核报。此事牵涉甚广,关系夏敦仁入祀乡贤祠的合法性;及日后(乾隆八年,1743)重修《江阴县志》,其中《乡贤传》载不载夏敦仁传的两大问题。夏宗澜《与内舅祖杨圣翼书》文末夏祖耀按语云:"吾邑乡贤之祀起于明成化,至国初尚无'题'、'咨'入祠之制,只据邑人公议论定,请有司主之耳。康熙中始有'题'、'咨'两项。雍正年乃定例一出于'题'。"夏宗澜亦云:"乡贤崇祀在雍正五年以后,未有不具题者,雍

正五年以前,本有'题'、'咨'两项。'题'固奉旨,'咨'亦奉□(按:该字漫漶,疑是"宪"字),而咨者十居八九,题者十无一二,以'题'难而'咨'易也。迨至五年,通行查核,督抚加看,以允宜从祀覆部汇,题奉旨依议则奉宪者已。"(《与内舅祖杨圣翼书》)因明成化迄清初,只凭"邑人公议论定""有司主之",便可入祀乡贤祠,有草率之嫌;康熙以后又有"咨"、"题"的难、易差别。因此,当按常例进行查核,遂旷日废时,未能核报。延宕五年后,雍正十年,夏敦仁好友,当时任云贵总督,颇有政声的杨名时,遂为夏敦仁撰写《乡贤夏君传》,以求信取重于人。

㉟《宗谱》卷七《传略行状·乡贤夏君传》文末署曰:"雍正十年壬子仲春,同学弟杨名时撰。"《宗谱》卷十五《内集·文辞》夏宗澜《与内舅祖杨圣翼书》夏祖耀按语:"雍正十年,文定公在滇闻之,用是为立《乡贤传》。"《宗谱》卷十五《内集·文辞》载夏宗澜《与内舅祖杨圣翼书》:"…… 当日作传,转出于文定公之意。缘当日奉部文查勘,澜日夜忧煎。文定公语澜曰:'此时并祀诸人,贤否混杂,诚得一立言足重之人,论定表章,则以不朽。'语毕而散。澜窃揣云:'夫子肯作传矣!'将入请。刘六先生至书室曰:'大人欲为尊翁老先生立传,先生何不恳求?'于是即随入叩恳。文定公许之。然犹直至澜辞归之前月始属稿。稿成犹斟酌再三。彼时有靖太史号诚合者见草稿,欲有所赞助。文定公辄不肯,语澜曰:'我之用意,诚合未悉也。'其郑重如此。今澜既刻传于讲授后,复与刘中堂、吕司农两书后合刻,以备《艺文志》之采择。"夏祖耀按语:"……刘六先生,即文定公内弟字御乘者也。靖太史成合者名道谟,文定公衔居滇南,日客其行馆与讲学者。刘中堂,武进刘文恪公于义;吕司农,桂林吕公炽,二公皆有书。"按:今杨名时所撰《乡贤夏君传》收录于《宗谱》卷七《传略行状》中,刘于义、吕炽所撰《书乡贤后》二篇,附之于后。官方查勘江阴崇祀乡贤一事,可能因名宦杨名时撰写《乡贤夏君传》,具体证明夏敦仁之学行、事功,夏敦仁遂得以继续崇祀乡贤祠。但是,延至乾隆八年(1743),重修《江阴县志》时,又因夏敦仁"未具题",且被罗织种种罪名,致使《乡贤传》中几乎不载其传略。乾隆十年(1745),夏宗澜遂撰《与内舅祖杨圣翼书》,表明"邑志之载不载,澜性命以之,一息尚存,不肯但已"的严正立场,诸事详下文。

㊱《宗谱》卷十五《内集·文辞》载夏宗澜《与内舅祖杨圣翼书》夏祖耀按语云:"祖耀按:……乾隆八年(1743),邑令高苑蔡侯澍开局修邑志,秉笔者始为吴恂若震,继为苏逸滨士宏。是二人者素以善刀笔招摇,而苏尤两以讼师拿治,身历犴狴。"

㊲《宗谱》卷十五《内集·文辞》载夏宗澜《与内舅祖杨圣翼书》夏祖耀按语云:"邑诸旧志所载崇祀乡贤诸公,其列传本散见分类各门,亦从无特立《乡贤传》一门之体。蔡令修《志》,时志局诸人忽发宇宙内志书所无之新裁,创立'乡贤'一门。凡有位于祠,不论其人之为忠节、为孝义、为政事、为文学,并而传焉,而因援具题之令,谓非是则不入传,特摘其近世崇祀者十三人喧腾说。曾祖父不幸罗织其中,而苏且嚣然逞其讼词,刻之志内。殊不思不凭公论,但具题者,而即入传,则所有崇祀,自杨文定公系奉旨外,从前诸公具题者谁?将无一之宜传矣。顾不得不纷纷传之,非其自矛盾耶?"

㊳《宗谱》卷十五《内集·文辞》载夏宗澜《与内舅祖杨圣翼书》夏祖耀按语云:"时又有赵曦明、严学诚者,欲求入志局,亦尝附和其说而终不得入。圣翼先生盖首志事之人,年复高迈,于是怂恿之,以为倡助。而曾祖父因有文定公著传,碍其传信,遂造此传代作之诬。及志蕲成,而又怂恿圣翼先生并号召后进少年目未识前辈之徒,以志事失实,联名上控,将志销毁,议复别修,兼申前说(指不具题则《乡贤传》不载传之说),以泄其求入志局而不得之憾。"

㊴《宗谱》之纂修及《浣玉轩诗文集》之编订,保存夏氏宗族、夏敬渠及《野叟曝言》诸多重要数据,夏祖耀实有大功。其生平据《宗谱》卷八《小传纪事·第十二世"祖耀"》载:"祖耀,字羽扬,邑庠廪生,嘉庆丙辰岁(元年,1796)贡就职训导赠中议大夫。阔干丰躯,岸然道貌。摛文订古,与弟困学山人相颉颃,而书法过之。干才论断,尤为同邑钦服。陈墅、陈吉甫先生柄德知旌德县,聘修邑志,绝声气请托,去取不苟,体例秩然,志成旌德,人咸服其公允。晚年荟萃《宗谱》,斟酌尽善,小传咸出其手,无溢美谀词,各如其分量而止。"

㊵《宗谱》卷八《小传纪事·第十世"宗泗"》:"宗泗,字传一,邑庠增生。好学工文,植行潜修,专心简策,不营外慕,亦不事家人生产。"《宗谱》卷七《传略行状·汤孺人传略》载:"公(夏宗泗)承先世忠孝,绩学励行,无间寒暑。孺人(即夏敬渠母亲汤氏)脱簪珥资膏火,每一灯彻旦,相与研究经史,辩论得失,虽伉俪而实有师友之助焉。"

㊶《宗谱》卷七《传略行状·夏节母传》:"夏氏之先好施,以是毁其家。"

㊷《浣玉轩集》卷一《读经余论》云:"圣门首重者学;圣学首重者仁。仁道至大,而其本在于孝弟……是以爱亲之心爱君则忠,以爱亲之心爱子则慈,推之夫妇、朋友、庶人、庶物,无不皆然。故孝为百行之原也。……孝弟为

仁之本，而孝又为弟之本也。”

㊸ 引文出自夏敬渠所著《读史余论》中的《左传论》，收录于《浣玉轩集》卷一。又《纲目举正》卷一《前编·周平王二十八年》亦收录《左传论》此段内容。

㊹《浣玉轩集》卷二及《纲目举正》卷一，并录有《读史余论》：“高帝以泗上亭长，崛起在位，诛暴秦、布宽令，解民倒悬之急，功同汤、武。而内行不修，居心鸷刻。分羹则口出枭獍之言，拥彗则心善家令之语。及其置酒未央，犹以太上平日之言反唇相稽，与群大臣笑以为乐，此上逆其父；封羹颉以扬巨嫂之恶，容辟阳以售吕后之奸，此中怼其兄而纵其妻；爱戚姬而屡谋废立，此下薄其子……”又：“推汉高之意：不杀父，则我得假行权之名；杀父，则我得托复仇之义。总把其父看作赘疣。”夏氏将旧作《读史余论》存录于《野叟曝言》小说情节中，及晚年最后著作《纲目举正》，此是一明证。

㊺《纲目举正》卷二《正编·唐太宗贞观十九年》：“按贞观之治，继轨成、康，媲美汉文，而以为万乘之才，不足为过矣！”亦是对李世民赞扬备至。

㊻《宗谱》卷四《南街宗世录·第九世“敦礼”》：“敦礼，霈三子。字履中。例授儒林郎，考授州同知，太学生。康熙五年丙午(1666)六月二十二日亥时生。雍正十一年癸丑(1733)六月二十五日未时终，寿六十八……载《一统志》、《江南通志·孝义传》……”

㊼《宗谱》卷八《小传纪事·第九世“敦礼”》：“敦礼，字履中，太学生，考授州同授儒林郎。工文砺行，屡试棘闱。孝友型家，闺门雍睦。伯兄调兄公志建宗祠，未逮而殁，能承其志，偕弟侄辈合赀营构，规制整饬，献享秩然。”

㊽ 为行文顺畅，凡以下有关夏敦礼生平大事之引文资料，倘无特别注明，皆引自《宗谱》卷八《小传纪事·第九世“敦礼”》。

㊾《宗谱》卷四《南街宗世录·第十世“宗洛”》：“宗洛，敦仁三子，字参三，号凝宇，邑庠生，康熙二十七年戊辰(1688)六月十六日子时生，乾隆二年丁巳(1737)三月二十五日酉时卒，年五十。子七：敬梓、敬业、敬棠、敬校、敬模、敬楷、敬杞。”

㊿《宗谱》卷八《小传纪事·第十世“宗洛”》：“幼聪颖，通五经。年十九，以七艺获隽。时同堂昆季文誉竞起，有难兄难弟之目。……试棘闱十余次，厄于遇。”又：下文所引夏宗洛生平事略，若无特别注明，皆引自《宗谱》卷八《小传纪事·第十世“宗洛”》，不另出详注。

(51)《江阴县志》卷十五《名宦·王棠》：“王棠，绍兴五年(1135)以左朝奉郎知江阴。先是建炎(1127)以前，即庙为学。军兴后，废为营屯。绍兴三年(1133)知军崔颂稍加修葺，至棠乃请于朝更新之。拔邑中子弟为学官弟子员，更以军闲田充士廪……”

52 夏敬渠尚有二叔祖夏敦义及四叔祖夏文彬。据光绪《江阴县志》卷十六《人物·乡贤·夏敦仁》载：“弟敦义，幼号神童(按：敦义早卒)。……文彬廪贡生，至性纯笃，居丧哀毁尽礼，行文自成一家。人谓敦礼如兄之好施，文彬似兄之好学。”

53《宗谱》卷四《南街宗世录·第十世“宗汉”》：“宗汉，敦义嗣子，字生二。例授修职郎，候选训导，岁贡生。康熙二十二年癸亥(1683)八月二十二日辰时生，乾隆十一年丙寅(1746)十二月十八日未时终，寿六十四，著有《大易纂义》、《绿萼斋文集》……”

54《宗谱》卷八《小传纪事·第十世“宗汉”》：“字生二，郡庠岁贡生……雍正癸卯邑民阻饥，设六厂赈之，叔履中公董章卿一厂，有奸人谋质之以求赀，噪而哗。乃易公往，赈抚合宜。四阅月，乃竣。”

55 夏氏祖考事略及其对夏敬渠诗、文及《野叟曝言》的影响，已如上述。至于夏敬渠五叔父夏宗澜，因只年长夏敬渠六岁，二人同是幼年丧父，叔侄相依，夏敬渠一生之思想与际遇，与夏宗澜紧密相关，故在第三节《夏氏祖先对〈野叟曝言〉“崇正辟邪”理念的影响》及第六章探讨夏敬渠生平大事时论述之。堂叔夏宗沂，少夏敬渠十岁，二人虽名为叔侄宗亲，但实际上是诗、文知己，详参拙著《夏敬渠与野叟曝言考论》之第四章《夏敬渠之交游与〈野叟曝言〉的关系考论》。

56《明史》卷二百三十一《叶茂才传》：“叶茂才，字参之，无锡人。万历十七年进士。……四十年，起南京太仆少卿……擢南京工部右侍郎。茂才恬淡寡嗜好。通籍四十年，家食强半。始同邑顾宪成、允成、安希范、刘元珍及(高)攀龙并建言去国，直声震一时。茂才只以醇德称。及官太仆，清流尽斥，邪议益棼，遂奋身与抗，人由是服其勇。时称东林八君子，宪成、允成、攀龙、希范、元珍、武进钱一本、薛敷教及茂才也。”

57《宗谱》卷八《小传纪事·第八世“霈”》：“配叶氏，诲淑，赠孺人，无锡县石幢，明诸生梅廊公，字尔培，讳孝基长女，工部侍郎闲适公讳茂才孙女。胚胎理学，有大家风。”

58《宗谱》卷八《小传纪事·第九世“敦仁”》：“配叶氏，赠孺人，无锡县增生母舅夏侯公讳复长女。”

59《宗谱》卷七《传略行状·夏母叶太君传》：“太君姓叶氏，先世自吴江迁无锡，居石幢。曾大父茂才，明神宗乙丑(万历十七年，1589)进士，累官少司空，为东林理学名家。祖孝基、父复阶，名诸生。”

⑥⓪《宗谱》卷四《南街宗世录·第九世"敦仁"》:"配叶氏……顺治十一年甲午(1654)十一月初七日酉时生,雍正二年甲辰(1724)四月十七日辰时终,寿七十一。……载《江南通志·列女传》。"

⑥①《宗谱》卷十《表章·祠坊》载:"族推女宗"——雍正元年,知江阴县事福建闽县叶公绍芳,题赠九世敦仁配叶氏。"义洽闺闱"——雍正二年,保和殿大学士少保一等伯督巡陕甘经略一应军务前江南布政使司布政使鄂公尔泰,题赠九世敦仁配叶氏。"媲美丸熊"——雍正九年,都察院右副御史巡抚云南等处地方提督军务张公,题赠九世敦仁配叶氏。"儒宗阃范"——雍正十年,詹事府詹事翰林院侍读学士提督江苏学政安徽桐城张公廷璐,题赠崇祀乡贤九世敦仁暨配叶氏。"天爵自高,坤型无忝"——雍正四年,兵部尚书兼都察院右副御史总督云贵军务同邑杨公名时,联赠九世敦仁暨配叶氏。《江南通志·人物志·列女传·敦仁配叶氏》:"……诚'巾帼之丈夫,闺帷之豪侠'也。"

⑥② 见《宗谱》卷七《传略行状·夏母叶太君传》载。

⑥③ 见《宗谱》卷八《小传纪事·第十世"敦仁"》载。

⑥④《宗谱》卷十四《著述·夏敦仁著〈爱日编〉五卷》:"……曾孙祖耀识:……高祖母叶太孺人,承东林理学之传,受梅廊诗学之教,素娴吟诵。"笔者按:《爱日编》中多叶氏之诗篇,惜今未见其书。

⑥⑤《宗谱》卷八《小传纪事·第十世"敦仁"》:"配叶氏……善书工算。"

⑥⑥《宗谱》卷十七《内集·诗词》载夏宗澜《五十自述寄内》:"受命鬻产以为倡,力薄哀吁同志帮。县官与我师弟契,叔父(夏敦礼)乐善众所称。告之县官及叔父,劝捐出赀储稻粱。"《宗谱》卷七《传略行状·夏母叶太君传》:"诸子唯唯听从,合捐二百余斛以为之倡。上官因即以赈事全委之。设法分厂,全活无算。"

⑥⑦《宗谱》卷七《传略行状·汤孺人传略》:"时邑设厂者六,皆叶太君与叔履中公(夏敦礼)倡捐以救荒者。"《宗谱》卷十七《内集·诗词》载夏宗澜《五十自述寄内》:"……设厂作糜环四境,主者叔侄众弟兄。饥民携妻褓厥子,饱啖馇粥熙穰穰。"

⑥⑧《宗谱》卷七《传略行状·监丞夏公传》:"公(夏宗澜)有干济才,遇事多排难解纷,使人释怨修德。"可证夏宗澜颇有"朝构干戈暮玉帛,反为我用惟所令"的气度与才华。

⑥⑨《野叟曝言》许多情节,都是虚实相参的,此处"不贪泉"窖内的百万白银属"虚",一以展现唯有"真英豪"文素臣,才能够得天赐、取地财;二以彰显文

素臣临财毋苟得的节操；三则让一介寒士，得以赈灾济民、得人心、成大业的小说情节合理化。至于文素臣如何进行赈灾一事，则属“实”，反映并记录了夏敬渠及其家族实际的救灾经验。

⑰《宗谱》卷七《传略行状·夏节母传》亦载此事，云：“邑有灾，煮粥以食饥者，二铭任其事，劳甚得疾。医危之，母曰：天道神明，宜无有救活人而先自毙。……已而果然。”

⑱《宗谱》卷七《传略行状·夏母叶太君传》：“及其卒也，遗命不作佛事，勿信地师；一以朱子《家礼》从事。”

⑲《宗谱》卷十《表章·祠坊》载：“‘心坚操苦’——康熙辛丑(六十年，1721)，知江阴县事，福建闽县叶公绍芳，题赠十世宗泗配节母汤氏”；“‘苦节可风’——雍正八年(1730)，常州府知府包公括，题赠十世宗泗配节母汤氏”；“‘金石同坚’——乾隆七年(1742)，太子少保大学士兵部尚书总督江南河务高公斌题赠十世宗泗配节母汤氏”。

⑳《浣玉轩集》卷四《怀人诗》：“如椽章母德，节许冠江南。积感心何似？春晖寸草含。”诗下夏氏自注：“相国徐蝶园元梦，寿余母六十，亲书联曰：‘名闻天下，节冠江南。’”

㉑《宗谱》卷四《南街宗世录·第十世“宗泗”》：“配汤氏，邑城岁贡生岵瞻公讳周祚长女。康熙二十二年(1683)癸亥五月初八日子时生，乾隆十八年(1753)癸酉二月二十七日戌时终。寿七十一。旌表节孝，载《江南通志》、《邑志·列女传》。”

㉒ 光绪《江阴县志》卷十六《人物志·乡贤》：“汤沐，字新之。宏治丙辰进士，授崇德令，崇人为立生祠。擢御史按山西，举弹无所避，迁湖广按察司佥事。值逆瑾擅政，怒不己附，斥为武义令。瑾败，起为广东佥事，理盐政。厘剔奸蠹，不畏强御。历官浙江、广东布政使，贵州、四川巡抚。其在浙，毛九寇孝丰；在蜀，芒部寇松藩，皆讨平之。内召大理寺卿。值钦明大狱起，上意有所主。沐昌言曰：‘律令高皇帝所定，臣死不敢纵舍。’用是三奏谳，三不称旨。免官，家居六载，廷臣交荐，不起。孝友天值，性廉介。通籍三十余年，仅有竹庄数亩。世庙尝书额赐之，一曰‘存敬’，一曰‘处之泰然’。卒赠工部侍郎，谕赐祭葬。”

㉓ 光绪《江阴县志》卷十六《人物志·乡贤》：“朱廷铉，字玉汝。中康熙己酉乡举，谒选上林县教谕。壬戌成进士，授倡化令。值岁大饥，秦民流亡过半，当道檄许贫民代粟富室。廷铨虑生变，请止之，亟出仓谷千百石赈济。会得旨发赈，得免举劾。以才能兼摄武功、同官、鄠县三邑篆，各著政声。

督抚荐拔内擢御史,风节清刚。疏请官员以卓异行取者,不入常例。铨次又请:充发乌喇人犯,免其就五城枷责,不致负创道毙一条,著为定例。又长至郊祀,有大司农等七人,未与斋宿。廷铉飞章弹劾,祀典整肃。历升奉天府丞大理少卿,皆恪谨尽职。以老致仕,卒于家。生平长于诗,所著有《南楼江花》等集。”

⑦《宗谱》卷七《传略行状·汤孺人传略》:“外祖母徐夫人,又名媛也。有《史论》、《偕隐》等集行世。皆酷爱孺人,比邻而居,常以经史事发问,令孺人条对。孺人尤得力焉。”

⑱ 本段引文全引自《宗谱》卷七《传略行状·汤孺人传略》。

⑲《宗谱》卷七《传略行状·汤孺人传略》:“孺人自二十九岁守节。”《宗谱》卷八《小传纪事·第十世“宗泗”》:“年二十九,誓《柏舟》。”又:《宗谱》卷七《传略行状·夏节母传》:“(夏宗泗死)母时年二十九,有姑在堂,禁之得不死。”

⑳《宗谱》卷七《传略行状·夏节母传》亦载:“二铭与兄慎修,自幼即知好施,积尊长所赐钱以衣寒者,母虽当困乏,不移取以给他用,或问其故,曰:‘童子有仁心,不可阏也!’”

㉑《宗谱》卷七《传略行状·夏节母传》:“夏氏之先好施,以是毁其家。”

㉒《宗谱》卷七《传略行状·汤孺人传略》:“初,若时公(夏霈)有田千余亩,至调元公(夏敦仁)只二百,至传一公(夏宗泗)仅可得数十亩,而好善乐施则如一辙。”又本节引文,若无特别说明,皆引自《宗谱》卷七《传略行状·汤孺人传略》,不另出详注。

㉓《宗谱》卷七《传略行状·汤孺人传略》:“公殁后,叶太君始析产。孺人得田五十而分债且数百金。……当是时,人之贷公者皆火矣,而公之贷人者且四五百金固在也。孺人乃悉鬻田产偿之,曰:‘不可使夫子有负债名。’”

㉔《宗谱》卷七《传略行状·夏节母传》亦略载此事:“传一先生时,有债半千金。母鬻田以偿,曰:不可使夫子有遗憾。虽所负母家者,亦必偿。”

㉕《宗谱》卷七《传略行状·汤孺人传略》:“呜呼!孺人之为孺人,特为孝女,为淑妇,为令妻,为节母。”

㉖《宗谱》卷七《传略行状·夏节母传》:“族人哀其志,欲分建祠金并公田以赡母。母坚不受。”

㉗ 按:考夏氏宗族拟以“漫园”建祠之事,可能另觅他处,不果行,故《宗谱》中再无相关记载。且夏敬渠《浣玉轩集》卷四有诗《题漫园》:“繁华勘破海天空,巨沼游麟逐断虹。漉酒葛巾浇月白,研朱春露点花红。高吟唐句迎朝

籁,低拨虞弦送暮鸿。香细风和成乐事,青山犹识醉时翁。"此诗仅是一般游园抒情之作,倘夏氏宗祠建于"漫园",诗旨及诗情必不仅仅如此也。

⑱ 夏敬渠祖母为"叶氏",叶生于木,故小说中称文素臣之祖母为"木太夫人",此如同夏母为"汤氏",故小说中称"水夫人"。

⑲《宗谱》卷八《小传纪事·第十世"宗泗"》:"乾隆十九年闻于朝,给帑旌其门,崇祀节孝祠。"《宗谱》卷七《传略行状·夏节母传》:"母年七十一而殁。逾年为乾隆十有九年,乃始闻于朝,得旌云。"

⑳《宗谱》卷十八《外集·诗词》中有《送尹儒(即夏敬渠之子夏祖焞)大兄入都》五首七绝,即朱咸庆所写,唯《宗谱》载其字"映葭"与《正本家源》载其字"映嘉"(光绪《江阴县志》载其字为"荫嘉",详下注)音近而异字,未详孰是。

㉑ 光绪《江阴县志》卷十六《人物·孝弟》:"朱咸庆,字荫嘉,增生,笃学工诗。母病,割左臂肉以进。著有《字林正伪》二卷、《小万卷楼诗文集》八卷。"

㉒ 笔者据光绪《江阴县志》卷十六《人物·孝弟》所统计。

㉓ 赵氏龙事迹,光绪《江阴县志》载在"夏霈"条之前,故知其生存年代不晚于夏敬渠祖父夏霈。

㉔ 本诗在《野叟曝言》第十五回中无诗题,延至第二十一回方借文素臣指出诗题为《舟中忆母》。

㉕《浣玉轩集》卷四所录《远行》诗"勿作儿女态,徘徊在闺房"二句,在《野叟曝言》第十五回中改为"况值阳九厄,云胡守闺房";原诗在"瞻顾萱草堂"句后有"秋风势如雨,秋露色如霜。萧萧萱草堂,皇皇游子装。游子为饥驱,贸然适殊乡"六句,《野叟曝言》删之。又"儿行二千里",《野叟曝言》改"二"为"三";"万里有时极"句之"极"字改为"尽";"母心不能忘,儿行途路旁"句之"不能"改为"无时"。由上可推知,前二项乃为配合小说情节需要而改动字句;后三项则为修饰辞藻而更易词语。

㉖《宗谱》卷四《南街宗世录·第九世"敦义"》:"敦义……康熙二十二年癸亥二月十四日申时卒……年二十三。"

㉗ 郭松义《伦理与生活——清代的婚姻关系》绪论:"宋以降妇女守节受旌表,一代盛一代……康熙二十七年(1688),清廷下诏对夫死妻子从殉的节烈旌表作法'永永严禁'。"(商务印书馆 2000 年版,第 2 页)

㉘《儒林外史》第四十八回《徽州府烈妇殉夫》:王玉辉鼓励女儿自杀殉夫。女儿绝食八日死后,王玉辉还"仰天大笑道:'死得好!死得好!'"但到了大家送他女儿入"烈女祠"公祭时,他却又"转为心伤,辞了不肯来"。后

来,因为不忍“在家日日见老妻悲恸”,遂往南京一游。途经苏州,“见船上一个少年穿白的妇人,他又想起女儿,心里哽咽,那热泪直滚出来”。

⑲ 按:夏敬渠所反对之“老”,是混同道教与老庄思想,虽主要指道教而言,但亦批判《庄子》。《浣玉轩集》卷一《读庄子》:“……夫周之为人,托乎无为而真不能有为者也,我不乐是人也。其为言,诞漫荒渺之言也,我不乐是言也。”

⑩《浣玉轩集》卷三《七解》:“……吐华大夫曰:‘金人汉梦、佛骨唐迎。色即是空,天女散漫空之雨;空即是色,如来现丈六之身。’言未既,虚灵君曰:‘止!吾语子:夫释氏之教也,以寂灭为心,以空虚为理。寂灭则丧心,空虚则绝理。失心与理,余可知矣!此即牟尼更生、达摩复起,余将历指其非而教之以是……’”

⑩《礼记·檀弓》:“吾与女事夫子于洙、泗之间。”《史记·货殖列传》:“邹鲁滨洙、泗,犹有周公遗风。”鲁本礼乐之邦,自周公布化于前,孔子设教于后,世人言儒道,多以洙、泗为代称。

⑩ 有关《野叟曝言》“崇正辟邪”的主旨、内容及方法,详参拙作《清代四大才学小说》甲编第三章《〈野叟曝言〉的创作目的》第一节《展现“崇正辟邪”之理念》,第116—135页。

⑩ 夏氏在学术上虽反对王守仁心性之说,但对于其德、功、言三并不朽,却景慕不已,是故采用王守仁之事功、事迹,作为创作《野叟曝言》的部分素材(详参拙作《清代四大才学小说》,第133—135页)。但因《野叟曝言》以明代为背景,第一回内容情节,起始于明宪宗成化元年(1465);第六十二回,论朱、陆学说异同,约在成化四五年。时王守仁(1472—1528)尚未出生。是故夏氏在《野叟曝言》中,阐论格致之学,虽程、朱并提共尊;但批判陆、王心性之说时,却以陆代王,杜口不言王守仁名姓。推究其因:一者求小说时间、人物、事件的吻合;二者以避免既套用王守仁事功,却又否定其心性之说的矛盾。

⑩ 详参拙作《江阴学风对夏敬渠“崇正辟邪”的影响》,《清代四大才学小说》,第117—122页。

⑩ 光绪《江阴县志》卷十五《名宦》载:“尤袤,字延之,无锡人。从喻樗、汪应辰游,究心程氏之学。……以宣教郎补江阴军教授……历官礼部尚书。方乾道、淳熙间有忌程氏学者,目为道学,将攻之,袤在掖垣昌言以破邪说。”

⑩《宋史》卷三百八十九《尤袤传》载:“袤少从喻樗、汪应辰游。樗学于杨时。

时，程颐高弟也。……朱熹之南康，讲荒政，下五等户、租五斗以下悉蠲之。衮推行于诸郡，民无流殍。”

⑩⑦ 张载云：“其(佛教)语到实际，则以人生为幻妄，有为为疣赘，以世界为荫浊；逐厌而不有，遗而弗存。……儒者因明致诚、因诚致明；故天人合一，致学而可成圣，得天而未始遗人。”(《正蒙·干称篇》)

⑩⑧ 程颐云：“佛学以生死恐动人。可怪二千年来，无一人觉此？是被他恐动也。圣贤以生死为本分事，无可惧，故不论死生；佛之学为怕死生，故只管说不休，下俗之人固多惧，易以利动。”(《程氏遗书》第一)

⑩⑨ 北魏太武帝灭佛乃为崇扬道教；北周武帝灭佛、道，则基于民生经济及发扬儒学；唐武宗灭佛则基于道教及经济二因素。详参拙作《野叟曝言研究》，第139—140页注八十。

⑪⓪ 卫道最力的宋儒，虽每以释、道并称而抨击之，但实偏重于外来的佛教，如程颐云：“今异教之害，道家之说，则更没可辟；惟释氏之说，衍蔓迷溺至深。”(《河南程氏遗书》卷二)又：“如道家之说，其害终小。惟佛学今则人人谈之；弥漫滔天，其害无涯。”(同上，卷一)

⑪① 《野叟曝言》中对于宪宗的愚庸荒淫、朝臣的谄媚邀宠及道士的符箓、服食、养生、炼婴、房中术等奸邪异术，都极尽口诛笔伐之能事。又：《明史·佞幸传》载，宪宗朝，妖僧继晓及西域番僧窃位弄权的史实颇详。《野叟曝言》中继晓及札巴坚参、札实巴师徒皆沿用正史原名，对于继晓的奸黠窃权，番僧的僭用王礼、横行霸道，甚至以人骨为念珠、髑髅为法器等行径，皆有详述。然而正史中继晓并未参与宁王宸豪的叛变，夏敬渠为加强僧、道的滔天罪行，遂云僧人方士，皆利用邪术帮助宸豪及靳直劫驾作乱，此虽是“莫须有”的罪名，但可见夏敬渠对僧、道憎恶之切。

⑪② 夏敬渠《请汉留侯诛壁虱文(时寓留侯庙中)》：“窃某儒林羸质、文苑饿夫，体惭郭仲之肥，贫剩张仪之舌。呕心乃已，血早尽于诗囊；积毁难支，骨更销于谤口。况是他乡之客，还为失路之人。”(《浣玉轩集》卷三)《中秋感怀》诗：“吁嗟凤皇备九苞，得时云雨为龙蛟。高冈阿阁不相见，胡为雌伏乎鸡巢。……我本天上辰，落为地下尘。”(同上，卷四)《〈浣玉轩诗集〉自序》：“仆也，江左小儒，芙城末士，锋颀似铁、性拙如鸠。”(同上，卷三)方婺如《〈学古编〉序》：“(侯生元经)且为予道：‘夏子之为人，有以异世俗之所为者。’”(《浣玉轩集》书前附录)

⑪③ 《宗谱》卷七《传略行状·夏母叶太君传》。

⑪④ 《宗谱》卷十七《内集·诗词》所录夏宗澜《五十自叙寄内》。

⑮《宗谱》卷七《传略行状·夏母叶太君传》。

⑯《宗谱》卷十《表章·词坊》存录江阴知县上表"崇祀夏敦仁'乡贤'"之文辞。

⑰ 本段引文,皆引自《宗谱》卷七《传略行状·汤孺人传略》。

⑱《宗谱》卷四《南街宗世录·第十一世"宗澜"》:"宗澜,敦仁五子,字起八,号震轩。敕授文林郎,特授国子监监丞,举经明行修,邑庠生入太学。康熙三十八年己卯十月初七日未时生,乾隆二十九年甲申九月二十七日巳时终,寿六十六。……有《易卦札记》、《易义随记》、《诗义记》、《讲师文集》。"

⑲ 光绪《江阴县志》卷十七:"夏宗澜……终其身师事杨文定。"夏宗澜《五十自叙寄内》:"道南先生关西杨,我父之友我舅舅。薪传独接李文贞(案即李光地),许我登龙遂入室。……《易》《诗》两经授受切,条记语录尤分明。"(《宗谱》卷十七《内集·诗词》)

⑳《清史稿》卷二百九十《杨名时传》略云:杨名时,字宾实,江南江阴人,康熙三十年(辛未,1691)进士,改庶吉士。李光地为考官,深器之,从授经学。任检讨提督、顺天学政,贵州布政使,云贵总督,礼部尚书领国子监祭酒,兼值南书房、上书房等,谥号文定。

㉑ 李光地,《清史稿》卷二百六十二、《国朝耆献类征》第十一册卷十、《碑传集》卷十三、《国朝先正事略》卷七、《从政观法录》卷六皆有传,略为:李光地,安溪人。字晋卿,号厚庵。康熙九年进士。耿精忠叛,光地在籍遁隐深山,密向清廷陈攻剿之策。事平,累擢兵部右侍郎。直隶巡抚。终文渊阁大学士。谥文贞。光地学宗程朱,诚明并进,为清初理学名儒。著有《周易通论》、《尚书解义》、《洪范说》诸书。诗文有《榕村全集》;又有《孝经》、《参同契》、《握奇经》、《阴符经》诸书笺注。

㉒《清史稿》卷二百六十二《李光地传》:"上(康熙)潜心理学,御纂《朱子全书》及《周易折中》、《性里精义》诸书,皆命光地校理,日召入便殿擘求探讨。"

㉓《四库全书总目·〈周易札记〉提要》载:"名时本李光地所取士,故其学多得之光地。……其诠解经传,纯以义理为宗。"(卷六)又《四库全书总目·〈诗经札记〉提要》:"国朝杨名时撰。是编乃其读诗所记,大抵以李光地诗所为宗,而斟酌于《小序》、朱《传》间。"(卷十六)《四库全书总目·〈四书札记〉提要》:"国朝杨名时撰。……以格物为明善,不取王守仁格庭前一竹之说。"(卷三十六)

⑫《四库全书总目·〈周易札记〉提要》评骘夏宗澜云:“(杨名时)在宋学之中,可谓明白而笃实矣!名时为云南巡抚时,夏宗澜尝从之问《易》,所作《易说》皆质正于名时,其问答具载宗澜书中。然宗澜所说,如渐卦御寇,证以孤雁打更之类,颇为肤廓,不及名时所论,犹有光地之遗也。”(卷六)按:因夏宗澜理学之说渐趋“肤廓”,且反佛斥道,影响至夏敬渠,遂造成其强烈的崇程、朱,斥陆、王及欲“铲佛灭道”的“崇正辟邪”思想。

⑫ 夏宗澜《五十自述寄内》:“我本乡贤第五子,掌珠爱惜矜无双。少小顽劣偏颖悟……年甫十二失吾父,茕茕在疚危巢倾。……十九居家训两侄,博弈游戏偏擅场。”(《宗谱》卷十七《内集·诗词》)按:两侄指夏敬枢、敬渠兄弟。

(原载《夏敬渠与野叟曝言考论》,台湾学生书局 2005 年版)

夏氏家人与夏敬渠暨《野叟曝言》关系考论

王琼玲

夏敬渠之家人：兄敬枢、妹夏氏、元配朱氏、继配黄氏、子祖焞，与夏敬渠一生紧密相系；与夏敬渠的诗、文及《野叟曝言》的创作，更是关系匪浅，兹论述于下。

第一节　兄夏敬枢

夏敬枢(1701—1775)，敬渠兄，字慎修，号恒斋，又号鹅江。邑庠生[①]。年十二，父宗泗亡，居贫力学，气骨不俗。承祖风，好行利济。《宗谱》卷八《小传纪事·第十一世"敬枢"》载：

> 居贫力学，艰苦备尝而不少贬气骨，晚始获衿。尝馆高司农恒家，其子兵部侍郎(高)朴，湖北抚军纪，受业生也。力虽困，不取傥来物，而好利济。雍正元年(1723)祲，随诸叔分厂赈；十年(1732)，沙洲潮灾，复随瘗埋。工唐律，书法苍朴。著有《醉月集》。晚岁尝于城隍庙题一联云："你可知，此身不能常存，何苦急急忙忙干许多歹事？我却晓，前生都已注定，落得干干净净作一个好人。"即此亦可识其概矣。

由此可确知夏敬枢一生之概况。

然而，综观夏敬枢、敬渠兄弟一生的互动，二人只相差五岁，幼年丧父，兄弟茕孑相依，同上学就傅，同行小善，亦同对邻里"恶作剧”;长大后,复同时投入癸卯蝗旱及壬子潮灾的救灾工作。夏敬渠壮游京师、幕游天涯之际,夏敬枢在家侍奉寡母,代弟尽孝。而夏敬渠担任高斌、高恒幕僚时,亦荐举其兄担任高恒子高朴之业师。兹论述二人之关系于下:

1. 夏敬枢、敬渠幼时积零钱,购寒衣赈贫

由夏霈、夏敦仁、夏宗泗等相延不辍的家风——“好义若渴”、“好行利济事”,夏敬枢、敬渠兄弟自幼即承继之。据《宗谱》卷七《传略行状·汤孺人传略》载:

> 慎修(夏敬枢)、二铭(夏敬渠)初出就傅。同学生日皆五餐;孺人以贫故,日两餐。而每晨益二子钱各二文,市糕饼食之。慎修习见其祖、父之勤于施也,则偕二铭私以一木柜,戒其仆勿市糕饼,积其钱,岁得一千四百有奇。孺人母朱孺人,月各给钱六十,慎修、二铭并积之,又得钱一千四百有奇。岁终出之,为棉衣十件,以衣寒者。孺人勿禁,虽日用乏绝,勿之取。或诘之,曰:“童子当有仁心,此方长,不可折也,折之则生意尽矣!”②

小兄弟自幼失怙,与寡母过着“日用乏绝”的日子,却知积零钱,购寒衣以赈贫者,实是难能可贵,无怪乎日后分别为赈荒、拯溺而几乎殉灾。

2. 夏敬枢、敬渠幼时,践秽、焚溺邻家所建五圣庙版

夏敬渠祖母叶氏为名儒之后,尊崇理学,“一切善事,知无不为,惟不肯皈僧佞佛”;终身“以礼自处,亦以礼处人”。对于礼仪,不仅恭谨履行;更有反迷信、破陋习,择善固执的道德勇气。故其虽为一介女流,且已年老,亦敢挺身对抗“人莫以为非”的“拔亲”习俗。(按:事详前文第二章第二节)

夏母汤氏“不佞佛,不信鬼神”,一向“见祈祷者,每叹曰:‘何不以是周贫乏?’”(《汤孺人传略》),亦是承袭其婆婆叶氏崇尚理性的作风。在此种家风影响之下,夏敬渠及其兄自幼即满腹“正义感”,

对于世俗所崇拜祭祀的鬼神，颇不以为然，甚至做出“践秽、焚溺邻家所建五圣庙版”之事。《宗谱》卷七《传略行状·汤孺人传略》：

> 初，慎修昆仲幼时，辄取邻家所建五圣庙版践秽之、焚溺之。五圣者实淫鬼，而愚人奉如父母，畏若雷霆者也。或告孺人曰：“是将致祸。”孺人曰：“无伤也。但非儿等所应为事耳。”呼慎修昆季戒之曰：“徒耗邻家财耳，后不得复耳！”

当夏敬渠昆仲践辱五圣庙版时，其母汤氏不以报应、惩罚或降祸之说，吓阻其行；而是以“徒耗邻家财耳，后不得复耳”戒止之而已。因此，夏敬渠昆仲幼时践辱五圣庙版之事，实受到祖母重理性的影响及一向严以教子的母亲“不深责”的间接鼓励。

再者，历来毁神像、破迷信者，虽不乏其人，但因夏敬渠曾祖母、祖父母、父母三代及叔伯们皆推崇程、朱理学，而二程父亲名珦（1006—1090），知袭州时，曾“投祠具于江”，以遏止神鬼谣言；徙知汉州时，则“安坐不动”，以绥定“哗言佛光见”而鼓噪、践踏的群众。程颢（1033—1086）亦曾将“民俗严奉不懈”的“茅山飞龙”，“捕而脯之”，以破除妄说之事。此三事具载于《宋史》中③。

或许夏氏长辈阐论程氏理学以教诲后辈时，曾谈及程珦、程颢父子破迷信、除邪妄之事，遂为夏敬渠昆仲提供了“践辱五圣庙版”的行为榜样。

夏敬渠将幼时践辱五圣庙版事件，纳为素材，改编、夸大成为《野叟曝言》第七十五、七十九两回重要情节。小说中，夏敬渠借文素臣之口，述及毁辱五圣庙之往事。

> 五圣妖孽，由于太祖，彼恃有敕封，故敢肆其淫恶，惟江、浙为尤甚。弟（素臣）在家时，遇有此庙，必褫其像。（第七十五回）

按：“五圣”又称“五通”，其由来颇多异说。清赵翼《陔余丛考·五圣祠》言宋代已有之：

……然王樵谓起于明祖则未必然。按《夷坚志》："林刘举将赴解，祷于钱塘门外九里溪五圣行祀。"则五圣祠，宋已有之。

明田艺蘅《留青日札·五圣》则记载：

五圣即五通神也。或谓明太祖定天下，封功臣。梦阵亡兵卒千万，请恤。太祖许。以五人为伍，处处血食，命江南家立尺五小庙，俗称"五圣堂"。

夏敬渠在《野叟曝言》中，则认为"五圣"是起于明太祖，因朝廷敕封，故盛行于江浙一带，较接近田艺蘅之说。而夏氏昆仲所践秽、焚溺的"五圣庙版"也是其来有自，据《通俗编·神鬼·五通神》："按：今委巷荒墟，多建矮屋，绘版作五神相祀之，谓之五圣。"

《野叟曝言》七十九回《为驱邪众女袒胸求赤字》，叙述五圣淫鬼作贱、蹧蹋良家妇女，百姓畏惧，不得不建庙祭祀，但五圣猖狂如故。百姓无奈，只得苦求文素臣驱鬼。文素臣敕令五圣"煎洗淫心、荡涤邪谋"，即刻远离此村；且以朱砂在诸女胸前书写"诸邪远避"或"正"等赤字；又书"素臣在此"朱帖，让受害村民贴于房门；并会同友人拆毁焚烧五圣神像及大小庙宇。如此大张旗鼓的"五通庙火德驱邪"，果然"从此这一村中，五通邪迹就灭尽了"。

夏敬渠以幼年时期与哥哥夏敬枢践秽、焚溺五圣庙事作为素材，夸张、改写为以上的小说情节，既存录了童年往事，又虚编自己是"文曲星下凡"、"火德驱邪"的幻想，用以补偿其一生为人僚属、功名无就的缺憾。

纵观《野叟曝言》的部分情节：第三回中，文曲星投胎的文素臣，可以"只手扼游龙，暗破贼坟风水"，破除权奸的祖先庇荫。第七十九回，文曲星的大名又可驱逐五通淫神，让百姓安居乐业。而依照此路线，继续夸大其情节发展，到了第一百八回，文曲星早已是人间“奋武揆文”的“天下无双正士”。因此，景王之乱时，道士做法，宫中妖魔横行，嫔妃竟然只能借助文素臣的“大名”来驱恶鬼（见回目）：除了太子正妃是由文素臣蘸朱墨，交付太子书写“邪不胜正”在其胸口、额头之外，其余侧妃及宫女，个个袒开衣襟，由文素臣用朱笔在其双乳间书写“文素臣”三字，以破解魔法的侵害。此是夏敬渠借用“邪不胜正”的传统观念，表面上破解民间迷信、道士妖法，实际上则借此满足其个人的身心幻想与欲望。

3. 夏敬枢、敬渠拯救癸卯蝗旱、壬子潮灾，奋不顾身，几乎殉死

夏敬枢、夏敬渠两兄弟，在雍正元年(1723)的癸卯蝗旱及雍正十年(1732)的壬子潮灾中，都奋不顾身地投入救灾工作。癸卯蝗旱时，夏敬枢是“随诸叔分厂赈”。夏敬渠则是受祖母命，主持“水南厂”，“晨则点名给放，昼则出劝捐，暮则监舂杵，夜则监煮粥，目不交睫者数月”(《汤孺人传略》，下引文同)，以供应“食粥者数千人”之所需。夏家所设的六厂之中，“煮赈之最久，捐数之最多，食粥者之最众，莫如‘水南’”。也因此，“赈毕归，形仅骨立，食惟饭半盂，气促神夺。医者危之”。后来，夏敬渠写《野叟曝言》时，将此次自己及家族的救灾经验，具体地写进第六十四回中。（详参前文第二章第二节）

雍正十年(壬子，1732)七月十六日，江阴遭受百年未见的水灾。光绪《江阴县志》卷八《祥异》载此“壬子潮灾”：

> （雍正）十年七月十六日，黄云盖天。是晚，飓风大作，江潮泛溢，声震山谷，拔木毁屋，平地出水数尺；继以暴雨不休，南北两门，水及城板，北外浮桥漂没，傍桥里余，民舍皆坏。濒江及各沙溺死居民数千人，禾稼连根扫荡，为百年未见之灾。

夏敬渠著有《七月十六》诗，记壬子潮灾之惨状。现存于《浣玉

轩集》卷四之中：

七月十六夜未央，封姨揎袖势若狂。龙宫平倒琉璃殿，海水起立十丈长。可怜吾邑沿江者，大半都入江鱼肠。东沙北沙几千里，两沙房屋相击撞。更怜祸起黄昏后，仓卒不及披衣裳。四垣一声如抛堕，蜂然水直登其床。逋逃那得上林木？救援那得行舟航？其间或有漏网人，家业破败饥无粮。所争生死在朝莫，依然填积沟渠旁。我来江滨一吊唁，秋风吹落泪千行。滩头白骨千万具，斯人胡必尽无良！彼苍不仁亦太甚，其刑其罪难推详。天荒地老有日尽，哀哉此恨何时偿！

百年未见的壬子潮灾，带给江阴巨大的灾难。夏氏家族在夏敬渠三叔祖夏敦礼、三叔父夏宗洛④、五叔父夏宗澜的率领下，全力投入救灾活动。《宗谱》卷十七《内集·诗词》载夏宗澜《五十自叙寄内》诗，记载当时灾情的惨烈、抢救的状况及夏家殓埋浮尸的数量：

……风潮大作海沸腾。滨江田庐半漂没，浮尸累累营沟塍。嗟我桑梓忍恝视？匍匐往救诚芒芒。粟帛银钱棺与席，不期而集载艅艎。亲至各沙赈兼瘗，堤岸冲决无梁杠。赤足涉水且灭顶，沽涂那复笑裸裎？臭不可避状难看，我亦真成赪尾鲂。往来恤助计五次，埋掩六百四十零。

夏氏家族及襄助者，在“壬子潮灾”中瘗葬了六百四十余具灾民尸体，确实劳苦而功高。然而，夏敬枢却因暴露风雨中月余，过度劳瘁，几乎殒命。《宗谱》卷七《传略行状·汤孺人传略》载：

雍正壬子，邑大水，江涨漂民居，死者无算。慎修（夏敬枢）偕好义者，募捐棺木载入江，收尸埋之，以千计。暴露风雨中月余，归而大病欲死。⑤

后来，夏敬枢侥幸未死，且得到官府所赠“翳桑食德”的匾额。《宗谱》卷十《表章·额联》载：

> “翳桑食德”——雍正十年，江南布政使司布政使白公钟山、常州府知府李公震、江阴县知县郭公纯，缘瘗漂赈饥，题赠十一世敬枢。

灾后，夏宗洛、宗澜等设“同善会”、“育婴堂”以赈贫，从事后续的救灾工作，持续三年之久（雍正十年至十二年，1732—1734）[6]。夏敬枢、敬渠等子侄辈，都参与其事。此为夏氏宗族造福乡梓大事之一。

按：夏敬渠一生经历多次重大的水患，壬子潮灾只是其中之一。其他如：江阴在雍正元年（1723），发生了癸卯蝗旱；次年（雍正二年，1724），又发生大洪灾“甲辰洪灾”，光绪《江阴县志》卷八《祥异》载：

> 雍正二年七月十九日夜，飓风作，海潮溢濒江及江心，田岸冲坍，庐舍多圮，死者甚众。勘报：被灾沙田七万三千七百五十一亩。……计大小饥民五十八万八千九百四十口。

夏敬渠撰《苦雨行》诗，记录了此造成“大小饥民五十八万八千九百四十口”的大洪灾：

> ……去年旱魃肆为虐，县官赤脚亲祈禳。农夫洒出汗如血，满田禾叶都焦黄。今年田中不要雨，偏教大雨如翻江。小麦漂没大麦烂，檐头浮出青苗秧。舟声欸乃过林杪，众鸟无巢啼高冈。……独苦妻啼子又哭，朝来柴米都无偿。一家祸害有如此，家家八口嗟奇荒。更怜雨后告灾者，叩头齐向县官堂。县官震怒咨呵斥，呼出皂隶如群狼。欲捉灾民重鞭扑，抱头逃出东西廊。我闻此事发长叹，叹彼乡愚真聋盲。尔无衣

兮尔无食，尔无嗷嗷兮孰尔伤？归家及早鬻儿女，明日有吏来催粮。⑦

因“甲辰洪灾”，夏敬渠撰写《苦雨行》诗，诗中具体记录“去年旱魃肆为虐”、“今年……大雨如翻江”的接连天灾，亦控诉了灾民必须“归家及早鬻儿女，明日有吏来催粮”的人祸。而雍正十年(1732)，江阴遭遇百年来最大的“壬子潮灾”，夏敬渠所撰的《七月十六》诗则悲恸地对上苍发出“滩头白骨千万具，斯人胡必尽无良”的质问与抗议。

因此，对夏敬渠而言，天灾加人祸的“水难”，是其生命历程中惨痛又沉重的切身经验。如此惨痛沉重的生命经历，遂成为其小说创作的重要素材。例如:《野叟曝言》第二、三回，叙述西湖豪雨致洪。小说中对于突如其来的灾难景况，百姓走避无路的惊慌及水退后创痍满地的悲凉，都有入木三分的描绘。

且《浣玉轩集》卷四录有一诗，题目即为《夜泊奔牛，忽遇大风雨，舟破沉水，得渔船捞救，口占》⑧，可见夏敬渠确实有过溺水而几乎沦为波臣的恐怖经验。而《野叟曝言》第三回中文素臣游西湖，舟船翻覆溺水；第一百十二回，文素臣落海无踪，众人皆以为其溺毙等情节，应是夏敬渠亲身经历的引申、改写。至于《苦雨行》诗言：

黑云漫漫日无光，金蛇百道纷奇芒。恶龙吸尽西江水，倾湖倒海归穹苍。一声霹雳震岩谷，千鳞万甲齐开张。初时淅沥喷珠沫，到后直泻声汪浪。……(《浣玉轩集》卷四)

以恶龙降水来形容天象骤变、暴雨狂泻的天灾景象。若对照《野叟曝言》中西湖暴雨致洪、恶蛟窜出的描写：

陡觉天色昏黑，四面山容全然隐灭，那湖中水势掀播，直欲接天，雨更倾盆而注。(第二回)。

忽见水面浮出一物，首大如牛，浑身碧毵毵的，毛长有尺许……两角矗起，有二尺来长，昂起头来，只管喷水，那浪头就更高了。……东穿西扑，隐隐望见龙爪飞舞。心疑莫非真有神龙取水？你看湖光山色，霎时间变成汪洋大海。此龙神力，亦为不小！（第三回）

《苦雨行》中的恶龙降水和《野叟曝言》的恶蛟发洪，何其相像！只是"恶龙降水"是写诗时譬喻水灾的修辞方法；"恶蛟发洪"则是将自古蛟龙发大水的传说，具象化地写入小说情节中。细勘其来源，应该都与夏敬渠身处洪灾的亲身观察及切身感受有关。

又按：文素臣得以"只手扼游龙，暗破贼坟风水"（第三回回目）的情节，乃是夏敬渠一方面满足自己是"文曲星"下凡的幻想⑨，一方面则以太监靳直代表渔肉百姓的恶吏。文素臣扼杀猛蛟，破坏靳直祖坟风水，使恶势力痿顿衰亡，则是夏敬渠借用小说情节，幻想自己主持正义，替被恶吏所凌虐的百姓们申冤复仇。

4. 夏敬渠壮游京师、幕游天涯之际，夏敬枢在家侍奉母亲，代弟尽孝

夏敬渠自乾隆元年（丙辰，1736）三十二岁起，入京师，设帐讲学；中年后"幕游天涯"，数度为人幕僚，随幕主转任各地，故而"生平足迹几半天下"。为衣食而奔波天涯，与母亲汤氏聚少离多。其间，夏敬枢大部分时间留在江阴，侍奉母亲，代弟尽孝。

《野叟曝言》中，文素臣有一兄，名"真"字"古心"，即是夏氏以其兄夏敬枢为原型。夏敬枢进退有节，"居贫力学，艰苦备尝而不少贬气骨"及"力虽困，不取傥来物"及喜作诗、工书法等特质，在小说中被改写成：

古心道："弟本拘迂，初无大志，惟愿取科名以显亲，绝仕进以全性。彩衣侍母，青毡课子；种几株修竹，拓一本《兰亭》。耳听些好鸟枝头，眼看些落花水面。我寻我乐，吾爱吾庐而已！"（第一回）

因此,文古心成为众友人所夸赞"进不求荣,退不遗世,养亲教子,笃尽天伦,闭户读书,自得至乐"的"孝子、贤兄"(同上)。

至于《野叟曝言》第九回,叙述文古心体质羸弱,居家调养,奉母命不应乡试的情节[10],则是夏敬渠刻意文饰其兄夏敬枢"居贫力学",却困于场屋,"晚始获衿"的悲情真相。且文古心淡泊名利,一心事母,代弟尽孝,使得奔走四方、尽忠报国的文素臣无后顾之忧。如此,既可不脱离小说"重孝道"的本旨,兼可使情节的发展更加合理化。第一百二十回,皇帝感念文素臣的护国功勋,特赐文古心任官"国子司业",则是夏敬渠再施巧笔,在幻设的小说中补偿其兄功名难就的人生遗憾。

5. 夏敬渠荐举兄敬枢担任高恒子高朴之业师

夏敬渠最迟于乾隆十五年(庚午,1750,四十六岁)二月之前,已担任文渊阁大学士兼任治河大臣高斌的幕僚。乾隆十六年(辛未,1751)转任其子户部郎中高恒的幕僚。高氏父子二人与夏敬渠,宾主之间,情义深厚。夏母辞世,夏敬渠守制后复职,又介绍其兄敬枢担任高恒子高朴之业师。后兄弟不知何故皆辞馆职,但高、夏二家仍有往来。

夏敬渠昆仲与高氏三代关系深厚。高氏有祖荫、任高官,高斌女又为"慧贤皇贵妃",可谓显贵非常。夏氏昆仲任其僚属时,进退有节,故高恒、高朴父子因贪污被诛时,夏氏昆仲却无纤介之祸,此亦可看出二人的操守与慧眼。以上诸事,第四章第三节《夏敬渠与其幕主关系考论》将详及。

综合观之,夏敬渠与其兄夏敬枢唇齿相依,手足情深,终其一生紧密相系。甚至夏敬渠七十七岁时,丧其独子祖焞,遂以夏敬枢第三子祖焘的长子翼陛作为嗣孙,以延续香火(详第五章第一节)。

然而,有一事颇值得玩味,夏敬渠在《浣玉轩集》中未有任何诗文提及其兄敬枢。推究原因,固然《浣玉轩集》所辑录的夏氏诗、文已不完整,故或有缺载的可能。但在现存文献中,凡夏氏自述其生平的重要文章,如卷三《悼亡妹文》、《〈浣玉诗集〉自序》及卷四诸诗作中,每言及家中成员时,只提母、妻、妹,未有"片言只字"提及其兄[11]。此事颇易造成误解[12]。

平心而论，夏敬渠才华、学识、能力，实高出其兄甚多，否则癸卯蝗旱，其祖母叶氏、叔祖夏敦礼及叔父夏宗洛等人统摄六厂救灾时，应该不会舍夏敬枢不重用，反而把水南厂交付给尚未弱冠的夏敬渠。且五叔夏宗澜亦只荐举夏敬渠入京，游杨名时门下，俟时机以求晋身。其他如夏母大寿、《宗谱》编修等大事之处理，在在显示夏敬枢的才干不如其弟。

然而兄弟二人，虽才干有高下之别，但却手足同心，无"瑜亮情结"。且分主内外，正可互补所需。因此，寡母、弱妹、妻小，有兄敬枢在家帮忙照料；而幕游天涯，谋衣食以供全家所需，则弟敬渠责之所在。兄弟二人个性一飞扬外放，一内敛沉静，适恰如其分。

然而为何现存诗文中，夏敬渠不言其兄？细勘夏氏《悼亡妹文》、《〈浣玉诗集〉自序》及卷四诸诗作，大抵为自省、思乡、怀母、恋家之作，内容多"悲情"，主述自己之怀才不遇、家计艰困、为人僚属，栉风沐雨之苦。因此，不以其兄入诗文，正可避免谈及其兄碌碌无奇的人生及未能大力补助家计的实情，以免伤及其兄之自尊。且夏氏家人受理学之熏陶，又受传统"父兄为上"观念的束缚，故男性亲人相处，必重理性、讲礼仪；其情感往往隐藏内敛，不落言诠。因此，夏敬渠感怀、抒情、言悲的诗文著作中，不出现夏敬枢是可理解的。

第二节　妹夏氏

夏敬渠有一妹(1711—约1747)，嫁与邢泗港胡辉甫(字槐灵)为妻[13]，品格不俗，与夏敬渠相知相惜，时常慷慨助之；夏敬渠患病时，更宵旰扶持，不顾其身。早逝，得年约三十七。

《浣玉轩集》中，夏敬渠有不少诗文提及胞妹，可知其一生概况、兄妹互动及对夏敬渠的影响。兹引述综论于下：

1. 妹生父死，妹品格不俗，兄妹一生知己

夏氏妹生于康熙五十年(辛卯，1711)冬，正值其父夏宗泗过世

之前[14]。《悼亡妹文》记录此事且深致怜惜之意：

> 粤自辛卯年冬，龙蛇运厄。珠胎孕腹，正先严易箦之时；玉蕊辞苞，值家母靡笄之日。麻衣作衽，何来蜀锦吴绫？吊客盈门，讵设饧汤粉饼？载置之地，谁能怀抱以三年？共寝于苫，未得弄嬉之一日。（《浣玉轩集》卷三）

然而夏氏妹虽命运乖蹇，一出生即丧父，但其自勉自励，家虽贫苦，却勤学喜读，“识尽扬雄奇字，全偷月出之光”[15]。品格不俗，虽“缺乏钗钿之饰，且安命以何尤”，故得以“浩气凌云，慧心朗日”；兼之博学多感：“竹搜汲冢，常致感于兴亡；序读《兰亭》，每动怀于今昔。”

再由《悼亡妹文》可知夏敬渠青壮时期意气风发的情况：

> 忆自少岁鱼书，壮年猎艺。咄叱风云之表，淋漓翰墨之场。南浮彭蠡而南，北眺太行以北。斯时也，入则周公、毕公，出则方叔、召虎。老兵则雄啼宣武，名士则恸哭伯舆。以至夹漈贵与之通儒，下逮击筑吹箫之贱士，莫不班荆款洽，把臂激昂。

此时，常人视意气风发的夏敬渠为痴狂之徒，唯有胞妹知其兄的才识底蕴及真性情。故夏敬渠感慨言曰：“方举国有痴王之目，独同枝识戆汲之真。”

夏敬渠又有不少特立言行，未必能见容于他人，却唯有其妹包容并赞赏之：

> 丁年未聘，屡却富女于王孙，畴叹其清。除夕无粮，犹咏雪花过子夜，谁嘉其逸？拒馈金于邻国，人识仲子之矫廉，而妹则曰：“此吾儒秉节之大防，其可堕乎？”参幕府于天涯，人议太真之凉德，而妹则曰：“此古人捧檄之微意。”[16]

无怪乎夏敬渠感动之际，说出：“茫茫天下，具眼何人？落落寰区，知心唯妹。”真肺腑之言。

夏敬渠穷困潦倒时，“文讵昌黎，并落鸿词之第；诗非太白，同镌帖括之科。才已尽乎江淹，都无彩笔；人复归乎江国，依旧青衫”。如此“频年下第”时，其妹依旧对其礼敬不减，还多方相助：“凡阿兄之潦倒乎域中，皆弱妹之慷慨乎阁内也！”可见夏氏兄妹真是一生知己。

2. 妹婚姻不乐，体弱多病，夏敬渠多牵挂之

夏氏妹之夫名胡辉甫（字槐灵），现有资料中，未见记载其生平者。而由《悼亡妹文》可知其婚姻生活并不和谐快乐：

> 哀哉我妹，遇必皆穷……迨及于归之叹，犹夫在室之悲。独处所以如疑，众中于焉不乐也。（《浣玉轩集》卷三）

婚姻不乐之外，夏氏妹又体弱多病：

> 其尤酷者，鹤容善悴，蝶粉易消，瘦骨棱棱，势侵肌而欲露；纤腰怯怯，羌约带以如摧。促节哀桐，爨尽药炉之内；隙驹华岁，过残病榻之间。（同上）

因此，夏敬渠对妹妹牵挂颇深，客居他乡时，多有忆妹之诗：

> 花叶盈盈其一枝，无端两地各参差。泪从别后痕干未？人到天涯悔已迟。途路莫怜兄潦倒，晨昏全赖妹支持。汝身别有千般病，饮食风寒要适宜。（《浣玉轩集》卷四《忆妹》）

其手足之深情，一一跃乎字里行间。

3. 夏敬渠罹患重疾，妹倾力守护

夏氏兄妹情深，妹对兄不只是言行相助，还在其疾病时加以扶持。乾隆十二年（丁卯，1747）夏敬渠罹患晕眩重疾，妹倾力守护，

甚至祷祝上天，求减己寿，以延兄年：

> 岁维丁卯，神诉庚申。二竖膏肓，十旬瞑眩。妹则连衣宵旦，力疾扶持。既竭吾才，气如丝而欲断；莫延兄命，泪如血以长流。乃告七星，爰书八字，愿减大家之算，续成班固之龄。夜夜祈天，朝朝祀灶。积诚既达，厥疾用瘳。妹既秘而不言，余且安而罔觉，后乃闻之吾母……

夏氏妹一向体弱多病，在夏敬渠重病时，却奋不顾身全力照料，“连衣宵旦，力疾扶持”、“夜夜祈天，朝朝祀灶”的深情厚义，确实令人动容。

4. 夏敬渠病愈，妹却辞世

有关夏氏妹辞世的时间及夏敬渠的悲恸，有两条资料需特别注意，其一是《浣玉轩集》卷四《哭妹诗》十首之八：

> 愿将妹算作兄庚，夜指秋天北斗盟。我病已痊卿竟死，痛追前事欲无生。

另一是《浣玉轩集》卷三《悼亡妹文》：

> ……未有此中日夕十二时，皆洗泪之辰；从无寸草风霜三十载，尽伤心之候。……讵知聂政尚存，先枕姊婴之股；灵均未没，反招女媭之魂。有不哀欲摧心，痛将呕血者乎？然使支床骨立，一为躬剂葠苓，执手卷然，三日亲含珠贝，尽下抚琴之涕，略燎炙艾之须，则魂虽骇而未飞，肠即断而未尽。而乃生毋相见，死毋相哭，迢迢路隔三千，胫不能走，翼不能飞。郁郁愁经两岁，青岱障故乡而不见，黄河写流泪以何穷？石是沃焦，终无与于溟海；鸟名精卫，空赍恨于穹窿而已！呜呼！无日不秋，有天如梦，停棺未葬，何处松楸？遗鷇无巢，谁为卵翼？书犹在目，诺岂忘心？但聚千里之粮，即命一日之驾，长

号尽恸，哭尔于宙合斋头；执绋投书，慰尔于北邙山下。

夏敬渠之妹卒年不详。今由《哭妹诗》"我病已痊卿竟死，痛追前事欲无生"及《悼亡妹文》"讵知聂政尚存，先枕姊嫈之股；灵均未没，反招女媭之魂"数语推测，乾隆十二年(1747)夏敬渠大病，其妹尽心照料；夏氏痊愈后不久，其妹却与世长辞。又据《悼亡妹文》："……未有此中日夕十二时，皆洗泪之辰；从无寸草风霜三十载，尽伤心之候。"似其妹得年仅三十。然乾隆十二年，其妹犹看护夏敬渠之病，当时夏氏妹年三十七。夏敬渠病愈后，其妹方病故。故"三十载尽伤心之候"之"三十"，疑是"四十"之误，而"四十"亦取其整数而已。

而据《悼亡妹文》："然使支床骨立，一为躬剂葠苓，执手卷然，三日亲含珠贝，尽下抚琴之涕，略燎灸艾之须，则魂虽骇而未飞，肠即断而未尽。"知妹妹病重时，夏敬渠身在客途[17]，无法亲自视病，尽力救治，故深以为恨。且"生毋相见，死毋相哭"，妹病危时，既不能见妹妹最后一面；妹死后，又不能及时奔丧。更悲哀的是，妹妹亡故两年，夏敬渠身不由己，不能回家，故云"郁郁愁经两岁，青岱障故乡而不见"。而两年之中，夏氏妹亦未能入土为安："停棺未葬，何处松楸？"因此，夏敬渠痛自深责，乾隆十四年(1749)写此篇《悼亡妹文》[18]，云："但聚千里之粮，即命一日之驾，长号尽恸，哭尔于宙合斋头；执绋投书，慰尔于北邙山下。"透露了渴望归乡为妹经办丧事、抚慰遗孤之心意。

妹亡后，夏敬渠有多首《哭妹诗》，凄怆悱恻，感人肺腑：

同气分离苦最深，为怜愁入老人心。那知掩面出门去，他日归来无处寻。

望到秋来眼欲穿，哀词寄我泪潸然。何当一向重泉下，说与西风事万千。

落第频年动汝悲，伊吾悔不作男儿。几时折得月中桂？痛哭坟头说与知。

愿将妹算作兄庚，夜指秋天北斗盟。我病已痊卿竟死，痛追前事欲无生。

知汝平生好是书，一经归日授吾儿。更将尔子殷勤读，稍慰茫茫泉下思。（《浣玉轩集》卷四《哭妹诗》）

夏氏兄妹现实人生中深厚的手足情义，亦被夏敬渠檃括改写成《野叟曝言》的部分内容。小说中文遗珠、未鸾吹及沈素娥三位角色，皆有部分情节影射其妹。首回述文遗珠乃文素臣之胞妹，落盆即死[19]；但在第一百十八回，却又历劫重生[20]。夏氏创设此情节补偿丧妹之遗憾，并隐存其妹早逝之事实[21]。而文遗珠遍读经、史，融贯义理，太皇太后遂聘其入宫中，教授诸妃及众公主，此即夏氏影射及妹之博学多通；并藉虚构之情节，颂扬早逝的胞妹实具有班昭一般的才德。

文遗珠重生之前，则由义妹未鸾吹及婢女素娥填补小说情节的空档。文素臣浪迹天涯时，未鸾吹屡屡馈金赒济，颇似夏敬渠《悼亡妹文》所言："凡阿兄之潦倒乎域中，皆弱妹之慷慨乎阁内者也！"而未鸾吹代义兄尽孝于水夫人，则是夏氏《忆妹》诗"晨昏全赖妹支援"之写照。

第十六回中，文素臣（时改名为白又李）罹患疟疾恶症，几濒于死，未鸾吹倾力照顾，素娥更是炙火盆、卧铜屏，以身相就，减轻素臣寒热相煎之苦。此段情节虽模仿自《好逑传》，强调男知礼、女守贞，虽独处而不及于乱；但其灵感、素材仍是改写自夏氏病危，其妹"连衣宵旦，力疾扶持"及祷求上天愿减己寿以延兄命的事实。

小说最后，无论是遗珠、鸾吹或素娥皆仰赖文素臣而富贵两得、福寿全归，此同样是夏氏藉小说以满足自我幻想，并补偿其妹轗轲一生的缺憾。

第三节　元配朱氏、继配黄氏

夏敬渠娶元配朱氏之前，曾辞婚于富室。元配朱氏不幸早亡，《浣玉轩集》中多悼亡之作。继配黄氏侍孀姑、教子女“温恭淑慎，荼苦一生”。兹论述夏敬渠的婚姻状况于下：

1. 夏敬渠母子拒婚富室

夏敬渠娶元配朱氏之前，曾辞婚于富室。《浣玉轩集》卷三《悼亡妹文》中，夏氏自云：“丁年未聘，屡却富女于王孙。”《宗谱》卷七《传略行状 · 汤孺人传略》详载此事：

> 二铭幼有文誉，人争欲得之以为婚，皆要以厚资。有富人某，托孺人至戚，许以田五百为奁资。孺人曰：“安有婚姻而可以货取者乎？”往返数四，坚却之。

按：《昭明文选》卷四十一《李少卿答苏武书》：“丁年奉使，皓首而归。”李善《注》：“丁年，谓丁壮之年。”故夏氏所云“丁年”，应指适婚之年。

唯夏敬渠二十岁时（雍正二年，1724），祖母叶氏卒。至亲大丧，子孙三年不婚，其娶元配朱氏，最迟在雍正元年（1723）十九岁时[22]。故夏敬渠拒婚富室之事，推算应在十八岁左右。

夏敬渠将其“丁年未聘，屡却富女于王孙”之经历，写入《野叟曝言》中。第十四回，水夫人对文素臣道：

> 当初你父亲死后，家计日落，富室宋祖太因无子息，必欲招你为婿，承受彼业，是我力辞。…… 当时亲友，见我辞富就贫，颇有以为迂阔的。

再由水夫人所言：“那宋祖太之为人……以盘折起家。他既无子，其毒不得不流于女，我焉肯以汝为之婿，代受其祸乎！”（同上）或可推知，现实中夏家辞婚于富室的内在缘由。

2. 元配朱氏早亡，夏敬渠有悼亡之作

夏敬渠元配朱氏，康熙四十六年（1707）生，雍正三年（1725）卒，得年仅十九[23]。无出。

夏敬渠与朱氏约在雍正元年（1723）成婚。朱氏虽是宦家后，“朱氏母谢孺人为侣桐、乔升两公胞姊。侣桐名旻，任江西巡抚，乔升名柽，任湖广粮道，皆显贵”（《汤孺人传略》），但奁资不厚，曾拒婚于富室的夏氏母子却欣然，不以为意。《宗谱》卷七《传略行状·汤孺人传略》载：

> （夏敬渠）缔婚朱氏，虽宦家后，奁不满百金，孺人且欣然也。

夏敬渠与朱氏成婚三年左右，朱氏却不幸早亡。《浣玉轩集》卷三《〈浣玉轩诗集〉自序》：

> 破鸾镜于早年，分凤钗于初服。月明沧海，不见遗珠；日暖蓝田，无端瘗玉。弦离七柱，难留倩女香魂。

可见夏敬渠对早逝又无子的元配朱氏颇是痛惜。《浣玉轩集》中留有悼亡之作，如卷四《悼亡》诗二首：

> 北邙山下路茫茫，极目遥看一断肠。小命自怜如纸薄，痴情犹拟共天长。杜鹃唤去三春雨，孤雁啼来九月霜。怕看旧时云髻样，呼童焚却缕金箱。
>
> 漫道吾侪未识愁，书窗镇日锁眉头。龙飞碧汉犹扪壁，剑没清波尚刻舟。始信膏肓医未得，从教瞑眩疾难瘳。断肠断到无肠处，搁泪汪汪不解流。

由第一首末联“怕看旧时云髻样，呼童焚却缕金箱”二句，可推测此诗或作于朱氏亡后不久。由第二首颈联“始信膏肓医未得,从教瞑眩疾难瘳”二句,知此诗必作于乾隆十二年(1747)夏敬渠罹患晕眩重疾之后,距离朱氏辞世,已超过二十三年。而二十余年间,念念难忘,可见夏敬渠对朱氏颇是情深。

夏敬渠在元配朱氏亡故三年后(雍正五年,1727,夏敬渠二十三岁)续弦[24]。新婚合卺之夕,犹念念不忘元配亡妻,为诗悼之:

> 满眼春光二月天,荒坟宿草已三年。若敖有鬼应愁绝,奉倩无言自怆然。事到尽头真是命,丝重续处岂无缘?独怜箫鼓灯花里,别有红绳足下缠。(《浣玉轩集》卷四《合卺夕悼亡》)

元配朱氏虽早亡,夏敬渠与朱家亲族仍有来往。《浣玉轩集》卷四有诗《抵南昌,知侣桐舅氏已钦召入都。去住茫然,感赋一律》:

> 纸窗竹榻夜堪怜,独望空庭思悄然。屋瓦著霜凝冷月,衙檐傍柳系寒烟。几回悲感浑如梦,无数牢骚说与天。尺木已遥秋寂寞,神鱼然尾是何年?

侣桐姓谢,名旻,乃是朱氏的亲母舅,任职江西巡抚。此首七律未标年月,不知撰于何时。夏敬渠亲往江西南昌,可能是潦倒之际,为谋衣食而拜谒亡妻母舅,冀其收用或推荐于人。故寻亲未遇,遂有“去住茫然”的伤感。

3. 继配黄氏“温恭淑慎,荼苦一生”

夏敬渠继配黄氏,生于康熙四十三年(1704),比夏敬渠年长一岁;卒于乾隆四十一年(1776),早夏敬渠十一年。寿七十三[25]。子一,名祖焞;女一,适六云望斗南氏。

夏敬渠元配朱氏早亡,故在《野叟曝言》中并无影射的角色。继配黄氏,则化身成文素臣的正妻田氏。“田”字乃取“黄”之部首而来。

《浣玉轩集》卷三《〈浣玉轩诗集〉自序》中夏敬渠自道："命续五丝，又复新人善病。系轻绡于臂上，日日痕消；说残梦于床头，时时意怯。"可见黄氏体弱多病。《野叟曝言》第九回，文素臣妻田氏自道："奴家虚弱，常是三好两歉，原怕误了嗣息。"即是描述夏妻黄氏多病的真况。

夏敬渠的"性命交"张天一（即张宏溰），在乾隆三十八年(1773)黄氏七十岁生日时，曾撰有《征寿二铭先生德配黄孺人七帙诗公启》，文中赞美黄氏出身江阴望族："族著蓉江，望齐鄂渚。"才德兼俱："敦诗习礼，幼夸季女之风；结帨施衿，长奉大家之范。"孝养孀姑、夫妇情洽又鬻子辛劳："奉匜馈食，承堂上之欢容；弋雁鸣琴，奏房中之雅韵"，"既著相夫之道，还闻鬻子之劳"。又有"宽能待下，童约无苛；俭以持家，格言可守"的美德。

因《宗谱》及《浣玉轩集》中存录夏敬渠继配黄氏的资料不多，故此篇《公启》有其重要性。撰写者又是夏敬渠的"性命交"张天一，二人相识相知已三十七年，故文中虽多颂赞之辞，但不宜以寻常应酬文字视之。

由《公启》内容，可窥见黄氏温婉贤淑之性格。将其对照《野叟曝言》中以黄氏为人物原型所创造的角色"田氏"（文素臣正妻），可见二者之间，颇为相近。

张天一在乾隆四十一年(1776)闻黄氏死讯后，曾写信安慰夏敬渠，也对黄氏道出发自肺腑的赞美："嫂夫人温恭淑慎，荼苦一生。"（《宗谱》卷十六《外集·文辞·与二铭二兄书》）盖夏敬渠大半辈子为谋衣食幕游天涯，其妻在家事孀姑、教子女，居贫持家，必然备尝艰辛，故"温恭淑慎，荼苦一生"应即是黄氏一生真实的写照。

夏敬渠基于对妻子的情意及感激，且为了显扬汤氏母教之功，故在《野叟曝言》中，特将田氏描绘成在水夫人身教、言教熏陶下所成就的"全德"女子。且妻以夫贵，受朝廷钦封为诰命夫人。

至于《野叟曝言》主角文素臣拥有一妻五妾，鱼水甚欢，且妻妾又极和穆，个个将“蜜淋漓换醋葫芦”；共侍水夫人，享尽人间天伦至乐等等，应是夏敬渠常年奔波在外，对男女情爱、欲念，皆难以满足；对家庭的温暖，又满心思念，故创设此类情节，以寄托其身心的幻想，并补偿其一生的重大遗憾。

第四节 子夏祖焞

夏祖焞，夏敬渠独子，字尹儒，号诚斋。雍正十二年(1734)生，时夏敬渠年三十；乾隆四十六年(1781)卒，时夏敬渠年七十七。著有《诚斋遗集》、《联吟草》[26]。曾受业于余姚卢文弨[27]。

《宗谱》卷八《小传纪事·第十二世“祖焞”》载：

> 祖焞，字尹儒，少勤于学，工诗善属文。试不售，游京师。考充内阁供事，入方略馆书局。议叙保安州吏目，授登仕郎。履任三月，干练有为，通达政体。遽丁母艰归。性直谅慷爽，人咸爱之。以严亲在堂，为禄养计，复赴都谒选。遘疾，殁于京邸。

夏祖焞一生事略如此，兹分述夏氏父子大事于下：

1. 乾隆三十二年(1767)，夏敬渠归乡养老，著书自娱，命祖焞游京师，访故友

夏祖焞虽然“少勤于学，工诗善属文”，但是其命运与父夏敬渠类似，一直“试不售”，困于场屋。屡次科考无望之后，只好另寻荐举之路。《宗谱》卷十五《内集·文辞》载夏敬渠堂弟敬秀所撰《尹儒侄入都诗册序》载：

> 丁亥(乾隆三十二年，1767)初冬，予从兄二铭之子焞，将游都门。……则今日之行，若可已而不可已者何哉？盖有父命之重焉。吾从兄向游学，屡至京师。当代之达尊长者，咸慕其才，而重其有孝德也，乐以与为布衣交；从兄亦以道相助而

忘其位与富。今老矣！倦于行，仰屋梁而著书，洎如也。而每一念及生平之好，未尝不慨然神往。爰命焞为我北行，问诸故人之在京师者，必固请之，其必有以教我。弗为我老而弃我也。既卒事，其遄归，焞谨受命。

夏敬秀所撰之《尹儒任入都诗册序》有三点需注意：一是夏敬渠归乡养老著书之时间。二是所著为何书？三是夏敬渠命子入都访故友的真正目的为何？

按：《序》中所言丁亥年，是乾隆三十二年(1767)，时夏敬渠年六十三，已觉得“今老矣！倦于行”，故结束“幕游天涯”的生活，归返江阴，享受居家养老，“仰屋梁而著书，洎如也”的乐趣。而所“著”之“书”很可能就是《野叟曝言》。

《野叟曝言》的创作暨成书时间，一向众说纷纭。以小说内容观之，此书必是夏敬渠晚年绝意仕进后，以其个人生平经历及夏氏宗族诸多事迹作为创作的基本素材，再旁取博采各类小说内容、史事题材，并糅合其一生理想、梦想、幻想进小说中，遂成为此部一百五十四回的庞然巨著。而其百万余言的篇幅，绝非短期内可完成。

夏敬渠“游京师”时期，所完成的著作虽多(详后文)，但《野叟曝言》不在其列。为衣食“幕游天涯”，担任他人幕僚之际，按理亦无暇静心创作小说。故乾隆三十二年(1767)六十三岁时，“倦于行”而归乡养老，遂“仰屋梁而著书”。《野叟曝言》的撰写，应该始于此时。

《野叟曝言》的完成，推测应该在乾隆三十八年(1773)前。因为此年乾隆皇帝下诏开馆修《四库全书》，年届六十九岁的夏敬渠已有时间及精力加紧整理昔日“未汇成编”的旧稿，以成《纲目举正》一书[28]。因此，《野叟曝言》在此之前必已杀青完稿。而乾隆四十一年(1776)二月夏敬渠七十二岁时，继配黄氏卒，子夏祖焞返乡奔母丧时，张天一(宏渶)托其转呈《与二铭二兄书》给夏敬渠[29]，信中已明言读过《野叟曝言》[30]。

夏祖焞生于雍正十二年(1734)，乾隆三十二年(1767)已三十四岁，既然其科考不就，夏敬渠遂命祖焞入京都，代父造访昔日故友。其实，代父访故友只是表相，真正目的应是冀求老父故友能有所提拔。

也因此，众亲友纷纷撰诗送别，编成所谓的"尹儒入都诗册"；从叔夏敬秀又郑重其事地为其写《序》，目的无非是在"壮"夏祖焞之"行色"。今《宗谱》卷十八《外集·诗词》录朱咸庆《送尹儒大兄入都》绝句五首[31]、李颖《送尹儒》五律一首[32]，以内容观之，应该都是送夏祖焞"入都诗册"中的作品。

2. 乾隆三十三年(1768)夏祖焞"考充内阁供事，入方略馆书局"

按："方略馆"，清置，编纂开国以来历代武功及政治大事之所。每有军功告蒇及遇有政事之大者，奉旨纂辑成书，纪其始末，或曰"方略"，或曰"纪略"，皆由馆承办，此方略馆书局之主要职事。

《宗谱》未载夏祖焞"考充内阁供事，入方略馆书局"之确切时间。但由其《五古赠刘克谐》诗所云："忆昔聚首时，五年同馆阁。……壬辰书告成，归省家庭乐。"(《宗谱》卷十七《内集·诗词》)壬辰是乾隆三十七年(1772)，夏祖焞在"馆阁"(方略馆书局)已五年，故推算得知其在乾隆三十三年(1768)进京之来年，即入"方略馆书局"任职。且在馆的生活状况，则是诗中所言的"下馆每戴星，入朝恒秉烛。风雨及晦明，无时不往复"，颇见夏祖焞的尽责与辛劳。而乾隆三十七年(壬辰，1772)，夏祖焞所负责编纂的书告成，其亦自京师返乡省亲，短期享受天伦乐。

3. 乾隆四十年(1775)，夏祖焞任职保安州吏目，授登仕郎。履任三月，遽丁母艰归

据《宗谱》卷八《小传纪事·第十二世"祖焞"》载：夏祖焞"试不售，游京师"后，得以"考充内阁供事，入方略馆书局"，后来又"议叙保安州吏目，授登仕郎"。

再据《宗谱》卷十七《内集·诗词》载夏祖焞《五古赠刘克谐》诗云：

……缅怀乙未冬，捧檄奔涿鹿[33]。折腰亦可喜，养亲有微禄。

确知夏祖焞出任保安州吏目是在乾隆四十年(乙未，1775)冬季。但是，夏祖焞任官保安州吏目之前，有一番波折。据《宗谱》卷十六《外集·文辞》载张天一撰《与二铭二兄书》云：

前闻尹儒贤侄选受涿州[34]吏目，吾兄随任北来，一时欣喜若狂，自以为平生如意之事，未有过于斯者矣！无何，闻此缺已另题人，尹儒得而复失，而喜忽变为戚。未几，又得保安之信，而戚仍转为喜。

可见原先夏祖焞有可能任职涿州吏目，后因另有人选，遂改任直隶宣化府保安吏目。

夏祖焞任职保安吏目时，"干练有为，通达政体"，但是仅仅"履任三月"——乾隆四十年冬十二月至乾隆四十一年二月[35]，即"遽丁母艰归"。《宗谱》卷十七《内集·诗词·五古赠刘克谐》：

……缅怀乙未冬，捧檄奔涿鹿。折腰亦可喜，养亲有微禄。嗟余命坎坷，母氏卧床褥。坐席尚未暖，哀音转简牍。中道无常声，狂奔水与陆。抚棺发长号，日夜悲风木。丙申十月望，灵辆葬平陆。仰事复心伤，每食无酒肉。家贫难读礼，中心如转轴。……

诗中夏祖焞自道其赴任、辞官、奔丧及居丧之心情，颇为真实生动。

4. 乾隆四十二年(1777)夏敬渠以子祖焞为官，故贻封登仕郎，保安州吏目。寄赠词："禀心醇朴，饬行端方。"赠原配朱氏、继配黄氏敕命一轴

乾隆四十二年(丁酉，1777)夏敬渠七十三岁时，因独子夏祖焞曾经任官"直隶宣化府保安州吏目"，所以受朝廷贻封为"登仕郎"、

"保安州吏目",并且得到"禀心醇朴,饬行端方"的赠词。《宗谱》卷九《诰敕》详载其事:

> **《十一世封登仕郎敬渠,赠孺人朱氏、黄氏敕命一轴》**
>
> 制曰:设官分职诏器,使之无遗;锡类施仁,喜蒙恩于伊始。尔夏敬渠,乃原任直隶宣化府保安州吏目夏祖焞之父,秉心醇朴,饬行端方,教诲怀式谷之勤,政事本治谋之善。兹以覃恩,封尔为登仕郎,原仕直隶宣化府保安州吏目,锡之敕命,于戏一命,得以逮亲遂膺。旷典政事,期于称职,笃迓休光。……乾隆四十二年五月初二日。

光绪《江阴县志》卷十四《选举·封赠》亦载此事[36]。《宗谱》对于夏敬渠及朝廷的赠词,尚有进一步的称颂:

> 丁酉,恩纶有云:"禀心醇朴,饬行端方。"人谓虽属通词,其当此无愧者,唯公庶几。(卷八《小传纪事·第十一世"敬渠"》)

夏敬渠困蹇终身,功名无着;且为人幕僚,为衣食奔波一生,晚年因有子为官,故得到朝廷貤封且获颁赠词;其原配朱氏、继配黄氏,虽已云亡,亦得到敕命一轴。以上二项"荣耀"得之甚迟,且仅是虚衔,但实在别具意义,夏敬渠晚年应可稍得安慰。

5. 乾隆四十三年(1778)夏祖焞守制毕,入都谒选,候补官职;四十六年(1781)遘疾,殁于京邸

夏祖焞母丧时,夏敬渠昔日幕主高朴兄弟"念旧交,敦古谊",义助赀财,且承诺"代为日后之谋"[37]。但是,乾隆四十三年(1778)三月,大祥之后,夏祖焞"为禄养计,复赴都谒选",高朴却已"坐诛"[38],故代谋官职一事已成泡影。夏祖焞为养亲计,只能继续留在京都,等候补官。《宗谱》卷十七《内集·诗词》载夏祖焞《客窗写怀》:

一腔心事向谁论，无计支离着此身。岂有文章堪寿世，更何功业足酬亲。三千里外常为客，十二时中只剩贫。幸得高堂能强饭，尽教风雨遂行尘。

夏祖焞庆幸七十四岁的老父尚能“强饭”，且为了求些许“功业”以“酬亲”，即使贫苦异常，也只好千里为客、风雨行尘，期能以俸禄稍奉甘旨。此诗正可印证《宗谱》所载“以严亲在堂，为禄养计，复赴都谒选”事。

《宗谱》卷十七《内集·诗词》载夏祖焞《五古赠刘克谐》诗：

……服阕应补官，文牍日催促。客岁抵长安，米贵真如玉。裘敝黄金尽，终日双眉蹙。

可见夏祖焞在京候补，时日既久，便体会“京城居，大不易”：米贵、裘敝、金尽，处境颇是艰困。

夏祖焞“赴都谒选”，处境既艰困，谋官又不顺。四年后，竟“遘疾”，于乾隆四十六年(1781)十一月二十五日“殁于京邸”，得年仅四十八。此年夏敬渠年高七十七。老年丧独子，对他必是沉重的打击。

按：《野叟曝言》中，文素臣的长子“文龙”(小说中昵称“龙儿”)理应是影射夏祖焞，但由《宗谱》记载与小说内容两相对照，二者的关联实在微乎其微。推论其因，文龙乃是夏敬渠全然幻设的小说人物：其出生时，“产室之上，罩有红光，以致惊动邻村，俱来救火”；其啼哭声，即被赞誉为“中正和乐，则福德兼备之声”(第三十八回)。稍长后，英敏过人，文武兼备，八岁中状元(第一百二十三回)、九岁任浙江巡案，断案如神(第一百二十七回)；后更代父出征，降服日本(第一百三十三回)、扫平西域佛教诸国(第一百三十七回)。如此天纵英才、丰功伟业的角色，当然不可能以现实世界中无大作为的夏祖焞作为“人物原型”。

然而，所有文龙的“天赋”与“成就”，追本溯源，皆肇因于文素臣的遗传、教诲及庇荫；文素臣即是夏敬渠的化身，文龙更是文素臣生命与功业的延伸。夏敬渠写文龙的一切，正是满足自己功业盖世、德庇子孙的幻想，更稍稍补偿父子同命，饮恨科场的人生大恨。

此外，夏敬渠有一女，“适虹桥太学生六云望斗南甫”[39]。夏敬渠女儿的生平、名字，在《宗谱》及《浣玉轩集》等相关资料中，皆无任何记载；唯《浣玉轩集·浣玉轩著书目》中有女婿“六云望斗南氏”[40]所写的《浣玉轩诗集序》，文中叙述夏敬渠与堂叔夏宗沂、母舅盛金的诗文情谊，是研究夏敬渠交游的重要资料（详第四章）。

6. 夏敬渠因孙夭子死，故以兄夏敬枢三子祖焘的长子翼陛为嗣孙

夏敬渠一生子嗣单薄，其长孙翼垣及次孙皆夭折。《宗谱》卷四《南街宗世录·第十二世“祖焞”》载：

> 敬渠子……子二，翼垣，嫡氏出，殇；次，侧室出，殇。以从弟祖焘长子翼陛嗣。

夏翼陛（1763—1830）字升阶[41]，生父夏祖焘，为夏敬枢第三子。当夏翼陛过继为夏祖焞嗣子、夏敬渠嗣孙时，夏祖焘撰《船室说》以记其事：

> 吾叔二铭公，少聪慧，及壮，怀才莫试，且为养亲计，出游当代名公卿幕下，北越幽燕，南逾闽粤，西至川陕，东溯淮徐，屐履几半天下。老而家居作“船室”，题其额曰“舣舟亭”，其亦元人乐水之意乎！今予子升阶（夏翼陛字），继二铭公为嗣孙矣！……《易》云“利有攸往”，《礼》云“四达不悖”，斯庶几矣！质诸斗南六君，以为何如也？（《宗谱》卷十五《内集·文辞》）

夏祖焘《船室说》除了可证明夏敬渠生平“屐履几半天下”外，尚可推知二事：

(甲) 夏敬渠晚年闲居，名其家为“船室”，题其额为“舣舟亭”。

(乙) 夏敬渠以翼陛为嗣孙时，夏祖焞已病逝(若还健在，则还可能生育，亦无须立嗣子)，否则，夏祖焘文章末句谦语，不可能是“质诸斗南六君”。六斗南(字云望)是夏敬渠的女婿。必是夏敬渠子死，故夏祖焘谦虚地敬问其婿。

夏敬渠孙夭子死，确实至哀至悲。所幸以翼陛为嗣孙，延续香火。其事应在乾隆四十七年(1782)，时夏敬渠已高龄七十八，夏翼陛也二十岁了。

又按：夏敬渠一生迭遭丧亲之痛，如：

(甲) 四岁时(康熙四十七年，1708)曾祖母叶氏卒。

(乙) 六岁时(康熙四十九年，1710)祖父夏敦仁卒。

(丙) 事隔半年多(七岁，康熙五十年，1711)，父夏宗泗又以三十二岁的壮龄病逝。

(丁) 二十岁时(雍正二年，1724)祖母叶氏卒。

(戊) 二十一岁时(雍正三年，1725)，年仅十九岁的原配朱氏早逝。

(己) 四十三岁(乾隆十二年，1747)之后，曾祷祝上天，求减已寿以延兄年的胞妹也撒手人寰。

(庚) 四十七岁时(乾隆十六年，1751)，媳妇朱氏死，得年仅二十[42]。

(辛) 长孙及次孙相继夭折。

(壬) 四十九岁时(乾隆十八年，1753)，苦节一生的寡母逝世。

(癸) 五十三岁时(乾隆二十二年，1757)，从叔兼诗文知己夏宗沂骤亡于客邸，得年仅四十五。夏敬渠为其料理丧事。(详第四章)

(子) 六十岁时(乾隆二十九年，1764)五叔父夏宗澜过世[43]。

以上共十二位至亲，过世于《野叟曝言》成书之前[44]。至亲的一一殒亡，对夏敬渠必有深重的影响。面对人命危浅、寿夭难测的现象，夏敬渠无可如何之际，只好创设小说情节，奋力挣脱命运的掌控、打破生死的局限，以弥补其迭遭亲丧又子嗣单薄的缺憾。

于是，在《野叟曝言》书末，夏氏让文素臣享尽人间富贵寿考之极至：位极人臣，功勋盖世；生子二十四，子孙多达五百一十二人（第一百五十三回）；六世同堂，亲朋俱登耄耋。水夫人寿逾百岁，仍步健目明。虽是自古以来人人称羡的郭子仪家族，亦难望其项背。故《野叟曝言》第一百四十三回，天子云：

> 成化六年，朕在青宫，为素父（指文素臣）演《满床笏》，以素父子孙必多于汾阳（郭子仪）……然彼时亦不能料其盛之至于此极也！……至百岁，何难于千丁耶？

然而，凭着一枝彩笔，在小说中轻易描画出来的瑰丽梦想，却隐藏着真实人生中夏敬渠永远且深沉的丧亲之恸。

【注】

①《宗谱》卷四《南街宗世录·第十一世“敬枢”》：“宗泗长子，字慎修，号恒斋，又号鹅江。邑庠生。康熙四十年辛巳(1701)十一月初九日辰时生，乾隆四十年乙未(1775)正月初六寅时终。寿七十五。……子三：祖勋、祖烈、祖泰。”

②《宗谱》卷七《传略行状·夏节母传》亦载：“二铭与兄慎修，自幼即知好施，积尊长所赐钱以衣寒者，母虽当困乏，不移取以给他用，或问其故，曰：‘童子有仁心，不可阏也！’”

③《宋史》卷四百二十七《道学·程颢》：“父珦……知袭州。时宜獠区希范既诛，乡人忽传其神降，言：‘当为我南海立祠。’于是迎其神以往，至袭，珦使诘之，曰：‘比过浔，浔守以为妖，投祠具江中，逆流而上。守惧，乃更致礼。’珦使复投之，顺流去，其妄乃息。……又徙汉州，尝宴客开元神舍，酒方行，人哗言佛光见，观者相腾践，不可禁。珦安坐不动，顷之，遂定。”又：“颢举进士，调鄠、上元主簿……茅山有池，产龙如蜥蜴而五色。祥符中，

尝取二龙入都，半途失其一，中使云飞空而逝。民俗严奉不懈，颗捕而脯之。”

④《宗谱》卷八《小传纪事·第九世“敦礼”》：“壬子潮灾，捞溺殓埋，无不协同子侄，捐助救济。”又：《宗谱》卷八《小传纪事·第十世“宗洛”》：“为善若不及，(雍正)十年，瘗埋潮灾浮尸，且赈给衣食。”

⑤《宗谱》卷七《传略行状·夏节母传》同载此事：“慎修又尝因水灾，募櫘收江中流尸，月余乃竣，亦得病几惫。”

⑥《宗谱》卷八《小传纪事·第十世“宗洛”》：“(雍正)十年，瘗埋潮灾浮尸，且赈给衣食。举‘同善会’，施义榇、茶汤、镫履。……壬子潮灾之役，抚军奉旨访恤赈贫者，具题议叙列事实第一，辞焉。”《宗谱》卷十七《内集·诗词》载夏宗澜《五十自叙寄内》：“……费出公捐力众举，尸其事者敢怠遑？民之禀彝诚必动，会举同善育婴堂。炼石思补天地缺，旁求蜾蠃负螟蛉。始以人谋继帝赉，官田取给事可恒。”《宗谱》卷八《小传纪事·第十世“宗洛”》：“(雍正)十一年，掩埋四城内外曝露尸棺，停棺待举者助之。……癸丑(雍正十一年1733)甲寅(雍正十二年1734)间，闻建育婴堂，总其务，购基营屋，立规置具，经阅三载，尤为尽瘁。所画事宜咸重久远。性耐劳苦，精神心力之运，无处不到；兴事就功，始终完密，无留余憾，而不自居其功。”

⑦ 按：查光绪《江阴县志》卷八《祥异》，江阴县连续二年先旱灾后水灾的是在雍正元年、二年。因《苦雨行》有“去年旱魃肆为虐”、“今年田中不要雨，偏教大雨如翻江”句，故推断诗作于雍正二年的“甲辰洪灾”时。

⑧《浣玉轩集》卷四《夜泊奔牛，忽遇大风雨，舟破沈水，得渔船捞救，口占》：“管宁自讼为科头，我亦开襟袒未收。此外岂无干鬼责，于中别有与时仇。文章每泄千秋秘，气骨难从百炼柔。更念汨罗江上事，便携诗卷伴离忧。”

⑨《野叟曝言》第三回，文素臣扼杀西湖发大水所出的恶蛟之后，路上听人说起恶蛟的来历：“是城里靳公公家祖茔里出了蛟”，而老者道：“出蛟是不奇的，记得他家葬坟，请遍有名风水，说这穴是真龙潜伏，只怕被文曲星破掉。”

⑩《野叟曝言》第九回，水夫人对文素臣道：“你哥哥身子不好，不去亦可。你既回家，该去应考。”又对古心道：“你身子不好，不该劳动。……你身子不好，休要久站在此。”

⑪ 如《怀八叔父滇南》：“……堂上有老母，甘旨殊艰辛。下有妻与妹，茕茕守中庭，脱然万里行，毋乃非人情。妻妹非足重，老母诚难轻。”

⑫ 笔者在《清代四大才学小说》甲编第壹章《由〈浣玉轩集〉看夏敬渠生平、著

作及创作〈野叟曝言〉之素材、动机》中即误以为夏敬枢早死,特此订正。

⑬《宗谱》卷四《南街宗世录·第十世"宗泗"》:"女一,适邢泗港胡櫆灵辉甫,奉祀生宗秩公讳渊三子。"

⑭ 由《浣玉轩集》卷三《悼亡妹文》"珠胎孕腹,正先严易箦之时;玉蕊辞苞,值家母靡笄之日"数句,实难以确知夏氏妹是在其父去世前或后出生。今据《宗谱》卷七《传略行状·汤孺人传略》得知,夏宗泗死后,汤氏"水浆不入口者三日矣",且"绝粒者八日矣"。倘当时夏氏妹尚未出生,汤氏应当顾忌已死胎儿必亡,一尸二命,其"誓不欲生"的行为,或许就不会如此决绝激烈。因此推测夏氏妹应在夏宗泗死前出生。

⑮ 有关夏氏妹之资料,倘无特别注明,皆引自《浣玉轩集》卷三《悼亡妹文》。又《浣玉轩集》卷四《哭妹》诗:"一镫如豆小窗前,读破《春秋》《列女》编。花落花开浑忘却,空教书卷送华年。"亦可证夏氏妹之勤学喜读。

⑯ 夏敬渠"却富女"事详见本章第三节。"拒馈金"、"参幕府"等事,详见第四章。

⑰ 上引《悼亡妹文》内容,充满夏敬渠自责未能亲自视病,回报弱妹恩情的遗憾;又流露身在客途,不能见妹妹最后一面,且不能及时奔丧的悲恸。据此推测,夏敬渠大病痊愈之后,可能外出谋生,只是现所见数据中,皆未载明此事。不过,乾隆十五年(1750)二月之前,已确知夏敬渠担任高斌之幕僚(详下文),因此,猜测本年夏敬渠或许已坐馆高斌幕下。

⑱ 按:夏敬渠妹约死于乾隆十二年(1747)。本文因有"郁郁愁经两岁"及"停棺未葬,何处松楸"句,推知直至乾隆十四年(1749),夏敬渠尚离乡在外,客途谋生;其妹亦未入土安葬。此篇《悼亡妹文》应作于此年。

⑲《野叟曝言》:"文公(文素臣父文继洙)赴广时,路产一女,落盆即死。"(第一回)

⑳《野叟曝言》第一百十八回:"水夫人道:'那年,汝父放了广东学道,我已怀有重身。出京时,在车上颠播了一日。至夜,宿在窦店。三更时,腹中大痛,忙去唤了稳婆,收下生来,绝无声息。说是已死之女胎。汝父见我晕昏,忙着人去请医生,一心只顾着我,便急急赏了稳婆。文姬便把我一条旧䌷裙包裹血孩,托那稳婆带去掩葬。我于五更方才苏醒,即匆匆上车。……我前日进京,复宿窦店,那稳婆他却认得我……因问我:"可是二十五年前,在此生产的一位文老夫人么?"我说:"正是。"他因说起血孩之事:"那年夫人命老妇去掩葬时,却得不死。老妇因抱转来送还夫人,夫人却已去了。后来有全各村的全先生见了,因爱他相貌,收回家去,取名遗珠。"'"

㉑ 此种笔法在《野叟曝言》中迭出不穷。较明显者如明孝宗崩于弘治十八年，夏敬渠在小说中，遂改写为弘治十八年“天子改元厌哭”事（第一百四十一回），让孝宗病重，改年号，去不祥，病体渐愈，藉此隐存史实之真相。

㉒ 据《宗谱》载，雍正三年（乙巳，1725）夏敬渠二十一岁时，其元配已亡。详下文。

㉓《宗谱》卷四《南街宗世录·第十一世“敬渠”》：“配朱氏，邑庠增生禹臣公讳作霖长女。貤赠孺人。康熙四十六年（1707）丁亥正月十六日辰时生，雍正三年（1725）乙巳六月十五日酉时卒，年十九。”

㉔ 按：《宗谱》未载明夏敬渠续弦是何年。因正室朱氏卒于雍正三年（1725），而夏敬渠《合卺夕悼亡》诗云“荒坟宿草已三年”（详下文），可见其续弦黄氏是在雍正五年（1727）。

㉕《宗谱》卷四《南街宗世录·第十一世“敬渠”》：“继配黄氏，青旸镇邑庠廪生于冈公长女。貤封孺人。康熙四十三年（1704）甲申十月二十五日生，乾隆四十一年（1776）丙申二月初十日巳时终，寿七十三。”

㉖《宗谱》卷五《南街宗世录·第十二世“祖焞”》：“敬渠子，字尹儒，号诚斋。敕授登仕郎、直隶保安州吏目，考充内阁方略馆供事。雍正十二年（1734）甲寅三月二十七日卯时生，乾隆四十六年辛丑十一月二十五日寅时卒，年四十八。……著有《诚斋遗集》、《联吟草》。”

㉗《宗谱》卷七《传略行状·夏节母传》作者署名“赐进士及第日讲起居注官翰林院侍读余姚卢文弨撰”；又云：“母汤氏，其孙祖焞来学于余，乃备知其事如此。”

㉘《浣玉轩集》卷二及《纲目举正》书前附《自拟进〈纲目举正〉表》：“恭逢圣主右文，特命儒臣纂修《四库全书》。伏念五经皆有御纂，而全史未赐折衷；《纲目》虽蒙御批，诸说尚仍旧本。……用是焚膏继晷，竭蹷成书，名曰《纲目举正》。”

㉙ 张宏渼《与二铭二兄书》信中云：“尹儒奔丧南返……尹儒（夏祖焞）南旋之便，专此恭候起居。缕褛之情，笔不能罄，统其为斯文自爱以慰远怀。”

㉚《宗谱》卷十六《外集·文辞》载张天一《与二铭二兄书》：“《曝言》一书，乃神工鬼斧之笔，弟虽粗得其梗概，而尚未细撷其精华。寤寐牵怀，不能自已。然卷帙繁重，携带维艰，自揣此生不获再见矣！”

㉛《宗谱》卷十八《外集·诗词》所录朱咸庆《送尹儒大兄入都》绝句五首：“走马金台忆旧游，轻装重上潞和舟。丈夫不洒临歧泪，豪气深情到处投。”“送秋兼得送人愁，黄叶秋风道理悠。塞雁向南君向北，可知不为稻粱

谋。""铜琶铁板唱江东,酒向扬州复一中。休过木兰旧时院,题诗尚未碧纱笼。""莫向青衫动不平,狐裘反衣总恒情。此行倘入司农幕,作赋还应荐马卿。""唱罢尊前五首诗,江干落日去多时。蓟门风雪芦沟月,并入吴云一片思。"

㉜《宗谱》卷十八《外集·诗词》所录李颖《送尹儒》:"壮游豪士志,尊酒漫迟留。送子适千里,嗟予恋一邱。□寒燕市月,枫落大江秋。□立斜阳岸,西风吹去舟。"

㉝ 保安又称涿鹿,清属直隶宣化府。详《读史方舆纪要·直隶·保安州》及《清史稿·地理志》。

㉞《读史方舆纪要·顺天府·涿州》及《清史稿·地理志》载:涿州,明清属顺天府,在今河北省。

㉟ 据《宗谱》卷四《南街宗世录·第十一世"敬渠"》载:夏敬渠继配黄氏卒于"乾隆四十一年(1776)丙申二月初十日"。

㊱ 光绪《江阴县志》卷十四《选举·封赠》:"夏敬渠以子祖焞,贻封登仕佐郎,保安州吏目。"

㊲ 乾隆四十一年,夏敬渠继配黄氏卒,子夏祖焞辞官奔丧。张天一写《与二铭二兄书》,嘱夏祖焞转呈夏敬渠。曰:"尹儒奔丧南返,弟力绵不能多为饮助,深歉余怀。所可幸者,尹儒遭虽属不幸,而其遇尚未甚穷。高公兄弟念旧交,敦古谊,既济其目前之急,又代为日后之谋。不独身受者衔其恩,即局外者亦感其义也。"

㊳ 高朴"坐诛"与夏祖焞入京谒选二事在同年,难定其先后。然而,纵使高朴未诛死,但必已犯案受查,故不可能守承诺,替夏祖焞谋官职。

㊴《宗谱》卷四《南街宗世录·第十一世"敬渠"》:"女一,适虹桥太学生六云望斗南甫。岁贡生,候选训导晓堂公讳映开次子,继配出。"

㊵ 依传统称人先姓、次字、名后之的习惯,"六云望斗南氏"应是姓六名斗南字云望。其生平不详。

㊶《宗谱》卷四《南街宗世录·第十三世"翼陛"》:"祖焞嗣子,字升阶。乾隆二十八年(1763)癸未十月初七日子时生,道光十年(1830)庚寅闰四月巳时终,寿六十八。"

㊷《宗谱》卷五《南街宗世录·第十二世"祖焞"》:"配朱氏…… 乾隆十六年辛未十二月初九日亥时卒,年二十。"

㊸《宗谱》卷四《南街宗世录·第十世"宗澜"》:"敦仁五子。……乾隆二十九年甲申九月二十七日巳时终,寿六十六。"

㊹ 夏敬渠七十一岁(乾隆四十年,1775)时,唯一的胞兄夏敬枢也过世。七十二岁时(乾隆四十一年,1776)继配黄氏卒。七十七岁时(乾隆四十六年,1781)子夏祖焞病逝京师。兄、妻、独子三位至亲的死亡,对夏敬渠必是沉重的打击。

(原载《夏敬渠与野叟曝言考论》,台湾学生书局2005年版)

《野叟曝言》的变态心理

侯　建

《诗》大序里说："诗者，志之所之也。在心为志，发言为诗。情动于中，而形于言。"大序究竟是子夏所写，还是出于后人依托，全不相干。重要的是，这番言志的论调，不仅对后世深具影响，显然也是中国传统文艺思想的主流与其根本理论。因为作者在语言文字上所表现的，是他自己的志向与感受，所以孟子才要说"以志逆意"，才要说"读其书不知其人可乎"。训致读书必须知人论世，再一方面则要自家修身养气。这种认定作品必须是言志的，从而要从作家的生平和其社会背景上了解作品的中国传统方法，恰与19世纪法国圣伯甫的看法相表里。因此，胡适之先生研究中国古典小说，几乎永远是自作家当出发点。我们看他说《红楼梦》、《镜花缘》、《儒林外史》、《儿女英雄传》等书几乎没有例外地都要强调作品与作家的言志关系。论时代来说，胡先生应说是一面继承了中国的传统，一面又自西洋的"新兴"理论取得支持的。

胡先生时代较早，所以他能注意的，大抵只是作者有意识的志，亦即作品内、外所表现出表面愿望或欲求。其实作者的性格与感受，表现在表面上的，已经是经过意识删选以后残余。在胡先生之前，柴德敦(G. K. Chesterton)就说："批评的功能……在于处理作者潜意识部分的思维，因为只有批评者可以表达它，而不是作者的有意识部分，因为这是作者本人所能胜任愉快的。……批评的意义，在于说出是作者大惊失色的东西来。"从以志逆意，使读者与作者灵犀相通，两心莫逆，是传统的中国境界。从这种境界转到使作者大惊失色，甚或怒发冲冠，是新的西洋方法的结果。这种方法，来自弗洛伊德的精神分析学。

简单说来，弗洛伊德认为人的性格（personality）由三部分形成，即本我（id）、自我（ego）与超我（superego）。自意识（perceptive）来看，则人类心灵活动（mental activities）大抵是无意识（unconscious）的，但就三种我来看，则本我完全属于无意识或潜意识（subconscious）的活动，自我偏向于有意识，超我则跨越两方。这三种我的活动所根据的原则也各有不同。本我是各种冲动（impulse）的结合体。只要能满足冲动，从而得到快乐，本我是不惜打破一切世俗道德禁例的，所以他的行为依据是快乐原则（pleasure principle）。但是人与人形成社会，在共处之时，必须要有若干行为界限，不得违犯，否则必要引起惩罚，快乐变成痛苦。因此，超我便要出来加以干涉。它甚至为了防患未然，复根据社会的需求，订立自以为是的道德理想与目标，所以超我的行为准则是道德原则（morality principle）。本我既过分放肆，超我又过分敛抑，两者过犹不及，都失之于偏，因而需要自我参酌现实需要，调停其间，以求人生和谐，他所依据的，便是现实原则（reality principle）。

按昔年周作人的"人的文学"的说法，人是由"动物"进化的，故存有兽性，但既已"进化"，便当尽可能排除兽性。这种排除，当然是违反"自然"的。人类与动物所同或所不同，端在食色和对食色的态度。弗洛伊德认为本我最受抑制的，端在色这一方面，事实上社会礼法，大部分都与"性"有关。婴儿恋母，有其性的意义，但一般社会无不因各种理由来反对乱伦行为。正常的人，自幼年便因教养与环境，把这种自心理上看来属于正常，自社会上看来属于反常的欲念，予以有效抑制与调整，但神经质较重的，便未必能完全得到适应。这种性方面的冲动，特称"生命力"（libido），是一切创造活动的泉源，也可以是精神病的渊薮。一般满足它的方法，可以是做梦，用象征的形式，把白昼潜意识中不能露面的情操表现出来；可以是读武侠或淫猥作品图片，以求代替性的满足（vicarious satislaction），也可以是白日梦，把现实不能达到的欲望，都从幻想里实现。这些都是精神机能病(neurosis)的症候,只要不脱离常轨,都可视为正常,只怕耽溺过深,引出无穷问题。求为正常人的上策是适应或调整(adjustment),从现实中觅致发泄之道。作家不此之求,却从幻想上求出路,编入许久吸毒的人,愈往而不克自拔。

这种把人类一切活动视为性上的追求,把作家视为无可救药的精神病患(neurotic),当然不为人人所满。荣格(Carl Jung)等另辟蹊径,找出原始类型等的理论,来说明创造冲动是一种反映。崔灵(Lionel Trilling)认为作家虽属精神有问题,但能把幻想予以有条理的表现,切合人类对秩序的追求,本身便意味了一种升华作用(sublimation),所以创造不仅不会增加病情,反是自疗之法。抑有进者,作家对于因有意识无意识中的抑压(repression)和挫折(frustration)所引起的心灵创伤(trauma),不一定全作逃避性(escapist)的表现,而往往要一再正面表现它,以求克服。魏尔逊(Edmund Wilson)在《伤与弓》(*The Wound and the Bow*),便是以这一点立言的。狄更司(Charles Dickens)作品中,时常叙述孤儿、监狱,便是要克服他十二岁时的伤痛经验的表现。在这种情形下,作者尽管有疾患,由疾患得到创作的冲动(creative urge,可视为 libido 的一种),其作品却可以或应该是健全的。

这些说法,是心理分析应用于文学批评上的大概。其中是非如何,《野叟曝言》可以提供若干答复。同时,我们也可以从这本书看到,自意识上的以志逆意,到潜意识的深入探索,会发生什么样的后果。

我所根据的《野叟曝言》,是世界书局一九七三年五月三版,一百五十四回,分装上下两册,书前附有若干考证和光绪八年西岷山樵的原序。考证前的"本书特点"里说明本书是"珍藏本","与其他坊本迥不相同,绝不参秽亵的描写在内"。本书两册共一千一百七十页,约合九十万字。我有幸曾见过哈佛燕京学社所藏木板原本,内容虽记不清楚(大约亦未看完),却记得世界书局删去了不少所谓淫秽部分,因之原本大约在百万字以上。《红楼梦》在八十万字以下,《水浒》、《西游》之类更短,计算起来《野叟曝言》可能是最长的古典小说。根据各小说史、文学史的考证,《野叟曝言》自称为“备(奋)武揆文天下无双正士镕经铸史人间第一奇书”,原分二十卷,就以这二十字分系各卷之首。作者据说是江阴夏敬渠,光绪间《江阴县志》卷十七《文苑传》说:“敬渠,字懋修,诸生。英敏积学,通史经,旁及诸子百家礼乐兵刑天文算数之学,靡不淹贯……生平足迹几遍海内……著有《纲目举正》、《经史余论》、《全史约论》……”孟瑶先生(《中国小说史》第四册)引知不足斋主人序,说夏敬渠“以名诸生贡于成均。既不得志,乃应大人先生之聘,辄祭酒帷幕中……所历既富,于是发为文章,益有奇气……屏绝进取,一意著书”。谭正璧《中国小说史》认为“(夏)敬渠老于诸生,生平经济学问,郁郁不得一试,乃尽出所蓄,著为这一部小说……凡古今来之忠孝才学,富贵荣华,都萃于主人翁文白(字素臣)之一身……有的人以为文白即作者自况(析‘夏’字为‘文白’二字),他把自己生平所学的,所欲做的,所梦想的,完全写在《野叟曝言》中了;所以这部小说,乃成了抒写作者才情、寄托作者梦想的工具”。郭箴一直接把本书与《燕山外史》、《镜花缘》并列在“以小说见才学者”一类里。谭正璧说“它的主人翁处处都是空想的行动,都是不自然的做作”,孟瑶以为“作者因为受了当时理学的影响,思想十分陈腐,为文又过分夸诞,许多地方漫长无味,实在不够称为一部文学作品”。

以上引用的话,有两种目的。第一,我希望建立这部小说与心理分析的关系。前引各书,于弗洛伊德的理论之外,找出了认定了作者作品的关系,以及其中的层次。言志与炫学(后者其实是前者的一部分),和其自幻想求满足的意义,应该可以施用于本书。其次,我们有了若干自小说论小说的价值判断,而其中却含有若干问题,使我们凛于价值判断的不易。夏敬渠据说是康乾时代的人,但康乾时代并非理学的时代,而是转向朴学的时代,在思想上是反理学的。理学之恢复相当生机,要待曾国藩出来。此际的思想主流,纪昀的《阅微草堂笔记》具有更大的代表性,纪昀对理学却是冷嘲热骂,刻意攻讦的。夏敬渠在这时独宗理学,十分值得玩味。再者,"一时代有一时代的思想"(胡适的话),硬逼着康、雍、乾时代的人在思想上与现代人相同,不惟不可能,也十分不公平。至于说"为文夸诞",则想象的文学,无一完全符合现实,亦无一不有夸诞成分,所以显然也非绝对尺度。倒是"漫长无味"一语,与小说本身的结构直接有关,值得探讨。

大体说来,我并不喜欢这本书,原因并非在于它的信仰与夸诞,而是因为它颇多自相矛盾之处,在主题的统一上十分不能连贯一致。其次,它的冗长的结果使它过分重复。作者不仅限于时代,也限于才力。文素臣的功勋大得无可再大了,只好乞灵于他的子孙,冀望由这些后辈的表现,衬托出他的成就,其结果是重了又重,说了又说。更重要的,古往今来,还没有一位作家能够成功地描绘出一个完人来,夏敬渠也未能例外,因之,作者竭力要描写出一个可敬可爱的人物,所得却是十分可怜可厌的人物。作者希望创造一个小世界,充满各色人物,结果是互相雷同,缺少深入的性格。作者对各种现象,都要以理来说明(ratiocination),但却常要乞灵于黎山老母式的人物与情况(deus ex machina),这种巧合,较神怪更能破坏其写实的幻觉(illusion of reality)。

这些毛病,并不是说这部小说没有致力于写实,或者全无技巧上创新的意义。首先,中国传统小说,不仅几乎毫无例外地是包罗万象或"百科全书"式的(encyclopedia,语见 N. Frye, *Anatomy of Criticism*),而且略微长一点的,其主要角色(hero 或 heroine),几乎都是集体或许多人。《金瓶梅》至少含了三个人名,而西门庆还不在内;《红楼梦》总要以宝玉、钗、黛并列;《醒世姻缘》是两事并进,《镜花缘》则前后几为两书。其余各书,大部分也是如此。欲求类似《唐吉诃德》的书,一切故事皆随主角转移,大约是没有的(山差是陪衬唐的,并不独立)。求其类似西洋所谓"picaresque"小说的,中国作品中《野叟曝言》纵非独一,至少也是很特出的一种。这一点可以从书内的故事看出来。但要了解此点,首先还得检视本书对写实的追求。

费尔定的《汤姆·琼斯》，自称历史（或传记），始终一贯维持了这一假说。中国小说家一向说其流出于稗官，属于史的一种，所以常自称异史氏之类。但一般只在序言或讲评时提及，在书内却乏表现，只有这本书的外史氏完全用编年体来写，前后一致，对情节里的时间，计算精密，使读者可以据以推核，很少错误（假如我没有算错，则只有文白长子文龙的年龄，在他登科出仕那一段差了一年）。这与我们对宝玉等的年龄，至今聚讼纷纭的情形，大为不同。至于本书中把仅在位十八年的明孝宗，延寿到卅三年，致使其子正德皇帝，几乎没有了做皇帝的余裕，则属作家特权，毋庸论列。

从单一的主角与以时间的精确为实的表现来说，本书故事，始于明宪宗成化元年乙酉（1465），终于明孝宗弘治三十二年已卯（1519，历史上是武宗正德十四年），但故事的渐入高潮，则始于成化三年丁亥（1467），演至成化七年十一月文白中蛊，十年（1474）七月初十日方愈，卧病三年余，几乎完全昏迷不醒，所以同时所发生的事，只以倒笔简略叙述，成化十年至十一年，文白平乱勤王，是大关目，篇幅亦较多，其后便渐转入其子孙家人，叙述亦如流水账，到成化十七年辛丑（1482），文白得了失心疯，直病到廿三年丁未（1487）宪宗"龙驭宾天"时才好，其间数年，又是长话短说。文白愈后，虽也出了不少主意，行动却都属他的子孙。不过，这只意味文白个人的延伸：作者强调他的子孙的成就，还是依赖他的宿学素养（不是门第），所以这些子孙只是他的化身，他也始终是牵丝提线的人。整书里每一情节，都系了年月，甚至日时。这是夏敬渠在写实方面的第一种表现。

其次，这部小说诚然炫学，但其炫的方式与它书不尽相同。《燕山外史》的炫学在于作者完全用骈四俪六的文体来叙事（孟瑶先生说《游仙窟》也是如此。其实两者颇有分别。《游仙窟》用的是六朝文体，以四言为主，虽有骈偶，不似《燕山外史》那样尽量迎合后世的四六，使得每十字为一句，每两句为一偶，可以包括到四个典故）。《镜花缘》的炫学，则是要那一百位才女游园聚会，生吞活剥地要她们各显所长，刺刺不休，事实上，《红楼梦》和等而下之的各种才子佳人小说，也莫不以结社之类来炫学，只有《野叟曝言》，创设各种合理的场合，使文白的学问做自然的，顺理成章的表现。这种顾及了情节的必要或或然性，是夏敬渠的又一成就。

再其次，作者的叙述方式，与巴赫(E. Auerbach)论“奥德塞的伤疤”(Odysseus' Scar，是 *Minlesis* 的第一章)所说，若合符节。明白地说，作者不走悬宕的路子，而要一切从容叙述，每发生一事，必要把来龙去脉明白交代，所以特别喜欢用倒叙法(flashbacks)。这一点是其他中国小说不常用的技巧，却隐合纪事本末的史笔，具见作者以纪传(文白的)为经，以编年为纬，再穿插上纪事本末的体裁，使全书契合吏家的全部本领，也使它与其他中国小说大有不同。

作者在结构方面，和在编年上同样表现了惊人的记忆力。书内的人物，大半都有出生年月(他们很少死亡)，而且前后一致。更进一步，书里用了很多伏笔(foreshadowing)，在若干页以后，才把一件事情的真相揭露出来。但作者的目的，显然并不在悬宕，因为这种前后的呼应，其重要性只在真相大白的时候才显现出来，而在设伏的时候，并未引起读者的特殊期待。所以，它的作用应当是仅在线索的布置，使得其结构有谨严的表现。这类伏笔在习于平铺直叙的中国传统小说里并不多见，而这种用法更少。书内的人物数额，超过一切中国小说，作者却从不失误。这些表现，应该是夏敬渠的又一成就。

胡适先生特称《镜花缘》，因为它主张女权，反对缠足和风水；孟瑶先生指责本书作者思想陈腐，都是从信仰立言的。夏敬渠一心要为程朱理学所代表的儒家张目，希望继韩愈《原道》之后，再为文章，尽灭释道，连基督教也要从欧洲拔除，其宗教上的偏执与欠缺容忍，固然荒谬。他假文白之口所说的君臣道理，又充塞了十足的奴性。他还把一切成败利钝，归诸命数，背弃了儒家的人文主义要谛，浑忘孔夫子的罕言性、命、天道，以致数典忘祖，得椟遗珠，尤见褊隘。但其思想当中，却有若干部分，显示他确具相当深刻的政治观察力。文白在宪宗脱难后条陈兴革十事，其中清赋、限田、备荒、罢贡、均徭、免民运、清官庄等七项，都属于土地改革或安定农民生活(第一百廿回。第一百廿四回中另有一奏，一百卅回中父老之禀，一百卅六回、一百卅八回之叙述，亦与此有关)。在另一次谈话中，孝宗答应为官员加厚俸禄，不仅能养廉，也是稳定社会的良策。中国一向以士农工商为四民。农民从事财富的生产，官员主持财富的分配，而官员大抵出身于士。士与农是社会结构的两种基石，一上一下，而士却属于浮动性最大的中产阶级。这两种人的生活安定，其社会地位也便稳固，社会自然就能得到巩固与安定。这种主张不当视为陈腐。夏敬渠在思想上的表现，诚然与文学没有直接关系。但在读者接触作品的时候，既很少能完全摆脱个人的主观信仰，则只要这种思想有其客观上的正确性，正不妨视为夏敬渠表现的另一条路。

但是，如前面所说，这部书的毛病颇多。得失相衡之后，我感觉《野叟曝言》的内在弱点，不能完全由它外在的成就冲销。所以，我同意前辈学者的看法：它不是一部成功的小说。只是我获得这种结论的方法，是从心理分析上来的。事实上，本书最大的失败，而自心理分析来看却是最饶兴味的地方，在于它的主题与主题表现之间的矛盾，或者说作者的表面或有意识的意图(intention)，于潜在或然意识里的实际表现之间的冲突。我们可以说，全书的一切失败，包括文白性格的刻画，各种重复冗杂的叙述，用常理来文饰超乎常理的现象的努力，都是这种冲突衍生的。

本书的主题是甚么？书名是《野叟曝言》，自然是采取野人献曝的典故，与其刻画"备(奋)武揆文天下无双正士"，要成"镕经铸史人间第一奇书"的正面意图，悬殊霄壤，大有反讽意味，这种矛盾，作者是否觉察到了？"曝"字本身更有趣：它音仆，意为日晒，日字旁是后人加的，原字是暴，而暴有此音。再一义便是显布或显露。最后一义是暴布，意为白布，应当指未染者。我对中国字语源匮乏修养，无法确定这三种意义何者为先，但以常理想来，负暄则是暴露于日下，未染的布则显露本色，其实都像是第二义的延伸。这个意义对本书有特殊的重要性。作者是否在潜意识中已经有了这种认识？这一点后面当再提及。书内的主角是文白，即“无双正士”，作者要经过他而达成“第一奇书”。文白如确为“夏”字的拆字格，则自是作者自况。文白的经历，当然只是夏敬渠在幻想(fantasy)或白日梦里的经历，但仍不失为一种精神的自白录(spiritul confession 或 autobiography)。我们行将看到，夏敬渠的幻想，其实是把他潜意识中不能或不愿见人的因素，都和盘托出了的。文白是甚么样的人物呢？

> 挥毫作赋，则颉颃相如；抵掌谈兵，则伯仲诸葛。力能扛鼎，退然如不胜衣；勇可屠龙，凛然若将陨谷。旁通历数，下视一行；间涉岐黄，肩随仲景。以朋友为性命，奉名教若神明。真是极有血性的真儒，不识炎凉的名士。他平生有一段大本领，是止崇正学，不信异端；有一副大手眼，是解人所不能解，言人所不能言。

文白字素臣，显然是从孔子称素王上来的。父名道昌，字继洙，又与儒家有关。兄真字古心，和母亲水氏(“知者乐水”?)，大约都与文白的“崇正学”有关。他所崇的正学，其实便是程朱的理学，甚至对陆象山大张挞伐，都是书内屡屡提及的。从这些材料看来，本书当然是翊赞圣教，希望理学之道昌，上继洙泗，乃至宾于素王的。这种主题自然是不能再冠冕堂皇的了，但却因为内容过于猥亵，竟致在出版后不久，便被列为禁书。今天我们所能见的通行本子，亦即世界书局的所谓“珍藏本”，已经过大力的删削，这是为了甚么呢？

我提到文白的性格刻画(charactization)成问题，也提到一切正面人物的描述，向来很少成功，但文白性格的失败，还有其特殊处。夏敬渠有意把文白写成文武双全，智勇兼富的人物。实际上，他在炫学以外，所实际表现的，却全然是另一回事。他的武，只限于好勇斗狠，迹近游侠，凭仗的似乎只是血气与刚愎。他做事全凭冲动，很少计及后果。他屡次中计中毒，却从不肯小心，遇见酒就要开怀畅饮，中了毒便委之命数，需要别人来拯救，来善后。因之，他不仅缺少诸葛的谨慎，乃至到了卤莽灭裂的程度。在这种表现上，他完全违背了儒家保身的教训，却显得他的个性，胥操诸本我之手，甚至甘于涉险，具有浓重的自毁倾向（self-destructiveness）或求死欲念（death wish）。不仅此也。他遇到困难而似乎无法克服问题的时候，从不能平心静气，冷静思考，而是必然昏厥过去。成化十七年他因上疏乞废佛道两教接受考验时，竟致变成失心疯达七年之久。这一点显示他没有面对现实的正常本能，他的本能是逃避。假死本来便是生物应付危机的办法之一，发疯更是精神失常的逃避的极端表现，但不应当是心智健康的人的方法，更不必说文白这样智勇双全的人了。

专就以上几点，我们大抵已可判定，作为一个人物，文白其实是个神经质十分浓烈，心智并不太正常的人。但他的精神病症（neurosis），却还不限于这些。文白正式出世，时在成化三年（1467），他廿四岁（生于正统九年甲子，1444；水夫人生于永乐十八年庚子，1420；他的长子文龙生于成化四年戊子，1468。这一家主要人物都属鼠，是否有特殊意义？值得探讨）。这年三月初二，文白出外游学，而以江西为目的。途径杭州，游西湖遇见江西世交未澹然（诸葛淡泊明志，此处故为其反？）及其两女一婢。随后遇上发蛟水灾，他败蛟自救，辗转还救了未家长女鸾吹。接着他便在雨中抱（不是“负”）鸾吹而行，还在荒庙中对火，两人几乎是赤裸相见了（旧时女子是连脚也不肯让丈夫见到的，更不必说外人了）。鸾吹有意效季芊下嫁，文白却不肯做钟建，于是演出了柳下惠坐怀不乱的翻版。此后文白遇到不少美女，都曾同床共枕，提携在抱。这些女孩子都愿委身，他却每一次都要“秉烛达旦”，步关夫子后尘，乃至连他的儿子文龙，也要学这一手。本来，中国传统小说里女子的肌肤一接触到男子，似乎便只有嫁过去或断臂自杀，十分荒唐。再不然便是女子全失抵抗力，所余只有“颤巍巍地受了”（《拍案惊奇》中语），未免把女子看得过分娇弱，但像文白这样佳丽当前，却能于触摸慰抚之后，不必老僧入定，便可全不动心，显然不是正常的表现。但在另一方面,他触摸女子的机会却又多得令人吃惊。成化十年他只手卫宫的时候,太子宫里的女人,自嫔妃到宫娥,都为了辟邪而需要他在裸露的双乳之间写下他的名字！一面他在性上如此退缩,一面却又如此进取,能是正常的性心理吗?

更有趣的是,文白首次离家,业已廿四岁,虽然是中国算法,但究竟已属成年。但他每次返家,必定要求睡在母亲的房里,每次还要"捧脚呜咽"。捧脚是否是夏敬渠时代江南的风俗,我不知道,但是一种特殊的肌肤之亲,当无庸疑。文白甚至在每次纳宠的时候,也必然先要求在水夫人房里睡。在小说里,这种情形似乎只有贾宝玉有过,或曾做过此要求(王夫人把他赶掉了)。但贾宝玉总归是孩子(虽然已偷试了云雨情),这里却是个成年人。幼童恋母,虽有弗洛伊德的说法,尚还可以视为正常或成长过程中必经的阶段现象,但在一个成年人这样做的时候,岂非反常?尤其是在他娶了新妾,面临了性挑战的时候,还要这么做,岂不更耐人寻味?以心理分析的名词来说,文白显然有着伊底帕斯意结(Oedipus Complex)的倾向,至少他的母亲固恋(mother fixation)的征象,是十分明显的。

文白是夏敬渠创造的,是夏敬渠理想里的"亦若是"的大丈夫,因而在精神上与实质上都是作者的化身。文白的心理有变态,自然是作者变态心理的反映,而这种变态心理的征象表现,在全书里俯拾即是。世界书局的珍藏本,诚然把露骨的淫秽描写一扫而光,但删改者并不了解变态心理,所以把较明白的描写虽都删去了,更深入更具意义的部分,却都保留下来。这一部分,都是与变态的性心理有关的,也显然是夏敬渠潜意识在无意之间的坦白浮现。

"食色性也",所以"饮食男女,人之大欲存焉"。夫妇居室,是一切人伦的开始。不论《诗·关雎》的解释,是否那样堂皇,中国人对性的态度,大抵是相当健康的。我们一向认为人都生而愿为之室家,不似西方有各项禁欲思想,虽对女性有若干歧视,却很少认为"男女居室,天下之至秽也"(《聊斋·乐仲》),从而产生罪恶感

(此点可试比较《旧约·申命记》里所申的诰命)。这种健康的观念,使我们在承认食色的重要,视其满足为当然以后,便转而注意其他人生要务,以求充实人生。我想,这便是为甚么孔夫子在读了"彼狡童兮,不与我好兮"、"子兮子兮,如此良人何"之类的露骨情歌,仍然可以坦然地说"诗三百,一言以蔽之,曰思无邪"的缘故。但在夏敬渠的笔下,情形便不如此简单。《野叟曝言》对性方面的行为的叙述很多,古怪的是,几乎很少是正常的。这种偏向不正常的描写,很可能与"曝"字有关,尤其是当我们把"曝"字写成"暴"的原字的时候。一字而两音数义,增加字义的复杂性,也使作家在有意无意之间,增加其表现的多元方向。这样看来,则不正常的性的描写,一面倾向于暴(音豹)力(强奸、取胎),一面倾向于暴(音仆)露(偷窥、表现狂),似乎对作者而言,直截了当的正常的性永远不够刺激,必须在性与"暴"字联在一起的时候,才能有引动性感(erotic feeling)的效果。这种情形显示夏敬渠有着一种性的执滞(sexual obsession),而其特质是变态心理的征象。前面已说过文白自己的性心理的反常处。我们现在可以再看看这种变态心理的征象,包括些甚么。

正当的性,自然是男女好合,一面克尽了传宗接代的功能,一面也满足了自然的冲动。但人类因为社会礼法的限制吓阻,性的冲动往往自幼便遭到很大压抑,长大以后,如果未能达到正常的适应,以致"生命力"受到创伤或挫折,则将发生过或不及的现象,不能在正常的性生活里取得满足,反而非从一般视为反常的方式上求满足不可。这一类的反常方式,种类繁多,它可以是优越感,进取或攻击性(aggressiveness),以及虐害狂(sadism),也可以是这些的另一极端,包括自卑感、退缩和受虐狂(masochism)。这些都可以表现在性上。其中的表象,则有性冷感(frigidity),必须由其他刺激,方能引起快感(orgasm),虽然这类表征在表面上不必一定与性或异性有关系。知好色而慕少艾,是正常现象,在异性面前,故作英武或搔首弄姿,在一般情形下,也是正常现象,但如过分到希望故露胴体,便成表演狂(exhibitionism)。投桃赠帕,视为表记,而移情于其上,如果专注到以标记代本人,则是拜物狂(fetishism)。拜物狂的极端的一种,便是特别受吸引于痰、唾、粪、溺、精液、月水之类的排泄物,专称秽物狂(scatology)。性的结合,本应为男女两人,但在不正常的情形下,它可以成为同性恋,而其在古希腊与中国的表现是男风(pederasty);可以把偷窥别人好合或与性胴体(入浴、洗脚)当做求快感的途径,即偷窥狂(voyeurism),这里包括对淫书春画的过分喜爱;更可以是亲族通奸(incest)、兽奸(bestiality)、尸奸(necrophilia),至于和奸之类(adultery),倒还比较算是正常的。虐害狂的表现,最显著的是强奸、重视处女与以绿帽子予人(cuckoldry),因为三者都是要给予对方痛苦的。受虐狂方面,则是甘为乌龟,尤其是视自己妻妾与人奸宿为乐,或以集体乱奸(group sex, sexual orgy)为乐的表现(两者都与偷窥狂有关)。此外与性有关的风俗和习惯又包括了初夜权(droit of the seigneur)、黄色的双关语(double entendre)及所谓人妖(transvestitism,即男而爱女妆、女而爱男装之类)等等。

这一大堆与性有关的名词,都是与男子相关的,虽然仍非全部。这不仅因为夏敬渠是男性,而且因为中国一向认为性是男子的特权,女人只能为受者(patient),否则便不为人所齿。再者,夏敬渠虽有性的执滞,尚未发作到癫狂的程度,所以虽可说有了近于男花痴(satyriasis)的倾向,大体上还在控制之下。更重要的是,以上所提名词的意义的征象,无一例外,都见于《野叟曝言》,而且没有一个是仅出现三次两次的。除此之外,与性心理有间接关系可言的,则是牵涉到拜物狂的魔咒(voodooism)与吃人肉(cannibalism)。前者见于太监靳直以木人诅咒太子与文白,以及其他有关勾人魂魄的情节,后者则写水夫人忧旱成病时,文白等的割股疗亲。后者特别有趣的是,书内前面曾谴责郭巨埋儿有伤亲心,又曾一再强调身体肤发,不可毁伤,这里则不仅割股(臂肱),而且是八个人轮流割的,而且是如果水夫人不曾发现真相而加以制止的话,文家的人多得很,还要继续割下去的,因此,作者后来也要藉水夫人的口来自我解嘲:“岂以我为虎狼,专食人肉者乎?”但她已经吃了八顿了!

我们要强调这些征象的一再出现,旨在说明它们不是偶然的触发的情形,而是在作者潜意识中确实存在的结构状态(configuration),是他的"生命力"的直觉、冲动性表现。作者或者只是要推陈出新,却适足表现了他的变态心理,这正是魏尔逊的《伤与弓》立论的基点。作家并不知道他泄露了心底隐藏的机密,但却如骨鲠在喉,不吐不快。作家别于常人的,在于他不仅有伤或创造的根源冲动,而且有弓或创造的能力。关于我提到的那些病征,以我粗陈的统计来看,按世界书局的页数,则除文白及其子孙仆从的"拒奸"(!)和文白自己的其他病态表现不计外,秽物狂最多,计为上册页三、五〇、六四、一三三、一四四、二二九、二三〇、二三四、二三八、二四二、三一三、三九六;下册页五三、八五、八七、一一〇、一二八、一四七、一五七、一五八、一六八、一七三、一九八、二〇〇、二七九、二八七、三六四、四四一、四五一、四八〇、四九六、四九八、四九九、五〇二、五一一、五一六、五一九、五三五、五五二等;偷窥狂计有上册页二三、四三、一一一、一四五、一七三、二〇七、二二四、二八三、三四一、三四五、三八〇、三八一、四六六、五〇八、五三一;下册页九、一九、三〇、六三、一二六、一五一、一六〇、二二二、二二八、二二九、二三七、二九一、三三七、三四三、四〇五、四二二、四二六、四二七等;表演式暴露狂计有上册页二五、五〇、五四、一二一、一二三、一二五、一三九、一七一、一九五、二三九、四四八、四六二、四六三、四八一、五〇二、五〇九;下册页一、四六、一二六、一三五、二七四、三〇五、四二九、四七五等;男风则有上册页九五、三八八、四八〇、四九〇;下册页一三九、二〇七、三九四、四二二、四二七、四三三等;兽奸则有人与龙、与熊、与猴、与虎,其后裔五人配成了"两对"(其中虎生的两姊妹嫁了那位猴母生的干珠)。其余除尸奸只有一次外,都多次出现,甚至包括父亲与他人共看身有异象而业已及笄的女儿的赤体。集体奸宿显著的李又全,他不仅把妾供给他人,而且为采补而口吸男子精液。文白与妻妾同房,一再要强调天癸已静。前面所举数页,容或有分类不当之处,但确都具有变态心理的症候，是读者可以复按的。

作者这种性的执滞，显然影响了他的性格，以及从这一性格孕育孳乳出来的作品。弗洛伊德认为作家自作品求满足，尤之于精神患者自白日梦中求满足，其出发点都是对现实的逃避，其结果是陷溺日深，痼疾日重，愈益不能觅致正常的解决途径，与现实也便愈益脱节。崔灵认为作家建立新的秩序，正是正当解决途径，所以作品尽管是病态心理的表现，其表现的成果是健康的，作家也可从而取得健康。专以《野叟曝言》的情形来说，夏敬渠的情形可能更接近弗洛伊德的诊断。换句话说，他的白日梦只使他病态益为严重，以致这部小说的煞尾是两段梦境：水夫人梦到她与尧母以下的圣贤母氏相聚，而包括孔母征在，孟母仉氏在内，都要揖让她上座；文白梦到他和古圣先贤集于一堂，至圣先师推誉他成就高于素王。文白以为圣贤立心开始，以超迈孔子为终结，自大狂(megalomania)不是到了极点了么？

与性心理变态有表里关系的，是前面说到文家很少有人死亡。我们可以看到，死亡的只有两个仆人，即奚囊(恩)和文容(未容儿)，而且都是横死(都死于逼奸！)，巧的是这两人在成化三年文白游湖遇险时都不啻业已死过一次。我们甚至还可以说，文白中蛊及失心两次，水夫人需要吃人肉的一次，和孝宗十八年孝宗自己大病经年，都表示他们也都死过一次或一次以上。表面看来，水夫人寿逾百龄，文白亦逾八十，然则作者显然一面表现了死亡的愿望或冲动，一面却又恐惧死亡，不敢正视这种必然的现象，反认为"性"是致死之因。这种乖异的思路，在作者的幻想里，有两种具体表现。第一是水夫人"持盈保泰"的教训(一百卅八回)，这是儒家的机械的循环论的思想，应为意识上的了解。第二种便更为有趣，而且显然悬浮于意识和无意识之间，这便是乐园或牧歌(edenic or idyllic)世界的创造或重演。一百卅九回里，孝宗对文白说："今御园之中，四灵之外，尚多猛兽，竟无不听人调弄，耦俱无猜，不意素父园中，也是如此。"这不就是《圣经》里狮子与羔羊同卧起的景象吗？孝宗说这是"万物各遂其性"，其然岂其然！一百四十五回描述既灭僧道后数十年,路不拾遗,夜不闭户,固是大同世界,也是静止不动的世界。这类向往之情,在书后的三分之一里屡屡重现,意味着作者的内心深处,埋藏了严重的焦虑(angst),其应付的方法是"幼稚"的(infantilistic)。

由于夏敬渠的精神病态,随着小说的发展而表现得愈趋严重,他的性格便愈益趋向分裂。这种精神分裂(split personality)反映在他的作品里面,便是主题的分裂。直言之,他的超我要表现后天的道德,要向上拉,他的本我却要表现原始的冲动,要向下拖。这两种意识因素的争执,结果是主题与主题的表现背道而驰。这种基本上的矛盾,迫使夏敬渠的自我夹在中间,勉力调停,却又两面都不能讨好。本我的冲动破坏力量,造成文白的卤莽偾事,造成以卫道为口实而以摧毁消灭一切反对为目的的虐害狂表现,以及各种残忍酷虐的迫奸、刑罚与杀人的描述,乃至嘲世主义型的场面,例如奚囊在被倭国女帅迫奸双死以后,两人的遗体成为欢喜佛的法身。超我的理想敛抑力量,则要把文白造成"无双国士"般的超人,要他到处慷慨陈词,言人所未言,发人所未发,做人所未做的功业。但因为本我始终在其间作梗,所以我们实际见到的文白,是"有着泥腿"(foot of clay)的英雄,是超人与性无能蜕变的邪兽。夏敬渠的自我无法解决两者间的冲突,惟一可做的是弥补,是竭力找理由来解释实际上没有理由的事,是一再重复业经发生的情节,以求获致更多的机会,从事徒劳的进一步的解释。这便是《野叟曝言》在结构上的问题症结。

在结束以前,我们不妨再举若干实例来说明这种基本矛盾冲突的表现。成化十七年,文白上书求尽废天下寺院,禁止僧道的存在。皇上给了他一个考验:听西域进贡的狮子的吼声。结果文白失败得很惨:他在一惊之下,成了失心疯,疯后却尽变其拒色习惯,反而重复了李又全家群体纵淫的场面,并且增加了娈童的暗示。文白的银样蜡枪头和疯后耽溺酒色,显然十分有趣——它可以说明在人为的约束因发疯而失效以后,本我的冲动可以任所欲为了。但作者在有意识的情况下,不肯让他的英雄化身堕落,因而在成化廿三年上皇宴驾之时，马上要文白清醒过来，而且说明，在那七年之间，文白其实是缁而不涅、磨而未磷的。这样一来，潜意识与意识大为冲突，这段情节便完全失去了结构上的意义，尤其是作者并不肯直截了当地表示：文白的发疯是佯装的，他的醉酒爱色只是为了韬光养晦，更使这件事扑朔迷离，让人莫名其妙。再如作者处处要辟佛道，破迷信，但文白可以一面指责共工、女娲都是无稽之谈，一面又要杀山魈、毙夜叉、跨龙、乘虎，还要以滴血入骨的方法，证明父子血缘关系。总之，夏敬渠处处要为文白占身份、显能耐，却处处使他表现得幼稚可笑。他处处要讲求理想理性，却遮掩不了他内心的冲突激荡，遮掩不了主题与主题的表现之间的南辕北辙。因此，《野叟曝言》的开始，是以卫道的眼光来解释浪漫思想浓厚的崔颢的《黄鹤楼》诗，其中不返、空余、晴川、芳草岂不都是"抚昔"(ubisunt)？却用两个荒谬的梦，虎头蛇尾地草草收场了。

因此，《野叟曝言》是一部十分特殊、十分有趣的小说，但以成功的小说所要求的技巧结构来说，却不是一部好小说。

（原载台湾《中外文学》1974 年第 2 卷第 10 期）

读书人做了二千年的梦

——从传统文化心理看《野叟曝言》

卢兴基

《野叟曝言》初刊于光绪七年(1882),二十卷,一百五十二回。次年《申报》馆排印出版,二十卷,一百五十四回,称足本,实为增补本[①]。鲁迅先生说它是“炫才之作”(《中国小说史略》),台湾地区的侯健先生说它表现了某种“变态心理”[②],自然都是各有所据的。

小说洋洋一百五十余回,比一部《红楼梦》还要长,其主题究竟是什么?在作出大致的结论以前,不妨先看看它的描写。

小说的艺术手法是颇奇特的。它的中心人物是文素臣,整个描写都围绕着他进行。文素臣是个读书人,受过很好的诗书礼仪的教育,甚至是满腹经纶,行为温文儒雅,但有一种超人的特性。他力大无穷,当着许多朋友的面作表演,二十几个有力气的人合起来扳不过他的一只手臂。他还有一种内功,一瞪眼,可使泥菩萨粉身碎骨;大喝一声,冰水俱退。他口口声声要诛灭佛道,而自己却书符禳灾,“正坐坎宫”与妖道斗法。这部小说出现过不少异形的怪物,为善的有精猿、人熊,作恶的有水怪、恶龙、毒蟒等等。那些恶怪都极其可怖,譬如那水怪是“首大如牛,混身碧毵毵的,毛长有尺许”,那恶龙“两颗龙睛巨如栲栳,睒睄有光,口若箕张,腥涎喷溢,鬐粗如绠,连着腮际硬鳞,刀斧不能入,两个钩牙外露,磨击作响,大有吞啖之状”(第三回);平苗峒时,那赤身洞主与喽啰原是一群毒蟒。文素臣与之恶战,并一一把他们战败了。此外,他还除山怪、诛夜叉,但作品并未说此人乃神仙或至少得到过什么神授异术,他不过是个普通的人,而且是理学的信徒。他凭着自己的学识,加上异能,为朝廷建立了丰功伟绩。天下的男男女女,对他都佩服得五体投地。他不假科举,而位极人臣,皇帝和太子对他肃然起敬,赏赐封官,累累不止。小说结束时,他和母亲水夫人各做了一个梦,梦见自己的牌位分别被贡进了神殿里。水夫人与尧、舜、周、孔等的母亲的牌位并列,文素臣则位居列朝圣人之后,成为活圣母,活圣人!洋洋大观,堪称奇文!但请注意,它并不是《西游记》或《封神演义》之类神怪小说,也不是什么江湖剑侠传(这类作品那时还未产生)。那么,它算什么文学呢?是梦。《野叟曝言》的作者虽没说,但其中的主人公却实实在在是在昏天黑地地做着梦——读书人的一个白日梦、一个美妙的黄粱梦。这个梦,封建社会的读书人做了二千年而还没有终结,而且越做越大,越做越华彩,绵延至科举时代的结束。它表现了传统文化思想铸就下的读书人的心态,是科举时代的一种变形文学。

它不是一部成功的著作,冗长无聊的自我表现,荒诞离奇的情节,乏味可笑,但在中国小说史上,它是一部独特的作品。它大量运用了非逻辑的荒诞手法,既非现实主义,也不能用诸如浪漫主义的批评公式去框套。它的主人公有着极端的荣华富贵欲,却处处掩饰在清高淡泊之中;他炫才饰德,行为上却自相矛盾,心理变态。从这方面来说,自有它独特的价值。要了解科举时代读书人的心态,他们的深层潜意识,不能不读这部小说。

在我国悠久的古典诗歌传统中,有大量的写梦的作品:"我欲因之梦吴越,一夜飞渡镜湖月。"(《梦游天姥吟留别》)这是李白对现实政治有了较深刻的认识以后,出走长安,希望在梦境的自然中陶洗自己的心灵。"故人入我梦,明我长相忆。恐非平生魂,路远不可测。"(杜甫《梦李白》)"红楼隔雨相望冷,珠箔飘灯独自归。远路应悲春畹晚,残宵犹得梦依稀。"(李商隐《春雨》)这是对于友谊和爱情的追慕。"僵卧孤村不自哀,尚思为国戍轮台。夜阑卧听风吹雨,铁马冰河入梦来。"(陆游《十一月四日风雨大作》)这是对于恢复故国河山的呼唤。千百年来,多愁善感的诗人,不知做了多少梦,借梦来表达诗人的萦怀的情思。

小说呢？人们立刻会想到不朽的巨著《红楼梦》。尽管曹雪芹在这里写的是一个处在没落的封建衰世中的大家庭的兴衰，是一个现实故事，但它的外面，却蒙着一层浓厚悲凉的梦幻色彩。“二十年来辨是非，榴花开处照宫闱。三春争及初春景，虎兕相逢大梦归。”这首对于元春的题咏，不也可以概括笼罩在这部作品外面的梦幻主题么！

《枕中记》、《南柯太守传》代表了另一类型的梦，属于这一类型的在唐传奇中还有不甚著名的《樱桃青衣》（作者任繁之）和《秦梦记》（作者沈亚之）。它们虽然是产生在唐代的短篇小说，却有着同一母题和原型，在中国文化深层结构中延伸、发展，至明代，出现了大戏剧家汤显祖的《临川四梦》中的两部：《邯郸记》、《南柯记》，清初又有蒲松龄的《续黄粱》。

这一系列作品，写了封建社会里一代又一代的读书人永不疲倦地追寻着的功名富贵梦。弗洛伊德说“梦是愿望的达成”，“具有精神活动的内在价值，由愿望来充当梦（所）形成的动机”[③]。

在二千年封建政治和文化结构中，不管统治者的态度如何，读书人总是占据着突出的位置。这是由于任何王朝的建立，都会发生文治与武功二者地位的转换。天下可以马上得之，不可以马上治之。统治者需要读书人；同时以儒家思想为核心的中国传统文化，又鼓励读书人以兼济天下为己任。孔子提倡“学而优则仕”，把读书、做官联贯为读书人的一条人生通路。这一特殊的文化心理，主导着读书人的自我意识。他们自来发蒙读书，就怀着“天将降大任于斯人”的使命感。齐家、治国、平天下成为读书人的抱负。同时它又是和封建纲常伦理联系在一起。范仲淹的“居庙堂之上则忧其民，处江湖之远则忧其君”，可代表中国读书人在二千年文化传统熏陶下特具的抱负。于是做官、官职的显微，同时也成为社会对于读书人成就的价值标尺。统治者也乐意为读书人安排这个进身之阶。但读书人往往并未意识到这种安排，实际又意味着一种自我的丧失，从而成为统治阶级所主宰的政治附着物。唐初推行开科取士，太宗不无得意地说：“天下英雄皆入吾彀矣！”[④] 这是一种深具用心的自白。

古代读书人的梦，表现他们自我的丧失，是因为他们对于统治政权的依附性。他们没有别的出路。炫才饰德，意味着力图博得统治者的青睐。在心理上，他们有一种“外王内圣”的内省精神，还有颜渊式的安贫乐道：“一箪食，一瓢饮，在陋巷，人不堪其忧，回也不改其乐。”他们有自己的精神支柱，从不知道反抗，寻求另一种出路。在功名富贵的物质诱力下，兼善天下与富贵荣华，为公与为私，早已杂交为一种混血儿。千百年来在读书做官的内因不断变化的情势下，读书人竞逐在一条狭窄而充满凄凉的人生道路上，乐此而不疲，在荣宗耀祖、封妻荫子的物质诱惑下，一个又一个的五光十色的梦就纷至沓来。

历史上也似乎有过一些著名的坚守节操而不汲汲于做官的读书人，但仔细分析，这些其实并非他们的初志。被称为天下“隐逸诗人之宗”的陶渊明，起初也是个怀有“猛志逸四海”而“大济苍生”的人。尽管他表示“不为五斗米折腰”，但还是去做了八十余日的小小彭泽令，并且还在名声并不十分好听的桓玄和刘裕幕下做了一阵子事。李白虽然也赋过“人生在世不称意，明朝散发弄扁舟”，但当玄宗有意召他入长安时，他马上踌躇满志地唱出：“仰天大笑出门去，我辈岂是蓬蒿人。”从此告别他青年时期的漫游生活，入长安，侍帝辇，还不免庸俗地以“幸陪鸾辇出鸿都，身骑飞龙天马驹。王公大人借颜色，金章紫绶来相趋”为荣耀。陶渊明、李白如此，一般人何能例外。

形成读书人学而优则仕的文化心理，是和他们处身的政治、经济地位的变化有深切关系的。千百年来流行在我国的苏秦和朱买臣的故事颇能说明这一点。

看看古代小说中描写读书人的命运，就能充分理解这些梦的动因。

《儒林外史》里，周进和范进是塑造得最成功的两个典型。这两个在八股科举制度下教育出来的人，惟知时文八股是学问，身无长技，在举业上苦斗了大半生，却偏偏屡踬场屋，因此受尽了人世的凄凉,生活困顿,遭人奚落,精神也逐渐变态。然而他们终究还算幸运,一个在花甲之年,一个年过知命,终于凭着偶然的机会获得了转机。前者靠了几名商人的怜悯,后者巧遇物类相怜的房考而中举,从此一路顺风,生活也来了个一百八十度的转变。作品展示的,就是这样一个以科举为中心轴而旋转的读书人的世界。这个世界决定了他们的心理和行为方式。

清人徐锡麟、钱泳所辑笔记《熙朝新语》里也曾记录下了许多清代的官僚所做过的这种梦。试看二例:

> 上元胡状元任舆,康熙辛酉解元。尝梦登高山,手摘香橼二颗,神赠以诗,有"手弄双丸天下小"之句。甲戌大魁,会试题乃"孔子登东山而小鲁,登泰山而小天下"也。(卷四)
>
> 乾隆甲寅,四川解元黄多益,场前梦人示以题为"益者三友"。因改名应之。榜发,果得榜首。(卷十四)

他们梦见神人示以试题,因而中榜。这正是读书人的某种侥幸心理的体现。梦既如此灵验,于是就有许多考试前的祈梦活动:

> 无锡邹忠倚字子度,幼学钱塘,祈梦于忠肃祠,见忠肃倚其身,授以瓜子一握,数之得五十粒,因名忠倚。后闲居,其夫人戏以瓜子排作状员二字。壬辰会试中式五十四名。殿试果一甲一名,与梦俱合。(卷一)
>
> 靳文襄公过邯郸吕祖祠,见壁有题诗云:"荣华富贵五十秋,纵然一梦也风流。而今落拓邯郸道,要与先生借枕头。"墨迹未干,踪迹其人,乃秀水陈天裔也。(卷四)

祈梦,本来就是一种投机心理。邹忠倚梦,并未得到明示的结果,依赖其夫人参与了梦的完成,才得以应验。可知科举也是系乎家庭命运的大事。后一则中那个要借吕祖(也就是《枕中记》中那个吕翁,他已被尊为神)的枕头,做一个短暂的荣华富贵梦,聊以填补心理的空缺，也可见出一位失志士人的可悲心志。《野叟曝言》也是我国历史上这种文化心态的形象体现。不过，它佐以荒诞和极度的夸张，是登峰造极之作。

这部书的作者江阴人夏敬渠（1705—1787）是清康熙、乾隆年间人，研究者颇为一致的看法是这部书与作者自身的经历颇有关系。蒋瑞藻《花朝生笔记》认为："（主角）文素臣盖其自况。"（见《小说考证》）嗣后鲁迅先生也说："文白云即作者自寓，析'夏'字作之。"（《中国小说史略》）谭正璧《中国文学进化史》同意此说。赵景深于 30 年代撰《〈野叟曝言〉作者夏二铭年谱》更明确地提出："章回小说《野叟曝言》就是作者化了装的自传。"他以年谱的形式，对夏氏生平作了勾稽考定，以证此说。

"自况"或"自传"之说，固然言之凿凿，但也未必全对，因为里面的夸张与荒诞描写，决不是一个人的人生经历。作者吹嘘这位文素臣天文地理、医算兵农，无所不知，无所不晓，这已很难令人置信，又写文功武烈，萃集一身，也不符夏氏生平。更荒唐的是他虽力反佛道，自己却到处书符驱邪，降妖伏怪，充满矛盾，也决不是夏敬渠所能。因此，谭正璧又补说："他把自己生平所学的，所欲做的，所梦想的，完全写在《野叟曝言》中了"，"是一部抒写作者才能，寄托作者梦想的工具"。其实他的才能，也带有梦呓的性质。从心理学的角度看，它体现了科举制度下读书人的心理变态。作者无非借这部巨著以完成自己的功名情结。

《野叟曝言》一百五十四回，内容可包括三大部分：建功名，辟邪说，美情色，三部分交错综合。作品说主人公是一位铮铮铁汉，落落奇才，吟遍江山，胸罗星斗。说他不求宦达，却见理如漆雕；说他不会风流，却多情如宋玉。"挥毫作赋，则颉颃相如；抵掌谈兵，则伯仲诸葛。力能扛鼎，退然如不胜衣；勇可屠龙，凛然若将陨谷。旁通历数，下视一行；间涉岐黄，肩随仲景。以朋友为性命，奉名教若神明。真是极有血性的真儒，不识炎凉的名士。他平生有一段大本领，是止崇正学，不信异端；有一副大手眼，是解人所不能解，言人所不能言"（第一回）。这一大套完全是梦呓式的吹擂。夏敬渠可能真正懂得一点新学。这些新学，有的是在明末通过西洋传教士和商人带入中土的。譬如他教璇姑三角算法(第七回)；用勾股弦定律(这个定律其实最早我国西周初的商高即已确定)测算“生丝绞索”的长度(第一百十一回)。他指出“天河白气，俱是小星”，并非河汉。这类具有科学的认识，是难能可贵的。但少量的真实，并不表示他头脑的清醒。书里更多的地方是理学的迂腐说教和道家术士式的无稽之谈，如银化为水，水化为银，酒化为鲜血之类，还说这是“佳兆”(第七十八回)。此外还有毒蟒化人，精猿产女，人兽交配等情节，放在一部非神话故事的小说中，岂不荒唐。此外，涉及历史、天文、医学，也多有谬误可笑的地方。《野叟曝言》写文素臣这个人物，也是行为变态，性格分裂。作品对他的吹嘘，不过是一种失意读书人的心理病态。

夏敬渠的家族，虽非赫赫世家，倒也是累世科第。据《江阴县续志》卷十“氏族”载：“夏氏，明宣德间由浙江会稽迁江阴。夏树芳，万历乙酉举人。夏维新，崇祯癸酉举人。夏霖，顺治乙丑(笔者按应为己丑)进士，官四川保宁府知府。夏宗澜，诸生，以经学荐授国子监丞。”赵景深认为据此“可见夏二铭所受的遗传和影响”。但他自己却“一生不得志于科场，别说举人，连秀才也不曾中过”。和《儒林外史》里发迹以前的周进、范进同样是个老童生。所以他的诗集自序有“万言不易，难登龙虎之科，待麟阁以何期”的自嗟。他曾仿效同乡曹禾举博学鸿词科，但也失败了。《悼亡妹文》又有“文讵昌黎，并落鸿词之第”⑤ 的悲叹。夏氏是个科举迷，在功名上始终心志未泯，又不服气，心羡荣华，却处处加以掩饰。这部小说洋洋洒洒的文字，纯是他潜意识的流露。上举侯健文章在分析《野叟曝言》的变态心理时，也指出“文白的经历，当然只是夏敬渠在幻想或白日梦里的经历”，作者“把他潜意识中不能或不愿见人的因素，都和盘托出了的”。这是一针见血之论。

文素臣把读书人的前程划分为“欲中状元”和“欲为圣贤”两条路。他又对人表白：“愚兄于功名一道，早已视若浮云；必不肯以不可必的虚名，而废有所为之实事。”(第二十三回)对于一个颇为自负而又功名不顺遂的人来说,未尝不是一种精神的安慰和自我解嘲。但按之实际,“状元”与“圣贤”,孰为虚名,孰为实事,强作分解,也是很勉强的。后来文素臣被皇帝尊为“素父”,虚名的成分比状元还大得多,而且他的名利心也重得很,连见了“强盗”,也不忘劝他们“反邪皈正,替朝廷出力,博个封妻荫子,显亲扬名”(第二十三回)。何况对于自己呢!对于文素臣的二重性格,作品里有人坦率地揭示过。见第四十八回,文素臣途经邯郸,吕翁导引卢生做梦的庙,曾题诗一首,后半云:“富贵诚朝暮,神仙更渺茫。吕翁方梦鹿,何必问黄粱?”似乎很超脱,但旁边的道者胡太玄对他的心态洞悉深微。他一眼看透了文素臣沉迷于人世富贵,因而一针见血地指出:“昔日之卢生,即今日之先生也……先生之迷,正在梦中耳。然至梦醒,悔将无及,岂必得吕翁仙枕,俟黄粱饭熟,乃得醒耶?”

夏敬渠的确曾经行游过全国许多地方,但却并未到过云贵川广。广西、贵州的平苗,是移植了他人的事迹。钱静方的《小说丛考》已经指出过了。而且那些荒诞怪异的事,原主有知,必定也会瞠目结舌,叹为奇观。譬如广西赤身峒主原是毒蟒,一胞男女自行交配,生下五“男”五“女”,又配成夫妻(第九十回)。峒元道长“能移天换日,倒海翻江,呼风唤雨,撒豆成兵”(第九十六回)。玉儿是石女,原来是其母梦中与“马面神人”交配而生,其母又变作一只雌虎(第九十七回)。完全是梦的幻觉与变形。如果是现实,岂非反而给道教迷信张目。但我们知道,要紧的是夏敬渠让文素臣深入这一荒怪世界做了一任自封的元帅梦,借以表现他的文韬武略。

在《野叟曝言》里,明朝的江山简直就由他一人在擎着,甚至人伦风化,也赖他扶正灭邪。其实他所宣扬的,全是从二程、朱熹的言论中贩来的,他不过是一位假道学。可是他平叛逆,除藩王,御倭寇,剿苗乱,安宫廷,再加上灭佛道,文治武功,赫赫业绩,又是他的理学前辈并未能企及的,怪不得他得到万民景仰,文武百官乃至天子口口声声加以恭维——尽管他扭扭捏捏,要顾及到一点名分。但他得到的报偿,不仅卢生、淳于棼的梦未能企及,连皇帝命优童·

为他演唱的《满床笏》里的郭汾阳也只能望其项背。皇帝请他南面坐，并宣布“请目今以后，国之大事，一切委之先生”，“即传旨拜素臣东阁大学士，兼吏兵二部尚书”。皇帝还说，他的功勋“旷古无匹，虽裂土分封，无以报称”。说完，随即降旨“赐号素父”，“食禄吴江邑”，加封三代始祖为镇国公，妣为镇国太夫人……两个儿子又受封爵，另敕建崇功大德坊二座，官员下马牌二扇。孔子号称“素王”，文素臣赐封“素父”，孔庙立有官员下马碑，他有下马牌，这岂是状元所能向往得到的。文家府邸，虽然盖得“如亲王之制”：设四城门，建立三宫三殿，郭汾阳王府恐亦望尘莫及，可是皇帝还觉得过意不去。文氏的子孙，不仅功名奕世，并且男招驸马、女选王妃，世代与皇族婚媾。子孙出入禁苑如自己家门，文素臣本人亦姬妾满堂，生二十四男，男孙百余。其如水夫人百岁大寿，素臣八十高龄，犹自身躯健朗。文氏六代同堂，只见累累而生，不见一人亡故。这样的繁衍力，在生物界罕见。作品后面的三分之一简直是一部人种繁衍史，读之确需耐心。

《野叟曝言》的取名，钱静方认为是“取《列子》野人献曝之意”（《小说丛考》）。是书“凡例”则比喻为“野老无事，曝日清谈”。笔者以为，“曝言”，暴（pù）露之言也，是小说家的内心剖白。这样讲，似乎更合乎作品的实际。

文素臣的心理是变态的，精神和行为是分裂的。他灭佛灭道，达到了目的，但在他身上表现出更为强烈的宗教狂。他要人们相信他的崇正驱邪，但他的“正”，不过是对理学的迷信崇拜。白玉麟家五通神作祟（作品承认有此事，事实上等于承认了神怪迷信），文素臣的办法是让全宅全村的所有女子在他面前袒露“酥胸”，他用朱笔在她们肉感的双乳间大书“邪神远避”四个字，据说果然灵验。这是以书符驱邪为职业的道士所想不到的，而书中却说这些都是女方自愿的（第七十九回）。据作品所写，文素臣还能与鬼交谈（第七十七回）。他病后要远行，众人劝阻，他自诩以前有一次远行曾见“酒忽变血，也没改期”（第九十五回）。他有一种自信。昭庆寺一场大火，只烧死了和尚，毁了僧舍，其余房舍，“如有铜墙铁壁挡着的一般”。他说:“可见事有前定,数非偶然。”(第四十四回)他揭露和尚道士的神签,可是当他扮作吴铁口为人算命时,竟毫发不爽(第一百四回)。可知夏敬渠的反佛灭道,毫未达到宣传科学的目的。甚至他的医术也是荒唐不经,譬如第八十九回,成化帝病,文素臣诊断为“近女大骤,阴盛阳衰”,这可能还有点道理,可是治疗的方法是用一名“七八岁的壮旺童男拥卧”,据说这是“扶阳袪阴”的办法。苗妇难产,他用“醋炭”和以“童便”、“纸灰”之类来医治,居然有奇效。完全是道士式的花招。相反地,在夏敬渠笔下的佛道,倒一个个都是有真本事的,因此,文素臣有时也不得不“正坐坎宫”与他们斗法。

《野叟曝言》并非神怪小说,但也并非现实主义创作。作者最终写出了一个白日梦中的变形世界,文素臣也就成了神游梦境的人神合一,非神非人的混合体。你看,他在水中斗怪,陆上扼龙,疾走如飞,快马莫及。一瞪眼,可令菩萨粉身碎骨。妖道吐三昧真火,他一口痰涎就把它浇灭;火珠滚来,他一泡小解,顿时无影无踪。这是一个口倡孔孟儒学,却又法力无边的怪物,但从心理分析看,它却是梦的幻象。他的主观在无限止的膨胀中自我陶醉,在周围的喝彩声中,他获得了满足。这对一个在现实中的失败者来说,确乎获得了精神的补偿,同时,我们也从中看到了一个封建时代读书人的精神卑弱。

《野叟曝言》还写了大量的男女情爱,除了神怪和邪恶的淫乱外,都是以文素臣为中心而展开,表现这个人物的性心理变态。文氏虽然最后只确认了六房妻妾,但几乎所有年轻貌美的女性都对他示以倾慕之情,甚至强欲委身。弗洛伊德认为人类的本能愿望,属于“本我”,在文明社会里,它受到“自我”的道德约束和“超我”的社会约束。在文素臣身上,他的“本我”是无限的,所幸不止一位姑娘虽与他有肌肤之亲,或同床共眠数月,这位先生坦然行之,却能为柳下惠之不及于乱,而且还能讲出一大堆合乎名教的道理,说得别人啧啧称赞。所以文素臣的一切都是在名教的原则下进行的,似乎并不违背“自我”的道德约束和“超我”的社会规范。封建社会里，女性的肌肤是不能坦露的，可是他救了溺水的未鸾吹，抱持而行，荒庙对火，几乎是赤身裸体，但后来只是以兄妹视之。素娥与璇姑，都是二八佳丽，都曾先后与文氏长期同床共眠。文素臣还借机在床上教璇姑三角算法，在姑娘肚皮上画图形，但因为有君子的正心诚意，未及婚期，竟能未及于乱。作品还用了好几回篇幅写一石女与文氏"贴身着肉"而卧，数月以后，竟然终于有了天癸，但这只是文氏在完成某种义务。她和未鸾吹一样，在文氏的极力撮合下，与另一男子成了婚。有的女子，此生不能做文素臣的姬妾，也表示要侍寝一夕，以得宽慰。原来文素臣有工于内媚的地方，以致上了岁数的白玉麟也说："俺若变得转女身，也情愿跟文爷做妾去。"小厮锦囊也说："相公若容收妾(其实已有几房)，少也有几十位姨娘了。"锦囊的话不假，不止侠女飞娘等欲嫁素臣，作为一位官宦的白玉麟也一定要把女儿红瑶嫁与素臣为妾。素臣不忍，玉麟就灌醉后拜堂。还有两名蛮女也必得素臣破身再嫁，据说这是"海西国法"。文氏多次为赤身女子治病，第十九回，他初到任府，竟当众扯二小姐的裙裤，原来据说是二小姐患了一身"闷痘"，只有文素臣看出来了，必得让她惊吓方能出痘。他还替景王之妃接生，在古代都是绝无仅有的事。侯健先生认为他身上还有幼童恋母的性心理。虽已是廿余岁的成年，但素臣每次游学归家，仍要睡在母亲房中，还要"捧脚呜咽"。新婚之夜，仍坚持如此，属于依底帕斯情意结。

总之，《野叟曝言》之在中国，是一部极其独特的小说，用弗洛伊德的精神分析学看，它表现了主人公的变态性心理，但从二千年中国的文化思想传统看，这种精神的变态，却是中国读书人在科举制度压抑下的病态，是他们在现实中未能实现，而在幻想中得以实现的一场大梦。这就是《野叟曝言》这部小说所告诉我们的全部真理。

【注】

① 见孙楷第《中国通俗小说书目》,作家出版社 1957 年版。

②《〈野叟曝言〉的变态心理》,《中国古典文学论丛》第三册,台湾中外文学月刊社。

③ 弗洛伊德著,赖其万、符传孝译《梦的解析》第三、五章,台湾志文出版社 1972 年版。

④ 王定保《唐摭言》,中华书局 1959 年版。

⑤ 转引自赵景深《〈野叟曝言〉作者夏二铭年谱》,《中国小说丛考》,齐鲁书社 1980 年版。

(原载《明清小说研究》1989 年第 4 期)

文明时代新的英雄神话

——《野叟曝言》神话意象及思维研究

黄燕梅

《野叟曝言》为清代长篇小说之巨制，然而，长期以来，对它的关注和研究实在微乎其微，研究者多以此书荒唐迂腐、有悖人情物理为由，将其逐出研究视野。从表面看来，这种批评的确不错，但若深入下去，结论当不止于此。

《野叟曝言》是一个梦幻型作品，作者的潜意识具有比任何一部现实型作品都更集中、更直露的表现。作者完全自觉地把小说主人公文白当作自我的投影①，而书中很多人物，又是文白化身②，这使整部作品几乎完全成了作者重重叠叠梦想的集合。所以，本书在文化心态研究领域具有特殊的价值。

特别值得一书的是，这部小说极富神话色彩。这既表现为标准的"英雄神话"结构模式，也表现为某些典型神话意象的反复出现及笼罩全书的巫术思维，是文学史上一种十分罕见的现象：原生态神话在文明时代的复活。通过与神话学上英雄神话模式的对照，可以发现本书确实完整而典型地再现了这一结构③，这一点将撰文另述。本文仅就作品中最具"神话"品格的两个意象——太阳与水，以及结构作品的某些思维逻辑进行分析研究，以探索深隐于"荒唐迂腐"之下的底蕴。

一

《野叟曝言》中围绕文白这个人物，有一组非常集中的关于太阳的意象，明显到不能以偶然视之。首先，作者把文白（字素臣）描写为太阳化身。文白出生时，其父文公有异梦："梦至圣亲手捧一轮赤日，赐之文公……赤日发出万道烈火，将一僧一道登时烧成灰烬。"（第一回）全书结尾，文白梦乘龙至一处，与古今圣贤列座，"忽见东方推起一轮旭日，直滚入素臣怀内"（第一百五十四回）。其次，书中大量与文白有关的物件，也有明显的太阳象征寓意。如文白之母水夫人贴胸佩有一印，上刻"如日之升"四字[④]。又如文白妾璇姑绣"春风晓日图"相赠，后文白未得仕进，此帕即失，而当其受知于东宫，将展雄图时，便有东宫侧妃所绣"春风晓日图"出现，由太子赠予文白，云："寡人……愿先生佩之，如旭日一升，诸邪皆灭，阳和普被，万汇昌明也。"（第八十八回）自初民起，太阳就被尊奉为至高无上的神异力量。而当平等的社会遭到破坏，太阳又理所当然地成为最高权力的象征。帝王的名字常与太阳有关：古埃及的法老被称为太阳神"拉"（Ra）的"亲生子"，又被认为"是拉神在尘世的显现"[⑤]。古巴比伦国王被称为"日神的儿子"[⑥]。中国上古帝王中太昊、少昊、金天等名均与太阳有关，殷人帝王及其母、妃皆以日名，而王族之外的人，"自王室之大臣……百官等名姓考之，则以日为名者，竟无一人"[⑦]。中国文字中的皇帝（黄帝）之"皇（黄）"字，本来也是太阳出来放光明的意思，"其本意正是太阳神"[⑧]。帝王尊号称明帝、明皇、昭帝、显宗者甚多，京都称"日下"，帝王被弟、妹称"日兄"……从某种意义上说，只有天之骄子、人间至尊——皇帝，方有权力用太阳来自喻。

文白这个形象的表层结构，也即作者有意识为他塑造的性格，是一个谨慎的忠臣，对理学奉之唯谨，对高下尊卑十分拘执，皇帝的一点恩惠便使他伏地不起，悚然通体汗下。然而作者却为自己这个化身选择了太阳这一带有僭越意味的象征，这其中的矛盾是显而易见的。这是否出于偶然或改变了象征的原意呢？从下面两例看出并非如此。第一百三十五回，文白大展抱负的当年元旦，"日出五色，景星庆云复见东方"。文白举家登上园中观星台，叹赏天象。下面人声喝彩如潮，文白一家老小便与日星一起成为全城百姓景仰膜拜的对象。第一百十二回,文白赴海岛营救被困的老皇,不慎落海。众人痛哭不已。飞娘便劝道:“文爷一生风波不少,经一番危险,便做出一番事业。就如那太阳蚀过一回,便发一回光彩。”后文白果然神出鬼没地完成了救驾。成功之后,众人在曾囚老皇的岛上观日出。作者用将近两千字细摹日出奇景,写得极尽绚烂伟丽。又借春燕口道:“今日这日,亦比皇上赏看不同……想是特地放出毫光来,与爷看的。”第一百二十八回再写观日奇景,春燕等又道:“上皇看时……不及太师看的一回……亲翁为古今第一人,生时节有赤日之祥,故能得观止之乐。”可见,以至尊的太阳象征文白,并非是作者无意之中的偶然之笔(尤其以皇帝作陪衬时)。作为理学崇奉者,作者明确的主观意图是以君臣父子的严格等级和伦理来塑造人物的。特别是文白这作为道德化身的主人公,言动皆谈理遵礼,这与上述带僭越意味的太阳象征分明扞格牴牾。如何解释这两种倾向的矛盾呢?我们发现,书中每当这类意象出现,总伴随着主人公格外虔敬的行为和对藐视君父者的痛斥[9],显然在使用太阳象征时,作者内心是有所不安的,即作者思想意识中并不赞成僭越,而且对太阳意象的僭越意味有所觉察。但他只是笨拙地掩饰这种倾向,并不放弃继续苦心经营这一意象。这似乎暗示给我们:作者是在某种下意识的内心力量驱使下进行艺术构思的。

这令我们想到神话原型学说:人类心灵深处有一远古遗留的心理结构,它是通过遗传和文化积淀继承的。各文化成员间,现代人与原始人间,这一结构基本相同,故称之为原型。原型是潜意识心理结构。当它浮现到意识里时,总是以某些特定形象象征式地表现出来。故而原型又指表现特定心理的特定形象,这类形象曾用于表现初民原型,故而就是构成神话的基本要素——神话意象。太阳正是这类形象中特别典型的一个[10]。在中外神话中,可以找到大量太阳原型。如希腊神话中的宙斯与阿波罗是新老两代太阳神。英雄珀耳修斯是宙斯化金雨赐孕而生的,英雄赫拉克利斯也是太阳的后代(参见《希腊的神话和传说》)。中国神话传说中,殷人祖先帝俊之妻羲和"生十日"(见《山海经·大荒南经》),帝喾之妃"梦吞日"后生子[11]。后羿即契也是太阳神[12],尧、舜等也与太阳形象有关。藏族传说中的英雄格萨尔王是太阳神之子。高丽、日本等民族传说中的英雄也有太阳"神格"[13]。当我们具体分析各民族神话中太阳英雄时,发现他们都有鸟的化身。宙斯曾化身为鹰鹫,阿波罗化为金鸟,珀耳修斯和赫拉克利斯均曾化为大翅鸟(参见《希腊的神话和传说》)。古埃及太阳神拉(Ra)曾化身为鹰[14],与格萨尔王之母交合的太阳神是"长着大鹏鸟首的白人"[15]。中国神话中的帝俊是称作鵔鸃的俊鸟[16],殷商是以帝俊为祖先的太阳崇拜民族,他们既是太阳子孙,又是玄鸟,即燕子的后代。商的始祖契为母简狄吞燕卵而生[17],直到成汤仍是鸟形,"悬四肘,是为四翼"[18]。各民族神话中,差不多都有"太阳鸟"[19],一般是作为太阳运行的"交通工具",如"一日方至,一日方出,皆载于乌"(《山海经·大荒东经》)。渐又用于指太阳本身(如称日为金乌)。因此,太阳鸟的出现,常是太阳这个自然形象作为神话原型出现的重要标志。作为"太阳原型"之典型的"太阳英雄"及其亲属也因而常常被赋予鸟身。各民族的"太阳鸟"常固定为某种鸟,如古埃及的鹰[20],中国的乌、玄鸟、凤凰、朱雀[21]。

《野叟曝言》中,围绕文白,恰恰有很多"太阳鸟"。首先,文白就是一只"玄鸟"。他乳名玉佳,因生时其母梦玉燕入怀。这与前述梦日一样,是感生神话式梦兆。文白妻红豆原名金羽,生时其母梦金燕入怀,后又居凤羽楼。第一百二十二回中"名金羽,今所居之楼,恰好是凤羽楼,岂非天数"数语,已点明其凤凰象征。金羽之姐鸾吹,与文白形同夫妻,是文白又一"羽翼"。其名鸾,属东方青凤[22],她又正巧嫁与东方旭(各种迹象表明他是文白替身之一),亦具太阳鸟象征。文白末子骕,承文白衣钵,业绩多与文白雷同,犹如文白化身[23],他出生时,干脆就是一只燕子:被"极大的一只燕子"包裹,几以异类被弃;水夫人拨开燕翅,方见婴儿,此时屋上凤凰和鸣。水夫人忆及文白生时玉燕之兆,为之取名长发,以"绳其祖武","符元鸟之祥"。可见亦是太阳鸟。由此可见,文白的太阳意象与神话太阳意象在“化鸟”细节上高度密合，具备一个神话“太阳原型”的重要标志。

《野叟曝言》中还有一个很有意味的细节：文白居所结构俨然是一个以太阳为中心的宇宙缩影。文白一家先后在三座建筑模式完全相同的宅中生活，宅名“浴日”，其建筑格局、题名如出一辙，各楼阁厅院之名又皆与文白及亲属之名（或特征）暗暗关合，具有明显的象征意味。如文白所有起居处皆题“日”名，其二妻四妾居处之名既合姓名又关各自绝艺兼象五行。其他亲族之姓名、生辰、特征、居所及园林分别象征日月星辰、五行四季、天文地理、山川草木……㉔所有这些直观的或潜在的象征，彼此关联、作用，共同构成一个以文白为轴心，以其妻妾子孙、房屋园林依次向外延伸的宇宙模型。有趣的是，这一模型与“明堂”的结构功能惊人地相似。居所各部分以其名称、位置和功能分别对应于“明堂”中几乎所有设施及其功能，人物和居所的各种象征，也同明堂建筑一样，构成时间（四时、四季）、空间（四方）、自然（五行、历法）、人文（三界）混通类比的神话宇宙观模式㉕。因此文白宅第与“明堂”一样，是一个“太阳庙”㉖，是以“天人合一”的神话象征方式对宇宙及太阳运行的模拟。其中的核心文白，当亦同“明堂”的主人——天子一样，是自拟的宇宙轴心——君临一切的太阳，通过对这“小宇宙”的统治，实现对主宰宇宙的太阳的模拟。而这一切，同明堂的“太阳庙”功用一样，都不是现实的，而是建立在原始神话意象基础之上的象征性功用。可见，《野叟曝言》中的太阳意象，与太阳英雄神话在心理上、细节上高度密合，结构、功能上平行对应，因而与太阳原型——神话意象确实是同质同构的。而这一看法，在下面关于水意象的分析中，可以得到进一步的证明。

二

《野叟曝言》一书中，多处出现与水有关的情节。由于与文白命运发生某些重要的、特殊的联系，“水”便不再是一种简单的自然物,而成为具有相当复杂意味的意象。首先,“水”的描写与文白的死亡体验密切关联。小说中的文白几乎无所不能,却十分奇怪地惧水,不是一般地“不识水性”而是凡遇水便生出异乎寻常的恐惧慌乱。他在陆地上无数次身蹈奇险,皆轻易化险为夷,毫发无伤,如神之不死。但他两次“假死”,皆死于水;两次濒死,亦在水中。有趣的是,后一次“假死”与后一次“濒死”有两处相似:一是着力铺排“死”后情景,反复体验主人公的“死亡”,极其繁缛逼真。二是两次均由一只叫“玄阴姥”的老蚌所救(其意味后文详论)。更为反常的描写是:文家的人常在前文中“死去”,又在很多回后“复活”出现,而这“死”几乎全死于水。如文白妻金羽,第二回“淹死”于西湖,第一百二十二回文白与公主红豆结婚,才发现她就是获救的金羽。文白子孙文龙、文施曾有与文白相似的落水而“死”的经历;文白二仆亦曾“淹死”,又都以不同遇救方式出现于后面的情节。有人物淹死于水,并不奇怪,但如果一部巨著当中,很多人都有几死于水的经历,而正面人物除此之外没有别的死法,特别是以文白为首的文家几代神鬼呵护,具有超人胆量和能力的人物,一遇水便一反常态地怯懦和脆弱,一改永生的神性而纷纷“死”起来,便不能简单地看作一般性故事情节了。进一步分析显示,文白们不仅在水中屡屡死而复生,而且落水获救后无一例外伴随着巨大成功或生命的新阶段:① 文白落水皆在陷入困境时,落水常给予他决定性帮助(获取奇计或神珠)。从水中“复生”后,总有更强的生命力或神力。② 文白后代仿效他落水,也总因之得福。③ 一些落水假死者脱胎换骨,犹如再次出生。如金羽落水后失去记忆,成为红豆,后性格、行为与前判若两人。两方面合观,这里的“死”实际不是生命终端,而是生命“休息所”和新起点,是更新生命的“中继站”。从这个意义上讲,《野叟曝言》中的“水”意象实质是一种死亡—复活意象,而死亡—复活是英雄神话必不可少的重要环节。埃及、希腊等众多民族文化中,都有死而复生的英雄,如阿多尼斯、奥锡利斯、狄俄尼索斯等。他们每年在固定月份死去,在冥界度过一段时间后又在固定月份返回人间复生[27]。北欧神话中“象征了太阳”的神巴尔特尔，每年要在“死之国”躲避若干时(参见茅盾《神话研究》第279页)。中国古代神话中也有很多死而复活的神，他们往往化星成仙，以更高神性复活。最典型的是鲧，他被殛死后，“三年不腐，副之以吴刀，是用出禹”[28]。禹作为鲧事业的继承光大者，从死后的鲧身体中产生，无异于鲧的复活。与此事极似的是另一治水英雄鳖令。他“于楚死”，至蜀“忽复更生”，后取代望帝之位，号曰开明(详见《太平广记》卷三百七十四引《蜀记》)。总之，死亡—复活是神话的母题之一，特别是英雄神话的重要组成部分。而选择水作为死亡与复活中介，则颇不乏其例。水神玄冥，又与阴间有关(详参叶舒宪《中国神话哲学》)。水是英雄死亡之处，亦是英雄复活之处。狄俄尼索斯“通过阿尔赛尼湖进入阴间”，人们又在湖边召回他(参见弗雷泽《金枝》第565页)。鲧死后化为黄熊“入于羽渊”(见《国语·晋语八》)，既而生禹。鳖令之尸“溯流上”至蜀复活。假如我们深入研究初民的“死亡—复活”观念，就会发现其缘起、其以水为中介，都与太阳神话有关——以神话形式表现的死而复生的心理模式，其实是太阳升落、四季更迭在心理上的投射，即源于对自然现象的神话认知。人类学家利普斯发现，原始民族认为太阳早晨升起就是出生，黄昏落下就是死亡[29]。神话学家弗莱也指出:“太阳神，夜晚死去而黎明复生，或是在每年的冬至复活。”[30]

中国古代神话中，死亡—复活也是“以太阳夕落朝出的自然现象为基型的”[31]。且常常直接将日升日落表现为太阳的生死，这更为原始地展现出这一心理机制，其中“水”具有特别的意义。日升于水的自然现象被人格化为太阳出生的神话：

> 东(南)海之外，甘水之间，有羲和之国。有女子名曰羲和，方日浴(浴日)于甘渊。羲和者，帝俊之妻，生十日。(《山海经·大荒南经》)
>
> 舜妻登比氏，生宵明，烛光，处河大泽。二女之灵，能照此所方百里。(《海内北经》)

更为典型的是对太阳运行全过程的神话式描述：

> 日出于旸谷，浴于咸池……薄于虞泉，是谓黄昏；沦于蒙谷，是谓定昏。日入崦嵫，经于细柳，入于虞泉之池，曙于蒙谷之浦。（《淮南子·天文训》）

这太阳每日升没的水具有复杂象征：旸谷，又名汤谷，是日出处。《海外东经》，有"汤谷……十日所浴"，可见汤谷与甘渊，应为一处，而甘渊为十日所生之处，故汤谷"同样具有生命、初生、复生"之意[32]。太阳每日升于汤谷，都是对其出生的再现。崦嵫，《离骚》王逸注："日所入山也。下有蒙水，水中有虞渊。"虞渊即上文虞泉，应亦即羽渊[33]。羽对应于北方、冬季、玄冥等象征（参见《淮南子·天文训》）。羽渊是羽山（即委羽山）之渊，"在北极之阴，不见日也"（参见《淮南子·地形训》）。总之这太阳每日落入的虞泉，具有寒冷黑暗的冥间象征，是与幽都黄泉同一的"死亡之水"。而羽渊又是鲧死所入之水，就是说此水既是日落之处，又是象征死后归宿的幽冥下界。这样，太阳的下落便同死亡联在了一起。但是，太阳落下明朝依旧升起，在它周行不息的轨道上总是入于虞渊，继而又"曙于""蒙谷"的。这诞生太阳的蒙谷与虞渊同处崦嵫山下蒙水中，且据庄达吉云，蒙谷即《书·尧典》之昧谷，而传云："昧，冥也，日入于谷而天下冥。"（见袁珂《中国神话传说辞典》第398页）。也具有冥界之意。可见，在这一片死亡之水中，太阳落进来，"死去"，经过一段前生命的黑暗混沌，又从这里辉煌地升起，"每天都是一个新的太阳"（死于羽渊的鲧，也最终于此"复活"）。这样，太阳在水中的朝升夕落，便具有了生命的死亡—复活象征。自然与人类生命这种神话同一，正是借助下界这片黄泉之水（虞渊，羽渊），在心理机制上完全打通的。因此，双重象征的水意象正是死亡—复活心理机制的载体和标志。而太阳原型则是这类神话的心理模式的来源。回到文白，从他对水的奇特畏惧与超人智勇的矛盾，以及恐水却每每因水得益的奇异背反中，我们发现水对文白亦具双重意义:死的恐怖与生命的滋养与更新。前文已论证文白为太阳英雄,他行为的心理原型当与太阳象征一致。因此其定期落水获救的意味便超出一般故事情节,而具有深层的死亡—复活象征,其根源与原始神话原型密切相关(也只有以此方能正确译解这些荒唐矛盾的特异情节)。

当我们结合死亡—复活的另一潜在心理机制深入研究《野叟曝言》中水的象征及文白与"水"的关系时,这一"死亡—复活"的神话意象得到进一步确证。作为复活中介的水,同时具有生与死两重象征。这根源于死亡—复活的另一潜在心理机制:"重返母体和子宫的象征"(见叶舒宪《中国神话哲学》第 104 页)。精神分析学认为,人的潜意识中有一种回归前生命(死)和子宫的"涅槃"本能,目的在于回归生命本源,释放紧张,更新生命㉞。而水是对母体子宫(羊水)和人类"出生"的混沌时代(洪水)的再现和象征。"出生的象征常不离水,或梦见落水,或梦见由水中爬出,或做梦救人出水,或做梦被从水中救出。这都象征着母子的关系。"(弗洛伊德《精神分析引论》第 115 页)水又可直接作为母亲象征。水属阴,柔弱包容,化生万物。人类始祖神话总有一个于洪水劫难中拯救孕育人类的女性神。各民族生殖崇拜中,女性生殖器也总是以蛙、鱼、蚌等水中生物来象征的㉟。对于太阳(英雄)而言,水作为母性和诞育象征尤为直观。前文曾举羲和、舜妻登比氏诞日神话,萧兵认为羲和、常仪就相当于死后化为湘水女神的舜妻娥皇、女英(参见萧兵《中国文化的精英》第 27 页),因而浴日甘渊的羲和与"处河大泽"的登比氏当亦为"水图腾"女子,则太阳(英雄)直接就是以水为母的,落入"水"中"死"去就是向母体的回归。因此,在水中的死亡—复活原型的心理学解释应当是:回到母体、子宫,休养生息,汲取生命能量,通过重新出生实现对旧生命的更新与超越。这在文本中有令人惊讶的契合。我们发现,太阳英雄文白畏惧以及死亡和新生于此的水,与文白之母有极深的渊源:文母姓水,子年(属水)生;曾作为水神受长孙文龙(子年子月子日生,有多处龙象征)象征性祭祀而带来降水㊱。作者对她形象有两点不同寻常的刻画更加深了这种联系:一是将她作为至高无上的道德智慧化身,二是她与文白有不同于一般母子的微妙关系。文母在书中以至善至美的纯圣形象出现,她不仅是女中“大儒”和楷模,而且是所有人(包括君王和超人文白)顶礼膜拜的最高典范:

> 信佛的就说是活佛,信道的就说是太上老君,小的……就说是孔圣人了。见了太太的面,听着太太的说,昏邓的就发起亮来,凶狠的就现出良心来……喜的就心窝里怪痒起来,苦的就鼻涕眼泪一齐滚出来。(七十五回)
>
> 太夫人不消说是女圣人了……不须开口,只见了她,便把矜才恃学,粗浮鄙吝之念,俱消化尽了!再一开口,教训指点,真使顽石点头,满心发亮,肚子里不知是麻,是痒……太夫人温润栗然,四时之气全备……世上的人,若不是一见太夫人,便虚生人世……(一百十二回)

全书中还有很多类似之处,以极其夸张的语言歌颂这位以“水”为姓的女圣人,可以说,她在很大程度上成为天地之道的化身。

有趣的是,很多民族的早期哲学中,“水”都作为“道”的喻词或象征:古希腊几同于“道”的“逻各斯”就是由水抽象而来[37];《老子》有“水几于道”、“上善若水”之说;《论语》称“知者乐水”(水夫人常讲解此章),朱熹解云:“知(智)者达于事理,而周流无滞,有似于水,故乐水。”水夫人便常以这类道理自我标榜,可见作者是明确地把水夫人同那如水的“从心所欲不逾矩”的道德化境联系起来的。可以看出,水夫人具有明显的“水”象征,而在这“水”与文白的关系中,我们很容易发现文白浓厚到病态的恋母倾向[38]:文白是夸张到极致的神性超人,然而其无敌能量源于其母。每遇危难(生病或劲敌)他总急不可待地要奔回母亲身边,一段时间不见母亲,他甚至会大哭不止(第十一回),或是恹恹而病,“方寸已乱”(第一百四十回);见到母亲,必“如遗觳归巢,啼儿得乳”,捧水夫人之足而呜咽,坚留水夫人房歇宿。再度离家时,总因带着母亲的教诲而重新充满了勇气和活力。就是说，太阳英雄文白，需定期回到给他生命的母亲“水”夫人那里补充新的生命力（智慧、道德）。由此我们发现，文白对其母的依恋已超出了一般伦理感情，水夫人对于他意味着心理归宿、生命智慧道德的源泉和“加油站”。这与水对于他的意义是相同的，同水在死亡—复活原型中的作用也是相同的。而水夫人恰具水象征，故文白与母、文白与水两对关系是内在同一的，而文白异乎寻常的恋母在心理学中是回归母体的原始心理的直接再现（参见《爱欲与文明》第 52 页），故而文白定期落水“死而复生”的情节便是回归母体子宫的潜意识的表现，这进一步证实了文白落水情节与死亡—复活神话原型的联系。

最后，还有一个很有价值的关键情节，可以最终将水夫人、太阳英雄的死亡—复活之水及母体子宫联系在一起，使上述神话原型得到更无可辩驳的证明，这便是作品中别出心裁的关于蚌的情节。

前文已述，文白多次“淹死”都获救于老蚌。一次是“那蚌便舒开两片大壳，将一片托住船底，一片竖作风篷”把船送进港湾；一次是文白落海“即落在一座白玉堂中，一张白玉榻床之上”，一位老妇人向他嘱托数事后，文白“忽然惊醒，那有甚白玉榻，却仰卧在一片大蚌壳内”。后此蚌又赠二珠，对文白事业成功起了关键作用。这个老蚌有三重意义：一是死亡—复活之水象征：老蚌名叫“玄阴姥”，是水生动物，能兴风作浪，文白等人落水常与她有关。重要的是她的名字：女性而名阴不奇，奇在“玄阴”合用，恰巧与“玄冥”对位。“玄阴”应玄冥（水神），象征水；“阴”对冥（冥之本义是太阳隐入地下），象征日落、黑暗、阴界、死亡[39]，这不正是文白（太阳）死亡（隐没）的地方吗？二是子宫象征：蜗牛及蚌是典型的女性生殖器特别是子宫象征。这一点不仅在弗洛伊德很多专著中多有论述（见弗洛伊德《精神分析引论》第 117 页），而且在中国传统文化中也是常识（见刘达临《中国古代性文化》第 31—32 页）。本小说中就有内证：第九十七回描写一对生殖器奇大的夫妻在解释自己女儿生殖器阔大的原因时便说：“我合婆子都是……生得出小蚌来么?”文白每次落水遇蚌,都反复描写他位于两片蚌壳之间,即蚌壳内,有一次还是落在蚌壳之内一座白玉堂中的一张白玉床上。文白字玉佳,小说中有许多以“玉”为名或象征之人为文白的照应和化身,则此一床天然是这个蚌(子宫)中原属文白(玉)的“着床”之处。三是母亲象征:蚌名“姥”,又是子宫象征,她对文白生命和事业的巨大作用也与水夫人相同。特别她曾赠二女给文白,二女乃二珠,一名宵光,一名寒光,令我们想起水神格的太阳之母舜妻登比氏亦有二女,其名“宵明、烛光”,其功用“照此所方百里”皆与此二珠对等。显然,二珠由二女形象变化而来,其母亦应有登比氏类似的神格——以水神而为太阳母。联系上述各细节可断定在作者潜意识中,老蚌与水夫人是对位的关系,有关老蚌的描写,恰恰是水夫人形象的延伸与变形。因其意义更为显豁,故成为我们阐释水意象底蕴的有力佐证。这样,文白所落之水,便在自然形态之外具有了母体子宫和死亡—复活之水的心理和神话象征。因而,文白定期落水的特异情节实际上反映着向母体子宫回归的潜意识,是与太阳升落基型有关的(英雄)以水为中介的死亡—复活神话原型的再现。

三

根据比较神话学认同两个神话的全部条件:整体对应性、多重平行性和细节密合性,当比较的双方完全符合三个条件时,就可以断言这“不是零散的偶合”(参见萧兵《中国文化的精英》第 50 页)。本书上述的文学意象与相应神话意象相比较,已充分满足这些条件,因此完全可以确定,它们具有神话原型的性质。就是说,作品一面坚决指斥一切“怪力乱神”之事,一面却充斥大量神怪情节,且具有神话原型的完整结构和文化心理。这种逻辑上的矛盾和混乱使我们把研究的目光投向作品的思维和逻辑结构。结果发现,《野叟曝言》构设情节的思维逻辑,不仅与很多现实型小说迥异(这正是本书被斥为“荒唐”的主要原因),也与一般神魔小说(如《西游记》、《绿野仙踪》）大相径庭。一个无异常人的凡人，可以是一类动物中任一个的血亲，可以完全是人的行为方式，却发挥着某种自然力的全部神奇，与之同化。外在的清晰掩盖着内在的本质的转借，任一个（而不是文学上的“这一个”）自然物，以它全自然意义的身份、外形、习性进行着人的社会行为；有人的灵魂，可以“托梦”与人交流，即有可能同质而异形。重要的是，这一切不需修炼、魔咒，甚至可以不用“变形”，而有此现象的人或物也不是该类中的个别，而是随机的一个，仿佛这种超自然现象是一种普遍存在的日常现象。作者以如此平淡、自然的态度看待如此反常规的行为逻辑，只能说明他是以这种逻辑——物我混同的原始逻辑——来看待世界的。

异乎寻常地尊奉理学，狂热地否定和压抑神怪之论的作者，反而在深层思维中回到了最为原始的神话逻辑，这令我们关注到理学自身神秘主义的一面。理学较之以往的儒学，抽象性和思辨性是高得多了，然而由于援佛道入儒，特别是对道家、道教的宇宙生成、万物化生理论的吸取，使得理学宇宙论和诸多范畴中存在原始神秘主义因素、甚至一些原始思维遗迹。即使撇开这些异质旁源，理学直承之《易》与《中庸》，也是儒学经典中最具神秘主义色彩的两部。特别是《易》，从“太极图”到邵雍的象数化宇宙图式，到张载的“气”，无一不受到其宇宙生成模式的影响，至于其思维逻辑对理学思辨的渗透，则更为深刻和广泛。而《易》同许多中华元典一样，体现了重直觉、感性、体悟的思维方式，特别是“观象于天，观法于地”、“近取诸身，远取诸物”（《周易·系辞下》）这类“人法地、地法天、天法道、道法自然”[40]式的沟通人类法则与自然法则的思维，同巫术思维有着本质的契合。因此，理学之宇宙本体，无论是理、天理、气、太极、心，都带有原始的先定性和神秘性而决非实证性，故而理学精神从本质上讲也决非真正的实证理性，它在否定人格神的同时陷入了另一种形式的神秘主义。而理学体系在从宇宙论下降到人性论过程中类巫术的感应式思维的表现，更是不胜枚举[41]。因此，可以说，以攘拒佛、老为旗帜的理学，在其逻辑起点上，实与佛、老相类，而颇有“怪力乱神”之因素。就其表面现象观之，理学为人事的、理智的，但深究其内在结构，实具相当强的反方向兼容功能。

据考，夏敬渠是一个“诸子百家、礼乐兵刑、天文算术之学，靡不淹贯”而又“粹于性理”的儒士[42]，究竟是元典及理学本体论中神秘、模糊、先定式的思维方式的潜移默化，还是杂学旁收之中神秘、原初文化的濡染，抑或二者的融合，沟通了作者心灵与那远古的文化心理源头，难以具体分辨，但作为一种综合结果，作品以神话思维为深层支持，以神话意象、神话结构和神话情节呈现出典型的原生态神话特质，却的确是文学史上值得重视的罕见现象。

如果这种阐释是合理的，《野叟曝言》这部作品将不仅可被文学史重新审视和定位，而且有可能被置于人类文化心理的宏阔背景中，从人类共同的心理经验和情感高度，获得超越个体、时代和文学领域的理解，进而为其他文学作品甚至文化心理的研究提供典型范例。

【注】

① 参见鲁迅《中国小说史略》，赵景深《〈野叟曝言〉作者夏二铭年谱》（《中国小说丛考》，齐鲁书社 1980 年版，第 433—447 页）。

② 参见侯健《〈野叟曝言〉的变态心理》，文载《中国小说比较研究》，台北东大图书公司 1983 年版，第 345—364 页。

③ 参见坎贝尔（J. Campbell）《千面英雄》等，中译文见华莱士·马丁《当代叙事学》，北京大学出版社 1990 年版，第 90—101 页。

④ 原书回末总评云：“此见素臣为旭日之祥，与赤日之梦，晓日之图，映射成采。”

⑤ 参见肖特尔（A. W. Shorter）《埃及的神》（*The Egyptian Gods*，1937）。中译文见叶舒宪《中国神话哲学》，中国社会科学出版社 1992 年版，第 174 页。

⑥ 参见阿甫基耶夫《古代东方史》，三联书店 1956 年版，第 120 页。

⑦ 详见姜亮夫《楚辞学论文集》，上海古籍出版社 1984 年版，第 79—80 页。

⑧ 参见顾颉刚、杨向奎《三皇考》，《燕京学报》专号第 8 期第 3 页（1936 年）。

何新《诸神的起源》，三联书店1986年版，第32页。

⑨ 集中见于第八十八、第一百十三等回中。另外小说中凡遇明显具僭越意味的情节，多伴随文白格外恭谨战栗状的描写及理学说教。

⑩ 参见荣格《心理学与文学》，三联书店1987年版，第52—108页。《西方文艺理论名著教程》，北京大学出版社1989年版，第145页。

⑪ 见晋王嘉《拾遗记》卷一。又据袁珂说，帝喾即帝俊，也即舜。参见《中国神话传说词典》，上海辞书出版社1985年版，第295页。《中国神话史》，上海文艺出版社1988年版，第39页。茅盾《神话研究》亦曾论帝俊、帝喾与舜的重合关系（百花文艺出版社1981年版，第217页）。

⑫ 见杨宽《中国上古史导论》，《古史辨》第七卷上册，上海古籍出版社1981年版，第368页。

⑬ 详见萧兵《中国文化的精英》，上海文艺出版社1989年版，第94—135页。

⑭⑮⑯ 参见萧兵《中国文化的精英》，上海文艺出版社1989年版，第77—87页及122—123页。

⑰《诗经》有“天命玄鸟，降而生商”；《史记》有吞燕卵生契记载。

⑱《古微书》引《礼别名记》、《春秋元命苞》等。

⑲ 神话学上特指的太阳鸟(Solar bird)是各民族神话中与太阳有某种神话联系的特定的鸟。参见古添洪、陈慧桦著《从比较神话到文学》，台北东大图书公司1983年版，第93页。

⑳ 参见 *Cambridge Ancient History*, Vol. Ⅰ. P330及 Vol. Ⅱ. P203.

㉑ 玄鸟（燕）与凤凰、朱雀在古籍中常为同一物，参见《辞源》及袁珂《中国神话传说词典》。

㉒ 桂馥《说文解字义证》（上海古籍出版社1987年版）“鸾”条：“象凤者有五……多青色者鸾……青者东方发明也，东方色青。”《广雅·释鸟》释发明为五凤之一，故鸾当为东方之青凤。

㉓ 参见侯健《〈野叟曝言〉的变态心理》。侯氏认为，文白的子孙“是他的化身”，“意味文白个人的延伸”。

㉔ 其中很多象征已在文中经人物直接点明。

㉕㉖ 关于明堂结构、功能及象征意义，明堂如何作为太阳庙具有模拟宇宙结构和太阳运行轨迹的作用，以及与神话意象的关系等，详参叶舒宪《中国神话哲学》。

㉗ 详见弗雷泽《金枝》第二十九至四十三章，中国民间文艺出版社1987年版。

㉘ 参见《全上古三代秦汉三国六朝文·全上古三代文》卷十五辑《归藏·启筮》。

㉙ 见利普斯《事物的起源》中译本,四川民族出版社 1982 年版,第 341 页。

㉚㉛ 参见叶舒宪《中国神话哲学》第 34、96 页。

㉜㉝ 见叶舒宪《中国神话哲学》第 34—35 页。

㉞ 参见弗洛伊德《精神分析引论》译序,商务印书馆 1986 年版。马尔库塞《爱欲与文明》,上海译文出版社 1987 年版,第 33、97 页。

㉟ 参见刘达临《中国古代性文化》第二章第二节,宁夏人民出版社 1993 年版。

㊱ 参见小说第一百三十回和一百三十一回水夫人忧旱成疾与子孙割股疗亲的情节,情节之象征意义涉及后文原始巫术——神话思维。

㊲ 参见《古希腊罗马哲学》(商务印书馆)及叶舒宪《中国神话哲学》第 113 页。

㊳ 除了文中有大量直观的恋母迹象外,请参阅侯健《〈野叟曝言〉的变态心理》。

㊴ 玄冥既是水神,又是执掌北方、冬天之神,常与阴界和死亡象征有关。详参叶舒宪《中国神话哲学》。

㊵《老子·第二十五章》。参见冯天瑜《中华元典精神》,上海人民出版社 1994 年版。

㊶ 参见拙作《宋明理学的互渗式模糊思维》,《天津师专学报》1993 年第 3 期。

㊷ 见赵景深《〈野叟曝言〉作者夏二铭年谱》,《中国小说丛考》第 433—447 页。

(原载《文学遗产》1997 年第 2 期)

《野叟曝言》的性描写艺术及对文本价值的影响

杨旺生

美国学者马克梦著《吝啬鬼、泼妇、一夫多妻者：十八世纪中国小说中性与男女关系》[①]一书将《野叟曝言》中的文素臣称为“儒家超人”，认为“男主人公是清代小说中被百般精心刻画的人物之一，堪称对西门庆和贾宝玉这类不中轨仪，每日珠环翠绕者形象的一种匡正，其功殊不可没”。马克梦所言的“匡正”，是说《野叟曝言》有别于《金瓶梅》，不是一部纯粹的“色情小说”，也有别于《红楼梦》，不是一部典型的“纯情小说”，而写的是“纯情化的色情”。它既遵循着一般色情小说的规律，写了一夫多妻，却有着纯情小说的明显特点，当“处于理智状态时，男女主人公们的行为从不逾轨。只是当外部原因导致他们暂时陷入疯狂时，他们才会失去自我控制”。马克梦的论述实际上触及了《野叟曝言》性描写上的创造性特点：夏敬渠成功地确立了一种新的描写“情”、“性”的规范。一方面，在儒家的人伦框架下力图对“情”、“性”怎样“不逾矩”作出令人信服的揭示，以昭显合乎儒家伦理道德规范的理想性爱观；另一方面，不遗余力地探讨在何种条件下主人公会出现“逾矩”的行为及其严重后果。这种创作上的实践努力，对我们认识传统的情爱观、性爱观，研究古代小说性爱描写的特点、流变，的确是“功不可没”。

一　引人注目的“却色”描写

一般的才子佳人小说或色情小说，在描写男女情爱时，大多着力展现女色对男子的吸引及男性对美色的追逐。而《野叟曝言》则用很大的篇幅描述文素臣的“却色工夫”，使之成为作品性描写的显著特色。

文素臣既是夏敬渠倾力塑造的“儒家超人”，对待情爱，固是恪守儒家道德伦理规范，从不“逾矩”。《野叟曝言》着力表现了文素臣面临情欲考验时的令人叹为观止的“不逾矩”的意志力。这种“却色”的考验大体在两个层面进行：一是在理智状态下的“却色工夫”；一是在特殊境况（无法控制自我的身体）下抵御赤裸裸的诱惑。

《野叟曝言》一而再、再而三地描写了文素臣的“却色”，且手段各异，花样翻新，以彰显文素臣登峰造极的“却色”工夫。在理智状态下，文素臣一“却”鸾吹，二“却”璇姑，三“却”素娥。

文素臣与美艳的鸾吹既有肌肤之亲、“赤膊相向”，又面对鸾吹的感恩、倾慕，对“瓜田李下”的担忧，甚至是以死相逼。作品中文素臣既立场坚定，亦成功地化解了鸾吹的心理负担，坦荡、磊落地走出了窘境：两人终在神前订下兄妹之交（第四回）。因此，《野叟曝言》第四回《总评》赞道：“素臣却色工夫固是第一等。”

《野叟曝言》第六回、第七回、第十回写“却”璇姑，充分展现了文素臣在情与理的搏杀中，以理制情的极端不易。与却鸾吹、璇姑相比，《野叟曝言》加上了两个特别的情节写“却”素娥：一是文素臣重病，几近丧命，素娥全心医治伏侍，并差点丢掉性命，使素臣滋生出强烈的感恩心理（第十六回）。二是素娥误服淫药，丧失理智，急求欢会（第十七回）。加之文素臣已应允收素娥为妾，这使文素臣“却色”的难度显得无以复加。因此，《野叟曝言》第十七回《总评》说：“却色至此回而极矣！无论双人之却邪色较此迥别，即却鸾吹、璇姑，亦不得与此并论。鸾吹并未同床合被，其拥挽抱负，皆本侠肠，无情丝牵绊；璇姑虽宛然在床，而为德不卒，谊士羞称，却之尚易；至于素娥，则既感其恩，复许为妾，而常此赤体相抱，哭泣求欢，犹且决意绝之，不几太上忘情乎？嘻，难矣！”“其却鸾吹，当却者也；却璇姑，可却者也；却素娥，不可却而终已却之，作者定为天下无双正士,岂虚誉哉!”

《野叟曝言》第六十七至七十四回集中描写了文素臣在特殊情况下的却色工夫。文素臣误中喜吸食阳精的李又全圈套,被药酒所迷,丧失反抗能力。李又全指使其十多个美貌妖娆的姬妾施展各种淫邪手段引诱素臣,她们或唱淫词荡曲,或裸身做戏,淫邪放荡到极点。这些情节,一般的才子佳人小说自难觅其踪,即使与典型的色情小说相比,也有过之而无不及。色情小说少不了描写各种淫戏,但对比《野叟曝言》:其一,色情小说作品中男性为当然主角,女性肉体的裸露、性行为、性动作的实施均由男性操控,男性在此过程中获得愉悦和享受;而《野叟曝言》则是众多女性主动地、花样翻新地引诱失去自主能力的男主角,女性愈淫邪、放荡,男性坚守性道德的可能性越小,处境越危殆,内心的煎熬越深重。其二,色情小说里女性对男性的引诱大多是简单、直接的,裸露的肉体、几句调笑、甚至是一个媚眼就能让男人欲火中烧,引发性行为;而《野叟曝言》里李又全诸姨对文素臣的引诱则是全面的、富有创造性的。黄色下流的笑话、小曲,无所不用其技的肉体刺激、女性器官的杂技式的表演等等既让性诱惑综合、立体,又让人匪夷所思,怪异新奇,对男性有着致命的诱惑力,文素臣抵御诱惑的难度也显得无以复加。

作品中,文素臣在极度的诱惑面前只感到痛苦和耻辱,甚至想一死了之,表明他在失去身体控制能力的情况下,仍坚定地固守着自我的道德原则。并且,经过激烈的内心斗争,他的思想能够超越身体本能,冷眼旁观诸女的邪行淫巧。甚至主动凝视女性的裸体以检验自己的“定力”:“次日黎明,随氏起身,素臣留心看着他嫩乳酥胸,香脐软腹,要试炼自己的力量。”(第六十九回)

文素臣却色的难易程度不同,却色的方式也不一样,对此,《野叟曝言》第七十回《总评》说:“素臣却色本领,书中屡屡揭出,然其言则因人而异。”反映出夏敬渠情节构置上的良苦用心及技巧。

《野叟曝言》中,文素臣“却色”的情节内容还有不少,在夏敬渠笔下,文素臣面临的美色诱惑无处不在。作品中的女性,无论静女贞媛，还是浪荡淫娃，都争相拜倒在文素臣脚下，使"却色"简直成为文素臣的"宿命"，而文素臣又总是能全身而退，"却色"成功。这种性描写的方式，在古代长篇小说中可谓绝无仅有。作品所展现的文素臣无与伦比的"却色"工夫，体现了传统性观念、性道德的巨大影响及主人公文素臣在行为实践上的努力。作者为文素臣精心设置的情色考验，是对"英雄难过美人关"的世俗观念的拨正。作者通过彰显文素臣超凡入圣的"却色"本领，树立起一个"前无古人，后无来者"的道德榜样。

二　男性本位的性观念

中国传统的性观念对性行为、性道德有严格的规定和禁忌。尽管儒家经典中有"食色，性也"②、"饮食男女，人之大欲存焉"③一类的话，但决不意味着对自然之性的放纵。从原始先民开始，男女之性就鲜明地指向以生殖为神圣伦理义务的夫妇关系："上古男女无别，太昊始设嫁娶，以俪皮为礼，正姓氏，通媒妁，以重人伦之本，而民始不渎。"④夫妇关系是伦理纲常的起点。《周易·序卦》说："有天地然后有万物，有万物然后有男女，有男女然后有夫妇，有夫妇然后有君臣，有君臣然后有上下，有上下然后礼义有所措。"《中庸》说："君臣之道造端于夫妇。"男女的性亲密严格限定在夫妇之内。对于女子，与丈夫之外的男子的任何涉性的肉体接触，都是禁忌。有道德修养的男子，也应尽力避免，否则难逃脱"登徒子"之讥。但自古以来，性观念、性道德对男、女的约束是有天壤之别的。对女子，与丈夫外的男子的任何亲密行为或涉性的行为都是不可原谅、被严厉禁止的。对男性则要宽松得多。《野叟曝言》对这种极不合理的双重性价值标准提供了活生生的素材。

《野叟曝言》宣扬女性的名节比生命更为重要。通过作品塑造的几个贞烈妇女形象，如刘璇姑嫂石氏、黄铁娘、李又全妾焦氏等对名节于女性的重要性予以极端的强调。鸾吹、璇姑、素娥三人都认为与素臣关系暧昧不清，如不成为夫妇，则"死无日矣"！都反映出女性对与男子亲密界限的认定是非常严格的，甚至不惜以死来捍卫自己的“贞洁”。

但在文素臣面前，女子的性道德观失去了存在的价值，文素臣握有最终的性道德阐释权。

传统的性道德认为，合法婚姻之外的任何性行为也是不合法、不道德的。文素臣与璇姑、素娥有过非常亲密的性接触，却没有“逾矩”，原因是：其一，文素臣的“矩”是婚姻，而非一般性行为。在文素臣心目中，父母之命是子女婚姻的前提，没有父母之命的婚姻是不合法、不道德的，他母亲的态度是他婚姻的“矩”，这个“矩”是不可逾越的。在这个“矩”面前，女性的尊严、利益可以忽略不计。他没有擅自许诺婚姻，即是“却色”；其二，即使与女性有亲密性接触，突破了男女“授受不亲”之“大防”，如没有与她们交媾，仍属“却色”成功。正因如此，第九十六、九十七回，文素臣以自己的纯阳之体，对“石女”玉儿“每夜摩运”，使其成为真正的女人，不仅没有“逾矩”的担忧，反觉得无比崇高。显然，文素臣扮演了“性主宰”的角色，他的道德原则、利益高于一切。对比女性的性观念，这当然显得极自私、极虚伪。

文素臣在身体失去控制、意识却非常清醒的情况下，不仅与李又全诸姨一起上演了世界上最放荡、荒淫的戏剧，而且与她们有了交媾之实，突破了理智状态下“却色”的最后防线。但他仍然固守了传统的性道德。《野叟曝言》第六十七回，写文素臣深陷李又全陷阱，痛感“性命必有所伤”，“岂不耻辱？不如早寻一死，以全清白！……忽又转念：这是飞来横祸，非我自招。我的身命，上关国家治乱，下系祖宗嗣续，老母在堂，幼子在抱，还该忍辱偷生，死中求活，想出办法，跳出火坑，方是正理！”第六十九回以“皇古之人俱是赤身，所以唤作裸虫”，“目中有妓，心中无妓”，“托言慈悲，不惜自辱以遂淫女之念”等念想自宽自解。这充分揭示出，在被动的、不由自主的情况下，“却色”主要是指固守自我的道德准则，不产生淫女之念。即是思想上的“却”，不在引诱之下迷失自我，与肉体表现（被人利用）无关。因此，作品连篇累牍地描摹、渲染李又全诸姨的淫亵丑态，并非如色情小说在于以之产生吸引读者的感官刺激，而在于表现文素臣的却色本领。李又全诸姨愈淫邪，则文素臣却色愈艰难，处境愈危殆。《野叟曝言》第六十八回《总评》即说："天生素臣，所以陷之入阱，使亲睹淫人作为者，非亵之也，盖坚其崇正辟邪之心，俾事在必行而已，岂偶然哉！"马克梦言"当外部原因导致他们暂时陷入疯狂时，他们才会失去自我控制"不十分确切。表面上看，文素臣为淫药所迷，失去了控制自我行为的能力，但在内心仍然抵御住了诱惑。文素臣"失去控制"的只是肉体，而不是思想。突显文素臣思想意志的超凡入圣是夏敬渠的根本用意，不明晰这一点，我们就不能区分《野叟曝言》与色情小说的区别。

《野叟曝言》对文素臣的"却色"描写，鲜明地透示出作者的性道德观念：其一，婚姻是男女性爱的前提，生殖是其目的。文素臣"却色"的根本原因在于对非婚姻性爱的否定。对婚姻、子嗣的重视，贯穿于文素臣一生的言行中。如素臣劝熊飞娘婚嫁（第七十一回）、劝红须客娶妻（第八十回）都体现出对男女婚姻、繁衍子嗣的极端重视。其二，男性本位，男子性权至上。《野叟曝言》里，文素臣对璇姑诸妾却也好，收也好，依据的都是自己的利益和道德准则，女性完全处于被动的、从属的地位。作品里，文素臣是女性追逐的中心，在文素臣面前，那些女性无一例外地听其摆布，毫无尊严。他在红瑶家喝醉，被人架着与红瑶行礼，醒来后却坚决拒收红瑶为妾。红瑶上吊，又由他施救，并当着其父母的面百般抚弄。村民为避五通淫神为害，全村少女少妇坦胸求素臣题字以避害，他不肯，女子们的父兄丈夫跪求才遂愿。皇宫的嫔妃宫女们，也要素臣在两乳间题字以逃避妖法为害。《野叟曝言》将男子的性权推到极至，也把女子应有的性权利贬抑到极点。

董国炎《性爱的异化和文人心态》论《聊斋志异》和《野叟曝言》说："同在男子中心的伦理、文化原则下，蒲氏以自由实践中的不得，作出非道德化的批评，而夏氏则炫耀实践的自由，并以道德化的伪善，解释和装扮非道德化的实践。也正由于这种掩饰，愈加暴露了男子中心审美态度的卑污，以及审美态度中的心态异化。……文白不停地戒淫又不停地遇到女性纠缠，每次纠缠都赤裸裸令人目瞪口呆。在这样的条件下，他才得以来显示自己冷淡，来显示自己高雅优越，自己是绝对君子。而实际上，他是个充满虚伪色彩的人物，是个色情狂。”⑤说文素臣是个“色情狂”有些偏颇，但《野叟曝言》通过文素臣“却色”情节的描述，透示出顽固的男性本位的性观念，贯穿着男性的自私和对女性的轻视，则是无疑义的。

三 “崇正辟邪”的性描写动机

《野叟曝言》一百四回《总评》说：“作者好为秽语，亦善写秽态，不写则已，写则尽情尽致。……几令读者目不忍视。”这指出了《野叟曝言》性描写的文本表现特点：“尽情尽致”，即使用自然主义的暴露笔调。我们看作品的第三十一回、第六十七回到第七十回、第九十六回、第九十七回、第一百四回、第一百三十三回等中的性描写，其“尽情尽致”的程度，与典型的色情小说相比也有过之而无不及。正由于此，《野叟曝言》问世后被列为禁书，不断遭到学者的严厉批评。如悍膂《谈〈野叟曝言〉》说这部书“肮脏腐臭”，陈香《〈野叟曝言〉受不起新评价》说作品“只有秽亵与荒唐”等等。甚至，侯健撰《〈野叟曝言〉的变态心理》长文，详析夏敬渠的变态性心理及在《野叟曝言》中的反映。

作者选择素材、塑造人物，都有着实现创作动机的终极目的。《野叟曝言》第一回《总评》指出：“崇正辟邪乃此书大旨。”《野叟曝言》的性描写，也是为实现作者“崇正辟邪”的创作动机服务的。

文素臣理智状态下的“却色”是为了“崇正”，即歌颂文素臣对儒家伦理道德、行为规范的坚持和发扬。其“却”鸾吹等人的不厌其烦的描写，不外表现了文素臣重视婚姻道德、恪守父母之命、不以情废理、不因色乱性等等卓异的品质。这类描写的动机异常显明，文字比较含蓄，中规中矩，与一般的才子佳人小说无异。对之，即使是最严格的道学家也不会有多少非议。

《野叟曝言》大多数的性描写，则“崇正”与“辟邪”并重。文素臣落入李又全陷阱后的令人匪夷所思的经历，既为展现主人公抵御性诱惑的高尚人格，也是通过让人不堪入目的性混乱、性变态等情节描写，揭露邪佞之徒的无比丑恶。这类描写往往因其自然主义倾向而饱受批评指斥。

侯健《〈野叟曝言〉的变态心理》认为描写性变态是《野叟曝言》性描写的主要特征，而这又是夏敬渠性变态心理的直接反映。单从文本表现看，《野叟曝言》中的变态性行为确是蔚为大观，几乎涉及中国古代色情小说里出现的所有类型。但作品中性变态、丑恶性行为的描写全部集中在反面人物身上，它们成为揭露奸邪极端丑恶、丧失人性的重要内容。如第六回写松庵的"淫僧孽报"、第十四回写"暗觑妇人胎"的头陀、第五十二回写宝华寺淫僧、第八十九回写札实巴师徒供奉欢喜佛等深刻揭露了无耻僧众人性泯灭、罪恶淫毒；第九十六、九十七回写赤身峒毒蟒的淫毒，第一百四回写大狗、二猴之荒淫，第一百三十二、一百三十三回写倭女淫死等情节，活画出那些人间丑类荼毒百姓、残暴愚蠢的丑恶嘴脸；第三十一回写张老实夫妇为助连公子引诱璇姑，以老迈之躯充活春宫，入木三分地刻画出金钱腐蚀下道德沦丧的小人嘴脸。翻开《野叟曝言》，那些触目碍眼的违背传统性道德的内容，无不是邪佞之徒的生活"实录"，作者选取这些内容是为了表现对邪恶之徒的切齿痛恨，即实现"辟邪"的创作动机。

有了"崇正辟邪"这杆大旗，夏敬渠就可以在《野叟曝言》中肆无忌惮地写性言情，不惧"极情尽致"。更应注意的是，文素臣既为"崇正辟邪"殚精竭虑，他在堂皇的理想、动机之下也就可以运用一切手段，也包括"性"的手段。《野叟曝言》第一百四回《总评》指出："孽龙好淫，则用奚勤夫妇；(二)猴、(大)狗好淫，则用韦忠、奚勤。异日，以容儿媚其氏，即以诛景王；以奚勤为欢喜佛，即以灭倭奴……可见此书大旨，在乎崇正辟邪，而以间兵作奇兵，不得不以治淫人之法治之也。"在文素臣那里，"性"与刀枪箭戟一样，是消灭凶邪、克敌制胜的武器。作品中，不仅展现了邪佞之徒的性变态行为，也描述了文素臣使用"性武器"制服、消灭他们的场景。在"崇正辟邪”的堂皇动机驱使下,《野叟曝言》中描绘了一幕幕“以淫制淫”的“性战”戏,其过程和场面特别惊世骇俗。

性也可以成为避世的武器。第一百三十一回,文素臣上表请灭佛、老,触怒宪宗。宪宗让素臣听西域所贡狮吼,文素臣因之患“失心疯”,过了一段极为荒淫放荡的生活。他接受了宪宗送的“女乐一部,秘器一匣”。女乐中有六人是李又全之妾,素臣“手舞足蹈,欢喜异常”地观赏着她们的淫戏,与她们“上床同睡”,“淫声浪气的闹到二三更天方息”(第一百三十二回)。素臣沉溺于他以前极端痛恨、致力铲除的淫荡生活中,使此情节显得怪异、难解。但很显然,文素臣是以沉迷淫荡迷惑宪宗,逃脱杀身之祸,使“崇正辟邪”的大业有可能完成。作品回目“素父忽逃罗刹国”也暗示了这一点。有着人所难及的“却色工夫”,洁身自好的文素臣,会以性混乱、性放荡来韬光养晦,确让人匪夷所思,作品情节设置的技巧是值得称道的。

“崇正辟邪”的创作动机,使《野叟曝言》与一般色情小说有明显的区别。其一,“崇正辟邪”既是作者性描写的动机,性描写对作品整体而言,就是不可分割的有价值的意义元素,它不是为淫而淫。性道德是检验人的道德水准的最重要有效的价值准则。表现主人公对传统性道德的坚守,易于张扬其与众不同的美德;以性道德的崩坏、性淫乱、性变态等揭露邪佞的道德沦丧、罪大恶极也会形容刻骨、入木三分。《野叟曝言》中,如果没有文素臣的“却色”描写,“崇正辟邪”的创作动机的实现是要大打折扣的。其二,也是最本质的一点,《野叟曝言》中性描写的道德指向性非常鲜明。在“崇正辟邪”动机的指导下,每一个场景,甚至每一个细节,我们都能清晰地感知它们所反映的美丑善恶、作家的态度及其写作动机。文素臣在理智状态下的“却色”如此,特殊情况下面临的性考验也是如此。这就与色情小说划清了界限。色情小说在连篇累牍的性行为描写中,作品的价值指向常汗漫不清。作家对性行为,特别是变态性行为不管是出之于自然主义的叙述,还是以“传奇”的方式津津乐道,读者都很难从其具体描写中感知作者的真实态度，并作出明确的价值判断。即使有的作品在开头或结尾有“戒淫”、“以淫制淫”之类的只言片语，但这种创作动机的表白并未在作品中有力地贯彻，而流为彻头彻尾的伪饰、幌子。因此，仅以“淫秽”论《野叟曝言》中性描写，甚至干脆把它归为色情小说是很不妥当的。

整体来看，《野叟曝言》中的性描写是古代小说中富有特色和有较高认识、研究价值的。它较好地解决了《金瓶梅》等作品中性描写与人物、情节之间严重游离的状况，而成为作品文本不可分离的有机组成部分。性作为一个重要的创作元素而存在，有助于人物形象塑造、情节设置、创作动机的表达，与纯粹的色情作品迥异。

《野叟曝言》中的性描写也存在较严重的问题。首先是男性本位的性观念。作品中，男性，不管是邪佞之徒还是文素臣等正面人物，都是性行为、性活动过程的主导者、操控者；女性的性权利，情感的，抑或是生理的都被全然忽略。夏敬渠津津乐道的文素臣的“却色”如此，文素臣以性为武器，指使容儿、奚勤等人“以淫制淫”也如此。在这种性观念的支配下，男女之间就不可能有平等的情感交流，性在人类生活中的美好的一面也就无法得到积极的、有启迪意义的揭示。其次，作品描写的“失度”。在艺术上，《野叟曝言》有明显的“炫才”及“用力过猛”的毛病，性描写也未能避免。每个性场面、每次性行为，作者都力求“极情尽致”，毫无节制，从而影响了作品的文本价值。如写文素臣“却色”，三番五次，喋喋不休，本欲为文素臣形象增光添彩，却徒使人滋生文素臣虚伪、矫情的观感，并对作品情节的重复、雷同倍感厌烦。再如写邪佞之徒的丑恶，详写其种种性变态行为，揭露奸邪的用意掩藏于满纸的淫秽荒唐中，难逃“诲淫”之讥。但这些，并不能掩盖《野叟曝言》在性描写上的有一定新意的拓展努力及文本表现上的有一定超越意义的成就。

【注】

① 王维东、杨彩霞译,人民文学出版社 2001 年版。

②《孟子·告子》,阮元校勘《十三经注疏》本,中华书局 1980 年版。

③《礼记·礼运》,阮元校勘《十三经注疏》本,中华书局 1980 年版。

④ [宋]刘恕《通鉴外纪》,景印文渊阁四库全书本。

⑤《中国古代小说中的性描写》,百花文艺出版社 1993 年版。

(原载《明清小说研究》2005 年第 2 期)

“儒家超人”文素臣——神话及消解

杨旺生

文素臣是夏敬渠在《野叟曝言》中倾力塑造的主人公，在他身上，寄托着作者的人生理想，是实现作者创作理念的最重要的“符号”。因此，文素臣形象塑造的成败，无庸置疑地影响着《野叟曝言》的实际成就。要客观准确地评价《野叟曝言》，就必须首先“接近”文素臣，研究评析这一人物。

文素臣形象的最大特点是高度的理想化。夏敬渠将一个封建儒生所能想象到的、值得肯定、歌颂、艳羡、膜拜等等理想化的因子统统加在文素臣的身上，将之塑造成所谓的“奋武揆文天下无双正士”。鲁迅先生《中国小说史略》说：“凡人臣荣显之事，为士人意想所能及者，此书几毕载矣，惟尚不敢希帝王。”夏敬渠倾尽心力，竭其才学在《野叟曝言》中进行了一场轰轰烈烈的造神运动，呕心沥血将文素臣塑造成为一个“高、大、全”的极度理想化的神话式人物，以图垂范后世。而由于夏敬渠主体思想的局限及文本表现上的诸多缺陷，这一人物并未如作者所愿，既没有成为冠盖古今、扶正驱邪的人格榜样，也未成为感天动地的文学英雄。《野叟曝言》中，夏敬渠在文素臣形象塑造上的有意识的神话过程、特点及文本表现上的无意消解，留给我们诸多启示。

一 “文素臣神话”的构建

《野叟曝言》里，夏敬渠对文素臣的神化是贯穿始终的。文素臣生时即有异象:“素臣生时,有玉燕入怀之兆”,“文公梦空中横四大金字,曰:‘长发其祥’,又梦至圣亲手捧一轮赤日,赐与文公;旁有僧道二人争夺,赤日发出万道烈火,将一僧一道登时烧成灰烬”。幼时即显异才,并有大志,“方四岁时,即通四声之学”,“偶问其志:‘愿富贵否?’曰:‘愿读书。’‘欲中状元否?’曰:‘愿为圣贤。’”“十岁即工诗文,涉猎史子百家。十八岁,游庠后,益事博览,精通数学,兼及岐黄、历算、韬略诸书。性恶佛老,遇侫二氏者,必力折之”(第一回)。文素臣的这种出场,就已显示出,他并非普通的凡人,而是一个神人。在接着长达一百五十多回的作品中,夏敬渠用各种手段,从各个不同的方面对文素臣进行了全面的、彻底的神化,并在神化的过程中,使他身上人间的、常人的东西不断被剥离,而成为一个“超人”、“神人”。

理想。儒家思想强调入世,主张“学以致用”,“身体力行”,“天行健,君子自强不息”[①]。因此,封建士大夫无不以“安国家,定社稷,序人民”、“修身齐家”、“治国平天下”为人生追求的最高目标。从表面上看,文素臣的理想是儒家文化浸染的产物,所向往的也是“修”、“齐”、“治”、“平”,与一般的封建儒生并无二致。但仔细分析,不难发现《野叟曝言》中,文素臣的理想抱负在高远宏大上特别突出,非一般儒生能够比拟。第一回文素臣叙其平生之志说:“设使得时而驾,遇一德之君,措千秋之业;要扫除二氏,独尊圣经,将吏部这一篇亘古不磨的文章,实实见诸行事;天下之民,复归于四;天下之教,复归于一;使数千百年蟠结之大害,如距斯脱:此则弟之梦想而不敢妄冀者也!”第一百三十八回描写了其理想蓝图的现实图景:“异端绝灭,正教昌明,户尽弦诵,民安稼穑,化行俗美,中外同风,朝廷无事。”第一百三十九回借采献各地歌谣作了进一步的表述:君圣臣贤、士农工商各安其职、国防强大、社会富庶安宁等等。从作品中可以看出,夏敬渠赋予文素臣的理想抱负,是要尽除历代相沿积弊,实现“唐虞之治”,建立一个繁盛、强大、昌明的封建大帝国。同时,以儒学统一一切异端邪说,使世界思想“大同”。辅佐帝王,定国安邦,一直是历代士人孜孜以求的人生梦想。李白

"申管晏之谈,谋帝王之术,奋其智能,愿为辅弼,使寰区大定,海县清一"[2],杜甫"致君尧舜上,再使风俗淳"[3],都是如此。但士人们理想实现的舞台无不局限在君王统治下的帝国之内,而文素臣的理想却并非一中华帝国能够牢笼,他走出了国境。更重要的是,他还要用儒学统一世界的思想,这可是历代士人从未梦想过的。因此,从理想目标的高远而言,一般的儒生实难望文素臣项背。

才华。《野叟曝言》中,文素臣是一个全才,一个绝世天才。作品写素臣为国家栋梁,政治天才。《野叟曝言》通过文素臣向弘治皇帝的三次进奏,称颂了他的经邦济世之才。第一次进奏十件大事,无不为关系国计民生的重要国事;第二次进奏十二条,主要有关宫廷制度法令;第三次进奏二十六款,中心为禁毁佛、道。这些治国主张,涉及政治、经济、法律等多个方面,范围极广,它不是对封建统治某个局部的修修补补,而是一全面的、系统的施政纲领。文素臣是文学天才,诗文作得惊天地、泣鬼神,谈诗论文透彻无比,不仅常人难及,甚至佛教徒亦"如拨云见天一般",颂为"天生才子"(第十回)。文素臣是武学天才。文素臣天赋神力,作品中多有展示,一个"五六个人,不知费了多少气力,才得侧转"的铜屏,病刚愈的文素臣"把三个指头,将铜屏拈住,轻轻地撮将起来,撮至院内,向上直托起去,在院中走了几回。……忽地往上一掷,那铜屏跃起空中,离地有三丈多高"(第二十回),并从从容容地将它捧住(第二十一回)。为救解昆妹,一下扳断"三四尺粗"的台柱(第二十二回);能将一枚核桃打入站在三四十丈高的松树上的翠莲的发髻之中,这类神乎其技的描写,《野叟曝言》中不胜枚举。文素臣有起死回生的医术,精于历算,凡人生渴望拥有的才华,文素臣无不拥有,并臻极顶。甚至他生儿子的本事都非常人能够梦想,他生了 24 个儿子,连天子都自愧不如(第一百四十三回)。在现实中,文素臣式的全才人们自无缘得见,在文学作品中,也无法寻觅。

人格。文素臣有着儒家知识分子的完美、理想的人格,其一生作为,是儒家知识分子所追求的修身、齐家、治国、平天下的人格理想的具体化、形象化。《野叟曝言》第八十七回,文素臣回太子问话，可视为其人格理想的宣言："素臣辞谢，因复奏道：'殿下欲求培补之方，则《大学》、《中庸》两书俱在。体《大学》之矩，而与民同好恶，用人理财，胥得其当，天下无不平矣！体《中庸》之九经，而贯之以诚，择善固执，而达道无不行矣！达道行，天下平，而元气有不复者哉？……《大学》由意识而至治国平天下，顺而推之也；《中庸》由为天下国家而至诚身，逆而推之也。顺逆虽殊，而俱归重一诚。其入手工夫，则《大学》之格物至知，即《中庸》之学问思辩也。由学问思辩以力行，弗得弗措，而尽百倍之功，则愚者必明，柔者必强，而可进于诚。诚则能体《中庸》之九经，而形著动变，尽性恭赞，即能尽《大学》之八条目，而身修、家齐、国治、天下平……'"在修身上，文素臣始终恪守儒家纲常伦理，从不"逾矩"。文素臣熟稔儒家道德经典，并身体力行付之实践。作品通过文素臣救助孤弱、行侠仗义的壮举，常人难及的"却色"工夫，不畏豪强、惩治贪官污吏的言行，将文素臣塑造成儒家文化中修身的楷模。在齐家上，文素臣实现了封建士大夫梦想的家庭理想。他的母亲是"女中大儒"，威严而有效地管理着家庭，寿过百龄；兄嫂恭敬地、无微不至地侍奉母亲、教养子女；自己有贤惠的妻子田氏，更有美貌、才学集于一身的五个慧姬。尤为难得的是，素臣妻妾，皆谨慎持身，忠贞不二，相互和睦礼让。素臣又生有二十四子，八十三岁时，子孙多至三百三十余丁。儒家文化中，母慈子孝、妻妾相安、多子多孙等家庭生活理想，在文素臣那儿都变成了现实。治国、平天下方面，作品中的文素臣对皇帝忠心耿耿，为国家殚精竭虑，将自己的治国主张变成了现实，将乱世变成治世，实现了平天下的宏愿。以封建伦理道德标准，文素臣的人格简直完美得无以复加。

功绩。《野叟曝言》中，文素臣是只手擎天的神话式大英雄，平内乱、御外扰；昌明儒教，荡灭佛道；整肃朝纲，百姓安乐等等无不赖素臣之力。第一百四十七回描写文素臣率领属下内除奸佞，荡灭佛道；外定四夷，安边静疆。其子文麟西征印度，其友日京征服欧洲七十二国，彻底消灭异教。至此，儒教旗帜在全世界高高飘扬，各国朝驾使臣络绎不绝。天子尊素臣为"素父"，并再三颂之为

"众乐之宗":"朕以得臣素父为乐;皇后、贵妃以朕之得臣素父为乐;举朝以得友素父、事素父为乐;天下以得相素父为乐;万世以得除大害于素父为乐。是素父一人,乃众乐之宗也!"(第一百四十四回)以一己之力,而建立如此盖世殊勋,"白衣阁老只手擎天"(第一百十四回),其功绩可谓前无古人,后无来者。

从理想、才华、人格、功绩等方面,夏敬渠不断剥离文素臣身上世俗的人间的东西,而赋予他超凡脱俗的特质,使他具有了神的全知全能、偶像化的特征。夏敬渠不仅用各种手段将文素臣神化,也写明文素臣享受了神的待遇。从中土到外邦,许多地方建了素臣的"生祠",第一百四十九回,文素臣孙文施道:"高祖母、曾祖父母、祖父母,先从吴江、浙江、福建、江西、北直塑起,如今两京、十三省,俱塑遍了!外国如扶桑、日本、宾童龙、锡兰山、鞑靼、西藏各番,亦俱建有生祠,塑着浑身。现在富贵寿考,没有一些魇魅。"说明文素臣既享受了神的特权,被世人顶礼膜拜,也实际发挥着神的荫庇众生的作用。

二 "文素臣神话"的消解

夏敬渠所以神话文素臣,是想创造一个前无古人、后无来者的道德人格榜样,但作品的文本实际反映出,他的努力失败了。夏敬渠创造的文素臣神话,既不完美,也不感人。究其原因,在于夏敬渠制造文素臣神话的同时,也在自我消解这个神话,即作品的文本表现的缺陷制约了作者创作动机的实现。

神性消解了人物的人性。文学是人学,作品主人公的形象塑造,最集中地反映了作家对人性的探索,优秀的文学作品无不对人性有着充满智慧的感知和开掘。通过作品人物揭示人性的复杂性、丰富性,给读者以深刻启迪,是作家创作的首要任务。因此,作家选择的塑造人物形象的艺术方法,应有助于探索人性。对主人公进行某种神化,在文学作品中并不鲜见,但这种艺术处理,与纯粹的神话、神怪类作品尚有根本的区别,而往往是一种"类神化"。

如《三国演义》中，关羽一生忠义的道德品质、超群逸伦的奇勇神威、磊落儒雅的迷人风范，集中体现了封建时代的理想人格特征，成为一个高于现实、超越现实、近乎完美的“类神化”英雄。但关羽“类神”——像神，但他仍是人，是一个既有完美人格又有缺点和错误的有血有肉的人。《三国演义》充分展示了关羽的性格弱点，如目空一切的自信和极度的虚荣、盲目轻敌等，并揭示了他性格弱点导致的严酷后果。因此，关羽尽管具有超人的“类神”特质，但仍然是一个人间的英雄，不是完美无缺的神。“类神化”的艺术处理，并不影响对关羽人性的揭示，从他身上，我们既能看到常人难及的英雄的光辉，也能看到人性的弱点，显得可敬而又可亲。而《野叟曝言》中的文素臣却不是“类神”，他具有神的一切特征。《野叟曝言》对文素臣神性的描写强调可谓无所不用其极。作品中，文素臣无所不知，无所不会：理学，上继孔孟，下承程朱，自帝王至百姓，以能听其教诲为人生最大幸事。文素臣也以孔孟、程朱的代言人自居，不放过任何机会宣讲程朱理学；文学，俨然天下第一才子，其论诗，必引人拜服，作诗，必使人钦仰；武学，无论运筹帷幄，还是临阵制敌，皆无与伦比；医学，理论上可开宗立派，医术可起死回生；天文历算、神仙方术等等于文素臣亦属雕虫小技。作品中，文素臣不会做错事、说错话，在任何事情上，任何人面前，他都代表着真理。文素臣无所不知，无所不会，是一个全知全能、完美无缺的神。文素臣的作用也非常人能够比拟，他威力无边，操控着人间的一切：他操控政治，铲除邪佞、安邦定国、造福百姓，一切如离开文素臣，将成为镜花水月，皇帝也会成为昏君、暴君、亡国之君；他操控男女之情，无数绝代佳人拜倒在他脚下，而他凭无人能及的“却色”功夫从不逾矩，困扰芸芸众生的情爱文素臣能够取舍自如；他操控着人们的吉凶祸福，顺之者昌，逆之者亡……对于这样一个法力无边的神，我们除了匍匐在他脚下顶礼膜拜还能做什么，还敢做什么呢？神化文素臣的结果，是让他高居于世人之上，从人性上割断了他和常人的联系，因此，他或许让人敬畏，但绝不可亲。

文学作品应该展现人性的丰富性，在诸多方面启人思索、给人教益。而在《野叟曝言》中,由于文素臣全知全能,总是无所畏惧,因此我们看不到文素臣的恐惧,那种与常人相伴终生的对命运的不可知,面对自然和社会,痛感个体力量渺小的恐惧;文素臣能轻易地获得一般人梦寐以求的权利、金钱、美色,并且可以随心所欲地、高尚无比地处置它们,因此我们当然看不到文素臣抵御各种引诱的心灵煎熬;皇帝、天下百姓少不了文素臣,文素臣的作用无与伦比,他心想事成,因此,在他身上,我们也就无法真切体会那种时刻侵蚀古代士人的怀才不遇的痛苦。一个文学形象,如果不能反映人类的普遍情感,展现人性的丰富性、复杂性,它的文学价值必然大为削弱。

神性消解了人物的个性。佛斯特在《小说面面观》中论人物性格时说:"我们可以将人物分成扁平的和圆形的两种。""扁平人物""依循着一个单纯的理念或性质而被创造出来","真正的扁平人物可以用一个句子描述殆尽"。"扁平人物的好处之一在易于辨认,只要他一出现即为读者的感情之眼所察觉";"第二种好处在于他们易为读者所记忆。他们一成不变地存留在读者心目中,因为他们的性格固定不为环境所动;而各种不同的环境更显出他们性格的固定,甚至使他们在小说本身已经湮没无闻之后还能继续存在"④。所谓的"扁平人物",即人物的性格缺少个性,概念化、简单化,"圆形人物"则与之鲜明相对。《野叟曝言》中的文素臣,无疑是一个典型的"扁平人物"。首先,"奋武揆文天下无双正士"即"超现实的神人"一句话完全可以将文素臣的形象"描述殆尽"。作品中,文素臣形象的塑造,完全成为这个既定概念的演绎。任何时刻、任何场合,文素臣都在"奋武揆文";任何言行,每一句话、每一个动作,文素臣都是"天下无双正士"。张扬文素臣神性的同时,其个性被极大地忽略。

说《野叟曝言》对文素臣的个性毫无揭示,当然是不公正的。一些章节片段,也写出了素臣富有人情味的有个性的一面。如第二十回写素臣哭未公,"直声喊哭,大痛无休",边哭边诉,"益加号叫,竟哭晕在地,不省人事"。素臣既哭未公知遇之恩,亦暗伤己身遭遇,知音难觅,哭中刻画出素臣的真情至性。第二十一回,文素臣听说好友长卿病重,“心如刀割,顾不得任公在座,竟是放声大哭”,顾不上吃饭,未带盘费,昼夜不停地赶到京城。偶遇双人,得知长卿未病:“又李(素臣)喜得鼻涕眼泪都笑将出来道:‘既是没病,谢天不尽了!大便甚急,且出了恭来,和你细讲罢。’”生动地写出了素臣心系朋友安危、真情流露的个性。回末总评对此段描写也甚为欣赏:“又李闻长卿有病,便自放声大哭,即此告别,立刻进京。写朋友之情至此至切,伐木、车笠诸诗歌俱可废矣。”但《野叟曝言》中这类真切描摹文素臣个性的地方太少了。在大多数时候,文素臣是一个概念化、脸谱化的人物。在皇帝面前,他是一个赤胆忠心、鞠躬尽瘁的忠臣,说的永远是治国平天下的话、做的永远是保国安民的事,看不到个人的喜怒哀乐;在母亲面前,他永远是一个孝子,唯唯诺诺;在朋友面前,他永远温良恭俭让,一言一行,无可訾议;甚至在喜爱他的女性面前,他也永远礼字当头,从不逾矩。文素臣完全成为作者创作理念的图解,成为一个“类型人”,而不是一个活生生的、独特的“个性人”。

神性消解了人物的命运悬疑性。文学作品中,作为“人”的主人公的命运牵系着读者的目光和心灵,读者总是关注着主人公的生活遭际、世事浮沉,为主人公遭命运之神的播弄而提心吊胆。主人公的命运越充满变数,读者的阅读期待就越强烈。但如果主人公是一个全知全能的神的话,他的生命轨迹就是恒定的,即无往而不胜,对读者而言,人物命运也就失去了悬疑性。《野叟曝言》在第一回就对文素臣的神性予以突出强调:“文素臣这人,是铮铮铁汉,落落奇才,吟遍江山,胸罗星斗。说他不求宦达,却见理如漆雕;说他不会风流,却多情如宋玉。挥毫作赋,则颉颃相如;抵掌谈兵,则伯仲诸葛。力能扛鼎,退然如不胜衣;勇可屠龙,凛然若将陨谷。旁通历数,下视一行;间涉岐黄,肩随仲景。以朋友为性命,奉名教若神明。真是极有血性的真儒,不识炎凉的名士。”在读者眼中,这样一个神人,他的命运不会有太多的波折,不会遭逢什么真正的攸关生死的考验。作品的文本表现实际也确是如此。《野叟曝言》

中,文素臣也遭遇过一些困境,如探望鸾吹时身染沉疴、弹劾奸佞被阁臣安吉拟旨"即时处死"、落入李又全圈套身陷淫窟、攻打困龙岛落入大海等,一些描写也不乏引人之处。但首先,这类描写在长达一百五十四回的巨著中犹如吉光片羽,它们只是文素臣无往而不胜的人生之路的点缀,对读者的整个阅读心理影响甚微。其次,在神化文素臣的写作思维支配下,作者描写文素臣遭遇的不多的困境时,手法太过简单,困境的化解过于轻易。如文素臣深明医理,又得懂医的素娥倾力救护,伤寒痊愈自在情理之中;神童谢红豆的几句话即将"即时处斩"的危险化为无形;落入李又全淫窟,成为文素臣伟岸阳道与"却色"功夫的表演,危险性当然有限;攻打困龙岛落海则是文素臣自导自演的障人耳目的戏!夏敬渠千方百计地强调文素臣的全知全能、无往不胜,也使读者对他的命运轨迹一览无余。缺少了阅读期待,文素臣形象的艺术魅力和感染力自然大打折扣。

由于夏敬渠塑造文素臣形象时,背离了文学创作的一般规律,形成了一系列的、严重的文本表现的缺陷,使他在制造文素臣神话时,又不自觉地消解了其神话。

三　文素臣形象的文学意义

夏敬渠神化文素臣,制造出一个文素臣神话,又因为艺术上的缺陷消解了这个神话,塑造了一个总体上失败的文学形象,并极大地影响了《野叟曝言》的文学价值。但是,这并不意味着文素臣形象毫无文学意义,如从文学史的发展流变来考察,这一人物还是颇具认识价值的,有着不可偏废的文学地位。

文素臣是文学史上最重要的"道学家"形象,这一人物形象对我们认识康乾理学及理学对文学的深刻影响有不可忽视的意义。清王朝建立,以理学为官方意识形态,出现了一大批理学名臣。乾嘉时期,虽汉学如日中天,"人人许郑,家家贾马"。但理学仍有强大的影响,坚持理学的著名学者难以尽数。这种社会思潮,必然在文学创作中得到体现，而《野叟曝言》中的文素臣，正是康乾时期理学思潮在文学领域最集中、最典型的反映。《野叟曝言》开篇即言明文素臣为“道学先生”、“本朝第一位贤臣”。作品从各个方面揭示了这位“道学先生”的理学追求及道德实践。

康乾理学家将讲求心性修养视为发扬孔孟程朱的根本，强调修身养性的内圣工夫，注重立言与道德实践的一致。如韩梦周《与彭允初书》所言，“圣贤之学，其大要有三：以存养为根本，以省察为修治，以穷理为门户”，而“所谓穷理者非他，盖即穷其所存养者而已矣，穷其所省察者而已矣”[⑤]，极端重视修身养性。文素臣的理学信仰来自于其母亲水夫人关于“忠孝仁”的教导：“仁者人也，人受忠于天，即有此仁，非此仁，无以为人。仁于事君即忠，仁于事亲即孝，本是同条共贯。……夫孝始于事亲，中于事君。故资于事父以事君，则移孝作忠，而尽忠即所以尽孝。处常则靖共夙夜，处变则杀身成仁。君者，亲之君也，成仁，即以成孝。若守定省温凊之小节，临深履薄之常经，临难苟免，贪生舍义，在国为乱臣，即在家为逆子，此知孝而不知忠之蔽也！赵苞之忘母死战，嵇绍之忘父事仇，操切以抗颜而激成已甚之祸，慷慨以受托而置诸危亡之途，此知忠而不知孝与仁之弊也！”忠君、孝亲与爱人，这是理学家所谓“修身养性”的根本内涵，作品中，它们成为文素臣理学思想的内核及其行动的纲领。文素臣是忠君的典范，把君臣大义放在人生首位，从不违逆。文素臣是大大的孝子，对母亲水夫人的敬仰、尊崇无以复加，远游归来，“素臣跪下，抱住水夫人双膝，涕泗横流”（第五十五回）。他常睡在母亲房中，“捧脚呜咽”。新婚之夜，还坚持如此。文素臣是一个充满仁爱之心的人，路见不平，他拔刀相助，救人于水火，解民于倒悬，为朋友两肋插刀……甚至祸害过他的人，他也能以德报怨，如在山东莱州，他救出了随时有杀身之祸的妖道李又全的妻妾等。文素臣是理学家“修身养性”思想的代言人及人格榜样。

康乾理学将抨击陆、王，辟佛斥道作为最重要的学术任务，学者的此类论述不胜枚举。《野叟曝言》中，文素臣亦将抨击陆、王，辟佛斥道作为奋斗终生的行动目标。文素臣在许多场合批驳了陆、王对孔孟程朱的蠹害,第一百二十四回,向孝宗陈十二事,明确提出"禁生徒传习陆九渊伪学,撤从祀圣庙主"的严厉措施。文素臣对毒害儒学的佛、老深恶痛绝,他以灭绝佛、老为终生使命,利用一切机会弘扬儒学,痛斥佛、老对人心的腐蚀及对国家社稷的危害⑥。通过文素臣辟佛斥道的不懈努力,终于实现了"异端绝灭,正教昌明,户尽弦诵,民安稼穑,化行俗美,中外同风,朝廷无事"(第一百三十八回)的美好社会理想。因此,文素臣是康乾理学家抨击陆、王,辟佛斥道思想浸润而成的文学典型,他身上,集中折射出康乾理学家的思想宗尚和学术追求。

康乾理学家特别提倡崇实黜虚,注重将理学原则运用于个人修养及维持社会的稳定,不满无关治道的空谈性理,言行不一,如陈宏谋《寄家圣泉法书》言:"近世言学亦知遵尚朱子,而用功只凭口耳,逞技惟在词章,终日读书作文,未知所读之书于己何益,所作之文于世何用?其业居然,读书人亦未尝不以读书人目之,究之于身世,毫无所益,甚有所行所存与书全相反者,使世人谓书可以不读,读书不必有用,当由于此。是当以圣门知行合一之语,因人指点,随时印证,庶几挽颓风于万一耳。"崇实黜虚是康乾理学的重要时代特征。《野叟曝言》中的文素臣,虽然对儒学教义熟谙于心,有机会必宣讲一通,但他的着眼点还是在实干上,即把孔孟程朱的思想用之于修身、齐家、治国、平天下的实践。为了至君尧舜,富国安民,文素臣提出了系统的治国方略,如任贤拒奸、革除弊政、宽政恤民等等,并出生入死,建立起丰功伟业。因此,可以说文素臣是康乾理学家崇实黜虚理念的集中体现者。

文素臣这一人物形象,是康乾时期理学的一个活标本,他身上体现了理学家的思想、道德追求及行为实践,通过他,我们可以更真切、更形象地认知康乾理学的特点,以及理学对当时的社会生活、文学创作的实际影响。从此层面看,文素臣形象的意义是难以湮没的。

在艺术上,文素臣形象的塑造既有值得肯定的有价值的探索特质，也有失败的教训，而这两个方面，都是中国古代文学研究所不能偏废的。

作者理想寄托方式的独特性。文素臣是夏敬渠殚思竭虑塑造的作品主人公，是一个独特的文学形象，不能等同于作者[7]，但在文素臣身上，又寄托着夏敬渠的全部理想，作者把生平所学的、所做的、所梦想的，完全寄托在这个小说人物身上。这种理想的寄托方式，有着鲜明的独特性。

葛贤宁《中国小说史》第十一章《清代传奇与理想的小说》言："清人以传奇小说，寄托人生与社会的各种理想，而复以才学见称者，为夏敬渠的《野叟曝言》和李汝珍的《镜花缘》。"但《野叟曝言》与《镜花缘》等作品寄托理想的方式、特点实有不同。《镜花缘》采撷前人典籍，旁收杂取，诸子百家、琴棋书画、医卜星相、音韵历算，甚至双陆马吊、射鹄蹴球、斗草投壶、灯谜酒令等无所不包，成为"学术之汇流，文艺之列肆"[8]。但《镜花缘》在结构上分为前后两大部分，前五十回写秀才唐敖泛海出游及唐敖女小山海外寻父，遍历艰险的故事；后五十回，写武则天大开女试，由诸花神托生的一百名女子均被录取，她们在人间饮酒赋诗、论学说艺、弹琴游戏，尽显其能的故事。作者的理想寄托在唐敖父女、众多才女身上，是一种分散式的寄托。实际上，我国绝大多数的长篇小说，作者的理想都是"分散"寄托在不同的人物身上的。《西游记》、《水浒传》、《三国演义》、《红楼梦》等莫不如此。作为仕途坎坷、生活困窘的落魄士人，夏敬渠有着太多的无法实现的人生梦想：政治上，致君尧舜，利国泽民；生活上，孝亲抚幼，自在安乐；理学上，继承孔孟，发扬程朱……《野叟曝言》采用单一主角的方式，将全部人生理想都寄托在文素臣一人身上，并在文学的世界中，让它们一一变成了现实。较分散寄托而言，这种整体寄托可以更集中地映射作者的人生理想，更有效率地表达作者的创作理念。尽管《野叟曝言》的整体理想寄托方式，强化了文素臣形象的神性特点，文本表现上有缺陷，但作为一种创作模式，它还是有着独特价值的，它提供了中国古代小说作家理想寄托的有重要价值和研究意义的类型。特别是，中国古代小说注重塑造人物群像,极少单一主角的作品,《野叟曝言》中的唯一主角文素臣的形象意义更应值得关注。

《野叟曝言》中的文素臣形象,为我们提供了一个企图通过神化,塑造"高、大、全"的主人公的失败的样本。它告诉我们,在生活中,不存在十全十美、完美无缺的人。文学虽高于生活,但不能违背生活规律,塑造一个"高、大、全"的亘古无双的文学典型,同样是难以成功的。这是文素臣形象给我们的启示,也可以说是《野叟曝言》的一个贡献,我们不应忘记夏敬渠这个"失败的探索者"。

【注】

① 朱骏声《六十四卦解》卷一,中华书局1988年版。
② 李白《代寿山答孟少府移文书》,《李白文集》,上海古籍出版社1993年版。
③ 杜甫《奉赠韦左丞丈二十二韵》,杨伦笺注《杜诗镜铨》,上海古籍出版社1980年版。
④ 佛斯特《小说面面观》,花城出版社1981年版。
⑤ 韩梦周《理堂文集》卷三,清道光静恒书屋本。
⑥ 杨旺生《〈野叟曝言〉辟佛斥道思想论》,《南京理工大学学报》1999年6期。
⑦ 杨旺生《〈野叟曝言〉的创作动机及对文本价值的影响》,《明清小说研究》1999年3期。
⑧ 鲁迅《中国小说史略》,人民文学出版社1973年版。

(原载《南京农业大学学报(社会科学版)》2005年第2期)

论《野叟曝言》中文素臣与民间制度的博弈

韩希明

《野叟曝言》塑造的理想形象文素臣是一位以心灵的坚忍刚强和旷达超越显现自我意义生命存在的理性圣人。这样一个被神化的"真儒",其奋斗轨迹是逐渐上升的:以壮游、拯治乱世为起点,以除暴安良、辅佐君王安邦定国为主轴(角色的自我定位);以谋求同道、兴盛宗族为辅线(角色的自我充实);以"奋武揆文天下无双正士"的至高荣耀为终结(角色自身价值的充分肯定)。明清小说的其他优秀作品往往是让主人公在背离社会规范的行为中求得成功。他们摆脱家庭义务,自主选择自己的感情依恋者,或者是意中人,或者是"义结金兰";他们要么既与国家制度相抵触又与民间制度抵抗,要么只是暂时摆脱民间制度的控制却又行走于国家制度规定的空间(按:民间制度是人们在长期交往过程中无意识形成、具有持久生命力并构成代代相传的文化的一部分,主要包括价值观念、伦理规范、道德观念、风俗习性、意识形态等因素,来源于民俗,其构成核心则是传统意识形态。因为它不仅蕴涵价值信念、伦理规范、道德观念和风俗习性,而且还可以在形式上构成某些国家制度的先行模式)。相比之下,文素臣的确很特殊,他简直就是超级大侠,这个形象的塑造完全凭借民间叙事的种种技巧;在朝廷和草野之间,他有所越轨又有所规避,因而成为一个具有神奇色彩的大儒。

文素臣以母亲的孝子、君王的谋士、百姓的斗士这样几重身份成就伟业,除了得益于国家制度的保障、得益于母亲水氏的教导和支持，还在于他按己所需合理利用了民间制度的庇护功能，比如以联姻、结拜扩大宗族势力，壮大社会控制力，他的经历也充分显示了江苏民间制度坚实的儒学伦理底蕴。

一　尊母重孝与救世理想

清朝是二元结构社会，除了国家政权，具有巨大社会控制力的还有兼政治、经济、文化等多种功能的宗族。《野叟曝言》中文氏宗族得到了君主的承认和支持，是因为文氏宗族的目标与国君的理想在本质上是一致的：都能将社会秩序维持在同一限度以内。

文素臣的奋斗轨迹，始终在母亲水氏的操控之下。而水氏的行为准则，是不折不扣地遵循礼教，为此，她宁可与现行民间制度相悖。

第一，最为突出的是文素臣的纳妾行为和水氏的态度。

清代没有禁止纳妾的法律规定，民间则存在着对于纳妾的理由、纳妾数量的认可标准，对出于承祀继世需要的纳妾从来表示支持和默许，否则便将遭到非议。作为文素臣成功标志之一的纳妾则是这样的情形：娶璇姑是"我留心算法，到处讲说，绝少会心之人"，"海内虽无高弟，闺中自有传人"；娶素娥是因为"此病非汝不生，感人肺腑"；看重湘灵"女子中怎有如此奇才，须眉男子俱拜下风矣"，"负此良友，岂不痛哉！"尽管这些妻妾使得文氏宗族达到鼎盛，但我们可以看到，他纳妾意在传播光大儒学、壮大清除佛老的力量、报恩，并非首先出于子嗣的考虑；文素臣的二妻四妾，其中的一妻（右夫人）一妾（林天渊）为皇帝赐婚，这是最高统治者对他的奖赏、信任，同时也是向天下昭示君臣之间联盟的重要形式。

第八回文素臣对璇姑说"妾乃侧室，并非婢仆下人"①，并非虚言；第五十五回，水氏令文素臣以子婿之礼拜见湘灵的母亲任夫人，任夫人说："小女非系正室，还该常礼。"水氏答曰："令爱名门淑质，与小媳现俱姐妹称呼，自当拜见，不必过谦。"第五十七回水氏又强调素娥和湘灵“不比寻常妾媵”，两人含羞不出，田氏则道：“两位妹子，怎落那小家儿女娇羞俗套？”可见在文家，与一般民间惯例不同的是，妻妾间有名分之别，却没有尊卑之差；嫡庶之辨是宗法制的重要原则，但文素臣妻妾所生的子女得到一视同仁，同尊同贵，也并没有嫡庶差别。

第二，日常家居以及如何处理妻妾婆媳之间关系时惟母命是听。

文素臣对随氏宣讲“女子四德三从”时说：“若子有过失，当严切训戒，不可任其胡行，但将此身命，与子胶粘一片，贫富苦乐，安危生死，分拆不开，便是从子。”（第七十回）这其实是他对妻妾以及其他社会女性的要求，在母亲水氏面前，他只有绝对服从，无论是出行、纳妾、科举这些人生重大事件还是细小到晚上在哪个妻妾的房间过夜，他都不折不扣按照母亲的意愿去做，从无违拗。

第三，在水氏指导下处理主仆关系。

《野叟曝言》中文家、未家、东方家和任府等家中的奴仆，一如《大清会典事例》规定：“俱系家奴，世世子孙，永远服役，婚配俱由家主，仍造册报官存案。”[②]文素臣反对佛老的成功，那些忠实的奴仆是重要的生力军，而这些奴仆是他那位至贤至善的母亲水夫人细致入微调教出来的，水氏甚至细化到给下人改名：“佛奴不好，改叫玉奴吧。”（第五十七回）

第四，家教主要体现在水氏对子媳孙辈的严厉训诫。

在文素臣每一个重要的人生关头，水氏都侃侃而教，严加训责；在夏敬渠笔下这种家训甚至有了神力，就连自襁褓中失散、二十五年后重逢的女儿遗珠也深得其母真传，令天子称赞“太夫人胎教定是不凡”（第一百十八回）；文素臣长子文龙“瞒得合家铁桶”应试，“高中乙未科第八名进士”，文家的反应却是“田氏捏着两手冷汗”，“龙儿更是着慌”，水氏责备“还有甚么家法！四十大板是该打的”，把小状元惊得“厥晕在地”（第一百二十二回）。

家庭是社会的细胞，家庭内部、家庭之间、人际之间建立起来的秩序构成社会运转秩序，这些地方却也是国家政权与国家制度鞭长莫及之处，有雄厚民众基础且因贴近世俗生活形成的民间制度能够弥补国家制度的不足。中国传统道德观以“家”为最重要的考量，伦理的判断离不开这个最重要的关怀，文素臣的这个“家”堪称典范。

二 联姻重情与治国安邦

与贾宝玉将大观园女儿们的情感作为逃避之所迥然不同的是，文素臣与美丽多情女子的每一次交往，都是他成就伟业的一个策略性过程；与孙悟空对女性的本能仇视也不同，文素臣无论是忽而心如铁石坐怀不乱、或是忽而放荡迷乱情色疯狂，都成为他展示决心和实施道德整合的实际操作中的重要环节。

家庭是以两性婚姻为基础的夫妻关系和亲子关系的直接反映。以夫妻关系为轴心，分别从男方（丈夫）和女方（妻子）扩展开去，形成一个纵横结合的家族体系，纵向血缘的宗亲关系就是宗族，横向基于婚姻关系产生的姻亲关系，包括配偶的父母、兄弟姊妹和其他血亲及他们的配偶。宗亲集团和姻亲集团构成了家族的两翼。文素臣主要是依靠横向的姻亲集团。

文家、未家、任家相互之间的联姻是文素臣成就伟业的重要基础，不仅是人力资源得到保障，这种联姻还为他提供了一个平安稳固的大后方。文素臣的妻妾是他的同道和战友，与此相应的，妻（妾）兄（弟）更是他的得力助手；就连皇帝也成为他的姻亲，且“上皇亦疑先生，若此姻不就，疑必更甚”（第一百十八回）。与皇帝的这种亲戚关系，事实上实现了与国家制度最大程度的一致。皇家联姻的前提是文素臣在皇帝即位前就曾被拜为“父师”，“身未膺朝廷一命之荣，而缺老母定省之节，弃妻妾家室之欢，干冒锋镝，披带霜露，涉险蹈危，屡濒于死，以靖国难”（第八十八回）。“国家征用民间仪式，把民间仪式纳入国家事件，成为它的组成部分。在这种情况下，国家提供舞台，或者说，国家就是现场，民间仪式应邀走出民间,参与国家的或附属于国家的活动。”[③]由此我们可以联想到《西游记》中李世民的阴间舞弊,本质上与《野叟曝言》中皇帝与文素臣的联姻其实是一致的,从另一侧面显示了民间制度的神通广大。

婚姻是达成社会人文资源互通的渠道,经过长期积淀,实行通婚和礼品社会交换的家族可能形成比较固定的关系,由于文素臣纳妾的目的志向高远,由众妻妾构成的婚姻圈辐射朝野。“通过女人的流动与交换建立起来的姻亲关系在家庭之间、宗族之间、村落之间展开互动的结果,就是超地方社会的形成。作为超地方社会形成的方式之一,姻亲关系以各种形式述说着某种稳定的社会关系和人文风貌。由于联姻这种文化手段实际上和宗族制度共同成为建构乡土社会的主要方式,因此我们可以说是亲属关系以纵横两种形式提供了某种贯穿于中国乡土社会层面的联结力量。”[④]

小说描述文素臣伟业有成,赖姻亲的支持;伟业后继有人、宗族兴盛之势,当在他儿孙辈姻亲的显赫兴旺。第一百二十四回中,“无数皇亲国戚,勋臣显宦家,见小状元迎过,无不垂涎,请了势要官员,伶俐媒婆,争先到门撮合”,“更有骑着快马,打着火亮,赶来说亲的”,文家的亲友顿时紧张起来,纷纷欲与文家结亲,“该作急请媒说合,若被别人先下了手,就懊悔嫌迟了!”一时间众亲友与文家子侄聘嫁之礼竟热闹非凡。在《野叟曝言》中缔结姻亲的特点之一是:女子主动,女方主动;特点之二是:姻亲为他实现宏伟目标提供了物质和精神两方面的保证。大清律“男女婚姻”条曾明言:男女婚姻各有其时,或有指腹割衫襟为亲者并行禁止。社会控制力是国家能力的重要体现,国家能力又反过来直接影响了社会控制力的能量大小与最终实现。在传统中国社会里,国家能力主要就是皇权的控制力量,然而,从小说的描述我们看到,官僚体制对僧侣的异端行为及其蔓延无能为力,就连皇帝本人也利用姻亲关系丰满羽翼。

文素臣的兄长心如止水,专心修身,与世无争,不能像文素臣那样指点江山、叱咤风云。要成就大业,文素臣必须具有姻亲这样可利用的亲戚资源。文武兼备或是富足有余的姻亲成为同盟军,这也是为文素臣形象增添的又一个光环。小说的结尾,文素臣与他的朋友共十人各选自家孙儿中的优秀者作为日后的朋友,尤其是血缘关系加上虚拟血缘关系扩展而成庞大建制。

三 结拜重义与大展宏图

水氏曾言,“今人动辄拜认干娘义母,是我生平所最恶之事”(第三十九回),虽并不像宋江、岳飞等好汉一样处处结拜兄弟,但也不乏结义兄弟,更有甚者,天子屡有“亦新得一妹”(第一百十八回)之事。

按《大清律例》规定,凡异姓人但有歃血定盟焚表结拜弟兄者,照谋叛未行律,为首者拟绞监候,为从减一等;若聚众至二十人以上,为首者拟绞立决,为从者发云贵两广极远烟瘴充军;其无歃血盟誓焚表情事,止序齿结拜弟兄,聚众至四十人以上,为首者拟绞监候;四十人以下二十人以上,为首者杖一百,流三千里;不及二十人,为首者杖一百,枷号两个月;为从各减一等。若年少居首并非依齿序列,即属匪党,渠魁聚众至四十人以上者,首犯拟绞立决,为从发云贵两广极远烟瘴充军,未及四十人者,为首拟绞监候,为从杖一百,流三千里。禁令不可谓不严。《野叟曝言》第六回中有衙役见刘大郎家一地鸡毛便认定是作奸犯科歃血为盟,遭到了训斥:“地下有鸡毛,便是歃血结盟,大户人家,日日宰鸡,便是日日结盟歃血么?”可见当时严禁歃血结盟是人所皆知的律令。但是,一向标榜自己要为朝廷竭尽忠诚的文素臣,遇到奚奇、叶豪为首结义的十二兄弟领导的东阿盗帮,却道“我将来倘有际遇,用得着你们之处,即写书来提拔你们”(第十三回),从此以后,文素臣在东至福建和台湾、南至苗寨、北至辽东、西至长安的游历中,结识了不少这样的民间组织头领,都并未依律处置,而是将这样一种富有弹性、不受血缘、地缘、社会阶级限制的自发性社会组织,将这样挑战既有社会秩序的一股股民间危险力量，收编为维护国家制度的同盟军、预备队。

文素臣本人的结拜行为，其功利色彩极其浓郁，结拜的目的是组成政治利益共同体，结盟团体服膺政府、家族的权力。第四回中鸾吹欲以身相许报答文素臣的救命之恩，文素臣充分考虑到男女单独相处可能造成的不利舆论影响，断然决定与她结为兄妹："能使今夜之嫌泯然无迹，不留着旁人话柄。"在危急关头帮助过他的洪长卿、景日升等，都是他的结义弟兄。明清小说中其他的结盟者经常以效忠自己的团体为最高且唯一的道德考量，在"忠义"的前提之下，将暴力和血腥合理化；在团体的纪律、团结及维护自身的利益之外，别人的权利及整个社会的秩序经常受到藐视。文素臣则明确而坚决地将结盟行动作为实现宏图大略的一个环节，他的兄弟结盟也不是一个个真正具有平等主义精神的社会组织，而且小说更强调文素臣与这些兄弟的姻亲关系，此类描述与全面提升文素臣形象伦理高度的创作目标是完全一致的。

在传统中国社会，宗族是最核心的社会组织，也是唯一最具有持久稳定性、牢不可破的社会组织。其他任何社会组织比如兄弟结盟、宗教团体等，都不能与宗族相提并论。结拜兄弟这种方式挑战了传统上以血缘为主的社会结构，强调他们之间的关系是像亲兄弟一样牢不可破的血缘关系，但事实上却又是表明这样的情分可以不必基于血缘。这有悖于国家制度所认可的宗法制，所以，在诸兄弟抢着成为文家姻亲的情节之外，我们看到皇帝也认民间的传奇女子为"御妹"、为公主，但"御妹"和公主冠冕堂皇的身份是与文家结亲之后的"右夫人"、"林媳"。以皇帝来作为陪衬，这里我们看到了作者为保证文素臣形象完美无瑕而自圆其说的艰难。

文素臣主持的盟誓仪式很简单，作品没有做铺陈的描述。盟誓的前提很明确，所强调的"忠义"道德伦理是考量的标准，亦从未改变。有人在誓盟中起重誓，以此表明效忠文素臣的决心。还在赌咒中诅咒违背誓盟的人将来必定遭受神明的惩罚。为了保证文素臣形象的完美，这些盟约团体空前团结一致，不像其他明清小说作品中描述的那样，需要由其他人代天行道，直接把背盟者应受的惩罚付诸实现。

《野叟曝言》描述的是阴阳之战。文素臣毫无疑问代表着"阳"，与正统政治秩序一致，但习惯描述中代表"阴"的女性在这里有了不同的涵义，有的相遇即为同道，有的虽曾经拖累过他，但获救之后成了与文素臣并肩前行的战友，甚至他的母亲水氏还率领家族宗亲中的女性团队协同作战。"阴"在作品中不再是其他小说中习惯描述的悍妇、妒妇、泼妇，而是残害妇女、危害社会的邪恶势力，如那些恶和尚、坏道士、狐假虎威的太监、游手好闲的泼皮无赖、形形色色的妖怪。作品中几次提到了"三月初三"这个日子，并不是偶然的巧合。第一次是在文素臣到杭州遇到的一场由妖术制造的特大狂风暴雨大潮，日期未曾确切写明，但后来提及时明言"三月初头"；第二次是在第一百回，叛军为了羞辱文家妇孺，威胁要将裹脚布剥去，令她们赤足过堂；第三次，文素臣之子文龙状元及第。有研究者考证，清代殿试一般都在四月十六日举行，小说的这种安排是故意的改写。古时候，三月三即为上巳节，而上巳原本的含义是巫术性的，从汉代开始，巫术性祓除与娱乐性活动并举。魏晋南北朝后渐渐变得娱乐性压倒巫术性。到清代时，上巳节俗早已"躲"进清明里[5]。同时，在先民那里，三月三又是性自由日、性狂欢日，在作品中这个日期的真正含义尚待研究，但从故事情节来看，由于文素臣的不懈努力，儒学文化得以复兴，正统秩序亦得以恢复，"阳"终于战胜和统治了"阴"，这一点则是确凿无疑的。

文素臣奋斗的信念始终不变：儒学必胜。不仅如此，他还宣扬，笃信正统儒学好比服用良药，能使人的精神和肉体都强健起来，他自己就是一个显例。文素臣除了子嗣兴旺，成功的标志还有他帮助过的人立了他的长生牌位日日顶礼，他的家乡吴江县还为他和母亲建造生祠，焚香膜拜。

《西游记》写了一个在神奇的幻想世界中原本自由狂放的英雄

最终归于世俗“正果”的故事，而《野叟曝言》则展示了一个在世俗世界中的文士凭借无端的神力最后实现理想的春秋大梦。孙悟空对民间制度的嘲弄和挑战都归于徒劳，而文素臣则以遵循民间制度而成功，这表明，民间制度文化的本质是符合国家利益、符合统治者愿望的儒学伦理；对于守制、守礼，文素臣认为“常则守经，变则从权”（第二十五回）。在封建文化式微之时，《野叟曝言》以民间制度与国家制度的矛盾、冲突、调和作为叙事框架，并将民间与正统的结合点置于主人公一身，让文素臣担当起倡导儒学道统、重整政治秩序的重任，他的游历、冒险，无论身处何种境遇，目标始终不变。文素臣的奋斗指向始终明确，就是反对灭伦害理的佛老。因为佛老导致了社会普遍的道德堕落，直接造成了社会秩序的混乱；淫荡的和尚道士直接残害无辜的女性，他们的无良行为竟然还得到官府的庇护。“小说中用来宣扬儒家行为的修辞和图释法（iconography）都取自理学的象征符号与道德逻辑。请注意，这些符号和道德逻辑又受到佛家善恶报应故事中那些严密的叙事逻辑、象征主义和主题的深刻影响。除了某些惩戒性的或歌功颂德的作品外，正统儒家修辞很少是纯粹抽象的；为了显得新颖并吸引读者，它必须让混乱造成的恐惧持续出现在读者心中，它得描述社会和道德秩序的崩溃，并且表现儒家的实践如何靠重建秩序而解决了危机。”[6]试图用儒学来复兴中国文化、政治的至尊地位，是《野叟曝言》作者的理想，也是作品得到重视的重要原因。

【注】

① 夏敬渠《野叟曝言》，青岛出版社1992年版，第79页。

②《大清会典事例》卷三，清刻本，转引自夏桂霞、夏航《〈红楼梦〉中贾府奴仆所反映的清朝奴婢制度》，《黑龙江民族丛刊》2008年第3期。

③ 高丙中《民间的仪式与国家的在场》，《北京大学学报》（哲学社会科学版）2001年第1期。

④ 刁统菊《亲属制度研究的另一路径——姻亲关系研究述评》，《西北民族研

究》2009 年第 2 期。

⑤ 参见翁敏华《三月三上巳节失落之谜初探》,《云南艺术学院学报》2006 年第 1 期。

⑥ [美]艾梅兰著,罗琳译《竞争的话语:明清小说中的正统性、本真性及所生成的意义》,江苏人民出版社 2005 年版,第 13 页。

(原载《明清小说研究》2010 年第 2 期)

扩展正统性:《野叟曝言》的叙述过度与行权所体现的真

[美]艾梅兰 著　罗　琳 译

本章中所要讨论的最没有名气的一个文本——夏敬渠(1705—1787)的《野叟曝言》——为《红楼梦》和下一章要论及的两部晚清小说中对女子气的理想化提供了一则饶有趣味的反例。尽管《野叟曝言》大量利用了才子佳人故事的美学传统,但是,在对一种正统儒家观点的倡导中,它将它所构建的乌托邦世界移向了这一光谱的"阳"端。尽管这部小说几乎与《红楼梦》写于同一时代,但是它却没有引起世人的关注,直到1880年代,夏敬渠死后约一个世纪,它才被至少三家不同的书坊刊印。19世纪末人们对这部小说突然产生了兴趣,这也许是由于它描写了一种强有力的、可以复兴中国文化和政治的至尊地位的儒家学说——这样的主题显然使目睹着中华帝国统治迅速瓦解的读者深感兴趣。因此,尽管《野叟曝言》颇合19世纪末20世纪初出版者和读者的口味,但是我们却不能说它对清代小说有过多少影响。

《野叟曝言》向它的解读者提出的挑战之一就是它违反了诸多的通用惯例——学者们通常都是凭借这些惯例来对小说进行分类和解读的。这部小说以篇幅浩繁著称;至少有一百五十回,它是篇幅较多——假如不是最多的话——的传统中国小说。目前存有清代的两个版本。一百五十二回本和一百五十四回本的内容相近,尚不足以构成两种各异的修订本,但尽管如此,基于一百五十二回本中对于阴阳八卦学双关语的应用,我还是认为这个版本更具美学价值,即使它存在着一些漏洞,即使所有现代版本都以一百五十四回本为准了。值得注意的是,至少有一位 20 世纪的编辑者想到了,如果把小说删节至一百回本的标准篇幅,它会有所改进;这个蹩脚的删节本显然是出于商业的考虑,但是它的出版者,相对于夏敬渠,却认可这种一百回的格局那可被感知的文化价值[①]。

尽管《野叟曝言》以复兴儒家的社会政治秩序为己任,但是它却不仅在篇幅上而且在其他方面都超越了正统的界限。这部小说中有一些极其色情的段落。的确,《野叟曝言》最不同凡响的诸方面之一,也是为许多读者所困惑之处,就是它对性事的处理:贪婪的性行为常用来描绘反儒学的追随者的道德堕落本性,但是小说中的英雄,以及——更令人惊讶的是——一些以赞赏的口吻描写的女性人物(其中包括男主人公未来的妾)也出现在一些充满性事描写的场景中。大多数其他的晚期帝国文本,哪怕是有一点不正当的性事的暗示,都会立刻让人对人物——特别是妇女——所自况的道德身份认同提出疑义。《野叟曝言》的独特之处在于,它表明自己是这样一部正统文本,即把非婚男女间自愿的性接触处理成无可厚非的、而且通常还是有益的事。尽管有些批评曾提出,小说中这种性事内容使它外在于清代中期小说的主流,但是正如我所希望指出的那样,它有资格在清代小说史中占据一个更为中心的位置,因为它所涉及的主题和美学问题与我们从《红楼梦》和《镜花缘》中所看到的似曾相识。

由于下面对小说美学模式的分析大都以它对阴阳八卦学的运用为基础,因此,较之上面所论及的几部作品,我必须对《野叟曝言》的版本问题进行更多的讨论。目前留存下来的《野叟曝言》有两种不同的版本:1881 年,一百五十二回的木活字版“毗陵汇珍楼”本,正如我下面所形容的那样,这个版本似乎是一部已损佚的手稿的精确副本[②];一百五十四回的版本有两种:1882 年刊印的上海《申报》馆的铅字版,以及上面标有西岷山樵 1882 年所作之序的平版印刷版本。后者的出版信息不详。一百五十二回和一百五十四回本非常接近,含有为一位(或几位)匿名评点者所写的相同的章后总评。两个版本最首要的区别是,在较长的版本中包含一些为一百五十二回本所缺佚的叙事材料;这些材料构成一百五十四回本第二回的一部分、第三回和第四回的全部内容(这样一来,一百五十四回本中的第五回就相当于一百五十二回本的第三回,第六回相当于第四回,并以此类推)。

关于这些材料的出处,长久以来一直众说纷纭;一百五十二回本的凡例阐明了自己的编辑原则,讲述了木活字版所据之稿本的缺佚情况,并且注明这个木活字版完全忠实于那个稿本,“不敢妄增一字”。人们可能会说,类似的忠于原稿的声明可见于任何一部内容无法确定的文本;但是,一百五十四回本的凡例中却没有此类声明。这就暗示出,一百五十二回木活字本的编辑者还知道其他一些材料,出于他们没有言明的原因,他们把这些材料当作伪作而否弃了。一百五十二回本注明了原文缺失之处,并且在第二回末和第三回开头之间加了个所缺内容的梗概:

> 下有发水,覆舟,救妹,挖龙,擒怪,宿庙,结妹,逢凶,截僧,烧寺,破墙,放女等事。世无全稿,只仍原缺。

一百五十四回本包括了两个额外的章回,一五一十地叙述了这些事件;它还补足了一百五十二回本所缺的一百三十二至一百三十六回[③]。我同意其他一些研究者的意见,即一百五十四回本中第三、四回的材料似乎与小说的其余部分在风格上完全一致,但是,我仍要提出这样的质疑:这些材料是否应被看作是新添入的两个章回,而不应被看作是从原稿的第二、三回散佚的内容。王琼玲曾提出这会使这些章回不成比例地冗长、繁杂,但是,依我之见,不把这额外的两回当作原稿构思的一部分是有理由的[④]。新近发现的一种一百五十四回本——1878 年的手抄稿——已使学术界的观点趋向于把这额外的材料接受为文本的一部。王琼玲曾把这个手抄稿与现存的刊印本进行了细致的比较,并得出结论说,1878 年的手抄稿代表了现存文本的最具权威性的版本[⑤]。根据她的描述,这个手抄稿是在对至少两种版本进行校勘和订正的基础上形成的。与一百五十二回本一样,这部手抄稿含有行间注和章后总评(两种刊行的一百五十四回本都只有章后总评)。手抄稿还包含有一个直到第一百五回的完整文本,只是第三回和第四回缺少行间评注;从第一百六回开始,手稿本的评点和正文都出现了脱漏[6]。一百五十二回本中的内容均可见于这部较长的文本。这部手抄稿订正了其他版本中的许多错字,重新安排了一些章回的划分,并且改动或扩充了四个回目[7]。

我并不怀疑1878年手抄稿本在编辑上的优势,但是我相信文本问题可能比王琼玲的分析所提到的要复杂得多。首先需要提出的问题就是1878年手抄稿中的目录表漏掉了第三、四回的回目;王琼玲把这种遗漏解释成誊抄者的一时疏忽:他在誊抄时肯定一直在部分地参照着一百五十二回的本子,结果忘记了返回头来把这个空给填上了[8]。但是,仍值得注意的是,第三回和第四回是第一百六回之前仅有的不含行间注的章回。遗憾的是,与特定章回相对应的章后总评并没有为任何一种说法提供清晰的依据。王琼玲把这部手抄一百五十四回稿本的第九回末总评当作证据,说这一评点是根据某部一百五十四回本而来的[9]。然而,文本内另外一些她没有提及的说法却是只对一百五十二回本而言的[10]。一些方法论的问题限制了这一确定小说原初篇幅的方法的效用;因为我们不知道这些评语是谁或何时写就的,它也许是为两种版本而写,也许是始于一种,终于另一种。通常是含含糊糊的文中提法不能同时适用于两种版本,但它们既出现在一百五十二回本中又出现在一百五十四回本中,这一事实暗示出,所有既存的《野叟曝言》版本都是不同程度的残本。不过,大部分文内提及的事件、回数都是就一百五十二回本而言的,的确,四十七回的一则评论就说:"放之,则一百五十二回而其势方隆隆未已。"这些评论显然最初是为一个一百五十二回的本子而写的。为那两个额外的章回提供依据的一则说法被安排在了小说文本的开头(一百五十二回本的第七回也即一百五十四回本的第九回[11])也许是被那校订者(再)插入的材料。

令人遗憾的是，两种观点所用之论据均缺乏说服力，并且也提不出更多的理由了，除非发现了更为可靠的文本。不过，现有证据仍提示出，篇幅较长之版本的第三、四回中的那些额外的材料确有些反常；无论是木活字版还是手抄稿，其目录中均没有这两回的回目。从某一点来说，一百五十二回本的目录是曾经存在于世的一部完整文本的可靠记录，因为它列出了所有的回目，甚至那些为它所缺，但却出现在一百五十四回本中的内容的回目。不仅如此，由于两种版本的凡例都说小说的长度是“一百五十余回”而不是个精确的数字，因此，这似乎说明即使是最早的校订者也不愿意说出小说的精确回目数。这些编辑上的矛盾之处，加上下面要介绍的阴阳八卦学模式所提供的证据，足以使人再一次就这个小说文本原计划写多长的问题进行追问。

性别，作为阴阳二元论的表现形式，是《野叟曝言》的一个中心主题和结构配置。然而，尽管捐派给阴与阳的道德价值是绝对的，但是小说对于作为象征性词汇的男子气、女子气的运用却令人惊讶地易于变动。在《野叟曝言》中，阳毫不含糊地与正统秩序相一致，而阴则与威胁这一秩序的异端相一致。人格化的阴的过度并非像人们所想象的那样指向泼妇，而是指向一种松散的小集团，它由佛教徒、道教徒、宦官、游手好闲的僧人道士、叛逆不忠的藩王，以及形形色色的妖怪——它们用性放荡和阴阳妖术来攻击、瓦解帝国——组成。妇女们则或被充满同情地描写为贞德的典范和才艺超群者，或被描写为受害者——成为帝国道德崩溃的象征。不遗余力地与挑战儒学至尊位置的异端进行战斗的是文素臣，枝枝蔓蔓的叙述就以他为中心展开；还有他的母亲水夫人，她是笃信儒学的出色的女家长。素臣是纯阳的化身，他被赋予了积极的儒家理想，小说中的大部分内容都是写他在与异端势力进行战斗。

《红楼梦》与《野叟曝言》代表了18世纪关于正统尚有无生机与魅力的两种截然不同的声音。与女子气的宝玉——他反对家庭强加于他的士大夫角色，却热衷于一种为情所左右的生活——不同，文素臣对他的儒者使命满怀热忱，以至于变成了一种才子一行动主义者理想(scholar-activist ideal)的滑稽模仿。“素臣”这个名字暗指孔子的称号“素王”,由此可见其欲为儒圣之端倪[12]。在小说的第一回,素臣宣称自己的雄心是除灭中国的佛老两害;在家中辞别了母亲和兄长之后,他开始周游中国,他朝着五个方向游历,以翦除异端(第五个方向是中,在这部小说中代表皇帝的朝廷)。在重振秩序的过程中,他或他的某个追随者镇压了中国边境地区的叛乱,并且把远至包括今天的欧洲和中东地区的欧罗巴洲的所有已知世界收归于儒家的统治之下。这种对正统权威的恢复是多方面的,它包括了对儒家所倡导之家庭的捍卫,恢复帝王的身心健康,肃清叛乱的大臣和宦官,以及在中国的边境地区展开全面的军事行动。小说结尾,孝子素臣和他的母亲被安置在儒家秩序的象征性中心:文家举家迁入京城的宅邸,素臣的儿孙们与皇室通婚,外国使节前来为水夫人祝寿,素臣和他的母亲作为儒家的圣人为全世界所敬仰。

与这种儒家必胜信念的叙述交织在一起的是一系列这样的段落,它们形象地描写了佛老所引致的道德堕落,以及儒家官僚体制对这些异端行为的蔓延无能为力。叛乱集团企图推翻成化帝(1465—1488),他们在宦官靳仁的指使下,源源不断地给皇帝进献掳自全国各地的美妇少女,让皇帝不再关注于朝政。许许多多成为素臣之盟友的女子,其中包括他的五个妾,都来自这些不幸的妇人。构成这部小说的虚幻景观的忽隐忽现的大批僧道和宦官,让人想起被孔飞力(Philip Kuhn)形容为1768年占据了中国之想象力的“叫魂”[13]。

叫魂妖术事件可能影响了夏敬渠小说中对危险的由叛乱的巫师组成的黑社会的叙述,但是与孔飞力的叙述不同,这部小说的人物形象均与性缠绕在一起。例如,小说开头,素臣之所以下决心灭除佛道异端就与当地县官的所为不无关系:一个和尚闯入秀才家要强奸秀才的妻子,被邻居们捉到后报了官,结果县官非但不处罚和尚,还把报官的人打得死去活来(第一回)。素臣怒杀黑壮头陀是小说中最骇人听闻的场景之一,这个头陀专以取人胎儿来养其妖术。素臣发现他亦裸着身体在强迫一个年轻妇人——这个头陀看出这个妇人有身孕——在浴盆中洗澡，并要引下她的胎儿(第十二回)[14]。小说中，是和尚道士就绝对与肆无忌惮的未婚性行为有关，因此每次忠臣义士们搜查庙宇或叛乱者的城堡时都会解救出要么几十、要么数百名被关押在秘密地牢的赤身裸体的妇女[15]。淫荡的阴的性行为成为叛乱者的不言而喻的特征；这一点，与他们作为流民、和尚道士和宦官这些将其外在于儒家的家、国结构的社会身份相联，使他们成为危险的阴的符码，尽管绝大多数叛乱者都是生物学意义上的男性。

夏敬渠与《野叟曝言》

从夏敬渠的生活中找不到什么线索来解释他何以要撰写这样一部长篇的或者说颇有争议的小说。他出生在江南的江阴县——一个知识上颇为保守的地方——一个受人尊重的士绅家庭[16]。他的一位叔父因博学而被收入地方志，他的母亲则因孝敬婆母而闻名[17]。但对夏敬渠我们知之甚少，只是得知某些生活片断：他曾广泛游历，他连最低一级的科举考试都没有通过，他所获得的文书这一低级幕僚职位还是他的儿子转让给他的。夏敬渠曾为杨名时(1661—1736)的幕僚，后者是正统程朱理学的强力倡导者。正如罗狄(Stephen Roddy)所指出的，夏敬渠在小说中对心学的激烈攻击也许部分地受到他与杨名时关系的影响。杨名时曾推荐夏敬渠参加李绂(1675—1750)所主持的修史工作，李是王阳明心学的支持者。夏敬渠没有得到这个位置，这也许给他那反唯心论的情绪起到了火上浇油的作用[18]。尽管夏敬渠仕途不顺，但是家乡的地方志还是充满尊敬地提到他有关历史、医学、经学和诗歌方面的论著。1750 年，一位著名的官员曾请他讲解理学的性理之说[19]。据夏敬渠的曾侄孙(1890)给夏的一部文集《浣玉轩集》所写的序言所说，这个集子只收入了夏敬渠 1/10 的论著。虽然这一说法不免夸张，但是它却点明了夏敬渠写作中所具有的振兴之意，而此时正值

19世纪末[20]。

夏敬渠也和其他清代文人一样,靠着在《野叟曝言》中插入有关诗、史、算学和医学的议论而把才学融入小说[21]。小说用了足足一个章回来辩白《三国志》的作者陈寿(233—297)"帝蜀""不帝魏"的立场(第七十八回[22]),这是比较能体现这种逞才的章回之一[23]。夏敬渠这种以刘备和蜀汉为正宗帝嗣的观点在有清一代并非反常之举;《三国演义》的毛宗岗评本就追随朱熹,将政治合法性授予蜀汉政权[24]。不过,素臣关于诗歌形式的许多宣讲却出奇的陈腐,与书中听众的热烈反响不相称。从夏敬渠的传记来看,他显然很看好自己的作品;1786年,乾隆皇上巡幸江南时,夏敬渠曾想把自己的一部史书直接呈给皇上。而《野叟曝言》这部小说的名字源自于《列子》中的一则故事"野人献曝",说一位头脑简单的农夫想给国王进一忠言,以博取重赏[25]。这暗示着夏敬渠把这部小说当成了将会使他受到赏识的贡品[26]。

但是,有一点可能妨碍了夏敬渠,使《野叟曝言》在他生前始终得不到赏识,这就是:他在写作上显然缺乏技巧和驾驭篇章的能力,而当我们评价这部小说的文学质量时,这是必须被考虑的因素。每回结束时的笨拙是夏敬渠的明显特征,而这使他无法获得很高的文学声誉。白话小说的特点之一就是模仿口头说书人的技巧,在每段结尾时卖个关子,留下悬念,把"听众"的胃口吊起来,但是,夏敬渠对这种文体技巧的使用却十分生涩,使读者很快就不再把出现在每回最后一行的这些离奇古怪或牵强附会的事件当回事了[27]。也许,与文本中其他方面的问题相比,这些生硬而笨拙的叙事转折更能揭示出作为小说作者的夏敬渠在创作技巧上的局限[28]。小说叙事——甚至到最后几回——中对事件人物的插入总让人有一种随随便便的感觉,不经任何铺垫就会冒出一位新的重要人物。比如,第一百二十四回,此前从未提及的水夫人的弟弟和已故皇太后的弟弟突然出现在皇宫,前来庆祝水夫人的百年寿辰。罗狄(Stephen Roddy)曾指出,这些"意外相逢"和"个人的遭遇承担着一种宿命的意义,它既决定着个体的生命历程,又决定着作为整体的文人的更宽广的道德和政治目标”[29]。吴清原(音 Joanna Kuriyama)提出,这些枝枝蔓蔓的内容表明了真实世界的复杂性和知识思想来源的广泛性,而这都是需要面对的[30]。尽管我并不倾向于宽宥这种枝蔓的写法,但是我也承认,夏敬渠显然曾下了很大功夫来编辑小说,以使其内容协调一致。正如吴清原(音 Kuriyama)曾经表明的那样,小说中许多看似枝蔓的插曲,却引出了一些后来变得很重要的主题和人物。正如她论证的那样,一些次要人物,当他们再次出现于后面章回的一些互不相关的段落中时,起到了将松散的交织在一起的叙述缝缀起来的作用[31]。

凑成整数的人物——这些人物在小说的许多主要情节和次要情节中不止一次地出现——数量暗示出夏敬渠的创作是经过深思熟虑的。这样一来,我们就得问问自己了:夏敬渠为什么不按照已成的“规范”格式来编写他的小说呢?在他生活的时代,存在着许多范本,它们都展示出一部小说文本的美学复杂性与作者或编者欲将其纳入正统的意义领域的意图之间的因果关系。与其同时代的五十五或五十六回本的《儒林外史》(据版本而定)一样,《野叟曝言》也没能遵守大多数文人小说的常规,即将篇幅限定在四十、一百或一百二十回左右。可以意料的是,《儒林外史》的读者也同样曾困惑于书中结构的散乱——尽管它在对“功、名、利、禄”主题的探讨,以及对人物形象密度的高度讽刺化的运用上是统一的。

不过其他一些特点还是使《野叟曝言》稳稳地跻身于精英之作当中了。所有的早期版本,包括 1878 年的手抄稿本,均被分成二十卷,每卷都冠以一个字。按顺序读来,这些字组成下列对联[32]:

奋武揆文天下无双正士
镕经铸史人间第一奇书

不仅如此,数字一百像主旋律贯穿于结尾诸章回,好像是为了补偿这个文本在形式上的笨拙。这一主旋律首次出现于第一百三十六回,当素臣的第一百个孙儿的出生被当作恢复了圣贤之治的吉兆而被宣布之时[33]。在第一百三十七回,文家又喜生第三代成员,紧接着,各省和各外国所采集之赞美皇帝的圣明之治的歌谣也到齐了,素臣将这一百二十首诗"录成副本"晋献于皇上。临近小说结尾,又提及一件事:素臣与他的朋友共十人各选自家孙儿中优异者为日后之友,所选中之诸孙岁数相加正好是一百岁(第一百五十回)。

数字一百的衡定的力量在一百四十四至一百四十九回对水夫人百岁诞辰庆典的冗长描写中显示出来。结构完整的数字一百由水夫人具体体现出来是很合适的,因为正是她为程朱正统学说的复兴奠定了基础[34]。生日庆典的中心是由百名男女优伶——50名童男、50名童女——演出的百出戏剧,这百名戏子均来自中国西南边陲的被鉴定为"阳"的苗番(我在下面会对此进行讨论)。水夫人禁止演出有伤风化的两出戏,使这一完整的"书中戏"成为将小说中主要事件加以缩写的洁本(第一百四十四回)[35]。不仅如此,水夫人还以剧中不可有男女拥抱之事、一旦演出结束即让伶童择正业谋生为条件,允许其登台演出。回后总评反映了这部小说对于戏剧——它们能给观众施加影响——的矛盾态度:

> 水夫人家教岂有演剧之事?而非此百出重题,无以钩锁全书,而动荡血脉,流通精神。故必玉儿等百倍小心,情理俱至极处,然后得水夫人之一允也。是谓良工心苦。(第一百四十四回)

只有在这一戏剧梗概中,经由水夫人的努力改写和修订,《野叟曝言》中那些不合规矩的情节才能在形式和内容上合于正统性。

面对这部小说冗长而杂芜的情节,评点者把说服读者,让他们看到本书是个紧凑的叙事整体当作了评说的重点。尽管大多数评语都不过是将该回的情节摘要叙述一下,然后加以感叹:"妙""妙",或"奇""奇",但是,有些评语还是阐明了一些可能会被粗心的读者疏忽的结构模式,还有一些评语则把某些段落与《金瓶梅》、

《水浒传》中的特定场景相比较[35]。评点者用这样的评语强调夏敬渠对篇章的驾驭能力，比如，第一百十五回的总评就提示说第八十一回中两个小人物（奢么他和精夫）的出场是“全为此处埋根也”。总评的权威性部分的是由于它是用精炼的古文写就的，这会对读者有暗示性的影响，使他们把某些场景理解为是作者有意安排，使其相互照应的。比如，下面这则评语就将围绕素臣离京发生的同一事件的两次讲述联系起来，认为它们之间有文体上的关联，并提出作者对这件小事的重述是有意安排的：“崇文门口老苍头，不叙于前三十三回素臣出京之时，而补叙于此，叙前则呆板，叙此则灵活也。”（第四十一回）尽管这位读者愿意承认对这部感觉上像是永远读不完的小说所产生的厌烦情绪，但是，作为评点者他能够指出在相隔如此远的场景间的精致缝缀，这一事实告诉我们，至少有一位传统的读者或编者（也许就是夏敬渠本人？）认为这部小说是合于传统小说之美学观的。

总而言之，无论如何，对《野叟曝言》的文学评价一直不高。像鲁迅就说它：“意既夸诞，文复无味，殊不足以称艺文，但欲知当时所谓‘理学家’之心理，则于中颇可考见。”[37]近年来学界的一个主要工作就是重新论证这部小说是 18 世纪文学主流的一部分。尽管夏敬渠不大可能知道《石头记》的手稿——它在夏创作《野叟曝言》时正在流传，但是却不妨把《野叟曝言》看成是对于同样激发了曹雪芹之《红楼梦》创作的思想文化和审美力量的一种回应[38]。但是，夏敬渠对 18 世纪文化的萎靡不振状态的反应，与曹雪芹的逃避现实的态度正构成一个镜子的两面。在结构、人物描写和主题上，《野叟曝言》都摒弃《红楼梦》中所赞美的情的伦理观；尽管文素臣被描写成一个“多情人”，他和他的朋友们对情的表达是为了滋养他们的儒者之志，而不是为了助长其逃避现实的欲望（见第七回和对第七回的总评）。素臣热情而义无反顾地承担了实现儒家所倡导的道统的义务。与宝玉——他宁可呆在女性化的、反礼仪的大观园世界中——不同，素臣四方游历、冒险，为的是重建正统的政治和道德秩序，他的这种做法与圣王大禹相似。不仅如此，素臣每次与美丽女子的邂逅,无论有多么露骨的性描写,都变成了他展示其道德决心的一次机会:总是以礼仪所认可的关系替代了感情的结合。即使《野叟曝言》认可情作为本真性的一种标志——在这种情况下,它与道德整合具有同等价值——所具有的正面意义,并将其吸收到文本之中,但它还是要展示礼才具有超越一切的孕育新生命的力量;在小说结尾,文素臣和他的六位妻妾共生育了500个儿孙。

正如我在下面要加以详细讨论的,《野叟曝言》中对于阴阳图释的结构主义用法,为夏敬渠的艺术观提供了最强有力的庇护。第六、六十六和一百三十六回都突出了阴的图释,而围绕九十回的一些章回却对阳的主题进行了相当广泛的阐释。在此,只要看一下《野叟曝言》第六回中对于欲的处理就足以说明问题了。一对为素臣搭救的刘姓夫妇想把他们美丽的妹妹璇姑送给素臣做妾,以答谢他的救命之恩;因怕素臣会以不合礼数为由拒绝这门亲事,他们用酒把他灌醉,并把璇姑送进他的卧房。素臣发现这一计谋后,就用被单把自己裹起来,以保护他自己和璇姑的名节。只有当她迫使他认识到她的名节已然受污后,他才答应收她为妾;但是为了遵守礼法,他要等获得母亲和正妻的允许后,才能与璇姑合卺,而这事直到第五十八回方得实现。除了田氏——素臣的结发妻子,她的角色是操持家事(齐家)而不是素臣知识或精神上的知己——以外,素臣的五个妾各自分享了他的诸项专长之一,璇姑的算学,第六回对此做了充分而温情的描写:他们二人纯洁地相拥躺在床上,互在对方的躯干和腹部画着几何图形,计算着圆周和弧度。

虽然并没有外部证据说明夏敬渠知道《石头记》的手稿,但我还是情不自禁地要把这一回当成是对《石头记》第五、六回宝玉初试云雨情的有意重写。这一回中对刘家酷爱算法的璇姑和她那位着迷于射弩之术的哥哥的突出描写,并没有强调阴与数字六之间的关联。在获得母亲和正妻的认可之前,文素臣一直拒绝与美貌的璇姑发生性关系,这体现了他的自制,而他们之间那种以才学为基础的结合关系又与宝玉与"兼美"之间那种纯粹的感官吸引形成鲜明对比。本回回目对句的上联进一步表明，夏敬渠有意识地，既想向人们提示数字“六”所具有的性内涵，又想要解构数字“六”的这种内涵。这一联是这样说的：“非雨非云绝胜巫山好梦”[39]。第六回的事件并没有导致道德衰落，相反，却以璇姑的哥哥成功掌握了素臣所授之孔子的射艺、以素臣回家获得母亲对亲事的认可为终结。

尽管《野叟曝言》中有许多离奇古怪的矛盾和枝枝蔓蔓的情节，但是它却正好与18世纪的文学语境相合，在这一语境中，产生了不少冗长的、结构松散的描写读书人形象的才学小说。在对经、史、子、集内容的广泛包罗方面，《野叟曝言》与其他才学小说不相上下，与《儒林外史》相似，它也吸收了才子佳人和侠客故事的内容，把二者在结构和主题上的诸因素融合在一起。而在扩展阴阳图释系列的主题和结构发展上，夏敬渠小说所显露出的圆熟老道超过了我所知道的任何一部清代小说。

《野叟曝言》中的阴阳图释

《野叟曝言》中最重要的结构手段就是对阴阳图释的充分拓展。小说一开始，阴阳象征主义就被植根于一种道德体系之中，即以正统之阳抗拒异端之阴。素臣在小说开头的一次讲话中将截然相反的价值观赋予了这两个词：

> 孟子曰：“天下之生久矣，一治一乱。”故洪水横流于尧舜之世，猛兽充塞于武周之时。天地之道，阴阳倚伏，不能有明而无晦，有春而无秋，有生而无杀，有君子而无小人。圣人之道，在象为明，在时为春，在德为生，在行为君子。佛则晦也，秋也，杀也，小人也。（第二回）

这种类比的关系——正面为阳反面为阴——框定了素臣此后的所有反异端行动。在稍后的一次对佛老的斥责中，素臣用了“阴杀气”这样的词(第六十回)[40]。在第一百三十六回,水夫人也提醒读者阴阳所含的道德价值,她说:“易于乾坤二卦,明阴阳之体,九六之用,君子小人之道……”(一百五十四回本的第一百三十八回)小说中那些威胁到社会政治稳定的异端人物形象的标志是程式化的,即他们对于性淫乐和权力有强烈欲望,而这种欲望是属阴的。而且,似乎只有水夫人和文素臣才知晓大的阴阳模式对于皇朝的命运会产生什么影响。评点者把这归因于他们在道德上的卓识:“水夫人何等卓识,何等正性,乃犹信阴阳。”[41](第九十九回)

同其他小说文本一样,与阴相联的三月三日也常被用来标志正常秩序的丧失。《野叟曝言》中提到的第一个日子是“成化三年三月初二”,这不仅让人回想起《水浒传》,就在这一天,素臣离家远游途经杭州,为日后完成根除宦寺奸僧的使命做准备(第一回)。素臣抵达杭州时,正赶上一场宦官靳仁用妖术制造的特大暴雨。暴雨引发的西湖洪水彻底冲毁了这个城市的儒家社会结构,使成千上万的人无家可归。在小说余下的部分中,素臣一直在努力清理这场洪水所造成的混乱。虽然小说中没有写明发洪水的确切日期,但是后面的章回提到,它发生在“三月初头”(一百五十四回本的第十三回)[42]。洪水造成的灾民——妇女和男童——被拐卖,成为企图篡夺皇位的僧人和宦寺集团的性奴隶。洪水中幸存下来的男孩被阉割,并被强迫为宦官做性服务。对洪水的描述充分利用了阴的象征词汇,不过把阴区分成了破坏性的罪犯与值得同情的受害者。在这些受害者中,有船上的六个乘客,包括素娥——她后来嫁给了素臣——和两姐妹:鸾吹——她成了素臣的义妹——和金羽——她在小说结尾时嫁给了素臣[43]。

洪水造成的无序还在后来的两个事件中复现:由叛乱者操控的军队威胁着要在三月初三将素臣的妻妾从家中赶出,押解进京。在第一个事件中,素娥和湘灵——素臣那位精于诗作的妾——差点被押解进京作秀女“学天魔之舞”以供养活佛(第四十、五十四回)。第二个事件发生在若干年之后,也出现了三月初三这个日子,叛乱者指使县衙官役查抄了文家的财产,逮捕了水夫人和家中所有妇女。为了羞辱她们，兵役们威胁着把妇女的裹脚布剥去，在大庭广众之下赤足过堂(第九十八回)。在以上三个事例中，三月初三起着一种分割场(a site of rupture)的作用，在这个场中，妇女或男孩子——她们通常都是安全地呆在家中的——显得特别容易受到伤害。这些颠覆正常的社会政治秩序战争中的牺牲品，特别是数百名被关在寺庙地牢中的赤身裸体的妇女，完全被剥夺了名节，变成了赤裸裸的性资产。

当小说接近尾声时，三月初三这个日子被用来暗示理学所倡导的官僚制度和家国秩序的成功，因为殿试——皇上亲临的最后一级考试——就被安排在这一天。而每次考中者的名单一经公布，接踵而来的不是素臣或他的儿子们喜添丁口，就是其他的吉庆事(见第一百二十一、一百二十八、一百二十九、一百三十和一百三十九回)。由于清代殿试一般都在四月十六日举行[44]，因此，小说对三月初三日的选择可以被解读成对这一传统主题的故意改写。小说结尾时，由于素臣和水夫人的努力，儒家的秩序得以复兴，因此，三月初三就不再作为一种越轨的场(a site of trans-gression)而起作用，相反，它标志着人们成功地驾驭了阴所具有的动态的、再生的力量，并促成理想统治的新一轮循环。

无论是第三十三回还是第三十六回都没有包含重要的阴的主题，但是围绕六十六回所构成的情节，在对阴阳意向的使用上超过了我所知道的任何一个场景。在这段色情的插叙——文素臣被一大群淫荡的妇女诱引着——中，文素臣是纯阳的化身。第六十五回中突然袭来的一场春寒为这一节铺垫了一种阴的背景：素臣刚到南京，这个城市的正常生活就被一场不期而遇的大雪给打断了。南京是李又全的家，李是一位有钱有势的乡宦，他娶了一大群妻妾，在她们身上行“道教”的采战之术，以期长生不老。李又全还骗诱阳道魁伟、精神壮旺的男子，给他们药吃；李让他的妻妾引逗得他们射精，然后自己去“吸精”，为的是吸取他们的阳精[45]。他以前的受害者都被他吸干了生命力。李又全开了一个饭店，专门刺探哪个男人的阳精特别有力。李又全的一个侍女在饭店楼上看到素臣正朝着堆满白雪的尿桶小解,他的尿量和尿水蒸腾出来的热气——“把一桶白雪消化净尽,气冲起来,如烟如雾”——立刻引起了她的注意(第六十五回)。于是李又全把素臣请到他的住处;素臣走进他的宅子,发现自己来到一个热气腾腾的楼内,里面站满了穿着轻罗薄绢的歌姬。

这一场景依据的是一种冷热的意象,张竹坡认为它是《金瓶梅》的美学核心。这群妻妾呆在暖玉楼中,在那里,“热气”从一个大地炕上“蒸蒸而出”(第六十五回),尽管外面是冰天雪地[46]。这一段插曲中几乎所有的细节都取自阴阳图释。李又全赤面长髯,浓眉大鼻,这暗示着他的性欲化的身份。他的这群妻妾异常地性感和放荡:为了引发素臣的情兴,她们用一连串稀奇古怪的肢体动作和声音来打动他,其中包括以一种肚皮舞的复杂方式熟练地摆动腹部和阴部;把指头或舌头伸进自己的阴道;或者吹响阴唇,就像管乐一样,发出各种各样的声音:像蚕吃桑叶,像水滴,像摇篮曲。李又全认为素臣是“纯阳”(第六十五回),这一判定又进一步被素臣的年龄27岁——一个阳数——所印证。不仅如此,在妇女们试图吸取素臣精液的过程中,素臣的阴茎始终被称作“阳物”,作为与“鸡巴”的对照,后者更多被用在这群妇人所讲唱的许多猥亵的笑话和歌曲中[47]。最淫荡的女人原来是只狐狸精,她的真实身份只有在文素臣识破她的本性并杀死她后才暴露出来。

第六十六回的核心内容纯粹是对复卦(䷗)的一种演义。正如我们在前面章节中看到的,这一卦象标志着阴的支配地位的终结。在这一回中,这些妇人给素臣吃药,让他手足瘫软,全身上下惟有阴茎可以动弹。由于既无法闭目无视也无法拒斥这些妇人的蹂躏,文素臣只好暗暗地用《易经》给自己占卜,为的是将精力集中在脑中,这样就可以使自己变得“土木形骸”,对一切视而不见。他所占之卦就是“复”,“来复”,他不无欣慰地想到它的一句卦辞“七日来复”,他将它理解为七日之后他可从楼内脱身,而前来救他的将是一位“阴人”(第六十六回)[48]。复卦由一个稳定的阳爻(在下)和五个阴爻构成;小说是对这一卦象的形象说明:五个女人轮番施展本事,看谁能引动素臣的情兴(第六十六回)。那的确是一种邪恶的阴攻击正直的阳的场景。庆幸的是,由于素臣的内功修炼非常成功,使他的真阳改变了流向,他撒了一大泡于健康无损的尿,而不是精液。素臣的占卜果然灵验,这段插叙的结尾是,七天以后,素臣被一位女侠救出(第六十九回)。

正如《红楼梦》中有一系列阴的症候——从第六十回柳家的开始,直至尤氏姐妹的出场——一样,《野叟曝言》的第六十三回也含有一些阴的传统主题,它们为第六十六回的故事做了铺垫。在第六十三回中,素臣和他的仆从渡海至台湾寻找同盟者。尽管台湾作为忠诚于国姓爷(1624—1662?)的人抵抗满族的一个基地具有历史的重要性,但在夏敬渠笔下,它简直就是寓言中的蛮荒之地。素臣和他的仆从睡在丢满无数死人骨殖的山洞里;半夜,素臣被一位美貌女子弄醒了,她正"一手勾住素臣肩项,一手伸进素臣裤中搓挪那阳物"(第六十三回)。山魈(一种女妖)——这是那美女的真相——伸出又长又锋利的舌头刮削他的头面,这是对他的一种象征性的强奸;素臣猛力将其舌根扯出,将她杀死。这一插曲预示着后来李又全的妻妾们诱引素臣的场景中的一些主题,这些主题占了整整三回的篇幅,其中最重要的就是素臣成为一位女人的性牺牲品。在上述两种情况下,女性攻击者都悖谬于其自然性态,在此,借着山魈那致死人命的三尺长舌,一种古怪的阴茎状的物体移植到了女妖的身体上。山洞——它让人想起《西游记》中许多像子宫一样的洞、葫芦、匣子,以及本书中的许多密室、地牢——是一种建筑形式的提示物,提示人们阴所具有的诱陷和围裹的力量[49]。类似的洞穴也被用在第九十四至九十六回,素臣与六对属阴的巨蟒——它们威胁着中国西南部的居民——进行战斗的时候。游台湾一段情节的尾声是素臣将山魈所害之人的尸骸掩埋起来;这是对于儒家的礼的一种恢复,这也为后面素臣给李又全的妻妾讲述女子"三从四德"、控制性欲的道理做了铺垫(第六十八回)。

游台湾一节所设置的一些意象在小说后面的情节中也有重复。素臣的两个代理人经过危险的航行来到日本,那是个在性方面尚极其淫乱的地方。在第一百三十回中,素臣患失心症之后,文容统率的一支远征队被派去征讨日本。这一段叙述中,阴表现为日本拒绝承认中国在政治和文化领域的宗主国地位。当"奇淫极恶"的日本篡国者木秀听说文容——他在杭州发洪水时被冲走了,后来又被落发假扮女尼——像古代美女西施一样美(文容是西湖洪水之后被拐卖的漂亮男孩儿之一)时,木秀让他的奴仆在宴席上将其用药蒙翻并剥光全身。木秀宫中秩序的颠倒混乱表现为他既不能控制自己的性冲动,也不能控制他妻子的性欲。她允许她的丈夫接近文容,只要她能够占有副将奚勤就行。文容醒来后发现自己正被木秀抱在膝上,木秀正抚摸自己白皙的身体。与素臣那种尽管受到性侵犯,但仍决定活下去的做法不同,文容——他的男子气从一开始就不那么明朗——顺理成章地按照女子的方式,在刺杀日本国主未成的情况下,自尽身亡(一百五十四回本的第一百三十二回)。文容的死是小说中极少见的为贞洁而自杀的行为,它突出了日本宫廷中的性堕落[50]。当奚勤与"王后"勾抱着双双死去时,木秀非但没有感到羞愧,反而组织了一个"喇嘛教"欢喜道场,以向这个大欢喜佛真身表示敬意(一百五十四回本的第一百三十三回)[51]。作为这一节的余绪,小说又写了淫乱无度的扶桑国女王,她企图强迫一位俊俏的中国将军与她成婚(一百五十四回本的第一百三十四回)。与小说通篇所使用的异端图释相一致,日本人在节制性欲方面的无能起着一种意涵丰富的符号的作用,标志着他们在道德、文化和政治上对儒家规范的抵制。日本的无序与淫乱随着儒家礼仪的恢复而告结束,恢复儒家礼仪的突出的例子是:日本军队被打败后,来自中国的使者教会日本人行叩头礼、为奚勤举行体面的葬礼,并把日本的僧寺改建成儒家书院[52]。

选择日本和中国台湾作为寓言中抵制儒家价值观——在《野叟曝言》中它等同于性节制——的场所,其动机似乎出自这样的事实,即它们都是岛屿,只有渡水才能到达。在这部小说中,水作为阴的符号,其重要性不仅在第二回的洪水中、在这些象征阴的地理背景中得到强调,而且在素臣的"不识水性"中得到强调。"不识水性”这一表述暗示着在素臣那阳性本质的男性身份与“水性”的妇女之间有着根本的区别[53]（关于水夫人这个非同寻常的名字的讨论，见下文）。素臣被形容为具有“火性”（第二十一回），这也许可以解释他何以这么明显地容易受到水元素的伤害。尽管在其他方面特别能干，但当突然落水时，他却只能束手待毙（见第三回〔一百五十四回本〕、第六十一、八十一、一百九和一百二十七回）。的确，所有阴性的东西均对素臣构成最可怕的打击：受大雨浇濯几致病死（第十五回）；中蚌壳的阴气而致成病（第一百十三回）；险些命丧李又全的妻妾之手（第六十六回）；为阴蟒洞中阴气袭中而致“拘挛”（第九十五回；下文还有详论）；以及在皇宫中闻狮吼而不省人事（第一百二十九至一百三十回；狮吼是常见的对泼妇的破坏性能量的隐喻）。中国台湾和日本的岛屿背景正适于被作者用做阴的场所，而且清楚地说明作者对象征性叙事的要求远远超过了对现实主义叙事的渴望。

在第八十五回，小说指责邪恶的阴的能量削弱了中国朝廷。文素臣对成化帝病症的诊断是：“近女太骤，阴胜阳衰。”（第八十五回）素臣给皇上开的疗救之方是，为了使阳气回升恢复健康，他必须“屏去宫女”，“但饮米炊”，睡觉时则夹在两名壮旺男童之间，与其拥背抱贴而卧。不仅如此，在许多场景中素臣都承诺要使皇室一夫多妻的家族“阳刚化”，这一次，他提议让他的两个男仆和他们的三位妻子来教习内监和宫女，使之俱谙武艺，以护卫皇上（第八十五回）。为了将皇上的阳的匮乏与素臣的阳的壮旺相对比，在这一回中，素臣的四位妻子在十日之内为他生育了四个儿子。

第八十五回中，阳的支配地位在朝廷中的恢复引导出对于阳的主题的探索，它们与第六十三至六十九回中阴的意象的扩展相平行。尽管阳的主题出现在第八十七至八十九回，而不是九十几回，但是小说这一部分中阳的图释的非同寻常的发展似乎是刻意安排的。它可能反映了这样的事实，即在小说美学中，有关阴的意象与符号比与之相对的阳的想象更发达、施用得也更为广泛[54]。在建议皇上多多补充阳气之后，素臣开始了对中国西南部的长时间游历。素臣在五月初五日到达广西苗人居住地,这一天是端阳佳节,也是龙舟节。尽管这一节日是按阴历而定的,但实际上,它吸收了与夏至有关的大量的象征主义,夏至是在阳开始放弃其对于阴的优势地位之前,阴阳达到暂时平衡的一个节气[55]。这个节日,正如在粗犷的、男子气十足的苗文化中所展示的那样,并没有集中在屈原的故事和龙船所具有的水的象征主义上,而是以一些阳的征候为特色,其中最显著的是红颜色、用来驱逐黑夜的篝火和火把,以及力量和军事技能的展示(第八十八回)。贯穿这一片断始终的是夏天的闷热(第八十八回);当素臣第一次抵达苗村时,多饮了些当地的土酒,一种"火酒"("酒"当然与阳数九双关),为的是"杀一杀水气"(第八十七回)。端阳节的公众庆典在夜晚的石榴园里举行,火把和火焰将园子照耀得一片火红,十分明亮:

> 进得园中,满园纯是榴花,如入锦幄,一棵大的更是如火如荼,如霞如日,灿烂非常。近前看时,一树开有数百朵榴花,每朵具比江南牡丹、芍药更大一围。(第八十八回)[56]

小说这一部分中最精彩之处是对素臣精通医道的描写,医道也是《镜花缘》中所探讨的一个与阳有关的主题[57]。不过,与《红楼梦》和《镜花缘》中的医学话语不同——二者均以更为复杂的五行象征主义来立论,《野叟曝言》中的许多讨论使用的是一种关于疾病的阴阳概念[58]。素臣最成功的行医之一是治好了石女,过重的阴气阻碍了她的性器官发育:她的身体异常冰冷和苍白,阴道不通(她的病即因此而得名),从没有来过月经,乳房甚至比素臣的还小(第九十四回)。但是,当两人被迫同床后,被素臣身体中的阳气—"蒸",她那麻木的身子慢慢恢复了知觉[59]。素臣用手淫的办法完成了对她的治疗,她开始行经了(第九十五回)。回末总评和本文中都对这一场景所依据的阴阳原理做了清晰的阐说:石女是纯阴,而素臣则是纯阳(第九十四、九十五回)。石女后来生育了 28 个儿子,这展现出素臣具有一种神力,可以将被错置的、过重的阴转化成具有积极意义的旺盛的生育力。

这些章回中对阳的图释的最不同寻常的一次运用就是素臣与一妖道——他用异样的阳的妖术来攻击素臣——的斗法。这一场景的反常之处在于妖术产自一种失衡的阳气，而不是某种明显的阴。素臣借助于一颗神奇的宵光珠(阴性的)——它使他得以隐身于阴影中，挫败了妖道的头两次攻击。明珠的阴气早些时候曾被展示过，说它可以放出冷气(第八十九回)。在最后一次攻击中，妖道抛进来一个燃烧着的火球；素臣用小便浇灭了大火，这才发现火球是妖道的助手“红孩儿”——他满身朱砂，画着火焰纹色的咒符——幻化而成的(第八十九回)。妖道错误地使用阳的画符来攻击素臣，却被素臣的一泡尿——一种纯阳之物——给击败了[60]。素臣的小便所具有的起死回生的阳刚之力在小说的前面部分也有展示：素臣的一个妻子病危，喝下素臣的尿就得救了(第十八回)；素臣还用往草席裹着的尸体上小便的办法使一个死人复生(第八十三回)[61]。

《野叟曝言》中阳刚的人物形象与正统之间有着正面的联系，这种联系在对苗民的描写中得到最明显的发展。苗民被表现为具有一种粗野然而却不失率真的性情，与总是想方设法颠覆朝廷的阴性民族的狡猾不同。苗民的文化落后表现为他们对儒家男女授受不亲的训谕一无所知，以及他们那种婚后仍与别的男人交欢的习俗。苗民并不让两性授受不亲：男女可以在大庭广众之下拉手、拥抱，年轻人可以自由择偶。正如小说所描述的，苗民实行“不落夫家”的婚姻制(delayed transfer marriage)，其俗为：已经结婚的妇女只有在怀孕后才可进住丈夫的家；在此之前，她可随意与她所中意的“野郎”交欢(第八十八回)。然而，与日本人——他们中意于繁复的宫廷仪式，彬彬有礼地走向堕落——不同，苗民享有一种原始而非等级制的文化，这种文化与身体和性事具有一种更自然、更直接，乃至更天真的关系。男女苗人的相互接触被描写为不适宜的，但并非不道德的[62]。不过在与素臣接触后，苗民采纳了儒家的婚俗(比如，见第九十二回)并认可了汉人的政治统治。不仅如此,苗民还是惟一被挑选出来参加水夫人百岁寿辰庆典的非汉族的中国人(一百名男女戏童即是来自苗村的对素臣感恩戴德的志愿者,他们在一部百出的戏中重演了整部小说的内容)。

考虑到明清统治者征服苗民的企图曾遇到一连串惨烈的、流血的武装抵抗和起义这一历史事实,这部小说中苗民的温顺便特别值得注意了。清代的画册和小说一样,都把大多数苗民部落描述成凶残和未开化的[63]。然而,在这部小说所使用的象征主义范围内,显然是由于他们在文化上被界定为一种强健的、认同于阳刚之气的人民,苗民并不代表对中华帝国的严重威胁[64]。事实上,他们的文化地位类似于一个蛮横的、有些不守规矩但尚可教诲的孺子,有待于通过习得儒家的礼仪而变得文明高雅起来。当在苗寨长大的虎儿撞到素臣的药箱后,挥拳打向素臣的肋骨,还怨他挡了自己的路时,素臣和在场的其他人都很赞赏这孩子那无拘无束的闯劲儿。对苗民的这种赞赏与《水浒传》中对同样有男子气概的叛国者的描写颇有差异,在《水浒传》中,反叛者更多地将其反社会的怨恨发泄在家庭和妇女身上。在《野叟曝言》中,苗民,作为阳文化的明确的代表,被正面地描写为具有一种自然和充满活力的正义感和荣誉感。与素臣一样,他们崇尚直截了当的、有效的行为,而不是僵死繁琐的礼仪表演。因此在镇压一场并非由苗人领导(尽管历史事实可能会引导人们做如是想象),而是由六对幻想中的、一直欺压苗民的白色巨蟒领导的起义时,苗民再恰当不过地变成了素臣最重要的同盟者。

毒蟒,作为中国西南部地区的主要威胁者,非常逼真地摹画出阴的那些负面属性。它们酷似人类,只是身体异样地长大、须发是白色的、身上裹着鳞甲,并且,像石女一样,它们的性器官也是冰冷而麻木的(第九十五回)[65]。毒蟒的能量如此之大,它们洞中散发出来的阴寒之气可以导致素臣双腿拘挛(第九十五回)。的确,毒蟒的阴力十分强大,它们建造了一个为阴气所统辖的微观世界,把“冷阴冷阳之气”浓缩在一起;苗民保护自己免受这种非自然的冷气之害的惟一办法就是喝火酒,服用壮阳丸(“补天丸”),以维持住自己的阳气(第九十五回)。尽管毒蟒身上的保护鳞片使它们能够抵挡石头和金属兵器的伤害,但是它们却很容易为各种各样的阳性物质所击败,比如所有红色的东西、火、毛竹制的兵器,以及桐油(第九十九回)。

毒蟒的形象将阴的那些最具危害性的诸方面特征混合在一起。毒蟒的行为不禁让人想到游台湾一段中的那个山魈,它们住在一棵大树底下的地洞中,在它们举行宴饮的庭院周围胡乱丢着些受害人的尸骨(第九十四回)。与对它们在中国西南部非法篡夺政治权力的叙事交织在一起的是对它们进行性榨取的细节描写:这六对毒蟒命令苗民按时选送男人和女人,供它们进行野蛮的强奸(这些毒蟒被生动地称作"六对"而不是十二个)。与日本的篡国者一样,毒蟒在公共和私下场合都不区分性别角色:丈夫和妻子都参加欢宴和军事行动。不过,它们那阴的叛乱最终还是被镇压了,在第一百一回中,素臣和忠诚的苗兵终于用烈火这种阳的武器摧毁了莽毒。

被定位为阴的反叛者与素臣所统领的被定位于阳的勤王者之间的最后一场决战发生在皇宫里,而且不无深意地被安排在第一百四回和一百六回(一百六回是另一个阴的发生场)。谋反的景王用符咒将邪恶的性事与对中国朝廷的攻击联系起来。起初,攻击始于一系列阴的灾疫:皇室成员如害疟一般个个发抖,皇宫反常地变得又黑又冷,冰雹从天而降,众人都无法将炭火点燃,就是点燃了,那火也发不出热气(第一百四回)。随后,景王又用忽阳忽阴变幻不定的妖术对皇宫发起攻击:先是温度升高,火球满房滚跳,威胁着皇妃、太后;然后空中落下大量的蛆虫和粪便,散发出恶臭;再后来是尖刀从地底戳起;无数被肢解的鬼魂从各处钻入太后房中;更有千百条小龙试图钻入宫人的肛门和阴户(第一百六回)。对付景王妖法最有效的办法似乎就是素臣的出现:有一个场景是,太子和他的妃子们挤站在素臣的被单上,以防被从地板、床上戳出的尖刀刺伤(第一百五回)。景王的攻击直到他像《金瓶梅》中的西门庆一样服用了过量的壮阳药"走阳而死"才告结束(第一百六回)。

素臣对这场骚乱的解释是基于阴阳的明暗想象,他对这一隐喻做了详细的阐述;据他所言,太子和皇妃之所以容易为妖术所伤,是由于他们受了异端邪教的蛊惑。而素臣之所以能够不为景王的符咒所伤,是因为他坚信于儒教,"人心如日,疑如云雾;邪如阴翳之气,心如一毫无疑,既如赤日当空,无纤微云雾遮蔽,一切阴翳之气当之既灭"(一百五十四回本第一百八回)。正如素臣所言,笃信于儒学正统不啻于一剂良药,它能够使一个人在精神和肉体上都强健起来。

与一百六回这种阳的秩序的复原相平行,一百三十六回充满了吉祥的场面,它们标志着一个转折点,从这时起,阳在小说中终于变成了主宰。一百三十六回中水夫人对《易经》的讲解不过是众多的标识器之一,它标示出一直威胁着社会政治秩序的阴的失衡时期正在结束。水夫人讲解了两个卦象"屯"(萌生之艰难)(䷂)与"蒙"(幼稚蒙昧)(䷃),在卦象顺序中,它们紧随于"乾"、"坤"两卦之后。对这些卦象的解说正反映了小说中素臣迄今为止的奋斗过程,正如水夫人所指出的,它们都是"险象",并警告人们保持"艰贞"之志是很困难的(一百五十四回本第一百三十八回)。不过她接着说,经过最初的一段斗争后,保持艰贞既可"致泰",也可"保泰"。

一百三十六回的主要事件是素臣的五十大寿;正是他的寿辰,取代明显关乎政治生活的朝廷大事,为"万国"代表聚集在皇宫中领略孔教雄视天下的文化威仪提供了叙事的契机。阿拉伯的国王("天方国主")报告说,虽然他的人民从唐朝以来就信奉伊斯兰教,但自从他们开始尊奉"中国圣人之教"后,他们就摆脱了国中的邪恶势力,现在一些祥瑞的动植物常常出现在田野之中,保佑国人(一百五十四回本第一百三十八回)。正当外国使者在皇宫中受招待时,"忽有凤凰集于阶下",并有百兽起舞,而凤仪兽舞乃圣人之治的一种神秘的征候(一百五十四回本第一百三十八回)。这一回中,文家忙着为子女操办婚事,素臣的九个儿子考试得中,而这一切随着第一百个男丁的降生而达致圆满境地。正如水夫人指出的,现在灭伦害理的佛老已被根除,素臣那强大的生育力呼应着天地的生机("感天地之生机";一百五十四回本第一百三十八回)。条理井然的阳的秩序已经被恢复了。

《野叟曝言》中对阴阳象征主义的扩展使用——特别是将本于《易经》的阴的情节恰好安排在第六十六回,而对阳的主题的说明则主要安排并贯穿于九十几回,并且把对阳的儒家秩序获胜的最后两次描述放在第一百六回和第一百三十六回——强烈地暗示出一百五十二回本的小说原文在结构设计上是颇费了心思的。即便一百五十四回本去掉了这些八卦学意义上的对应,但是章回数目与阴阳象征主义之间联系的弱化并没有使阴阳意象之于这部小说的符号学的重要性有所减弱。尽管存在这样的事实,即夏敬渠加诸小说中阴阳图释之上的道德效能(maral valence)已变得毫无新意可言,但是他对于极其微妙的性别结构的使用却远远超越了一种简单的男—女二元对立。

《野叟曝言》与才子佳人类型作品的男性化

才子佳人爱情故事能够吸引读者的一点似乎在于它们能够描绘出一条通往自我确认的"本真"的路,它替代了正统从外部对自我施加的更其僵化的限定。这些爱情故事明显地挑战着正统叙事的规范,在后者那里,理想是被规定好了的,是通过自我牺牲和忠于职责而实现的。才子佳人故事,如同今天的哈利昆[66]浪漫故事一样,促成了一种幻想:通过背离社会规范,把自己投入到充满激情和生气的关系之中,读者能够最大限度地发现本真的自我。正如我们已经见到的那样,才子佳人类型的作品制造了一种高度发达的性别文学美学。女子气与抒情的价值观(lyric values)——这种价值观是与本真性相连的——之间的联系变得如此之普遍,以至于在许多才子佳人小说中,男女主人公在许多方面都没有什么区别了。情所蕴涵的解放这一侧面的意象通常都在一种"女子气的"空间——一座花园,或闺房——登台亮相,而男性主人公则被注入了诸多的女性化特质,比如美貌、多情善感、体弱多病,以及道德上的纯洁。《红楼梦》,同我们将要看到的《镜花缘》和《儿女英雄传》一样,形象地说明了"才子主题"朝着女性化的变异如何给读者提供了某种救赎,让他们能够从更传统的儒生角色所要求的精神、道德和身体上的承诺中逃离出来。

这些小说中所描述的情侣或冒险者们的那些虚构的事迹在某种程度上认可了自主性、选择权、肉体快乐,以及"本真"的性情表达(无论其描述是多么的陈旧),所有这些都大体上独立于国与家的控制。不妨把才子佳人故事的女性化规范解读成文人对于侠客小说的修辞学的一种补充,后者也同样沉迷于免除传统社会束缚的诸多幻想。两种类型的作品都把它们的主人公描写成或多或少地——只要是暂时地——摆脱了家庭的义务;这种套路使主人公得到一种虚幻的享受:他们可以自主地选择其主要的感情依恋者,要么是情人,要么是结义兄弟。在这个意义上,侠客小说中的结"义"是对于结"情"的一种男权主义的补充。这两类作品中的主人公都拒不履行常规的正统职责,偏爱抒发性灵的更本真的形式。在《野叟曝言》中,夏敬渠把出自才子佳人和侠客故事之中的对于本真性的正面阐述混合在一起,同时回避了其中那些越轨的方面。他凭着把本真性的话语混合进一种有关正统的权力和魅力的叙述之中而做到了这一点。其结果就是塑造了文素臣这个大儒的形象:他既是个超级大侠,又是妇女的知己。

《野叟曝言》中最引人注意的方面之一就是它以某种方式转换了才子佳人小说的叙事套路,结果是,人物形象塑造从女子气的转向了男子气的,为的是与它所要传达的正统训谕相一致。才子佳人套路的男性化最直接地表现在素臣与他那六位美丽的妻妾的关系上。在中国传统中最有名的爱侣都多才多艺,擅长于抒情诗、绘画,或音乐,而素臣的妻妾们则更多地在数学、医学、军事学和韵律学的学术研究上与他相匹配[67];对于一位更世俗化些的男人来说,他可能用肉体的或审美的方式表达激情,但素臣的情况却不同,他让激情转入知识领域。正如上文所述,素臣与璇姑——一位数学天才——共度的第一夜是温情地相互在对方的身体上计算圆周和弧度。意味深长的是，素臣与他的妾湘灵——一位诗歌专家——之间也没有冗长的诗词唱和，因为，素臣对作诗法的兴趣似乎要大于对实际作诗的兴趣。在某一时刻，湘灵好像愿意享受一种诗意的香消玉殒，但是在生命垂危之际，她又哀叹她的最大遗憾就是再也不能为父母亲尽孝了。于是她叹道："死者不能复生。"好像在反驳《牡丹亭》中给情所赋予的那种再生的力量(第三十九回)，因此，她又接受了治疗。素娥的医术——下面会有更详细的讨论——与素臣的不相上下。第四位妾——红豆——在犯颜直谏上堪与素臣匹敌，这可见于她在宫中对皇上的勇敢劝诫。难儿——皇上的义妹，是素臣妻妾中被介绍得最少的，但是她似乎也是素臣的合适的配偶，因为她那皇室近亲的身份。

素臣那些美丽的妻妾们在田园诗般的庄园中的聚会是对于花园这一传统主题的明显的再加工。这一场景被安排在第五十五回到第六十一回，这一安排让人不禁要与《红楼梦》全书正中的花园庆典相比较，在那个时候，已然流于表面的等级秩序也都随着对进入大观园的新姐妹的介绍而土崩瓦解了。在《野叟曝言》中，文家，包括仆人和扈从，全部搬入了一座极其美丽的花园，那是一位刚刚考取了进士的朋友提供给他们的。这座花园是一处真正的乌托邦，里面"苔藓成茵"，"山上有物可采，河中有鲜可钓"，还有四季常开的名花。但是，与大观园不同，这里不允许有人工的迹象或幻想的情趣，因为这个叙述坚决地主张山与水的真实性。"山是真山，水是真水"(第五十七回)[68]。

无论如何，这个山青水秀的花园是为展陈儒教的圣治提供的舞台，而不是通常那种激发诗才的聚会场所。贯穿小说全篇，针对佛教的最基本的批判之一就是它那种禁止婚姻和生育的邪说；文家刚搬进花园后不久，水夫人就为家中所有未婚者定了亲，其中包括仆人、素臣的诸多扈从，以及素臣的三个妾[69]。每一对男女都严格按其阶级地位和受教育程度来匹配，社会等级制也因此而得以维护[70]。作为用儒教齐家的一部分，水夫人调整了家中仆人的名字,把那些含有佛教意味的名字改成更适合于儒教的名字(第五十五回)。由于担心家中成员会因住在如此奢华的环境中而玩物丧志,水夫人还安排了详细的课程表,这样,每个人(他或她)的"日课"都被分成学习和家务劳作两部分(第五十八回)。对花园这一隐喻的最突出的改变就是以力量与军事技能的较量替代了以往更常见的诗赛(第五十八回)。一些新婚的男女家仆互相比武,妇女在舞剑、较力、较射和较枪刀上均胜过男人(第五十八回)。素臣的女扈从们忙着操练并掌握武艺,而不是忙着缝补刺绣或吟诗作画(第六十回)。在第五十九和六十回中,丫头和女扈从们进行了更传统的智力比赛(行酒令),不厌其烦地讨论谜语、隐语、数学难题和医道知识。但是,与素臣和他那些美丽的妻妾们的功利性关系一致,与《红楼梦》和《镜花缘》中所记述的那些幽默、机巧的应答相比,这种讨论更具学究气。不仅如此,在这些美人聚会的当口,素臣和他的母亲还向全家讲解了程朱理学的优越。女主子们偷听丫鬟们在葡萄架下争论理学与佛教的优劣(第六十回),而这不过是对《金瓶梅》第二十七回中葡萄架场景中的窥阴癖者行为的一种道德化的快乐的戏拟[71]。

一个可以进一步表明《野叟曝言》究竟在多大程度上偏离了才子佳人题材作品中那多愁善感的女性化传统的迹象是它对女侠的处理。与《镜花缘》和《儿女英雄传》——在这里,妇女最终都被驯化并回到了闺房——不同,《野叟曝言》中的女杂技演员和女侠甚至在婚后还保持着军事技能和公共角色。这些女侠同身体上与之般配的男人结成姻缘,在夫妻组成的队伍中与他们并肩战斗[72]。当这些女将抛头露面时,没有任何不得体的迹象,不过,与巨蟒和日本篡国者——他们也是夫妻成双结对地打仗——明显不同的是,这些中国女侠从不篡夺她们丈夫的领导权。大部分妇女都在单一性别的部队中战斗,尽管这种安排被不无幽默地表现为具有某种缺点:当她们的敌人——巨蟒——率领的苗兵,故意一丝不挂拿着武器冲杀过来时,一支由200名妇女组成的队伍顿时陷入了混乱(第九十九回)[73]。军事行动主义似乎是比一般性的幽居闺房更高的目标。

素臣，由于他那异常白皙的皮肤，似乎是模仿着才子佳人故事中的年轻漂亮的才子而塑造的，但是他却绝没有被女性化或性感化。与此相对，更像一位女子的宝玉，则常常由于容貌秀美而受宠[74]。素臣的白皮肤使他与小说中面色黑粗的僧道们区别开来，似乎在显示他在道德上的纯洁，而不是一种感官的美。然而，他的美貌并没有被特别突显出来，因为，在小说的大部分篇幅中，素臣都把面部涂成不讨人喜欢的紫色，并以这副假面具游历四方[75]。读者只是偶然地了解到素臣的美貌，通过其他人物的评价，而不是通过叙述者的叙述。不仅如此，很少有读者会把素臣当做富贵人家的纨绔子弟，一副自信的外表和更富于男子气的"好汉"所特有的豪饮混合构成他的形象特征[76]。对素臣作为军事和民众领袖的描述，在对他的长子龙儿的描述中才完整起来：龙儿在 8 岁那年即令人难以置信地考中了进士，而令他考取的正是素臣当年应试时所写的一篇未被考官看中的文章，他把它当作了自己的文章再次交给考官[77]。这种早慧的有利条件使龙儿得以在 9 岁——一个纯阳的岁数——上就作了贤明的地方官（第一百二十六回）。甚至素臣失散多年的妹妹也是与男子气纠缠在一起的。当她出现在家中时，他犯的第一个错误就是疑惑她是个"美男子"，这个"美男子"被形容为与她的哥哥几乎一模一样（第一百十六回）。

与《红楼梦》一样，《野叟曝言》中的性别描写是沿着一个变换着偶对的连续统发生的，而不是阴阳二元的直接代表。这样，素臣的男子汉气质就与女子气的美貌的文容——比之小说中的其他人物，他的形象特征最接近于情的美学渊源——形成尖锐对照。文容的秀美不仅足以煽动起那些见到他的人的欲望，而且他自己也很容易在不利的情况下因激愤而殉道[78]。由于素臣的一位仆从——他刚好捉到了女盗赛观音——的恶作剧，文容立刻被赛观音的美貌所打动，并且在战场上请求留她一条性命，他好娶她为妻（第五十一、五十二回）。他们结婚了，但是赛观音还保留着武士身份。这对夫妻代表了一种性别倒置，而对它的一则变奏则是女侠飞娘与和她同等勇武的红须客的婚姻。

尽管这部小说的图释系列将正面的人物形象朝着男子气的方向移动,但是许多儒教国家的敌人却也有着男子气的身体禀赋,比如僧道们的胡须、黑皮肤和敦实的身材。虽然他们有男子气的标志——它常常与粗暴相联,但是这些人物却起着一种易变的阴的代理人的作用。他们不仅操控这个国家,使它受到过分的阴的迹象(包括洪水、李又全的妻妾:其中最淫荡的是个狐狸精,以及六对白色巨蟒)的明显侵害,而且在他们向素臣和儒教国家发动的直接攻击中把阴的破坏性潜能具体化。那些成为素臣同盟者的妇女,甚至他的美丽的妻妾们,是与阳的拨乱反正的力量排列在一起的,正如她们的体力、旺盛的生育力、对儒学的向往——而其中最重要的是她们的武艺——所体现的那样。

水夫人在阴阳连续统中的位置似乎不太明确。尽管她的姓氏——"水"——暗示出应把她理解为阴的化身,其作用是与作为阳的化身的素臣互补,但是这种象征意义在小说的任何地方都没有展开。事实上,这种解读与阴同异端的诸多邪恶形式之间所构成的那种连绵不断的、明显的等式是相矛盾的。与这种解读相反,水夫人名字中的"水"似乎更是要唤起其他一些有关这个元素的哲学联想。《说文解字》中给水下的第一个定义是"准",一种木匠的水平仪,正如莎拉·艾伦(Sarah Allan)所表明的,它被引申来表达一种道德准则[79]。艾伦曾提示说,水,在经典儒家的修辞学中并非一种比喻或类比的源泉,而是被当作某种道德原理的物证。正如她所解释的,在孔子的《论语》中,水是知识的源泉("智者乐水",见《雍也》第六);在《孟子》中,流水被誉为永不枯竭的泉源(《告子上》)[80],它就像"道"一样,不停地朝着预期的方向流淌。正如孟子所说:"民之归仁也,犹水之就下、兽之走圹也。"(《孟子·离娄上》)当水趋于静止时,它就形成一泓镜面(鉴,或许这个字的早期形态是没有金字旁的"监"),这是另一种基准,通过它来反映和评判道德行为,例如,司马光(1019—1086)著名的《资治通鉴》就采取了这一用法[81]。

与水夫人相联的正是(水的)这些滋养和提供基本道德规范的正面性质,而不是"水性杨花"的泼妇所象征的那种越礼违规的阴的凶兆。其他一些被正面描写的父母,特别是父亲,也有以水为名的,比如,《红楼梦》中林黛玉的父亲名叫"林如海"[82]。《儿女英雄传》中安骥的父亲名"学海",表字"水心";而《镜花缘》中的唐敖则来自海丰郡河源县。这强烈地暗示着水夫人的名字派生于传统的把水与父母养育之恩相联的想象,而不是派生于《野叟曝言》中高度说教性的阴阳象征主义。

把水夫人置于小说中儒家世界的象征性中心的显要位置则是对于才子佳人套路的另一项重要的改变。正如上面所提到的,大多数爱情故事的情节都是在父母缺席的情况下展开的,这是一种策略:通过让主人公自由地择偶来化解孝道义务与爱情渴望之间的张力。素臣准备做一名尽孝的模范,甚至当他选择他的那些妾时也是这样。母亲或发妻与儿子/丈夫的性伙伴之间的张力几乎是中国小说的一个普遍的主题;然而在《野叟曝言》中它却惹人注目地缺失了。尽管素臣是在远离母亲时与他的五位妾相遇的,而且差点儿与其中的几位圆房,但是在答应任何一位配偶时,他都坚持要征得水夫人的同意。他的结发妻子田氏——众妻妾中惟一一位不能与素臣一同研究知识的女性(但她是一位理想的妻子,体现为她能精心而公正地操持家务)——在理智而无私地关心素臣的生育力方面似乎是水夫人的一个影子。

在文家,孝是第一位的,这表现在长期出门在外的素臣回家后先到母亲房中伴陪母亲——尽管他还得去看望他那尚未见过面的长子——的做法中。在陪母亲度过几夜后,只是由于母亲的命令,他才回到妻子田氏的房中。甚至在他的母亲为他选择了吉日与两个妾完婚之后,素臣一开始还是想睡在母亲房中。后来,他又试图拖延着不肯入洞房,理由是他必须遵守礼制,与正妻田氏度过第一夜,但是田氏生气地强迫他,把他送到新人的房中(第四十七回)。同样的场景——素臣作为不情愿的新郎,更乐意尽孝道而不喜欢男女之欢情,被重复了两次(第五十五、五十六回)[83]。在这个理想的儒教家庭中,夫妻间的爱和性生活是公开安排的,不鼓励个体或私人的欲望。而且,尽管素臣服从于母亲和正妻为他精心安排的性生活这件事似乎有些滑稽,但是素臣的养生法,即“于妻妾间,按其经期每月止同房一次”(第八十六回),却使他的生育力达到了不可思议的水平。素臣是 24 个儿子的父亲,到小说结束时,他有了 500 多子孙[84]。

在小说结尾,整个帝国甚至世界,都与素臣和皇家一起,把水夫人当作中心偶像,向其尽孝。在水夫人七十岁和百岁寿辰时,外国使团前来向她致敬,并赞美中国文化的优势(第一百三十六和一百四十二回)。一些苗人居住的县,还为水夫人和素臣建造了生祠,以表敬意(第一百四十九回)。小说结束在一种胜利的梦幻之中:水夫人被吸收进圣母的系综,文素臣则成为儒家圣贤之一。这一梦境概括了这部小说所持的理学政治观点的正统倾向。当陆象山(1139—1193)——朱熹的同时代人,他反对程朱的二元论——的母亲前来声冤,说她的儿子与程朱“同为圣门之徒”却没能获得与程朱同等的尊重,并指责素臣毁了他的著述时,圣母席间发生了一场论争。尧母驳回了她的抱怨,指出陆象山对悟的强调是异端邪说,并且命令这位丢尽了脸面的妇人向水夫人叩头,承认她自己和她儿子的罪过。

尽管水夫人被确定为小说之道德观的中心,但是她的叙事重要性来自夏敬渠对孝的建构——他把孝当作对儒家正统的既定表达,而不是来自对她的行动的一种铺陈描述。水夫人作为国家崇尚孝道的象征性的门面装饰,她的作用在于为素臣本人那种夸张的孝行开启了可能性。直率地说就是,对纯洁的献身对象的创造——在此指母亲,是对孝子的创造的必要支撑,这是处于这部小说的儒家英雄主义观中心的一个主题。正如艾伦·考勒(Alan Cole)在其最近有关中国佛教中的孝道研究中所指出的,母子之间有关孝顺的传统图释包含着一种尽孝道的装腔作势的豪言壮语,而这在有关父子之间的孝道关系的叙事中很少见[85]。从这个意义上说,水夫人决不会冲淡这部小说的男权主义倾向;事实上,她的出现，作为一种男性权威的养育之源，透露出对母亲的孝不过是一种对于节妇的崇尚，而这种崇尚与高度男权主义的中世纪欧洲的骑士风度别无二致。

行权、情，以及性道德

尽管《野叟曝言》大体上符合清代的小说标准，但是它对于性材料的超常规处理还是造成了一个如何向读者进行解释的问题。当解释是小说中的什么让人感到不对劲儿时，《野叟曝言》的读者和批评者通常会以赤裸裸的性描写——它常常借助于色情文学的语言和想象——与保守的儒家道德说教之间的不般配为例。虽然中国传统小说中把道德与性行为描写连在一起的作品并不少见。但是这两种行为一般都以截然不同的人物为代表；而《野叟曝言》却打乱了这种安排，文素臣反复地在成问题的性行为与儒家价值观的表达之间移动，并且，更突出的是，小说中最淫秽的章回中都有他的参与，而不是由一个二流人物来替代他。在文学实践中，诋毁一个人就是给他或她加上性贪婪或缺乏自持的弱点，这种做法可以上溯到《左传》和《史记》。在这个意义上，虽然夏敬渠对于性事的淫秽描写可以将他与其他儒家正统的拥护者区别开来，但是他对性素材的这种不加处理的使用只是在程度上而不是观念上与其他作者有差别。尽管到了 18 世纪，构成晚明小说特点的粗野的，通常是暴力的性描写已经让位于对欲望的更含蓄、更情感化的处理，但是把违规的性行为与某些被儒家家法所非难的人群——特别是僧、道、宦官，还有以媒婆、接生婆和尼姑等身份出现的“六婆”——相联的传统一直延续到晚清的言情小说之中[86]。不过，在《野叟曝言》中，在更具言情意味的小说中大多为隐含着的性暴力变成了一种教条的规则。

《野叟曝言》中对非自然化的性行为的异乎寻常的强调在很大程度上扰乱了一些读者对什么是普通的得体行为的判断，所以他们并不是将其对小说的界定拓宽，使它能将《野叟曝言》容纳进来，而是把小说中不同寻常的性主题描写解释成夏敬渠心理怪癖的一种反映,从而将其合理化。在1930年代,学者悍膂第一个提出夏敬渠患有轻微的精神错乱;1970年代,侯健又进了一步,把小说当作疯子之作而嗤之以鼻。正如侯健在《〈野叟曝言〉的变态心理》中所写的,素臣对母亲的过度崇敬,与对畸变的性行为和排泄细节的频繁描写结合在一起,暗示出作者心理上的不健全,以及他的俄底普斯情结[87]。更晚近些,黄卫总(Martin Huang)则解释说,对于素臣那神奇生涯的创造,对夏敬渠来说就像是一种"自我疗救",为的是补偿他自己在事业上的失败[88]。由于我们对18世纪汉族文人的精神常态类型缺乏理解,所以只能局限于根据心理学的标准来解释小说。我的做法与此不同,我相信,夏敬渠对性素材的使用可能意味深长:它不仅处在小说写作的传统语境中,而且也处在18世纪有关儒家行动主义的哲学论争的语境之中。

小说的从始至终,素臣都被别人的性进攻诱惑或威胁着。正如以上所述,用性遭遇来界定政治和道德边界的做法在中国文学中是常事。《楚辞》和叙述性的汉赋中那些远离政治中心的心醉神迷的游历,都设置了与一位女神的性结合,作为萨满或统治者道德价值的最高认定。在这一传统主题中,女神向一位中国男性的代表献身是对于他那神授的政治和道德合法性的神圣验证。儒家伦理教导说,统治者,或萨满,应通过拒绝女神来表明他的道德优越性[89]。正如我们已经见到的,素臣反复地出现在一些不适宜的性娱乐场合,并反复地通过拒绝来标榜他的德行。小说把素臣规范他自己——以及帝国——的性行为的能力当作儒家正统的决定性贡献之一。贯穿于小说始终,素臣都面临着两种性遭遇战:有一些威胁到他的身体健康并从而隐喻地威胁到帝国的完整,它们发生在关键的阴的章回;还有一些则显示出他把儒家的价值观排在优先于保持肉体纯洁的位置。

最近一些关于晚期帝国小说中所表现的儒家价值观的讨论集中地把"权"——或实用主义——与"经"的理想表达进行了对比[90]。这种对于"行权"的兴趣也许部分地反映出清代学者已公开承认:正统实践的完成并非总是一个笔直向前的过程[91]。传统哲学早就意识到,理想的礼的做法——同经典文本所规定的一模一样,与可能处于错综复杂的、无法控制的环境中的现实之间常常是不能协调的。经典儒家话语发展出“权”的概念来处理这些偶发事件;尽管“行权”会与理想发生冲突,但是结果却被认为可以证明手段的正当性。对于当下的分析十分重要的是,关于行权的讨论在最早的资料中是用性别化的方式框定的;对行权的论争中,常被引用的权威文献是孟子的一段话,孟子在这段话中论辩说,尽管礼法禁止没有婚姻关系的男女互相接触,但是却可以允许一个男人权宜性地向溺水的嫂嫂援之以手[92]。在程颐坚持礼的理想决不应妥协,宁可自杀也不可失节之后,关于行权的行为是否得当的论争在理学思想中变得特别激烈。

正如其他对《野叟曝言》的研究所指出的,文素臣所经历的众多考验表明在一个缺乏正统的世界里过一种儒家所倡导的生活有多么难[93]。引人注目的是这些道德考验中有许多都包含了性的成分。例如,小说开始,就像是对孟子关于行权的讨论的一个直接演示,素臣从西湖中救出了鸾吹——一位官员的女儿。随着夜幕的降临,叙述者提出了这个问题:“倘竟露宿在此,孤男寡女,天明了被人看见,更不方便。这却如何是好?”(一百五十四回本的第三回)素臣把鸾吹——她是缠足的——背进了一座庙,在那里把衣服烘干。鸾吹,既出于对素臣的感激,也是怕引起别人的非议,提出他们应结为夫妻,但是素臣成功地说服了她,使他们得以继续以兄妹相待。在一个类似的场景中,素臣救了一位妇女,她也要求嫁给他,他提到了孟子的那段话,解释说为什么婚姻对于他们来说是不合适的。素臣责备这个妇女,说她必须适应变化的环境:“处常处变,事各不同;守经行权,理无二致。”(第七十五回)当皇太子说服素臣直接在皇帝嫔妃的胸脯上写护身咒语以使她们免受魔法伤害时,他也提到了《孟子》中的同一段话,为行权辩解(一百五十四回本的第一百八回)[94]。晚明清初的才子佳人小说《好逑传》中的女主人公水冰心也以孟子对行权的辩解为依据,提出可以允许年轻的学子在她家中养病,尽管没有别的女伴在场[95]。不过,在《好逑传》和稍后的《儿女英雄传》中,年轻男女之间任何可能招致非议的亲密接触都是因当事人最终结为夫妻方能变得无可厚非。而《野叟曝言》对妇女的性纯洁则持更宽容的态度,这表现在如下的事实中:鸾吹最终嫁给了一位非常成功的才子,而他从未对她的性纯洁产生过疑问。对行权这一传统主题的更不寻常的处理是素臣与石女的关系,素臣治愈了石女,治疗过程包括刺激她的性欲,为的是激活她的阳气,并促使她行经(第九十五回)。这位妇女在嫁给一位合适的丈夫后所显现的巨大生育能力证明,素臣的"行权"方法是正当的:这位妇女令人不可思议地生了 28 个儿子,如小说中所言,这个数与二十八星宿正相合(第一百回)[96]。

对素臣"行权"的描述中最令人困惑不解的是他的三位妾首次进入故事的方式。由于这些情节使他的家庭中对女子贞洁的理解打了折扣,因此它们几乎是削弱了关于男女授受不亲的正统理想。我已经讨论了素臣与璇姑最初的关系:他们两人一同亲密地演算几何题。在造访一位官员的府邸时,素臣遇到了他的另一位妾:任湘灵。他那时正在为湘灵的妹妹诊病,开药方时,突然冲向湘灵,并撕扯她胸前的衣服,小说文本不无窥阴癖之嫌地补充道:"那女子精着半身,突出两只嫩乳。"(第十七回)这一出人意料的性感细节迫使读者首先对素臣行为的正当性提出疑问,尽管文本后来费了很大力气来证实这行为是正当的。正如叙述者所解释的那样,素臣的医术如此高超,以至于他一眼就能从湘灵那会被别人误认作健康的脸色上看出病征;他撕扯她的衣服,强使她周身气血跳荡,从而排出致命的病症。与金圣叹和张竹坡的方式相似,这一段的行间夹评也把读者的注意力从骇人听闻的非礼行为转移到美学内容。首先,评点者不动声色地论道,"那间(原文如此)事奇极",并连说了两遍。在原文描述那女子如何"突出两只嫩乳"之后,评点者急急忙忙地抢在素臣之前为他进行辩解说:"不堪极矣,然究系人命为重。"(第十七回)素臣后来也使用了同样的人命为重的理由解释自己的行为。意料之中的是,下面的评点转向了美学问题,以及一些"妙"语;从此以后,大部分评点都转移了方向,忙着做一些无谓的看起来就像是每个人物对这一场景的反应的叙述记录[97]。

素臣与素娥最初的关系似乎也违背了礼的理想。素娥是素臣从洪水中救起的女子鸾吹的女仆。尽管他们的名字中都有一个"素"字——这似乎在暗示他们是天生的一对儿,但是她与素臣其他妻妾的身份差异却使这姻缘看上去不太合适。在他们公布婚约之前,素娥——她精于医道——一直护理着重病中的素臣,她把自己的肉体当成敷布,肉身贴肉身交替地给素臣偎冷偎热,使他减轻痛苦。在他清醒之后不久,她却误食了一把春药——春药的调制者就是那个强暴获取受孕妇女之胎儿的头陀,欲火烧身,无法遏制。用一种相当于性交的模拟动作,素臣稳定了她的情绪,他把自己的腿"横入素娥的股中",抚摩她的身体,用嘴哺住她的嘴(第十五回)。透过鸾吹的眼睛,这一场景被聚焦:当鸾吹第二天清晨悄悄走来查看他们的房间为何这么安静时,她立刻得出他们之间发生了非礼的性关系的结论(第十五回),鸾吹的怀疑强化了读者对这些非正统的治疗法是否得当的疑虑。素娥的红绸内衣就堆在他们脚后,这景象使鸾吹更加不安。尽管素臣行为的纯洁性后来在衙门里得到了辩白,但是,读者还是不能理解,为什么夏敬渠觉得有必要通过掺入这么多性挑逗的细节,把这一段落推到习俗所能容忍的行为的极限。奇怪的是,归根到底,夏敬渠似乎更关注消除素娥的下等社会身份这一污迹,而不那么在意捍卫她的道德名誉。他们刚刚订过婚,素娥就澄清了自己出身的疑团,她透露说她的父亲曾是一位有名的儒医,9岁时,父母双亡,她被叔叔卖为奴仆(第十九回)。

这些场景不仅表达了行权作为一种合法的、保存生命的行为形式所具有的重要性,而且反驳了理学的贞洁观。在素臣的价值体系——也许就是夏敬渠的——之中,恪守性贞节并不比履行其他的儒家职责更重要。这样,当素臣考虑受到李又全歌姬们的性侵害后是否要自杀的问题时,他说服自己,应该活下去,因为他是个无辜的受害者,他还要为国家效力,为母亲尽孝。“我岂可守沟渎之小节而忘忠孝之大经乎”(第六十五回)。在让湘灵暴露了身体之后,素臣反复申明他的行为的正当性,说:“正以人命为重。”(第十七回)显然,对于素臣来说,结果可以验证手段的合法性,无论他偏离正统多远。考虑到这个时期在小说、道德读本,以及地方志中所表彰的自杀殉节的女性的数量,在夏敬渠对儒家行动主义的探讨中,最引人注目的是小说中另一种妇女的数量,她们在性方面都有污点,但后来都过上了美满的婚姻生活。小说中确有一些人物选择了自杀以表明对不道德的环境的抗拒,但是绝大部分人都活了下来,通过依附于正统来补偿她们的过失[98]。

素臣把行权置于更窄、更严格的正统定义之上的选择正是他本真性的一种方式。在这部小说中,本真性仍以对情的亲和为基础。素臣是一个“多情人”,正是这个情将他的热忱忠诚注入正统,使他能够赏识那些成为他的知识知己的妇女,使他有能力认识到那些不守常规的男人、女人,以及超自然的动物们——他们变成了他的结义同盟——身上的优点。正如吴清原(音 Joanna Kuriyama)曾指出的,素臣对生活的这种充满激情的投入并没获得他母亲的赞同[99]。以水夫人(以及评点者)的观点看,素臣过分的见义勇为、见难必救使他忽视了个人的安危,放弃了尽孝的义务,因为为了尽孝他必须爱护自己。在回答素臣的哥哥古心为素臣的辩解,即如果不行动就会像古代哲学家杨朱一样了时(杨朱提倡为我并将其提到极端的程度,宣称:拔一毛利天下而不为),水夫人把素臣比作了墨子,墨子是不承认孔子的等级制关系的(第五十四回)。她进一步责备素臣说他枉读了这么多诗书,因为他不懂得圣人之道在于能够斟酌轻重缓急,以为屈伸进退。最后,她吓唬素臣说,如果他不能“专力于圣人中正之道”,那她就不认他作儿子了(第五十四回)。

评点者同意水夫人的意见,评注道,素臣早些时候的病就是他不计后果而行的结果,并说“异端只为作弄,精神不收敛,故不中不正耳”(第五十四回)。回末总评则高度赞扬水夫人的这段议论,说她指出了杨朱、墨子的哲学与素臣的莽撞逞能之间的相似性。并下结论说:“有母如此,子不圣贤者,吾未之前闻。”(第五十四回总评)在这之前的一次说教中,素臣的两个妾问水夫人,在听到素臣被判处死罪的消息后,她为什么能处之若素,水夫人答道,惟对情有所裁制,才可以使情“中节”而发,“若徇私情,忘天理,则不中其节矣”(第三十八回)。由于这一次素臣是冒着生命危险来匡救时政(他犯颜直谏,批评皇上不该助长佛老之学说),死得其所,所以水夫人能够坦然面对丧子的现实而不会过分悲伤。

在自己的言行举止中,水夫人也小心地避免借助于行权的行为。只有一次,她被说服而做了“从权”的事,尽管她认为这种做法“殊非礼”。她默许家中妇女举行假婚礼,以防止那些未婚女子被皇宫选为秀女(第四十回)。不过,最终,她还是没有让这一决定损害了她的道德标准,对自己允许家人采用这种权宜之计表达了悔恨之意(第一百四十二回)[100]。果然,在后来的一个场景中,当面对当众赤足——这是一种会危及她们所主张的绝对的性贞节的行为——的侮辱性命令时,水夫人和家中所有妇女都决定自杀,而不是默默地服从这个命令(第九十八回)。

甚至当赞誉水夫人坚定地承担正统中节的最高标准时,这一叙述也含蓄地鼓励了素臣的那种热情的行动主义方式。例如,尽管素臣表示已将母亲关于不可恃匹夫之勇,轻蹈不测的教诲刻诸肺腑,但是他仍然多次去冒险。更突出的是,在行权与正统之间最尖锐的一次冲突中,行权显然取得了最后胜利。当水夫人病危之际,为了治好她的病,素臣的一个儿子割下自己的一块肉煮汤给她喝。正如文龙在为自己辩解时所说,尽管割股“非正理”,但危急时刻,是允许权宜行之的(第一百二十九回)。值得注意的是,水夫人说这个汤十分香美,身体也立刻神奇地好起来。听说水夫人爱喝这种汤后,素臣的妻妾和女仆也纷纷效法文龙,安排了一个为期十日的轮值表,轮流为水夫人割股煮汤。当水夫人发现了她们手臂缠上绷带的原因时,她责备她们的行为是“愚孝”,为“君子不取”(第一百二十九回)。尽管水夫人严厉反对,但是这种异端疗法的奇效却证明,作为一种孝行,它是有价值的。最终证明文龙所选择的权宜之举具有正当性的是他的祈祷终止了一场长时间的干旱(水夫人生病时它已经在困扰着北京),一场持续七天七夜的大雪就是对他的回报[101]。

与小说的男权主义倾向一致,虽然素臣的多情的英雄性格受到了表扬,但是更传统的情的表达却是被贬低的。感伤的爱情观被反复地贬斥为孩子气的和自私的。谈到婚约时的害羞和窘迫不安并不意味着清白或纯洁,而是被批评为"孩子气"(第四回)、"儿女私情"或"儿女态"(第十、十三、三十八、九十九回)。小说中很少描写两性之间的感情,在其中的一次描写中,即对文容与赛观音在战场上调情的滑稽描写,则流露出嘲讽的态度。正如《红楼梦》中薛宝钗所示范的,婚姻是履行家庭义务和责任,与个人的感情无关。

素臣与他母亲的形象塑造的差异指向小说中暗含着的正统的性别政治。素臣被获准以某种方式超越正统行为的束缚,而这是他的母亲所不能获得的。作为一名男性,他是阳的那种调节力量的具体体现,因此仅仅通过身体的在场就能够带来秩序。水夫人,像晚期帝国的许多贞节妇女一样,却援用一种绝无商量余地的、更强硬、更绝对的儒学正统。虽然水夫人将小说世界稳定在正统价值之内的作用很突出,但是若没有素臣那孝敬母亲的装腔作势的豪言壮语,水夫人就没有什么值得讲述的故事了。水夫人对道德准则的坚守保护了小说的儒学基调,使它免于被素臣那非正统的怪异行为不适当地损害了。

尽管许多读者都清楚地感到《野叟曝言》延展了对正统的界定,使其超过了一些颇有意义的界线,但是它对于儒学实践在整个已知世界的传播的强调却暗示出,夏敬渠在试着把非传统的、但具有补偿作用的情挪入一个以正统为主的叙述之中。《野叟曝言》中令人惊讶的性事描写不仅是被用以讨论行权的合法性的经典语汇的副产品,而且是对小说将孝道与性节制等同起来的一种回应。贯穿小说全篇,对儒学婚姻实践的采纳象征着外国人乐意接受中国的宗主地位:这些民族,比如想融入汉文化圈的苗人和欧洲人,急切地借助于安排婚姻和男女隔离来管理他们本地的性经济。这些民族的参与在水夫人百岁寿辰庆典的日子里显得很突出。不驯服的被确定为阴的人群,像和尚、道士和日本人,则通过放纵、危险的性行为来表明他们对中国宗主地位的抵抗。

对于性贞洁作为一种基本道德界定——特别是对妇女而言——的中心位置的解构很符合夏敬渠的观点:反对理学修身中智识的、寂静主义(quietist)的方面,赞成一种对于儒教的行动主义的界定。由于对欲望的质疑是理学有关修身的话语的重要组成部分,因此,毫不奇怪,它并没有作为一个主题性的关注点出现在《野叟曝言》中。像下一章中所讨论的 19 世纪的小说一样,《野叟曝言》叙述了调整一个失衡的社会的过程——通过重组家庭、治愈疾病、战胜腐败力量,以及治理洪水。这些作品,甚至那些直接受《红楼梦》影响的小说,都不再把注意力放在理学所倡言的修身上了。这些小说中,没有一部把欲当成一个有问题的对象。毫无疑问,夏敬渠提前表现了在后来的小说中占据了支配地位的主题,而这将他这部古怪的小说从完全的默默无闻中拯救出来。

【注】

① 民国时期的读者仍然对这部小说感兴趣。一部一百回的版本,名为《原著古本野叟曝言》,保存在高罗佩的收藏品中,1933 年由上海好青年书店出版。该版本是个质量不高的删节本,也没有什么文学趣味。尽管封底的版权页表明这一版是 1929 年 9 月上海出版的一个最初版本的第六次印刷,但是这一声明有点儿可疑。最后一页出现了一个表格,把原版《野叟曝言》中所用的姓名与一部名为《剑骨琴心》的小说中的姓名加以对比。这部《原著古本野叟曝言》最初曾以《剑骨琴心》为名出版,证据是,这部 20 世纪初的删节本中许多人物的名字都与《剑骨琴心》中所列的名字相对应,而且,在第一百回最后,所用的程式化的结束语是:"我这部《剑骨琴心》一书,也就从此告一结束。"晚清时坊间常相互买卖印刷刻板,并用另一个名字重印该书,因此,这个改写本的出现可能远远早于 1929 年。

② 这一木版版本曾于1985年被台北天一出版社重印,上海古籍出版社也曾重印(年代不详)。我所参考的,除另外注明的,均为一百五十二回的"毗陵汇珍楼"本。至于那些为一百五十二回本所遗漏的章回,我的参考资料取自1993年由北京人民中国出版社重印的一百五十四回的上海《申报》馆版,这个版本有完整的章回评点,但没有行间的评点。

③ 欧阳健《〈野叟曝言〉版本辨析》论证说一百五十四回本所加的内容与夏敬渠原著——两个版本均由此而出——的精神相契合。然而,吴清原(音Joanna Kuriyama,Ching-yuanWu)《小说中的儒教:夏敬渠〈野叟曝言〉研究》,第211—212页)(*Confucianism in Fiction:A Study of Hsia Ching-chu's Yeh-SOUP'u-yen*)却注意到这两个本子把握一百三十二回至一百三十六回的材料的方式有很大差异。一百五十二回本没有提及素臣主动地卷入狂乱的性行为,他被描写成性攻击行为的受害者。一百五十四回本中多出的材料却把素臣描写成主动地参与了放荡的性行为——在因面对一只咆哮的狮子而患上失心症的七年间。如果说整部小说的余下部分都是在强调素臣的纯正,那么他的陷于极度的道德堕落就太不合情理了。

④ 王琼玲《清代四大才学小说》,第101页。

⑤ 王琼玲《清代四大才学小说》,第81—115页。

⑥ 这部手稿本被收藏在北京的社会科学研究院的珍本书库中。关于这部手抄稿的更多信息,请见王琼玲《清代四大才学小说》(第85—86页)中的详细讨论。

⑦ 根据与其相似的章回划分和章回题目,王琼玲归结说,两种1882年的版本都以1881年的木活字版为本,但收入了缺失的材料。《申报》馆本含有对第二、第三至四、第六十五至六十八、第一百三十一至一百三十五、第一百三十八至一百三十九,以及一百四十八至一百五十一回的总评,而所有这些均为木活字版所缺。

⑧ 王琼玲《清代四大才学小说》,第103—104页。

⑨ 王琼玲《清代四大才学小说》,第101—102页。

⑩ 附于四十五回之后关于素臣"易容"的评点提到后来的第"五十三回",在这一回中,素臣的仆人和妾都认不出他来了。附于四十七回之后的一则评点特意提及"五十七回"中文素臣的"辟老子";四十七回末的另一评语则特意提及由"四十六回"引出的梦的主题。一百十五回出现了两个证据:第一个,提到"四十八回之照妖镜"——四十八回(在一百五十四回本中是第五十回)中惟有回目中出现过这个词;第二个,提到"八十一回"中

两个小人物“奢摩他和精夫之献伎”。这一事件在两个版本中均不是出现于第八十一回；两个女子献伎在一百五十二回本是出现在八十回中，在一百五十四回本则是出现在八十二回中。由此可见，总评中提及的文中的一些事件回数均本于一百五十二回本。

⑪ 这一回回末总评中有“并六回之送被、八回之赠帕”之语，这里的回数均是就一百五十四回而言的，所以作者说它们是“为那两个额外的章回提供依据的”。——译者

⑫ 见黄卫总《文人与自我再/表现》，第15—16页。

⑬ 孔飞力《叫魂：1768年中国妖术大恐慌》。

⑭ 本书中除特别注明外，作者所引《野叟曝言》之章回数均依一百五十二回本。一百五十二回本的第三回相当于一百五十四回本的第五回，第四回相当于第六回，以下均以此类推。——译注

⑮ 比如，见第四十四、五十回；以及一百五十四回本中的第五、一百三十四和一百三十七回。

⑯ 关于夏敬渠的传记研究，参见孙楷第《夏二铭与〈野叟曝言〉》；赵景深《〈野叟曝言〉与夏氏宗谱》；吴清原（音 Kuriyama）《小说中的儒教》第23—45页；以及罗狄（Roddy）《文人身份》，第74—77页。

⑰ 吴清原（音 Kuriyama）《小说中的儒教》，第23—24页。

⑱ 罗狄（Roddy）《文人身份》，第75—77页。

⑲ 赵景深《〈野叟曝言〉与夏氏宗谱》，第444页。

⑳ 吴清原（音 Kuriyama）《小说中的儒教》，第24—25页。

㉑ 比如，见第五、六回（论几何学和箭术），第八、三十六回（论诗）和第十九、七十五、九十二回（论医）。正如伊维德（Wiltldema）所指出的，素臣所列举的十数种有关圣灵感孕的解释（《野叟曝言》第七十五回，一百五十四回本的七十七回）也许是基督教在中国之传播的一种回应（《大炮、时钟与聪明的猴子：18世纪一些中国小说中的欧罗巴、欧罗巴人和欧洲》〔*Cannon, Clocks and Clever Monkeys: Europeana, Europeans and Europe in Some Eighteenth Century Chinese Novels*）〕〔以下简作《大炮、时钟》〕，第71页）。

㉒ 这是一百五十四回本的七十八回。——译注

㉓ 关于夏敬渠对陈寿的历史评价，见吴清原（音 Kuriyama）《小说中的儒教》，第42—43页。

㉔ 见陆大伟（Rolston）《中国传统小说》，第56—57页。

㉕《列子·杨朱第七》：“昔者宋国有田夫，常衣缊黂，仅以过冬。暨春东作，

自曝于日,不知天下之有广厦隩室、绵纩狐狢。顾谓其妻曰:'负日之暄,人莫知者,以献吾君,将有重赏。'里之富室告之曰:'昔人有美戎菽甘枲茎芹萍子者,对乡豪称之,乡豪取而尝之,蜇于口,惨于腹。众哂而怨之,其人大惭。子其类也。'"(《诸子集成》3,《列子》,第89页)——译注

㉖ 关于这部小说的名字,请见麦克马汉(McMahon)《吝啬鬼、泼妇和一夫多妻》,第153—154页;黄卫总(M. Huang)《文人与自我再/表现》,第109—111页。

㉗ 比如,第三十五回末尾说了一句着火引起的惊慌,第三十六回一开头只说了句它是吉兆,就不再理会了;第八十二回最后一段写素臣已做好被淹死的准备,第八十三回一开头他就获救了;第一百二回末尾写素臣听说太子被逼自缢后,"大叫一声,撞下马来,死在地下";第一百三回一开头他就醒转过来,知道那只不过是个谣言。

㉘ 若以小说的篇幅之长和其中所提及的戏曲数目(见第七十二、七十三、七十七和八十二回)之多来看,则小说中提到的其他的小说就未免太少了,这颇使人感到费解。第一百十八回文家搬入新宅,宅中有一座田园诗般的大花园,这一情节提示着它受到了《金瓶梅》或——可能性较少的——《红楼梦》的影响,这两部小说均是在第十八回建成了花园世界,《野叟曝言》中花园世界的完成比它们整整晚了一百回。一则行间注特别提到了《金瓶梅》(第六十回)中的葡萄架场景,而第六十五和六十七回(一百五十四回本的六十七、六十九回)的总评则把这些章回中的淫亵描写与《金瓶梅》做了比较。

㉙ 罗狄(Roddy)《文人身份》第149页。

㉚ 吴清原(音 Kuriyama)《小说中的儒教》,第69页。

㉛ 吴清原(音 Kuriyama)《小说中的儒教》,第67—68页。

㉜ 1878年手抄稿中卷的分法与诸印刷版本不同,见王琼玲《清代四大才学小说》,第83—84页。

㉝ 这一回中其他的吉兆是素臣的孙子考取了状元和凤凰——它是只出现于太平盛世的"四灵"(书中指:龙、龟、麒麟、凤——译者)中的最后来到的一种——的到来。

㉞ 关于水夫人的重要地位的讨论,见罗狄(Roddy)《文人身份》,第153—155页。

㉟ 奇怪的是,在声明六十七回(后文要讨论)中所写的专业化的性表演太淫秽,以至于无法重复的同时,文本中却把该章回的内容又提了一遍。"金

枝、晚香见戏目有看花名目，把老脸晕得通红，及看出中注明‘扎缚衣裤，不露肌肤’，又无翻牝做肚、击牝作声等事，心中一块石头方落下地。”（第一百四十四回）

㊱ 提到这些规范小说的有，第三、四十一回（人民文学1997版的这一回评点中没有提及其他小说，作者所用版本中或有。——译注）、第四十三、四十四、六十以及一百五十四回本的六十七、六十九回的回末总评。评点者还以金圣叹说的“草蛇灰线法”来指对一种意象的重复（见第七、一百三十七回）。

㊲ 鲁迅《中国小说史略》，第303页。

㊳ 关于以《红楼梦》为参照解读《野叟曝言》的论述，可见麦克马汉(McMahon)《吝啬鬼》，第170—174页，及书中各处；以及黄卫总(M. Huang)《自我再/表现》，第119、123页，及书中各处。麦克马汉(McMahon)把这两部小说形容为相互竞争的声音，其争执的焦点在于，在一个一夫多妻的家庭中如何妥善地处理性事与感情的关系。

㊴ “云雨”是对性交的常见的委婉说法；巫山是楚襄王与女神梦中交媾的地方。

㊵ 素臣反复地讲所谓“阳儒阴释”，使之几乎成了一种陈词滥调。素臣的一位结拜兄弟夸奖说，素臣所系之绣有“春风晓日”图样的汗巾正与他的志向相称，“正如日出扶桑，阴邪悉灭，阳光遍照”（第七回）。行间夹批则形容这小说是自这一图案生发而成的。

㊶ 素臣还用《易经》算卦，见第四十一、六十七和七十九回。

㊷ 一百五十二回本第十一回的第一页缺佚。

㊸ 素臣的四个妾都曾被洪水冲走。小说中一个附带情节就是素臣试图寻找所有被洪水冲跑，流离失所的人，不是使他们重返家园，就是将他们收编，并给予恰当的儒家社会身份。

㊹ 见宫崎市定(Ichisada Miyazaki)《中国科举考试黑幕：中华帝国的科举考试》(*China's Examination Hell: The Civil Service Examinations of Imperial China*)（以下简作《中国科举考试黑幕》），第71页。

㊺ 男人的阳精被认为是贮藏在骨髓之中，并从他的精液中施放出来的。

㊻ 热显然是素臣的阳力的标志，而且，在明清文学中，男人的尿常暗喻他的精液，见艾梅兰(Epstein)“刻画本质”。

㊼ 第六十六回的下半部分——在这部分中，那些妇人试图用淫秽的笑话和歌子胜过对方——是对一种文人聚会的拙劣模仿。泛指的“鸡巴”在她们的玩笑中被用了十八次，而素臣的阴茎则特意被称作阳物，共有八次。关

于此一对照,可见第六十六回。

㊽ 值得注意的是,第六十五回中对季节的细节描写也与复卦的爻辞一致。“冬至是阴道开始回复(开始变得虚静)的日子”(林理彰〔Lynn〕《〈易经〉新译》,第285—292页)(译者注:疑此句林氏文有误,复卦当为“阳”道开始恢复之卦,而阳初复,当静以待长,并非“阴”道初复)。张竹坡也把复卦与阴的主宰地位的终止相联。他对《金瓶梅》第三十三回的评点是:“六著,阴数也。潘六儿与王六儿合成阴之数,阳已全尽,安得不死?坤尽为复,复之一阳,必须静以保之方可。”(《金瓶梅》,第三十三回)张竹坡在同一回的回首评语中也提到了复卦。

㊾ 关于《西游记》中各种各样用来诱陷取经者的容器,可见浦安迪《四大奇书》,第252页注释。

㊿ 确实有一些人物选择了自杀,为的是表明她们对道德损害的拒绝(第五十一、一百二十六回),但是大多数妇女都继续活了下来,通过皈依正统来恢复自己的名誉。

51 可参见出现于中国朝廷中的类似的喇嘛教的欢喜佛塑像,见高罗佩(Gulik)《性生活》,第259—261页。

52 见第一百五十四回本的一百三十五、一百三十四和一百三十七回。

53 关于妇女的“水性”,见麦克马汉(MeMahon)《因果关系与自我控制》,第65—66页。

54 比如,尽管《西游记》中有丰富的阴阳象征主义,但是第九十九回——一个有力地证明着数字九的重要性并成为八十一难和最后的考验场的章回——却以由水造成的另一个考验为特色,而不是一种直接的阳的考验。

55 正如前面已经讨论的那样,在《红楼梦》第三十回所描写的暑热中,端阳节也被当作一个重要日子。

56 葵花峒——素臣探访的第二个苗人社区——也混合着许多同样的阳的细节(第九十回)。

57 见《野叟曝言》第八十九至九十二回及九十四回。

58 虽然素臣治愈的许多病症并不包含明显的阴阳术语,但是,与素臣或皇上相关的大多数疾病都显然诱发于阴。最突出的例子是前面讨论过的素臣对皇上的诊断,认为皇上的虚弱是由阳衰引起的(第八十五回)。除了为皇上开壮阳药方外,素臣后来还组织了一个仪式来清除皇宫中的阴气(第一百十五回;人民文学出版社1997年版相应章回中没有这个情节。作者所用版本或有。——译者)。

⑲ 素臣阳气的壮旺在另一场景中也有表现：一个女吊死鬼解释说她之所以附魂于一位乳母之身来诉冤，是因为那乳母阴气重，而且还混杂着性欲邪念，这可以使她抵挡住素臣身上释放出的阳气（第七十五回）。

⑳ 行间注对此的解说是，素臣“以正水灭邪火”（第八十九回）。类似的例子在《西游记》中也有：火焰山上那些好似具有阳的性质的妖魔（特别是红孩儿）对于取经者的正统的阳来说终究还是异端的阴（《西游记》，第四十至四十三回）。也可参见凯波尼（Robert F. Campany）《妖怪、神仙和取经者：〈西游记〉鬼神研究》（*Demons, Gods, and Pilgrims: The Demonology of the Hsi—yu ji*），第111页。

㉑《镜花缘》中男童的尿也被用作药物（第二十九回），这让人想起《牡丹亭》中用柳梦梅裤子上的一块布入药，使杜丽娘起死回生的情节。

㉒ 有两次，苗民对身体的态度都使素臣大吃一惊。素臣医好了一个女子，她那满怀感激的父亲在暑热中，三番五次地请素臣一层层脱去衣服，凉快凉快（第九十一回）；素臣对苗民见客时所行之拥抱接吻之礼也感到很不舒服（第九十回）。

㉓ 见代尔蒙德（Diamond）《对苗族的界定：明、清与当代的观点》（*Defining the Miao: Ming, Qing and Contemporary Views*）。《儒林外史》（第四十三回）中出现过一次凶暴的苗民起义；《醒世姻缘传》第九十九回中一个重要的事件即是四川的地方部落——很可能是苗民——之间爆发了战争。

㉔ 甚至于野蛮的傜人——他们被描写成一种凶残的、高度军事化的南方少数民族，尚未从动物中分化出来——也没有真正威胁到素臣或任何其他汉文化的代表（第一百二回）。

㉕ 第一百回的回目将蟒的那种负面的、不能生育的阴的性质与被治愈的石女那旺盛的生育力进行了突出的对比。

㉖ 哈利昆（Harlequin）：意大利一种滑稽剧或哑剧中的丑角，其形象是光头、戴面具、穿杂色衣服。哈利昆浪漫故事（Harlequin romance）的内容类似于中国的“鸳鸯蝴蝶派小说”。——译注

㉗《野叟曝言》中这些配偶的非同寻常的特性在与别的作品的对比中可以突现出来，比如《儒林外史》（第十一回）写了蘧公孙——一位只喜欢作诗的青年男子——与鄙视作诗，偏爱八股文的鲁小姐的婚姻。如果把这一对夫妻的兴趣调换一下，那么这一不相称的婚姻所含的幽默就不复存在了，因为它的可笑正有赖于读者的这样一种预期，即认为妇女不会热衷于严肃的知识。

⑱ 与《红楼梦》相似的另一点是,花园的每一处楼阁的名称都与其居住者的名字相对应,虽然作者并没打算把一些建筑上的细节与居住者的个性相匹配。

⑲ 素臣坚持让他的所有扈从都结婚生子,为的是尽孝道。将这一点阐述得最清楚的一次是,他劝导一位刚把他从李又全手中救出来的女侠说,孝道——在此是生儿育女的同义词——比侠义更重要(第六十九回)。

⑳ 有这样一件事,水夫人把曾误落强盗之手的好人家的女儿许配给一位家奴;当这位家奴抱怨说她是个"二婚货"时,水夫人责备他并提醒他不要忘记自己的身份。

㉑ 一则行间评语特意提到了《金瓶梅》(第六十回)。

㉒ 比如,见第八十五回和第一百十八回。

㉓ 女武士也出现在第八十五、一百九、一百十七和一百二十四回中。

㉔ 宝玉与形容秀美的北静王一见面即很投缘,这部分地是由于北静王喜欢宝玉的容貌(见《红楼梦》第十四至十五回,第一百四十一至一百四十三回,以及第八十五回)。

㉕ 当素臣化着妆试图赎回他的两位未过门的妾时,一位对此有所怀疑的男人对其中一位妾的父亲说:"你却不该择这等丑婿。你夸你女婿才高学广,我看这相貌也不像个有才学的。"(第五十四回)关于相貌美所具有的将勇敢的爱情主人公与他们那些更粗鲁的好汉兄弟们区分开来的作用,请见麦克马汉(McMahon)《因果关系与自我克制》,第54—55页。

㉖ 关于素臣的傲慢不羁的例子,可见第十六回和第三十二回;关于他的好酒量,可见第十三回和第八十七回。然而,与《水浒传》中的好汉不同,当素臣在感情上失控时,是为了坚持要绝对忠诚于儒家价值观,而决不是出于对个人或微不足道的观念的忠诚。

㉗ 正如黄卫总(Martin Huang)(《文人与自我再/表现》)所注意到的,素臣那些超级成功的儿孙应被理解为对他的形象的扩展。素臣的头五个儿子,个个都精通一门学问:老大是武艺、老二是文章、老三是天文、老四是地理、老五是诗赋(见《野叟曝言》第一百二十一回)。

㉘ 除了由于美貌而被拐骗和假扮尼姑以外,文容还在两次不同的场合几乎被强奸(第四十九回和第一百三十二回〔此系一百五十四回本——译注〕)。

㉙ 艾伦(Allan)《水的流向与道德萌芽》(*The Way of Water and Sprouts of Virtue*,以下简作《水的流向》),第34页。

⑳ 作者此处所引为艾伦在“比较《论语》及《孟子》中关于水的几段话后”的“总结”:“Water with a source is something that continually replaces itself, an unending stream, like a reputation that may be passed down over the generations..."(Allan,上书,第 36 页)《告子上》有关水的一段话如下:“孟子曰:水信(性)无分于东西,无分于上下乎? 人性之善也,犹水之就下也。人无有不善,水无有不下。今夫水,搏而跃之,可使过颡;激而行之,可使在山。是岂水之性哉? 其势则然也。”——译注

㉑ 艾伦(Allan)《水的流向》,第 51 页。

㉒ 参看张新之的评点,“林生于海,海处东南,阳也”(《红楼梦》三家评本,第 4 页)。

㉓ 在《醒世姻缘传》第三回中有一个类似的描写,一位孝子宁可陪着母亲而不与妻子同房(第四十九回)。

㉔ 第一百四十一回中有素臣儿孙的完整系谱。

㉕ 考勒(Cole)《中国佛教中的母与子》(*Mothers and Sons in Chinese Buddhism*,以下简作《母与子》),特别是第 57—64 页。

㉖《禅真逸史》就是清初小说的一个例子,在这部小说中,不正当的性行为就与一个僧侣的形象联在了一起,小说对之进行了长段的几乎是爱情的细节描写,见麦克马汉(McMahon)《晚明的两部白话小说:〈禅真逸史〉与〈禅真后史〉》(*Two Late Ming Vernacular Novels: Chan zhen yishi* and *Chan zhen houshi*)(以下简作《晚明的两部白话小说》)。人们会说,违规的性行为是小说中一个可以接受的,甚至是意料中的主题,只要它已被那些传统上被归于反社会的人物所间离开来。

㉗ 捍膂《谈〈野叟曝言〉》,侯健《〈野叟曝言〉的变态心理》。王琼玲(《野叟曝言研究》,第 17 页)评论说,对性遭遇的描写大约占了小说 5%的篇幅。

㉘ 黄卫总(M. Huang)《文人与自我再/表现》,第 112—113 页。与以作家为中心的中国文学研究相一致,孙楷第《夏二铭与〈野叟曝言〉》和赵景深《〈野叟曝言〉与夏氏宗谱》曾辨析了小说中的自传内容,通过把夏敬渠与文素臣的生活相对照——两人都早年丧父,由母亲养大,都有一位长兄和一个妹妹,而且夏敬渠的许多诗作和史论的片断都被加入小说之中。

㉙ 见李恩仪(W. Y. Li)《迷与觉》,第 4—33 页。

㉚ 麦克马汉(McMahon)《吝啬鬼》,第 165—167 页;黄卫总(M. Huang)《文人与自我再/表现》,第 120—122 页;以及吴清原(音 Kuriyama)《小说中的儒教》,第 44、109—132 页。

⑨1 一个例子是清代关于是否及怎样恢复已经衰亡的世袭制度的争论(讨论见周启荣《儒家形式主义的兴起》,第 115—128 页)。

⑨2《孟子》卷之四“离娄上”,这一节在麦克马汉(McMahon)的《吝啬鬼》(第 166 页)中也有讨论。

⑨3 麦克马汉(McMahon)《吝啬鬼》,第 166 页;吴清原(音 Kuriyama)《小说中的儒教》,第 109—132 页。

⑨4 小说中其他有关行权与正统的讨论,见于第四十回和第一百四十二回。

⑨5《好逑传》第六回。麦克马汉(McMahon)讨论了《禅真后史》第五十四回中的一个类似场景,见《因果关系与自我克制》,第 118 页。

⑨6 这一回末的总评把素臣磨擦她的牝户进一步径作“凿开混沌”,而分娩二十八个儿子则无异于“混沌变为文明”(一百五十四回本的一百二回)。

⑨7 在对巨蟒狂乱情节的批语中,评点者也是这样把读者的注意力导向文体问题(第九十五回)。

⑨8 关于守节自杀的例子,可见第五十一、一百二十六以及第一百五十四回本的第一百三十二回。

⑨9 吴清原(音 Kuriyama)《小说中的儒教》,第 103—108 页。

⑩0 见吴清原(音 Kuriyama)《小说中的儒教》,第 115 页。

⑩1 有趣的是,评点也拿不准这种孝行是否得当(第一百二十九回)。

(原载《竞争的话语:明清小说中的正统性、本真性及所生成之意义》,此为其第五章,江苏人民出版社 2005 年版)

论《野叟曝言》对世情小说的仿拟和改造

王进驹

一

《野叟曝言》是产生于乾隆年间的一部百万言长篇小说，其思想艺术成就虽然远不能跟同期的《红楼梦》和《儒林外史》相比，但也称得上是一部内涵丰富、创作特色明显的巨著，它出现在文人独立创作成为章回小说主要生产方式的完成期，呈示着小说发展的某种动向，从小说史研究来说有着特殊的意义。鲁迅先生《中国小说史略》中专设“以小说见才学者”一章评析此类小说，将《野叟曝言》置于其首：“以小说为庋学问文章之具，与寓惩劝同意而异用者，在清盖莫先于《野叟曝言》。”鲁迅先生敏锐地捕捉到《野叟曝言》在小说体类上不同于此前小说的重要特征，揭示其小说发展史的地位，这成为后来研究《野叟曝言》具有指导意义的论断，直至今天人们对于《野叟曝言》的小说类型特征，主要都是从“才学小说”的角度去认识的。不过在肯定“以小说见才学”为《野叟曝言》具有创新性的小说类型特征的同时，我们还应看到《野叟曝言》小说类型呈现着多元取向：它几乎把在此之前出现过的所有小说类型的基本叙事型式都进行了仿拟和改造。当然其中最主要和基本的类型还是明代章回小说所确立的四大类型：历史演义、英雄传奇、神魔小说和世情小说。《野叟曝言》仿拟和改造了英雄传奇、历史演义、神魔小说的叙事型式，通过塑造“奋武揆文，天下无双正士”的主人公文素臣以达到“自况”的目的，将自我英雄化、历史化、神圣化，表现了清代盛世文人困境中的下层文士强烈的主观幻求①。而相对于章回小说最先成熟的三大类型小说来说，《野叟曝言》主人公的活动环境和社会联系又较多地处于常人的世俗生活中，因此作品展现了比较丰富的人情世态的内容，这是《野叟曝言》受到了《金瓶梅》开创的长篇世情小说影响的结果。

作品第二十六回—三十三回写铁匠刘大郎之妻石氏在杭州昭庆寺大火中被文素臣救出，刘大郎感恩不已，同时为使其妹璇姑终身有托，乃设计让璇姑于素臣醉中伺候，使素臣不得已允诺日后娶璇姑为妾。素臣返吴江后，刘大将家搬到城中表亲皮匠张老实家，安置好石氏与璇姑，便往吴江寻访文素臣。住在张老实近邻的兵部尚书公子连城得知璇姑貌美，乃设谋夺取，引起其妻妾丫鬟间一连串纠葛，也牵涉张老实夫妇及邻居李四嫂诸等人众，这一段故事可谓相当生动、细腻的世情小说。第二十八回后总评说：

> 写夫妻角口，此回如雏莺弄舌，妖鸟啼春，酷类《金瓶》诸妇人勃溪唇吻；写主婢宣淫，如浪蝶迷花，狂蜂采蕊，酷类《金瓶》诸男女秽亵世界，非摹仿《金瓶》也。泰山不让土壤，故能成其高；沧海不择细流，故能成其深。如此洋洋一百几十回文字，而有一情未写、一孽未现，何以揽其全，穷其变，而为今古大观邪？兼见作者力量，将全部《金瓶》所作之事、所说之话，撮其要领，撷其精华，收摄数页中。更有后文两番丧事以尽其变，而《金瓶》之阃奥悉见，其余百数十回，则皆《金瓶》所未得梦见者，此所以为第一奇书也。

这段评语说《野叟曝言》所写酷类《金瓶梅》，但并非简单摹仿《金瓶梅》相应的描写，而是将《金瓶梅》全书的精华要领汲取之后，运用到《野叟曝言》的这段故事写作中，仅仅是几回篇幅但已深得《金瓶梅》之精妙。至于本书的其他描写则是《金瓶梅》所无法相比的。此评虽一味抬高《野叟曝言》，却仍不能不承认《野叟曝言》对

《金瓶梅》的借鉴和摄取。

《野叟曝言》中描摹人情世态比较明显而且比较真切生动的情节还有:第十回素臣与双人乘船北上,舟中女尼了因、了缘情迷双人之描写;第十四回景敬亭为素臣筹集外出路费,与素臣到土财主田有谋家商卖田地的描写;第十八回文素臣在未鸾吹家养病,引出未公嗣子洪儒受棍徒计多唆使状告素臣之官司事;第十九回丰城江中龙舟会碧莲、翠莲等艺人之表演;第二十三回市井中江湖医生卖膏药治病之场景;第五十五回—五十七回计多、戴秃为报复而状告任知县欺君假嫁女案;第六十六回福州盛行男风、祭赛"夏相公会"的风俗,等等。另外在故事发展中还穿插着大量秽亵描写,这也是从《金瓶梅》发展变化而来的秽亵小说的特征。

除了这些局部的情节、场景具有世情小说的色彩外,更为重要而不为人留意的是《野叟曝言》对《金瓶梅》在叙事结构上的仿拟和改造。

二

《金瓶梅》在叙事结构上有两个突破了过去章回小说的创造:一是以一个中心人物的人生经历作为全书叙事的主脉;二是从家庭和社会两个方向展开中心人物的人生过程,把人生命运、家庭生活、社会环境三者紧密结合起来,这是《金瓶梅》对小说叙事发展的重大贡献。作为在《金瓶梅》产生广泛而巨大影响之后创作的《野叟曝言》,在叙事结构上对《金瓶梅》进行了仿拟而又加以改造。

《野叟曝言》也是以一个中心人物文素臣的人生经历作为全书叙事主脉,文素臣虽类似于传奇英雄、历史英雄、神话英雄,其英雄事业是在宏阔的社会历史背景下建立和成就的,但其英雄之品德、气质、才能却来自于家庭的培养熏陶,其事业之成功离不开家庭的翼助,文素臣的家庭生活与他的社会活动互有联系和影响,而家庭的雍睦荣盛又成为其事业成功之标志,故文素臣的人生过程也是通过家庭和社会两方面展现出来的,这跟过去小说的英雄基本上脱离了家庭生活大为不同,显然是借鉴和仿拟《金瓶梅》带来的特点,这是比单纯在某些情节场景上描摹家庭生活和世相更为深层的借鉴和仿拟。当然《野叟曝言》在借鉴和仿拟中进行了很大的改造和创新,因而又呈现出与《金瓶梅》的差异。

《金瓶梅》中西门庆是叙事的中心人物,其发迹、暴富到丧身家败的历程是全书故事的主体内容,他成为书中大部分情节的叙事焦点,他的活动主要集中在家庭这一情节线上;而在社会的情节线上,其活动往往是间接性的,即通过他人代理,在这种情形下,叙事焦点则转换为他人。相对而言,用于家庭情节线上的叙事时间要大大超过社会情节线上的叙事时间,家庭场景大大多于社会场景。但在西门庆死后,随着其家庭成员的变化流动,叙事焦点分散到妻妾诸人,叙事活动亦从家庭之情节线朝社会之情节线扩散,于是后阶段的叙事时间用于社会情节线上较多,社会场景也为之增加。

《野叟曝言》全书之叙事均围绕着文素臣这一中心人物进行,文素臣作为叙事焦点在书中的地位比起西门庆在《金瓶梅》中更为突出和重要。与西门庆作为叙事焦点主要集中在家庭这一情节线上不同,文素臣则移动于家庭和社会两条情节线上,在其人生经历的不同阶段,呈现出不同的特点:

第一阶段(第一回至三十四回)是文素臣初出家门在社会上仗义行侠时期,此期家庭与社会两条线交叉重合较多。一方面文素臣出外时间不长,出而复归,活动于家庭与社会之间;一方面其仗义行侠之救人对象鸾吹、素娥、璇姑、湘灵等女子后来都与素臣结成兄妹、夫妇(妾)的关系,实际上由社会情节线转移到家庭情节线上。

第二阶段(第三十四回至六十四回)文素臣正式介入政治斗争之中,遭受磨难而显现英雄面目,树立声名,家庭也经由波荡而趋于安定时期。此期家庭和社会两条情节线并行展开,文素臣作为叙事焦点主要活动于社会一线上:受荐应直言极谏廷试,面圣劾斩宦竖、奸僧,先被定斩罪,旋改谪辽东,一路击破政敌追杀阴谋,脱逃海上,收罗众豪杰。其家庭因受影响而避祸移家江西丰城,主要通过素臣挚友洪长卿为之传家书过程去表现，家庭一线的叙事焦点在洪长卿和素臣家人(水夫人、鸾吹、素娥等)，两线先是并行发展，后素臣从福建至江西寻母，两线交合，全家遭遇一场官司之后，素臣与三位妾正式成婚，家室和乐。此期叙事线索是由分到合。

第三阶段(第六十五回至一百十七回)这是文素臣大显身手、建功立业的实质性时期。素臣再次离家远行，观览地理形势，访察民情，网罗爪牙，以为除奸卫国之备。他行踪不定，远至台湾、辽东、广西苗峒，时而入京，均为国事而转走南北。其家庭一线情事较省简，但也对社会一线产生重要影响：棍徒告发，文家陷入叛案，引起民乱，官军围剿而屡为之所败，这一事变与其他变乱一起成为朝廷诏令文素臣出山之契机，文素臣得以朝臣身份，效命于军国大政。他先抚江西民乱，顺返家中，只停留一夜，与母亲、妻妾通宵话别，家庭与社会二线短暂相交，然后将家庭一线按下，主要展开社会一线，叙素臣赴广西征苗乱，破大藤峡瑶垒；星驰入京卫护东宫，除灭景王叛逆；奉太子诏往山东，于海岛上救出被逆阉靳直劫持之圣上，回京后再出师西域平定套虏。这一连串的重大军事、政治斗争是书中社会和政治矛盾的集中表现，也是素臣得以封公拜相之因缘，因此叙事焦点几乎完全集中在文素臣身上，其活动都在社会斗争的情节线上展开。家庭一线虽起着辅助推动作用，但除了短暂出现，基本处于潜隐状态，及至素臣班师，太子已即位，诏令迎接水夫人等家眷进京，遂使家庭、社会二线又重新结合到一起。

第四阶段(第一百十八回至一百五十四回)这是文素臣最后除灭佛道，使儒教昌明，国泰民安，而文氏家族亦荣贵无比，子孙繁盛的时期。此期家庭与社会二线呈交叉或叠合状态。素臣论功受封，钦赐造建公相府第，合家欢聚。文素臣出为公相、帝王师，入为孝子慈父，朝廷与相府，国事与家事密切相关，文素臣的政治活动已不用离家远出，只需出入于朝廷与相府之间即可进行，如设计拘捕佛道徒，颁布除灭二氏之法令等，而远征日本、锡兰、印度等一应重大军政行动已由其子文龙、文麟等代替，所有新的功业均为文家所包揽。天子对文素臣一家恩遇之隆厚无以复加，荣封十代，屡遣公主下嫁，数次驾幸文府。素臣五十寿诞，天子欲亲率皇后、皇妃临府庆祝，素臣恳辞再三，乃命皇太子、皇子、诸皇孙、文武各官、外国使臣在京者往拜寿；水夫人八十正寿，天子及后妃、太子等到府亲祝。素臣与水夫人先后乞归乡里吴江，子孙在京，文家南北两相呼应。至水夫人百岁大寿之年，天子亲率后妃从京中至吴江提前祝寿，驻跸府中，君臣后妾同筵，君臣骨肉之恩隆，旷古所无。这一时期文素臣之家庭实已充分政治化，文家之人事与朝政国事息息相关，而社会政治的雍熙景象亦借助于一个特殊家庭的贵盛去表现。因此，家庭与社会二线实质上已合为一线。

从上对《野叟曝言》全书叙事结构和线索的述析，可以看到《野叟曝言》对《金瓶梅》既借鉴又改造而产生的同异:《金瓶梅》从家庭开始向社会辐射，但以家庭为主，而后扩散于社会；《野叟曝言》亦从家庭开始，展开社会场景，但家庭与社会二线并行，中间以社会为主，最后由社会向家庭归拢，合为一体。

《野叟曝言》与《金瓶梅》的差异，直接之原因便是对中心人物塑造的不同需要造成的，中心人物的身份、性质、人生目标的不同制约着叙事结构和线索的差异。

《金瓶梅》中的西门庆出身于破落户，其身份为商人，他的人生目标在于对财富和女色的占取和拥有，而不是传统士人那样的社会政治理想，他的钻营谋官，实亦为攫取财富之手段，而非关政治，他在官场等公共政治场合的活动并不多，而主要活动于家庭和商业活动中，其商业活动范围较广，但亦为派人经营，自身不大出外，身在清河，在家中便可指挥控制，故其在社会上的直接活动实际上不很多。其谋财与谋色往往也是结合在一起的，可看成由社会活动转为家庭活动，如谋娶孟玉楼、李瓶儿。而其在社会上谋财的成功也通过占有女色来体现、炫示，有些谋色活动似乎与家庭关系不大，但从根本上说必然影响到家庭，引起妻妾众人的反应，成为家庭诸矛盾的一种触因。因此，《金瓶梅》中西门庆的家庭生活描写是书中之主体内容。

《野叟曝言》中文素臣出身于书宦之家，本人是生员，作为深受传统影响和家庭熏染的士人，"修身、齐家、治国、平天下"，可谓其人生最高理想。书中文素臣家庭这一线索的活动就是体现"修齐"方面的理想；而社会生活这一线索的活动则是为了展现其"治平"的宏大抱负。二线或交叉或平行，某一阶段或以社会为主，某一阶段或以家庭为主，这样就不同《金瓶梅》偏重于家庭。因为志在"治平"功业，当然要在广阔的社会空间和重大的军政事件中才能实现，故书中的叙事空间就十分广泛多变，在功业成就之前，社会场景多于家庭场景，叙事时间用于社会线索上也较家庭线索上为多，在建功立业之后则将家庭与社会二线相结合，而以家庭场景为主，通过家庭去显示治平事业之伟大。书中在家庭和社会之间的移动和侧重都是基于中心人物对人生目标追求的过程而呈现不同的状态。

《野叟曝言》的中心人物文素臣实际上可看成对《金瓶梅》的中心人物西门庆的颠覆：西门庆，身不修家不齐，于国家社会不唯无益尚且有害，最终落下戕性丧身、家败业空的结局，而文素臣则在实现修齐治平的中国士人最高理想境界中极臻完美。

西门庆对传统价值观和道德观的全面背弃，完全顺应现实生活的新趋势，按照自己的自然本性去生活，这样的形象对于过去历史演义、英雄传奇、神魔小说中的英雄形象无疑是一种反动，《金瓶梅》为展现西门庆之人生而展开的家庭和世情生活的描写也是对以往小说叙事的重大突破。而《野叟曝言》在展开主人公的人生过程的叙事方向和对家庭、世情生活的描写上借鉴和仿拟了《金瓶梅》，但在借鉴和仿拟中却具有明显的戏仿、改造、修正的性质，因而对西门庆的形象和世情生活的意涵进行了消解和颠覆，下面主要就西门庆与文素臣的品性和家庭作一些比较分析。

西门庆纵欲无度，疯狂猎占女性。文素臣却对众多以身相许的女子拒之不纳，甚至有多位女子由于特殊原因在特殊情境中，或与其赤身相对，或同床共卧，沾肤贴肉，他均能坐怀不乱，守身如玉，具有超人的"却色"本领。他除了正妻田氏外，后来陆续娶了一位次妻、四位妾，其中二位为郡主，均是不得已、无可推脱之举。西门庆家中妻妾之间嫉妒争风，勾心斗角，乃至谋夺陷害，导致家乱宅反，他与妻妾的关系是建立在色欲或色与财相结合的基础之上。而文素臣与妻妾的关系则建立在"情"与"礼"之上（如第八回素臣与璇姑论"男女之乐原生乎情"），呈现出一派亲和礼让的氛围。第五十七回—六十回文素臣从辽东脱逃，寻母至江西，与家人团聚，遭遇官司而幸免之后，水夫人作主令素臣与素娥、湘灵同时成婚，素臣遵母命行婚礼，但却请求此夜不与二女合欢，因素臣最先约娶之妾为璇姑，此时璇姑在历经磨难后流入东宫内尚未得出，故素臣欲等候璇姑归来之时再正式成亲，便请求此夜宿于母亲房中，水夫人不许；又请宿于妻田氏处，又不允，田氏"苦苦的把素臣送到新房里来"，而素臣却提议与妻妾"共坐深谈"，度此花烛之夜。"说得素娥、湘灵满面欢容"，田氏劝阻，而素娥、湘灵二人苦求应允。水夫人闻知欢喜道："难得他二人如此贤淑。"于是此夜文素臣与妻田氏、二位新人素娥、湘灵，直讲谈到东方发白。次早鸾吹进房"见杯盘狼藉，田氏在房，素娥、湘灵俱新妆未卸，不胜惊讶，听田氏把夜来之事述知，鸾吹称叹不置"。而第二天夜里文素臣竟因妻妾均不收留，宿到了母亲房中：

> 是夜，素臣要宿在田氏房中，田氏道："他们正值吉期，尚知退让，奴岂因以为利？"素臣道："和你同床各被何如？"田氏笑道："奴非处女，不似二姐公堂之上，可以明心，这样瓜李之嫌，断不敢处！"苦苦的把素臣劝出外边。素娥正与湘灵夜话，都惊讶道："怎相公此时还未安置？"素臣道："恐二卿寂寞，特来奉陪。"素娥、湘灵齐称："不敢！"叫丫鬟掌灯，要送素臣进田氏房。素臣笑道："那里已去过，不肯收留，才到此奉陪的。"二人俱正色道："昨日就该宿在大姐姐房里，怎今日还可出来？"素臣大笑道："我竟是夜不收了！幸喜还有个睡处！"因命生素掌灯，照入水夫人房里。水夫人答道："怎这时候还不睡？"素臣道："孩儿竟没处睡了，特来相伴母亲。"水夫人道："你头里到媳妇房里去的？"素臣把田氏之言，述了一遍。"这等就宿在

新房里罢了。"素臣又把素娥、湘灵之言,述了一遍。水夫人微笑道:"也都说得去,只是我身边却着落不得你这长大人,须令我睡得不安稳。"素臣着急道:"母亲若再不容孩儿,竟须每夜坐到天明的了。"水夫人道:"不妨,大小姐才出去,叫紫函去要一张木榻,或是棕屉来,就宿在这旁边,待将来搬至新宅,再作道理。"紫函忙去说知,扛进一张花梨籐榻,安放侧边,素臣方得安睡。正是:

家家妻妾为争夫,虎斗龙争定霸图。三美让夫成独宿,蜜淋漓换醋葫芦。

直到几天后,璇姑被东宫派人送至,水夫人择日使与璇姑完婚,次及素娥、湘灵。"彼此一妻三妾,琴瑟静好,同事太夫人,怡怡色养,真个满座春风,合门和气。"这样的家庭与西门庆之家不是构成了鲜明的对照吗?显然这是作者有意为之的。不但主人们如此,连文家的童仆丫鬟们均与《金瓶梅》截然相反。如第六十二回写田氏和湘灵寻丫鬟们做事:

寻到素心阁来,却打潇湘阁边经过,湘灵道:"那不是他们笑声。"两人悄悄走去,见许多丫鬟多聚在阁边后院,一座大葡萄架下,石台上摆设纸笔,在那里做诗作耍。湘灵做个手势,叫田氏不要惊他,走近窗边,在隔眼中一看,却是紫函、冰弦、秋香、晴霞、生胜五人在那里讲朱、陆异同。……(后文有详写众小厮丫鬟论学作诗情形)

文中有夹批道:"《金瓶梅》葡萄架下,主妾投壶,小厮窃看。此则丫鬟论学,主母窃听。天趣、鬼趣,人国、兽国,分别何如?"这清楚地显示出《野叟曝言》在叙事场景上戏拟了《金瓶梅》,而在意旨上却颠覆了《金瓶梅》。

作品有意使文素臣与西门庆在品行和家庭生活上构成一种反照,体现出文素臣修身、齐家的道德境界,作为其治国、平天下功业的前提和基础，以显示主人公在道德理想与社会政治理想之间的统一性和完美性。

三

在表现文素臣的修齐境界时，作品用了很大力量去写达到这种境界的过程中，文母水夫人的作用。

水夫人"贤孝慈惠，经学湛深，理解精透，是一女中大儒"，自素臣七岁父逝之后，水夫人"爱子如宝，却不事姑息，督之最严"。素臣事母至孝，出门在外，常挂念母亲，从外回家，拜见水夫人"真如久离母乳之羊，跪在地下，捧足呜咽，悲喜异常"(第十三回)。

素臣凡事必请于母命，经允许方行，出外所为亦于返家后禀知，水夫人予以评论训诲，书中出现水夫人训诲素臣的情景很多，从中可见水夫人对文素臣的道德要求标准之高，督行之严。

如第九回写素臣在杭州答应娶璇姑为妾之事，被水夫人知道之后，素臣被丫鬟叫进房来，见水夫人满面怒容，急忙跪倒水夫人膝前，匍匐于地，不敢仰视。田氏也急跪下代求。水夫人怒骂道："你这逆子，枉读诗书，空列学校；岂不闻瓜田李下，君子不居；濮上桑间，诗人所刺？施恩望报，乃鄙士之胸襟；为德不卒，岂通儒之意量？昔柳下坐怀，不闻贮之金屋；鲁男拒色，唯知闭此柴门。乃敢阳托知恩报恩之名，阴行知法犯法之事！下既亏你一生行止，上复玷你祖父家风。倒不如死在湖中，得个完名全节！你还有何面目回来见我？"素臣吓得爬在地下，只是发抖，一句话也说不出来。

这种对礼教绝对的遵依是水夫人任何时候都不会放松的，甚至在其病危之际。第一百三十回至一百三十一回，写京城内外奇荒，水夫人忧煎病殆，嘱二子古心、素臣以后事，素臣登时晕倒，众人救醒后，水夫人斥责道：

你枉自读书，不知大义。孟子曰："惟送死可以当大事。"子思子曰："必诚必信，勿之有悔焉耳矣！"先王之制礼也，过之者俯而就；以过礼为孝，则古之孝子皆随父母而殁矣，何能必诚必信，以襄大事乎？从今日起，朝夕须进一镒米，略养起些精神起来，料理我殡葬之事；如违我命，乃我之逆子，而礼教之悖人也！

在水夫人对文素臣的训诲中，往往都从克尽忠孝追摹圣贤的高度去衡量和要求，这类描写很多。如第五十六回，水夫人斥素臣在外所为"皆古豪侠之徒血气之勇，与圣贤学问，相去霄壤"。当切以为戒，专力于圣人中正之道。第五十九回怒斥素臣自视"不为富贵所淫"之狂肆，与孔孟相比"一敬一肆，相去天渊，一圣一狂，判若黑白"；第六十四回文素臣欲再次出外，以为国事之计，而虑有乖子道，事在两难，水夫人正色诲之"尽忠即所以尽孝"，并在行前之夜，详论忠孝仁三字。第一百回素臣抚丰城民乱后至家，因边事甚急，水母谕以"岂可因乌鸟私情，蔑君臣大义"，"令其明日清晨，星驰入广"。第一百十八回素臣禀述平虏时亲领二三十人杀入敌城，水夫人责其"知谋不知惧，亦只读得《武经》，不曾读得《论语》也！后当切切戒之！"同回素臣在功成受封后，感到"天子隆恩，宠逾非礼，恩过其分，孩儿畏如烈火，竟不知何道可以消弭"，水夫人训示："当朝夕纳诲，启沃君心，夙夜靖共，勤劳王事……一切计较祸福之心，皆私心也！"

通过这些描写，使人看到文素臣之所以能够成为"古今第一英雄"、"天下第一圣人"，是与其母亲的教育分不开的，正如第一百四十三回弘治帝对水夫人所说："松柏不产于培嵝，明珠必毓于深渊，非太君之盛德，曷克笃生素父，以成此不朽之盛业耶？"

由于水夫人盛德之化育，文氏一门主仆敦行忠孝节义，家风淳厚，足为天下则范。第一百三十一回水夫人垂危，已绝饮食药饵，长孙龙儿谎称太后赐鹿脯，而自割其臂熬汤进之；水夫人因感太后之恩，觉此汤味香美而许再进汤，其后丫鬟秋香、媳妇素娥等八人相继割股进汤；又因龙儿夜祷雨雪应验，连日大雪，水夫人心结宽解，一日好似一日。作品虽写水夫人得知真相后训诫众人为愚孝，而用意却在彰显文家之孝举。

第一百二十三回，水夫人的几个丫鬟被钦赐与新科进士配婚，皆掩面悲啼，其中秋香竟投湖自尽，被救起后说出其原因："秋香原为感激太夫人恩德，才立志终身不嫁……"正如熊飞娘对水夫人之评赞："太夫人，不消说是女圣人了……那太夫人不须开口，只见了他，便把矜才恃学，粗浮鄙吝之念，俱消化尽了！再一开口，教训指点，真使顽石点头，满心发亮，肚子里不知是麻，是痒，是松爽，是快活！文爷还有英气，太夫人温润栗然，四时之气全备，就与那《论语》上说的'子温而厉，威而不猛，恭而安'一色！总是世上的人，若不是一见太夫人，便虚生人世！"

从上所述可知，《野叟曝言》用许多笔墨去反复叙写文母水夫人对文素臣的家庭训诲，写文母之盛德对文氏家风的影响都是为了说明文素臣"修齐"方面达到尽善尽美的原因，而这些描写也是对《金瓶梅》家庭生活描写的颠覆：《金瓶梅》中的西门庆自小无父无母，无人管教，因而养成他毫无道德约束、任性恣纵、浮浪奸恶的品性；在成家之后，唯一有资格也有责任规谏和影响西门庆的是其妻子吴月娘，但吴月娘又偏偏对西门庆放任不管，姑息纵容其种种秽行恶德，让西门庆沉溺于荒淫的深渊里，最后导致了整个家庭的破败。而《野叟曝言》的家庭生活描写与此正构成了鲜明的对照。

四

《野叟曝言》对《金瓶梅》的仿拟、改造和颠覆，是跟作者的创作目的和思维特征——"自况"密切联系的，如果说《野叟曝言》对英雄传奇、历史演义、神魔小说的仿拟和改造，重在将作者自我化身为超凡的英雄，在想象和幻想中建立不世之功，实现的是社会政治方面的理想；而对《金瓶梅》代表的世情小说的仿拟、改造和颠覆，则重在于将作者及其家人亲属化身为道德上的"圣贤"，并让其家庭在幻想中享受旷古所无的荣华富贵，实现的是道德和家族方面的理想。无论是社会政治还是道德、家族方面的理想，对作者而言都只是一种主观幻求，而导致这种主观幻求产生的根本原因是清代盛世中的文人困境，具体到夏敬渠，则又有其特定的家世经历和思想文化上的背景。相对而言，作品中写文素臣家庭方面的道德修齐理想，比起社会政治方面的理想，其来源于现实生活的背景因素更多更明显一些：作者秉承了乡前辈的理学传统和家庭、家族中的忠孝节义遗风，按照理学——官方化的儒学——的观念和范则，结合家族、亲人及个人经历中的道德践行事迹，经过扩大夸张，转化为小说“自况”人物及其家庭成员的懿德嘉行，达到将作者自己和母亲“圣人”化的目的，《野叟曝言》对《金瓶梅》的仿拟、改造和颠覆，有着深刻的思想文化和作家个人生活的特殊根源②。

《野叟曝言》作为一部文人独立创作的、具有“自况”特征的长篇小说，体现出创作主体意识的空前强化，适应了清代盛世文人困境中的下层文人的精神需要，在思想情感的畅意宣泄、主观幻求的极大满足方面，实现了特殊的功能。但由于作者夏敬渠在以“自况”的目的和思维方式去写小说时，不能正视自己及其同类文人在社会现实中的实际境遇，没有通过自己的境遇去反思中国文士的真实地位和历史命运，无法正确认识包括自身在内的中国文人思想性格的缺陷，从而对文人的社会和精神出路进行富于现实意义的探索。作者把真实的自我掩盖起来，却将自己不切实际的企望欲求无限膨胀，用幻梦的方式去展现自我惊险传奇而又辉煌的人生，把自己化身为自古及今所无的“英雄”“圣人”，因而在艺术上呈现着一种夸诞虚妄的风格。尽管它对《金瓶梅》代表的世情小说的仿拟也表现了一些社会生活画面，产生一定程度的真实感，但由于他创作目的和思维方式的制约，在对《金瓶梅》的仿拟中更多的是改造和修正，从而达到对《金瓶梅》的消解和颠覆，于是也就不可能像《金瓶梅》那样真实地反映社会人生。可以说《野叟曝言》既在叙事形式上接受了《金瓶梅》的影响，又背离了《金瓶梅》的写实精神和艺术传统。

【注】

① 相关问题笔者有另文论述。

② 关于江阴理学传统对夏敬渠的影响和《野叟曝言》中的人物影写夏敬渠及其亲友的研究最早见于黄人《小说小话》、鲁迅《中国小说史略》(第二十五篇),他们都指出《野叟曝言》"自寓"的特点;孙楷第先生1931年的《夏二铭与野叟曝言》根据《浣玉轩集》、《江阴县志》对夏敬渠的生平概况和《野叟曝言》的创作进行考述,指出了创作上"自述"的特征;后来又有赵景深先生的《〈野叟曝言〉作者夏二铭年谱》,以亲自调查而得的《江阴夏氏宗谱》为据,并与《浣玉轩集》、《江阴县志》、《江上诗抄》结合起来与《野叟曝言》相联系对照,综合分析,论证了作品人物的部分本事,认为"章回小说《野叟曝言》就是作者化了装的自传"。而近年台湾地区王琼玲先生据完整的《夏氏宗谱》,更为详细、深入地考辨和论述了夏氏先人思想、事迹对夏敬渠创作《野叟曝言》的影响,其中说到水夫人形象系以敬渠祖母与母亲杨氏二人为原型而塑造出来的;有关文素臣的某些故事情节也有夏敬渠的生平事迹为依据。见王琼玲《由〈江阴夏氏宗谱〉看夏氏先人对夏敬渠与《野叟曝言》的影响——夏敬渠与〈野叟曝言〉补论之一》(载《明清小说研究》2003年第3期)、《夏敬渠生平补证——夏敬渠与〈野叟曝言〉补论之二》(载《明清小说研究》2004年第3期)

(原载《明清小说研究》2006年第4期)

才学小说与自况
——《野叟曝言》的小说类型研究

王进驹

《野叟曝言》在19世纪末叶至20世纪前期曾经是一部引起文人学者很大兴趣的"奇书";抗战初期,著名艺术家周信芳在上海连续排演了多本根据《野叟曝言》改编的"文素臣"连台京剧,大受欢迎,轰动一时。四五十年代之后,《野叟曝言》逐渐不为人所知了。八九十年代,大陆和台湾的学者重新关注这部小说史上篇幅最大的作品,对其版本、作者、思想和艺术的研究得到了展开和深入。不过相比其他重要小说的研究,无论是论文的数量还是作者的范围都还是比较小的。笔者近年对清代小说作较为系统的考察,《野叟曝言》也是比较重要的对象之一。鉴于学界在《野叟曝言》版本和作者生平、所反映的作者变态心理和表现的中国传统文人的文化精神状态等问题上关注较多,这些方面笔者不拟做更多的讨论,而侧重从小说类型特征的角度去作些探讨。

《野叟曝言》的小说类型呈现着多元取向,它几乎把在此之前出现过的所有小说类型的基本叙事形式都有意识地进行了仿拟和改造,当然最主要的是对以明代四大奇书为代表的四种基本和典范类型的长篇小说叙事形式的仿拟和改造。这在《野叟曝言》的整体结构、矛盾冲突、情节线索、取材特点等方面都有体现,如:全书以文素臣这一"从古及今天下第一英雄"的生平业绩为主体内容,这是英雄传奇的叙事特征;按编年顺序叙述成化、弘治两朝之政治、军事大事,关合不少历史人物的活动,这带有历史演义的叙事特征;以文素臣代表"圣学"与佛道异端对立斗争作为主要矛盾冲突展开故事情节，并采用了不少类似于神魔小说的斗法描写，这是神魔小说的叙事特征；文素臣建立不世之功，没有脱离家庭生活的背景，从家庭与社会(包括下层与上层)生活两方面去展现其人生，反映了比较丰富的人情世态，还穿插着不少秽亵描写，这又具有世情小说的特征，因此，《野叟曝言》对明代四大类型章回小说的仿拟是具有整体性和结构性的。除了四大类型章回小说外，《野叟曝言》对古代小说的仿拟还涉及多种类型，一般说来对这些类型小说的仿拟主要是局部性的，如对古代神话传说和志怪小说的仿拟，还有对"四大奇书"之后衍化、发展而来的次生级小说类型的仿拟，如才子佳人小说和秽亵小说；另外还有对早于章回小说的唐传奇中侠义小说的仿拟等[①]。虽然在对已有的各体类小说的改造和综合中其实也包含着创造生新的意味，但这些改造与综合从其根本性质来说没有突破已有小说的叙事规范，没有在总体上形成特有的叙事型式。

不过鲁迅先生还是敏锐地捕捉到《野叟曝言》在小说体类上不同于前人的重要特征，因而在其《中国小说史略》中专设一章评析此类小说，且将《野叟曝言》置于其首："以小说为庋学问文章之具，与寓惩劝同意而异用者，在清盖莫先于《野叟曝言》。"[②]

后来的研究者也有把《野叟曝言》称作英雄儿女小说、才子佳人小说、杂学小说的，但多数都沿用鲁迅先生给《野叟曝言》的定型，以炫耀才学为其文体特征，有的径称之为"才学小说"。对于《野叟曝言》作为才学小说的特征，从《野叟曝言》的"凡例"开始就有不同程度的揭示和评价："镕经铸史人间第一奇书"，"是书之叙事说理，谈经论史，教孝劝忠，运筹决策，艺之兵诗医算，情之喜怒哀惧，讲道学，辟邪说，描春态，纵谐谑，无一不臻顶壁一层"。这些夸赞的话大多是从其讲论学问，显现才艺的角度着眼的。

至黄人《小说小话》批评"此书之忽而讲学，忽而说经，忽而谈兵论文，忽而诲淫语怪，语录不成语录，史论不成史论，经解不成经解，诗话不成诗话，小说不成小说"，也是注目于其说经论学的特点。

关于《野叟曝言》中所表现的才学内容，鲁迅之后的学者有断续的评论，从三四十年代的孙楷第、赵景深、谭正璧到80年代的后起研究者都有论及，而最为全面、集中地进行研究的是台湾地区学者王琼玲③。本文对《野叟曝言》所显示的才学内容不拟作具体的分类讨论，而打算就“显才学”与“自况”的关系、显才学与小说叙事的关系以及《野叟曝言》才学观的新意三个问题略谈自己的看法。

一　《野叟曝言》的显才学与“自况”的关系

《中国小说史略》把论列《野叟曝言》等小说的一章标题定为“以小说见才学者”，并在其具体的论述中认为《野叟曝言》之首要创作动因、目的和功能在于炫学。

王琼玲直承鲁迅的观点说：“《野叟曝言》、《蟫史》、《燕山外史》、《镜花缘》四部‘才学小说’，乃是以小说的形式，罗列、炫耀个人才学的作品。作者的创作本衷是‘显才露能’，亦即以撰写小说为手段、工具，试图达成其展现炫耀个人才学的主要目的。”④

这样界定“才学小说”的定义应该说是很明确、清楚的，对于所列四部作品中的后二部也较适合，但对于前二部特别是《野叟曝言》则不完全切当。关键在于“创作本衷”与“主要”目的的认定上。《野叟曝言》当然有着显才学的动机、目的和功能，但这是否成为其首要的动因、目的和最突出的功能，我认为是值得讨论的。

此书用中国小说史上最大的篇幅来铺写文素臣的辉煌人生，文素臣被写成文功武烈萃于一身的“从古及今天下第一英雄”，所谓“奋武揆文天下无双正士”。这一形象正是作者的自况。根据夏氏生平材料和学界的研究可知，夏敬渠的生平经历及诗文著述与《野叟曝言》的创作有着密切的关系，重要的有如下几个方面：

1.《野叟曝言》中主人公名文白，字素臣。“文白”即为作者自况的一个符号表征，是将“夏”字析作两截而成。小说中文白之父名“继洙”，与夏敬渠之父名“宗泗”意实同。素臣母水夫人，寓指夏敬渠母汤氏，"水"用"汤"字之半。文素臣七岁丧父，夏敬渠亦七岁丧父。小说中写素臣对水夫人感恩崇仰，极尽孝道，在夏敬渠诗文集《浣玉轩集》中也可见到作者对其母的类似感情。小说第十五回"舟中忆母"诗便是《浣玉轩集》中《远行》一首略作润饰更动后移入的。

2. 现实生活中的夏敬渠一生不得意于科场，其诗中每有"落第频年"之悲；曾举博学鸿词科而院试即被放落。因仕宦无路，其功名富贵之想遂致落空，生活穷困潦倒，精神失意，其诗集中多有描写穷愁惨状之作。而《野叟曝言》中的文素臣"年过二十仍诸生"，屡经小考大考，"眼看同学多簪缨"，惟有他"竟自入海去了"。文素臣也是家境困窘，常常需要亲友们的济助。小说写文素臣后来不是经由正规的入仕之路——科甲之途，而是凭着文武全才除暴安良，济困扶危；医愈皇帝，平定叛乱，剿灭奸党，护宫救圣；削除边患，征服异域；除灭佛道异端，使儒教昌明；位至尚书、宰辅，天子尊为素父，"圣朝辅弼，功逾稷契伊周；圣道干城，业过关闽濂洛"。六世同堂，子孙繁茂，御赐"天下第二世家"。正如鲁迅说的"凡人臣荣显之事，为士人意想所能及者，此书几毕载矣"。这正是现实中与功名无缘，穷困潦倒的夏敬渠以小说中梦幻般的描写来补偿其人生缺憾的表现。

3. 夏敬渠曾"壮游京师"，"生平足迹几遍海内"。在《野叟曝言》中，文素臣早年亦曾专程入京。其《浣玉轩集》中《西游辞》记西游路线，与小说前半部中游历路线相合。

4. 夏敬渠未能入仕，但"所交尽贤豪"，曾结识名臣显宦如杨名时、孙嘉淦、徐无梦等人，《野叟曝言》中将此数人之行事隐括进小说有关人事里。

5. 夏敬渠有知己好友张天一、明直心、张鲁传等，在《野叟曝言》中化为文素臣之好友而影写之。

6. 夏敬渠"英敏绩学，通经史，旁及诸子百家，礼乐兵刑，天文算数之学，靡不淹贯"，因博学多通，著作丰富，其小说创作利用了他广博的才学，并将部分著述的内容"嫁接"到小说中，于是可以看到小说中颇多论经学、医学和评诗论史的文字与其相关著作相同，还有多首诗可从《浣玉轩集》里找到来源。

夏敬渠用自己和父母的姓名以拆字、寓意的方法隐写成小说中心人物文白及其父母的名字，将自己的身世和部分实际经历（着重在困顿不遇方面）影写到文白身上，又把自己的人生抱负和政治、文化理想投寄于文白形象中，梦幻式地想象和叙写其非凡本领和辉煌功业，将其母汤氏幻写为书中女圣人水夫人，一门荣宠，福德无疆。这清楚地表明，夏敬渠写作此书的首要目的是要通过文白及其一家的盛业，让自己从这无比美好的境界中得到满足、抚慰，排解现实生活中的缺陷带来的苦痛和憾恨，应该说这是作者创作的真正“本衷”和“主要目的”，它比显才学更为根本和重要。小说引用了其有关经史、医学和诗文著作的部分内容，当然也可见作者表现才学的用意，但这些才学内容在作品中已经被转化为故事的构成因素，用之于自况形象文素臣的塑造，以更有利于传达作者的心声。从书中实际描写看，种种才学的主要拥有者都是文素臣，除了水夫人在儒学的修养理论上高于文白，且常常对他进行训诲外，其他所有的学问才艺均无人能及。而文白的才学是用来实现其宏大抱负的条件和手段，所以才学在书中归根到底是为写文白服务的，写文白的目的又是为了“自况”，因此，显才学是次于“自况”之动因和目的，跟另几部“才学小说”中“才学”与作者的“自况”没有联系或不明显、不紧密的情况大不一样。

《蟫史》也有“自况”的创作动因和目的，不过其“自况”人物桑蠋生在书中不是第一主人公，书中的才学并不集中体现在他身上，此书显才学的一个重要方面是在作品的语言、文体和表现方式上，不是完全依赖于作品的内容本身特别是对自况人物的塑造上，因此，显才学和“自况”这两方面的动因、目的在《蟫史》的创作中是并列的，不像《野叟曝言》把“自况”作为首要动因和目的。

《燕山外史》之才学主要体现于以骈体的形式去敷写一个旧有的爱情故事，从而展示作者的艺术才能，这是很明显的、通过写小说来炫才的代表，不能与《野叟曝言》相提并论。

《镜花缘》的炫学动机和目的更为突出:“享了半生清福,心有余闲,涉笔成趣,每于长夏余冬,以文为戏,年复一年,编出这本《镜花缘》一百回”,“镜子能照真才子,花样翻新旧稗官”,其内容性质主要就是学问才艺,跟小说创作之特性相去甚远,正如鲁迅所说:“学术汇流,文艺列肆。”作品也在一些故事中寄寓了对现实社会的讽谕和对理想社会的某些憧憬,但这都是在显耀学问、才艺的主要功能中的附带功能,而不是作者的主要创作目的。

因此,王琼玲关于才学小说的定义切合于《燕山外史》和《镜花缘》,也部分地适合《蟫史》,但却不能准确地概括《野叟曝言》的特征,而确定显才学抑或“自况”是《野叟曝言》的首要创作动机、目的,也关系着对“才学”在书中的地位和表现特征的认识。

二 《野叟曝言》的显才学与小说叙事的关系

论者言及《野叟曝言》显才学的特点多持贬意,谓其才学的展示与小说情节的发展,人物的表现没有紧密联系,冗长无味,违背小说的艺术特性。然而他们一般都没有对这部百万言的巨制进行认真细致的完整阅读,仅凭粗略的印象就对全书遽下论断,未为允当。

《野叟曝言》确实有如论者所批评的罗列学问、炫耀才艺的缺陷,有些长篇大论且绵延数回,与前后情节联系不紧,主要是为了传达出作者某方面的学问见解,这类情况可以称作以小说为工具来达到炫学目的,在书中最明显的是第七十三回至七十九回用了很大的篇幅写文素臣在白祥(玉麟)家为众人留住讲论请教,文素臣针对刘、戴二先生所撰之乐府(戏曲)二十四出而发表他对于众多历史人物和事件的见解,这些讲论冗长乏味,道学气重,跟前后之情节缺乏联系,可以说是作者把自己的史论著作搬到了小说中。

不过除此外,《野叟曝言》的学问才艺大多数还不是跟小说叙事相脱离,不分场合地罗列的。这方面如侯健先生所说:“这部小说诚然炫学，但其炫的方式与它书不尽相同。《燕山外史》的炫学在于作者完全用骈四俪六的文体来叙事。《镜花缘》的炫学，则是要那一百位才女，游园聚会，生吞活剥地要她们各显所长，剌剌不休，事实上，红楼梦和等而下之的各种才子佳人小说，也莫不以结社之类来炫学，只有《野叟曝言》，创设各种合理的场合，使文白的学问做自然的，顺理成章的表现。这种顾及了情节的必要或或然性，是夏敬渠的又一成就。”⑤我认为是符合实际的，即使前面说的评论历史人物事件的几回也不能说完全与小说叙事无关，因为从中可以看出文素臣的史识和道德观、英雄观，对理解这一人物的思想内涵有帮助，跟全书整体上的思想倾向是一致的，而且通过众人听素臣讲论后之叹慨折服，也起到烘托素臣形象的作用，另外，这几回中还穿插了玉麟女儿之婚事、村民为五通神所扰害，素臣镇压邪神等情节，把静止讲学的过程变为跟生活有联系的故事叙述，相对来说也还有些趣味。

从《野叟曝言》全书的实际看，其才学的表现主要还是服务于“自况”人物文素臣形象的塑造，并围绕此人物所展开的故事情节去进行，其才学内容大多能够跟整体的构思、情节的演进和人物思想性格的表现比较紧密地结合起来，成为整个叙事体系中的有机组成。这里着重探讨作为文素臣“平生一段大本领”同时也是全书思想理论核心的“崇正辟邪”之学问与小说叙事的结合。

“崇正辟邪”，既是贯串始终的思想主旨，也作为人物描写、构思布局，创设情节的基本指导思想；它既表现为讲学的形式，又转化为人物之行事，体现于情节、细节之中。

作品从开头就定下了“崇正辟邪”的基调。文素臣出生之际其父梦见至圣手捧红日赐赠，旁有僧道二人争夺，赤日发出万道烈火，将一僧一道登时烧为灰烬；他从少年起便性恶佛老，应试时见《三教同原》之题而作诗触之；与诸友言志当中，闻说本地秀才屈伯明妻何氏被五台山和尚行昙欲行强奸事，即誓以扫除二氏为己任（第一回）。其后这一主题通过故事的展开反复呈现，既在整体的故事脉络上加以呼应、渲染、强调，又在具体的情节、场景上形成波澜，营造氛围。至上皇宾天之后弘治帝亲政，即用素臣之策，将外地入京为成化帝做法事的有名号僧道数千人尽行拿住羁禁，素臣条拟章程在全国除禁佛道（第一百三十五回——一百三十六回），于是反佛道的思想理论最终化为政治上之实施举措，带来此后异端灭绝，正教昌明的盛世景象。

书中多次集中地从理论上去攘斥佛道，这些言论能根据情节的发展穿插其中，显得自然合理。如文素臣在西湖游船上与僧人和光论辩佛教之恶善利害一节：素臣突遇暴雨无地可避，被游船上的退职御史未澹然请到船中避雨，陪同未公游湖的僧人和光与之相见，引起了争论。因素臣本性厌恶和尚，刚刚又在湖边亭子躲雨时目睹松庵和尚强挤妇女的行径，故而痛诋僧佛，受到和光责难，两人展开了辩战。紧接着西湖发大水，游船翻覆，素臣救起未公之女鸾吹护送至昭庆寺，又发生松庵欲奸占鸾吹之事，引起大火烧寺，素臣灭火救出鸾吹及大批妇女，而这些事件都跟僧佛紧密相关，可谓具体地印证了素臣对和光所发之言论（第二回）。又如素臣应时公之举荐而从水路北上，舟中适遇僧人法雨，言语间又产生一场论辩，素臣纵论佛之虚妄害世，并以文才使法雨折服。这次论争发生在北上行船之中，与旅途生活相适应，又安插了同船两个少年尼姑对素臣同伴双人挑逗慕恋以及尼姑了因病故的故事，足以表现佛教规诫的虚伪和祸害（第十四回）。再如文素臣与胡太玄论辩神仙之有无一节，这段讲论穿插在成之的恋爱婚姻故事之中，既使故事波澜起伏，横生趣味，又引出文素臣被太玄使幻术入梦，浓缩了大半生之经历事业，应该说是讲学与小说叙事结合得相当好的例子（第四十九回）。

作品特别注意把“崇正辟邪”的思想跟一些关系重大的事件结合起来叙写，为全局性的故事发展设置关键环节。如文素臣首次进宫蒙太子知遇一节：素臣奉诏入宫为成化帝治病，立见奇效后，由医人推及医国，太子请素臣开培补国家元气之方，素臣以《大学》、《中庸》应之，东宫乃请素臣讲《中庸》，然后讲老氏之害，东宫再问佛氏何以数千年不灭，素臣详为奏对，遂使东宫恍然大悟，“崇正辟邪”思想得以影响日后的新皇帝。东宫叹赏之际，忽有宫女慌张赶至，禀告王子病危，东宫垂泪请素臣一视，素臣遂入内施救，王子转危为安；又治愈侧妃怪病，太子感激异常，以父师视之，由此而奠定日后君臣相得，天下大治的基础(第八十七回)。又如景王谋夺大位而兵围太子于清宁宫，危迫之际文素臣杀进重围；景王利用奸僧恶道施妖法，布“天罗地网”，宫中出现了一幕幕惊骇险恶的情景，文素臣正气浩然，使邪法一一破灭，粉碎了景王企图镇灭东宫之阴谋。此间文素臣两次为太子、太后和正妃释疑解惑，这两次辟邪之论均是结合着惊险紧张情节而进行，能够适时地说明佛老之谬害和邪不胜正之理，致使太后慨许事平之后焚经驱佛，太子更坚定了崇正辟邪之志(第一百六回——一百八回)。

从上所述可以看到书中有关辟除佛道的思想学问，确实已成为贯串整体构思的意旨，并能根据需要或转化为人物的行事和具体情节，或结合特定情境而专门阐发，总体而言表现得比较自然、合理，这是《野叟曝言》“炫学”的长处所在。

其他方面的才学也多能较自然地融化到书中重要的情节发展之中，如兵、医、算学等应用性的才学；诗也有部分结合得自然的。如有学者指出医学方面的知识“以文学的立场而言，小说中掺杂过多的医理医术，适足喧宾夺主。夏氏却能将枯燥之医理融进变幻离奇的精彩情节中。换言之，即以医术为主角文素臣因缘际会的媒介之一，使其娶素娥、湘灵二妾；宠任于东宫太子；入苗峒得人和；甚至铲佛灭道、结交英豪等重要关键都借力于医术。因而全书情节的承衍转化水到渠成，又颇具趣味性。此是敬渠既炫耀医学又展露文才，一石二鸟之妙法”⑥。

《野叟曝言》的讲学有时能化为日常的生活情景，以浅显易懂、轻松活泼的方式去表现，如第六十二回文素臣家中众丫鬟受文家风气熏染也学作诗讲学的描写，这些地方，应该说作者是尽了努力去使自己的学问融化到小说叙事中去的。当然由于全书要表现的才学过于芜杂，作者又没能有效地控制，有些地方还是无法很好融化，而显得罗列堆砌。

三 《野叟曝言》才学观的新意

《野叟曝言》所包涵的才学涉及面广，内容丰富，一般论者都以皮藏博学视之，这自然不错，不过认真考察，可以发现《野叟曝言》的才学观一定程度上体现了新的文化因素。

以往佳人才子小说对才子形象的描写，总少不了“有经国济世之才”之类的话语，但书中实际表现的主要是诗文歌赋、书画琴棋等文学艺术之才，连八股科举之“才”也只是以取得功名的结果来显示，而无具体表现。至于在社会政治、军事斗争和实际生活中的才能、知识更是很少描写的。

《野叟曝言》的才学观总体来说是承继着以经史为尊的传统，上面说到的“崇正辟邪”，其思想资源就是中国传统的经史。而跟一般儒士只懂得书本理论知识不同，作品突出了以经史达到修齐治平的实践价值，因此书中有关讲“正学”的场合多与人物的思想行为有着密切联系，如水夫人多次根据文素臣的言行而援引《论语》等儒学经典进行训诲；文素臣在政治斗争，特别是替两朝皇帝挽狂澜于既倒，开创安定局面，并推向后来的太平盛世的过程中，儒学的观念原则无疑一直是其用以解决各种重大问题的法宝，它不但是铲除佛道的思想武器，甚至还具有使天子从垂危中复活的特异功能。如第一百四十一回的描写：天子病危，以太子、国事托付文素臣，素臣据天象、《易》象皆主否极泰来相劝慰，次日又坐于天子床前，讲《论语》“曾子有疾”一章，“天子听到精微之处，忽然一身冷汗，即觉耳目顿明，心神俱适……是日夜，天子即进一碗米饮，通宵安睡，把外面同听讲书之怀恩，里面窃听讲书的后妃人等，俱喜到尽情，奇到极致，都说：‘素父是天人，怎一章书，就把皇上十分病势，减轻了五分？’”

在保证经史的优先地位前提下，文素臣重视各种实用的技艺才学，其中特别是武艺。第六十二回写水夫人在浴日山庄中见素臣一妻三妾，琴瑟静好，满座春风，合门和气，因感“岁月如流，筋力易尽”，乃云：“从明日初一起，立一课程，恪守勿越，以为他日致君泽民之用。”水夫人给自己和素臣兄弟及众媳都定下每日功课，其中给素臣定的是：“分日作六分，二分看经书，一分阅史，一分习武，一分读文、作文，一分作诗赋。”而素臣禀道：“目今时势，所急不在文章。孩儿欲以一分作文、读文，一分作诗赋之工夫，并为阅史、习武，不知母亲意下如何？”水夫人道：“这是极好的了！我之留此二分，令汝艺文者，因系本朝做秀才分内之事，尔能留心时务，舍轻从重，有何不可？”因取笔改做二分阅史，二分习武。在素臣的影响下，家中童仆女侍纷纷练武，刀光剑影，成一奇观，日后这些家兵亲将都在平叛征寇的战事中大显身手。文素臣的最终目标是文化上臻于圣人之境，但要达到此目标却离不开武力的手段，故素臣在书中便成了“奋武揆文天下无双正士”。这种文武全能的英雄包含着对过去大多数文人没有救国济世实际能力的遗传病态的反省和批判，是对“平日袖手谈心性，临危一死报君王”的空疏学风的反拨。

在武艺之外，文素臣的医术也是非常重要的实用性技艺。作品中文素臣以高超医术为成化帝治愈沉疴，又救活东宫之王子、消除东宫侧妃怪病，从而获得太子之敬信倚重，进而大展抱负，从医人到医国，这样的设计，无疑是富于新意的。在传统观念中，医卜星相均属三教九流，与以儒学文章为立身之本的士大夫地位悬殊，以医侍人总被视为卑辱之道。这甚至连中国历史上的“神医”亦未能免俗。《三国志·华佗传》载述华佗医术高明，为人民所敬爱，但后来曹操让华佗替他治头风病，华佗却深感屈辱：“佗之绝技，凡类此也。然本作士人，以医见业，意常自悔。后太祖亲理，得病笃重，使佗专视。佗曰：‘此近难济，恒事攻治，可延岁月。’佗久远家思归，因曰：‘当得家书，方欲暂还耳。’到家，辞以妻病，数乞期不反。太祖累书呼，又敕郡县发遣。佗恃能厌食事，犹不上道。……”最后被曹操收捕处死，令人叹惜。

而在《野叟曝言》中，作者让文素臣这位“圣人”“英雄”亲自望、闻、问、切，不辞劳苦，以医行善，以医交友，以医救国，担当大任。这样的写法，一方面是源自于生活中的作者具有医学知识和技术，能应用于实际生活中,故也把这种专长加以夸大拔高赋予自况人物身上;另一方面也是作者对传统文化观念进行历史的反省和现实思考而获得的新思路,体现着一定的新的文化因素。

与此相应的还有文素臣的算学知识的熟谙和运用,这也是异于一般传统文人的地方。素臣能以历算方法测天体之运行,尤其是运用勾股算法测量海岛距离,然后设计攻破敌巢的方案和战术(第一百十一回),这是小说中能将才学与情节结合得最为自然贴切的例子之一。

其他方面的一些超出于传统知识范围的描写如有关海外诸国以及西方宗教的内容虽然多为想象之词,但仍可看到作者有着不同于一般文人的对中华帝国之外的世界进行了解和探寻的愿望,这些都是异于传统才学观的。

《野叟曝言》中文素臣无所不知,无所不能,这当然是一种夸诞、虚拟的幻想,但作者意识到了过去文人们在知识结构和能力方面的缺陷,在"自况"人物身上赋予他应对解决从军政大事到日常生活各种实际事务的知识和才能,特别是一些具有实际操作功能的知识才艺,这既是希望能够弥补缺陷,也体现着对传统文人在才学观上的反思和匡正,从文化思想的发展观看具有一定的创新意义。

当然作者具有一定新因素的文化观念仍然被根深蒂固的旧文化结构所包裹,如修齐治平、内圣外王的人生理想;光宗耀祖的家族观念;忠君孝亲的伦理主义;天命迷信的政治神学;严华夷之别的狭隘民族意识;排斥异端的文化独裁主义;恪守尊卑名分的等级观念及男权主义,等等,因而无法产生突破传统文化内核的新质。不过总的来说,《野叟曝言》作为才学小说,与另外几部作品相比,还是有着不同的特征:无论在创作动因、目的上,在显才学与小说叙事的结合上,在才学的内容构成上,都显示着自己的特色,即都根源于"自况"的创作目的,服务于"自况"人物文素臣形象的塑造及围绕此人物所展开的故事情节的进行去表现才学,并通过"自况"形象的才学特色去表达作者在文化思想上的思考和新探索。

【注】

① 关于《野叟曝言》对各种类型小说的仿拟和改造，笔者有另文作具体探讨。

② 鲁迅《中国小说史略》，人民文学出版社 1981 年版，第 242 页。

③ 详见《野叟曝言研究》（学海出版社 1988 年版）第二章第一节“首部庋藏博学、炫才寄慨的小说”。此节以“岐黄医术”、“天文卜算”、“战阵韬略”、“诗词文赋”、“史事评论”、“经世实学”六方面论析《野叟曝言》的才学内容，又见其《清代四大才学小说》（台湾商务印书馆 1997 年版）之甲编《野叟曝言》第叁章“《野叟曝言》的创作目的”第二节“庋藏医兵算诗之才学”。

④ 王琼玲《清代四大才学小说》，台北商务印书馆 1997 年版，第 7 页。

⑤ 侯健《〈野叟曝言〉的变态心理》，《中国小说比较研究》，台湾东大图书公司 1983 年版，第 54 页。

⑥ 王琼玲《清代四大才学小说》，台北商务印书馆 1997 年版，第 155 页。

（原载《暨南学报》2007 年第 5 期）

夏敬渠《野叟曝言》与晚明清初实学思潮

冯保善

在中国小说史上，江阴夏敬渠的《野叟曝言》，堪称为一部奇书。正如孙楷第先生在《夏二铭与野叟曝言》一文中所说："《野叟曝言》一书，洋洋洒洒长至百五十余回，在才子佳人之作中，可谓庞然巨帙，作者又为名士，故得著称于世，流传最广，绝非同类中其他诸书所及。无论如何，其在文学史上之地位，自不容否认。"①郑振铎先生在他的《清初到中叶的长篇小说的发展》一文中也说：《野叟曝言》的"作者是处处要蹊径独辟的。在那一百五十二回的极冗长的故事里，几乎回回都求立异，求新奇"，"集一般佳人才子书的大成，是落魄的文士们想象中所能描画的最快意的、最称心如意的一个局面，一个生活"，"《儒林外史》写着一个儒生的理想，但比较起《曝言》来，彼是那样的穷酸气，而此却是这样的显显赫赫"，"全书分为'奋武揆文，天下无双正士，镕经铸史，人间第一奇书'的二十卷；也正可以此二十字浑括全书大旨"②。

如此一部奇书，为什么会在清朝乾隆年间，由江阴人夏敬渠创作出来？以及如何正确评价书中"炫学"的内容等，都是值得我们深入探讨的问题。本文拟结合晚明清初实学思潮，从这样一个尚未引起人们重视的视角，来探讨夏敬渠创作《野叟曝言》的原因，并阐释其相关内容之深层蕴含。

一 东林学派与晚明清初实学思潮

关于中国古代实学思潮，步近智先生在他的《略论我国古代实学思想的兴起和发展》一文中，曾有专门述论："实学是我国明代中期出现的一股进步思想潮流，历经明清之际的高潮阶段，到清代道光、咸丰年间的龚(自珍)魏(源)时期才告结束。它最初主要是针对宋明理学的日趋空疏、衰败而提出，其后发展为对封建君主专制主义和封建蒙昧主义的批判，具有了早期启蒙思想性质。这一进步思潮，遍及政治、经济、科学和文学艺术等领域。其基本特点是尚实学、重实证、讲求'经世致用'，反对空谈心性，力倡'务实'之风。"[③]

明朝立国之初，鉴于蒙元灭亡的教训，明太祖朱元璋大力倡导程朱理学，奉之为"正学"，希望能够以此正"君臣父子夫妇长幼之伦"[④]。永乐朝，集中编纂了《五经大全》、《四书大全》、《性理大全》，颁行天下，统一思想，也确实如《明史》中所讲：一时诸儒"皆朱子门人之支流余裔，师承有自，矩矱秩然……笃践履，谨绳墨，守儒先之正传，无敢改错"[⑤]。然而程朱理学发展到了后来，则也逐渐演变为如李卓吾所描绘的，成了"道学之口实，假人之渊薮"[⑥]。王阳明心学，即针对社会上假道学的盛行，意在纠正程朱理学的琐碎，提出"心即理"、"致良知"、"知行合一"，在思想史上，可谓一场了不起的革命。但王学末流，则很快又走向另一个极端，空谈心性、游谈无根，如王廷相所说的："近世好高迂腐之儒，不知国家养贤育才将以辅治，乃倡为讲求良知、体认天理之说，使后生小子澄心白坐、聚首虚谈，终岁嚣嚣于心性之玄幽；求之兴道致治之术、达权应变之机，则黯然而不知。"[⑦]

就在《野叟曝言》作者夏敬渠家乡江阴县毗邻的无锡，以顾宪成、高攀龙为首，以顾允成、叶茂才、安希范、刘元珍、钱一本、薛敷教等人为中坚的东林学派，应运而生，《明史》卷二百四十三《高攀龙传》中说："初海内学者率宗王守仁，攀龙心非之，与顾宪成同讲学东林书院,以静为主,操履笃实,粹然一出于正,为一时儒者之宗。海内士大夫识与不识,称高、顾无异词。”

东林学派力倡实学,如高攀龙说:“这‘知’字,却最关系学术之大小偏正,都在这里……古今学术于此分歧。何者?除却圣人全知,便分两路去了:一者在人伦、庶物、实知、实践去;一者在灵明、觉知、默识、默成去……今日虚症见矣,吾辈当相与稽弊而反之于实。”[⑧]又云:“事即是学,学即是事,无事外之学,学外之事也……所以《大学》之道,先致知格物,后必归结于治国平天下,然后始为有用之学也。”[⑨]黄尊素则“以开物成务为学,视天下之安危为安危,苟其人志不在宏济艰难,沾沾自顾,拣择题目以卖声名,则直鄙为硁硁之小人耳”[⑩]。

东林学派主张尊经重道,恪遵洛闽,以朱为尊,排斥陆王佛老。顾宪成在《东林会约》中提出“四要”:一曰知本,“本者性也”,“朱子白鹿洞规,性学也”;一曰立志,此乃“一生之事业之所根柢也”;一曰遵经;一曰审几,此“诚伪之所由分也”。坚决反对佛老:“故以性善为宗,上之则羲尧周孔诸圣之所自出,下之则周程诸儒之所自出也。以无善无恶为宗,上之则昙聃二氏之所自出,下之则无忌惮之中庸、无非刺之乡愿之所自出也,不可不察也。”[⑪]进一步还认为:“释氏要混沌天地、灭绝万物,所以欲斩断此善字。”(同上《还经录》)因此,高度评价韩愈:“《原道》之作,似平平无奇,而上下二千年间,辟佛家竟未有尚之者也。”[⑫]高攀龙认为:“佛氏最忌分别是非,如何纪纲得世界?纪纲世界,只是非两字。”[⑬]并愤激地说:“昔之为佛氏者,尚援儒以重佛;今之为儒者,且轩佛以轻儒。其始为三教之说,以为与吾道列而为三幸矣;其后为一家之说,以为与吾道混而为一幸矣。今且摈之为凡,摈之为外,而幼之卑之而疏之。然则天下孰肯舍圣人而甘为凡夫,舍尊长而甘为卑小,舍亲而就其疏也?呜呼!颠倒是非,至此极矣。斯言不出于乱世而出于盛时,不出于释氏之徒,而出于圣人之徒,是可忍也,孰不可忍也!”[⑭]

东林学派反对内阁与宦官专权,如高攀龙认为:“我太祖罢中书省而设六部,惟恐其权之不散。严分宜以来,内阁合六部而揽之,惟恐其权之不聚。散则互钤,权臣不得行其私,国家之利也。聚则独制,各人不得守其职,权臣之利也。安危大机,于是乎在。”⑮并一针见血地指出:“今之肆毒者固在中涓,与中涓合毒者实由外廷。”⑯提倡不拘一格使用人才,如高攀龙认为:“政事本于人才,舍人才而言政者,必无政。”⑰顾宪成说:“夫士,亦何择于贵贱也!贵而取贵焉,贱而取贱焉,惟其当而已。”⑱钱一本甚至提出“大破常格,公天下以选举”⑲。

东林学派主张体恤民生,据记载,叶茂才“榷税芜关,除双港之禁,商人德之”⑳;周顺昌在福州推官任,逮捕税使高寀的手下;凤阳巡抚李三才上疏,严厉斥责矿监税使之酷虐百姓等。

明清之际对实学的提倡,知名者如黄宗羲、方以智、顾炎武、王夫之、颜元、李塨等。黄宗羲在经学、史学、音乐、天文历算等方面均深有造诣,其“天子所是未必是,天子所非未必非”㉑、“工商皆本”㉒等更是名论。王夫之潜心经学、史学、天文历算的研究。颜元提出:“救弊之道,在实学不在空言。”㉓并登高而招,倡导“凡为吾徒者,当立志学礼、乐、射、御、书、数,及兵、农、钱、谷、水、火、工、虞”㉔。他们均主张经世致用,强调实践与有用的学问。

二　夏敬渠及其家族与东林学派的因缘

夏敬渠出生在康熙四十四年(1705),卒于乾隆五十二年(1787),清代常州府江阴县人。关于夏敬渠的家世生平,以及对其小说《野叟曝言》创作的影响,前辈学者赵景深先生《〈野叟曝言〉作者夏二铭年谱》㉕剔抉爬梳,有筚路蓝缕之功。台湾地区学者王琼玲女士《野叟曝言作者夏敬渠年谱》㉖、《夏敬渠与野叟曝言考论》㉗等著作,在此基础上,又做了更加深入细致的考论。

从有关资料来看,夏氏家族与东林学派渊源甚深。源远堂《江阴夏氏宗谱》卷八《小传纪事·第七世》载,夏敬渠的高祖夏维新,“号彩邦,明崇祯癸酉科九十九名举人。顺治乙酉殉节……天资颖异,抱干济,敦名义,夙以文章气节推重东林”㉘。也许正是出自这种对东林人士的推重钦慕，夏维新为其长子夏霈结姻名列“东林八君子”的叶茂才的孙女。《江阴夏氏宗谱》卷八《小传纪事·第八世》载：“霈字若时……配叶氏，讳淑，赠孺人，无锡县石幢明诸生梅廊公字尔培讳孝基长女，工部侍郎闲适公讳茂才孙女，胚胎理学，有大家风。于归后值兵燹之余，家事艰棘，一切倚办，综理井如。”《宗谱》卷十四《著述·爱日编五卷》夏祖燿识语亦云：“至高祖母叶太孺人，承东林理学之传，受梅廊诗学之教，素娴吟诵。”夏霈则亲上加亲，再为其长子敦仁定下妻子的侄女为妻，此为夏敬渠之祖母。《宗谱》卷八《小传纪事·第九世》载，敦仁“配叶氏，赠孺人，无锡县增生母舅贾侯公讳复长女。幼娴女箴，通《孝经》、《小学》、《毛诗》，旁及唐宋诗文，善书工算。始至，姑即以内治委畀，次第具举，不言自办。上事下睦，人称贤孝”。《宗谱》卷十《表章·记载》转录《江南通志·人物志·列女传》，谓叶氏有“巾帼之丈夫，闺帷之豪侠”之称。

在夏敬渠的先辈们身上，我们明显可以看出与东林学派思想主张薪火相传的地方。如崇儒重道，讲实学，关心民生，多行善举。敬渠之高祖夏维新，具干济之才，重气节，清兵围江阴，守城不降，战死。敬渠《拟明中书舍人戚公传》中，曾记及其事，谓“维新、(吕)九韶辈亦多出奇计”，最后“维新等皆自刎死”[29]。曾祖夏霈，“至性孝友，品行端洁……喜行利济事：康熙十七年旱，倡捐，得谷二百余石，募饥民浚斜泾河，寓以工代赈之意，全活无算。逾年复大旱，合境俱荒，滨斜泾万余亩独稔，至今蒙其利。十九年大水，九里塘路圮，行旅颠溺，出粟修筑，复为坦道……计终岁所入给日用外，悉以应助不足”[30]。祖父夏敦仁，“教人先品诣，次经史，而后及文艺……朔望则率子弟学徒诣学宫，展拜丁祭，执事尤谨。元旦万寿，必设香案向北阙九叩。常语人曰：‘尊君亲师，无贵贱，一也。’……其立功施惠，未尝不历历可称道。城南有斜泾河……调元凡一再浚之，深广加倍，民赖之至今。某岁大祲，调元设粥厂煮赈，全活甚众。又纠同志诸人，集资为同善会，凡义冢义棺、夜镫、草履、棉衣、姜汤、药饵之施于贫病者，皆取给矣……迄于今，邑中浚渠、成梁、除道、捐赈诸善举，犹首推夏氏”[31]。父夏宗泗，“承先世忠孝，绩学砺行，无间寒暑……性慷慨，喜周急，孺人奁资千余金，公悉散于窭人”[32]。巾帼不让须眉，祖母叶氏，为东林名宿叶茂才重孙女，善书工算，于丈夫行善施惠乡邻之举，“佐之周恤，内外族姻，推之道路羸瘠，一切善事，知无不为。惟不肯饭僧佞佛，曰：‘此吾所不识，亦夫子所不信，我不为也。’”张叙论赞曰：“自佛法入中国也，虽贤士大夫不免，其在闺阁中人为尤甚，有宁薄生人之养以养之者矣。今太君之丰于施者如彼，而吝于佛者独如此，见何卓也……不愧东林理学家风。”[33]因其“济困乐施，赈灾救荒，故朝廷名臣如鄂尔泰、杨名时等人，颁赠叶氏‘义洽闺闱’、‘族推女宗’、‘媲美丸熊’、‘坤型无忝’等匾额赞词”[34]。母亲汤氏，助夫行善，“孝而贞正，通达理义。年二十九，誓《柏舟》，上事孀姑维谨，病则日侍汤药，下课二子惟严，督训不怠”[35]。

在这样的家庭环境氛围中成长，夏敬渠深受其家风熏染，并影响到其思想的形成，重理学，讲实学，排佛老陆王。《江阴夏氏宗谱》卷八《小传纪事·第十一世》载：“敬渠字懋修，邑庠生。英敏果毅，正直不阿，权贵无所干避。崇正学，力辟二氏。通诸经、历代史志，旁及诸子、诗赋，礼、乐、兵、刑、钱、谷、医、算之属，无不淹贯。”光绪《江阴县志》卷十七《人物·文苑·夏敬渠》也说他“英敏绩学，通史、经，旁及诸子百家，礼、乐、兵、刑、天文、算数之学，靡不淹贯”。雍正元年(1723)，江阴大旱，蝗灾严重，夏家再度设厂煮粥赈灾，《江阴夏氏宗谱》卷七《传略行状·汤孺人传略》载：“二铭有经济才，年十九，即奉祖母叶太君命，煮粥赈贫。时邑设厂者六，皆叶太君与叔履中公倡捐以救荒者。二铭主水南厂，食粥者数千人，晨则点名给放，昼则出劝捐，暮则监舂杵，夜则监煮粥，目不交睫者数月。六厂中煮赈之最久，捐数之最多，食粥者之最众，莫如‘水南’。”此足见夏敬渠的实际才干。关于夏敬渠的遵理学、排佛老及陆王心学，在他的小说《野叟曝言》之外，于其文章如其《读经余论》、《辟佛论》、《七解》、《〈医学发蒙〉自序》等篇中多有表述，王琼玲《野叟曝言作者夏敬渠年谱·夏敬渠生平总述》、杨旺生《〈野叟曝言〉辟佛斥道思想论》[38]中有具体论列,不赘。凡此亦足以说明,无论家族抑或自身,夏敬渠与晚明清初的实学思潮,都有着密不可分的联系。

三 《野叟曝言》"炫学"中的实学思想蕴含

在夏敬渠的长篇巨制《野叟曝言》的创作中,其所接受晚明清初实学思想的影响,同样非常显著。就某种程度而言,我们甚至可以如是说:小说《野叟曝言》正是以文学形象具体演绎着作者的实学理想。

光绪八年(1882)龙溪赏奇室主人撰《野叟曝言序》中,评价其书曰:"其书下蟠上际,旁烛无垠。其论性理之微,虽周、程、张、朱并世而生,亦当分一席以居之,以共捍陆氏明心之说。其论用兵之奥,虽孙吴复起,亦当卷旗解甲,肃立坛下,听其指挥。其论医学,虽与黄帝岐伯分庭抗礼,亦不为过,彼世之夸三折肱者,咸望尘而却步矣。其论算学,虽《周髀》、《九章》,亦或前席请益,彼僧一行辈,方兹褊矣。其论诗学,虽青莲、子美,咸愿把臂入林,至李杜以下余子,碌碌不足数也。然此特其显焉者也。其书更以崇正辟邪为己任,不特佛老之大悖乎圣人者,不惜大声疾呼,以冀挽狂澜于既倒,即于儒术之中,有稍拂乎圣人者,亦必反复指陈,务使孔孟之道皎然与日月争光,不使纤尘得以蒙蔽。洵堪为圣学之功臣、尼山之肖子,又乌得以章回小说轻之哉?"光绪七年(辛巳)刊本《野叟曝言·凡例》中亦云"作是书者抱负不凡,未得黼黻皇朝,至老经猷莫展,故成此一百五十余回洋洋洒洒文字,题名曰《野叟曝言》,亦自谓野老无事,曝日清谈耳";"是书之叙事说理,谈经论文,教孝劝忠,运筹决策,艺之兵诗医算,情之喜怒哀惧,讲道学,辟邪说,描春态,纵谐谑,无一不臻顶壁一层。至文法之设想,布局映伏钩绾,犹其余事。为古今说部所不能仿佛,诚不愧第一奇书之目"。序及凡例,其评价间或失之夸张,但其对该书中内容的概括,却均能中的,都讲出了小说中最本质核心的内容部分。

在《野叟曝言》中，文素臣被称为“道学先生”，“奉名教若神明，真是极有血性的真儒……他平生有一段大本领，是止崇正学，不信异端”(第一回)。就在首回，素臣的叔叔何如知道侄儿将有壮游远行之举，约同好为他饯行，各言其志。素臣述其志向：“慨自秦汉以来，佛老之流祸几千百年矣。韩公《原道》，虽有人其人，火其书，庐其居之说，而托诸空言，虽切何补？设使得时而驾，遇一德之君，措千秋之业，要扫除二氏，独尊圣经，将吏部这一篇亘古不磨的文章，实实见诸行事，天下之民复归于四，天下之教复归于一，使数千百年蟠结之大害，如距斯脱，此则弟之梦想，而不敢妄冀者也。”小说中文素臣的一生，都在为实现这一理想不懈奋斗努力。小说第一百三十六回，宪宗驾崩后，孝宗登基，文素臣终于有了践行自己理想与志向的机会，详细拟订灭佛条款，与同道马负图慎重商定后，动用国家机器，颁行海内，不仅消灭国中佛道二教，又出征降伏西域各国，铲除佛教(第一百三十七回)，“除灭佛老，昌明圣学，一切长生、白莲、无为、灯络、糍粡等教，皆如爝火，不扑自灭”(第一百四十七回)，建下了“千古无伦”之功(一百五十四回)。文素臣的母亲水夫人，也竟是一个理学家的化身，“贤孝慈惠，经学湛深，理解精透，是一女中大儒”(第一回)。书中多次写到水夫人讲道学。第四十回，素臣直言逆鳞，被绑出午门，候旨处斩，消息传到家中，一片悲伤，水夫人知道，却显得格外镇定。鸾吹、素娥不解而问，水夫人道：“喜怒哀乐四者，情也。而有裁制此情者，是以皆发中节；若徇私情忘天理，则不中其节矣。……为父母者，与其有子为奸臣，为佞臣，何如有子为忠臣，为直臣？既欲其忠且直，而又怕其受忠直之祸，天下无此两术矣！”水夫人在家，可谓讲坛常开，与媳妇丫鬟，大谈理学；其后来进京，则入宫中为太皇太后、皇后妃嫔、长公主、公主、郡主讲书，“听者俱目悚神惊，心悦诚服”(第一百二十六回)。

文素臣的才能，书中谓：“吟遍江山、胸罗星斗。……挥毫作赋，则頡颃相如；抵掌谈兵，则伯仲诸葛；力能扛鼎，退然如不胜衣；勇可屠龙，凛然若将陨谷；旁通历数，下视一行；间涉岐黄，肩随仲景。”少年便立志“欲为圣贤”，“十岁即工诗古，涉猎史子百家。十八岁游庠后，益事博览，精通数学，兼及歧黄、历算、韬略诸书。性恶佛老，遇佞二氏者，必力折之”（第一回）。文素臣最得意的，即其“生平有四件事，略有所长，欲与同志切磋，学成时传之其人”（第八回）。果然，后来这四学分别传之四妾：算学传之于刘璇姑，医学传之于沈素娥，兵法传之于木难儿，诗学传之于任湘灵。其自身百折不挠，斗恶僧、权奸、逆藩、蛮酋……历经九死一生，“征南、卫宫、诛藩、救劫、迎銮、靖虏、平浙、剿倭”，立下了旷古无匹的“八案首功”，朝廷认为，“周称尚父，鲁称尼父，齐称仲父。先生即逊于孔子，而功高尚父，远出仲父之上”，于是赐素臣号“素父”，“诏表赞拜皆不名，食禄吴江县，田赋岁禄如故。加封三代祖考为镇国公，妣为镇国太夫人；晋母水氏号宣城镇国太夫人”（第一百十九回），享尽各种荣禄。

蒋瑞藻《小说考证》卷八引所谓《花朝生笔记》云：

> 《野叟曝言》一书，相传为康熙时江阴缪某所撰。缪某有才学，颇自负，而终身不得志，晚乃为此书以抒愤。……会纯庙南巡，缪乃缮写一部，装潢精美，外加以袱，将于迎銮时进呈，冀博宸赏。缪之女，颇通文墨，且明慧晓世事，知此书进呈，必酿巨祸；又度其父性坚执，不可劝止，乃与父门人某谋，密用白纸装钉一部，式与原书等，即置诸袱中，而匿原书于他处。迨缪将迎銮，启袱出书，重加检阅，则书犹是而已无一字矣。缪哭失声，以为是殆见忌于造物，故书渠（遽）羽化去也。女徐劝之曰：“既为造物所忌，似不进呈亦佳。今天子性猜忌，父书又多不检，塞翁失马，焉知非福！近代以文字罹法网者，翁独不闻之乎？”缪无如何，郁郁而罢。[37]

《清稗类钞》、《澄江旧话》等也有类似记载，可知这是旧时一个流传颇广的说法。此“缪某”为“夏某”之误，无须赘说；夏敬渠也确曾有进书之想，但其欲进者，是他的史学著作《纲目举正》，而非小说《野叟曝言》，此在其《自拟进〈纲目举正〉表》中有具体交代：“臣所著

《举正》一书,虽兼正诸说,不止专攻周礼《发明》、张时泰《广义》","欲举《纲目》中不正之论而悉正之","伏乞敕付史馆考校议覆"[38]。而之所以有这么一个附会,毫无疑问,是因为该作品刻意地炫学,迫不及待地展示,殚精竭虑地推销自我,给人传递了虚假的信息,造成了一种错觉,这是人们会产生如此附会的具体土壤。

四 几点结论

通观《野叟曝言》一书所叙写的故事,其主人公文素臣的崇理学,排佛老,斗权奸、阉竖、藩王,不拘一格延揽人才,赈灾救荒,种种举措,以及他的诗、医、兵、算等,皆可称之为实际有用之学,作者对此等内容的张扬,亦如同晚明清初实学家们对实学思想的提倡。

步近智先生在《略论我国古代实学思想的兴起和发展》一文中指出:"自康熙晚期以来,在思想文化领域采取了高压和怀柔相结合的两手政策,不断制造文字狱,对知识分子进行杀害和加以各种思想禁锢,以消除反封建的'异端'思想和反清的民族意识。于是,实学思潮便由明清之际的高涨很快转向低沉。知识界出现了脱离现实倾向,陷入乾嘉汉学的繁琐训诂考据之中。"[39]《野叟曝言》的创作,据王琼玲女士《野叟曝言作者夏敬渠年谱》考证,大约始于乾隆三十二年(1767)作者六十三岁时,应该在乾隆三十七年(1772),最迟在乾隆四十一年(1776)前完成[40]。《野叟曝言》的创作时间,正处在实学思潮趋于消沉之后,繁琐的考据之学兴起的伊始。从这一点,我们已经不难看出其中的"炫学"——其所张扬的"实学"的积极意义了。当然,文学不同于议论之文,它的张扬实学,应该是寄寓在具体的形象之中,而其长篇累牍之"炫学"说理,自然有悖于文学创作的规律。

在《炫学小说的产生与古代小说观念》[41]文中,我曾经指出,炫学小说的产生,直接与中国古代那种十分庞杂、缺乏科学界定的"大小说"观念有关,也是小说观念滞后于创作的一种表现。这是就炫学小说的总体创作情况而言。由如上所论,我们还可以知道,具体到炫学小说每一部具体的作品，又有其各自特殊的情况，即如夏敬渠的创作《野叟曝言》，一方面，固然是“大小说”观念的作祟，另一方面，也可以说是因为作者受了晚明清初实学思潮的影响，欲通过其小说创作来反映他的实学思想理想所使然。

总而言之，夏敬渠《野叟曝言》的创作，与他接受晚明清初实学思潮，尤其是东林学派的思想影响有关。在内容上，他所炫耀的那些属于“实学”的学问，在实学思潮走向低迷的时代，有它积极进步的意义；而大段的议论，非文学的文字阑入小说，不符合文学创作的规律，毋庸掩饰。

【注】

① 孙楷第《沧州后集》，中华书局 1985 年版，第 159 页。
② 郑振铎《郑振铎古典文学论文集》，上海古籍出版社 2009 年版，第 468 页。
③ 步近智、张安奇《好学集》，中国社会科学出版社 2003 年版，第 275 页。
④《明实录·太祖高皇帝实录》卷二十一，上海书店 1984 年版。
⑤ 张廷玉等《明史》卷二百八十二《儒林传》，上海古籍出版社、上海书店 1986 年版。
⑥ 李贽《焚书》卷三《童心说》，中华书局 1975 年版。
⑦ 王廷相《雅术》下篇，明嘉靖十七年谢镃刻本。
⑧ 高攀龙《高子遗书》卷四《知及之章》，景印文渊阁四库全书本。
⑨ 高柱等辑《东林书院志》卷五《会语三》，清雍正十一年刻本。
⑩ 黄宗羲《明儒学案》卷六十一《东林学案四》，浙江古籍出版社 2005 年版。
⑪ 顾宪成《顾端文公遗书》，清康熙刻本。
⑫ 顾宪成《小心斋札记》卷八，清光绪三年刻本。
⑬ 黄宗羲《明儒学案》卷五十八《东林学案·忠宪高景逸先生攀龙》，浙江古籍出版社 2005 年版。
⑭ 高攀龙《高子遗书》卷三《异端辨·又辨三教一家》，景印文渊阁四库全书本。
⑮ 同上卷十一《南京光禄寺少卿泾阳顾先生性状》。
⑯ 同上卷八下《答周绵贞二》。
⑰ 黄宗羲《明儒学案》卷五十八《东林学案·忠宪高景逸先生攀龙》。

⑱ 顾宪成《泾皋藏稿》卷二《与王辰玉书》,景印文渊阁四库全书本。
⑲ 张廷玉等《明史》卷二百三十一《钱一本传》。
⑳ 黄宗羲《明儒学案》卷六十《东林学案·侍郎叶园适先生茂才》。
㉑ 黄宗羲《明夷待访录·学校》。
㉒ 黄宗羲《明夷待访录·财计三》。
㉓ 颜元《存学编》卷三,清光绪三十五年阎志康抄本。
㉔ 李塨《颜习斋先生年谱》卷上,清光绪五年王氏谦德堂刻畿辅丛书本。
㉕ 赵景深《中国小说丛考》,齐鲁书社 1980 年版。
㉖ 王琼玲《野叟曝言作者夏敬渠年谱》,台湾学生书局 2005 年版。
㉗ 王琼玲《夏敬渠与野叟曝言考论》,台湾学生书局 2005 年版。
㉘《源远堂江阴夏氏宗谱》,江阴夏纬朴先生家藏本。
㉙ 同上卷二。
㉚《源远堂江阴夏氏宗谱》卷八《小传纪事·第八世》。
㉛ 同上卷七《传略行状》载杨名时《乡贤夏君传》。
㉜ 同上卷七《传略行状·汤孺人传略》。
㉝ 同上卷七《传略行状·夏母叶太君传》。
㉞ 王琼玲《野叟曝言作者夏敬渠年谱》。
㉟《源远堂江阴夏氏宗谱》卷八《小传纪事·第十世》。
㊱ 杨旺生《夏敬渠与〈野叟曝言〉研究》,安徽教育出版社 2004 年版。
㊲ 蒋瑞藻《小说考证》,上海古籍出版社 1984 年版。
㊳ 夏敬渠《浣玉轩集》,光绪十六年刻本。
㊴ 步近智、张安奇《好学集》,第 284 页。
㊵ 王琼玲《野叟曝言作者夏敬渠年谱》,第 349 页。
㊶ 冯保善《炫学小说的产生与古代小说观念》,《社会科学研究》1994 年第 5 期。

(原载《南京师范大学学报(社会科学版)》2010 年第 6 期)

《野叟曝言》与清代才学小说

秦　川

才学小说是指清代“以小说见才学”的小说。鲁迅云：“以小说为庋学问文章之具，与寓惩劝同意而异用者，在清盖莫先于《野叟曝言》。”[①]从时间上说，清初李渔的小说就有卖弄才学的倾向，唐传奇崇尚“史才、诗笔、议论”，亦有“才学小说”的因素。只是这些小说皆为短篇，其表现“才学”有限，不像清中叶“才学小说”多系“具有收揽大千世界的容量”[②]的长篇。从篇幅上说，长篇更有利于展示学识和才情。《野叟曝言》、《蟫史》、《燕山外史》、《镜花缘》是学界公认的清代“四大才学小说”。《蟫史》和《燕山外史》用文言写成。《蟫史》诘屈拗口，难以卒读。《中国小说史略》评之“虽华艳而乏天趣，徒奇崛而无深意”。《燕山外史》系骈体，较难读懂。它们的读者不多，传播不广。因此，本文所及，主要集中在《野叟曝言》和《镜花缘》这两部小说上。

一　才学小说的文体特征

清代才学小说的特征一般表现为：类型的兼具性，创作手法的多样性，内容、情节的奇异性，以及作者身世的相似性。

小说类型的兼具性。所谓类型的兼具性，是指一种小说融若干种风格流派的小说于一体，形成新的小说类型或流派，这种新的类型或流派就是学界所谓的“才学小说”。从时间上说，《野叟曝言》无疑是这种新型小说的首创者。

从规模上讲,《野叟曝言》不仅是清代“才学小说”篇幅最长的小说,而且是明清章回体长篇小说篇幅最长的小说。从类型上讲,它囊括了通俗小说差不多所有的题材和风格,成为众多风格流派的有机结合体。其所涉及风格、流派的情形,诚如石昌渝先生所说:“《野叟曝言》写文素臣一生丰功伟绩,有时是靠拳脚功夫打败对手,有时是指挥千军万马冲锋陷阵,这方面有点像英雄传奇,甚至已有后来的武侠小说的色彩;另一方面在描写文素臣与几位美貌才女的感情纠葛上,则又有才子佳人小说的特点;书中对地方风土人情和市井社会的细腻描叙,又表现了世情小说的风格;而其中对文素臣个人本事的夸张,又有些神魔小说的影子。总之,小说的各种流派风格都汇合在《野叟曝言》这一部小说里了。”③

鲁迅《中国小说史略》说《镜花缘》“盖以为学术之汇流,文艺之列肆,然亦与《万宝全书》为邻比矣”。该书所汇集的不同风格流派,虽不及《野叟曝言》那样全面,但仍然囊括了众多类型,呈现出“类型兼具”的特点,成为“才学小说”的又一代表。例如小说中的唐敖、林之洋、多九公三人出海游历以及唐小山寻父的情节,带有明显的游记小说的特征;而对于女儿国、黑齿国、淑士国等怪现象的描写,可谓极尽幽默讽刺之能事,带有鲜明的讽刺小说的特点。诸如女儿国写男子“反穿衣裙作为妇人,以治内事;女子反穿靴帽作为男人,以治外事”;在黑齿国满腹才学的多九公竟被小小年纪的亭亭和红红问得“汗如雨下”、“抓耳搔腮”、“无言可答”、“恨无地缝可钻”的情节;白民国中装腔作势的学究先生,实则不学无术之徒,居然将《孟子》上“幼吾幼以及人之幼”,读成“切吾切以反人之切”的笑料;淑士国到处竖着“贤良方正”、“德行耆儒”、“聪明正直”等金匾,而各色人等素服儒巾,满口“之乎者也”,而实则爱才如命、唯利是图者流,遇事斤斤计较,酒醉饭饱后,连吃剩的几个盐豆都要揣到怀里,甚至连一根用过的剔牙杖也要放到袖子里,淋漓尽致地讽刺了儒林的丑态,其讽刺效果可与《儒林外史》媲美,给读者留下深刻的印象。该书类型兼具性特点已获得学界公认,陈文新曾经对此做过精辟的概括:“从结构看,《镜花缘》是一部游记小说;从主题看,《镜花缘》是一部讨论妇女问题的小说;从风格看,《镜花缘》是一部诙谐小说;从题材看,《镜花缘》是一部博物体小说。”④这种概括是符合《镜花缘》实际的。

创作手法的多样性。当今学界理论著作或论文中所及的小说表现手法,概括起来大概有这样一些:即明修暗度法、草蛇灰线法、烘云托月法、前后伏应法、类比对比法、绵里藏针法、抑扬顿挫法、双管齐下法、一笔两用法、一箭双雕法等等,但这些手法在不同的小说中有所侧重,不是在一种小说里全部体现出来。由于《野叟曝言》长达150余回,因此它所用到的表现手法,自然要超过其他长篇章回小说。而“韬叟”从《野叟曝言》各“回末评”中所概括出来的表现手法,除同于上述所及的手法外,还有近百种之多,现列出数种如次:避熟就生之法、衡山截水之法、特犯之法、立地翻空之法、钩联回互宛转关生之法、示人悔过之法、特翻前局之法、做结解结之法、欲待月先埋树之法、先立表后测影之法、临崖勒马之法、更上一层楼之法、楼里藏针之法、颊上添毛之法……《野叟曝言》正是由于运用了众多的艺术手法,所以不仅使得作者的学识、才华得到充分的展示,而且也使得此书在艺术成就上达到一定的高度,引起当今学界的高度重视和广泛关注。

故事内容、情节的奇异性。常言道:“大千世界,无奇不有。”因而中国古代小说多奇异故事,乃系世事之常,人情之常,不足为怪。而问题在于:虽然同为奇闻异事,但在不同时代的小说则有不同的特征、不同的作用,如宋元以前的文言小说,特别是笔记小说,其中的奇闻异事多属客观记录。所谓“搜罗奇事,记述异闻”,重在“搜罗”,重在“记述”,而所搜所记自然界的怪异现象,多系人们的少见多怪;而宋元以后的小说则不然。因为进入小说中的奇事异闻已不再是纯客观的记录,而是经过作者精选出来并加以典型化了的内容,其目的在于渲染情节、塑造形象、烘托主题。

清代小说有着普遍崇尚“新奇”的特点。如曹雪芹在《红楼梦》第一回就声明自己的创作主张:不蹈历来野史的旧辙,反对才子佳人小说的“千部一腔,千人一面”;而《红楼梦》就是根据他自己“半世亲见亲闻来创作”的，小说中有关“顽石”的经历以及对它的议论，确实令读者感到新奇。李渔也曾承认自己的小说是刻意追新的，并强调小说创作要“不效美妇一颦，不拾名流一唾。当世耳目，为我一新”[⑤]。而综观李渔小说创作的实际，确如所言，可谓篇篇意异，字字出奇，令读者耳目一新。《镜花缘》中的主人公游历众多的国家，奇人奇事奇景，难计其数，对比反讽甚为深刻。

《野叟曝言》长达一百五十四回，书中的“奇闻”、“奇事”、“奇想”、“奇法”，远远超过同期、同类作品，充分体现作者精心经营、匠心巧运，并达到了作者想要达到的艺术效果。《野叟曝言》中的奇，从卷帙的编次和用字上就充分地体现了出来。二十卷 20 个字：“奋武揆文，天下无双正士；镕金铸史，人间第一奇书。”构成一幅精妙的对子，不仅浑括了全书的大旨，同时也展露了作者的才学，其创作思想以及艺术追求也都从中得到体现，非常独特。再者，故事、情节的翻空出奇，必奇至“竭情尽致”不可。诸如第十九回所写的具有奇效的“怪医方”，第二十五回“结乾夫妻”，第四十五回的“假虎行奸”，以及一百五十二回的“六人同梦”之类的现象，真乃理之所无，而事之所有；既入人意中，又出人意外。怪不得“韬叟”在本书各回的总评中那样赞叹不已，无数次地赋予作者“天下无双”和该书“人间第一”、“奇书”的地位，像“奇文妙文”、“奇文化文”、“奇情妙情”、“绝妙奇文”、“奇中之奇，变外之变”、“神矣化矣”之类的称赏，不绝于笔端，难以遍举。因此，知不足斋主人在该书《序》中带有总结性地概括道：“书中所叙，皆采撷汉唐以来诸说部之奇而贯串之”，“其议论之精辟，叙事之奇诡，足以跨跞古今，倾倒一世，洵天下第一奇书也”[⑥]。

作者身世的相似性。这里说的相似性有两层含义。一是指“甲”小说作者与“乙”小说作者身世的相似性；另一是指小说作者与小说中人物身世的相似性。从“甲”小说作者与“乙”小说作者身世的相似性来说，他们多为才子，颇有奇气，是为奇人、奇才，且有奇迹。但奇才的人生大多不幸，即如清初的蒲松龄、李渔，清中叶的吴敬梓、夏敬渠、李百川以及稍晚的李汝珍等人，都是饱读诗书，才气纵横，却科场蹭蹬，终难一第。曹雪芹虽然情形有别，但生活困顿、晚景凄凉是一样的。说他们是奇人奇才且有奇迹，这既可从他们的人生态度、人生遭际方面去了解，亦可以从他们留下的笔底生辉、名扬千古的佳作中获知。

从小说作者与作品中人物身世的相似性来说，小说中主人公多有作者的影子，是作者之自况，上述小说无一例外，这是众所周知的，无须赘述。

二 《野叟曝言》："才学小说"的承前启后

要弄清《野叟曝言》的承前与启后，首先要弄清《野叟曝言》本身。从小说文体学的角度说，作为"才学小说"开山之作的《野叟曝言》具有综合性特点，具体表现为：从内容和作品中人物的行踪看，有"自况"（或叫"自寓"）性特点；从作品所涉及事物的广度看，有"博物"性特点；从作品体现作者创作动机或目的看，有"劝诫"性特点；从题材和风格类型看，有"兼具性"特点（上文已及，下文不赘）。正因为《野叟曝言》具有多方面的特点，呈现出小说文体的综合性，才真正显露出作者的"才学"，进而使之成为"才学小说"的代表作。

作为"才学小说"代表作的《野叟曝言》，如果说其文体特征的综合性是它的独创，那么其综合的每一个要素，则是此前都已经具备了的小说文体现象，甚至有的现象带有普遍性、规律性特征，如"自况"现象，在有清一代的小说中表现得更为突出。

所谓"自况"，即以某种人来比喻自己，或姑且借助值得效法的人及其行为来比拟自己。明代何良俊《四友斋丛说·娱老·一》，即云："然观古之达人，亦多有好是者，故备录之聊以自况，且以自警。"

然而，明代何良俊《四友斋丛说》中的"自况"形象是"录"，目的是"聊以自况，且以自警"。而清代诸多小说的"自况"形象，是作者的创造，是作者根据自己的经历及人生体验创造出来的，目的在于构筑自己理想的"梦"，以便从梦境中来实现自己的人生理想。这里要进一步说明的是,“自况”小说只是具有作者的影子,但绝不等同于作者自传,这是学界已经定论了的观点。

中国古代小说中的“自况”现象,并不是从《野叟曝言》开始的,早在唐传奇中就有明显的自况之作,如元稹《莺莺传》中的张生、张鷟《游仙窟》中的男主人公,学界大多以为作者本人。清初李渔《闻过楼》中的顾呆叟,清代以来直至当今的学者皆以为是李渔自己。只是到了清中叶的乾隆年间,以小说中人物比况作者自己的现象非常普遍,似乎形成一种风气,诸如夏敬渠的《野叟曝言》、曹雪芹的《红楼梦》、吴敬梓的《儒林外史》、李百川的《绿野仙踪》以及文言长篇章回小说——屠绅的《蟫史》都具有自况的性质⑦。可见,自况性特点不是“才学小说”的新创,而是继承前人创作的经验,并加以发扬光大、形成风气的结果。

就“博物”而言,早在先秦古籍《山海经》和晋张华《博物志》中就充分地体现了出来,而名称则似乎始于《博物志》。但无论是《山海经》也好,还是《博物志》也好,虽然有大量神话传说色彩的描写,但总体上属于文言笔记,多为实录。只是到了明代吴承恩的《西游记》,其神怪故事则完全融入了故事的情节和主题,成为小说内容、情节、形象不可分割的部分。在“才学小说”里,博物的特点则更为明显。从《野叟曝言》到《镜花缘》,“博物”的程度可谓一浪高过一浪,形成才学小说的普遍性特征。

就“劝诫”而言,自宋代以来,“劝惩教化”已成为小说创作的一个重要内容。这是因为:小说在中国文学史上,向来地位低下,被称之为“小道”。明清时代的小说作家为了提高小说的地位,进而提高自身的地位,就必须注重小说的教化功能,在小说中寓诸劝善惩恶以助教化,否则,小说则无法挤入“大道”的行列,也就无法提高作者自身的社会地位。

清代“才学小说”则带有普遍性的劝诫意义,而清初李渔小说尤为突出。李渔小说从原始儒学“恕道”的观点出发,常常是用“以子之矛攻子之盾”的方法,批判封建统治者的出尔反尔,以及“己所不欲”而“偏施于人”的专制和霸道,以期“正人心,扶世教”。正因为李渔小说的目的性很强，善于利用故事来说理，教育的作用更为直接。所以钟离睿水评介李渔小说“以通俗语言，鼓吹经传；以人情啼笑，接引痴玩”，“确于风教不浅”[⑧]，是为的评。

《野叟曝言》中的“劝诫”，可谓远绍宋明，近承清初，特别是李渔小说的“劝诫”无疑给予它一定的影响，进而发展到极致。所以“韬叟”在各回总评中肯定《野叟曝言》“有功名教”的地方不下数十处，说该书“其大旨以崇正辟邪为主，以智仁勇为用，以孝弟忠信礼仪廉耻为条目”，其“叙事说理，谈经论史，教孝劝忠，运筹决策，艺之兵诗医算，情之喜怒哀惧，讲道学、辟邪说，描春态，纵谐谑，无一不臻顶壁一层”[⑨]；即使“书中间有秽亵，似非立言垂教之道，然统前后以观，而秽亵之中，仍归劝戒”[⑩]。而《镜花缘》作为此期最后一部“才学小说”，理应担当“集大成”的使命，然而从作品寓诸“劝诫”的角度看，似乎不太明显，但正是因为这“不太明显”，则更好地体现它的成功，“成功”到让读者不知不觉接受它的“劝善惩恶”意图。

三　“才学小说”兴盛于清代的原因

“才学小说”的文体、类型特征的各个特点，在此前各类型的小说中均有不同程度的体现，而此前的种种小说却不能称之为“才学小说”；而只有当各种不同类型的风格特点较为全面、集中地体现在一种小说里，并使之形成新的小说文体类型，才能被称之为“才学小说”，而这种新类型的小说是盛行于清代。

“才学小说”为什么会在清代兴盛？特别是在清代“盛世”的康乾间盛行？这恐怕与当时的政治、社会、思想、文化以及不幸文人的心态有着密切的关系，其中最直接的原因恐怕主要在于“八股取士”的科举制度、清代学术风气以及不幸文人的心态这三个方面。现仅从这三个方面来进行一点探讨。

“八股取士”制度的影响。清代是沿用明代“八股取士”的科举制度。而“八股取士”的考试规定：内容即从“四书”、“五经”中出题，考生必须模仿圣人口气，代圣人立言，且用朱注解经；而文章格式用“八股”，所谓“八股”，是指把试卷固定为八段整齐的对偶句，以便评阅试卷时省力；且命题常用“截搭题”，如把《论语》“子曰，学而时习之”这一章的末句“不亦君子乎”截下来，搭到下一章的首句“有子曰”上，这叫做截搭，已全不是经典的原来面目。可见，内容限于“四书”、“五经”，已束缚了考生的思维和才情；而“八股”格式的呆板僵化，模仿圣人的口吻替圣人立言，让考生挖空心思去做文字游戏，更谈不上什么学问；特别是“截搭题”的形式，断章取义，完全篡改了儒家经典。这样的科举考试，对于一些思维活跃、想象力丰富、才华横溢的知识分子来说，极为不利。因为有思想有才情的知识分子，在考试时常常是任意驰骋其情思，容易超出“八股文”的规定范围，所以往往难以中式，像清初以至中叶，有不少这样的文士，如蒲松龄、李渔、李百川、吴敬梓、夏敬渠等，都是此期典型的落魄文人的代表。如蒲松龄直考到 71 岁，最后是花钱捐了个“贡生”的名头；而李渔、吴敬梓是屡试不第后，中途放弃的；像李百川、夏敬渠也都是以诸生终结。

清代学术风气的影响。古代中国一向崇尚学术，而清代尤盛，这只要简单梳理一下中国古代学术史就可以获知其大略。自先秦的“百家争鸣”始，历经汉代“经学”、六朝“玄学”、隋唐“佛学”，再到“宋明理学”，最后发展到清代，则有清初的“经世致用”之学、中期的“乾嘉考据”之学、清末的“中体西用”之学。而夏敬渠生活于清代的“康乾盛世”，自然要受到此前各种学术的影响，其中以清初“经世致用”学术风气的影响尤著。

清初的“经世致用”之学即“实学”。“实学”的产生，准确地讲，“是我国明代中期出现的一股进步思想潮流，历经明清之际的高潮阶段，到清代道光、咸丰年间的龚（自珍）、魏（源）时期才告结束”[11]。从内容上说，较早主张实学的东林学派就提倡尊经重道，“恪守洛闽”，“以朱为尊”，排斥陆王佛老。如高攀龙曾对重佛轻儒现象异常愤慨地说：“昔之为佛氏者，尚援儒以重佛；今之为儒者，且轩佛以轻儒。其始为三教之说，以为与吾道列而为三幸矣；其后为一家之说，以为与吾道混而为一幸矣……斯言不出于乱世而出于盛时，不出于释氏之徒，而出于圣人之徒，是可忍也，孰不可忍也！"[12]

而生活于乾隆年间的夏敬渠，《江阴夏氏家谱》说他："英敏果毅，正直不阿，权贵无所干避。崇正学，力辟二氏。通诸经、历代史志，旁及诸子、诗赋，礼、乐、兵、刑、钱、谷、医、算之属，无不淹贯。"清代实学风气对于夏敬渠的影响于此可见。

作为学问家的夏敬渠，其小说创作富于学问，就像诗人写小说富于诗意一样，自然天成，不可避免。而事实上，《野叟曝言》的主人公文素臣，作为作者的影子和理想人物，其才能学问已远远超越了作者，是个文韬武略、百艺皆通的"铮铮铁汉，落落奇才"，因此，学界把它定义为"才学小说"，是恰如其分的。这是因为：才学小说中的"才、学'二字，才，有才干、才能、才情之意；学，有学识、学问、学养之义。而文素臣则是学界公认的文武全才，请看小说中称引他的才学："挥毫作赋，则颉颃相如；抵掌谈兵，则伯仲诸葛。力能扛鼎，退然如不胜衣；勇可屠龙，凛然若将陨谷。旁通历数，下视一行；间涉岐黄，肩随仲景。以朋友为性命，奉名教若神明。真是极有血性的真儒，不识炎凉的名士。平生有一大段本领，是止崇正学，不信异端；有一副大手眼，是解人所不能解，言人所不能言。"可见，社会时代风气影响作家，作家影响作品，已是不争的事实。

不幸文人心态的体现。在中国古代，官方思想是以儒家文化为核心的政治思想，而儒家文化是积极入世的文化，修、齐、治、平是中国文人的奋斗目标和价值取向，因此知识分子读书的目的很明确，就是"学而优则仕"。然而明清时期采用的"八股取士"法，不利于真正有才华的文士，他们无法跻身官场，因而修齐治平的目标和人生价值也都无法实现。

古代中国人有"立德"、"立功"、"立言"为"三不朽"之说，即《左传·襄公二十四年》载："太上有立德，其次有立功，其次有立言，虽久不废，此之谓不朽。""立德"是指树立圣人之德，即"创制垂法，博施济众，圣德立于上代，惠泽被于无穷"。而"立德"要通过"立功"、

“立言”来实现。因此，在乾嘉时期的知识分子则更倾向于“立言”（即著书立说），所谓“书有一卷传，亦抵公卿贵”[13]，就是当时知识分子的基本价值取向。

在这样的社会背景下，那些拥有一身文武艺、一腔愤激情的落魄文人，他们不甘寂寞，要竭力寻找适当的方式来发泄胸中的牢骚积怨，来展示自己的才情学问，来达成自己的梦中理想，来实现自己的人生价值，而长篇小说这种文体形式便成了这些失意文人首选的表达方式。基于这样的创作动机，所以此期的小说都普遍寓诸作者个人的身世、经历以及人生理想，成为“自况”性小说。像李渔小说、蒲松龄《聊斋志异》、吴敬梓《儒林外史》、曹雪芹《红楼梦》、李百川《绿野仙踪》以及夏敬渠《野叟曝言》、李汝珍《镜花缘》、屠绅《蟫史》等一大批小说，都能找到作者的影子。

文人不幸小说幸。上述文人可谓失意、落魄，但他们落魄的人生却造就了小说的繁荣，并将小说这种文体，无论是长篇还是短篇，是文言还是白话都在清代推向巅峰，正所谓文人不幸小说幸。与此同时，也使得这些小说作者的名字随同他们的小说一起载入历史的长卷，与天地永存，与日月同辉。从这个意义上说，他们也算是不幸中的万幸！

【注】

① 鲁迅《中国小说史略》，人民文学出版社 1975 年版，第 211 页。
②③ 石昌渝《野叟曝言》“前言”，作家出版社 1993 年版。
④ 陈文新《〈镜花缘〉：中国第一部长篇博物体小说》，《明清小说研究》1999 年第 2 期。
⑤ 李渔《与陈学山少宰书》，浙江古籍出版社 1992 年版。
⑥⑨ 知不足斋主人《野叟曝言》“序”，作家出版社 1993 年版。
⑦ 王进驹《乾隆时期自况性长篇小说研究》，中国社会科学出版社 2006 年版。
⑧ 钟离睿水《十二楼·序》，浙江古籍出版社 1991 年版，第 7 页。
⑩《野叟曝言》“例言”，作家出版社 1993 年版。

⑪ 步近智《略论我国古代实学思想的兴起和发展》,岳麓书院《书院文化史研究文集》1988 年第 2 期。

⑫《高子遗书》卷三《异端辨·又辨三教一家》,景印文渊阁四库全书本。

⑬ 赵翼《瓯北集》卷二十三《偶书》,上海古籍出版社 1997 年版,第 476 页。

(原载《明清小说研究》2011 年第 1 期)

才学小说，还是情志小说？

——试论《野叟曝言》的性质

董国炎

学术界把《野叟曝言》等作品称为古代才学小说，可能始于鲁迅《中国小说史略》，该书将《野叟曝言》收入第二十五篇《清之以小说见才学者》。鲁迅以类成篇，篇名就表明类别的性质。此后称呼精简，这个类别直接称为“才学小说”，《野叟曝言》则是这一类首要代表。众多文学史均延续这种观点，目前最具权威性的两部文学史均是如此——

章培恒、骆玉明主编《中国文学史》下卷第八编第五章第三节说：“清中期产生的长篇小说流传至今的尚有多种。当时考据之风大盛，读书人以精通古书、多闻博识为荣，这对于小说创作也产生相当的影响。如夏敬渠的《野叟曝言》、屠绅的《蟫史》、陈球的《燕山外史》，都是把小说当作卖弄学问或炫耀辞章的手段。”

袁行霈主编《中国文学史》第四卷第八章第一节评价《野叟曝言》及《蟫史》诸书曰：“多沾染了汉学风气，以炫鬻才学为能事，内容芜杂，程度不同地偏离了小说的文学特性。”

笔者以为“才学小说”这种称呼虽然广泛运用，但是并不准确。《野叟曝言》的性质主要是表现个人的情怀志向，抒写抱负，展现理想，显示才学只是一部分内容。从故事情节分析，显示才学所占的比重很小。“才学小说”这一概念不利于准确认识这批小说的性质，对青年学生还可能产生误导。比较相关著作的具体评价，可以看出，认为这一类小说以炫耀才学为主，这种评价不断发展强化。如果说，鲁迅使用“以小说见才学者”这一篇名虽然不够准确，但他的具体评价却比较全面——“可知衒学寄慨，实其主因，圣而尊荣，则为抱负，与明人之神魔及佳人才子小说面目似异，根柢实同”。这里包括才学，也包括感慨和抱负。而当今对于才学小说的认识，集中强调作者卖弄学问。即使章培恒、袁行霈等主编的两部文学史也主要强调《野叟曝言》这一类作品卖弄学问、炫耀辞章，以炫鬻才学为能事。而对寄托感慨、抒写抱负，缺少足够重视和应有评价。

中国文史批评素以论世知人为重要原则，清代盛世朴学风行，训诂文字，考据典章，人说许郑，家谈贾马。这种学风影响到小说，小说中出现炫耀才学的现象。《野叟曝言》有不少表现才学的情节，称之为才学小说，似乎有理有据。

然而笔者以为，论世而知人，分析时代风气特别学风之影响，这固然重要，但是论世知人必须追寻切实联系，若泛泛而论，有可能似是而非。在论世与知人的关系中，人的重要性、特殊性是第一位的。很多下层文人之所以耗有涯之生、耗无数心血撰写小说的根本原因，并非汉学风气的影响。写作的根本原因是来自中国文学由来已久的的动力，即言志抒情的欲望。诗言志、言志抒情的主张发源于先秦，司马迁发愤著书，韩愈不平则鸣等等主张，均一脉相承。小说兴起后，不断积累写作经验、提高表现能力。在晚明个性解放思潮影响之下，小说逐渐承担言志抒情这种文学重任，开始集中表现小说作者的理想情志，由晚明到清初出现一个小说创作热潮，即大量涌现的才子佳人小说。才子佳人小说虽然成就有限，但其性质是中国小说史上第一次由下层文人独力创作、并且以下层文人为主人公的创作热潮。才子佳人小说表现内容是下层文人最关心的科举道路和爱情婚姻问题。下层文人在现实生活中潦倒落拓，但在小说中扬眉吐气，科举道路和爱情婚姻都很如意。所谓私定终身后花园，落难公子中状元，是人们对这类小说的概括。这种概括包含揶揄意味，对下层文人的白日梦可能有所嘲笑，但是换一个角度看，这种小说反映出下层文人自我意识觉醒。才子佳人小说代表作家天花藏主人为自己的代表作《平山冷燕》所作序言充分说明了自己的生活和思想状况，说明写小说的动力和创作特点：

奈何青云未附，彩笔并白头低垂；狗监不逢，《上林》与《长杨》高阁。即万言倚马，止可覆瓿；《道德》五千，惟堪糊壁。求乘时显达，刮一目之青；邀先进名流，垂片言之誉，此必不得之数也……淹忽老矣！欲人致其身，而既不能，欲自短其气，而又不忍，计无所之，不得已而借乌有先生以发泄其黄粱事业。有时色香援引，儿女相怜；有时针芥关投，友朋爱敬；有时影动龙蛇，而大臣变色；有时气冲斗牛，而天子改容。凡纸上之可喜可惊，皆胸中之欲歌欲哭。

这篇序言堪称表现情怀理想的白日梦宣言。借乌有先生以发泄其黄粱事业！凡纸上之可喜可惊，皆胸中之欲歌欲哭。话说得很明白，也具有鲜明的文学理论色彩。需要指出，《野叟曝言》等所谓才学小说的主要内容，也正是这一类表现情怀理想的白日梦。对此，前面引用的鲁迅的评价已经指出：《野叟曝言》与才子佳人小说面目似异，根柢实同。

当然夏敬渠也有自己的独特之处。鲁迅分析过，夏敬渠的江阴同乡杨名时对这部小说有很大影响。杨名时是理学家而且官至高位，在江阴深受尊崇，夏氏一族就有人追随杨名时。书中的“时太师”即影杨名时。杨名时作为程朱派理学家，又做到礼部尚书，教化是他的职责。这派人讲学中排斥陆王，尤其排斥佛道二教，是必有之义。杨名时做过云南巡抚，云南地处偏远，少数民族多怪异事务和传说，与夏敬渠的经历可能呼应。夏敬渠本人奔走各地做幕僚及谋生，曾到过西北西南很多地方，他可能有意显示博闻多见，给作品带来广袤地域色彩甚至怪异色彩。夏敬渠也是淹忽老矣，也是不肯自短其气，自我评价越高、不平之气越盛，乌有先生发泄黄粱事业的动力越足。夏敬渠把自己的理想抱负、满腹经纶、满腹才学、各种能力，以及生活经验、情感渴求，都糅合到小说主人公文白身上。所谓“文白”，有人分析就是“夏”字拆字得来，可见这部小说具有作者自况色彩，当然这种自况主要不是实有的经历，而是展开想象，图解理想。

此书20卷,编卷的20字很有推敲——“奋武揆文天下无双正士镕经铸史人间第一奇书”,这是对此书和书中人物的最简要的说明。全书写理想抱负之余,也有少量展示才学之处。这是借文白论学,直接引出作者夏敬渠的经史研究成果。据孙楷第考证,夏敬渠的《纲目举证》、《经史余论》、《学古编》被引用最多,有整段过录者。借文白之口说出,再由小说中其他人物夸耀赞美一番,对夏敬渠很是一种享受。当然他追求更大的享受,就是鲁迅《中国小说史略》所概括的:

> 文功武烈,并萃一身,天子崇礼,号曰素父。而仍有异术,既能易形,又工内媚,姬妾罗列,生二十四男。男又大贵,且生百孙,孙又生子,复有云孙。其母水氏年百岁,既见六世同堂,来献寿者亦七十国;皇帝赠联,至称为“镇国卫圣仁孝慈寿宣成文母水太君”(百四十四回)。凡人臣荣显之事,为士人意想所能及者,此书几毕载矣。

夏敬渠不是举人进士,文白也不走科举之途,他由客卿幕僚一类身份受举荐获重用,为皇家立赫赫之功,很快成为无可替代的国家栋梁。野心藩王、僧道二教、邪恶太监互相勾结,要谋害皇太子、夺取帝位。文白与奸党邪教殊死拼争,鼓吹纲常,树立大义,担任统帅,指挥战争,铲除邪恶,维护皇权与儒教,是“卫国保教”第一大功臣。于是皇帝称他素父,皇家的公主郡主,竟有几十人嫁到文家来。然而尽管气派如此堂皇、名目如此正大,我们的阅读感受却经常充满滑稽、困惑。作者对两性关系似乎有太浓重的兴趣,对性迷惑、性能力、性打击、性折磨有特殊重视,让这直接决定国家命运,写法怪诞诡异。例如藩王景王是叛乱首恶,他勾结僧道二教和邪恶太监,要夺取帝位。邪恶藩王虽然是宗室成员,其实却是反叛势力首脑,这是清代小说常有写法。《三侠五义》中襄阳王很难对付,包公、颜查散、三侠和五义们很辛苦,白玉堂还为此丧命,但是直到《小五义》写完,还没有除掉襄阳王。《野叟曝言》中叛党势力更大,公然攻打皇宫,形势很危急。然而文白对付景王的办法竟是男女采战之术,他派遣心腹潜伏在景王宠妃七妃身边,这位卧底拿男女之间性能力比拼进行挑拨,挑拨教唆七妃说:"等王爷进来就和他说:'爷若不吃丸药、不用消息、不戴淫器能赢得奴,便算得爷真实本事,奴便心悦诚服。'王爷是好胜的人,包管上钩,娘娘便私吃一丸紫金丹,弄输了王爷,这便可以出气了。"

> 景王进房,果然中计,连泄两次,伏在身上气喘不休。七妃正自欢喜,说道:"爷如今伏奴不伏?还敢再战吗?"七妃自说,却不见景王回答,觉着诧异,忙候那口中之气,却是冷的,慌忙抱放转来,竟是走阳而死了。

此刻正是叛党攻打皇宫的紧急关头,双方首脑人物的表现,都够荒诞诡异。文白竟以采战之术擒贼擒王。派卧底搞阴阳采战,是文白最厉害的攻势行动;而在守卫方面,文白亲自出马保卫皇宫,竟然也富有"性"的色彩。叛党由僧道二教做中坚,运用妖法封锁皇宫,把无数火球发射进皇宫。火球竟然会自行追着人烧,满宫的嫔妃宫女厄运来临,解救的办法是,必须袒胸露乳,由文白在她们两乳之间写上"文白"二字。无数嫔妃宫女虽然赖此保住性命,但是衣服都被烧光,一个个赤身露体,手掩阴户,狼狈逃进一座大殿,依靠文白保护。文白这时尿了一泡尿,竟然半桶之多,他用尿泡湿一条大草袋子挂在殿门。炮弹般连续飞来的火球,遇到这独特的尿草袋子,竟然掉头飞回去,这情景真是怪诞得惊人!

这样的情景显然对皇家不敬,文白保教保国大忠臣的身份很有点滑稽,但小说很迷信采战之术的威力,连公子有一大群姬妾,有些人碍手碍脚不听话,连公子就运用采战之术摆布她们,竟然因此把一个叫春红的女子采死。文白等人总依靠采战能力。文白统帅的军队与叛军作战,俘获对方一个重要人物,是个武艺高超的女道士,用尽各种刑罚都无法撬开女道士之口,无法了解对方军情。这时候文白手下大将铁丏"取一药丸吃下",然后对那女道士狠狠采战，女道士终于求饶招供。

文白在皇宫中尚且要在宫女嫔妃胸口写字，到了民间更闹得不像话。有一个村庄五通淫神作怪，辟邪的办法就是文白在女子酥胸上写字。文白道德高尚绝不肯写，于是女子们都脱了衣服哀求，她们的父兄丈夫全都跪下哀求，文白不得已才一一书写。文白已有妻室，但是艳遇非常多，小说特别强调文白全都是迫不得已，都是女子要死要活地纠缠他。这些艳遇包括裸体相对、皮肉接触、对嘴呼吸、舔眼睛直至交合，作者都要详尽描写。文白在红瑶小姐家中被人用烈酒灌醉，昏迷中被人架着与红瑶成亲行礼。红瑶小姐高高兴兴为文白做妾，文白酒醒后却坚决拒绝。小姐伤心上吊被救下，又由文白施救，施救过程很复杂，当着小姐的父母百般抚弄，还要用舌头反复舔眼睛。

刘璇姑一心嫁给文白做妾，刘璇姑的兄嫂极力促成。他们殷勤劝酒、灌醉文白、服侍文白睡下，刘璇姑钻进被子与文白同睡。半夜里刘璇姑把文白惊醒，刘璇姑倾吐衷情，苦苦哀求献身，文白表示不予怪罪，但是绝不“收纳”。自己根本无意，却遇上这种强人所难的事情，文白应该很苦恼。但是小说详细描写中却展现另一种情调，作者细细描写二人皮肉接触的滋味，玩味刘璇姑强烈的性欲饥渴，展示文白的高雅冷淡和优越感。刘璇姑钻在文白的被子里哪能睡着，文白睡梦中翻身——“那身子便直翻过来，一手搭在璇姑腰间，一条腿竟斜入两条玉股中间……璇姑春情正动，怎当素臣贴肉而睡？两股中间交入素臣之股，虽尚隔有单绔，那一股热气已透入花苞之内去发扬起来，不觉欲火已动，须臾面赤耳热，心头乱跳，按捺不住”。她又乱摸又拼命贴蹭，把文白惊醒。文白弄清原委，虽然不予怪罪，但是绝不收纳。文白用被单把刘璇姑裹缚起来，璇姑“身子被被单裹住，不能翻动”，心中如打翻五味瓶，而文白在旁边坦然自睡，很快鼾声大作。

天明后刘璇姑准备自杀，刘兄跪下苦求，说是妹妹若死了，自己也不想活，妻子也不能活，求文白救救全家。文白无奈，勉强答应。这天晚上刘璇姑欢天喜地钻进文白被子里，有了合法身份，她百般娇柔，但是文白却“绝不动弹”，他告诉刘璇姑：虽然同意收她为妾，但是须要报告母亲之后，才能实行，现在他要给刘璇姑讲学！说完就在被子里开讲，讲的是相当深奥的算学。他把刘璇姑平坦柔软的肚皮当作画板，在上面画三角、画圆圈，画直线斜线，讲三角勾股之法。看着这些描写，令人赞叹文白真是冰清玉洁，什么时候都以才学为重，赞叹《野叟曝言》真是才学小说。

文白不但满腹才学，展现才学时候，还特别知行合一、果断明快。他还没有做官之前，有一天碰上一位官宦小姐，小姐美丽健康，其实身患“痘毒”，人们包括她本人都不知道，只有文白看出来了，并且不怕人们误解，立刻给她根治。文白治疗痘毒的办法很特殊，就是突然抱住她，强行剥她的衣服。这姑娘吓坏了，又气又急拼命挣扎反抗。人们赶来的时候，姑娘快要昏厥了，文白宣布她有可怕的病症并且基本治好，解释说就是要这样惊吓，“痘毒”受惊吓发散跑掉了。读者也许很佩服文白，他发现的没准就是潜伏的艾滋病，他的治疗方法神鬼莫测、制敌机先、简捷明快，据说是以深厚才学为底蕴的。

第七十七回文白运用自己满腹才学，为一个受了冤枉的女人伸冤，这女人的丈夫三年不在家，女人却生下孩子，人们都怀疑有奸情。文白义正词严地说：“古来无夫生子之事尽有，当尽我知识，为之剖别。”文白向这个女人调查了无夫生子的多种可能，包括为龙气所感——风雨雷电时候，在房外忽有所触，那个地方有受了阳气之感；包括为水族所淫——在河边洗衣服打水时候，忽然被水冲着下体，那个地方有受了冷气之感；包括为暑气精魅所淫——酷暑季节赤身睡卧所致；包括在河边饮水沫水球；树上摘食怪异的奇花奇果；露天仰吞流星电火冰雹；甚至在野地小解，忽然觉得地上有湿热蒸气上冲那里；还包括与三五岁小男孩使用同一个便盆等等。通过这样详尽的查询剖析，文白为这个女人伸冤成功。作者借文白之口议论剖析，娓娓而谈，声明尽我知识云云，显然很重视自己的这类才学。书中神魔鬼怪、神马飞熊、夜叉骷髅、怪兽恶龙、龙涎龙脉等等怪异之事不少，作者经常从知识才学角度议论一番。如果说才学小说就应该包括这些才学，我们习惯把才学小说与乾嘉朴学联系起来的思路，是否狭窄而违反实际？如果才学小说主要不应该是这些才学，我们就应该重新考虑某些作品的性质，其中经史考据才学少，荒诞怪异才学多。

小说后半部特别是结尾部分，已经不满足于一般人臣的建立功业，而是追求中国文人立功立言立德的境界。文白字素臣，追随素王孔子，事业和家族更为发达繁盛。文白自己是德高望重的太师，他的三个儿子文龙、文麟、文鹤竟然同时担任大学士，“嫡亲兄弟同时三相，亦古今所无也”。至于文白其他儿孙们担任的重要官职，已经数不胜数。文白屡次与皇室联姻，子孙中产生 6 位驸马、15 位仪宾，所以文白府邸东面建公主府、郡主府共 21 座。文白府邸西面建百子府百座，居住其他子孙。皇帝给文白赠送对联曰：“胜朝辅弼功逾稷契伊周，圣道干城业过关闽濂洛。”作者并非把这种评价看作客套言辞，而是认真计较文白在历代圣贤中应该排在什么地位。小说结尾处文白的母亲与皇帝的母亲同被迎入历代圣母府，她们一同进入圣母府时，尧母、舜母、禹母、汤母率领周文王武王、孔孟程朱的母亲们降阶迎接。她们称赞皇帝重用文白，文白铲除佛老，辟邪崇正，为百代树楷模，为万世开太平，功劳无与伦比——“此席特为二位而设，某等合在陪侍之数”。与此同时，文白本人则与圣贤们排座次先后，他位居二程朱熹之后。他本人对此好像宽容理解，但是董仲舒、韩愈出来打抱不平，主张文白位居周张程朱之前，二程朱熹的母亲也责怪自己儿子狂妄不懂事，怎么胆敢坐在文白的前面呢！文白曾经心里不安，但是“正在踞蹐，忽见东方推起一轮旭日，直滚入素臣怀内，满心胸热气非常”。作者至此戛然而止，不肯或者是不敢往下写了，但这红日入怀的象征意义实在非同小可。把这部书看作炫耀才学小说，其实把这书看得简单了，未免愧对作者。这部书表现作者的理想情怀、抱负志向，称之为情志小说或者情怀小说，可能更接近实际。

（原载《明清小说研究》2009 年第 1 期）

散论《野叟曝言》兼与《歧路灯》比较

张弦生

清代乾隆年间，长篇小说的创作达到我国古代的最高峰。其标志是不仅集中出现了《儒林外史》和《红楼梦》等多部经典之作，而且在继承民间讲唱文学的基础上出现了一大批由文人独立创作的作品。这些作品不但题材较前有许多突破和发展，而且创作风格丰富多样。比如李绿园的《歧路灯》就是一部以对子弟的教育问题为题材的作品，而《野叟曝言》则是一部如其凡例所说"叙事说理，谈经论史，教孝劝忠，运筹决策，艺之兵诗医算，情之喜怒哀乐，讲道学，辟邪说"[①]无所不包的才子佳人小说、历史小说、神魔小说、艳情小说、侠义小说的混合体。我曾经参加过《野叟曝言》一书的校点整理，并担任过《歧路灯》一书的责任编辑，现从出版工作者的角度，就《野叟曝言》的创作谈一些自己的看法，兼将《歧路灯》一书与之做一比较。

一

《野叟曝言》的作者夏敬渠（1705—1787）和《歧路灯》的作者李绿园（1707—1790）是同时代人，经历也有相似之处。《野叟曝言》书前知不足斋主人《序》说，夏敬渠"抱奇负异，郁郁不得志，乃发之于是书"[②]。据赵景深先生的《〈野叟曝言〉作者夏二铭年谱》考证："夏敬渠字懋修，号二铭，江苏江阴人。诸生。家贫。英敏绩学。通经史，旁及诸子百家、礼乐兵刑、天文算数之学，靡不淹贯。生平足迹几遍海内。”[3]夏敬渠游幕四方，不仅到过滇、黔，还遍游燕、晋、秦、陇，自湘浮汉，循江归家。在苏、皖、浙、闽、赣、鲁、冀等地，也留下他的足迹。《野叟曝言》一书成于夏敬渠75岁左右回到家乡之后。

李绿园祖籍在河南新安县，其祖父李玉琳是个穷秀才。康熙三十年(1691)豫西大饥荒，李玉琳逃离新安后再未回到家乡，流落到汝州宝丰县鱼山脚下的宋家寨(今属平顶山市郊区)定居下来。李绿园就出生在宋家寨。李绿园中举之后，终未能博得春官一第，也是半生过着游宦生活。20年中，他到过黔、蜀、吴、楚、齐、鲁、幽、燕等地，长江上下、运河南北都留下了他的足迹。他曾在重庆住过将近一年的时间。李绿园还由蜀入黔到过开州、清平等地。乾隆三十七年(1772)他66岁时，在贵州思南府印江县作了一任知县。乾隆三十九年(1774)李绿园由黔经鄂西返豫抵家乡宝丰。在他71岁时，在祖籍河南新安完成了《歧路灯》。享年84岁。

《野叟曝言》书名取自《列子》“野人献曝”旧典。全书以“奋武揆文天下无双正士镕经铸史人间第一奇书”编为20卷，无所不包，又无所不奇。夏敬渠凭借小说炫耀才学，主要是通过文白(字素臣)这个主人公来体现的。开卷第一回就对他作了如此介绍：“这人是铮铮铁汉，落落奇才，吟遍江山，胸罗星斗。说他不求宦达，却是见理如漆雕；说他不会风流，却是多情如宋玉。挥毫作赋，则颉颃相如；抵掌谈兵，则伯仲诸葛。力能扛鼎，退然如不胜衣；勇可屠龙，凛然若将陨谷。旁通历数，下视一行；间涉岐黄，肩随仲景。以朋友为性命，奉名教若神明。真是极有血性的真儒，不识炎凉的名士。他平生有一段大本领，是止崇正学，不信异端；有一副大手眼，是解人所不能解，言人所不能言。”[4]这个文素臣实际上是夏敬渠自我的幻化，他抱负不凡，踌躇满志，但科场角逐屡屡受挫，无所作为，于是便把自己的学问、才华、梦想都付诸小说，把明代成化、弘治、正德三朝的历史捏合在成化、弘治两朝，并且进行了大量的加工和虚构，不拘泥于历史事实而加以创造，在幻想中展开故事情节，实现自己的学识、抱负的寄托，写成长达一百四十万言的罕见巨著。

《歧路灯》的故事假托明代嘉靖朝事，实际上写的是作者当时的社会情景。书叙河南省会祥符（今河南开封）一个普通读书人的家庭由盛而衰，败而复兴的经过。这家的独生子谭绍闻背弃了父亲谭孝移临终时要他“用心读书，亲近正人”的嘱咐，在母亲王氏的娇惯下，择师不当，又受同辈浮浪子弟的引诱，逐步走上歧途。中途几次在父执、良师、义仆的劝阻下想改恶从善，无奈屡次旧病复发，终至倾家荡产。最后他在族兄谭绍衣的帮助下，浪子回头，重整家业，功成名就。李绿园以谭绍闻误入歧途又浪子回头这一线索为中心，突破了家庭的囿限，把描写的笔触伸向广阔的社会，从省城到京都，从亳州到济宁，从北方乡镇到浙江海防，都是人物活动的舞台。小说“描写人情，千态毕露”，有姓名的人物就有二百六十多个，三教九流，五行八作，各式人物，应有尽有，展现了清代中期社会吏治腐败、世风浇薄、道德沦丧的社会现实。凡此种种使《歧路灯》得以成为一部《清明上河图》式的艺术长卷、百科全书式的七十万言巨构。

《野叟曝言》一书约于乾隆四十四年（1779）。在此后的百余年间，《野叟曝言》因“言多不祥”（见西岷山樵《野叟曝言序》）[⑤]，仅以抄本流传在少数朋友间，直至光绪七年（辛巳，1881），才有毗陵汇珍楼刊活字本，知不足斋主人序，凡一百五十二回，中间略有残缺。次年（壬午），《申报》馆排印本问世，凡一百五十四回，有西岷山樵序。此本较光绪七年本多两回，而且内容没有缺失，因此有人认为此本是原作的副本，比光绪七年本更接近原作的全貌。

李绿园以“载道”的严肃态度来创作，至50岁时大约已写完了《歧路灯》的前八十回，后“以舟车海内，辍笔二十年”，到老年才得以续完。此书一百零八回，全本在1980年由中州书画社排印出版之前，漫长的二百年间，大部分时间是以手抄本的形式流传在河南西部的穷乡僻壤间。1924年张青莲、杨懋生等人发动多人捐资，才在洛阳东街清义堂石印出版了杨懋生家藏的一百零五回本的《歧路灯》。之后，杨懋生又将这一抄本交上海明善书局出版。

1927年北京朴社出版的排印本《歧路灯》仅有前二十六回。

二

在清代乾隆一朝的长篇小说中,《野叟曝言》不是经典,甚至算不上优秀之作,但它结构宏大,想象奇特。上至宫廷秘史,下到市井风情;内至家庭温馨,外到海外异国,不论是大场面,抑或小情趣,皆有可观,说明该书还是有一定的艺术价值。

《野叟曝言》和《歧路灯》一样,由于作者的丰富生活经历,对社会各阶层人物的描摹上都有出色的文笔,可见他们深厚的生活底蕴。他们对市井生活的描写尤为擅长。《野叟曝言》第二十六回到第三十二回,写公子连成施尽计谋勾引璇姑之事。其中凤姨、张老实夫妇、李四嫂等一系列人物都写得很生动。凤姨是连成之妾,她与连成谋划威胁皮匠张老实去诱骗璇姑:

> (凤姨)生得瘦小身材,心灵性巧。因大奶奶颇有醋意,拘管防闲,不能听任公子所为。他就翻转样儿,不做酽醋,却做饧糖,专一迎奉公子,替他出些鬼计,奸骗外边女子。公子爱之如同掌上之珠、爪中之肉……凤姨笑道:"大爷怎这样没见识?随着他是个老实,见了银子就不老实起来了。你率性和他直说:做得成,给你许多银子,如今先给你许多;若不肯做,就送你到官,打你许多板子,连夜赶出屋去,叫你合妻子露天去睡觉。他漆黑的眼珠见了雪白的银子,又怕没屋住,又怕挨板子,又想着后手的许多银子,他还肯老实不依你的吗?"⑥

下面接着写张老实夫妇见了银子心花怒放,生出许多妄想来,又想买肉吃,又想买衣穿,张老实甚至想"讨一个瘌痢丫头,生得一男半女"。张妈听闻此言,骂将起来。张老实急辩道:"我和你说笑话哩,谁要讨小老婆,就是活乌龟!"⑦这些符合人物身份的口语,使人物形象呼之欲出,声情并茂。

《野叟曝言》的肖像描写，常以寥寥数笔，就使人物突兀出来。如第十四回写一靠盘剥起家的土财主田有谋："只见有谋满面灰土，气吁吁的站在赤日之中，手里拿着竹筹，两只眼睛兔起鹘落的，监押着管账先生及家人们，在那里粜麦。"[8]只一句话，就写出了他的吝悭和贪婪的性格。又如第二十五回写一告示上介绍一位采买的彩女："彩女一名许氏，小名鹣鹣，年十九岁，瓜子面，粉白色，两颊微红，眉细，耳垂珠，额广，颈长，唇红，指尖，发长黑，齿细白，肩垂，腰细，足小不及三寸，扬州口声。"[9]作者以自己娴熟的刀笔吏手法写出了当时一个标准美女的特点。这和《歧路灯》的出神入化的白描手法，如出一辙。这大约与他们都是幕僚出身有关系吧。

和《歧路灯》一样，《野叟曝言》中的民间俗语运用得也很纯熟。比如："出门人的这张嘴都像江西蚊虫铁一般硬的"[10]（第二十三回）；"今日上床睡觉，脱了鞋子，不知明日还下床穿得着穿不着哩"[11]（第三十二回）；"满船的芝麻翻掉了，何况这糖饼上屑儿"[12]（第三十回）；说见人冷淡之态："那司官……见了素臣，便大落落地，脸上刮的黄霜下来。"[13]（第三十四回）；写人顿时清醒："心中忽地一开，就如堆盆赤炭，被几缸冷水一淋；障眼浮云，被几阵狂风一扫，登时神思忽清，眼目觉亮"[14]（第三十七回）。这些生动的口语，大部分来自生活，有些也来自讲唱文学。书中第九十回写道："看松纹时，手靠双锤并足而立，却是口不喘气，面不改色，只如未舞一般。……众官道：'就是隋唐的裴元庆、残唐的李存孝也不过如此！'"[15]可见作者对说唐故事的熟悉。李绿园认为《水浒》是诲盗，《金瓶梅》是诲淫（见《歧路灯自序》），他就是要反其道而行之，"藉科诨排场间，写出忠孝节烈"[16]。他还在《歧路灯》中表白："草了一回又一回，矫揉何敢效《瓶梅》！"[17]但实际上，他"深得《金瓶》壶奥"，深受张评本《金瓶梅》的影响。夏敬渠也对《金瓶梅》、《水浒传》很熟悉，在《野叟曝言》第三十一回写道："四嫂便搭讪着说了几句话，回到自己房里来，拿了公子交来的一部《金瓶梅》、一部《肉蒲团》，都是红绫包角，绿锦装函……内中大半是猥亵之事。"[18]甚至在《野叟曝言》中借用它们的语言描写。《水浒传》第二十三回"王婆贪贿说风情”中，潘金莲说：“我是一个不戴头巾的男子汉，叮叮当当响的婆娘，拳头上立得人，胳膊上走得马，人面上行得人，不是那等捌不出的鳖老婆。”[19]《金瓶梅》中也有这段话。在《野叟曝言》中，曾多次出现过类似的语言。如第四十五回地痞莫仁妻说：“咱不是夸中说，拳头上也能立得人，臂膊上也走得马！”[20]与潘金莲的口吻一模一样！

夏敬渠的才学丰赡，文思泉涌，在《野叟曝言》中给予了充分展示。像第三十九回“赚花笺双词写怨　调酒令四美弄情”写诸女子的诗词酬唱，第六十一回写璇姑、素娥、湘灵、难儿等人夜宴击鼓传花行酒令，颇有《红楼梦》写大观园夜宴的情调。书中写与佛老斗争的方法式样百出，有的以武力（第十五回），有的以论辩（第二回），有的以才学（第十回），巧思新颖。这些都显示了夏敬渠锦心绣口的才情。这一点李绿园就比不上了。可惜的是这种显示常常走过了头，游离于情节之外，不仅有文史知识，还有历算、医卜、巫术等许多杂学，成为掉书袋和才学的卖弄，甚至走上旁门左道。

《野叟曝言》第一百十二回，文素臣溺水，众人以为必死无疑，遂“五日长号生者几几令人欲死”：

> （玉麟）忽闻此信，如天雷劈脑，叫声“哎哟”，跌倒在地。家仆一面掐救，一面飞报进去。洪氏及诸妾赶出前殿，哭喊灌救。如包、虎臣闻信跑出，大叫：“反了，反了！死也，死也！”横跳一丈，竖跳八尺的，放声大哭。玉麟醒转，恸哭无休。洪氏等想起前情，及此番家景生命，俱亏他一人救出，伤心滴泪，哭泣不止。白家男女仆婢，感激救命之恩，亦俱啼哭。[21]

在《歧路灯》第十二回中李绿园写谭孝移大数已尽，一灵归天：

> 王氏伏在床上，哭了个天昏地暗。端福儿就地打滚，嚎啕不止。赵大儿傍着主母哭。宋禄、蔡湘、邓祥在马房里哭。两个爨妇在厨下哭。阎楷在账房哭。德喜儿、双庆儿在院里哭。

王中在楼外间，望着尸床哭。娄、孔二人不好进楼去，只在客厅闪屏后，望着楼门，泪如贯珠。这一声哭，惊动了左右邻舍睡不稳，都起来探听，个个都道："好人，好人，好正经读书人！"[22]

由此对比可以看出，他们都善于把人物放于不同的位置，以不同的姿态哭泣，寥寥数笔，交代了人物的不同身份和情感。但夏敬渠更长于夸饰和渲染，而李绿园则更朴真和写实。此一例可窥二人的不同文风。

由此，笔者还联想到，蒲松龄写《聊斋志异》，遣词华丽铺张，用唐人传奇笔法，而纪晓岚写《阅微草堂笔记》，造句则雍容淡雅，得晋人志怪文意。这也和夏敬渠与李绿园一样，一个是科举失意，位于底层，欲破压抑而逞才，一个是位居官员，欲持正而中庸有关吧！

三

古人认为演戏、讲唱是一种艺术活动，它的作用是要人们在欣赏中得到教化陶冶，在娱乐中分辨是非善恶。古人重视戏曲、小说，就是所谓"高台教化"。有许多古代小说家也以"高台教化"、"文以载道"标榜自己的作品。这些作品记录了封建时代文人的心态、期盼、理想和追求，为我们认识那个时代提供了一个独特窗口。这常常使作品充斥着说教，但也由此能很好地认识作者的世界观，认识作者所处的社会的主流意识形态。

《野叟曝言》和《歧路灯》一样，都是宣扬教化型的小说。两位作者都是以极大的热情来推行儒家的伦理道德。《野叟曝言》中文素臣是美好品德的楷模。他替天宣教仁义礼智信，使淫者贞、侠者孝。《歧路灯》中谭绍闻受匪人引诱逐渐坠落，而后在正人的指引下，幡然悔过自新。夏敬渠以文素臣这一"高大全"的神奇正面形象，李绿园以谭绍闻这一失足子弟转变的形象，以不同的写作方式来反映社会生活，宣传封建道德，其用心一也。他们都以儒家道德的圣君、贤臣遇合为梦想，不但指斥社会生活中的种种败类、权臣奸相的种种丑行，也把批判的矛头直指昏庸无能的皇帝。他们一致认为，忠君应当忠明君。认同孟子"民为贵，社稷次之，君为轻"的观点。李绿园在书中写到嘉靖廷杖之惨，对其饵丹药、崇方士也多有微词。他以赞许的态度写谭孝移见佞臣当道就明哲保身，投递告病呈子，"奉身而退"的行动。夏敬渠在书中写朝中"皇上本自聪明，却溺于释教，任用国师，干预朝政，近更尊宠番僧札巴坚参，专心房术，一任宦官专权"[23]（第三十四回）。他们的作品都揭露了所谓"康乾盛世"下的腐朽和危机。从而使作品具有较强的批判力量和较高的认识价值。李绿园还写在"太平盛世"下，农民"刮榆树之皮，挖地梨之根"[24]。夏敬渠则在书中多处写到官府对民众的盘剥。如在第十二回中写道：

> 当先县里拿着一起贼盗，就下乡来敛钱。若不给他，就攀在案里，等你辩得明白，已是破了家了。就是大道上饿死一个无名乞丐、官河内漂出无主浮尸，都要来生发银钱。其余借车借马，查赌查娼，禁私宰，捉私盐，敛丁钱，派册费，编保甲，散由单，挨排里长，查勘堡房，每月出具并无盗贼生发、奸匪容留及积年逃凶逃盗在境甘结，道不尽的名色，色色俱要费钱，搅得村里人家鸡犬不宁，夜里都是担惊受怕，睡不着的。[25]

作者以自己游幕生涯的亲身经历，描绘出一幅多么腐败的图像啊！

前文提到的田有谋其人，作者描写他的书房：

> 只见书房里一张方桌上，堆许多租簿，一把算盘横压在上，旁边一个圆砚，中间凸起，四周凹下，注着纯煤的墨水，压着几张租帐并谢孝请酒的红白残柬；一管开花水笔，斜插在算盘之上。侧边一张木柜，架着一架天平。七横八竖的乱排着几张椅机板凳。壁上贴着"立誓不入银会，不借当物"的纸条。地下铺着鸡粪、鸭粪。窗前一张桃桌，桌上放着几个黑漆也似

的茶瓯，一个斗大的白木茶桶，把乱棉絮里拥着一大瓦壶的茶。[26]

这些生动的文字，不但侧面显示了这个土财主的心性，对研究古代农村经济史也很有价值。

在《野叟曝言》一书中，夏敬渠对于封建道德的吹捧，到了狂热的程度。第一百三十一回写水夫人染病，龙儿、秋香、素娥、遗珠、湘灵割臂肉煎汤进之，疗亲尽孝，虽也被水夫人斥为愚者，但总是一种满腔热情的歌颂态度。这虽然有一定的认识意义，但不如李绿园在《歧路灯》中对二十四孝之愚批判得彻底。

四

“文学即人学”，是高尔基提出的一个关于文学的见解。作者们把自己的喜怒哀乐寄寓其中，把自己的梦想和追求编织其中，反映着他们的价值观、世界观。明代唐伯虎科场失意，仕进无门，他却自称“江南第一风流才子”，高蹈扬厉，不肯“自戮尘中，屈身低眉以窃衣食”（《与文征明书》），他晚年却写有一首《梦》诗：

二十年余别帝乡，夜来忽梦下科场。鸡虫得失心尤悸，笔砚飘零业已荒。自分已无三品料，若为空惹一番忙？钟声敲破邯郸景，依旧残月照半床。[27]

可见风流倜傥只是他的表象，而内心深处终是他未能仕进的无限遗憾。小说作为文学的样式之一，也是如此。《野叟曝言》不也正是夏敬渠的一枕黄粱美梦，是其未能实现的人生理想吗！《歧路灯》以载道的文艺观和世情小说的现实主义传统的结合，用“用心读书，亲近正人”八个字，寄希望于封建纲纪伦常的复归。他为官绅子弟一个又一个走上堕落败亡的歧路而忧虑，梦想用《歧路灯》来教育子弟，挽救封建纲常衰败解体的颓势，使封建体制长治久安。这何尝不也是一场黄粱美梦！他们都不可能把作品中的理想还原成为生活的真实存在。

《野叟曝言》主人公文素臣乃是作者自己理想的化身。他文武全才，无所不能，功满海内外，绿林归降，威震朝野，是德如圣贤、坐怀不乱、满口仁义道德的道学家。第三十四回写道："素臣奏对之时，形如伏虎，气如飞虹，声如洪钟，目如闪电，吓得两班文武，目定口呆。"[28]从第一百十七回开始，到全书结束，即从太子登基之后，小说几乎全是写文素臣全家如何极享荣华富贵。夏敬渠一生未中举，他写文素臣也是如此，可是最终以白衣任国师，做宰相，是"天下第一忠臣"，皇上加礼，号为"素父"。为他赐盖新第"公相府"，并连三宅，文武百官到此下马去牌扇。第一百二十三回中，文素臣之子龙郎抄素臣当年不取县名的一篇孟义文章，竟能在殿试得中状元。这显隐着作者科举失意的不平之气。第一百二十四回把明史中复建文帝庙号年号；改景泰戾帝谥号，拟号恭宗景皇帝；赐于谦谥祠，拟谥忠肃，祠曰旌功；录太祖配享功臣，殉难功臣绝封者后等等史实，统统安在文素臣的奏疏中。他甚至编造出了佛道全毁，并因文素臣之奏，弘治皇帝"禁生徒传习陆九渊伪学，撤从祀圣庙主"之事[29]。素臣高官显禄，二妻四妾，膝下二十四子、一百二十孙、一百四十曾孙，"子孙科甲如米粒之多，福禄如蚕茧之盛"。文素臣之母水夫人也俨然是一位女道学家，张口就是圣贤学问、君臣之道。第七十五回中，锦囊说："我家太太是圣人，娘娘是大贤人……合家都被太太感化了。"飞娘说："这样人家，休说是做小，就做他一世的老丫鬟，也是情愿！"[30]书中最后一回，将文素臣和水夫人分别与历代圣贤、圣母同列。水夫人百岁大寿，七十余国使者来贺。但可惜文素臣不是夏敬渠，文白之母水夫人也不是二铭之母汤夫人，梦想终究替代不了现实。

李绿园和夏敬渠都推崇程朱理学，奉之如圭臬。但在李绿园的笔下是真实的人、真实的故事，而在夏敬渠笔下则是离奇的人、离奇的故事。

夏敬渠写文素臣时极尽夸饰之能，使文素臣被描画成为一个似神、似妖、似巫的人了。他不但天下无人可敌，而且能诛山魈、夜叉、毒蟒、恶魔。在《野叟曝言》第七十九回中写道："五圣带来的神将，在外边飞报进来，说：'文相公进门来了！'一屋的神鬼都慌了，一哄的散去。"只要张贴上文素臣所写的"素臣在此"的素纸，就能使"邪神远避"[31]。第一百七回至一百八回写道，文素臣穿过的衣服、用过的被单，也能辟邪、辟虫、辟妖术。在人身上写上"文白"二字，就能破妖雾、驱魔障；哪怕只是文素臣亲手蘸过的笔，别人来写上"邪不压正"，也能镇妖除怪[32]。第八十五回甚至写道，被伤濒死之人，"得素臣之溺浑身浸透，伤俱拔出"[33]。第六十七回写道他的生殖器也生得特异。

道学发轫于宋代。道学家推崇程朱理学，但更标榜"道统"，视自己为"道学"，视他学为杂学，视佛老之学更是异端了。理学家陆九渊就反对以"道学"标榜自己。夏敬渠写因文素臣之奏，弘治皇帝"禁生徒传习陆九渊伪学，撤从祀圣庙主"之事，就显示出道学家的宗派、霸道、专制之态。如果说宋代的儒家的道学还是真道学的话，清代的许多道学家就沦为假道学、伪道学了。他们声称要禁绝儒家经典以外的所有的书籍，但自己却百般搜求各种"淫书"、"野史"，欣赏、模仿。从《野叟曝言》的写作，就可以看出这类人的心态。"欲知当时所谓'理学家'之心理，则于中颇可考见。"[34]

《野叟曝言》一书第五十八回中，矫情地描写文素臣的妻田氏、妾素娥、湘灵互让丈夫，使文素臣只得睡在母亲水夫人房中，"三美让夫成独"[35]。但又打出《易经》中"男女构精，万物化生"之说，在书中充斥着大量的猥词亵语，反映了清代一位不得志的道学先生的灰暗心理。夏敬渠在此书中的笔墨大量游走在下体的淫欲龌龊之事以及此类"民风"、"民俗"的描写中，同时又饰以道貌岸然的面目、满口圣哲的理论、治病救人的手段、韬晦隐世的权变来辩解，暴露了作者人格的矛盾。这也是封建道德中，狂妄自大、专制独裁、矫饰虚伪、阴暗卑鄙一面的暴露。书中这样的例子不胜枚举，这里就不再罗列了。

在同为教化的目标下，如果说《歧路灯》是一部“教子弟书”式的教育小说的话，《野叟曝言》则更是一部借小说以逞其才的作品。借小说逞才，始于唐传奇。但是那还仅在于行文，不在于内容。借小说的故事以獭祭炫才，《野叟曝言》为我国古代小说之最甚者。第八回“画天画地恍图周髀遗经”，差不多以整回的篇幅写文素臣给璇姑讲历算，实际上是作者在滔滔不绝地卖弄自己的算术知识。第十回“法雨有缘遇真儒回头是岸”，写素臣为法雨讲作文、赋诗之法；第七十三回到第七十八回，以六回的篇幅借评点百戏来讲经论史，不少文字是大段转录自夏敬渠的经史著作。这些夹杂着许多不经之谈的经史、诗文、风情、掌故知识的搀入，使小说呈出一幅光怪陆离之态。这一状态在小说的后半部尤为严重，使作品显得拖沓、冗长、累赘、沉闷。这是因为清代乾嘉学派士风所及，使许多作家都以多闻示博、炫耀才学为能事。《歧路灯》也有类似的缺陷，只是程度不同而已。这也显示长篇小说由艺人讲唱，走向文人案头，在题材、类型上的探索。就书中显露的才华来看，夏敬渠的确是位多才多识的才子。他的那些几何、天文、世界地理等方面的知识，士人中能掌握者还很少。这些也不可一笔抹杀。

总的来看，以上论及的《野叟曝言》中这些败笔之处，确实大大妨害了它的文学价值，这是不可否认的。

五

上世纪 30 年代以来，学者们从不同的方面给《野叟曝言》以评价。鲁迅在《中国小说史略》中说：“以小说为庋学问文章之具，与寓惩劝同意而异用者，在清盖莫先于《野叟曝言》。”[36]张俊先生在他的《清代小说史》第五章中认为，《野叟曝言》是儿女英雄小说的“代表作”、“发轫之作”。其特征“是将所谓‘英雄至性’与‘儿女真情’融为一体，多寄寓着作者的身世感受和人生理想”，也是儿女英雄小说中成就最高者[37]。“寄托了作者治国平天下的儒家理想，揭示出一代知识分子独特的人生价值追求和改变自我境遇的抱负。”[38]《歧路灯》的整理者栾星先生在《新校本野叟曝言序》中说:“本书是中国说部中的一部‘奇书’。它曾以怪诞、迂腐、秽亵及大量不近人情的描写为世诟病,人们的批评是无可非议的。惟毕竟它是历史产物,运笔且云霞满纸,足资观往,可供鉴裁。人虽嘲其满编呓语,然呓语中也毕现世态。”[39]对这些评价,若起二铭于九泉,不知这位自负的落魄文人作何感想,也应当满足了吧!

不论学者们对《歧路灯》和《野叟曝言》有怎样不同的评价,但在影视、戏曲的改编上,它们有着不同的遭遇。《歧路灯》出版后,有不少人尝试改编成影视或戏曲,但都没有成功。而《野叟曝言》曾被周信芳以《文素臣》为名改编为京剧连台本戏。1966 年还有邵氏一部也是名为《文素臣》的电影上映。其中贯注了传统中国侠义精神,层出不穷的机关设计与爆炸场面,极尽视觉刺激,受到观众的欢迎。1970 年,台湾地区电视公司推出由《野叟曝言》改编的《云州大儒侠》布袋戏,也出现了万人空巷的情形。这与《野叟曝言》一书故事情节的曲折新奇、想象的丰富夸张、高超绝伦的武功动作,以及大胆无忌的裸露描写的基因不无关系。这也应是学者们注意研究的课题。

“文学艺术要追求和弘扬真善美”,这是文化工作者的神圣职责。1993 年 5 月 20 日国家新闻出版署做出了《关于部分古旧小说出版的管理规定》,规定:“古旧小说中确有文学价值,可供学术研究工作参考,但有较多性描写内容、不适合青少年阅读的,仍需专题报我署审批。”所列 50 种古旧小说,《野叟曝言》就是其中之一[40]。书中陈腐的道学说教、露骨的性风情描写,应当给予足够又是适当的批判。此外,书中涉及的对少数民族、宗教和邻国关系的许多荒谬描写,也应当给予批判,并防止其消极影响的扩散。无论是研究者还是出版者,对此都不能掉以轻心。

儒学在不同的历史时期都是发展变化着的。在汉代盛行谶纬之学,而宋明理学大兴,清初又发展为实学。无论是李绿园,还是夏敬渠,都标榜自己宣扬的是经邦济世的学问。然而,两人所尊奉的原则和侧重却有极大的不同。这需要我们给予具体的细致研究。几千年来,在儒家的道德观、世界观中,崇尚等级、义理,轻视民主、科学,盲目自大,封闭保守,阻碍了中国社会的发展与进步。今天倡扬"国学",应该是继承其宽容、淡泊、和谐、伦理、合作等等方面的精神,要摈弃其落后、腐朽的成分,否则对我们文化的发展和社会的进步将是有害而无益的。对《野叟曝言》的研究也应如此。

当前对《野叟曝言》、《歧路灯》及其作者的探讨,已经有了更加开放和多元的背景。对于过去在这方面的研究成果,我们一定会得到许多有益的启发,但又要考虑到当时历史背景下可能对研究带来的局限和偏颇,从而要加以反思和再探讨,对这些作品的文本要在重读中,加以反刍和再审视。不要被固有的评价封冻起来,要开创研究的新起点,使古代文化的研究和出版,服务于当代新文化的建设和发展。

对于《野叟曝言》的落后性和局限性,要批判,更要加以分析,要还原到当时去解剖,练达人情、洞悉世故,也即古人所谓"知人论世"。它的认识意义和文化价值,将是历久弥新,不会泯灭的。古代文学学界对古代小说的研究似乎过多地给了几部经典之作,而对"非经典"作品有所忽视。而从研究价值和认识意义而言,其实是相等的。仅在此略抒刍荛之见,期望在对《野叟曝言》和《歧路灯》的研究方面,有更新的成果问世。

【注】

①② 夏敬渠《野叟曝言》卷首,毗陵汇珍楼光绪七年(1881)刊本。

③ 赵景深《中国小说丛考》,齐鲁书社 1980 年版,第 433 页。

④ 夏敬渠《野叟曝言》,中州古籍出版社 1993 年版,第 2—3 页。

⑤ 夏敬渠《野叟曝言》,中州古籍出版社 1993 年版,第 1 页。

⑥ 夏敬渠《野叟曝言》,中州古籍出版社 1993 年版,第 346—347 页。

⑦ 夏敬渠《野叟曝言》,中州古籍出版社 1993 年版,第 350—351 页。
⑧ 夏敬渠《野叟曝言》,中州古籍出版社 1993 年版,第 173 页。
⑨ 夏敬渠《野叟曝言》,中州古籍出版社 1993 年版,第 339 页。
⑩ 夏敬渠《野叟曝言》,中州古籍出版社 1993 年版,第 301 页。
⑪ 夏敬渠《野叟曝言》,中州古籍出版社 1993 年版,第 419 页。
⑫ 夏敬渠《野叟曝言》,中州古籍出版社 1993 年版,第 392 页。
⑬ 夏敬渠《野叟曝言》,中州古籍出版社 1993 年版,第 450 页。
⑭ 夏敬渠《野叟曝言》,中州古籍出版社 1993 年版,第 480 页。
⑮ 夏敬渠《野叟曝言》,中州古籍出版社 1993 年版,第 1138 页。
⑯ 李绿园《歧路灯》,中州书画社 1980 年版,第 13 页。
⑰ 李绿园《歧路灯》,中州书画社 1980 年版,第 544 页。
⑱ 夏敬渠《野叟曝言》,中州古籍出版社 1993 年版,第 413 页。
⑲ 金圣叹《第五才子书施耐庵水浒传》,中州古籍出版社 1985 年版,第 383 页。
⑳ 夏敬渠《野叟曝言》,中州古籍出版社 1993 年版,第 575 页。
㉑ 夏敬渠《野叟曝言》,中州古籍出版社 1993 年版,第 1415 页。
㉒ 李绿园《歧路灯》,中州书画社 1980 年版,第 132—133 页。
㉓ 夏敬渠《野叟曝言》,中州古籍出版社 1993 年版,第 449 页。
㉔ 李绿园《歧路灯》,中州书画社 1980 年版,第 878 页。
㉕ 夏敬渠《野叟曝言》,中州古籍出版社 1993 年版,第 157 页。
㉖ 夏敬渠《野叟曝言》,中州古籍出版社 1993 年版,第 99—100 页。
㉗ 陈伉、曹惠民主编《唐伯虎诗文书画全集》,中国言实出版社 2005 年版,第 346 页。
㉘ 夏敬渠《野叟曝言》,中州古籍出版社 1993 年版,第 452 页。
㉙ 夏敬渠《野叟曝言》,中州古籍出版社 1993 年版,第 1589 页。
㉚ 夏敬渠《野叟曝言》,中州古籍出版社 1993 年版,第 937 页。
㉛ 夏敬渠《野叟曝言》,中州古籍出版社 1993 年版,第 990 页。
㉜ 夏敬渠《野叟曝言》,中州古籍出版社 1993 年版,第 1360—1362 页。
㉝ 夏敬渠《野叟曝言》,中州古籍出版社 1993 年版,第 1068 页。
㉞ 鲁迅《中国小说史略》,齐鲁书社 1997 版,第 194 页。
㉟ 夏敬渠《野叟曝言》,中州古籍出版社 1993 年版,第 727 页。
㊱ 鲁迅《中国小说史略》,齐鲁书社 1997 年版,第 193 页。
㊲ 张俊《清代小说史》,浙江古籍出版社 1997 年版,第 303 页。

㊳ 张俊《清代小说史》,浙江古籍出版社 1997 年版,第 310 页。
㊴ 夏敬渠《野叟曝言》,中州古籍出版社 1993 年版,第 3 页。
㊵ 国家新闻出版署《关于部分古旧小说出版的管理规定》[EB/OL].(1993-5-20)[2009-7-2].新闻出版总署网站.http://www.cnpubg.com

(原载《昆明学院学报》2010 年第 4 期,此处有增补)

《野叟曝言》评点研究

张小芳

郑振铎先生将乾隆一代誉为中国古典长篇小说创作的“黄金时代”[①]。但在这时代，既产生了光芒万丈的杰作，如《红楼梦》、《儒林外史》，也出现了《野叟曝言》这样以“顶壁一层”之力塑造“顶壁一层”[②]之人，却不免“用力太猛”[③]之讥的作品。对于《野叟曝言》所呈现的创作特色和遭遇的美学困境，目前研究界或立足作品和作家研究，从本文流露的道德哲学意蕴及创作者的人格心理特征进行考察，或以作品所隶属的“才学小说”类型为出发点，研究特定时代学术思维和文化背景给创作带来的影响。相形之下，对与作品如影随形、最贴近作品且能折射出作品生存于其中的文学观念和批评倾向的评点，研究则沉寂得多。而在寥寥的评价中，亦有趋于两端的意见，赞赏者称“写得实在好”[④]，批评者虽承认其引读之功，却因其对作品称誉过当而斥为“荒谬”，认为“很难挖掘出什么美学观点或关于小说理论的论议”[⑤]。其实，撇开传统批评家过甚其辞、捧杀骂杀的常态不谈，《野叟曝言》的评点与文本可称水乳交融、呼吸相通。评点者是熟极而流的解剖家，亦是目光犀利，洞悉入微的理论家，不仅对批评对象的创作主旨、艺术特色的把握能切合实际，而且在批评过程中还体现出立足特定文本寻求小说创作和批评普遍标准的理论自觉。本文谨对叙事文学批评中几组重要范畴在《野叟曝言》评点中的独特呈现，作简要勾勒和分析，以考察评点者对小说文体及相关原则的理解和认识，并希望藉此对《野叟曝言》及其同类作品产生的原因和面临的困境，从特定的文学观念角度提供解释。

一 “有无相推、新故互变”的“粉本”说

在《读第五才子书法》中，金圣叹列举了三种小说类型，即《三国演义》所代表的不敢“添减一字”，《水浒传》所代表的“因文生事”，《西游记》所代表的“太无脚地”[6]。在对不同类型作品中创作者处理“事”与“文”关系的原则进行了比较后，金氏指出，“削高补低总由我”的“因文生事”，是最能展示创作者才华和个性的理想状态。但同时，他又用“格物”说和“因缘生法”说，对“事”的源头和展开原则进行规定，从而为立足人间而又不同于历史小说的写作，确立了一种源自生活、不即不离的虚构理论。这是对传统小说实录理论和幻奇理论的超越，康乾时期创作界和批评界对世情小说的关注，强化和发展了这种再现生活又高于生活的虚构意识。

在《野叟曝言》评点中，评点者对“事”与“文”关系的认识却与此不同。作品第九十七回讲述了一个女子梦被神奸，怀孕生女，不堪邻人嘲笑，气极变虎的故事。随着故事的展开，评语首云“气极变虎，记传常载”、“此亦有粉本”，次云“此已就粉本而推衍之”，再云“此更离粉本而神奇之”，逐层点出作品将人化为虎的传说组合进故事进程时所作的改造，并据此提出关于文学创作原料与文本关系的观点：“无本则杜撰，有本则蹈袭。有无相推，新故互变，方是奇文。”评者借用绘画术语“粉本”一词指称未经艺术加工的文学原料，准确地传达出自身对小说创作源泉的特殊理解。其对“粉本”说理论内涵的阐释，也是从“无本”与“有本”两个层面展开的。

首先，“无本即杜撰”的观念，强调创作素材有“本”，即有确切的文献出处，以此作为真实性的前提条件。

《野叟曝言》虽以一个虚构人物文素臣的个人命运史为反映对象，却将这一人物插入明朝成化、弘治的真实历史进程中，主人公一生的文治武功，都是改造自同时期明史大事，所以评者在评点过

程中常有“俱本国史”、“亦依会典，无一事杜撰”等批语。不过，总观全部批点文字可知，评者认为可以作为小说素材出处的，并不仅限于《明史》、《明会典》这样的正史典章，而是涵盖了一切笔记丛谈、野史杂传，以及明显出自虚构的前代文人小说。如第九十回写素臣小厮松纹力大，围观诸人以裴元庆、李存孝、李元霸等比之，批语亦云“典极”、“无语不典”。在这种观念笼罩下，藏银化水、土木泪出等各种“本之难见书”奇谈怪事，都被当作真实情事，评者要求读者“未可据今之耳目，訾古人之无据”。

郑振铎先生曾将《野叟曝言》与《镜花缘》作比较，指出同是明目张胆说谎之书，后者明白告诉你这是谎，与前者“正襟危坐、以谎为真，非要人相信他不可的态度两样”[⑦]。其实，结合评点，我们不难发现，这种“以谎为真”的态度，并非故意欺人，而是源自有“本”即真的独特真实观，以及由这一真实观出发而产生的对创作素材真实性的自信。因此，在评点过程中，评者虽然对作品叙述的种种夸诞奇异之事可能引发争议有一定自觉，却将假想的反对者统统归入读书太少、“少见多怪”的经生、腐儒、村学究一类人中去。光绪间，知不足斋主人称“书中所叙，皆采撷汉唐以来诸说部之奇而贯串之，初非臆造于其间也”[⑧]，所持观点亦与此相似。

其次，“有本则蹈袭”的观念，则是反对直接袭用“粉本”。第四十六回总评云：“惟有大过前人之才，然后可犯前人之事；若无故辄描粉本，便是恶札。”而在评者看来，要实现“粉本”向“奇文”的转化，必须对原料进行“有无相推”、“新故互变”的改造。

如第四十五回总评指出，素臣窃听僧道计议的情节，与《水浒》“血溅鸳鸯楼”同一机杼，但“彼报私仇，此除国贼；彼滥无辜，此歼党恶”；第四十六回总评称素臣遇卫飞霞之事，是合武松十字坡遇孙二娘、宋江清风山遇燕顺等事为一事，而其“平险缓急、声色气焰则霄壤矣”；第六十二回总评认为文府丫鬟在葡萄架下论学而被主母窃听，与《金瓶梅》主妾投壶而小厮偷看形成反比，以见两书“天趣、鬼趣”、“人国、兽国”之别。经过细致剖析，作者在化用“粉本”时，或直袭其事而夸张其迹，或沿其构局而立意翻新的苦心得到了凸显。

此外,作者攫取“粉本”之意而重新构想情节的处理方式,也被视作“有无相推”的创造性表现。第七十一回,李又全痴信文素臣为大仙,其姬妾都以得与大仙淫戏交接为幸,唯太太未能参与,自恨没福。批语云:“与《金瓶梅》吴月娘上泰山一色,而彼写其事,此写其意,正复不同。”这种以“意”为“本”的观念给予创作者以极大的自由。如李又全一段是全书中最为秽亵的文字,评者面对层见叠出、花样翻新的淫痴之想之事,却许为“才子之文”,因又全所为虽实无其事,但史书所载有较又全事淫恶百倍之事。所以,评者借第六十八回收场诗“地老天荒无此事,耳闻目见有其人”,来说明此类荒唐之事的真实性,反映了其借“有无相推”法则而形成的对艺术真实性与虚构性关系的辩证思维。

对《野叟曝言》化用其他小说中的情节入书的问题,1920 年曾有论者指出是“借‘镕经铸史’之名,行东抄西袭之实”[9],其实,评点者早已屡屡点破这一现象,但并不认为是缺陷,而是认为作者广泛而频繁地仿用他作中的情节,是出自成就“古今大观”的文学抱负:“泰山不让土壤,故能成其高;沧海不择细流,故能成其深。如此洋洋一百几十回文字而有一情未写、一孽未观,何以揽其全、窃其变、而为古今大观邪?”既然是“窃其变”后的产物,则本文与原作虽“酷类”,已“非摹仿”,自然不能视为抄袭;而在以文献为文料的观念下,产生注重作品知识容量、以“揽其全”为美的创作意识和批评标准,更不足为奇了。

通过以上分析可见,“粉本”说虽然以谎为真,但与干宝《搜神记》时代“以幻为真”不同,后者更强调对怪异现象的忠实记录或被动转述,而“粉本说”已经包含了在原料基础上的改造和虚构。不过,其对文学反映对象的认识,又不同于叶昼的“世上先有《水浒传》一部,然后施耐庵、罗贯中借笔墨拈出”[10]之说,亦不同于金圣叹所言“吾既忠,则人亦忠”之“忠恕”说[11]。因为这两者虽然一借助于对生活实相的临摹,一借助于心理体验的中介,但均视现实人生为文学创作的参照系,与《野叟曝言》评者将一切文献视为文学创作取之不尽、用之不竭的材料库,是有本质区别的。如果套用马克思主义文论的对应表述,即前者将生活视为文学的源头,而后者将“流”视为“源”了。这种带有唯心主义缺陷的认识,显然是违反文学创作规律的,但却能贴切地解释《野叟曝言》等才学小说产生的文学观念根源。正是因为存在将作品的文献容量与生活容量等量齐观、坚信“以文生文”合理性的文学观念,才会出现将全部情节建立在文献的改造融合基础上的创作模式。

二　以理量情、以理运事的“奇正”观

夏敬渠以“人间无双正士”、“天下第一奇书”自赞其书,将“奇”与“正”对举而出,本身就暗示其在文学创作过程中以“奇”传“正”、以“正”约“奇”的美学思想。对此,评点者明确提出了“奇而不诡于正”的要求。虽然这一要求本身并未突破古典美学认识奇正关系的普遍原则,但其对“奇”、“正”具体涵义的理解却别有会心。在文学批评史上,时势相异、批评对象不同,人们对“奇”与“正”内涵的规定亦随之变化。如传统诗文理论家以“六经之旨”为“正”,以“感激怨怼奇怪之辞”为“奇”[12];晚明以来的小说批评家往往“以真为正,以幻为奇”[13];而《野叟曝言》的评者则是以“理”释“正”,以“理”的极致呈现为“奇”的。

如作品第八回总评云:“不奇则无文,不正则无章。惟奇而不乖于正,乃擅文章之能事。”此是针对上回文末,文素臣与璇姑定情当晚,素臣在温存时突然停手诈睡一事而言。结合文中“天理人欲交战之时”、“天理战胜,人欲战退”等夹批可知,评者主要是以宋明理学中与“人欲”相对的“天理”作为“正”的表现。第一百十三回,飞娘见诈死的素臣“显灵”,惧其复去,上前紧紧抱住,而其夫天生毫不见嫌,评者指出此以嫌疑之笔写飞娘之血诚,而天生之阔大、素臣之素行反而得到了更为“出奇”的表现,则是以“理”为正,而以“正”之极为“奇”。这一奇正观,在批评过程中突出地表现为以“理”量情的性格论和以“理”运事的情节论。

(一)"称得准其人分量,方道得出其人性情"的性格塑造理论

作品第九十八回写苗峒峒主岑咥淫昏无耻,但同时亦写其收揽英雄,闻过即改。总评认为,作者对这一形象的刻画和对其最后结局的安排,是称其分量而出的,因"惟稍有知识者,故得屡稽天讨于前,大肆鸱张于后;惟淫昏无耻,不得其道,故终于画虎不成、身家不保"。从分析可知,决定人物"分量"的,正是其道德见识。

这种"称得准"方"道得出"的性格塑造理论,使评者分析形象时往往从人物对"天理"的贯彻或违背程度以及由此达到的道德"等级"为标准,来分析其言行的合理性与否。

如第一百二十回写铁丐因鲁莽为成化帝所忌,帝先佯赐其毒酒,后又令其为素臣仆役以辱之,铁丐皆坦然受之,自云从叫花子而受素臣提携,享受已过本等,死也不亏。总评云:"铁丐不怕死,不是忠臣就义;不介意,不是智士忍辱,才只写成一铁丐本等心肠、本来面目,故佳。"评者以"理"的严谨分明的思维特性介入人物批评,将这一"没分晓"[14]的李逵式粗豪人物与有道德自觉的忠臣智士区别开来,虽寥寥数语,但可称极为精彩的人物小论。

然而,对道德明晰性的追求,一定程度上是以牺牲了人物形象的浑然生动为代价的。评者以"理"量情,不同类型的人物经其放置道德天平上称量之后,个性表现和道德感都显示出分毫不爽的精确性。其审美取向与脂砚斋"囫囵不解之中实可解,可解之中又说不出理路"[15]的性格论大异其趣,而不免简单机械之弊。

如第一百二十七回写素臣长子、九岁的龙儿被点巡按,总评将鸾吹的表现与璇姑比较:"左顾右盼,心花大开,非写鸾吹势利,写其爱女爱婿一片深情也。然使璇姑处此,则必无此儿女柔肠矣:满朝臣子何至乏人,令这点孩子去压伏全省军民?必有愁然不安者,喜云乎哉!"璇姑以糕饼店女儿而成为素臣首妾,在评者看来,与其道德境界高于其他诸妾有很大关系。其人被评者许为"端品",其对素臣之情被视为"正情",与素臣成亲后,其在文家的地位被比为"颜子"。所以在龙儿被点巡按后,作者写璇姑的不赞成,批语亦处处点出其"所见者大"、"蔼然儒者之言"。而对鸾吹,则认为其"识

见不高"、"用情太过",且常"以私情为正情",只因久受水夫人熏陶,才得与璇姑诸人伯仲。从评者之意来看,鸾吹只能做素臣义妹,而非妻妾,未尝不是因其道德见识尚未达彼境界。但事实上,在所有围绕在文素臣身边、对其有情的女子中,鸾吹的人情味最重,作品写鸾吹的文字相对而言也是生动感最强的。有研究者曾指出,鸾吹这一人物身上有作者之妹的影子[16]。这应该可以看作是有现实基础的人物形象突破作者的先行理念而获得生命感的一个典型例证吧。

(二)"理之所有,即非事之所无"的情节构造理论

第七十六回写素臣在酒席上为红瑶婚事暗中祷告,结果天如人意,连掷出三满盆,评者认为此事虽颇似荒唐,但又指出"理之所有,即非事之所无"。从评者的分析可知,他是从作者自设的事情发展态势出发判断情节可能性的。此事前有梦兆,后亦成为事实,则中间素臣祷告就必然应该灵验,否则前兆既空,也无法推出最后的美满结果。至于说一席三满盆的情况有多少现实可能性,则不在考虑之列。这种情节构造理论,无视情节的可然性和必然性规律,从自设逻辑推演情节,使情节走向完全成为对假想的所谓"理"的演绎和顺应的结果。

如第一百三十三回写素臣两仆文容和奚勤出使日本而死,评者从二人一生事迹出发,即容儿以容貌秀美,曾媚事七妃,奚勤受素臣之命,做毒蟒男宠,指出二人之功业齷齪委琐,难对人言:"故有木秀、宽吉之淫,而二人宜为之使。一则拒奸而死,一则被奸而死,其结局亦该如此。"可见,即使容、勤二人所作所为,是因素臣之命,内应之功也不可抹杀,评者却认为不能因此而忽视其宣淫之失。二人以淫为功,则安排其因淫而死,是"应该如此"。这机械的情节论,背后隐藏着的是"天理"的森严酷刻的真相。

又如素臣灭佛道之后,作者铺叙各种祥瑞及其无可比拟的富贵福寿,评者亦视为功业的感应和报施,屡以"其事虽奇,其理却正"评之。特别是作品最后让素臣之舅水五湖归来,并领受水夫人之教,从逍遥隐者转化为圣教下的仁孝君子。评者称此为"炼石补

天法”。炼石补天,是以作者之梦想弥补历史和现实之不足,而补天之依据则是所谓有德必有报的“理”:“全德应有全福,五湖不来,固是缺陷;来而不幡然改辙,亦是缺陷,故放笔直写至此。”如果说脂砚斋将《红楼梦》作者“大适意大快乐中,偏写出多少小不适意”,视为“天然至情至理必有之事”⑰,是立足世情之真,评者这种“全德应有全福”的情节观,则是立足天理之正。因此,在评点过程中,评者虽然也经常将天理与人情并提,强调人物塑造和情节安排要暗合情理,但从其以理量情、以理运事的理论特点,不难发现,其所论人情是从天理推衍而出的,仍然要遵循天理的法则,与张竹坡“本是向人情中讨出来的天理,故真是天理”⑱的观点,似同而实异。

三 缘情生法、不落窠臼的“文法”论

文法问题是古典叙事艺术论的重要组成部分,金圣叹、毛宗岗、张竹坡等人均不厌其烦地对各种叙事技巧进行过总结和命名。《野叟曝言》评点者屡以“事奇人奇而文亦奇”阐释“第一奇书”,其中对文“奇”的评析就集中体现为对文法的认识。这种认识是经由对“法”的遵奉与“机”的突破的辩证阐述表现出来的,即所谓“法密机灵”说。其具体原则可从两个方面见出。

(一)不落窠臼

以法密求严谨,以机灵求新变,而以“不落窠臼”为上,是评者对文法运用提出的美学原则。如第一百九回总评指出,本书叙述素臣两大对头景王、靳直的种种恶行,或借他人之口提出,或借本人临死梦呓之语叙明,在“忠义奸佞相为发明”的对比法则之外,加入虚实相形之法,多了一层变化,从而避免了落入窠臼的危险。在评者看来,采用尽人皆知的叙事套路,机械运用或模仿成规的文法,是“庸手”所为;只有在熟悉了解各种文法的基础上求新求变,独辟蹊径,自成一家,方可称为奇文。也正因此,评者对“透顶”法、“特犯”法等最能体现变化之机的文法特别欣赏。

"透顶"法对成法的突破,通常依靠数量和程度的夸诞性累加而获得,也即评者所云"到顶壁一层"。如第一百二十三回,天子特点四名新科进士以配水夫人身边诸婢,诸女不忍离去,各掩面悲啼,而秋香更为此投湖自尽。评者称为"痛快淋漓之笔"。第一百四十九回写文施为海外之国扫荡四害,国人为建生祠,作者借此写出素臣功德之广。总评云:"此书之奇,在无笔不用透顶之法也!他书亦何尝不欲透顶?而极力写来,亦止在上下床之间,遂不得不让此书独置身百尺楼头,卧一切作者于地下耳!"认为同用透顶之法,必须放胆发挥而至于"顶壁一层",才能远远超出他书。这是评者屡屡夸赞书中用力无遗、题无剩义的写法的原因。

"特犯"法是以相同叙事内核为基础,通过设计不同具体情境显示对同一题材的多样化处理能力,其特点是在不变中求变。如为评者所津津乐道的文素臣数次"却色",就是"特犯"法的典型案例。第七回总评对素臣三次却色,从人、势、情、事、地等方面分别之,指出此书能在接踵而来、易致复沓之病的情况下,达到无一雷同的境地,是"神于法"者。

其实,"透顶"与"特犯"虽为二法,在穷尽文法变化可能性的追求上则是一致的。即以作者写"却色"而言,所却之人和情境变化而却色之内核不变,这同中求异是"特犯";每次设计的却色情境,在难易程度上存在逐渐升级的趋向,在"不当却"、"不可却"、"不能却"而"终已却之"中,写出主人公作为"无双正士"的不可企及之处,又是"透顶"之法。所以,评者常以"竭情尽致"形容这两者在文法变化上达到的高度。有研究者曾用"一再重复业经发生的情节,以求获得更多的机会,从事徒劳的进一步解释",来描述作品结构上这一近乎偏执的求变"症状",并视此为作者本人心理缺陷的反映[19]。但倘若我们调转立场,从评者提供的"不落窠臼"角度来看,这种强迫性反复,未尝不可以视作身处小说创作成熟时期的作者,用一种特殊方式,传达出了无法摆脱经典文本笼罩的焦虑和试图超越过往文学成就的雄心。在《野叟曝言》的时代,叙事艺术发展成熟,文法运用从学习总结而转向追求突破,是形式发展的必然。

明乎此，才能够理解，知不足斋主人序中称此书“夸诞”之弊，乃缘于“作者才气所之不能自抑”的含义。

（二）“常变”之道和“缘情生法”

如果说追求新变是立足文学形式内部，对文法运用提出“常变”之道和“缘情生法”的美学原则，则显示出评点者从外部探索文法形成依据的自觉意识。

论“常变”之道见于第十七回总评。此回写素臣向素娥解释自己留下补天丸，是为了剪除凶孽，而后文并未见其如何借此泡制靳直、景王。评者解释道：“谋事在人，成事在天；天道至常而极变，但言其常而不参之以变，非天道也，即非至文也。”明了天道之常，故可设伏笔；参之天道之变，故又可不照应。恶人宣淫，故素臣欲以淫制淫，此为伏笔之常；后文容儿定计杀景王，又是在特定事势下的突然之笔，此为不应之变；但景王之死，容儿之功，又与景王宣淫不无关系，补天丸之奏功反见于除淫恶之极的毒蟒之时，则又是不应之应。评者以天道论文章，与毛宗岗批点《三国演义》，以“天地自然之文”[20]解释作文结构之法的思想，有相似之处，即为文法的形成和运用寻求哲学依据。评者由此以上、中、下三种境界论伏笔之法，也是参悟常变之道后的必然结果：“凡作后文而不知应者，下工也；知应而应者，中工也；知应而不应、不应而仍不失为应者，上工也。”伏不知应，固然不成为法；伏必有应，又难免“凿孔置须”，过于机械；只有不应而应，暗合自然之道，方可称为“上工”。

“缘情生法”说是评者从叙事内容与叙事技法的关系出发，对文法生成作出的规定。如第十三回写素臣再次至杭，始访察靳仁之恶迹，评者指出作者不将这一情节安排在其首次至杭时，是因靳仁买服民心，素臣受其欺瞒，并非作者片面追求文字的“顺逆起落之势”的结果。评者在此提出“缘情立法”之说，强调文法的运用，要因情而起，文法之呈现应隐藏在叙事的必然性中。又如，此回写日京路遇素臣，并同上东阿山收复群盗，素臣却忘记向他询问璇姑消息。总评云：“非实有可忘之理，则花样虽奇，亦嫌脱母。才子之文，固必理法兼到。”所谓“理法兼到”，是指作者虽特为文字不平而设此突兀情节，但也为此设计了“可忘”之各种前提条件，即前以追盗不及，不暇记及，后以结交大计，无暇顾及。若无此情理与文法的顺应交融意识，则难免“强情就法”的弊端。

由此可见，评者对文法之奇的认识是较为辩证的。同样是反对机械僵硬地套用文法，不落窠臼是求新奇，顺应天道、缘情生法是求自然。两相结合，才能达到“人巧极而天工错”的境界。虽然从作品创作实际来看，由文法出发而兼顾情理的叙事，仍不免刻意之嫌，且叙事枝节的敷衍求真也不能掩饰全书情节构架的荒唐，但评者对文法生成依据的探索，一定程度上还是反映了其对片面追求文法、为文造情创作现象的匡正意识。

总之，评点者将作品自命为“第一奇书”之意，分解为事奇、人奇、文奇三个方面，以文献为文料，以理学为标准，以文法为熔铸，而以“奇”之追求贯穿其中。这种小说观，虽然与清代以来叙事文学以耳目闻见之“常”、“真”为奇的审美趋势相左，却与其批评对象的创作特色天然相合。《野叟曝言》作者对世俗情理的轻视及对人生真相反思能力的匮乏，削弱了其作品的深度及动人力量，并导致这部集古今文献情态大观、理学精义和文法大全的作品，最终无法跻身一流境界，但从评点者立足文本揭示出的作者求变求奇的文学抱负而言，这种写作方式又似乎是其美学逻辑的必然结果。有研究者从评点者对“春风晓日图”的深远寓意及其在小说中重要作用的解释和概括，推测其“至少应与作者存在密切关系”[21]，有的则直接指出其即为夏敬渠本人[22]。这些关于其真实身份的猜想，也从一个方面说明了评点者对文本用意的洞悉入微。如果说金圣叹必须修改《水浒传》文本以就己意，张竹坡的《金瓶梅》寓意批评不免有牵强之处，《野叟曝言》的批点与文本的契合程度则令人惊讶，似乎文学创作本身就是为了演绎评点者的理论观念而生成的。从这个意义上而言，《野叟曝言》评点几乎可以充当其创作的理论宣言，而其文学观念中突出的“为文造情”倾向，也为同时期“才学小说”的产生和盛行，从特定的小说观念角度提供了解释。苏兴先生曾指出，《野叟曝言》评点可以作为中国小说批评史上的典型例证，通过它,对诸如“到了清代后期的小说批评为什么萎缩了”、“与小说的创作同步否”等问题进行探讨和研究[23]。而本文对反映了评点者对小说本体、艺术真实和形式美学独特认识的几个论题的梳理和分析,应该算是在这一方向上的初步尝试吧。

【注】

①⑦ 郑振铎《清初到中叶的长篇小说的发展》,《郑振铎古典文学论文集》(上),上海古籍出版社 1984 年版,第 460、470 页。

②《野叟曝言·凡例》,吉林文史出版社 1994 年版,第 4 页。本文所引《野叟曝言》批语亦均见此书,一般不另出注。

③ 钱静方《〈野叟曝言〉考》,《夏敬渠和〈野叟曝言〉》,天一出版社 1982 年版,第 1 页。

④㉒ [美]夏志清《王方宇藏〈野叟曝言〉和〈品花宝鉴〉》,《文献》1994 年第 3 期。

⑤㉓ 苏兴《足本〈野叟曝言〉序》,《野叟曝言》,第 18、20 页。

⑥⑪⑭ 金圣叹著,陆林辑校整理《金圣叹全集》(三),凤凰出版社 2008 年版,第 30、20、32 页。

⑧《光绪七年毗陵汇珍楼本序》,《野叟曝言》,第 1 页。

⑨ 聂绀弩《谈〈野叟曝言〉》,《夏敬渠和〈野叟曝言〉》,第 5 页。

⑩ 叶昼《水浒传一百回文字优劣》,陈曦钟等辑校《水浒传会评本》(上),北京大学出版社 1987 年版,第 26 页。

⑫ 刘熙载《艺概·诗概》,上海古籍出版社 1978 年版,第 62 页。

⑬ 张无咎《批评北宋三遂新平妖传叙》,黄霖、韩同文选注《中国历代小说论著选》(上),江西人民出版社 1982 年版,第 234 页。

⑮⑰ 俞平伯《脂砚斋红楼梦辑评》,古典文学出版社 1957 年版,第 299、471 页。

⑯ 参见王琼玲《夏敬渠与野叟曝言考论》第三章第二节,台湾学生书局 2005 年版,第 141 页。

⑱ 陈昌恒整理《张竹坡评点金瓶梅辑录》,华中师范大学出版社 1986 年版,第 43 页。

⑲ 侯健《〈野叟曝言〉的变态心理》,《夏敬渠和〈野叟曝言〉》,第 26、27 页。

⑳ 毛宗岗评改《三国演义》第九十二回回评，上海古籍出版社 1989 年版，第 1194 页。

㉑ 潘建国《新发现〈野叟曝言〉同治抄本考述》，《文学遗产》2005 年第 3 期，第 127 页。

（原载《明清小说研究》2010 年第 2 期）

从余波汇成汪洋

——《野叟曝言》的流传与改编

王琼玲

前　言

清代四大才学小说之首，一百五十四回、百万余言的《野叟曝言》，作者为清初江阴夏敬渠（1705—1787）。约撰写于乾隆三十二年（1767）①，完成于乾隆三十八年（1773）②，即夏敬渠六十三岁至六十八岁时。笔者根据《江阴夏氏宗谱》、《纲目举正》、《浣玉轩集》、《正家本论》、《野叟曝言》精钞本等，完成拙作《野叟曝言作者夏敬渠年谱》及《夏敬渠与野叟曝言考论》二书之后③，对于《野叟曝言》的"溯源"研究，暂时告一段落。本篇论文则针对《野叟曝言》的流传与改编，进行"探流"研究，冀能多角度地探讨《野叟曝言》对后世小说、戏剧、社会、文化的影响，并剖析造成此巨大影响的各种原因。

一　迎銮献书的误传

清初康熙、乾隆南巡，士子迎銮颂诗、呈赋或献书之风盛行。夏敬渠祖父夏敦仁、叔父夏宗澜、从叔夏宗沂都有过迎銮之举④，各获得不同的奖励或声誉。夏敬渠晚年亦效法其事，然而却引发不少传闻异说。

《花朝生笔记》载：

《野叟曝言》一书，相传为康熙时江阴缪某所撰。缪某有才学，颇自负，而终身不得志，晚乃为此书以抒愤。……会纯庙南巡，缪乃缮写一部，装潢精美，外加以袱。将于迎銮时进呈，冀博宸赏。缪之女，颇通文墨，且明慧晓世事。知此书进呈，必酿巨祸；又度其父性坚执，不可劝止，乃与父门人某谋。密用白纸装钉一部，式与原书等，即置诸袱中，而匿原书于他处。迨缪将迎驾，启袱出书，重加检阅，则书犹是，而已无一字矣！缪哭失声，以为是殆见忌于造物，故书渠(遽)羽化而去也。……缪无如何，郁郁而罢。缪卒，女以此为乃父一生心力所在，不当遂令淹没。将其书润饰一过，秽亵之语，删除略尽，始付诸手民，即近日流传之本也。[5]

《清稗类钞·著述类·野叟曝言》所载大略相同。惟"纯庙"清高宗乾隆[6]南巡，改为"圣祖南巡"。

钱静方《小说丛考》则云：

相传是书(《野叟曝言》)成时，适值圣祖南巡。乃为装潢成册，欲呈御览。诸亲友以书多秽语，恐触上怒致不测，力阻其献，不听。乃以危言动其妻，使阴阻之。其妻乃于每册毁去四五纸。迨将献，故惊曰："汝欲上呈御览耶？向小儿女不知，已毁去多纸矣！"夏君怒甚，急为补缀齐全。而驾已沿江东下，不及献矣！[7]

按：以上三书所载，都有错误：《花朝生笔记》和《清稗类钞》云《野叟曝言》作者为"缪某"，是一错误。《清稗类钞》和《小说丛考》将献书年代记为清圣祖康熙时，亦是一误。且夏敬渠欲迎銮献书时，其妻黄氏早已过世九年[8]。

以上三书所载献书之事，亦载于《澄江旧话》卷二何听松的《〈野叟曝言〉补闻》，内容大同小异。又许指严《南巡秘记·野叟曝言全稿》所载则与《花朝生笔记》略同，但更为详尽：指出"缪某"之女，名为“衡娘”，与表兄“金冠玉”共谋，阻挠其父献书[9]。周越然《书·书·书》亦载献《野叟曝言》事，其说多沿自《南巡秘记》[10]。

其实《浣玉轩集》卷二及《纲目举正》书前，皆附有夏敬渠所撰之《自拟进〈纲目举正〉表》。由题目已清清楚楚得知夏氏要迎銮上呈御览的书，不是《野叟曝言》，而是《纲目举正》无疑。

乾隆三十八年(1773)二月，下诏编定《四库全书》。夏氏认为历来有关《通鉴纲目》之著作，“每存悠谬之谈，循习之说”，甚至“复多臆见，不足发明推广《纲目》微意，反以隔阂而蒙敝之”(《自拟进〈纲目举正〉表》，下引文同)。故以自己的史学旧着，改写编纂成《纲目举正》。书名取为《纲目举正》，即是欲举出《通鉴纲目》诸著作中错谬之论，加以辨明纠正。

夏敬渠创作《纲目举正》的目的，是想“恭呈御览”，但因“家贫身老，不克匍匐入都”献书，故自乾隆三十八年(1773)，完成《纲目举正》之后，“置箧有年，献芹无路”。五年后(乾隆四十一年，1778)性命之交张天一[11]在《与二铭二兄书》中，犹云：“《举正》书乃千秋特笔必传之书也，但恐进呈之后，藏之内府，不能广布，尚须再谋刊刻耳。”(《江阴夏氏宗谱》卷十六《外集·文辞》载录)语重心长地主张将《纲目举正》先谋刊刻，再图献书，以广流传。其中不无劝抚老友之意。而夏氏终不甘“美玉蕴椟而藏诸”，故于乾隆四十四年五月至四十六年五月之间(1779—1781)，携《纲目举正》入闽，求故友、时任福建巡抚的富纲，代呈御览，不果，恨恨而归[12]。

但是，乾隆四十八年(1783)八月十七日，夏敬渠读到“上谕”，又重燃迎銮献《纲目举正》入朝的希望。乾隆四十九年(1784)，乾隆第六次南巡时。夏敬渠撰写《自拟进〈纲目举正〉表》，且欲赴苏迎銮，拟亲自进献《纲目举正》，被阻不果行：“祖耀按：……遇乾隆丙午南巡(五十一年，1786)，赴苏迎銮，拟躬进献，又有所阻。”(《浣玉轩集·浣玉轩著书目·纲目举正四卷》)

按：乾隆四十九年(甲辰，1784)，乾隆第六次南巡。夏祖耀所言“丙午”应是“甲辰”之误[13]。当时，夏敬渠已年高八十，仍“拟躬进献”其“焚膏继晷”所完成的《纲目举正》一书，但却是“又有所阻”。推测其原因,可能是其至亲晚辈(如女儿、女婿六斗南、嗣孙夏翼陛,侄儿祖勋、祖烈、祖焘等)⑭觉得夏氏年高,不忍其以老迈之躯,奔波涉险,故“有所阻”。至于如何“阻”法,则相关资料皆无明载。

总而言之,夏敬渠所欲恭呈御览的书籍,必是《纲目举正》。铁证如山,无庸置疑。但是,何以后世传闻会将《纲目举正》误传为《野叟曝言》?其中原委,颇耐推敲:盖《纲目举正》与《野叟曝言》皆是夏敬渠晚年之力作,撰成时间颇接近。在讯息传播不易的时代,一差之毫厘,往往便失之千里。

夏敬渠生前,有关献书事已稍有“异闻”。如知己张天一,在乾隆四十一年(1776)时,即感叹《野叟曝言》一书,“卷帙繁重,携带维艰,自揣此生不获再见矣!”但希望夏祖焞北上时,能带来其父夏敬渠所著的《纲目举正》及《所见录》等⑮。其中《所见录》一书,在《江阴夏氏宗谱》、《浣玉轩集》及所有记录夏敬渠著作的资料中,都未见著录,故可能是张天一听闻之误。

而稍早之前,夏敬渠忘年交李翚(字汉仪),亦曾致函夏敬渠:

> 前者厘订二书,系老先生聚精会神,阐发前贤,津梁后学,正可悬学校,昭示来兹。乃至今未得呈御览,可知文章显晦,自有定时。但得阐明正道,自可垂之不朽,原不待有心表著也。(《宗谱》卷十六《外集·文辞》)

按:李翚为张天一的及门弟子。夏敬渠曾应李翚之请,为其先祖父李怡村之诗集写《序》(见《浣玉轩集》卷二);李翚与夏祖焞亦有来往。三家四代,情谊深厚。李翚此信中所云“前者厘订二书……乃至今未得呈御览”,需特别注意。“二书”之一必为《纲目举正》无疑;但另一本则未详何书。然而自始至终,夏敬渠自言其欲呈御览之书,仅有《纲目举正》一书而已,故李翚听闻必有误。

夏氏生前,连其知己张天一、忘年友李翚,对其著作及献书事,即有了听闻之误,无怪乎夏氏身后会以讹传讹。此外,夏氏所有著作，在其生前皆未能付梓[16]，死后又屡遭兵燹之祸，故《纲目举正》拟进呈未果后，即不知散佚何处。夏氏后裔编录《浣玉轩集》时，都无法寻得此书[17]，可见《纲目举正》罕见的程度。《纲目举正》未流传[18]，《浣玉轩集》亦迟至1936年，方由江阴谢鼎镕修补旧版，重新刊行[19]。因此，附于二书的《自拟进〈纲目举正〉表》自然鲜有人知。

反观《野叟曝言》一书，虽未梓行，却以手钞本流传，且流传到引起苏州当局侧目，名列查禁书单之中(详下文)。因此，夏敬渠欲迎銮献《纲目举正》一事，遂被张冠李戴，误传为欲献《野叟曝言》。再者，最早出版的"毗陵汇珍楼刊本"《野叟曝言》，内容有残阙。不久，号称"全本"的排印本、石印本争相推出。后来，坊间又大量出现删除艳情内容的"净本"。"残本"、"足本"、"净本"遂彼此竞争不已。因此，笔者推测，《花朝生笔记》、《清稗类钞》所云夏氏女"将其书润饰一过，秽亵之语，删除略尽，始付诸手民，即近日流传之本也"，不无出版商炒作、促销的嫌疑。

二　官府查禁、民间传钞

夏敬渠生前，《野叟曝言》因"刻资约需千金"[20]，而未能付梓；夏氏身后，却以钞本形式，广为流传。道光十八年(1838)，江苏按察使裕谦颁布《宪示》[21]，设局收毁淫书，其开列的淫书目单一百一十六种已"收过且销毁"的书中最后一本即是《野叟曝言》。

按：钞写一百多万字的《野叟曝言》小说正文，及近十五万字的评注，是耗时费力的庞大工程。然而，钞写不易的《野叟曝言》，竟会引起苏郡当局的侧目，且真的被没收、销毁并查禁，可知在道光十八年之前，《野叟曝言》已有一定的知名度及普及度。至于道光年间，有无刻本，因诸书未载录，且从未亲见，故存疑[22]。

查禁之后，《野叟曝言》之流传应有受阻，但私下之传钞，仍是不辍。同治十一年(1872)现知最早的手钞本《野叟曝言》被"古澄半园客"发现[23]。北京大学图书馆鉴定此手钞本为道光年间钞本。但因无任何牌记证明，故学者潘建国认为其应只是同治间钞本[24]。

笔者于1998年曾亲赴北京大学阅读此钞本，因其残阙处与光绪辛巳（七年，1881）毗陵汇珍楼本颇相似，故笔者怀疑二者关系密切，有可能是根据相同的底本，一钞写、一刊刻而成。存疑待考。

此外，在北京，中国社会科学研究院文学研究所图书馆善本室，藏有《野叟曝言》另一重要钞本——“光绪四年精钞本”。此精钞本于光绪四年（1878）四月开始钞写，光绪五年春夏间完成。早于光绪七年的毗陵汇珍楼木刻活字刊本、光绪八年的序排印本、石印本等，其价值不言而喻。

将光绪四年精钞本与同治间抄本及各刊本进行比较，可获致以下结论：① 光绪四年精钞本《野叟曝言》第三、四回内容完整无阙，证明了夏敬渠原著即一百五十四回，非一百五十二回。② 排印本、石印本、毗陵汇珍楼刊本等，卷回编字的杂乱、回目文句的错误，可据精钞本订正。③ 精钞本钞者一面进行钞写工作，一面搜补缺文，故在所有钞本中，其残阙度是最轻的。④《野叟曝言》所有残本缺文之因，无关夏氏妻孥阻挠献书的传说；亦非避文祸、惧洋人，或刻意删除、漏钞所致。[25]

以上现存的两种重要手钞本，证明《野叟曝言》虽遭苏局严厉查禁，但仍受到重视与传钞。二钞本在版本、内容的研究方面，更具有极高的价值。

三 报界、出版界的访求、连载与竞争

《野叟曝言》不但受到读者的喜爱与传钞，光绪初年，报界、出版界也都注意到这朵小说界的奇葩。

先是上海最大报《申报》，在光绪三年（1877）六月八日，刊登“尊闻阁主”之《搜〈野叟檐曝记〉、原本〈红楼梦〉二书启》，首度公开征集《野叟曝言》钞本。学者潘建国云：“第一次公开征集《野叟曝言》抄本者，乃《申报》馆主人——英商美查。……尽管此时美查连小说的书名，也误为《野叟檐曝记》，但他对该小说的兴趣，却十分浓厚。”[26] 九月二十三日，《申报》馆第二次刊登寻找夏二铭所著《野

叟曝言》的启事:《乞寄〈野叟曝言〉稿本书》。在此次“启事”中,更正小说名称的错误;且明确标出作者是夏二铭(夏敬渠号)。可见其征书启事,已然引起巨大的回响,使得原本模糊处得以清晰化、错误处得以改正。光绪五年(1879)十一月九日,《申报》馆第三度刊登《搜访〈野叟曝言〉》启事。表明“不吝重酬”广求精本,以便排印。光绪六年(1880)二月十三日,《申报》馆第四度刊登《搜访〈野叟曝言〉》启事,深盼藏有此书者“务祈不吝惠示,俾宇宙间流传一绝妙文章,不使秘枕中,日就湮没”。近二年半的时间内,《申报》馆四度刊启事搜求《野叟曝言》,可见其努力的程度。

到光绪七年(辛巳,1881)冬月,知不足斋主人[27]却抢先出版《野叟曝言》,名为“毗陵汇珍楼刊本”,乃今所见最早的刻本。内容有残阙。同年十一月一日,知不足斋主人在《申报》刊登《野叟曝言》的新书广告——《新印〈野叟曝言〉出售》。根据此则广告,潘建国《晚清上海的报馆与〈野叟曝言〉小说》云:“可见知不足斋主人的市场意识何等强烈。他巧妙利用了因《申报》馆历年搜求不得而在读者中产生的对该小说的好奇心理,及时推出《野叟曝言》,并在社会影响最大的《申报》上登载广告,由此不难想见当时毗陵汇珍楼本的受欢迎程度。”故知不足斋主人的生意手段、《申报》馆的无奈及度量,在此都一一显现。

光绪八年四月二十七日(1882 年 6 月 12 日)起,上海另一大报——《沪报》,加入营销战场,开始连载《野叟曝言》。同年 8 月 10 日《沪报》改名为《字林沪报》,《野叟曝言》的连载照旧。至 1884 年 12 月 15 日,整部小说连载完毕。前后历时 2 年 6 个月零 3 天(据潘文)。连载《野叟曝言》,使得《字林沪报》的销售量大增。上海两大报——《申报》与《字林沪报》因之起了摩擦(详潘文)。

笔者按:因《沪报》(《字林沪报》)连载《野叟曝言》时,针对其所购求的“善本”,其中“脱误之处”,“延请名手一一补足”[28]。因此,并非全是夏敬渠原作的本貌。为此之故,可能导致后来鲁迅等学者怀疑《野叟曝言》的“全本”是“他人补足”[29]。又:《野叟曝言》中,艳情内容比比皆是,光绪初年,上海民风虽开放,但是能否在报纸中公然以增页的方式连载全文，而不删削所谓“淫秽”情节，则存疑待考。

光绪八年九月，西岷山樵撰《野叟曝言·序》，指出“康熙中，先五世祖韬叟，宦游江浙间，获交江阴夏先生”。夏先生请韬叟为《野叟曝言》评注，韬叟“乘便缮副本藏诸箧中”。西岷山樵因见“毗陵汇珍楼刊本”残阙不全，故出其家私藏全本“亟谋开雕，俾读者快睹其全书”。同年，“瀛海词人”首度将西岷山樵家藏全本刊行于世（据潘文），此十册“瀛海词人铅印小本”，未见。潘氏引用拙作《清代四大才学小说·〈野叟曝言〉版本综论》，怀疑此版“瀛海词人铅印小本”，即是拙作所论述的“巾箱排印本”。

稍后，多种排印本及石印本等“全本”相继推出，书前皆附有西岷山樵《序》及《凡例》[30]。笔者却认为此《序》及《凡例》亦大有疑点。例如：西岷山樵《序》，既未标出《野叟曝言》作者夏敬渠的全名，又将自己五世祖“韬叟”与作者，全误认为是“康熙”时人（按：错认作者的年代，尚情有可原；错认自己“当过官”的“五世祖”的年代，则不可思议），又主动或被动地删除其“先祖”的手泽“注”[31]。就以上三事，西岷山樵是“《野叟曝言》评注者后裔”的身份及“韬叟”评注《野叟曝言》时“乘便缮副本”以传于家的说法，都不可全信。然而，报界的搜求、连载、相互角力；出版界的争相发行、极力促销，对《野叟曝言》而言，无论是知名度的提升与普及度的广被，都是大蒙其利的。因此，光绪初年，《野叟曝言》可谓从荡漾之余波，掀腾为滔滔巨浪了。

四　科考得采、名家续作

1927 年，范烟桥撰《中国小说史》，其第五章《小说全盛时期》第一节《清〈野叟曝言〉之传说》载：“光绪壬寅（二十八年，1902）苏州科考，主试者李殿林，古学题为《陈寿志三国不帝蜀论》。有某生者，即以书中《主代帝、歿代崩，暗尊昭烈》一回论之，获第一，是岁即贡成均。”[32]按：《主代帝、歿代崩，暗尊昭烈》原是夏敬渠《读史余论》的重要史论[33]，阐论陈寿撰《三国志》的立场是“帝蜀不帝魏”。晚年，夏敬渠创作《野叟曝言》时，将全文完整存录于第七十八回的情节中。《野叟曝言》在清末大为盛行，此篇史论当然也影响知识界。然而，考生以《野叟曝言》中史论作答因而科考中采之事，既未见他书记录，地方志亦无载，只能存疑。

夏敬渠仅为“附生”[34]；举博学鸿词科不第[35]；礼部尚书杨名时欲联合内阁大学士徐元梦，推荐其纂修《八旗通志》，亦功败垂成[36]。一生功名无就、困顿终老。考生以其史论而中举之传说，夏氏若地下有知，不知是欣然莞尔或感慨万端。但是无论如何，此传说再次映证《野叟曝言》流传之广、影响之深的事实。

宣统元年(1909)，小说名家陆士谔(1878—1944)撰成《野叟曝言》的续书——《新野叟曝言》，上下卷、二十回，有“镇海女士李友琴”之《序》及《总评》。改良小说社初版。1928 年，上海亚华书局发行铅印本。李友琴(1881—1915)乃陆士谔元配，亦是文学莫逆之交，多次为其小说写序、跋及总评[37]。其《〈新野叟曝言〉序》指明本书：

> 虽赓续前人之作，而立意措辞似较前人为高。前书以辞胜，此书以意胜。前书拘泥程、朱，此书兼阐王、陆。前书秽亵，此书高洁。前书多过大之辞，此书皆入情之语。而通部以文礽为主人，以呼照全书。文施一梦，钩心斗角，惨淡经营，无一语空言，无一字虚设，浅虑者安得知耶？

此《序》虽略嫌夸大，但也显现作者的企图心及《新野叟曝言》的部分内容。又因《野叟曝言》第一百五十二回内容为《开后局小儿言志》，此“小儿”即是文素臣之五世孙“文礽”；最后第一百五十四回内容为《泄真机六世同梦》。“开后局”、“六世同梦”等，有心人读之，可能另有他解。故李友琴《总评》云：

> 《野叟曝言》一百五十四回，可谓伙矣！奚必续？曰：《野

> 叟曝言》终于六世同梦，结而未结，必不能禁人之续……然则冬烘学究、黄臭孺子，皆得摇笔弄墨而续之，则此书必扫地。士谔先生有忧焉，故特泼墨濡毫，续此二十回，将前书人物，一一皆归之于星球，而使冬烘学究、黄臭孺子，不敢再着一字，不敢再下一语。

由此可见《新野叟曝言》的续书动机。也可推知，具有强烈市场营销头脑的陆士谔夫妇[38]，在其《新水浒》、《新三国》等续书获得读者不错的回响后，眼光便注意到从光绪初年起，在艺文界、出版界、报界掀腾起滔滔巨浪的《野叟曝言》，一心要独抢其续书的先机。

陆士谔的续作，乃是看准《野叟曝言》长期不衰的畅销成果，企图引起读者"一窥究竟"的好奇心，而加以促销，故其虽然自我标榜"立意措辞似较前人（夏敬渠）为高"，以招徕读者；但仍刻意模仿《野叟曝言》的内容及文笔，以笼络原著之旧雨，李友琴《总评》云：

> 士谔先生，天下奇才也。……今著续《野叟曝言》，何其文笔又与《野叟曝言》宛然无二也。《野叟曝言》多议论，此书亦多议论；《野叟曝言》谈科学，此书亦谈科学；《野叟曝言》起笔甚平，入后则奇，此书亦起笔甚平，入后则奇。……

总而言之，畅销小说作家陆士谔会撰写《新野叟曝言》，且处处以原著《野叟曝言》来广告、促销，以吸引读者的兴趣，可见自清末迄民初，《野叟曝言》在艺文界、传播界所掀腾起的巨浪，仍是波涛壮阔、历久不歇。而由于陆士谔本身医学造诣颇深，著作极多[39]，又具有先进的科学知识。因此，《新野叟曝言》虽是续作，却非原地踏步，而是增加许多新成分、开展了新视野。例如小说中主张：仿西法推行洋务、设农业试验场，辨土性以种植、建公宅以节约用地、装设自来水、升降机等，皆是进步之实务。其明指"生毒物传染"百病之源，已具备"免疫学"及"灭菌说"之基本概念；又有创制高级航空器、登录月球、殖民火星、彗星撞击等想法……。故晚清科幻小说中，《新野叟曝言》是不容忽略的重要著作[40]。《野叟曝言》的旧作与续书，一在清初才学小说中，先领风骚；一在晚清科幻小说中，大放异采。二者各创天地、各有擅场。

五 《文素臣》戏剧的风靡

1938年年底，京剧大师麒麟童（周信芳1895.1.14—1975.3.8）在上海卡尔登戏院主演由朱石麟（1899.7.27—1967.1.5）从《野叟曝言》改编的连台本戏——《文素臣》，造成"万人空巷来观"，"不看《文素臣》，不算上海人"及"《文素臣》年"的盛况。《中国戏剧志·上海卷》载：

> 《文素臣》：京剧连台本戏。共六本。根据清代夏敬渠《野叟曝言》第二至第二十四回改编。剧情围绕文素臣行侠仗义，扶危济困，结交江湖，缔结婚姻，以及斩蟒除逆，救驾受封等一系列奇遇巧合的情节编排敷演而成。民国二十七年（1938）12月9日首演于卡尔登戏院。周信芳编剧（编剧为朱石麟，此处误。详下文。）并主演；王熙春、金素雯、高百岁、王兰芳、张慧聪等参加演出。该剧剧情曲折、缠绵悱恻，故上演近两年，连演连满，盛极一时，当时有"不看《文素臣》，不算上海人"之说。[41]

《麒麟童年谱》（又名《周信芳先生年谱》）亦载："一九三八年……四十三岁。……年末，演出朱石麟编写的《文素臣》，与王熙春合演。公演之夕，有'万人空巷来观'之说，连满三个月，被称为独标风格的新型平剧。""一九三九年……四十四岁。续排《文素臣》二、三、四集，观者愈众。电影曲、弹词纷纷仿演。时人称为'《文素臣》年'。"[42]

1940至1941年，麒麟童仍继续演出，总共演出六本《文素臣》

连台本戏[43]。

好剧本、好演员是戏剧成功的两大要件，麒麟童京剧的艺术成就已早有公论，不必赘言；而朱石麟本从事电影工作，编写《文素臣》京剧时，“他把电影手法运用京剧中去，这出戏的场子编得很紧凑，高潮迭起，连演数本，场场客满，欲罢不能，非常吸引观众。这是一出不靠机关布景，没有新式开打、五音联弹的连台本戏。它的成功，不仅使困顿多年的周信芳扭转局面，也为‘移风社’奠下基础，在‘卡尔登’连续不断的演出四年之久”[44]。朱石麟编剧与麒麟童导演并主演，正是珠璧联辉的完美结合。

此外，《文素臣》京剧的大轰动，也跟当时的局势有关。自1932年“一·二八”淞沪战役及1933年5月31日“塘沽协定”后，上海已沦陷于日本之手。1937年中日大战爆发，抗日情绪高涨。因此：“（周信芳在上海卡尔登剧院）演出了《明末遗恨》、《徽钦两帝》、《文素臣》等借古讽今的剧目，引起敌伪的注意，操纵警察带着剧本，对照台上的演出，进行武装审查，甚至冲进后台，制造混乱。周信芳与移风剧社的同仁不为所动，反而在舞台的两边悬挂‘下期演出《文天祥》、《史可法》’的大幅鼓舞斗志的标语。直到1942年剧社被迫解散，长期连续演出达四年之久，盛况始终不衰，创造了京剧史上一个演员主演时间最长的奇迹。”[45]日本及其扶植的亲日政权，对京剧《文素臣》的武力胁迫，在上海引起强烈的反感。因此，民众以热烈购票、进场观剧的具体行动，来支持好演员、好编剧及“借古讽今”的好剧目，以抒发被侵略、欺凌的民族情感。如此，更促进了《文素臣》的长期轰动。

《野叟曝言》的主角文素臣，是作者夏敬渠真实写照与虚拟幻影的结合。小说中的英雄文素臣，在上海演变成戏剧的“《文素臣》年”，也还有些原委可探讨：小说中夏敬渠刻意标榜文素臣是：峥铮铁汉、落落奇才，多情如宋玉，文才似相如，武学伯仲诸葛；且力能扛鼎，勇可屠龙；旁通历数，间涉岐黄。只崇正学，不信异端，以朋友为性命，奉名教若神明。乃是“极有血性的真儒，不识炎凉的名士”（第一回）。且将以上文素臣的基本个性，扩大写成铲除妖道、恶僧、奸宦、权臣、逆藩、昏君、异端的情节，使其成为"奋文揆武天下无双正士"的盖世英豪。此种角色塑型的手法，因作者"用力太猛"，容易造成文学艺术上的种种缺失[46]。而小说属于案头阅读，读者有余裕的时间，仔细咀嚼、反复品味，因此，很容易看出主角文素臣的描写粗豪有余、细腻殊乏。但是，若从案头文字转换为舞台演出，则文素臣既有除奸宦、黜权臣、诛逆藩、违昏君的具体行动；又有坐怀不乱、斩妖除魔、匹马救驾、拯民于水火等伟大事功，正可将传统戏曲中特别讲求的忠、孝、节、义，淋漓展现于舞台。再加上战乱艰苦时，人们对救世英雄特别渴求、崇拜；且日本侵华，强烈的华族情感亦投射此剧加以发泄。以上种种因素相互激荡，舞台上名角所扮演的盖世英豪——文素臣，遂满足、安慰、鼓舞了广大群众的心灵，缔造出辉煌的戏剧演出成果。

此外，另一京剧名角李万春，1938 年创办"鸣春社"，其后常演连台本戏《文素臣》，亦极为叫座[47]。

京剧长期轰动后，其他戏剧类亦群起效尤，《文素臣》几乎风靡全国：

1933 年黄梅戏开始在上海演出。其后，受多种戏剧的影响，亦有连台本戏《文素臣》[48]；1940—1944 年间，越剧"标准剧团"曾演出连台本戏《文素臣》[49]；1944 年后，演员"危鸣"在湖北省汉剧团，曾在《文素臣》戏剧中扮演主角文素臣[50]；1950—1958 年间，潮剧六大班之一的"赛宝潮剧团"曾演出《文素臣》[51]。马飞(1923—1989)为潮剧《文素臣》编导作曲[52]。要之，自从麒麟童京剧在上海缔造"不看《文素臣》，不算上海人"的盛况之后，黄梅戏、越剧、汉剧、潮剧等多数知名剧团及演员，亦加入《文素臣》的演出。《野叟曝言》在各种戏剧中不断地被改编成剧目；文素臣一再地被诠释、扮演。因此，文素臣的人物原型——夏敬渠，虽已死亡一百五十余年，但几乎以多种新面目重生于戏剧舞台。

六 《文素臣》电影与"卫佛"论战

麒麟童主演的京剧《文素臣》在上海之所以能造成大轰动，朱石麟“把电影手法运用京剧中去”使得“场子编得很紧凑，高潮迭起”的编剧手法功不可没（详前文）。朱石麟本是知名的电影编剧暨导演，在《文素臣》京剧盛行之后，便打铁趁热地开拍《文素臣》电影。1939 年拍《文素臣》第一、二集，朱石麟身兼编、导；美术师为张汉臣；主要演员有刘琼、王熙春等，合众影片公司制作发行。此二部影片大为卖座。因此，1940 年，朱石麟与合众影片公司再度合作，开拍《文素臣》第三、四集，主要演员为王熙春、李英等[53]。由《野叟曝言》改编的《文素臣》，又从各种传统戏剧的舞台，转身跃上电影大屏幕，结合现代影视科技，开启了崭新的一页。

1966 年，香港邵氏电影公司拍摄、发行武侠动作片《文素臣》[54]，片长 88 分钟。繁体中文、英文两种字幕。导演是薛群。主要演员有：乔庄、何莉莉、李菁、唐迪、李影等。剧情是：文素臣潜入昭庆寺，发现寺内机关重重；奸人假扮和尚，奸淫、囚禁妇女；并有迫害忠良、图谋造反等不法情事。文素臣遂解救巡按林惕庵父女，又助其攻破昭庆寺、将恶人绳之于法。以上情节，被佛教界认为蓄意“辱僧毁佛”，引发强烈不满，“卫佛”论战于焉开打：先是《文素臣》电影在香港上映时，香港佛教联合会“即选定法师十位，联往邵氏公司抗议，当即得该公司答允处理，惜未能立即禁映”[55]。

1966 年 9 月 18 日，《文素臣》电影在马来西亚槟城、怡保上演。佛教界认定其“辱僧毁佛”。9 月 18 日，发动盛大的抗议活动。佛教长老代表全国信众，向“影片上诉局”声请禁演。邵氏公司虽有辩驳及说明，但完全抵挡不住“卫佛”声浪。几经争论及协调后，9 月 26 日起，《文素臣》全面下片。佛教界大胜。9 月 30 日，趁胜追击，马来西亚佛教总会在隆加召开佛教大会，马来西亚、锡兰、泰国、缅甸等近一百二十余华人佛教寺庵团体及代表大僧参加[56]。会后，于 10 月 3 日由主席竺摩法师等呈送《呈最高元首陛下请愿书》公函、《呈首相东姑阿都拉曼及内政部长敦伊士曼公函》，争取永久禁绝“辱佛影片”的上映[57]。而马来西亚佛教总会先后“曾经发出两次公函，征求星（新）、港、台、越、泰、菲各国佛教会联组一有力之机构，专门应付辱佛影片的浪潮”[58]，得到赞同响应[59]。接着,《文素臣》电影在星(新)加坡亦被查禁,在中国台湾则"申请禁映在案"[60]。

夏敬渠一生排斥佛教,创作《野叟曝言》时,让化身文素臣先《舌战朝中除二氏》(一百三十六);再势如破竹地征服西域、日本;又"兵不血刃"地降服欧洲,使得《古佛今佛两窟俱空》(第百三十七回),"老佛之教尽除"(第一百五十四回)。然而,改编的《文素臣》电影,区区奸人假扮僧侣为恶的情节,便引来佛教界的强烈抗议、抵制,可见现实世界与虚拟小说的差距,真是无法以道里计。佛教界对《文素臣》电影的强力挞伐,也可视为广大的佛教信众对畅销小说《野叟曝言》的反佛、斥佛、灭佛内容,已累积、压抑了太久且太多的负面情绪。此次,则假借《文素臣》电影,做一次排山倒海的大发泄。因此,在"卫佛"论战中,屡屡贬斥《野叟曝言》是"无稽小说"、"正史所无"、"过气已久"、"思想落伍"、"不合时潮"[61]。甚至批判《文素臣》电影是"根据坊间无稽小说改编而成,其内容系过去下流文人所捏造,全是诲淫诲盗式的毒化社会思想的东西"[62],可谓恨之已极。

七　台湾地区布袋戏《云州大儒侠》的盛况与干预

1970年3月2日,台湾地区电视公司(简称台视)开始推出由黄俊雄(1933年出生)担纲演出的布袋戏《云州大儒侠》。黄俊雄出身布袋戏世家,祖父黄马拜西螺"锦春园"剧团苏总为师,承继"锦春园"派别。父黄海岱(1901年出生),十八岁(1918)即担任"锦春园"头手演师。擅长武戏。二十岁(1920)以后,将章回小说改编为"剑侠布袋戏",风行全台。二十五岁(1925)时,与胞弟程晟(从母姓)共创"五洲园"掌中戏剧团,取扬名五洲之意。

日本殖民台湾时期,黄海岱将《野叟曝言》小说改编成布袋戏《忠勇孝义传》,将主角文素臣改名为"史炎云",外号"云州玉圣人",多在野台戏演出,建立了不错的基础。黄俊雄十九岁时(1951),以其父的《忠勇孝义传》为蓝本,改编为《云州大儒侠》,在全台戏院演出长达三十年之久。因此,1970 年一进台视,便开展史无前例且至今无人可及的演出奇迹。

黄俊雄承继黄海岱"兼顾传统"及"勇于创新"的戏曲精神,大量运用诗词吟诵、古文对答、谈经说史、对句、谜猜、回文、俗语、俚辞等文学资源及汉语口白、南北管曲调,吸引住老一辈的观众。又以明快紧凑的剧情,中、日、西各种流行音乐,尺寸加大且眼、手可灵活转动的木偶,集声光化电总合的各种道具、布景,谐趣的丑角,生动的念白……吸引住年轻的族群。当时电视机已逐渐普及,几乎家家有之;闽南语演出、本土性强、娱乐性高的布袋戏节目,更深获广大观众的喜爱。于是,全台上下老少,几乎全数卷入《云州大儒侠》布袋戏的漫天浪潮中,收视率高达百分之九十几。

在《云州大儒侠》的狂潮袭卷全台时,小学毕业考试竟然有学童以"史艳文"是"历史伟人"来答题[63]。校园中充斥模仿戏中小丑"哈谜、哈谜"的口吃声[64]。电影界感叹"近半年来,电影已被布袋戏击败了","没有生命的木偶,比最红的明星还更具吸引力"[65]。全台歌仔戏团由三百多个锐减至八个、话剧社由四十多个锐减至十二个。布袋戏团虽由二百多个骤增至三百九十五个[66],但野台戏、戏院的观众几乎全被电视吸走,故昙花一现,荣景即消失。一到电视播放《云州大儒侠》的时间,士、农、工、商、学校,经常怠工、惰商、溜班、翘课,出现了"百业怠工"的特殊社会现象。

《云州大儒侠》播映后,反对势力即展开强烈攻讦。例如:民意代表认定:"布袋戏是落伍的艺术,应该彻底改善。"[67]"台省地方戏剧辅导小组"抨击:"其内容多为神怪打斗,缺乏历史依据及考证;全部以方言播出,不但对国民心理健康有不良影响,而且妨害'国语教育'的推行。"故"台省教育厅"订颁《地方戏剧改良注意事项》:限制演出时段、严格要求剧本先受审、剧团负责人须高中学历以上[68]。甚至有"电视节目要完全以国语播出,彻底淘汰方言"的主张出现[69]。反对势力的强烈攻讦,政令的干涉,使得《云州大儒侠》屡次更换播演时间,且在强大压力下屡次停播,但也屡次"应观众强烈要求"而复播。其中曾一度更名为《大儒侠》。1974 年 6 月,官方以闽南语布袋戏“妨害农工作息”的理由，禁止其在电视台播出。直至1982年方解禁[70]。

《云州大儒侠》的剧情，改编自《野叟曝言》的部分并不多，仅保留且改写了文素臣游西湖遇洪水、斩恶蛟，与仆奚囊失散，结识刘璇姑兄妹订亲，与未鸾吹成为结义兄妹，被奸相安吉陷害，流放辽东、在困龙岛救驾等基本情节。其他的角色及情节，大都为黄俊雄所自创，大大增强本土草根色彩，具有锐不可挡的魔力。且小说中排拒佛教、道教的内容，全数删改为史艳文与“五毒魔教”、“蓝摩教”的斗争，成功地闪避开佛、道信众敏锐的“护教”情结，因此无任何宗教纠纷产生。剧中又让“藏镜人”成为“万恶罪魁”，与史艳文进行战斗，以正、邪两派既势不两立，又永无绝对胜利的定律，来铺演其五百多集的剧情[71]。

布袋戏《云州大儒侠》演出大轰动之后，电影也跟着开拍，自1971年1月26日起，《云州大儒侠——史艳文》的电影海报便陆续刊登于台湾地区各大报。3月4日起，开始在万国、国泰等第一院线盛大联映[72]。3月9日起，大中华院线也推出《大战藏镜人》电影。形成同系列故事、两部电影对打擂台的状况[73]。

《野叟曝言》由小说改编为布袋戏；演出场地由野戏台、戏院到电视；风靡全台后，改拍成电影，由真人演出原木偶的角色。最后因“妨害农工作息”而遭禁。以上事项，在在显示出时代的演进、科技的创新、传统艺术与流行文化的结合与消长、商业掌控艺术的流弊、政令干涉传媒的危机……以上种种社会、文化现象，在同一时间内纷杂呈现，令当时人处理时捉襟见肘、窘态时露；但是却提供后人许多值得深思与借镜之处。

余　论

《野叟曝言》从迎銮献书、民间传钞、官府查禁的荡漾余波，先后在报界、出版界、艺文界引发竞争与续作的巨浪。改编成《文素臣》京剧及各种传统戏剧之后，在上海及中国各地造成大轰动。

《文素臣》电影在亚洲华人地区，则引发"卫佛"论战。在台湾地区则引发不可思议的"史艳文现象"。不管是正面抗日精神的激发，或负面"辱僧毁佛"的指责，或"百业怠工"的特殊情况，《野叟曝言》众流汇集后的汪洋狂潮，对人心、社会、文化、宗教都造成不小的影响。且时至于今，此汪洋大海仍不断回澜拍岸，蔚为奇景：

2003年《中华读书网》介绍"山东"及"北方"两文艺出版社新出版的大书《尘世奇谈》时，多与《野叟曝言》作比附与比较。香港电台·网上广播站"戏曲天地"2003年9月23日的"解心粤曲"节目中，仍播放由新马师曾、小燕飞主唱的"文素臣"粤曲[74]。在台湾地区，黄俊雄于1994年在中华电视台演出《新云州大儒侠》。1996年，以"史艳文后传"的"金光布袋戏"系列，轰动、畅销于录像带市场。出版界、影视界及布袋戏界，在2000年联合举办"史艳文三十而立重回江湖"的纪念及庆祝活动。2005年7、8月，文化界举办"布袋戏百年风华"活动，播放"'黄俊雄'与'史艳文'"纪录片，黄俊雄并现场演出布袋戏《云州大儒侠——史艳文》的精华片断。在台湾地区，"幕后藏镜人"一词，已是"幕后掌控者"的代称；"秦假仙"用以讥笑人"真假仙"(即假惺惺欺骗人之意)；穿麻带孝的"孝女白琼"，其造型及唱曲已成为丧葬业者代替孝眷哭丧的典范。可见《云州大儒侠》布袋戏是何等地深入民心、影响社会。

【注】

①《江阴夏氏宗谱》卷十五《内集·文辞》夏敬秀《尹儒侄入都诗册序》："丁亥初冬(乾隆三十二年，1767)，予从兄二铭(夏敬渠号)……今老矣！倦于行，仰屋梁而著书，洎如也。"按：夏敬渠"壮游京师"时期(乾隆元年至四年，1736—1739)所完成的著作虽多，但《野叟曝言》不在其列。为衣食"幕游天涯"时期(乾隆五年至二十三年，1740—1758)，按理亦无暇创作小说。《野叟曝言》的撰写，应该在其回乡养老之时。详参拙著《野叟曝言作者夏敬渠年谱》乾隆三十二年条，台湾学生书局2005年版。

②《浣玉轩集》卷二及《纲目举正》书前附《自拟进〈纲目举正〉表》："恭逢圣主右文，特命儒臣纂修《四库全书》。……用是焚膏继晷，竭蹷成书，名曰《纲

目举正》。"按：乾隆三十八年(1773)，乾隆下诏开馆修《四库全书》，年届六十九岁的夏敬渠，已有时间及精力加紧整理昔日"未汇成编"的旧稿，以成《纲目举正》一书。因此，《野叟曝言》在此之前必已杀青完稿。

③ 拙著《野叟曝言作者夏敬渠年谱》、《夏敬渠与野叟曝言考论》，台湾学生书局 2005 年版。

④《江阴夏氏宗谱》卷十四《著述·〈十七史论要〉》载夏敦仁献文行在所事；卷七《传略行状·药芊公传》载夏宗沂二度迎銮献诗颂事；卷七《传略行状·监丞夏公传》载夏宗澜迎銮事。三者对夏敬渠晚年欲迎銮献《纲目举正》之影响，详参拙著《夏敬渠与野叟曝言考论》第五章第二节《夏敬渠著作与〈野叟曝言〉考论》论述《纲目举正》部分。

⑤ 据蒋瑞藻《小说考证·附续篇拾遗》卷八转录，上海古籍出版社 1984 年版，第 239 页。

⑥《清史稿·高宗本纪》载高宗崩后，"上尊谥曰'法天隆运、至诚先觉、体元立极、敷文奋武、钦明孝慈、神圣纯皇帝'"。

⑦ 钱静方《小说丛考·野叟曝言考》，台北长安出版社 1979 年版，第 162 页。

⑧《江阴夏氏宗谱》卷四《南街宗世录·第十一世"敬渠"》载："继配黄氏，乾隆四十一年(1776)丙申二月初十日巳时终。"乾隆四十九年(1784)，夏敬渠欲赴苏迎銮(详下文)。

⑨ 许指严《南巡秘记》，上海书店出版社 1997 年版，第 38—51 页。

⑩ 周越然《书·书·书》，香港汉学图书供应社 1966 年版，第 118 页。

⑪《浣玉轩集》卷四《怀人诗十首》之末首，夏敬渠云："性命有深交，乾坤吾与汝。"诗后自注："秋官张天一宏渶。"据此，知张氏名宏渶，字天一，曾任职刑部官员。按：夏敬渠与张天一有长达近五十年的情谊。

⑫《浣玉轩集》书前附录《浣玉轩著书目》，夏祖耀在《纲目举正》条下按语云："是书既成，携入闽中，祈故友福建抚军富公纲奏呈，未果。归。"按：据《清史稿·疆臣年表六》载，富纲巡抚福建，是在乾隆四十四年五月至四十六年五月间(1779—1781)。夏氏入闽求富纲代呈《纲目举正》御览不果，当在是时。时夏敬渠已高龄七十六。

⑬ 按：《宗谱》所载乾隆南巡，夏氏赴苏迎銮之日期有误。盖清高宗六度南巡，分别在乾隆十六、二十二、二十七、三十、四十五及四十九年。"丙午"年为乾隆五十一年(1786)，乾隆未南巡。故夏氏欲赴苏迎銮，拟亲自进献《纲目举正》被阻，必在乾隆四十九年(甲辰，1784)，乾隆第六次南巡时。

⑭ 按：夏敬渠有一女，嫁六斗南为妻；独子名夏祖焞，于乾隆四十六年(1781)

去世，故以侄孙翼陛为嗣孙。又夏敬渠兄敬枢有三子祖勋、祖烈、祖焘。翼陛生父为夏祖焘。详参拙作《野叟曝言作者夏敬渠年谱》。

⑮ 见《江阴夏氏宗谱》卷十六《外集·文辞》张天一《与二铭二兄书》。

⑯《浣玉轩集·浣玉轩著书目》所附夏敬渠女婿六斗南氏所撰《浣玉轩诗集跋》："昔外舅夏二铭先生……著作等身……惜不能梓以行世。……今……墓已盦矣!"

⑰《浣玉轩集》卷二录夏氏"陈寿《三国志》帝蜀不帝魏"的内容，夏子沐篇后按语云："按：此篇旧载《纲目举正》中，原稿已逸，今从他书(即《野叟曝言》)节录，字句异同，无由较订，姑略存崖略云!"

⑱ 笔者于2002年寻得夏氏后人及学界认为已亡佚之《纲目举正》。原书四卷，今存"前编"、"正编"二卷。为"轲录斋藏本"，由"陶社"校刊、出版。附民国二十三年(1934)谢鼎镕《跋》，可知其内容存佚及付梓始末，今收录于《丛书集成续编·史地类》(台北新文丰书局1989年版)。

⑲ 见《浣玉轩集》书末附有谢鼎镕的《跋》。

⑳ 萧相恺先生发现《江上诗钞》卷九十八所录夏敬渠《夜梦感赋》诗"《曝言》容易千金购"句下，夏氏自注："著《野叟曝言》二十卷，刻资约需千金。"见萧先生《读〈野叟曝言〉手札》。

㉑ [清]余治《得一录》卷十一之一载江苏按察使裕谦道光十八年五月发布之《宪示》。转载自王利器辑录《元明清三代禁毁小说戏曲史料》，作家出版社1958年版，第108页。下文《得一录》卷十一之一资料，同引自本书页116。

㉒ 据潘建国先生告知，2002年，其在"旧书讯息报"中，见刊登欲贩卖道光刻本《野叟曝言》之讯息。潘先生紧急联络后，书商却云已售出，遂不能考订其事之真伪。据此，道光间是否真的已有刻本，只得存疑。

㉓ 书末附"古澄半园客"《附注》，云："此书吾乡夏二铭先生所著，当时极为脍炙人口，然因篇幅过长，传钞不易，以致流传鲜少。洪逆(道光三十年，庚戌，1850)乱后，更为稀见。此乃客腊以五金，得之姑苏书肆。同治壬申(十一年，1872)暮春，古澄半园客注。"

㉔ 详潘建国《新发现〈野叟曝言〉同治抄本考述》，《文学遗产》2005年第3期。

㉕ 详参拙作《〈野叟曝言〉光绪四年精钞本析论——兼论〈野叟曝言〉版本问题》，《东吴中文学报》第1期，并收录于拙作《清代四大才学小说研究》之甲篇《〈野叟曝言〉研究》第贰章，台湾商务印书馆1997年版，第81—115页。

㉖ 见潘建国著《晚清上海的报馆与〈野叟曝言〉小说》，发表于2004年北京香山所举办的“小说文献与小说史国际研讨会”(论文集出版中)。拙文本节多引用参考之，特此说明。

㉗ 光绪七年刻印《野叟曝言》的“知不足斋主人”，乃是与夏敬渠同乡的江阴人氏，非鲍廷博或鲍氏后人。而据杨正禄《清人实名别称字号索引》所载，号“知不足斋”者有十人之多，但其中并无江阴人。故此人为谁，已难究其详。

㉘ 据《沪报》1882年6月10日《刊印奇书告白》。

㉙ 鲁迅《中国小说史略》：“印行时(按：指光绪七年毗陵汇珍楼刊本)，已小有缺失。一本独全，疑他人补足。”

㉚ 此《凡例》之作者，以西岷山樵之可能性为大，但也有可能是出版商所撰。

㉛ 知不足斋主人与评注者虽无血缘关系，但所刊行的毗陵汇珍楼刊本，尚且“评”、“注”俱存，怎有西岷山樵身为后世子孙，明知“注”将小说“关合正史处一一指明”是何等重要之事，但仍执意删除先人手泽、心血？若书贾为商业理由欲删之，西岷山樵手握“奇书”全本，又怎能不据理力争呢？

㉜ 范烟桥《中国小说史》，台湾汉京文化事业有限公司1983年印行，第188页。

㉝ 见《浣玉轩集》书前附潘永季《〈经史余论〉序》。

㉞《浣玉轩集》卷二《自拟进〈纲目举正〉表》：“贻封登仕郎江苏江阴县附生夏敬渠恭撰。”按：清沿明制，凡初入学者，皆谓之附学生，为最基层之科名。简称“附生”。夏敬渠于乾隆四十九年(1783)撰写《自拟进《纲目举正》表》时，已高龄八十，犹自称“附生”，足见其至老仍功名偃蹇。

㉟《浣玉轩集》卷四有《举鸿词由县府司录送至三院会试被放》诗。

㊱ 详参拙著《夏敬渠与野叟曝言考论》第四章第二节《名宦与夏敬渠暨〈野叟曝言〉之关系》。

㊲ 李友琴为陆士谔《新孽海花》所撰之《序》云：“连续其新著十余种，觉字字行行皆我心所欲言而未发者。余不觉技痒，于是逐种为之谬加评点。而云翔(陆士谔字)亦深许余为知言，每一稿成，必先持以示余。文学之交，遂成莫逆。”

㊳《新野叟曝言·总评》最后一条：“士谔先生著述山积，出版者十余种。《新三国》、《新水浒》其最著也。现方著社会小说《官场真面目》、《新孽海花》，艳情小说《摄魂花》，余甚冀三书之早日脱稿，早得评而刊之矣！”按：此条《总评》先说明陆氏是畅销的小说家，故“著述山积”；接着拉拢其旧作《新

水浒》、《新三国》的读者，以促销《新野叟曝言》；最后又附带地预告三本最新著作。可谓"一石三鸟"，其生意手腕实在灵活高明。

㊴ 详参田若虹《陆士谔研究》第十章《陆士谔医著创作论》，岳麓书社 2002 年版。

㊵ 有关陆士谔《新野叟曝言》与夏敬渠《野叟曝言》之创作动机、内容思想、文学技巧、对后世影响等诸问题的研究与比较，笔者将另撰专文探讨之。

㊶ 中国戏剧志编辑委员会编《中国戏剧志·上海卷》，中国 ISBN 中心 1996 年版，第 178 页。

㊷《麒麟乐府》之《周信芳先生年谱》，资料来自 http://www.qilintong.com/qlyf/np.html

㊸ 据《麒麟乐府·周信芳先生中期演出剧目》载："《文素臣》一至六本——根据清代夏敬渠长篇小说《野叟曝言》改编。编剧：朱觉庵（即朱石麟），1938 年 12 月 9 日，1939 年 4 月 13 日、7 月 1 7 日、11 月 16 日，1940 年 5 月 24 日，1941 年 1 月 7 日，各首演一本。周导演兼主演，饰文素臣…… "（同前注）

㊹ 资料来源：《回忆周信芳的移风社》，http://www.huaxia.com/jjjc/zt/00047377.html

㊺ 资料来源：上海档案信息网《麒麟童周信芳》http://202.224.197/hsrw/shmr/200301200274.html

㊻ 详参拙著《夏敬渠与野叟曝言考论》第六章第二节《用力太猛的原因及缺失》。

㊼ 资料来自：《梨园轶事·李门四代，万古长春》，http://www.google.com.tw/search? q=cache:yMO3wySwsawJ:www.dongdongiang.com/lyys…

㊽《中国戏剧·黄梅戏》："（黄梅戏）并在上海受到越剧、扬剧、淮剧和从北方来的评剧（时称'蹦蹦戏'）的影响，在演出的内容与形式上都起了很大变化。陆续编排、移植了一批新剧目，其中有连台本戏《文素臣》……"资料来自：http://www.chian-play.com/news/ShowArticle.asp? ArticleID=174

㊾"标准剧团"成立于 1940 年 9 月，是原"水云剧团"的班底，由老生商芳臣兼演小生领衔。1940 年 9 月 15 日起，演于上海民乐剧场，1942 年，转到九星戏院演出，直至 1944 年，剧团结束。约请了樊篱、乔陵、陶贤、芳菲、李小楼等编导人员排演新戏。演出以新戏与连台本戏为主。其中演出的连台本戏剧目有《文素臣》。资料来自：《上海越剧》之《班社、剧团》，http://www.yueju.net/page/index134.html

㊿ 危鸣,1930年11月生,女,湖北武汉人,二级演员。1949年11月参加工作。后调到湖北省汉剧团从事演员工作。在几十年的艺术生涯中,曾在各种剧目中扮演角色,如《太平春》饰杨波,《文素臣》饰文素臣……(《世界优秀专家人才名典》网络版第六版。http://www.google.com.tw/search? q-cache:vCoZumGYwcj:www.worldexperts.org/6/w/w6)

51 潮剧六大班指"三正"、"正顺"、"源正"、"怡梨"、"玉梨"、"赛宝"、"广东省"潮剧团。其中"赛宝潮剧团"在1950—1958年曾演出《文素臣》戏剧。资料来自:《潮剧史料》之《潮剧院建院前六大班上演剧目录》,http://www.chaoju.com/shiliao/c-j-yjianyuanqian6dabanjumu.html

52 资料来自:《潮汕海内外名人网——名人传记——马飞传》,http://www.chaoren.org/crzj/mafei/mfz

53 资料来自:copyright@2004—2005中国影视数据馆《影片详细数据》、《文素臣》以及《导演·张汉臣》http://www.sfs-cn.com/xinguangcanlan/RENWU/meishu/18.html

54《文素臣》影片,经邵氏电影公司修复后,以DVD光盘片出售。

55 见1966年10月15日香港佛教联合会会长释筏可黄允田致马来西亚佛教总会之《覆函》。资料来自《无尽灯》第34期,1966年12月。

56 58 61 资料来自:马来西亚佛教总会Malaysian Buddhist Association慧海法师所撰《马来西亚佛教总会·平息〈文素臣〉影片风波经过略记》。刊于《无尽灯》第34期,1966年12月。

57 两份公函皆刊载于《无尽灯》第34期,1966年12月。

59 60 见1966年11月4日台湾佛教会理事长道源致马来西亚佛教总会会长竺摩、总务真果之《覆函》。又:1966年10月30日新加坡佛教总会主席释宏船致马来西亚佛教总会之《覆函》。两份《覆函》皆刊载于《无尽灯》第34期,1966年12月。

62 见马来西亚佛教总会《向邵氏公司抗议书》,《无尽灯》第33期,1966年9月。

63 台湾《"中央"日报》1970年6月27日第八版报导"小学生看电视着迷,布袋戏人物当历史伟人":……屏(东)县坊寮乡某国民小学,最近举毕业班考试,在历史科的问题中,问:'我国历史中的伟大人物为何人?'居然有二三学生的答案是'史艳文'……"

64《云州大儒侠》剧中丑角"二齿"口吃,说话时必以"哈谜"为口头禅,小学生竞相模仿,以致校园中充斥"哈谜、哈谜"的声音。笔者当时正就读小学,是模仿者,也是《云州大儒侠》狂潮现象的目击证人之一。

㊵ 台湾《联合报》1970 年 11 月 19 日第五版报道。

㊶ 台湾《"中央"日报》1970 年 12 月 17 日第六版报导,因电视台播演布袋戏及歌仔戏之后,对地方戏剧团造成极大的影响,歌仔戏、话剧几已难维持。报道内容依据"台湾省地方戏剧协会"之开会说明。

㊷ 台湾《"中央"日报》1970 年 6 月 21 日第六版报道"立法委员"洪炎秋的说法。

㊸ 台湾《"中央"日报》1970 年 6 月 13 日第六版报道。

㊹ 台湾《联合报》1970 年 6 月 12 日报导"立法院教育委员会"立委穆超及杨宝琳之意见。

㊺ 详参林安宁主编《史艳文·编集手记》,台北远流出版社印行 1999 年版。

㊻《云州大儒侠》之原始剧本几乎已无存;且当时常现场随演随播,鲜有录像带留存。《云州大儒侠》的内容情节,乃笔者根据 1970 年 3 月 2 日起至 1971 年 10 月 31 日止之《电视周刊》逐一整理得知。

㊼ 见台湾《"中央"日报》1971 年 1 月 26 日,2 月 18、19、20 日,3 月 3、4 日的电影广告版。此影片由华国电影公司制作,侯铮导演,张清清、李欣华、陈鸿烈等演出。

㊽《大战藏镜人》电影,由郭南宏导演。卖座较差,因台湾《"中央"日报》1971 年 3 月 9 日第八版,首次刊登其放映广告,3 月 11 日同版之广告已称"铁定最后一天"。

㊾ "香港电台·网上广播站'戏曲天地'"。资料来自:http://www.rthk.org.hk/rthk/radio5/tco/20030907.html

(原载《明清小说研究》2006 年第 3 期)

《文素臣》——周信芳对于海派连台本戏之实践

侯云舒

一 前言

在中国京剧的艺术流派之中，“麒派”是历来被公认最具有唱做特色的老生流派之一，“麒派”老生演唱时的特殊沙哑嗓音，充满着苍劲、酣畅及浑厚的韵味，其音色之辨识度高，听之令人无法忘怀。而“麒派”的做表更为醒目，往往采用了一种趋近于“夸饰”的方式，来放大人物性格及行为上的特色，观之令人目眩神迷。“麒派”的宗师是麒麟童，亦即周信芳，为京剧海派艺术的代表人物，他在1938年12月排演了一出连台本戏《文素臣》，采用的是清代夏敬渠才学小说《野叟曝言》为创作底本，将之重新剪裁融铸，成为首尾共六本的长篇型京剧作品。首演于上海卡尔登戏院。将小说重新创作成剧本的编剧为朱石麟，朱氏在此之前已先编有周信芳演出次数非常多的连台本戏代表作之一《徽钦二帝》，他本身为电影导演，笔名朱觉盦。《文素臣》一剧自1938年12月开始演出后，一连演出了两年多的时间，一直跨至1941年元月，耗时甚长。在头本公演之时，有“万人空巷来观”的说法，创连续满座三个月的佳绩，被称为风格独树一帜的新型态平剧。1939年演出了二、三、四本，观众益发增加，其于当时之“孤岛”上海，所造成的轰动盛况，可谓缔造了一则海派京剧连台本戏的传奇。周信芳《文素臣》的编演成功，自非偶然，其得力于内外条件的相辅相成，本文将分以下几个层面来讨论。

二　海派京剧艺术的求新求变

“海派”京剧是“南派”京剧演化而来,原本“南派”是泛指中国南方,主要是江南一带的京剧流派,而“海派”则是范围锁定在上海及其周边一带的京剧表演形式。京剧由北向南传播,传入上海之后,受到上海这个五方杂处、人文荟萃、开放性城市的影响,逐步吸纳此地市民的审美特色,形成了与北方京派审美不同的京剧流派。上海市民因地理环境的关系,接受到外界的新思潮及新事务速度比其他城市快速且多元,这其中当然也包含了艺术形式。至民国初年时期,西方话剧、电影、歌舞、魔术、歌剧等艺术形式,都已在上海各地流布,因此,上海是一个艺术多元化的汇集地。1908 年潘月樵及夏月珊、夏月润兄弟,创办了“新舞台”这个不同于以往的舞台空间,也直接给予了新型态的表演艺术一个展示的有利机会。其时,改良式的京剧正方兴未艾,承接了上海市民喜好求新求变求奇的特色,海派京剧在民国初期,出现了大量的新编剧目,只为符合观众重故事情节、重看戏乐趣的审美趣味。这使得原本京腔大戏中讲求韵味、讲求演员唱工精湛、做表醇雅大方的单出戏码,已不能满足上海观众的要求。京朝派重“听”,海洋派重“看”,因此,由“看”而衍生出来的各项元素,成为海派京剧的改变重点。例如在故事情节上,海派京剧不断求新颖、讲求贴近一般人的现实生活,能反映社会现况,并进而提出针砭或讽刺,对于外国的戏剧题材或历史时事大量移植引入;而在服装上,已不再局限于古装,大量以当代时装及外国服装入戏;在舞台技术上,喜欢追求奇炫的声光变化,新奇的机关布景;而在演唱技法上,原本京派重视的大段唱腔及过门,令上海观众不耐,因此,大量删截并加以新编,采用时调、民歌小调及地方腔调,京、徽、梆合演,有些也加入了外国歌曲。唱法由原本的一人独唱、两人对口增加为群唱、多人接唱、对唱、齐唱等花式较为繁复的表现方式;在乐器上除了旧有的文武场编制外，加入了西乐的运用，因而使音乐听来更加丰富；在演员诠释方面，海派演员重表演，而不仅只是唱工的单调展示，繁多的做表，是一大特色。四大名旦之一荀慧生在看了南派名旦冯子和的演出后，曾表示："看了他的戏，简直没法学，因为他太会演了。"[①]而周信芳受到冯子和影响颇深，因此重做表，自是不在话下。此外，单折单出的演出方式，也无法再适应上海观众复杂多变的口味，因此，"连台本戏"的表现形式就在上海大行其道。

三　海派京剧连台本戏的特征

连台本戏并非产生于上海，在明代所演之《目连救母》即有一百出的长篇幅容量，不少与宗教有关的剧目都有长篇连演的演出形式。而清代的内廷演戏，也有如《封神天榜》这类型的连台长戏。京剧形式的连台本戏其实起于北京，同治年间程长庚、徐小香、卢胜奎合演全部《三国志》，即有 32 本的长篇。1867 年北京京剧演员夏奎章等人，带了十本《五彩舆》至上海演出，当时有诗作流传："自有京班百不如，昆徽杂剧概删除。门前招贴人争看，十本新排《五彩舆》。"[②]造成"沪人初见，趋之若狂"的盛况，京剧之连台本戏因而传入上海[③]，搭配上原本对京腔单折戏的厌倦，连台本戏因为情节容量大幅加长，因此给了当时艺人许多发展的空间。他们结合了当时在新舞台盛行的新剧所使用的舞台机关布景及道具，因此成了当时海派京剧演员的一块大加挥洒的新园地，也产生不少编演连台本戏的好手，例如冯子和、王鸿寿、夏月珊、夏月润兄弟、赵如泉、常春恒及周信芳等。连台本戏情节讲究曲折离奇，机关布景要炫人耳目，灯光变幻出奇，完全体现了海派观众的审美旨趣。周信芳自 1912 年就开始参加连台本戏的演出，如《要离断臂刺庆忌》、《九美缘》等，在历年来周氏所排演的剧目中，有 250 多部属于连台本戏，占其演出剧目总量的一半，可见他对于连台本戏形式情有独钟。不过周信芳后来也因为大量演出这种形式的京剧，受到许多责难，原因在于"连台本戏"的发展穷变，成为只重机关布景、情节庸俗荒诞、哗众取宠的恶性海派京剧，因此与文明戏一样，都充满了负面的意义。周信芳自年轻时期即成功排演了《粉妆楼》、《查潘斗胜》，其后又以民间通俗小说演义为创作底本，编演了许多叫好叫座的连台本戏，如《汉刘邦》十本、《飞龙传》十本、《天雨花》二十四本、《封神榜》十六本、《华丽缘》十二本等。而在上海“孤岛”时期，也与移风社同人编演了《董小宛》、《香妃恨》与《文素臣》。

连台本戏除了上述的缺点外，之所以会在上海大行其道，当然需要其他优点特色来吸引观众，而海派连台本戏所具有的特色，如故事篇幅长，因而事件交代详细完整，且情节性强，结构紧凑有悬念，因此对于观众猎奇的吸引力颇大。周信芳曾指出：“‘连台本戏’是传统戏曲中一种基本的表现形式，尤其在它传到上海后，结合上海的特点，吸取了新剧的表演方法与现代化的舞台技术，再加上它通俗易懂，情节紧凑热闹，获得了广大观众的欢迎。一个好的连台本戏，应该是：有意义，有情节，有戏，有人物；还要有噱头，有穿插，有关子。总起来一句话：必须提高质量。谈到文艺作品的质量，无论什么时候，都必须包括思想和艺术两个方面，片面地强调哪一个方面都是不正确的。”④因此周信芳认为，好的本戏好比评弹中的长篇书目，一个完整的故事要分好几天才能演完，因此编剧者要能够善于穿插，要有悬念，使人看了一本还想来看下一本。除了要有情节跌宕的好故事外，人物的性格要鲜明突出，使观众能马上看见人物，此外还要有“噱头”，这当是指新奇的机关布景道具等舞台技术。周氏对于机关布景并不排斥，但也不滥用，基本上是以戏的题材来做取舍，他认为如果表现神话故事的光怪陆离，则可多用；如果表现武侠故事则适可而止；如果是历史故事，就不宜用。因此机关布景是用来辅助演出效果的一种智慧及机巧，但绝不能喧宾夺主，坏了戏的本质及表演重心。

此外，连台本戏虽然篇幅长，但仍然要有“意义”，对周信芳而言，能够寓教于乐、美教化、移风俗，是演剧的中心主旨。周氏于1913年18岁时，就加入京剧改良的风潮，因对袁世凯的不满，主演了反映现实题材的《宋教仁遇害》，也自行编演了《王莽篡汉》，其后又参加由汪笑侬编演的《受禅台》、《献地图》。从此以后，因不同时期反映不同的政治处境，他编演或参演了许多具有爱国或反抗精神的剧目，如《英雄血泪图》、《陈胜吴广》、《岳母刺字》、《界牌关》、《陆登尽忠》(潞安州)、《梁红玉》、《桃花扇》、《博浪锥》、《明末遗恨》、《洪承畴》、《董小宛》、《香妃恨》、《亡蜀鉴》、《徽钦二帝》、《文天祥》、《岳飞》等，因此思想上的教化功能及强烈的社会责任感，是周氏毕生实践的重要演出功能。

四 周信芳的反雅于俗及《文素臣》的编演

周信芳是一个京剧演员，其父周慰堂是位二路旦角，周信芳从小耳濡目染，看到父亲的戏班演出，深知戏曲原本来自民间，而自应以“俗”趣为其本来面貌。他曾于 1929 年提出：“平剧本是民众的东西，因为被些无聊的人把通俗的东西变成了古董，成为有钱阶级的玩物，反而离开了民众。”[5]因此他致力于将京剧返雅于俗，但这个“俗”，并非是媚俗或粗俗，而是应该把戏曲中的故事、念白、唱词及表演让一般民众都能欣赏及认识，体认到其中的趣味，而且还要保有一些单纯及原始的民间性。他所喜爱的民间性，诚如其所言：“剧本来自民间，未经过士大夫的修饰，有它的朴实可爱之处。所以说民间剧本最好，有那么股淳厚的味儿。秦腔里有很多便是民间剧本，可惜都被摒之于庙堂之外了。”[6]周氏对于戏曲本质通俗性的看法，影响到他对选戏和编戏的题材选择，他的许多代表作品，底本都选自于民间流行的小说、鼓词或话本。例如《清风亭》来自民间传说故事、《打渔杀家》来自《水浒后传》、《四进士》来自《紫金镯》鼓词、《投军别窑》来自《龙凤金钗传》鼓词及通俗小说《红鬃烈马》、《凤凰山、独木关》来自话本小说《说唐》及《东征全传》、《乌龙院》来自小说《水浒传》、《徐策跑城》来自小说《隋唐演义》、《赵五娘》来自唐人小说、《鸿门宴》来自小说《两汉演义》和《史记·项羽本纪》、《文素臣》来自才学小说《野叟曝言》等等。也因此，编写《文素臣》正是植基于周氏反雅于俗的戏剧观念。

《野叟曝言》原书一百五十四回，是一部清代长篇小说，但是要将原文的所有情节纳入戏剧演出是不可能的，因此周信芳及编剧朱石麟将其大刀阔斧地修剪并整编，汰去了原书许多情节繁芜之处，使得全书的一百五十四回目浓缩成六本连台本戏的容量。主要的目的是能删繁就简，而且也可以把许多对造成演出散漫无章的歧出枝节，加以修整。海派京剧的特质之一是故事精彩紧凑，不拖沓，高潮迭起，在周、石整编的《文素臣》中，这种特质得以实现，兹将《文素臣》的主要情节略叙附于下：

明成化年间，宪宗昏聩，朝廷权奸当道把持国政。吴江秀才文素臣，文武双全，辞别母妻出外游历，一方面问学，一方面为社会小民打抱不平，除暴安良。行至杭州，寄寓昭庆寺，和尚松庵乃权奸靳直之鹰犬，在地方胡作非为。文素臣于西湖遇父执辈之未澹然（一飞）一家，湖中突出蛟龙，船翻覆，文救出未澹然长女鸾吹，次女金羽及丫头素娥不知去向。文将鸾吹背负至大庙，女欲以身相许，素臣坐怀不乱不允匹配，乃结为兄妹。送至昭庆寺，遇素娥，文至城中找寻其父，寺僧松庵逼鸾吹，被鸾吹推倒灯台所伤，寺中大火，文救其主婢二人，复又救出侠士刘虎成被松庵所掳去之妻石氏及众妇女，未氏一家后团聚重逢。刘虎成为感谢文，欲嫁其妹璇姑与文，文拒之。璇姑习算，后终收之，旋又失散。

其后，宪宗之弟景王暗中招兵买马，图谋反叛，且与靳直勾结，文再至丰城访未澹然时，未已死，后文染病，素娥日夜以身侍其冷热，文康复，收之为妾。因未氏继子诬其有玷闺门，素臣至县折辩，县令任信验明无他，敬为上宾。素臣见任女湘灵患闷痘，故扯衣惊之，险症得痊。素臣错闻良友洪文死耗，徒步入京，后始知系误传。观擂，倒擂台，又救解翠莲姊妹，义结铁丐。应征入都廷对，直斥国师及司礼靳直，问斩，女神童谢红豆救之，发配辽东。靳直遣红须客刺之，红须反赠素臣宝刀，素臣得刀，再斩刺客性空，夜烧宝音寺，入盘山，义结尹雄夫妇。皇甫毓昆审黄铁娘案，被景王诬害，素臣助擒真凶妙化，误入盗舟，与失散之书僮奚囊相遇，歼盗舟，皇甫复职。素臣回家探母，妻妾团圆。

素臣二次出游，除夜叉，误入李又全府中，被陷，女侠熊飞娘救之出险，义结白祥、熊奇，入海岛，助红须、铁丐、刘大剿平靳直羽翼。入都见太子佑樘，又入广西访查毒蟒，中蛊求医，谢红豆侍疾。靳直兴大狱，激反丰城百姓，素臣起复，率义勇剿平毒蟒。靳直、景王谋篡，素臣匹马还都，守宫杀贼，先除景王；继至山东，救回宪宗(朱见深)，功成封爵，富贵寿考。

在角色饰演上，周信芳饰文素臣，王熙春饰未鸾吹，金素雯饰刘璇姑，刘文魁饰未澹然，刘韵芳饰文母，张慧聪饰文妻。

全剧以忠奸双方相互抗争为主要结构，剧情曲折，且穿插多处打斗武侠场面，如第一本昭庆寺救刘妻及水中与蛟龙格斗，第三本奸臣鹰犬道士吴天设擂台暗器伤人，文出手打抱不平，推倒擂台，第五本文乔装相士，入恶霸虎穴救出民女等。全剧的线索始终集中在文素臣一人身上，以其为叙事主轴加以敷演，这也使得夏敬渠原书的一个写作特点——单线贯穿，得到很好的展现。王琼玲曾提及此一特点："《野叟曝言》正能摆脱传统小说的窠臼，独采'单线贯穿'式的写作技巧；以文素臣为单一主角，故事随主角而推展，情节环环相扣，故本书人物虽然庞杂，但宾主分明，绝无混淆夺之事，此点颇为难得，不可不谓夏氏的一大成就。"⑦周信芳选用小说等通俗文学为底本，是一种将长篇章回小说及话本鼓词的立体化、舞台化、表演化的呈现，《野叟曝言》单线叙事的特色，正好非常适合舞台上突出主角的编演特质。

而对于整编剧本的态度，周信芳十分严谨，并不是把编剧修好的剧本拿来立即采用，其间必须再经过整体审查和集体创作二项再塑造，才能付之毡氍。葛次江曾说明此点："我们在排新本戏的时候，首先对采用和处理剧本上很慎重，有的戏如《明末遗恨》、《冷于冰》是周老自编的。也有外来的剧本，如《温如玉》是杰出京剧表演艺术家冯子和先生的手笔，《文素臣》是朱石麟先生编写的。本子拿来之后，周老总要亲自审查，并根据演员条件，和作者商量，进行案头加工。有时，周老也把某场戏交给主演去补充，使能发挥所长。不管时间多么急迫，从来不随便抓个本子来就乱演。本子经过修改之后，一旦固定下来，从周老算起，先带头唱念准词，始终如一，直到把戏收起来为止。除非是有计划地全盘增删，才会加以更动。”[8]集体对剧本加工创造，也使得周氏的本戏在人物的展现及诠释上，有了相关演员的意见与讨论，比起一般由编剧者一人思想脉络下所形塑的剧中人物，来得更加饱满而别具特色。

至于周氏认为本戏必须要有“扣子”，亦即“悬念”，这样才会吸引观众有追索及看下一本的欲望。在《文素臣》中，对于悬念的设计也很用心，往往将这个扣子放在一本的结束部分，等到下一本的开头再来解开上本所设下的关子。如第二本结束处，文素臣知道县令之女任湘灵得了闷痘症，在不动声色的情况下，出其不意地扯她的衣服，造成任女的惊吓，任家大惊，以为文氏乃不良之人，追打文氏，第二本结束。下一本开端，方才拖出文为了替其舒解闷症，才出此策略，使得任女之病得以痊愈。而在第三本结尾处，文素臣于大殿上痛斥权奸，宪宗大怒，欲斩之，左右苦劝不住，戏就此打住。至第四本，开始先宕开一笔，另写景王在外招兵买马，招降各方人士之后，才又扳回正题，接续上本皇帝本要杀之，此时旁边却闪出女神童谢红豆，以苏秦之辩才，说服了宪宗，免其死罪。

至于布景方面，周信芳把《文素臣》中的布置运用立体形式呈现出来，不以奇炫机关为设计重点，主要是因地制宜。当时上海的卡尔登戏院比较小，舞台也小，座位不到一千人，因此无法卖弄奇巧的机关，所以周氏改以富丽堂皇的风貌来补足，反而十分新奇有噱头。北京剧作家及评论家翁偶虹先生在上海看过六本的《文素臣》后，对于布景的运用十分称赞：“此六本文素臣中，最富丽最伟大之场面，厥在成化帝病卧宫闱，文素臣乔扮行医，此场布景当然站在富丽堂皇四个字，然此处设计实施，亦剧上一种经验，绝非率尔操觚者，大可一谈为声色并重者作参考也。其宫阙布景之制造，与昔年平面一层者不同，且凸凹开阖，如有用途，盖用合话剧布景方法，沆瀣而成，于此可见海上剧业之进步。”[9]由此可见海派本戏在布景上的推陈出新以及戏团老板肯下本钱，只为了获得观众的认可。

在表演方面，周氏借用了好莱坞喜剧的呈现方式融入其中，例如上面所述情节中，任县令见女儿怪病得瘳，设宴款待文素臣，文饮得有些醉意，任县令说话，他每句都附和点头，当任县令提出欲将湘灵许配给他时，他一下子没有清醒，也随意点头应和，但突然发现不对时，才又很谐趣地猛摇头否认。事实证明，能化用西方表演到京剧中于无形，其戏剧效果更能事半功倍。周信芳本身的舞台经验非常丰厚，他演过时装新戏、话剧，还拍过电影，也是个电影迷，他曾自称他的许多表演方法，是由美国电影中学来的。他演过《雷雨》中的周朴园，因此，当他接受过不同表演方法的洗礼后，使得他回到京剧舞台上时，做表要比一般人丰富而细腻，诠释角色饶富层次及节奏感。葛次江亦曾提及，周信芳对于角色的诠释颇为夸张："记得一次排《文素臣》，我演张老实，看见一个大元宝，动了心思。周老觉得我表情不够味，他做了一个动作：瞪大了眼珠瞧着元宝，两手曲举过肩，五指张开，说：'呀！一个大元宝！'这样就把一个爱财的人的心理表现出来了；像这种漫画式夸张的动作，在京剧中是少见的，但类似这种新的手法，只要演得像那个人，他常常使用，毫不顾忌。"[10]由上亦可以见出海派本戏角色诠释上不局限于一格，且倾向于夸饰的特色。

不过，即使《文素臣》连台六本，但在每一本的表现上都是独立且精致不马虎的，举凡走位、唱腔、锣鼓、布景，每一个细节都要十分妥适，如槛外人曾言："周在台上演戏不保留，对人说戏也不保留，他对戏尤其是本戏可说得是目无全牛，所以我说他固然是个好演员，更是个好导演。他排戏先发单片给各演员，然后召集大家，把总纲讲一遍，再一场接一场，连唱词和锣鼓点子都详细说明，特别注意的是走位和眼神注向何方，人、景、道具错落安排，让每个人都面对观众，都有表演机会。"[11]这个说法，也可以看出周信芳除了是位好演员，其导演功力也自不凡。

此外，在《文素臣》一剧中，每个主要角色都得到妥帖的诠释，且各有特点，翁偶虹对此也加以褒扬："麒麟童文素臣之扮相，文武双用，而不挂髯口，剧中描写文素臣个性，为一含有神秘性之多才智士,不只如此而已,武技亦极娴精,有多少女子慕其名而思近雄泽,不挂髯口亦宜。""麒麟童表演力佳,字句筋节,干净切当,如食哀家梨,用并州剪。""马春甫所饰靳直此角念京白,与麒麟童对白甚多,霞映江红,草接天碧,不为不准,不为不脆。而且冷锤用得巧妙。黄铁娘为王熙春饰……熙春有'小依人'之称,青衣戏优于花衫","此剧之黄铁娘,绿惨红愁,颇当其选,上场唱二黄,表白大喜",再加"赵贵之母,王兰芳饰,一代丽才,珠黄自贬,时演彩旦俊扮,颇得机趣"[12]。

当然,以六本连台的容量,是不可能完全细密不出差错的,对于某些人物出现的时机,以及情节的合理性,《文素臣》还是存在着某些缺点和未尽之处,例如鲁国琴就曾根据他所观看的第四本《文素臣》,在情节上提出了一些质疑及待商榷处:"文素臣既是被谗臣所陷,发配辽东……为何无刑具加身,反而随身带有宝剑?以文素臣的护送者,照剧情看来,却像是文素臣的护卫队,这点好似有些儿欠通。其次,在大太子等送文素臣启行辽东时,居然谢红豆也来送行,暗授锦书而去,谢红豆是甚等样人且不要管他,他竟然在大庭众人之前来一见文素臣可称大胆,他虽然巧言令色救了文的性命,然而在权奸笼罩的京都,耳目众多,他不怕有奸细报告来一下谗陷于皇上吗?……在手法上而论,总觉替红豆'捏一把汗'。"[13]因此,在戏理上仍然存有小缺失,但还算瑕不掩瑜。

文素臣这个人物,是夏敬渠所形塑的一个理想化的全人,甚至是一个"神人"。杨旺生先生曾提及:"文素臣形象的最大特点是高度理想化。夏敬渠将一个封建儒生所能想象到的、值得肯定、歌颂、艳羡、膜拜等理想化的因子统统加在文素臣身上,将之塑造成所谓的'奋武揆文天下无双正士'……夏敬渠倾尽心力、竭其才学在《野叟曝言》中进行了一场轰轰烈烈的造神运动,呕心沥血把文素臣塑造成一个'高、大、全'的极度理想化的神话式人物。"[14]杨氏甚至将他称之为"儒家超人",他是一个奉行儒家入世思想、天文历算、武学医术无不具备的完人,他的人格完美,恪宗伦理纲常从不逾矩,对女色能如柳下惠坐怀不乱,家中母贤、妻妾忠贞且永不争吵和睦相容，对国君忠心不二，能平内攘外功绩盖天下，但他终究还不能做帝王，因此，作者为了弥补这个缺憾，最后安排了天子尊其为“素父”，天下万世以得素父为乐[15]。如果以这样一种“完人”形象来在舞台上呈现，其实并不十分适合，一个全人或神人不见弱点，没有“人性”，是无法说服台下观众的，观众要看的是一个血肉饱满的角色，一个与他们能贴近的人的形象。周信芳的《文素臣》由人臣始，也由人臣结，他最后揭露了李又全与景王勾结的信件，派人密送入京，皇帝传旨立斩李，宣召文素臣入朝。少掉了“素父”超越帝王的假象，反而使文素臣的忠臣形象能够有始有终，首尾完足。

五 结 语

周信芳所编演的海派京剧《文素臣》，是他最后一部连台本戏，所得到的效果也最成功。在这出戏尚未演出前，就让上海观众引颈期盼，十分期待，当时的《申报》在演出一个月之前，已先给予高度关注：“卡尔登大戏院移风剧社，将继《紫荆花》演出之新戏头本《文素臣》，为名编剧家朱觉盦（即编《徽钦二帝》之朱石麟）君之手笔。是剧即全部《野叟曝言》。内容有朝廷社会义侠儿女等情节，惟将涉及淫秽神怪者全部删去，为连台本戏。该院赶制彩头布景，已属三月，日内即将竣工。”[16]而在演出一年后，《申报》中有一篇作者投书，又将此剧封为 1939 年最红的戏之一，且对周信芳的成功大加赞扬：“《文素臣》，这是本年度剧坛的奇迹，也可以说是艺人周信芳从事戏剧数十年来最大的收获。《文素臣》曾经连卖几十场满堂，不知吸引了多少观众，真有‘不看文素臣，不是上海人’之概。就是接二连三南来的京朝派名角，也都争先往观，《文素臣》可以算是今年最红的戏了。”[17]

此剧的全面性成功，使得当时的申曲、电影及弹词大家争相仿效，争相编演文素臣这一题材，当时上海把 1939 年称之为“《文素臣》年”。经由上面的讨论，不难归纳出《文素臣》的成绩，其实是总结了周信芳多年来致力于海派京剧乃至于连台本戏的成果，也代表了海派连台本戏最好的特色展现，它是一出“良性”海派戏的优秀范本，也给予了连台本戏一个正面的意义。

【注】

①《南方京剧旦角改革的先驱冯子和》，《上海戏曲史料荟萃》(二)，中国戏曲志上海卷编辑部1986年版。

② 沈鸿鑫、何国栋《周信芳传》，河北教育出版社1996年版。

③ 沈鸿鑫《梅兰芳周信芳和京剧世界》，汉语大辞典出版社2004年版。

④ 周信芳《谈谈连台本戏》，《周信芳文集》，中国戏剧出版社1984年版，第344、348页。

⑤ 周信芳《〈探母〉新旧剧词之商榷》，《周信芳文集》，中国戏剧出版社1984年版，第299页。

⑥ 周信芳《谈穷生戏》，《周信芳文集》，中国戏剧出版社1984年版，第319页。

⑦ 王琼玲《野叟曝言研究》，学海出版社1988年版。

⑧ 葛次江《移风社二三事》，中国戏剧出版社编辑《周信芳艺术评论集》，中国戏剧出版社1982年版，第543—544页。

⑨⑫ 翁偶虹《略记麒麟童之六本〈文素臣〉》，《半月戏剧》第三卷8—9期，1941年。

⑩ 葛次江《移风社二三事》，中国戏剧出版社编辑《周信芳艺术评论集》，中国戏剧出版社1982年版，第544页。

⑪ 黄敏祯《周信芳浑身是戏》，《我的公公麒麟童》，大地出版社1984年版，第211页。

⑬ 鲁国琴《重演四本文素臣观感》，《十日戏剧》三卷三期，1941年1月5日。

⑭ 杨旺生《“儒家超人”文素臣——神话建构及消解》，《南京农业大学学报》(社会科学版)2005年第2期。

⑮《野叟曝言》一百四十四回中有：“朕以得臣素父为乐；皇后、贵妃以朕之得臣素父为乐；举朝以得友素父、事素父为乐；天下以得相素父为乐；万世以得除大害于素父为乐，是素父一人、乃众乐之宗也。”

⑯《卡尔登将排演〈文素臣〉》，《申报》1938年11月6日，转引自沈鸿鑫《梅兰

芳周信芳和京剧世界》,汉语大词典出版社 2004 年版,第 307 页。

⑰ 唯我《本年度上海最红的戏》,《申报》1939 年 12 月 31 日,同上。

（原载 2009 年《海峡两岸夏敬渠、屠绅与中国古代才学小说学术研讨会论文集》）

《野叟曝言》中的戏曲剧目叙考

朱恒夫

长篇小说《野叟曝言》为清代江阴人夏敬渠(1705—1787)所作。夏敬渠将小说当作庋学问文章之具,用以炫才逞学,故在他的一百五十四回的长著中,有意识地肆意谈论他所掌握的知识:理学、诗赋、医术、兵法、天文、算术等等。又他的家乡邻近苏州,为昆剧演出繁盛的地方,他对戏曲自然是十分熟悉的,戏曲知识便也成了他炫耀的内容。所以,他在小说中亦花费笔墨描述了演剧活动,并对剧目的思想内容作了评论,为我们提供了许多戏曲史料。

小说所叙述剧目,除了《妆盒记》、《满床笏》等少数剧目外,绝大多数不为任何收载剧目的书籍著录。小说第七十三回《论一气云开日朗　呈百戏石破天惊》与第七十五回《盘锦囊忽见庐山面目　定乐府拓开平日心胸》两回,叙述主人公文素臣到山东莱阳白玉麟家,主人以演戏招待宾客。小说说这些戏曲为戴廷玲、刘时雍所作,戴、刘是小说中虚构的人物,因此,剧目自然不会是子虚乌有之人物所作,那么,是不是作者作的呢?也不像,因为小说中的主人公文素臣即是作者之寄托,而他对许多剧目的内容给予了严厉的批评,说它们虽为历史剧,但多与史实不符,对历史人物的评价不够中允。这些剧目极有可能是游历四方的夏敬渠在某个地方看到的。

在小说中,作者大肆谈论这些剧目与它们的意义,看不出对于塑造人物形象或叙述情节有多少益处,但对于戏曲史来说,无疑有着一定的价值。今据七十三回、七十五回的介绍与提供的情节线索，对部分剧目的内容作一叙考。

《齐小白杀兄堕厕》 简称《齐小白》。小说没有介绍其情节，只由文素臣辨明齐小白为兄，而被杀者公子纠为弟。桓公杀公子纠事见于史书，如《史记 · 齐太公世家》云：襄公无道，群弟恐祸及己身，故次弟纠奔鲁，次弟小白奔莒。及雍林人杀无知后，小白欲入齐。鲁国闻无知死，亦发兵送公子纠，并于路上袭击小白。小白登位后，是为桓公，随即发兵打败鲁国，并逼迫鲁国杀死公子纠。堕厕事未见书。可能该剧作者认为，小白杀兄为一种犯上行为，故给予批判，并让他有堕厕的报应。

《鲁桓公贪色亡身》 简称《鲁桓公》。据小说介绍，当有《诗序》、《狡童》等出目，并有郑忽等人物，剧情不详。当是据《左传 · 鲁桓公》中有关内容编成。《左传 · 鲁桓公》云："北戎伐齐，齐使乞师于郑。郑大子忽帅师救齐。六月，大败戎师，获其二帅大良、少良……公之未昏于齐也，齐侯欲以文姜妻郑大子忽。大子忽辞。人问其故，大子曰：'人各有耦，齐大，非吾耦也。'诗云：'自求多福。'在我而已，大国何为?'君子曰：'善自为谋。'及其败戎师也，齐侯又请妻之，固辞。"又云："十八年春，公将有行，遂与姜氏如齐。申繻曰：'女有家，男有室，无相渎也，谓之有礼，易此必败。'公会齐侯于泺，遂及文姜如齐。齐侯通焉。公谪之，以告。夏四月丙子，享公。使公子彭生乘公，公薨于车。"该剧认为鲁桓公的死，是因为他贪色造成的。该剧拿郑忽与鲁桓公形成对比，一个是不为色动心，一个是见色忘义。

《吴寿梦魂讯季札》 简称《寿梦》。有《遗命》、《再让》、《三让》、《魂讯》四出。本事见《左传》、《公羊传》、《史记》等史籍。《史记 · 吴太伯世家》云："二十五年，王寿梦卒。寿梦有子四人，长曰诸樊，次曰余祭，次曰余昧，次曰季札。季札贤，而寿梦欲立之，季札让不可，于是乃立长子诸樊，摄行事当国。""王诸樊元年，诸樊已除丧，让位季札……季札弃其室而耕，乃舍之。""四年，王余昧卒，欲授弟季札。季札让，逃去。"《公羊传》云："谒也，余祭也，夷末也，与季子同母者四人。季子弱而才，兄弟皆爱之，同欲以为君，兄弟递相为君，而致国乎季子。故谒也死，余祭也立；余祭也死，夷末也立；夷末也死，则国宜之季子，季子使而亡焉。僚者长庶也，即之。阖闾曰：'将从先君之命欤，则国宜之季子也；如不从君之命，则宜立者我也。僚恶得为君乎？'于是，使专诸刺僚。"该剧大意是责怪季札不遵父兄之意，君位一让再让，结果导致内部残杀，国家不宁。虚构出寿梦鬼魂出现事，目的是让寿梦批评季札不该守子藏之小节，而忘父兄之大德。

《汉蔡邕鬼资司徒》 简称《蔡邕》。有《戮善》、《激变》、《坠楼》、《鬼责》四出。《后汉书·蔡邕传》云："中平六年，灵帝崩。董卓为司空，闻邕名高，辟之。称疾不就。卓大怒，詈曰：'我力能族人，蔡邕遂偃蹇者，不旋踵矣。'又切敕州郡举邕诣府，邕不得已，到，署祭酒，甚见敬重。举高第，补侍御史，又转侍书御史，迁尚书。三日之间，周历三台。迁巴郡太守，复留为侍中。初平元年，拜左中郎将，从献帝迁都长安，封高阳乡侯。……卓重邕才学，厚相遇待，每集宴，辄令邕鼓琴赞事，邕亦每存匡益。……及卓被诛，邕在司徒王允坐，殊不意言之而叹，有动于色。允勃然叱之曰：'董卓国之大贼，几倾汉室。君为王臣，所宜同忿，而怀其私遇，以忘大节！今天诛有罪，而反相伤痛，岂不共为逆哉？'即收付廷尉治罪。……士大夫多矜救之，不能得。……邕遂死狱中。"该剧的本事即出于此。小说没有介绍剧情，但由观剧人的评论来看，大约是将蔡邕当作一位正面人物形象来描写的，批评王允不该杀死蔡邕，不该不赦李傕，导致激变惨祸。剧作者让蔡邕以鬼魂来斥责王允。

《晁错兴师平六国》 简称《晁错》。该剧的情节、出目皆没有介绍。晁错事迹见于《汉书·晁错传》。晁错为巩固中央集权，建议皇帝削藩，使之无力反叛朝廷。蓄谋造反的吴楚七国诸侯便以清君侧、诛晁错为名，发动叛乱。汉文帝听信爰盎谗言，杀了晁错，欲以此平息叛乱，结果，诸王得寸进尺依然反叛中央。根据该剧的剧名推测，大概写晁错并未被杀死，他指挥王师与各地勤王大军，镇压了吴楚七国的叛乱。

《郭巨埋儿遘疾》 简称《郭巨》。《太平御览》卷四百十一引汉刘向《孝子图》:"郭巨……甚富。父没,分财二千万为两,分与两弟,己独取母供养……妻产男,虑养之则妨供养,乃令妻抱儿,欲掘地埋之。于土中得金一釜,上有铁券云:'赐孝子郭巨'。巨还宅主,宅主不敢受,遂以闻官,官以券题还巨,遂得兼养儿。"剧情当源于此。可能作者认为,郭巨害儿养母,不合人性,故让他得病而亡。

《乐羊啖子亡身》 简称《乐羊》。《淮南子·人间训》云:"魏将乐羊攻中山,其子执在城中。城中悬其子以示乐羊。乐羊曰:'君臣之义,不得以子为私。'攻愈急。中山因烹其子而遗之鼎羹与其首。乐羊循而泣之曰:'是吾子。'已为使者跪而啜三杯。使者归报中山曰:'是伏约死节者也,不可忍也。'遂降之。"该剧作者认为:"乐羊不啖子不碍事君之忠,兽相食且人恶之,况人相食乎?人不可相食,况可自食其子乎?"认为他太残忍,便让他有"亡身"的报应。

《范亚夫毒骂刘邦》 简称《亚夫》。第一出《轹府》,写刘邦未遇时与审食其相好,常留饮食,其嫂恶食其与吕雉通奸,轹釜示意驱之使去。刘邦、吕雉与其嫂相骂一场而散。第二出《纵奸》,写食其、吕雉白日行奸,被太公撞破,训责子媳。刘邦护妻,吕雉百般撒泼,顶撞太公,太公气极,欲寻短见,经其嫂委曲劝止。第三出《陷父》,演刘邦在军中饮酒御女,昼夜淫乐,被项王袭破大营,将太公捉去。第四出为《分羹》,演刘邦围城,项王把太公架在鼎上招降。刘邦在城下,说那分羹的话。旁边恼了亚夫、范增,发上冲冠,张髯裂眦,把刘邦平日怕妻纵奸、仇嫂逆父,诸般恶迹丑行,逐件数说,"并敢于三军万众前,出此分羹之言,欲食亲父之肉,良心丧尽,禽兽不如,你们将士兵卒,都有人心,怎甘心跟这乌龟主子,忍心奉这枭獍凶徒?忘廉丧耻,忤逆不孝!"直骂得刘邦军队人人气愤,解甲而逃,谋臣战将,个个面红耳热,羞惭无地。刘邦惶愧愤怒,填胸塞膺,无言可辩,闷气伤心。忽然一个筋斗撞下马来,跌死在地。文臣武将都抱头鼠窜,顿时逃散。项王传令,将刘邦尸首棺敛。另做一口大棺材,把吕雉、审食其两人活钉在内,一同葬埋,放下太公,封刘邦之侄刘信为羹颉侯,以表其母之贤,月给俸禄奉养太公及其母终生。该剧内容只有项羽欲将刘太公煮羹以招降刘邦有事实根据,其他皆为虚构。

《习凿齿痛讥陈寿》 简称《习凿齿》。据小说中人物文素臣的评论来看,似主要写习凿齿讥评陈寿对诸葛亮的评价不公正。关于此事,大约晋时就有了对陈寿的非议。《晋书·陈寿传》云:"或云:丁仪、丁廙有盛名于魏,寿谓其子曰:'可觅千斛米见与,当为尊公作佳传。'丁不与之,竟不为立传。寿父马谡参军,谡为诸葛亮所诛,寿父亦坐被髡,诸葛瞻亦轻寿。寿为亮立传,谓亮将略非长,无应敌之才,言瞻惟工书,名过其实。议者以此少之。"在对诸葛亮事迹的记载与评价上,陈寿的《三国志》与习凿齿的《汉晋春秋》相当复杂。《三国志·诸葛亮传》末评价曰:"诸葛亮之为相国也,抚百姓,示仪轨,约官职,从权利,开诚心,布公道;尽忠益时者虽仇必赏,犯法怠慢者虽亲必罚,服罪输情者虽重必释,游辞巧饰者虽轻必戮……可谓识治之良才,管、萧之亚匹矣。然连年动众,未能成功,盖应变将略,非其所长欤!"对诸葛亮赞美之余,指出他不善于指挥打仗的缺点。在另外一些事情上,陈寿也持审慎的态度,如习凿齿的《汉晋春秋》说诸葛亮南征时曾"七擒孟获",但陈寿《三国志》虽然两次提到建兴三年(225)春南征之事,但却只字未提"七擒孟获"。习凿齿奉蜀汉为正统,但对诸葛亮斩马谡事提出了强烈的批评,说蜀国僻陋一方,既无地利,人才也比魏国少,而诸葛亮只懂得严守军纪,而不学珍惜将才、转败为胜的晋惠公,从这一点上看,诸葛亮称不上是贤人。由此可见,历史上的陈寿与习凿齿对诸葛亮都是有褒有贬。该剧写习凿齿痛讥陈寿,显然是虚构。

《檄世民建德兴师》 简称《建德兴师》。第一出《逼父》演李世民设计灌醉高祖,令晋阳宫妃侍寝。第二出《内乱》,演收巢刺王妃。第三出《烝后》,写李世民奸炀帝后萧氏。第四出《檄诛》,是窦建德起兵,将以上三大罪作檄声讨。世民战败被擒,勘审定供,赐帛溢死。剧情正如书中人物文素臣评论的那样,有真有假。《逼父》、《内乱》有史实根据,而《烝后》、《檄诛》则是子虚乌有之事,尤其是《檄诛》,更是作者为了表达主题而杜撰出来的。

《黜光义德昭复位》 简称《德昭复位》。第一出《誓言》，写宋太祖、光义在杜太后前誓约：太祖将帝位传光义，光义传光美，光美传德昭。第二出《灼艾》，是写光义有病灼艾，太祖也陪着灼艾，以分其痛。第三出《幽嫂》，写光义即位之后，将嫂子宋后禁锢于冷宫，至死亦不成服。第四出《复位》，是光义与赵普定计，杀了光美，复要谋杀德昭，德昭兴师，执获光义、赵普，审勘定招，把光义锁锢南宫，将赵普枭首示众。

《唐贺兰生生作之彘》 简称《贺兰进明》。第一出《饲狗》，写贺兰进明吩咐军士衙役，购获各种肥狗喂养走跳。第二出《尝粪》，各军役牵狗齐集一处。有一狗要拉屎，贺兰进明即爬向狗屁股边，将口接受，细细嚼咽，逐个尝进。吃不尽的，都用碗碟收好。第三出《被箭》，写睢阳被围，南霁云来求救兵。贺兰正在吃粪，吩咐军士回绝："没工夫发兵！"霁云在城下痛骂："吃狗粪肮脏奴才！"贺兰大怒，上城回骂，不防霁云一箭射来，正中咽喉，把刚下喉的狗粪射得直溅出来，登时身死。第四出《冥断》，是阎王拘了贺兰鬼魂去审勘明白，定以世世发在山东、河南苦恶地方做猪，罚他千万年去吃那人粪狗屎，临了再受那一刀之罪。此剧本事见韩愈《张中丞传后叙》，云："南霁云之乞救于贺兰也，贺兰嫉巡、远之声威功绩出己上，不肯出师救，爱霁云之勇且壮，不听其语，强留之，具食与乐，延霁云坐。霁云慷慨语曰：'云来时，睢阳之人，不食月余日矣！云虽欲独食，义不忍；虽食，且不下咽！'因拔所佩刀，断一指，血淋漓，以示贺兰。一座大惊，皆感激为云泣下。云知贺兰终无为云出师意，即驰去。将出城，抽矢射佛寺浮图，矢着其上砖半箭，曰：'吾归破贼，必灭贺兰，此矢所以志也。'"剧情演贺兰进明食狗屎事，纯属谩骂，以泄对奸臣误国之愤。

《齐管仲世世为娼》 简称《管仲》。小说没有介绍剧情。据现存资料看，我国官妓制度形成于春秋初叶，由齐国管仲创始。《东周策》述其始于云："齐桓公宫中女市七，女闾七百。"清褚人获说："管子治齐，置女闾七百，征其夜合之资，以充国用。"（《坚瓠集续集》）大概该剧的作者认为，万恶的娼妓制度都是管仲带来的，所以，虚构出管仲后代世世为娼，受到报应的故事。

《王昭君笑看青冢》 简称《昭君》。小说主人公文素臣看后评论说："前书（指班固《前汉书》）昭君生一男伊屠知牙师，后书（指范晔《后汉书》）则生二子。前书昭君妻后单于，生二女。长女为须卜居次，次女为当于居次，并无上书求归事。范氏于《匈奴传》本不必入昭君事，而特为叙之，乃明与前书互异，殊不可解。此委由习传闻，误以王建女细君入胡悲怨及上书求归为昭君之事，而妄翻前案耳。顾前书作于班固，与帝时世切近，而见闻既确，其妹班昭在宫教授后妃，其弟班超在外都护西域，于昭君单于之事尤所深悉。范氏于数百年之后，妄为改易，既无以摘前人之误，又无以证己说之信，不知而作，其惑甚矣！两先生于目内揭出'笑看'二字最妙。昭君妻前单于生一子，妻后单于生二女，又并无上书求归事，有何怨恨？"小说虽然没有具体介绍情节，但据文素臣一席评说，可以得知，《昭君》一剧一翻以前民间传说、诗歌、戏曲中的昭君悲怨思乡的形象，而是说昭君出塞，始于她主动求行，后又恬然安适，喜作大小单于之妻，并为他们生儿育女，自觉地把塞外当作自己的归宿。

《蔡文姬愁诉琵琶》 简称《蔡文姬》。大概写文姬归汉后，忆及留在匈奴的子女，心中悲苦，于是弹弦诉说。其意与《胡笳十八拍》相似。

《王皇后掌猫诛牝鼠》 简称《王皇后》。第一出《杀女》，写武后自杀其女，诬赖皇后。第二出《杀后》，是武后鸩杀王皇后。第三出《封掌》，是上帝封王皇后为禁夜夫人，专司猫兽，以掌孽鼠。第四出《诛鼠》，是武后正与张宗昌等淫毕倦卧，王皇后命神猫扼其喉，断其颈，拘其魂勘问，罚其世作牝鼠，供猫食用。

《戚夫人司虎食娄猪》 简称《戚夫人》。第一出《逼奸》，写吕后逼令戚夫人与审食其通奸，戚夫人不从而结怨。第二出《人彘》，写吕后断戚手足，成为人彘。第三出《司虎》，叙戚夫人死后，上帝封戚夫人为司虎之神。第四出《复仇》，演吕后正与审食其在御花园中白昼宣淫，戚夫人命神虎一口双衔了来，百般拷打，也斫去手足，使虎食之，并罚世做娄猪，以供虎食。

《刨坟恶贼假游仙》 简称《刨坟》。是对萧史、弄玉传说的翻案。情节大概为：秦穆公有爱女未嫁而死，不惜厚葬。贼见财生意，掘坊入圹，开棺暴尸。尸为玉衣裹袭，肌肉不腐，颜色如生，贼起淫心，入棺奸污。后仍盖棺塞穴，攫财而出。后鬻圹中金碗、玉箫于市，为吏所捕。贼乃诡称遇仙，与之饮食，居处月余，且赠与金碗、玉箫等物。述其容貌衣饰，则是穆公所葬之爱女。穆公夫人曰："我女大圣，死后犹能与生人交接。"待贼以子婿之礼，甚宠遇之。受到当时有见识之人的讪笑。

《钻穴顽徒真捣鬼》 简称《逃学》。是对刘晨、阮肇故事的翻案。剧情为：刘晨、阮肇为同窗好友，以探亲的理由骗得塾师准假，他俩同游狭邪，久不至馆。其师与父母到处寻觅，焦急万分。两人知之，垂暮而归，托言迷路时遇二仙女，引入洞中，并告知与二人有姻缘，留住七日，遂为夫妇，缘毕令去。时人与后人，竟信其谎言，作诗纪之。

《百顺》 此剧在小说第八十四回中叙述，云："到十八这一日，诸亲百眷齐集，内边女眷陪侍红瑶，外边男眷陪侍赤瑛，不约而同点的戏都是《百顺》。这本戏极短，又因有正事，一会就演完了。"没有介绍情节。据剧目看，是一本吉庆戏，当在办喜事的日子里演出，以博得一个好的兆头。

除了上述剧目外，还有《伍员提剑定三吴》、《燕乐毅驱回骑劫》、《宋岳飞缴转金牌》、《司马公千虑一失》、《汾阳王全璧无瑕》、《东坡怕死巧寄哀诗》、《居易苦迁甘同老妓》、《施全生荛秦桧》、《郑侠碎剐荆公》、《三教堂雷神劈主》、《五通庙火德驱邪》等。由所详细介绍的剧目皆为一本四出的情况来看，这些剧目可能都属于杂剧。再由剧本情节的构思多数背反传统的说法，表现出明显的求异思维特点来看，作者可能为一人。

（原载《艺术百家》1996年第1期）

《蟫史》的历史贡献

侯忠义

清代乾隆、嘉庆间江阴作家屠绅的《蟫史》，是中国文言小说史上一部代表性作品。他在文体上所做出的历史性贡献，空前绝后。我们应充分认识到他的价值，从而做出科学的评价，给予应有的地位。从文言小说类型化的视角，也就是从文体研究的角度来看，《蟫史》的创造性和历史价值表现在以下几个方面。

一、篇幅上，颠覆了文言小说均是短篇的传统，也就是说突破了文言小说的传统的内容和范畴。

毫无疑问，古代书目中的小说家类作品，是文言小说的主体。这些作品正如《汉书·艺文志》所言，均是短篇。汉代桓谭《新论》曰："若其小说家，合丛残小语，近取譬论，以作短书，治身理家，有可观之辞。"所云"丛残小语"、"短书"之言，即为尺寸短篇之谓。班固《汉书·艺文志》小说家类序中说：小说家者流，"闾里小知者之所见，亦使缀而不忘。如或一言可采，此亦刍荛狂夫之议也"。采摘来自民间的下层百姓议论，亦不会长篇大论，当以短制为是。《隋书·经籍志》亦以为小说家是"街谈巷语"。纪昀《四库全书总目》将小说家类作品分为杂事、异闻、琐语，也属于"稗官之说"、"里巷闲谈"、"词章细故"，总之内容都是治身理家的"小道"，而篇幅是短篇，这是文言小说的传统内容与形式。唐代产生了传奇，出现了著名的风尘三传《霍小玉传》、《李娃传》、《莺莺传》，诞生了中国成熟的小说，但仍然属于短篇。元、明时期出现了类似中篇的传奇小说，如《娇红记》、《花神三妙传》、《天缘奇遇》等，仍属单篇流传，还属短篇。

《蟫史》的出现，突破了文言小说都是短篇的传统，将篇幅发展到二十余万字的长篇，使文言小说的范畴，扩大到古小说书目中小说家类以外的作品，内容也突破了一般的情爱题材和闾里小道，而放眼整个的社会生活和政治军事斗争，同时篇幅亦从短篇、中篇发展成长篇，这是文言小说发展史上的巨变，是一个伟大的飞跃，让文言小说终于突破短篇的樊篱，而跃上了一个新的台阶，终于与白话小说一样，完成了文言小说篇幅上的发展和进步。

二、体制上，首创文言小说章回体，使文言小说的文体发展，与白话小说文体同步。

鲁迅指出《蟫史》"惟以其文体为他人所未试，足称独步而已"[1]。所说文体，当指文言小说而言。文言小说的文体，首推短篇笔记体。笔记体小说是文言小说的基本形式之一。笔记体小说的称谓，也是我们今人的见解和概括。这种形式的特点是：篇幅短小、文字简练、平铺直叙。因其随笔而记，有很强的随意性和现实性。但就情节而言，仅粗陈梗概，描写不够细腻。古代目录学家和学者所称的小说家类小说，基本上都属笔记体。其次是中篇传奇体，或称故事体。唐代传奇小说"尽设幻语"、"作意好奇"，"有意为小说"，在虚构的基础上，写出情节和人物，符合现代小说的标准。唐代是中国小说的成熟期，也是文言小说成熟期。传奇体小说是文言小说主要体裁（形式）之一，代表了文言小说的最高成就。传奇体即被鲁迅称之谓"唐代传奇文"。明代桃园居士云："唐三百年，文章鼎盛，独诗律与小说，称绝代之奇。"[2]传奇体裁，其实就类似"杂传体"，写法像人物传记。汉代以降，杂传体作品如《燕丹子》、《汉武故事》、《飞燕外传》等，都是有头有尾、情节曲折的人物传记作品，明显不属于笔记体，而是传奇体的前驱。这些作品受史传影响甚大，但并非史传，而是小说，其中虚构的情节和夸张的描写，与传奇小说是一致的。

唐传奇是成熟的小说作品，在形式上都是叙述一个完整的故事，故亦可称为故事体。唐传奇体小说艺术上文辞生动华艳，情节委婉曲折，结构首尾完整，取得了巨大的成功。传奇体影响至伟，历代皆有杰作出现。除唐代三大传奇《霍小玉传》、《莺莺传》、《李娃传》，传奇集《玄怪录》、《河东记》、《传奇》、《三水小牍》外，唐以后尚有著名传奇作品《青琐高议》、《娇红记》、《剪灯新话》、《花影记》、《九龠别集》、《聊斋志异》等，将传奇体小说发展至高峰。

章回体小说《蟫史》的出现，是文言小说文体发展上的空前突破，是一个质的飞跃。20 回、单回目的《蟫史》是严格意义上的章回小说，表明了文言小说也有了章回体，与白话小说的文体终于同步发展，达到了文言小说文体发展的高峰。文言小说中的长篇章回体小说，常被人忽略，甚至很少提及，其原因主要是作品极少，不被人们认识的缘故。文言长篇章回体小说的出现，无疑突破了传统"尺寸短书"的笔记体，与单篇成文的传奇体的格局，开拓了文言小说体裁上的新天地。文言长篇章回体小说的诞生，丰富了文言小说体的类型，屠绅其功甚伟。可惜其体未被他人所采纳，然而既然存在，那就是前人的创造，值得我们珍惜和总结。

因此研究章回体小说是很必要的，也是极有价值的。惟一的一部文言长篇章回体小说《蟫史》，20 卷，清屠绅撰。屠绅(1744—1801)，字贤书、笏岩，又署竹勿岩道人、黍余裔孙、磊砢山人。江阴(今属江苏)人。乾隆二十八年(1763)进士，官至广州府同知。嘉庆六年(1801)候补入都，卒于客舍，年 58 岁。除《蟫史》外，尚有笔记体志怪小说集《六合内外琐言》等传世。《蟫史》是作者晚年的作品，历数年而成，约作于嘉庆初年，有嘉庆五年(1800)刊本。

《蟫史》20 卷，每卷均有单行目，目如下：

卷之一甲子城掘井得奇书

卷之二庚申日移碑逢怪物

卷之三忓铜头蚩尤销五兵

卷之四争锦缎织女秘三绝

卷之五明化醇倚床迷本相

卷之六玛知古悬镜瞩中州

卷之七锁骨菩萨下世

卷之八点金道人遭围

卷之九麻犵狫厕上开筵

卷之十葛琵琶壁间行刺

卷之十一酒星为债帅

卷之十二禅伯变阉奴

卷之十三山中敝帚添丁

卷之十四地下新船载甲

卷之十五求博士恭献四灵图

卷之十六解歌儿苦寻三生梦亚

卷之十七连尾生吐胸中五岳

卷之十八都毛子行阁上诸天

卷之十九生心盗竟啖俗儒心

卷之二十少目医终开盲鬼目

三、艺术上,《蟫史》独创了神魔小说的新形式,表达了文人的普通人生理想,那就是建功立业,功成身退。

《蟫史》是一部神魔小说。对《蟫史》的特色和价值,屡有较高评论。如黄人评价此书说:"奄有《水浒记》、《西游记》、《金瓶梅》诸特色,而无一语袭其窠臼,虽好用词藻,及侈陈五行机祥,而乏真情逸致,然不可谓非奇作也。小说界中之富于特别思想者,除《西游补》外,无能逮者,但不便于通俗耳。"③可谓一家之言。鲁迅评曰:"虽华艳而乏天趣,徒奇崛而无深意也。"④"华艳",说明屠绅深有才学;"奇崛",正显示了作品的艺术风格。小说叙福建书生桑蠲生(作者自况)海行不幸落水被救,投入甘鼎麾下,助其平定广州王、交趾及苗民起义的故事。作者把起义军妖魔化,且描写战斗场面多采用神魔斗法手法,使小说蒙上一层神魔色彩。作者个性豪放不羁、愤世嫉俗,只能采用此种手法表示对政治现实的不满,以此尚不致于罹祸。这就是说,小说的古涩深奥的特点,也并非作者全是炫示才学,乃与政治形势有关。《蟫史》中的人物、战事与现实相联甚密，作品借现实中征苗、征回、征白莲教作为小说框架，虚构出一部神魔斗争史。其形式在神魔小说中亦属另类。其特点是：无论正反面人物，均可以蛇鼠犬豕、鱼虾鼋雀变化示人，可隐可显，可大可小，可有可无，变化无穷；书中历史典故、稗官小说，作者任意勾连，随心所欲，不受约束，真可谓想象丰富，幻想奇特，独树一帜，神魔小说形式中尚未见有此类者。小说情节经作者艺术构思之后，情节显得委婉曲折，波澜起伏，引人入胜。不少人物形象，包括魔怪人物，也写得生动逼真，扣人心弦，有一定的艺术魅力。书中表达了士人建功立业、功成身退的思想，这也是明清小说中较普遍的一种人生理想。

总之，屠绅是一个难得的天才作家，《蟫史》也是一部杰作。

【注】

①④《中国小说史略》第二十五篇，人民文学出版社 1973 年版。

②《唐人百家小说·序》，明刻本。

③《小说小话》，《小说林》1907 年第 1 卷。

（原载《明清小说研究》2010 年第 1 期）

屠绅文言长篇小说《蟫史》的自况性

王进驹

一

鲁迅《中国小说史略》把《野叟曝言》、《蟫史》、《燕山外史》和《镜花缘》作为"以小说见才学"者，列专章论述，其中除《野叟曝言》产生于乾隆时期外，其余三部均作于嘉庆朝。又以《蟫史》出现最早，为嘉庆五年出版。这部文言长篇小说在创作动因、目的和思维特征上比较接近于《野叟曝言》，而在逞示文才上则与《燕山外史》相近，是介于《野叟曝言》到《燕山外史》和《镜花缘》之间的一部"自寓"与炫才并重的作品。

《蟫史》作者屠绅(1744—1801)，字贤书，号笏岩，江苏江阴人。乾隆二十八年进士，先后任云南师宗县令、寻甸州知州和广州府通判。作为进士出身的正统文人而倾心于小说创作，尤以《蟫史》兼融文言与章回小说之文体特性，着意创新，在小说史上堪称罕见。对屠绅及其作品，黄人、鲁迅、孙楷第、赵景深、沈燮元等学术前辈曾给予相当的重视和专门研究，而近半个世纪里有关屠绅生平及其创作的研究成果极少，近年才重新有学者关注[①]，笔者也在此方面作了一些探讨，此处仅对屠绅小说创作的自况性略作论述。

屠绅的小说创作始于他在云南任官期间，乾隆五十三年(戊申，1788)，其文言短篇小说集已成书，名为《蟛蜞杂记》，但尚是手稿本[②]；今存的最早刻本有王雨谷作于乾隆五十八年(癸丑，1793)

的序，此十二卷本的《蟫蛣杂记》约两年后（乙卯至丁巳之间，1795—1797）被作者增订为二十卷，题《蟫蛣杂记》[3]刊印，不久，屠绅从云南寻甸州知州任上迁广州通判，到广州后屠绅对二十卷《蟫蛣杂记》再作编订，改名为《六合内外琐言》，于嘉庆二年在羊城出版[4]。此书迭经覆板、重刻、重印，流行颇广[5]。屠绅到广州后又创作了文言长篇小说《蟫史》，据书（庭梅朱氏藏板磊砢山房原本）前小停道人序署时间为"时龙集上章涒滩余月既望"，知为嘉庆五年（庚申）四月十六日，此书当刊于本年。

《蟫史》的主要情节是写指挥史甘鼎（后因功升镇抚、兵马总帅、大金吾）在其幕僚勇将和神人术士的帮助下先后剿灭广州王邝天龙之叛乱；收降交阯海寇；转战楚、蜀、黔、豫等地，平定白苗、红苗、青苗、黑苗、黄苗之乱，擒五斗贼，最后扑灭交阯尶形、娄万赤之祸乱而功成身退的故事。

此书在小说类型上近于神魔小说，官军与盗寇（包括海贼、叛民、苗蛮、交夷等）的正反两方之争战，都各自得到神魔力量的支持、护助，战争中的胜负往往决定于双方神人术士、妖僧魔师的神通法术和宝物奇器。跟一般神魔小说不同的是，因其争战的地理背景主要在边疆少数民族地区，征讨对象是被称为蛮、苗的少数民族，所以征战描写中突出了边疆和民族地区的蛮荒怪异的特点，着意渲染奇诡幻诞的色彩，注入了民族地区的特殊风俗民情和文化特色。诸如瘴鬼、蛊毒，摄魂、化形；驱六畜逼人之阵，遣五魔铺天之势；蝎变琵琶刺客，犬作神机军师；女巫跳神，男猓化鬼，等等，光怪陆离，这些怪诞风格与作者的《六合内外琐言》相一致，《六合内外琐言》中的一些故事被化写进《蟫史》之中，另外《蟫史》有些卷后的"诠者"跟《六合内外琐言》部分篇末的评者相同，说明二书同出于屠绅之手。

《蟫史》所写虽为荒怪幻诞之事，但却有特定的历史背景。关于这一特点，最早给以指出的是清人震钧，他在《天咫偶闻》卷三中说："以荒唐之辞，肆诋诽之说。详其命意，似指三省教匪之役。当世将相，任意毁刺，且有上及乘舆处。……然则此书泄忿之作，胡足存乎？其书末之少目翁，已明指省钦（按，指吴省钦）矣。”之后，有黄人在其《小说小话》中对《蟫史》作更详的考论，其中对书中人物、事件的原型和本事作了指实性的举列：

> 书中主人甘鼎，盖指傅鼐，傅之材力，在明韩襄毅、王威宁右，而未竟其用，举世悼惜，故好事者撰为是书，以同时一切战绩，归傅一身，致崇拜之意。但惧于忌讳，故出之以廋词隐语，饰之以牛鬼蛇神，以炫阅者之耳目。但细考之，书中人物事迹，仍历历显露。（如石玉之为琅玕，余舜佐之为李侍尧，斛斯贵之为福康安，贺兰观之为海兰察，龙木兰之为龙幺妹，木宏纲之为柴大纪，梅飒采、严多稼之为林爽文、庄大田。其余若群网、鹜鹜二城，则诸罗、凤山也。青黄黑赤白五苗，则九股十三姓诸种也。五斗米贼，则川陕各号之白莲教匪也。当时朝议甚惜齐王氏之子，有欲抚之使平苗自赎者，故尊之为锁骨菩萨，别树一帜，不混于五斗米贼中。陈文述曾令常熟，为诸名士所推服，所谓都毛子者，殆即其人也。余不备述。）……而所谓桑蠋生者，意即作者自指焉。⑥

鲁迅在《中国小说史略》给予《蟫史》相当大的篇幅，对作者和作品的论述全面而精当。在小说人物本事方面虽没有像黄人那样一一推考，但有两个主要看法承接了黄人的观点：一是“书中有桑蠋生，盖作者自寓”；二是“假傅鼐扞苗之事（在乾隆六十年）为主干”，这两点都为后来谈论《蟫史》者所接受。

孙楷第《中国通俗小说书目》《蟫史》条引用英和《恩福堂笔记》说明《蟫史》中之甘鼎以傅鼐为原型：“英和《恩福堂笔记》下：湖南傅廉访鼐，夙精奇门术。嘉庆庚午乡试，士子出闱后，傅将往查苗疆，云：闱中恐有事，嘱提调诸人加意。未几，果有主考家人刺伤内监试黄太守洽一案。其术可谓精矣！按：傅鼐即《蟫史》中之主人甘鼎。知屠书虽迂怪不可究诘，而当时于鼐亦实有此等怪说也。”

赵景深在《关于蟫史》中亦说“此书背景，甘鼎即傅鼐，曾于乾隆六十年扦苗。木兰即龙么妹,‘上马一双金齿屐,乘鸾十八玉腰奴’,即为龙么妹咏。英和《恩福堂笔记》说‘傅鼐夙精奇门术’,所以书中所叙,全都是妖异之事。”

但也有的学者认为甘鼐是影射孙士毅:“其实本书最有关系的历史人物是当时云贵总督孙士毅。乾隆五十五年,他率军进入安南,封一等谋勇公。次年正月兵败革职。据《清史稿》卷三百三十本传,他卒于乾隆六十年。小说卷三十引用诏书说:‘今交趾不靖,暗结残苗。(石)珏、(甘)鼎速率粤兵及所练新卒援黔营,为故闽国公贵等一雪烦冤。’书中闽国公斛斯贵出征台湾也和孙士毅同。史实出征安南却改为平苗。清朝公爵没有封国,这是作者有意加以改动。”(《古本小说集成》影印《蟫史》前言)。

台湾地区学者王琼玲在其《清代四大才学小说研究》中对《蟫史》所反映的清代时事,联系《清史稿》及有关史料,并针对震钧、黄人所指出的人物关系和本事,作了全面详细的考辨,既否定了那些无根据的说法,又对那些为众共认的说法加以辨析,或以史料作详细证说,或修正不准确之处,这对认识《蟫史》的创作背景和依据富有参考意义。

本文不拟广泛涉及书中诸多人物事件的原型、本事,而着重对作者用以“自寓”的人物桑蠋生在书中的地位与作者之间的关联以及此书之创作动因、意旨作一些探讨。

二

黄人首先指出“所谓桑蠋生者,意即作者自指焉”,但没有说明理由。鲁迅承黄人之说指出“书中有桑蠋生,盖作者自寓”之后,接着以作品本身去说明:“其有言云:‘予,甲子生也。’与绅生年正同。开篇又云‘在昔吴侬官于粤岭,行年大衍有奇,海隅之行,若有所得,辄就见闻传闻之异辞,汇为一编’。”

鲁迅主要从桑蠋生的生年与作者生年相同以及作者之乡贯与为官经历去推论。就目前文本提供的情况看,这两点应该说可以作为蠋生是屠绅自寓的重要依据。另外，卷一之后“殳父先生诠曰”一段文字，也有互证作用：

> 甲子城，在今惠州府陆丰县，属之东南隅，实则作者自言性道也。

《蟫史》的“自寓”特征主要不表现于将作者的实际生平经历写进书中以映现个人之现实人生，而是以“自寓”人物作为一个重要角色参与和见证一系列重大军事行动，表现作者对清王朝面临外扰内乱局势的关切、忧患，希望有真才实干的能员俊杰在危难之际，勇于担当，奋其智勇，力挽狂澜。同时也寄托自己愿有机会为国出力，施展才干，成就功业，但又淡泊名位，功成身退的人生理想。

此书不像《野叟曝言》那样以“自寓”人物作为中心人物，更没有把他写成文功武烈萃于一身，无所不能，富贵福禄占尽的超人形象，在《蟫史》中，桑蠋生的身份主要是一个诸生出身的幕士，他的主要作用是为中心人物甘鼎出谋划策，奔走联络，这与其身份相切合。书中他的活动在各阶段多少不一，作用也轻重不同。

总观桑蛸这一人物在书中的地位和作用，尽管比起中心人物甘鼎和其他几位神人术士如龙女木兰、犷儿、矩儿等人来说较逊，但仍然是作者有意识地投寄自我情感怀抱的重要形象。作为故事中的重要角色，他的行动在各个阶段多寡不同，详略有别，却是少数几个从头到尾贯穿始终的人物，而且全书之故事即由他开端，第一阶段的故事比较充分地展现了他的性情、才能，以后有些阶段他的活动相对减少，这主要是由小说的类型（神魔小说）的性质和人物角色（文人幕客）的限制所造成的，有时也是情节进行的自然配置。但作者仍有意不时地显示其不能替代的地位和作用，如卷十一斛斯侯染疾，甘君使玛知古以神镜潜审，见斛斯床下有两虾蟆吐白气如线，上贯侯鼻，其军中则有蛇蜿蜒丈余，以舌刺人气断，以尾捎人而声嘶，犷儿断为瘴鬼所害，知古认为斛斯之疾，将不可愈。

李郭两节度使密语知古，请甘君考秘授之图以救之，知古归以告甘君。蠋生曰："自获吾师人镜以后，勿稽此图，想人天之间，图为镜掩矣。"后甘君展图得方救治斛斯生还。这说明玛师的"人镜"毕竟不能代替"天书"，而天书正是蠋生掘井所得，专为蠋生与甘鼎二人启谕天机人运的至宝。

在斛斯赴鸡笼城平岛贼之役，又特意让桑蠋随从，施展才智，立功晋职。结局部分则以他罗致人才为荡平斗贼和残苗提供条件，间接显示他的作用。因此他在书中的描写并非是"仅在前几回中出现较频繁，之后便几乎销声匿迹，偶尔出现也只是串场跑龙套而已"⑦。在认识"自寓"人物在书中的地位和意义时，还须注意到"寓事"与"寓意"两者的联系和区别。"寓事"侧重于在书中人物的行事中化入作者现实的生平经历事迹，而寓意则侧重于作者的思想情感和理想追求的寄托。前者要求在可形之于外的"事"方面有更多的相似性表现；而后者则可以偏重于内在的精神意旨的契合贯通。两者如果都能兼而合一，是最理想的状态，但在具体作品中往往会有所侧重。《蟫史》之"自寓"即以"寓意"为主，"寓事"为辅。表现为：书中"自寓"人物的行事所包含的作者实际生活经历的因素较少，而且此人物在书中的角色地位不处于中心位置，因此他在整体的故事发展中的行动处于从属地位，呈现着辅助性质，行动的数量和密度相对较小，但他在全书的整体构思中占有重要位置，与中心角色的关系紧密，在体现作品的思想意旨和作者创作动因和心态上具有重要意义。

桑蜎在全书构思中的重要地位表现在：

(1) 由他的人生遭际和追求作为整体故事（对危害国家人民的各类反叛势力的征伐）展开的缘起，这就把个体的人生理想与群体社会的运行联结起来，结尾的功成身退则照应了开头，他投身参与的征战成为展现其才学，获得社会肯定和人生意义的过程，因此全书整体故事的设计是以建立在实现桑蜎和甘鼎的理想抱负基础之上的。

(2) 桑蜎与中心人物甘鼎的紧密关系，体现出在书中整体构思上的重要地位。全书故事主体内容是征战，而征战的统帅是甘鼎亦即全书叙事的中心角色，是行动的主体，但因为征战属于一种群体行为，主体的行动必然转化为众多角色的参与行为，这些角色依据其与实现总的行动目标的不同关系、作用而被赋予不同的行为功能。在《蟫史》中被征伐方都有妖鬼魔怪作为其支持力量，相应地征伐一方亦须有神人术士的翊助方可克敌，于是具有广大神通和法力的非凡人物（多是天神、地仙、龙种）成为重要的角色，如书中的龙木兰、犷儿、矩儿作为征战中出现最多，作用最大的角色，便有着重要的地位，其他如玛知古、针砭二道人、矮道人（灭火真人）及其师刘元海等。但征战毕竟是人间之事，神妖都是为人服务，因人而存现的，因此那些神人术士形象本身并不能真正体现出行动的意义，不能替代和掩盖作为人间征战行为的代表即中心人物甘鼎及其支持者的地位和作用。在甘鼎的支持者中，桑蜎无疑是与其关系最为紧密的角色，这种紧密的关系可以从这些方面去看：甘鼎的事业迈向成功的第一步，是在得到桑蜎的辅翊的前提下取得的：修筑甲子城、击退海贼后又除灭老鲁、平邝天龙，收降交阯将军，都与桑蜎分不开。后来甘鼎征苗、剿五斗贼最后平交阯的一系列征战中，桑蜎的活动减少，直接具体作用虽然不很明显，但他仍然是甘鼎身边的重要幕士，卷之十，甘鼎与桑蜎两人一起被黑苗鸠盘瓠以铅母妖术陷于土中，也说明其地位。桑蜎在一些重要场合和事件中出现，发挥其特殊作用，特别是他当年掘井所得之“天书”屡屡成为解除危难或预测重大事件走向的秘宝，在整个故事发展过程中，只有桑蜎与甘鼎二人获得展读、解释这“天书”的权力和能力。书中第一次桑蜎与甘鼎二人展视天人图，其“第二幅为大蟹浮海中，天半有铁缰来系。篆云‘横行自毙’”。书之结尾写娄万赤战败，被李长脚咒落江中，随波出海，变为瑮蛣，乘海蟹空腹人之，交阯人捞得此蟹刳出一虫，堕地化为盲僧，被屠夫挥刀断首。部卒持盲僧首以献，转告两元戎，桑长史进曰：“斯必万赤头也，记天人第二图，为大蟹浮海中，篆云‘横行自毙’。某当时疑，万赤先亡，乃今始验。”以天人图之寓意为故事发展的首尾伏应，且均由桑蜎加以解释确认,这无疑体现出桑蜎在书中整体构思上的地位。

(3) 桑蜎其人及其与甘鼎的关系集中体现出作品的思想意旨和作者的创作心态。桑蠋生在书中是重要人物,但不是中心人物,他作为中心人物甘鼎的幕士而参与系列征战行动,这样的角色设置正体现出作者的思想愿望,即希望有真才实干的能员俊杰担当起勘乱扶危的重任,这样的人是不可多得的,他们是秉天之命而受天护佑的,而自己则愿意竭诚辅翊他们,贡献才智,为国出力,建功立业。所以在书中,把甘鼎写成心怀大志,忧民忧国,壮怀激烈,而又贤明爱才,堪当大任的雄豪之士,桑蜎受甘鼎之知遇,愿托身输诚,效命王事,书中对他们这种心态、情怀和互相信任激赏的关系有很好的描写。如桑蜎初次与甘鼎会面时:

> 甘云:"先生自八闽来,何所闻见?"蠋生云:"闻海国有成城之众,见戎行有料敌之人!"甘云:"身受五品秩,障此一方民。孰肯以七尺之躯,随野鸥俱尽;一腔之血,为沙虱所吞。顾筹饷在屯田,今居泽无田则难为屯;诘奸在保甲,今破荒无甲,则谁与保?伐木以造舟,今童山安所得木;筑垣以列械,今陷地以何为垣。若有无双士,来即我谋,视彼椎髻跣足之奴,直如趺坐小矶头,下拾决明子耳。君为伊谁,岂同此浩叹也。"……
>
> ……乃延蠋生入幕,曰:"今日筑城伊始,固藉经营,他时捍患非常,亦资启沃,辛苦共之可也。"蠋生曰:"某方谈纸上之兵,君竟脱囊中之颖;知己遭际,诚未可以常格推。然吾出门时,筮《易》得同人之九四:'乘其墉,弗克攻,吉。'便当与君子通天下之志;乘墉而攻弗克,城坚可知也。困而反则,此其时乎?"

桑蜎入幕后,接连建功,甘鼎上书节度使,极誉桑之才:"……职等誓竭股肱之力,图收麟爪之才,礼聘幕士桑蜎。八闽之英,一黉为俊。专精于天官仪象,研练则海藏图形。兵法能化腐为奇;军行善以少击众。金汤设险，伏五花八门之机；水陆扬威，成一月三捷之绩，请授以从事勋衔，俾参军务。……”

“广州王”邝天龙被擒诛后，其妖相娄万赤遁去。矮道人吐火烧石湾，冯盎碑下忽黑烟万缕冲出，一六首怪物鼓翼飞去。蠋生与甘鼎展天人图观之，见三幅图而揣测其意：

> 蠋生曰：“以意浅窥，万赤其先亡，而碑下之怪，未可量也。天不惠此一方民，兵事将叠起乎？”指挥曰：“人臣为将，当如马伏波之以革裹尸；否则李临淮靴中之刀，可以遂志。非是而徒拥半部鼓吹，演军士如戏鱼龙，忠孝惟事空谈，战阵先忧无勇，朝廷安用吾辈？令仆以俟贤人可矣。”蠋生曰：“公之节概，超出恒流，蜎虽懦夫，愿同皎日。”相与涕泗未已。

这些描写表达了作者的忧患意识和用世之心，但此书又同时通过桑蜎和甘鼎以及都毛子等人表现了一种淡泊名利，功成身退的清高之气。卷十八，桑蜎为甘鼎访求奇士都毛子，请其赴甘军中为助：

> 毛子曰：“二十年留心济变之事，几与妖妄同称，即有薪传，未敢珍为鸿宝，尚嫌幅短，无能想彻华胥。惟此身可报知己，所志不求显名，长为散人，略异征士，抒其所见，晦若无闻，则于桑于甘，皆可迹相依而道相许。若兄之好爵是縻，于我何有矣！”蠋生曰：“仆亦非仕进者，功成之日从游于画图中耳！”

都毛子及其四友助甘鼎平五斗贼后，辞楚王，与甘君、蠋生及诸幕客作别：

> 甘君曰：“先生既来，何为又去？”毛子曰：“来与廊庙士同忧，去与山林人同乐。惟冀元等不出而图，斯天下有无疆之福也。”五人者遥指终南，作西笑而去。

甘鼎平五斗贼和残苗后又与粤抚军区星荡平交阯。区星奏善后事宜,"甘君皆不列名,殆将隐也"。朝廷论功,将士悉蒙上赏。然而原来跟随甘鼎的一群幕士勇将都不愿为官,常越、沙明还循州,仍捕鱼;桑蠋乘舟返闽中;求旃以病乞放;乐般与司马季孙、明化醇还蜀,结茅穷性道书;庆喜和杜承瓘入罗浮山学道。小说最后写道:

> 甘军留一疏,乞区抚军代陈之。以白板船载黑骡,云将度庾岭,区抚军送之花田,而大金吾自此远矣。

这样的故事结局显出一种萧淡之气,甚至有一些悲凉之感,与《野叟曝言》反反复复,竭情尽致地渲染荣贵福寿的氛围大为不同,表现出作者在对待为国出力,建功立业与个人的名利享受关系上的一种态度和认识,而这种态度和认识,是跟作者的为官经历有密切关系的。

三

于是,我们有必要从桑蠋在《蟫史》中整体构思的地位、作用和体现作者思想意旨的意义进而探讨作者以桑蠋"自寓"和创作《蟫史》的现实根源,有关这方面的研究目前尚未见到,笔者拟结合屠绅的生平经历作一些分析。

关于屠绅的生平,沈燮元先生作有《屠绅年谱》[8],反映了屠绅一生中重要之行事、与友人的唱和等基本情况。这是搜采最富,条贯明辨的屠绅生平研究成果。《年谱》还附录了《屠笏岩先生诗文辑存》及《屠笏岩先生轶事》两种资料,给屠绅研究提供了方便。屠绅一生大体可分为四个时期:一为出生至中举前(1744—1761);二为中举、成进士后至出仕前(1762—1772);三为任云南师宗令至赴粤前(1773—1795);四为任广州通判至在北京候补卒(1796—1801)。从《屠绅年谱》来看,第一、第四时期屠绅之事迹甚少;第二时期其友人集中存有与之唱和诗颇多，而屠绅本人行事则稀；第三时期即宦滇时期事迹较多，引用材料亦富，只惜所见材料主要来自于屠绅之门生师范以及原来的江南友好如洪亮吉、赵味辛、徐书受等。师范虽为滇人，却长期在京，至戊申(1788)年才返云南任官，在滇任职七年，只有戊申(1788)年经广通和庚戌(1790)年过寻甸，两次与屠绅会面有诗唱和，其地点在云南，师范其余有关屠绅的诗作都是在京所写。因而，有关屠绅在云南活动的材料，基本上均来自于在京或江南的友人与出滇的屠绅在外地相会时之闻传，而非在滇人士的直接载录，这对于多方面地深入了解屠绅在云南的活动就有一定的局限性。笔者查读了多种曾在云南为官的乾嘉文士的诗文集，其中颇有与屠绅相关的材料，而尚未被发掘利用。这些材料反映了屠绅在滇期间的交游、诗歌创作及其他方面的活动，从中可见屠绅之品性才情和在滇南诗坛的地位，对了解屠绅小说《蟫蛣杂记》和杂说《鹗亭诗话》的创作成书情况也有帮助，还保存了屠绅诗文 10 余首(篇)，笔者因据以为屠绅生平事迹之考述，撰有《屠绅宦滇时期交游事迹初考》⑨，对屠绅在云南为官的情况有较详考述，这里仅谈其中与他创作小说《蟫史》相关的一些问题。

屠绅少年得志，乡会连捷(乾隆二十七、二十八年，1762、1763，时为十九、二十岁)，但进士及第后等候了十年(乾隆三十八年，1773)，才被任为云南师宗县令，尽管师宗地处僻远蛮荒，但屠绅为官却不懈怠，显示出不凡治才，数年后被举卓异，迁寻甸州知州(乾隆五十二年，1787)，但没有能实际到任，而是先到广通县去任职，时间约 2—3 年，至乾隆五十五年(庚戌，1790)才正式到任。在此任上又数年，再次被举卓异，入京候选，时为乾隆六十年(1795)，结果被改任广州府通判，离开云南(嘉庆元年，1796)。从表面看，到广州任职的地区要比原来好，但官阶却比原来降了一级。因清代散州知州为从五品，而通判官阶却为六品。为什么出现这样的结果呢？原来是屠绅此次入京候官，没有晋见当时的权相和珅，同时跟屠绅一起参加选官而无缘授职的还有常州的庄葆琛。关于此事的记载见于汪喜荀《且住庵文集》⑩，中有《庄葆琛家传》一篇，在记庄述祖的仕宦经历时连带谈到了屠绅：

> （述祖）乾隆丁酉举江南乡试，庚子成进士，相国阿文成公以君故人子欲罗致之，避嫌不往谒。时和相用事，阿公之门下士稍稍去，亦以是疑君。殿试卷已拟进呈，后卒置十卷后引见，归班铨选，君遂归奉母以居……部檄至，谒选得甘肃崇信县，以亲老例改山东昌乐县调潍县……治潍五年……大计卓异引见，奉旨交军机处记名，同时记名者必候和珅门叩头轿前，独君与云南知州屠君绅不往，屠君以知州升通判实则降一阶，君记名签为和珅所撤，仁宗亲政，章京有知其事者始补入，而君已乞终养……

这是一条涉及屠绅生平的重要材料，就目前所见，只有美国学者艾尔曼教授言及。魏氏为治中国思想史专家，其《经学、政治和宗族——中华帝国晚期常州今文学派研究》[11]在论常州今文学派兴起的政治背景时，将庄述祖殿试及选官受和珅阻抑的遭遇，置于当时大学士庄存与（述祖叔父）和大学士、军机大臣阿桂同和珅集团相对立的政治态势中作考察，故汪喜荀《庄葆琛家传》所载被作为艾氏论述依据之一，艾氏文中以评述方式利用此材料，未引出原文，而在注释中注明了材料来源[12]。

这一材料说明屠绅从云南寻甸知州降为广州通判，有着屠绅个人品格性情的原因和当时复杂的政治生活的背景。就屠绅而言，他在云南与同僚们的交往甚为友好，人缘颇广，他特别同情那些沉抑下僚，甚至是遭受迫害的下层滇吏，而同上官关系又处理得宜，加上颇有治才政绩，所以滇省大吏如孙士毅等对他都颇器重，他两举卓异的事实也证明他确实较一般滇吏更有才干。然而屠绅不但没有得到正常的升迁，反而被降官，对于颇为自负的屠绅来说，无疑是一个沉重的打击。到广州后，所任通判一职较为清闲，为消遣岁月而“著书发微”，他所著者不是经史学术之书，亦非诗词文等正宗文学之书，而是所谓稗官野史的小说。他之所以“心思结撰，遂衍成稗史三编”，固有其好奇嗜怪的趣味和因长期为官于边疆少数民族地区，不寻常的经历见闻刺激起述奇纪异的写作欲望[13]，同时也有着炫学显才的目的，但还应注意到他将自己化身为故事的重要人物而撰成一部前所未有的文言长篇小说，与其乾隆末年举卓异选官反而被降级的遭遇有重要关系。正由于此次事件引起他激愤不平的心理，需要进行排遣宣泄，而这种与特定的现实人物和政治矛盾密切相关的思想情绪是不可能形诸诗文之类比较直接地表述情志的文体上的，因此，利用自己已有的创作志怪传奇小说的经验，通过创设幻奇荒怪却又寓含着现实社会内容的故事来纾愤寄慨，便成为屠绅最方便、擅长的精神排遣方式，由此去探寻《蟫史》的现实创作根源可以对作品有更切当的理解和认识。

譬如为什么以桑蠋与甘鼎的主宾遇合作为展开征战建功故事的基础，并贯串全书，就是因为屠绅在现实中深感才士与当道者知遇之难，缺少施展抱负才智的机缘，往往被压抑埋没，赍志以终，因此他在书中写出了桑蠋得到甘鼎赏识信赖，尽其才而用，实现人生价值的经历。而作品大力颂扬的中心人物甘鼎为什么是以当时职位不高，但已在经办苗务中崭露头角的傅鼐为原型，这也是由于作者有感于现实中在上者多昏庸无能，而才杰之士却遭阻抑的普遍情形，从而对傅鼐这样的从下层官吏中脱颖而出的能员俊彦由衷地钦服，把安邦定国的重任寄托在这样的人物身上，并希望自己有机会在这样的人统率下展现才学，成就功业。作品以出身高门伟望，却荒淫无能的柔远候斛斯贵作为衬映甘鼎的另一统帅形象，联系其现实之原型，便能触探作者的良苦用心，而写甘鼎之忠勇功高却遭谗免职，也是折射出作者有过举卓异反而遭降级的亲身经历。

又如为什么桑蠋和甘鼎以及跟他们志趣相投的一群幕士勇将都取功成身退、淡泊名利的人生态度？这固然可以从历史上儒道互补的思想影响在人生态度方面的体现去认识，但具体到《蟫史》的创作实际，却不能不联系屠绅的个人经历去看。屠绅有着长期的下层滇吏经历，对下层官吏的酸辛苦痛感受很深，他的宦友多有受尽迫害打击者，而他本人又经过选官被降级的挫抑，对宦海风波之险恶已看得清楚，虽然对建功立业、成就声名心怀不舍，但对真正实现这种成功并享受带来的利益却不抱太多的幻想，于是《蟫史》在后半部的人物言谈中逐渐表露出功成即退的志趣，至结尾便把这种志趣落实到人物的归宿上，在作品萧淡的笔调中隐约透出几缕悲凉的意绪，这跟同具有“自寓”创作特征的《野叟曝言》形成极大的反差，究其原因则在于两书作者各异的特殊身份经历的影响。

【注】

① 从20世纪50年代之后至20世纪末，中国大陆未再出现过对屠绅生平和作品进行研究的专论，只是在一些文学史、小说史、辞书中见到对屠绅及其小说的简介文字。直至2001年才见到高洪钧、程毅中先生两篇讨论《六合内外琐言》的文章：高洪钧《清代笔记小说二题·〈六合内外琐言〉校读记》，载《文教资料》2001年第3期；程毅中《关于〈六合内外琐言〉的校读》，载《文教资料》2000年第5期。2003年出版的占骁勇《清代志怪传奇小说集研究》中对《琐蛣杂记》和《鹗亭诗话》有简要论述。而近两年看到的台湾王琼玲先生的专著《清代四大才学小说》（台湾商务印书馆），出版于1997年，其中乙编为《蟫史研究》，这是目前对《蟫史》最为全面的研究。书中对作者生平也进行了论考，但所依据资料不出沈燮元《屠绅年谱》范围，没有增加新的东西，至于《琐蛣杂记》和《六合内外琐言》则未作研究。

② 据汪云壑戊申年在云南广通与屠绅酬赠之作《连夕在郡城与笏岩会饮，抵广通复至县斋剧谈，翌日笏岩送予至舍资以七言见投次韵志别》中“未遣萍纹中路散，还携笋束短亭钞”诗句下注“时余钞《琐蛣杂记》未竟”（《葆冲书屋诗集》，嘉庆刻本）；另，师范《广通县署谒笏崖师即席赋呈》诗末句下注“时出示《琐蛣记》”，此诗编年在戊申年（《金华山樵前后集》，嘉庆刻本）。

③ 程毅中先生在《关于〈六合内外琐言〉的校读》中介绍了此本的主要特点，笔者蒙程先生的热情帮助获阅此本，将它与其他几种本子作了比较考察，撰有《〈蛸蛣杂记〉〈琐蛣杂记〉与〈六合内外琐言〉版本考》一文，即将发表。在此谨向程先生表示衷心感谢。

④ 有研究者说，《申报》馆丛书本(1876)年的《六合内外琐言》是初刊本，这是不确的，见高洪钧《〈六合内外琐言〉校读记》，载《文教资料》2001年第3

期。其实这时间要提早将近80年。据笔者所见,《六合内外琐言》的最早本子是嘉庆二年丁巳(1797)面世的,为“穗城藏书”本,即广州刻印的。此本内封右栏题“嘉庆二年丁巳新镌”,中间为大字“志异绣像”,左栏下署“穗城藏书”,首为“六合内外琐言序”,此本目前尚未有人论及。

⑤ 参见笔者《〈蛸蛣杂记〉〈琐蛣杂记〉与〈六合内外琐言〉版本考》。

⑥ 震钧和黄人语引自朱一玄编《明清小说资料选编》,齐鲁书社1989年版,第592,594—595页。

⑦《清代四大才学小说》乙编《蟫史研究》第五章,第321页。

⑧ 古典文学出版社1958年版。

⑨ 2002年上海“全国青年学者古代小说研讨会”论文。

⑩《且住庵文集》,台北世界书局1971年版。此书系据抄本原稿影印,承日本庆应大学种村和史先生专为笔者联系购得此书惠赐,特此向种村先生表示感谢。

⑪ 中文版,赵刚译,江苏人民出版社1998年版。

⑫ 其书中有关文字为:“……庄述祖又一次受到和珅的阻挠。按规定,所有新中进士应被列入军机处候补官员目录,供任命之用。这些候补官员,包括有担任要职资格的人选,当时都要晋见和珅,向他鞠躬下跪,行致敬礼。庄述祖和云南人屠绅拒绝晋见和珅,和珅借此机会,将庄述祖从候补官员名单中除名。……”(第75页)按,庄述祖此次候选是在已任官数年后因举卓异而荐部引见,非新进士之铨选,艾氏文中理解有误。又屠绅任云南知州,而说“云南人”亦未确。但其书对所用材料均详注出处,使笔者能据其线索寻找原文。谨向艾尔曼先生致以敬意。

⑬ 赵景深先生在《关于小说家屠绅》中引吴锡麒《有正味斋词集》中的《送屠笏岩州牧绅还寻甸》内容,指出:“在云南居住颇久,目击少数民族与汉族不同的风土人情,在在都足以触动他的笔尖,它又怎能不形之于笔墨呢! ……”(见《中国小说丛考》)

(原载《乾隆时期自况性长篇小说研究》第七章,中国社会科学出版社2006年版)

《琐蛣杂记》与《六合内外琐言》叙考

萧相恺

屠绅是清代重要的文言小说家，鲁迅的《中国小说史略》有专章论述，列入才学小说家一类，谓“志怪有《六合内外琐言》，杂说有《鹗亭诗话》”，“《蟫史》为长篇”①。此后关于屠绅及其作品的研究论著虽代有所作，且不乏有分量的著作，如沈燮元《屠绅年谱》②、王琼玲《清代四大才学小说家研究》③等，但与其他小说家及其作品的研究相比，却又不能不说是成果寥寥，尤其是对其短篇小说集《琐蛣杂记》（或称之为《六合内外琐言》）的研究，更形薄弱。1949年后大陆出版的几部较有影响的文言小说史著作，如侯忠义《中国文言小说史稿》④、吴志达《中国文言小说史》⑤等，对屠绅及其文言小说均未置一词。宁稼雨《中国文言小说总目提要》甚至说《六合内外琐言》“未见著录”⑥。虽然宁说有误，《中国丛书综录》、《中国文言小说书目》等都曾著录过此书⑦，但“未见著录”之说却客观上反映出对这部小说缺乏研究的实际。而且可以肯定地说，大多数研究者并没有看过屠绅的十二卷本文言小说《琐蛣杂记》，而二十卷本的《琐蛣杂记》则近世所有学者似都没有看过——当年鲁迅未见过《琐蛣杂记》，这从他只字未提此书可以窥知；《中国丛书综录》的编者亦没有看过，因为他也没有提及此二书，当然，这可能与《综录》的体例有关；《中国文言小说书目》的编者袁行霈、侯忠义可能看过一种《琐蛣杂记》，因为他们不仅据《中国丛书综录》著录了署“黍余孙裔”编的《申报》馆本《六合内外琐言》、著录了它的石渠阁本以及《申报》馆本以后出现的另外几种本子，还著录了署“竹笏山石道人撰”的乾隆癸丑十二卷木活字巾箱本《琐蛣杂记》，但却可以肯定他们也未看过另一种十二卷本及二十卷本的《琐蛣杂记》；《中国文言小说总目提要》的“六合内外琐言”条似是据《申报》馆丛书本“六合内外琐言”条再参考其他未出版的图书馆书目著录，这从其所举篇目皆系《六合内外琐言》一书中的篇名而非《琐蛣杂记》所有，谓该书署“黍余裔孙编”等可以看出；薛洪勣的《传奇小说史》（浙江古籍出版社 1998 年版）对《六合内外琐言》一书，作过较细致的研究，且给予了较高的也颇恰当的评价，但薛先生似亦未看过《琐蛣杂记》，这从薛先生所说《六合内外琐言》“初版于乾隆五十八年（实际是序作于乾隆五十八年），名《琐蛣杂记》”的表述，以及列论的所有篇名皆为《六合内外琐言》一书所有可推知——更鲜见有人将《琐蛣杂记》与《六合内外琐言》进行详细比勘。然而几乎所有的学者却都又众口一词地认定，这两种书不过是同书异名的一种书。比如，《中国文言小说书目》、《中国文言小说总目提要》均将《琐蛣杂记》系于《六合内外琐言》的名下，《屠绅年谱》、上海古籍出版社影印本《蟫史 · 前言》⑧、《传奇小说史》等等都说：屠绅有文言小说《六合内外琐言》，而《六合内外琐言》就是，或原名《琐蛣杂记》（或称《璅蛣杂记》、《琐结杂记》、《蛸蛣杂记》等）。实际上，这一结论的正确性、可靠性很值得怀疑。本文略述己见，以就正于方家。

所见《琐蛣杂记》与《六合内外琐言》版本叙考

（一）《琐蛣杂记》三种

1. 乾隆五十八年序刊本两种

（1）十卷本

藏南京图书馆。书中有先后著录的两个馆签，称《�蛣杂记》，谓“乾隆刻本”。一注十卷五册（萧按：似为早期的）；一注十二卷五册。实际是十卷五册，且卷九缺第一叶，卷五缺最后一叶。首“蛸蛣杂记序”，尾署“乾隆岁次癸丑（五十八年，1793）腊月朔有二日王雨谷序”。序全文如次：

廓然无私者天也，而至于二五之妙合，鬼神之情状，露雷风雨之变化，独有所甚秘焉，而不欲蚩蚩者得以测其倪。惟人亦然，衾影之地，暖（暧）昧之端，护之也甚力。忽有人焉，出其钩深抉隐之才，鼎铸而镜悬之，使倾邪丑怪之态百出而一无所遁，则夫巳氏之忿且忮，而欲得其人以甘心也必不可以终日，且不独身受者然也。廓然无私之表，寻且闻而自危，曰彼刻划于俦类而不已者，将唐突于空虚而莫之禁矣。于是挫其才，窘其遇，俾之颠倒拂逆而无以自存。而向之所谓倾邪丑怪者，遂将乘天意之所危而揶揄之，而报复之。呜呼！斯人亦何乐为此钩深抉隐之谈，以自挤于幽忧枯槁之地，而为天与人之所交厄哉？虽然，千古之为快心之文者，必其有痛心之事者也。嬉笑之不足，而怒骂以继之；微言婉谕之不足，而大声疾呼以骇厉之。其言愈快，则其心愈痛。是故举世作（非）之而不遑顾也；造物者穷之而不遑恤也。以为如是，以为言我，庶几其一悟（快）云尔。若刺史《蟫蛣杂记》之作，非亦痛心者之一征耶？客或曰：空言而本诸实事，斯惩创之义昭焉，今刺史所言，则蜃气之楼台，蚁封之城廓已耳，于世间法何所裨？予曰：是何异甘鼎烹者不知有膊鸾之奇，而被锦绮者不知有冰蚕火鼠之幻也。三闾之放，漆园之逃，事之实者也，而其言为香草焉，山鬼焉，为景罔两焉，为不祥金焉。必事事而求实之，则三闾固餔糟者流，而漆园亦文绣之牺牲已矣。且乌知夫空言之中，不有所谓暗内乎道妙者，将使夫巳氏自镜其面目，以徐悟其立说之旨于言外，而又窃幸夫虚假之词之尚非大书深斥而莫可揜也？则其忿且忮而不能终日者，其亦可以赧然自化也夫。是说也，夫予未知有合于刺史之志与否？盍归而与仰谷子评之。

乾隆岁次癸丑腊月有二日王雨谷序

每卷卷首均有该卷目录。如“蟫蛣杂记卷一目录”等，且均题“竹勿山石道人著”，卷四尚有“菜子阅定”字样。其中卷九总目叶缺。正文卷端题“蟫蛣杂记卷× 竹勿山石道人著”。也有些卷尚署有“莱子阅定”,如卷五、六、七、八。半叶9行,行20字。四周单边,版心上镌“蛂蛣杂记”,双蝴蝶下镌卷次、叶次。

(2) 十二卷本

藏北京图书馆。此本与南京图书馆藏本系同一版本,但印刷较后,板片多模糊不清。唯此本为全本,也即多十一、十二卷。对照发现,南京图书馆藏的那个本子是失佚了最后一册(即十一、十二卷)。上两种以下或简称乾隆本。

2. 乾隆五十八年序木活字本一种

凡十二卷。首序,尾署“乾隆岁次癸丑(五十八年,1793)腊月朔有二日王雨谷序”。每卷卷端均有该卷目录。题“蛂蛣杂记卷×目录　竹勿山石道人著”。卷五、六、七、八目录叶尚有”莱子阅定”字样。半叶9行,行20字。版心上镌“蛂蛣杂记”,双蝴蝶下镌卷次、叶次。正文卷端题“蛂蛣杂记卷×　竹勿山石道人著”。卷四尚署“莱子阅定”。行款及篇目数量、文字内容都与上述北图藏乾隆间刻本同。书藏北京图书馆。这个本子大约就是《中国文言小说书目》著录的乾隆癸丑木活字巾箱本。

3. 增订《琐蛣杂记》两种

一藏中华书局资料室。二十卷,十册,分上下两函。函封署“增订蛂蛣”。首序(序文详下),尾署“钱塘姬叏父序”。书后有《蛂蛣杂记跋》,尾署“乾隆岁次癸丑(五十八年,1793)腊月朔有二日王雨谷”。每卷卷首都有该卷的总目,题“琐蛣杂记卷×目录”,“竹勿山石道人撰　也帆阅定”。其中卷九正文有“巨人足”篇,但目录中无;卷十一“楚子”篇正文的题目“楚子”后多“苗裔”二字;卷十五正文有“官蜮”一篇,总目缺;卷十六“大母”刻作“大毋”;卷十七正文中有“虎爪人”一篇,目录中无。每卷卷端皆题“琐蛣杂记卷×”、“竹勿山石道人撰”。版心镌“琐蛣杂记”,双蝴蝶下镌卷次、叶次。上下左单边,右双边。馆签注“乾隆五十八年刊本”,误,所据殆为书后的《跋》。

一藏河南大学图书馆。二十卷十册,一函。有内封,分左中右三栏,隶书题“乾隆乙卯仲春新梓　增订琐蛣杂记　京都萃文堂藏版”。其余每卷总目、卷端题署、行款，序跋，甚至连书中的书写习惯、错误，如：卷九正文有“巨人足”篇，目录中却没有；卷十一“楚子篇”正文题作“楚子苗裔”；卷十五正文有“官蜮”一篇，总目缺；卷十六的“大母”均刻作“大毋”；卷十七正文中有“虎爪人”一篇，总目没有；《琐蛣杂记》的“琐”唯跋仍作“蟥”等等，都与中华书局藏本全同。两种本子应该是同一版本或一种是另一种的覆刻本，因无法将两个本子进行对比，暂不能作出准确判断。此两本以下或简称“增订本”。

（二）《六合内外琐言》五种

1. 石渠阁本。凡二十卷。不题撰人。内封竖三栏，首栏镌“此书锓版久失，遂少传本。顷取原书，细加校阅，重付枣梨，以公同好”（双行），中栏镌“六合内外琐言”，末栏镌“石渠阁梓”。首序，尾署“古越姬金麟序”。次“六合内外琐言目录”。又次“刊六合内外琐言原跋”，尾署“嘉禾湛若海”。跋与王雨谷“蟣蛣杂记”序同。正文第一卷卷端题“内外琐言×卷”，版心双蝴蝶下镌卷次，卷次下镌篇目名。此本以下或简称石渠阁本。

2. 清坊刻本。二十卷，绣像二卷。首序，尾署“古越姬金麟序”，序与石渠阁本同。次跋，尾署“嘉禾湛若海”，文字也与石渠阁本同。又次，“六合内外琐言目录”，目与石渠阁本全同，连错误都一致，例如，两书总目都有一则“闷羊生”，正文却都作“阉羊生”，“闷”是错的。复次图像，第一卷连序跋、总目共二册，凡 74 幅（第一册至《海市舶》凡 32 幅；第二册凡 40 幅），七十四叶。第七十四叶有“羊城林显绣像，古滇卤楼子监制”字样。第三册又从第一叶开始标叶次，但第一叶未绘故事。第二叶起至第四册末，一叶绘故事一个，共绘故事九十一个（第三册 46 个，第四册 45 个），第九十一个故事似是由三个半叶绘成，另半叶绘一剑、一书、一书函，并标有“卤楼子监制”字样。正文卷端题“六合内外琐言卷×”，不题撰人。半叶九行，行二十字。版心双蝴蝶下依次署卷次、篇名、叶次。此本以下或简称绣像本。另见高罗佩藏《六合内外琐言图说》胶片。封面题《六合内外琐言绣像》，内封三竖栏，中栏隶书“六合内外琐言图说”。首序，次跋，又次总目，复次绣像，序跋题署文字、绣像、正文行款，皆与上面著录的本子全同。正文卷端有“高罗佩藏”篆体阳文印。胶片系用绣像本摄成。

3.《申报》馆本。二十卷。题“黍余裔孙编”。内封正面题“六合内外琐言”，背面题“光绪丙子秋《申报》馆重印”。无序、跋，首页正面为“六合内外琐言卷一目录”、“黍余裔孙编　垂瀑山人校”；背面为“逸庄之后孙”所题之《读〈六合内外琐言〉，爱其幽哨(峭)诡奇，戏题四言长句》诗一首。一卷正文卷端题“六合内外琐言卷一　黍余裔孙编　垂瀑山人校”。版心“六合内外琐言”，黑蝴蝶下卷次、叶次。金武祥《陶庐杂记》所谓“其《六合内外琐言》二十卷……近年上海以洋版印行”者，殆即指此。此本下简称《申报》馆本。

绣像本和《申报》馆本出石渠阁本，其根据是：① 石渠阁本不题编者，绣像本《六合内外琐言》也不题撰人。但两本序中都有所谓“……黍余裔孙，亦律亦礼，不吏不仙，所历蜻蛉之县，螳螂之川，金马之遗祠，竹王之故迹……每当鬼车啸雨，木客今(吟)风，万叶堆门，一灯闪壁，执尸头之笔，描变相之图，菩萨毫明，金刚杵落。含沙蜮泣，拜斗狐惊。俞儿小骑而行，庆忌大冠而舞。仰看夏屋，唱绝秋坟。作鬼董而何妨，比齐谐而亦得。……”一段话，《申报》馆所题“黍余裔孙编”正是由此而来。② 绣像本和《申报》馆本篇名及篇目编排次第与石渠阁本完全一致、每篇的文字也几全同。

4. 此外尚见有宣统三年上海扶轮社石印本、大达图书供应社铅印本。扶轮社本有尾署“宣统三年百花生日黄人识”的序，谓：

> 《六合内外琐言》，一名《琐珪日记》，常州屠笏岩绅撰，又有章回小说《蟫史》(即《新野叟曝言》，为小说进步社所刊行)，皆瑰丽奇绝，似纬(谶?)似子，辟小说家未有之境。屠君诗文已佚，洪北江曾评其诗为畜沼文鱼，栽盆芍药，而笔意之妍雅，可因洪评而概见，抑亦难能可贵者。予家旧藏抄本，扶轮社主任王君函索再三，仅书数语以贻之。

黄人似未见过《琐蛣杂记》，故误“杂”作“日”；误“蛣”作“玷”；更未将其与《六合内外琐言》做过比较。大达图书供应社本也载此序，两本间的渊源十分清楚，而扶轮社所据之黄人家藏抄本则当出自石渠阁本系统。大达图书社本且有一《小引》：

> 从来仙怪神鬼之说，虽为圣贤所不语，而往事凿凿，载诸册籍，然则信而有征也明甚。第事无左证，迹近模棱，似每足起人疑窦者。以不才研究所获，谓之曰：若有若无，不节（即）不离，竖几近乎。《六合内外琐言》一书，事实变异，理想突兀；极仙怪神鬼之大观，尽光怪陆离之能事。文藻斐然，犹其余事。标点一过，殊使拍案叫绝，叹为观止！屠笏岩撰述之初衷，殆亦如蒲留仙撰《聊斋志》，寓劝世之忱，为当头之棒喝欤？是此书大有益于世道人心者，至非浅鲜！惟迩者科学昌明，破除迷信，浅薄者流，苟有津津而道，定邀嗤之以鼻。要知天下之大，无奇不有，焉能以愚昧之见，断其必无？矧当书之本旨，复有深意存乎其间者乎？质诸当世高明，其以鄙言为然乎？为不然乎？是为引。

不一一细说。

增订本《琐蛣杂记》与石渠阁本《六合内外琐言》谁先谁后，问题就比较复杂了。但据我初步考证，几种本子间的顺序应是：

乾隆本——增订本——石渠阁本——绣像本
　　　　　　　　　　　　|
　　　　　　　　　《申报》馆本

扶轮社本可能直接出石渠阁本，也可能出《申报》馆本。

增订本出乾隆本之后无须多说。说石渠阁本出增订本，根据是：

1. 增订本将乾隆本的王雨谷序移到书后称“跋”；石渠阁本也有这个跋，称“刊六合内外琐言原跋”，并将“王雨谷”改为“嘉禾湛若海”，虽仍放在卷首，且篇名和作者的名字也不同，但一个“原”

字，露出了其间的承续关系，因为在乾隆本中此文称“序”而不称“跋”；而增订本则称跋，但无“原”字，所谓“原跋”当然是原本就有的跋，只增订本才有此跋。

2. 增订本和石渠阁本后增的内容文字基本一样的相应篇章，篇名都不相同，这不同应该是石渠阁本更改的结果，而不是相反。比如：增订本卷八有一篇《四美堂》，在石渠阁本中，名为《夫人侍儿》。《四美堂》之名是因为小说写画上四美人，出画以事无方。后惧物议，又“北道逆旅争以畜妓之高下为款客之虚盈”，无方乃从四美之议，设“四美堂”以待过客之好狭邪者。以“四美”而调剂利、色、货、声“四恶”，四美又惩治邪师，于是人咸谓“神女止于人间，殆谪降也”，而登“四美堂”者，俱不敢亵狎，惟以见面而惬心云。篇尾评中还有“观于四美堂中现花身，证胭脂果，庶其仙乎”之语，从中可见出作者以《四美堂》命名的用意。而所谓“夫人侍儿”则只因为小说中假韦安道之名所题字中有“四美皆夫人侍儿”的话，相较之下，孰优孰劣，十分明显。又如，增订本卷一有一篇《如是屏风》，在石渠阁本中，名为《惺晓》（卷三）。小说写唐人南山幻，因牛李党争牵累，亡命湖南，得识上人谭师。在先，南山幻尝与其妇翁约：三年即归就婚，否则无劳企望。至期，谭师引其至一废阁故佛旁，有悬画一幅，小篆“如是屏风”，南生就视，仿佛身临水滨，乃乘轻舟，辗转之家，治婚事，行燕好。复念：“我屏风中游也，岂真蜀道寄当归哉。”因又见前所乘轻舟，复乘而返湖南。登岸入阁，谭师从阁后出，呼曰“可出屏风矣”，始识其身在屏风。尔后南生思妇，独至屏风下，又得归故里。……后南生终悟，净发入南诏，自号顽僧惺晓云。这里的屏风，与一枕黄粱的枕一样，而谭师则与吕翁相类。小说后面的评语也说：“卢生之枕虚，南生之屏实。虚者一至，实者频来。譬诸草木，殆根荄则同，而开放者异欤。然吕翁一霎，取径甚宽；谭师十年，循图至约。未可以尺短较寸长矣。”可见这屏风是结构小说，阐发旨意的重要道具。作者用它作篇名，自然是十分得当。而石渠阁本的编者将篇名定为《惺晓》，虽然也无不可，但比较之中，高下就见分晓了。“高优”固不等于“原先”就有，“劣下”也不等于是“后改”造成,但对照两书相应篇目的篇名,我们可以发现,绝大多数是增订本优于石渠阁本,这样,我们便不能不说,两书篇名的不同,是石渠阁本更改的结果了,因为只有强作更改,才会造成大多数篇名与小说内容不够贴切的情况。

根据上面的考述可以看出,在《琐蛣杂记》的成书(包含版本)演变史上,十二卷的乾隆本、二十卷的增订本和二十卷的石渠阁本乃是最关键的三种本子。

《琐蛣杂记》与《六合内外琐言》关系考论

《琐蛣杂记》与《六合内外琐言》之间的关系究竟如何,它们能不能算是同一种书呢?

因为十二卷的乾隆本、二十卷的增订本和石渠阁本是关键的三种本子,在谈《琐蛣杂记》与《六合内外琐言》关系时,我选择它们作为主要的考察对象。

1. 为了说明这个问题,我们首先来将乾隆五十八年序刊十二卷本、中华书局藏二十卷本增订《琐蛣杂记》、石渠阁刻二十卷本《六合内外琐言》的篇目进行对读。我直录增订本《琐蛣杂记》目录,而在括号中注明相对应的另外两种本子的篇目及其所在卷数,用◎代表十二卷乾隆本;用●代表石渠阁本。

卷一　绿蓑女(●卷三　蒋帝甥女)如是屏风(●卷三　惺晓)两木神(●卷三　袁篙师)散花魔(●卷三　镆耶相)木瓜儿(●卷三　孟庸养子)

卷二　细人手(●卷四　还臂)镜中火(●卷四　腹藏剑)神贩鱼(●卷四　鱼贾)大腹尼(●卷四　红药主人)侠妓(●卷四　冠玉士)

卷三　阴阳阵(●卷五　万人冢)释父母(●卷五　十卷书)演坐客(●卷五　南蛮太守)持筹妇(●卷五　琵琶散人)鬼劫藏(●卷五　鬼瞰)娄丈(●卷五　狗陈尸)赤牛(●卷五　猪母)孔升翁弟子(●卷五　巨疮)

卷四　鳌背居（●卷六　海市舶）沈先之（●卷六　烛光爱主）獭髓（●卷六　元元帅）东阳贼（●卷六　蝎魂）熊拔斧（●卷六　卵陷）换儿妪（●卷六　老妪血海）任公子（●卷六　短兵）

卷五　仙人钩（●卷十一　登木哥狸首者）晒绖僧（●卷十一　尸继佼）录供状（●卷十一　孝廉妻）蓬矢入骨（●卷十一　王孟）五将孕（●卷十一　五家爹）屋头乌（●卷十一　黑衣郎）皋比君（●卷十一　鼓子庙中祭肉）肠中丐（●卷十一　虫迹所经）

卷六　问字篴（●卷十二　瞿文先生）囚服入棺（●卷十二　制赭女）解仙（●卷十二　古干凿度）婢射覆（●卷十二　狒狒吟）蚕人（●卷十二　梅自然）界室（●卷十二　出入袖中）羊食豸（●卷十二　子九）鹿女坊（●卷十二　伯令尹）屃精（●卷十二　屃赑有惭色）二士疾（●卷十二　鼠幽蛇躁）鲁多长（●卷十二　赋鱼）

卷七　皮涉人（●卷十九　盗渠文字服）移亭（●卷十九　执珪小侯）夜长人（●卷十九　聚奎坞）卖墨汁（●卷十九　龙母滕）咳朱姥（●卷十九　身化死灰）罗汉妾（●卷十九　张盖使）冰仙（●卷十九　邳彤后）花草主人（●卷十九　吴虎孙）

卷八　种愁小儿（●卷二十　秋心亭）杯隐（●卷二十　阿蛩）四美堂（●卷二十　夫人侍儿）蛟木（◎卷五，名同；●卷二十　青衣童）心宿（◎卷五，名同；●卷二十　火五郎）

卷九　望夫再化（◎卷九，名同；●卷九　铸镜叟）银河舫（◎卷九，名同；●卷九三　原梦）冲漠丸（◎卷九，名同；●卷九　家翁即孙恩）官中品（◎卷九，名同；●卷九　祖父像）巨人足（目录中无，此据正文。◎卷九，名同；据正文补。●卷九　两小人）绰丞相女（◎卷九，名同；●卷九　画舫客）石碣神（◎卷九，名同；●卷九　南汉王关节）

卷十　八八媳妇（◎卷十二，名同；●卷十　小安氏）邾母（◎卷八，名同；●卷十　文命命）岛仙（◎卷八，名同；●卷十　改鲶为砧）三筵（◎卷八，名同；●卷十　刖两腓）野婆（◎卷八，名同；●卷十　辟兵玺）星阑（●卷十　丈人星之子）牡蛎滩仙

(◎卷八,名同;●卷十　亦生张八)

卷十一　阚览(◎卷一,名同;●卷十五　名证果处)神主变相(◎卷一,名同;●卷十五　孝廉呵笔)坛怪(◎卷一,名同;●卷十五　雍氏妇)杞仙(◎卷一,名同;●卷十五　相思子)楚子(正文另有"苗裔"二字)(◎卷一,名同;●卷十五　熊傅)槐里令(◎卷一,名同;●卷十五　白无畏兄弟)鳖道人(◎卷一,名同;●卷十五　水性者)髯诈(◎卷一,名同;●卷十五　我心如秤)鱼头丈人(◎卷一,名同;●卷十五　蛇首人)高定之(◎卷一,名同;●卷十五　左右妻各一)大笠仙(◎卷一,名同;●卷十五　师婆)嬴妻(◎卷一,名同;●卷十五　大阴人)

卷十二　张陕西(◎卷二,名同;●卷十六　肆中陈雷)不倒阵(◎卷二,名同;●卷十六　拥肿短人)魄裙(◎卷二,名同;●卷十六　后山云)骚老狐(◎卷二,名同;●卷十六　天魔喜)蛆神(◎卷二,名同;●卷十六　肉枕)度索仙(◎卷二,名同;●卷十六　乘舟如半桃)武君石弹(◎卷二,名同;●卷十六　猱飞)虾蟆幻(◎卷二,名同;●卷十六　解醉骨)帐中贼(◎卷二,名同;●卷十六　阳大夫)蛛丝帽(◎卷二,名同;●卷十六　小鬼亦矛盾我)孝廉债(◎卷二,名同;●卷十六　文金武金)假天狐(◎卷二,名同;●卷十六　行翁)

卷十三　孝子虾(◎卷三,名同;●卷一　长须君长)杖山魈(◎卷三,名同;●卷一　劣先生)僧夜哭(◎卷三,名同;●卷一　唪孝经)捣药人(◎卷三,名同;●卷一　玉兔奔)龟鉴(◎卷三,名同;●卷一　黑蚌中女子)女扶鸾(◎卷三,名同;●卷一　医瘤)采蕨翁(◎卷三,名同;●卷一　普判史)缩地杖(◎卷三,名同;●卷一　呼天女)

卷十四　西域奴(◎卷十二,名同;●卷二十五　色虮)苕上仙(◎卷十二,名同;●卷二　马头神劾)阴沉木甑(◎卷十二,名同;●卷二　蔚夫人)二娇(◎卷十二,名同;●卷二　食蛟)

卷十五　三丰父(◎卷六,名同;●卷七　金精星官)四公案(◎卷六,名同;●卷七　归沈郎)鲨鱼妇(◎卷六,名同;●卷七人虎幻相）三世兵解（◎卷六，名同；●卷七　头中三雀）不全蛮（◎卷六，名同；●卷七　吐金鸟）么么坞；（●卷七　列火子）南岳四怪（●卷七　手按拍）梦育（●卷七　笥中帽）活人心（●卷七　嚼心）雷公死（●卷七　雷翅）漳河神（◎卷六，名同；●卷七　有鬼论）蜀冈老人（◎卷六，名同；●卷七　女部头）官蜮（总目缺，据正文补。●卷七　射民）

卷十六　耳孽记（◎卷十一，名同；●卷八　淫人在耳）白狼主人（◎卷十一，名同；●卷八　二韶）夜飞兽（◎卷十一，名同；●卷八　遇剑尽）堂郎城露布（◎卷十一，名同；●卷八　高堂氏）目孕（◎卷十一，名同；●卷八　委蛇翁）龙农（◎卷十一，名同；●卷八　呵呵磔磔）鲱大母（误刻作毋）（◎卷十一，名同；●卷八　破阴夫人）栩县（◎卷十一，名同；●卷八　老县正）

卷十七　铁王氏（◎卷七，名同；●卷十七　秦家妇）息泉（◎卷七，名同；●卷十七　婴氏）两小（◎卷七，名同；●卷十七　皮女）陈死人（◎卷七，名同；●卷十七　金羊峒）牛口居士（◎卷七，名同；●卷十七　跖跻寿）虎爪人（目录中无，据正文补。◎卷七，名同；●卷十七　余半鹤）形天裔孙（◎卷七，名同；●卷十七　龙尾寺眇僧）

卷十八　肥僧（◎卷十，名同；●卷十八　混元扁畐佛）两后间（◎卷十，名同；●卷十八　观主）毛贼（◎卷十，名同；●卷十八　主人如鬼）艮先生墓（◎卷十，名同；●卷十八　艮先生）五大夫（◎卷十，名同；●卷十八　两韩重）山小娥（◎卷十，名同；●卷十八　书蟢字）于思首（◎卷十，名同；●卷十八　阉羊生）玉郎（◎卷十，名同；●卷十八　仇池小郎）吐墨鱼（◎卷十，名同；●卷十八　呕白痰）

卷十九　健男子（●卷十三　袒巨腹）务婆（◎卷五，名同；●卷十三　识务斋）元机后身（◎卷五，名同；●卷十三　故参军）神童入腹（◎卷五，名同；●卷十三　三郎一妹）犀角（◎卷五，名同；●卷十三　刻铭词）短贼（◎卷五，名同；●卷十三　矬狗）彭越攻蜃楼（◎卷五，名蠓蠛攻蜃楼；●卷十三　结圆阵）焚幻猴

(◎卷五,名同;●卷十三　房氏功烈) 虱阵(◎卷五,名同;●卷十三　獠僵卧)

卷二十　莲花蠹(◎卷四,名同;) 婢骨(◎卷四,名同;●卷十四　校魄郎) 龙母(◎卷四,名同;●卷十四　文则敬) 粥髡(◎卷四,名同;●卷十四　首戴盆) 池面字(◎卷四,名同;●卷十四　和尚妻) 麻二郎(◎卷四,名同;●卷十四　巨梃击髡) 种阴菌(◎卷四,名同;●卷十四　菌患) 鲁仲连(◎卷四,名同;●卷十四　宗人) 三篮睽爻(◎卷四,名同;●卷十四　凤馗) 棠三杰(◎卷四,名同;●卷十四　牛大心) 钉蜈蚣(◎卷四,名同;●卷十四　二浦二石)

对读的结果发现,这三种本子最大的不同在:① 乾隆本只十二卷,石渠阁本和增订本各二十卷,比乾隆本各多八卷,而且不只是分卷的不同,篇幅也增加了百分之四十左右;② 增订本收了乾隆本中除《鼋冢》外的所有篇章,仅将其所在卷次作了调整,而没有更改乾隆本的篇名,其余的都是新增篇目;石渠阁本则不仅全收了乾隆本中的所有篇章,还收了《莲花蠹》一篇之外的所有增订本新增的篇章,但各篇所在的卷次与乾隆本、增订本多不相同、篇名则全部不一样。另外石渠阁本中的《积银瓮》一篇,未见于乾隆本和增订本,为其新增。故增订本比石渠阁本总数少一则。即增订本为 164 则,石渠阁本为 165 则,而乾隆本仅 101 则。

前面的比照还表明:如果石渠阁本诚如上述出增订本,则石渠阁本肯定还参照了乾隆本,因为石渠阁本中的《鼋冢》一则,并不见于增订本,但乾隆本中却有此篇。这样,石渠阁本识语中所说的“此书镂版久失,遂少传本。顷取原书,细加校阅”中久失的“镂版”、“原书”很可能就是指乾隆本的原版和原书。这一点值得注意。

由上所述,笼统地说后来的《六合内外琐言》原名《琐蛣杂记》已有不妥;将二十卷本的增订《琐蛣杂记》或后来的《六合内外琐言》与早期的乾隆五十八年序刊十二卷本《琐蛣杂记》视为同一种书更是不当。

2. 问题的关键当然还不在此，而在于增订本《琐蛣杂记》以及后来的《六合内外琐言》所增补的篇目，是不是屠绅所作？

要回答这个问题，首先必须解决乾隆乙卯（六十年）是不是真出了个增订本《琐蛣杂记》。让我先来厘清一些基本的事实：

（1）屠绅年十九举于乡，二十成进士，可谓少年得志。但此后的官宦生涯却颇不顺，从二十七年起，直到三十七年十一月初一日，一直在京候选。《清代官员履历档案全编》便记载着他讨选的一封奏折："臣屠绅，江苏常州府江阴县人，年三十，乾隆二十八年进士，候选知县。敬缮履历，恭呈御览，谨奏。乾隆三十七年十一月初一日。"大约也就是这封奏折起了作用，他方才获得了地处云贵边境的穷乡僻壤，一个民风强悍，让历任知县常常"惧变"的师宗县的知县。且一干就是十余年（乾隆三十八至五十二年），中间数次运京铜入都，乾隆四十五年还曾以"大计卓异引见"。好不容易获得升迁，所迁却仍是地处蛮荒的云南曲靖府寻甸州知州[9]。

（2）《屠绅年谱》引阮元、王崧《云南通志》卷一百二十一《秩官志》二之十三谓：乾隆五十二年，屠绅迁云南寻甸州知州，时年四十四岁。守一斋《客窗笔记》也载："岁丁未，笏岩迁寻甸州牧，入觐回滇，过常郡，余与晤于颍州太守立庵斋……为余歌《赤壁赋》，余填《凤凰台上忆吹箫》赠之。"岁丁未即乾隆五十二年（1787）。但《清代官员履历档案全编》却记着："屠绅，江苏常州府江阴县进士，年四十四岁，现任云南师宗县知县。乾隆四十九年六月分推升云南曲靖府寻甸州知州缺，并带运甲辰年三运二起京铜，今缴铜完竣，带领引用。"又同书载屠绅进呈的奏折："臣屠绅，江苏常州府江阴县进士，现任云南师宗县知县，乾隆四十五年大计卓异引见，奉旨着回任。四十九年六月分签升云南曲靖府寻甸州知州缺，并委解甲辰年三运二起京铜。今缴铜事竣，赴部引见，敬缮履历，恭呈御览，谨奏。乾隆五十一年九月二十九日。"均证明其升寻甸州知州在乾隆四十九年[10]。只是乾隆四十九年是"分推升"、"分签升"，所以他在五十一年九月二十九日给皇上的奏折中仍自称"现任云南师宗县县令"。上面《云南通志》所载，应该是他正式到任的时间。

乾隆五十三年，屠绅的学生师范在广通县署谒见屠绅（《屠绅年谱》谓其时屠在广通任，误。）时，屠绅曾向他出示过《琐蛣杂记》，说明其时《琐蛣杂记》已经成书，最少是屠绅已写成了大部分，但并未刊刻，否则，不会只是出示而不馈送。

(3) 从现存的资料看，屠绅从乾隆五十二年“入觐回滇”起至五十六年，都在寻甸任上。五十七或五十八年可能回北京。王雨谷的序作于乾隆五十八年末。乾隆五十九年，屠绅则肯定在北京[11]。

(4) 赵怀玉《屠刺史绅、王明府复订婚姻之好，招同人集孙比部星衍寓斋，分得交字》[12]诗“各有新书付客钞”句下注云：“屠有《琐蛣杂记》，王有《甲子大事表》。”王复自己也有诗记其事，诗载《晚晴轩诗》卷八，题为《二月六日与屠笏岩刺史定姻，召同人罗两峰山人、吴谷人编修、汪云壑修撰、张船山检讨、赵未辛舍人、殷芥舟、杨西河、马苇舟三明府集孙渊如比部寓斋，分韵得吟字》。这里所说的吴谷人编修，就是曾做过祭酒的吴锡麒，赵未辛就是赵怀玉，孙渊如即孙星衍。这正是乾隆五十九年年初的事。

(5) 乾隆六十年，屠绅自京还滇，途径“大梁”，屠绅的亲家王复恰也在大梁，两人再次相遇[13]。徐书受设宴为屠送行，筵上众人曾分韵赋诗。徐诗《笏岩刺史自京还滇，偕秋塍癯仙留斋小饮，予分韵得六鱼二首》[14]“莫嫌纸贵费抄胥”下注云：“时君以《琐蛣杂记》见贻，君亦索予所著《谈薮》。”《谈薮》一书今存，是一部未见著录的文言小说；诗中的秋塍便是王复的字。王复也有诗记其事，诗题《笏岩自都门返滇，相遇大梁，邀集尚之寓斋，分韵得七阳二首》：“春明分袂惜流光，万里途中暂卸装。箧里新编多所怪，尊前故态尚能狂。”“多所怪”句下注云：“笏岩出示新刻《杂记》。”

由上述(4)、(5)两点，知乾隆五十九年二月六日屠绅曾与友朋京师相聚；乾隆序刊本署“乾隆五十八年腊月朔有二日”，两者时间相距很近。相聚京师时，乾隆五十八年序刊本《琐蛣杂记》当仍未正式行世（可能已经刻印好，但未到屠绅之手，刻印地或不在京师?），否则，不会只说“各有新书付客钞”而不说遗赠；次年王复的诗注中再次提及《杂记》，且曰“出示新刻”，说明他也是此时才得见此书，而“春明分袂”是指上一年春二月在京师相聚后与屠分别事。这也就是说，乾隆五十八年序刊本到屠绅自己之手，应在乾隆五十九年的二月六日以后至次年屠绅回滇之前。

石渠阁本《六合内外琐言》与增订本《琐蛣杂记》都有一篇十二卷本没有的未署年月的序，一题“钱塘姬殳父序”，一题“古越姬金麟序”。嘉庆十三年刊行的吴谷人《有正味斋骈体文》书中也收有这篇文章，名曰《屠笏岩琐蛣杂记序》，书是吴谷人自已编成的，南城曾燠所作的序中有“吴谷人先生命燠《弁言》兹集而燠不敢辞”语可证。序出吴谷人之手是肯定无疑的。三序文字上略有不同，录如次（用◎代表《有正味斋本》本；●代表石渠阁本）：

夫悬六鼻之镜则事可周窥，敲两耳之铛则梦由冥召。是故尔室可以收远照；敝席可以交丽神，而况情至生文，意来造境；问天有对，漱地成形。即此尘尘念念之因，无非怪怪奇奇之事，岂待列神奸而铸鼎，烛幽异而燃犀，而后谓之穷形尽相也哉。则有竹勿山石道人（“竹勿山石道人”◎作“笏岩刺史”；●作“黍余裔孙”），读书读律，亦吏亦仙（“读书读律，亦吏亦仙”●作“亦律亦礼，不吏不仙”）。具升庵之才，宦滇南之地，所历蜻蛉之县，螳螂之川。金马之遗祠，竹王之故迹，黄茅千里，深箐万重，神灵苍茫，光景倏忽。复有（“有”◎●均作“若”）沙杨别种，叚沭（“叚沭”◎作“段沐”）荒墟，其俗犷獉，其地牢落。犯岑岚而拾路，指畬火而投村。苗妇跳歌，忽来明月；山鬼宜睇，翩若美人。此境此情，可喜可愕，尽横蟠于胸臆，将腾快于齿牙。又况清角孤鸣，劳商屡唱；酸咸得味，冷暖知情。决（“决”●作“快”）棋局之荣枯，触酒肠之茫（“茫”◎作“芒”）角。每当鬼车啸雨，木客吟（“吟”●作“今”）风，万叶堆门，一灯闪壁，执尸头之笔，描变相之图，菩萨毫明，金刚杵落。含沙蜮泣，拜斗狐惊。俞儿小骑而行，庆忌大冠而舞。仰看夏屋，唱绝秋坟。作鬼董而何妨，比齐谐而亦得。知我罪我，又何訾焉（"焉"●作"马"）。或谓赋家设难，有取子虚；文字垂规，要论公是。今且觅宝于蓝舟之内，求马于唐肆之中，何益虞箴，得毋燕说？不知大风吹沫（"沫"●作"来"），即现楼台；黄土抟人，自成世界（"不知"以下◎作"法王弹指，即现化城；海沫吹嘘，自成宫殿"）。入古莽之国，梦乃为真；证兜率之天，空即是色，何况推烟唾月，斩电割风。扶皮里之阳秋，吐胸中之云梦。不过借东风（"风"◎作"方"）而骂鬼，何必求西子以骇糜乎？或又谓雕刻物情，见忌于造化；周内世态，亦干乎天和。逞箭锋之机，话泥犁（"犁"◎作"犁"）之趣。竟同老吏之断狱，或（"或"◎●均作"恐"）非长者之居心。不知虽虽号寒（"号寒"◎作"寒号"），虫虫热戏。几日楼罗之历；一场傀儡之棚。使非吹牖民之篪，振徇路之铎，严加振（"振"◎作"震"）撼，密与摧（"摧"◎作"推"）绳，正恐擿埴索涂（"涂"◎作"途"），觉之不早；胠沙思水，救之已迟。而此一书也，舌覆三千，珠穿八百（"八百"◎作"百八"），怀黄握白，生丹起青，直使睫上蟭螟，角中蛮触，莫不蜩蜎（"蜎"◎●均作"蛸"）字里，蠖略行间。斯可以怵凡夫之心而褫宵人（"人"●作"小"）之魄也已。余与道人（"道人"●作"此公"◎作"笏岩"），论交日（"日"●作"口"）下，结分尊前。念万里之将还，尚一编之不置。向使挟嗅金之技，唱得宝之歌，则点苍之石，邛竹之杖，洱茶蒟酱之美，赤铜石绿（"石绿"●作"录"）之饶，厥土所生，郄车可载，而道人（"道人"●作"此公"；◎作"笏岩"）空囊如漉，一钱莫名，惟是弄墨晨书，燃脂冥写，投袂贡愤，扪襟选（"选"◎作"送"）悲，屝履糗粮，未知所跱，吾恐窃窃（"窃窃"●作"戚戚"）然且不勉为若辈所揶揄也。钱塘姬叟父（古越姬金麟）序（◎无此句）。

这篇序未署写作的时间，但序中"念万里之将还，尚一编之不置"一语透露了一些讯息：前一句说明，此时屠绅将要从云南回内地。屠绅固曾多次来回于云南和内地之间，但第二句却限定了这一时限——应在十二卷本的《琐蛣杂记》已经成书却又还未问世之时，联系上面的论述和序中称屠绅为刺史来看，此一时限当在乾隆五十二年到乾隆五十八年序刊本付印之前。最大可能在乾隆五十九年二月屠绅回京与友朋相聚那一次。

那么，这篇序为什么不在乾隆五十八年的序刊本中呢？合理的解释是，屠绅曾问序于吴谷人，谷人作好了序，因为两人各在一方，还没来得及给屠绅，而屠绅的书已经刻印好，序没有派上用场。这也是上面我说乾隆五十九年二月间，此书可能已经在外地刻印好，只是尚未到屠绅手中的缘故之一。吴谷人所写的这篇序是否交给了屠绅，则有两种可能，一是给了，给的时间最大可能是在那次京师相聚的时候；一是听说屠绅的书已刻印好就没给，这一种可能似比第一种还大。

这样一来，所谓乾隆六十年刻本就起码存在两种可能：一是这个本子确实存在，是屠绅自己增写了乾隆本中没有的篇章，于六十年又重付枣梨；一是这个本子的乾隆六十年新镌云云，根本就是坊贾作伪，是后来吴谷人将这序收入了自己编印的书中，坊贾知道有此序，由此引发增订此书的兴趣，倩人增补了乾隆本中没有的篇章，伪谓“乾隆乙卯仲春新梓”。

窃以为，后一种可能较大。

第一，从序的文字看。这序移入小说集时作了一些修改，比如“笏岩刺史”更作“竹勿山石道人”、“笏岩”更作“道人”或“此公”、增署了“钱塘姬殳父”或“古越姬金麟”序等字样，这跟小说作者的题署有关；另有一些可能是手民的误刻，比如将“犁”作“梨”、“芒”作“茫”等，但也有几处明显是有意更改，比如，将“不过借东方而骂鬼”的“东方”更作“东风”、将“不知法王弹指，即现化城；海沫吹嘘，自成宫殿”更作“不知大风吹沫（或作“来”），即现楼台；黄土抟人，自成世界”，这更改很可能出自坊贾之手而非屠绅所为。

第二，从序的题署看。作序的王雨谷和姬殳父是什么人？王雨谷是查无踪影，姬殳父按理应该是吴谷人，因为这序确系吴谷人所作，但遍查吴谷人和他的亲朋友好的著作，却再也找不出他还有这样一个雅号。王琼玲先生认为,《蟫史》里每一回后面的"诠",都是屠绅自己写的而伪托他人,这是很有根据、很有见地的观点[15]。《鹗亭诗话》一书,从其题署看,也像是众人所作,但金武祥和汪瑔都认为实际是屠绅自己的作品[16]。这也很有道理,鲁迅先生就赞同他们的意见,说屠绅"杂说有《鹗亭诗话》"。就是乾隆本《琐蛣杂记》的序和书中每一则的评,我以为,实际也是屠绅自己所作而托以他人。这是只要认真读一读这篇序和每篇小说后面的评语,体味其思想和文气就会清楚的。查屠绅的《蟫史》,第一回的"诠"下署着"殳父";第二回的"诠"则署着"雨谷"。殳父、雨谷不过是屠绅的假托而已。坊贾不察,以为《蟫史》第一、二回"诠"所署的殳父、雨谷,就是吴谷人、王雨谷,于是在将嘉庆十三年刊行的吴谷人《有正味斋骈体文》书中的《屠笏岩琐蛣杂记序》移来作序的同时,署上了钱塘姬殳父的名字;到石渠阁本刻印之时,进而又改为古越姬金麟,用以影寓吴锡麒,所谓吴姬、锡金、麒麟也,以致金武祥云"其诙诡如此"。

第三,从时间上看。屠绅并无增补此书的闲暇。我们可以回过头去看看上面所述屠绅的那些行迹:乾隆五十九年二月间,乾隆五十八年序刊本《琐蛣杂记》尚未正式行世,而乾隆六十年,屠绅已在赴寻甸的路上,前面所举王复诗《笏岩自都门返滇,相遇大梁,邀集尚之寓斋,分韵得七阳二首》:"春明分袂惜流光,万里途中暂卸装。"前一句显然是说那次在京城相遇后的分别;第二句是说屠绅回滇途中在大梁暂息,再次相逢。行色匆匆,在京又多应酬,此时他断无暇增订此书。会不会是屠绅在乾隆五十八年序刊本付梓以后就又开始增订此书呢?可能性也不大,因为序作于五十八年腊月,说明此前书尚未刻印好,若此前屠绅已经增补,何不一并付梓或续将文稿付梓?而且乾隆五十七年,最迟五十八年下半年,屠绅已在赴京的途中,也不可能增补此书。

第四,"乾隆乙卯仲春新梓"之书为"京都萃文堂藏版",书在京师刻印,且仲春就已刻印好,大梁所赠友朋之书,就应该是这个增订本才是;若所赠真是所谓增订本,王复等的诗中,当不会不注上

"新刻增订"和"吴谷人祭酒为之序"之类的话。显见得王复等所得的《杂记》,乃是乾隆五十八年序刊本,而非所谓"乾隆乙卯仲春新梓"的增订本,所谓"新梓"者,新近所刻也。

第五,乾隆本之后,还有个十二卷的木活字本《琐蛄杂记》。这个本子也和十二卷的乾隆本一样,并无吴谷人的序。如果这个本子是在屠绅知情的情况下印行,他已有增订本,为什么还要印这个十二卷本?又为什么不将吴谷人的序放上去?若说这是在他不知情的情况下盗刻,则坊贾又何不刻二十卷的增订本并用吴谷人的序作宣传呢?我们再回过头去看看前面的版本叙录部分,就会发现,增订本出来之后是不应也不会再有十二卷本的《琐蛄杂记》问世的。这个活字本会不会是在乾隆本出来之后增订本出来之前盗刻的呢?可能性也极小,因为乾隆五十九年二月,乾隆本尚未正式面世,而所谓增订本六十年仲春就已印行,除非两种本子是在同一时间里运作的。显见得从十二卷的木活字本到二十卷的增订本,中间应该有一段时间。

以上五个方面都说明这个增订本可能并不存在,而这么多的"可能"加到一起,则应该能说明这个本子是不可能存在的了。

第六,如果说上述这些理由还不够充分,则书中钱塘姬殳父序里"念万里之将还,尚一编之不置"一语,便更明白露出了坊贾作假的痕迹——屠绅若真在乾隆六十年又出了个增订本,即使吴谷人因为序已给屠绅而不能将序中的"念万里之将还,尚一编之不置"一语加以修改,屠绅当不致如此胡涂,不作更改就付梓,以致出现一边以增订为号召,一边又说"念万里之将还,尚一编之不置"。出现这样的矛盾,只能是书贾作伪疏忽所致。这应该说是最为明显的乾隆六十年并无一个增订本《琐蛄杂记》的硬证!

实际上不要说这期间屠绅无暇增订此书,就是终其生他怕也未能增订此书。因为乾隆六十年他已远赴寻甸,旅途漫漫,多需时日;离任日久,政务必须补理;到嘉庆元年,他又改迁广州"通守",并开始写作《蟫史》;完成《蟫史》,则已到嘉庆五年(《蟫史》嘉庆间原刻本有上章涒滩余月小停道人序);而"辛酉(嘉庆六年)春夏间”，具体说，最迟在该年的四月初九日以前，他又已在京师候补，与师范诗酒往返；而不久他便离开了人世[17]。

而且，若屠绅真增订并于乾隆六十年或其在世的某一年出版了增订本的《琐蛣杂记》，按照屠绅的性格（他是不讳言自己作小说的，这从前面的记载可以看出）及他与师范之间的关系，他与师范重会京师之时，当不会不相告；师范若知道，在其《同人小集寓斋，笏岩师有诗纪事，依韵和呈》、《四月初九日京师小集，席间步笏岩师韵》等作品中，则又不会不赘上一笔。师范的《荫春书屋诗话》就曾记着发生在丁酉年（乾隆四十二年）的一件事：

> 今寻甸刺史屠笏岩先生，予甲午实出其房闱中，一别音问弗通，丁酉春，晤于都门，示予所迭东麓少寇蛇字韵诗七章，予以一夕次答，先生喜极，且有见赠之作……时以铜差留滞寓邸，吟祀灶词十……拟以付梓，予力阻之，乃不果。[18]

我在前面还说过，乾隆五十三年，屠绅也向师范出示过尚未刻印的《琐蛣杂记》，后来又多次向友好说过有此书；《琐蛣杂记》刊出后，他也很快就将书送给了自己的好友。但师范的作品中并无这事的点滴记载，屠绅的友朋如洪亮吉等也都无半语提及。

还有一点也值得注意：乾隆十二卷本题“竹勿山石道人著”，中华书局藏二十卷本亦题“竹勿山石道人撰”，但石渠阁本却不题撰人，而在序中指出书作者是“黍余裔孙”，为什么？可能是石渠阁本虽据二十卷本的《琐蛣杂记》略加改纂梓行，但编印者却并不认为所有的作品都出“竹勿山石道人”之手，否则，“黍余裔孙”一非屠绅之别号（把“黍余裔孙”误作屠绅之号是石渠阁本出来以后的事），二来名不见经传，并不比“竹勿山石道人”名气大，从牟利的角度，坊贾似不需更换名称，且更换了又不署到书的卷端。《申报》馆本则直署“黍余裔孙编”，而且将石渠阁本的“序”、“跋”全部删去，可见《申报》馆主其事者知道有部“竹勿山石道人著”的十二卷本《琐蛣杂记》，知道这十二卷本中并没有石渠阁本中的那篇“钱塘姬金麟”的序，也没有一个所谓的原跋(他似乎未见到二十卷本的《琐蛣杂记》),他也认为这二十卷本的《六合内外琐言》并不都是"竹勿山石道人"的作品,当然也不都是"黍余裔孙"所作,而是两人作品的合编本。

上述许许多多的迹象都表明,所谓"乾隆乙卯仲春新梓"云云,不过是坊贾的造假而已。增订本和石渠阁本都是在屠绅去世后,最少是嘉庆九年吴谷人的《有正味斋骈体文》梓行之后相当长时间里方才刻印行世的。无论是二十卷本的《琐蛣杂记》还是二十卷本的《六合内外琐言》中所增补的那些作品,也可能都不是屠绅所作。这虽只是根据情理进行推理分析的结果,但自信不会大错。

需要略加说明的是,上面的推论基本上是建立在二十卷的石渠阁本出于二十卷的增订本的基础之上的。而且我在前面也说过,这两个本子谁出自谁,问题比较复杂:上面提到的论定石渠阁本出于增订本的证据的指向还不是唯一的、不可逆转的,也有可能是增订本的刊刻者看出了石渠阁本的假相,有意按照原书对其进行矫正(如作者的名号、把原跋的"原"字去掉等)而伪托"乾隆乙卯仲春新梓"。但这对论定这两个本子都是在屠绅死后相当长的时间里刊刻、所增篇目非屠绅所作并无紧密关联。若二十卷本的增订《琐蛣杂记》出于石渠阁本,则我就有更多的证据来证明上面所作结论的正确了:

仔细比勘一下《六合内外言》与乾隆本《琐蛣杂记》的相应篇目,可以发现,他们之间有不少异文。这些异文决非手民的误植,而是有意修改形成的:

(1)《六合内外琐言》与《琐蛣杂记》相应篇章的标题没一个相同,若多出的篇章系屠绅所作,书系屠绅生前编好,他怎么会将原来那些小说的题目全部改掉?若用他对原来的题目不满意去解释,当不会对原来的题目一个也不满意吧。如果我们将两个本子的相关题目作一比较,还可发现,绝大多数题目改得并不好。比如,乾隆本卷一第一篇之《阚览》,在石渠阁本中题曰《证果处》(卷十五),"阚览"是该篇主人公的名字,而《证果处》的篇名只因篇末有云:"和(指知县和大受)为位(神主牌之属)而哭,书其舍曰:净友阚君证果处。”后者显然未能概括全篇的主要内容。又如乾隆本卷一第二篇名《神主变相》，石渠阁本更名曰《孝廉呵笔》(卷十五)。题名《神主变相》是因为该篇的主人公之一的狷薄少年慕庄用“伪肉具”调戏其姨，后来姨潜以此物将慕生父亲的木主换过，慕生不知，持以请一秀才题字。秀才启视，满堂大笑，“哗曰：神主变相”。秀才以为慕庄有意侮辱自己，将其告上法庭。作者是利用这个带谐谑性的道具来统括全篇；而所谓《孝廉呵笔》(卷十五)只是因为篇中有“生匍匐捧匣而乞题，孝廉呵笔想象”一句话。若这些更改出屠绅自己之手，怎么会有上述的情况发生？

这样的例子很多，再举一例：乾隆序刊本中的《邛母》一篇，到石渠阁本中，题目被改成了《文命命》。“文命命”，乍看以为是个人的名字，以篇中主人公命名的情况在古小说中多有。但仔细一看，原文原来是：

> 娘大呼曰：“儿已歼水母，吾当锁无支祁。”出铁索，系猕猴颈而宣号令曰：“吾奉文命命治水妖，他族宜避，毋自殒灭也。”

题目乃是取文中“文命命”三字而成，却又不是人名，且咋看，颇为不通。或以为“文命”乃大禹的名字，“文命命”便是“大禹命”，可通。但一般的行文，似当作“文命之命”，或“文命之令”，以“文命命”为题，仍然十分别扭。而且，主人公是邛母——鳌娘，在擒无支祁之前，她已有一段治病翁，与翁结合、生子仲英的曲折故事，用“邛母”为题，显然更合文意。大达图书社本此处作“吾奉父命，命治水妖”，大约也是觉得原文别扭的缘故吧，可惜整理者却没有把底本的题目也改过来。

这样改动造成的别扭或错误，只能是出版商或作伪者，为掩盖某种企图，匆忙草率，胡乱修改所致，而万不可能出于屠绅自己之手。(萧按：此节承王进驹先生教正，作了修改，特致谢意。)

(2) 石渠阁本与乾隆刊本相应篇目的文字也有许多不同。从这些不同也可看出，这种修改并非出自原作者屠绅之手。略举两例如次（按：【 】内为石渠阁本单有之文字，（ ）为乾隆本单有之文字）：

其一，乾隆本中的《漳河神》与石渠阁本中的《有鬼论》：

神腊未艾，始终在丙，攀龙而至者，行走马归耳。【其相既长，从释氏教，尝著有鬼论，其略曰：佛一灵鬼也，龙之文亦如之。鬼蟠际上下，与生俱来，必与死俱尽。鬼有君子，如风伯鱼师，司中司命之品。鬼有小人，为夔魖于蚴之属。鬼有基德，流乌跃鱼之祥。鬼有凶德，牛鸣蛇斗之异，六合之内，十二时中，鬼之道，绝地通天，遂人而化矣。且鬼不徒于报应之求之，诗咏属垣，易占窥户，皆是物也，岂独恩怨之场哉。夜梦一人，告曰："鬼者非有非无，我执为无，既遭鬼诃，君明其有，亦被鬼瞰耳。"问其姓名，曰：阮瞻也。其相】年二十，与科目士游，多忌无成，遂以天禄校书吏筮仕，得郡法曹。十五年而擢大邑……时黄淮塞流，贡艘不渡，其相临河，慷慨泣下曰："江某七品秩耳，如有利于河渠，死且不恨。"北行至清渊城，疾大作。时与人谈笑，皆经济语。忽起告家人云："吾不能水死报国家，而四渎诸侯奏请为从事，自维无术，何以膺融荐哉？"遂勿药。先是其舣舟处一漳河神庙，祈祷灵应。一夜，庙中祝闻呵殿来庭前，又吏报云：新长史莅官……

其二，前面举到的乾隆本中的《邗母》与石渠阁本中的《文命命》批语：

金生土生，而（为）【治】土病，水为金生，而受金厄。若狃于土克水之说，（恐未）【斯】足阐五行攒聚之奇，不谓宋小说中一则澜翻而有此大篇。大地何所非有，大文何所非无。【知乎此而道经可读也。】

例一，作者本来是要写一个耿直为民的官员，死后为漳河神，故以“漳河神”命名。修改者将标题改作《有鬼论》,文、题明显不副。增添的一段文字,是为与改过的标题《有鬼论》相应对,阐发自己的关于有鬼无鬼思想,但文中说:“鬼者非有非无,我执为无,既遭鬼诃;君明其有,亦被鬼瞰耳。”标题仍然不能涵括文章的思想。且既说“其相既长”,又说“其相年二十”,中间文气明显断隔,特别是一个崇释氏教的人,怎么会称“佛一灵鬼也”呢?而且小说里根本就没有江其相被“鬼瞰”的情节,增添的文字却说其相“亦被鬼瞰”,若出屠绅之手,怎么会出现这种情况?

例二,作伪者对原本篡改的痕迹更其明显:他将乾隆本中的“若狃于土克水之说,(恐未)足阐五行攒聚之奇”,变成“若狃于土克水之说,【斯】足阐五行攒聚之奇”,不仅意思完全相反,而且在逻辑上也说不通。大达图书社本大约看出了其文不通,更作:

> 欧阳伯庚曰:“金为土生,而治土病;水为金生,而受金厄,斯足阐五行攒聚之奇。大地何所非有,大文何所非无?知乎此,而道经可以读也。”

但也与乾隆本的意思不同,且也与小说的内容不合。乾隆本是要说明五行乃是“相生相克”的,不能单强调一个“克”字。

要之,经过石渠阁本修改的文字非出屠绅之手。

(3)若石渠阁本比增订本早出,而此本内封上有“此书镂版久失,遂少传本。顷取原书,细加校阅,重付枣梨,以公同好”数语,则“镂版久失”的那个“版”,指的肯定就是乾隆间所刻的那个版,而“传本”或所谓”原书”即指今存的乾隆本。这就更说明,石渠阁重新雕版印行该书的时候,离乾隆本问世的时间已经很久了。不然不会是“镂版久失,遂少传本”。而其时屠绅也已久不在人世了。

要之,增订本《琐蛣杂记》与《六合内外琐言》无论哪种本子在前,其所出可能都在屠绅去世后,所增的相当于原书至少百分之四十的篇幅也可能都非屠绅所作。

至此,我们大约也可以作出如下的结论:我们不能再将《六合内外琐言》(包括增订本《琐蛣杂记》)与早期的乾隆本《琐蛣杂记》看作同一种书,为审慎、科学起见,我们也不应再将《六合内外琐言》(包括增订本《琐蛣杂记》)一书无保留地系于屠绅一人的名下。

【注】

① 鲁迅全集出版社民国三十五年(1946)版。
② 古典文学出版社 1958 年版,下引此书皆出此版。
③ 台湾商务印书馆 1999 年版。
④ 北京大学出版社 1990—1993 年版。
⑤⑥ 齐鲁书社 1994 年版。
⑦ 袁行霈、侯忠义编,北京大学出版社 1984 年版。
⑧ 徐朔方《蟫史·前言》,上海古籍出版社影印本《古本小说集成》。
⑨ 分见《清代官员履历档案全编》第二十册第 227 页下、第 233 页上、第 233 页下、第 238 页上、第 243 页下;第二十二册第 117 页下、第 127 页下。华东师范大学出版社 2000 年版。
⑩ 分见该书第二十二册,第 117 页下、第 127 页下。
⑪ 详参《屠绅年谱》(古典文学出版社 1982 年版)和下引有关记载。
⑫《亦有生斋集》卷十三。
⑬《屠绅年谱》将先生还滇过梁等事系于乾隆六十年乙卯,又徐书受《教经堂诗集》按年编排,上诗系于"旃蒙单阏"。
⑭《教经堂诗集》卷十三。
⑮《〈蟫史〉的作者与版本》,《世界新闻传播学院人文学报》1995 年第 2 期。
⑯ 详参金武祥《鹗亭诗话·序》、汪瑔《鹗亭诗话·题词》。
⑰ 见师范《师荔扉先生诗集》卷四《同人小集寓斋,笏岩师有诗纪事,依韵和呈》、《四月初九日京师小集,席间步笏岩师韵》及师范《〈习园藏稿〉〈鹗亭诗话〉合序》。
⑱ 转引自《屠绅年谱》,古典文学出版社 1982 年版,第 55—56 页。

(原载台湾中正大学中文系《中正大学中文学术年刊》2007 年第 2 期,略作修正收入江苏省社会科学院专家文集《中国古代小说考论编》,凤凰出版社 2010 年版)

从乾隆五十六年到六十年屠绅的行踪看二十卷增订本《琐蛣杂记》为后人伪托之刻

萧相恺

稗海访书，偶有所得，则随手记录，汇成《稗海访书录》，由中州古籍出版社于1992年出版，1998年修订再版。尔后，出版社又约撰《稗海访书续录》，于是访书时，时刻留意，亦多有所得。有些曾作成文字，先后披露于报刊，如《新发现瞿佑〈妙集吟堂诗话〉考索》[①]、《和邦额文言小说〈霁园杂记〉考论》[②]，《未见著录小说两种叙录》[③]、《未见著录〈聊斋志异〉续书三种叙考》[④]、《未见著录小说两种及罕见小说一种叙考》[⑤]等等。关于屠绅的小说《琐蛣杂记》，亦得若干资料，作成《〈琐蛣杂记〉与〈六合内外琐言〉叙考》一文，发表在2007年《中正大学中文学术年刊》第2期(总第10期)上。文章介绍了《琐蛣杂记》与《六合内外琐言》的绝大多数存世的早期版本，考订它们的源流，并根据所获资料，推定增订的二十卷本《琐蛣杂记》，非屠绅在世时所出，所增文稿，也非出屠绅之手。此后，关于屠绅的资料续有所得，并承友人许隽超先生慨赠若干重要资料，遂作此小文，一补《屠绅年谱》的不备和失察，二再考《琐蛣杂记》的有关问题。

1. 乾隆五十六、五十七年屠绅在云南，五十七年冬或五十八年春解铜入京。

从乾隆五十二年"入觐回滇"起至乾隆五十六年四月，屠绅都在寻甸任上，这颇为清楚，五十九年，屠绅在京，这也肯定无疑(参沈夔元《屠绅年谱》)，惟乾隆五十六年四月后至五十八年间屠绅的行踪，《屠绅年谱》付诸阙如，拙作《〈琐蛣杂记〉与〈六合内外琐言〉

叙考》也只说"五十七年或五十八年可能回京"。近检《云南丛书》，其集部三十九《红茗山房诗存》卷二，有与屠笏岩相关的诗四首，录如次，并略作考论：

古堂琅县呈屠笏岩先生

问字重依万里天，相逢悲喜到樽前。士能失路原非俗，官称唫诗即是仙。回首春风人隔世（原注：前岁赣州袁先生下世），关心零雨梦经年。郡城感旧苍凉意，频付花间玉笛传。

百顷香云满县花，黄金未炼服丹霞。江南草长心愁洊，堂背新寒夕照斜（原注：时先生倪夫人下世）。岂有陶潜惟饮酒？其如道济竟量沙。滇南燕北劳相忆，弟子而今在绛纱。

红软尘多八节滩，较来岩壑好盘桓。潭景谁俯彭宣座，奏赋常弹贡禹冠。江左文章承典要，山中丝竹解心酸。堂琅旧是西川地，莫向人歌蜀道难。

寒食呈笏岩师

边城箫管近清明，惟我与公百感生。落尽杨花人有泪，飞来燕子尽无声。春风过处添新睡，山月圆时怅远情。只是醉中消遣得，高原莫更踏莎行。

移居西林书院次韵呈笏岩师

泠泠泉水在山清，赠妇吟成太瘦生。小院才经夷灶任（原注：院中无广宅，夷灶居之），高原暂罢役车行。梁间燕自留春意，楼外鸠多唤雨声。忆煞后堂丝竹夜，金樽银烛又伤情（原注：时师有悼亡之戚）。

赴公车前夕陪笏岩师、吕嵎夷、殷六琯、李石渠夜话

朔风尘起戒将车，歧路徘徊独苦嗟。只有长官能报国，难教羁客尽忘家。十年师友心堪写，万里关河路正遐。料得春明门外见，紫藤枝上月光斜。（原注：时笏岩师将运铜入京）

萧按:《红茗山房诗存》,严烺撰,烺字存吾,号匡山,宜良(今云南昆明)人,旧籍江阴。甫弱冠,以第一人举于乡。尔后失意凡十余年,在滇南、京师间往返凡四五次(参《红铭山房诗存》马慧裕序,《丛书集成续编》),成进士,入翰林,改庶吉士,授主事,历官甘肃布政使。

《红茗山房诗存》中的诗,基本上是按时间排序的。

卷一系年是"丙午至庚戌"(乾隆五十一至五十五年)。主要为其入京赴试至下第来归这段时间内的作品。从诗中可以看出,乾隆五十一年或五十二年,严烺赴京应试,但未中,五十五年离京,故《红茗山房诗集》卷一《出都》云:"风尘销尽旧朱颜,书剑飘然又出关。四载春光依禁辇,一生清梦在秋山。高寒近恋琼楼上,鼓吹遥闻泽草间。此去曼陀应笑我,山人犹是白衣还。"

上引四诗在《红茗山房诗存》卷二,系年是辛亥、壬子(乾隆五十六、五十七年),为其赴试下第归家后的作品。

卷二凡十二叶,基本上是记游、会友之作,看得出作者的游踪和时间轨迹。这两年,他到过楚雄(《楚雄》)、永昌(今保山县,《永昌呈萧韶亭学使》、《永昌怀古》)、合江(诗中有"江声趋漾濞"语,合江似在大理漾濞县,《宿合江》)、南涧(大理南,今属大理,《南涧》)、景东(在南涧南,《景东》),在景东曾登楼(《登楼》);由景东赴大理(《大理》),会见徐仲平,游龙泉寺。他还到过临安阿迷州燕子洞(在今开远市,《燕子洞临安阿迷州治》),游抚仙湖(《抚仙湖上》、《湖上七夕》),为太守常德题画(《题画杂咏十五首为常太守德题》),再度入大理(《下关早发至大理呈萧韶亭学史》、《大理》);出大理城东见师荔扉(《出大理城东师荔扉广文》);折返,再渡澜沧江(《宿杉木河》),经景东(《景东感怀》),过虎街(《虎街》),重经南涧(《南涧》),历青华洞(《宿青花洞道书三十六洞天之一》)、呰溯驿(《呰溯驿》)等处,至安宁州(今属广南县),回到碧鸡关(今属昆明),其弟在碧鸡关相迎。

这两年的游历,分几次进行,尚难确考,很可能是两次。一次由楚雄出发,经永昌(保山)等地至大理,即折回;一次由临安阿迷州(开远)入大理,经景东、南涧、安宁(属昆明),返回碧鸡关。

由诗的系年可知严烺的这一趟游历在乾隆五十六至五十七年间。从本文的写作需要出发,我们不必考较严烺的出游次数,是何时出游,但他最后经开远游抚仙湖,有《湖上七夕》之作,《宿杉木河》有"山深十月尚闻蝉,远来又渡澜沧江"之句,而最后回到安宁,已经是"积雪堂山路,朔风吹满衣"(《安宁州》)的寒冬,回到碧鸡关时,则肯定是岁末了,其《碧鸡关喜弟相迓有作》后面的《饮彭演亭狎竹斋中》诗有"风雨如年别,川途甫及家。岂期终岁酒,同对山花雪"语,此诗后又有《嘉平望夜对月》等诗可证。这岁末当然是辛亥年的岁末。

上述这些诗都置于卷二的一到八叶。第八叶的最后一首就是《古堂琅县呈屠笏岩先生》。古堂琅县今属何地,颇有异词,一说在昭通市的巧家县,诗中说:"堂琅旧是西川地,莫向人歌《蜀道难》。"倒是与此说相合。此诗应作于壬子年初。其时严烺似在游学或坐馆("弟子如今在绛纱","绛纱"即"绛帐"。《后汉书·马融传》载:马融"常坐高堂,施绛纱帐,前授弟子,后列女乐。"故称"绛帐"或"绛纱"曰"讲座"。又"绛纱"亦是对师门、讲席的尊称。唐刘禹锡《送赵中丞自司金外郎转官参山南令狐仆射幕府》诗:"相府开油幕,门生逐绛纱。"宋苏轼《仙游潭马融石室》诗:"未应将军聘,初从季直游。绛纱生不识,苍石尚能留。")请注意,诗中"堂背新寒夕照斜"下有注云:"时先生倪夫人下世。"

《寒食呈笏岩师》一诗在卷二的第九叶,从上述的时间表看,则《寒食呈笏岩师》一诗所言"寒食"当为乾隆壬子(五十七年)寒食节无疑,诗中有句云:"边城箫管近清明。"就是说,壬子年的寒食节屠绅是在边城寻甸度过的。而上引第三首《赴公车前夕陪笏岩师、吕嵎夷、殷六瑄、李石渠夜话》一诗在卷二的第十叶,从《寒食呈笏岩师》到此诗之间还有《郡斋观剧即席赋》、《感怀》及《立夏日杨雨亭同年招饮大佛寺》、《移居西林书院次韵呈屠笏岩师》、《九日别吕嵎夷》诸诗。《郡斋观剧即席赋》中提及寒食,《感怀》有"心旌何事逐春风"语,仍皆作于该年的春天。而《立夏日杨雨亭同年招饮大佛寺》应作于该年的立夏;《移居西林书院次韵呈屠笏岩师》有“梁间燕自留春意”语,诗也作于夏天,其“金樽银烛又伤情”下注云:“时师有悼亡之戚。”亦值得注意;《九日别吕嵎夷》云:“落木高楼下,黄花照四围。”则诗当作于乾隆五十七年深秋。上述的诗作时间和所记事情说明,该年的夏秋两季屠绅仍在边城。《赴公车前夕陪笏岩师、吕嵎夷、殷六琯、李石渠夜话》诗末注云:“时笏岩师将运铜入京”,诗云:“朔风尘起戒将车,歧路徘徊独苦嗟。”作诗时已经是寒冬了;同叶上诗之后《嵎夷六琯石渠饯饮龙泉观看唐梅即席赋》云:“又见双梅逸气横。”按照寻甸的季节特征,梅花盛放应当是阴历正月间。诗题说明,严烺在作诗后不久就将离开云南赴京师会试,紧接《嵎夷六琯石渠饯饮龙泉观看唐梅即席赋》后即为《安庄道中》,严烺已经在旅途中。其《夜泊辰州》有句云:“水阔辰阳驿,春寒夜欲阴。”说明他到辰州(今属湖南怀化)时已经是春天。《赴公车前夕陪笏岩师、吕嵎夷、殷六琯、李石渠夜话》诗末注则说明,乾隆五十七年冬,屠绅依然在云南,其时正准备运铜进京;按理乾隆五十八年春进京的可能性最大。故先于屠绅进京的严烺又说:“料得春明门外见,紫藤枝上月光斜。”

这里且多说几句题外话:严烺入京赴考,得“中进士”,却以“停殿试”而复出都(《出都四首时中进士停殿试》),时在癸丑年(五十八年)秋冬。到乾隆乙卯(六十年),严烺复进京,入翰林。或谓其为丙辰(嘉庆元年)进士,殆误。这期间严烺似未与屠绅谋面。

2. 乾隆五十八年,屠绅运铜进京,抵京。在京师,除其他公私事务外,他筹划出版《琐蛣杂记》(十二卷本)。

萧按:乾隆五十八年序刊十二卷本的《琐蛣杂记》有“乾隆岁次癸丑腊月有二日王雨谷序”。序作于腊月二日,说明十二卷本《琐蛣杂记》已经杀青,并筹划或将交付书坊刻印。书未标书坊名。这书坊在京师还是在外地,难以遽定,在外地的可能性不小。此书今存南京图书馆、北京图书馆等。

3. 乾隆五十九年一月二十五日初识吴谷人。

《有正味斋日记》“还京日记”“乾隆五十九年一月二十五

日”载：

> 杨西禾招饮于大隐庵寓舍，晤屠笏岩刺史。笏岩名绅，江阴人，癸未进士，今任云南寻甸州知州，以解铜来京。所著《琐蛣杂记》多骂鬼，讵本《搜神》。俞儿小骑而行，庆忌大冠而舞。执尸头之笔，绘变相之图。拜月狐惊，含沙蜮泫；金刚杵落，菩萨灯明。所谓言者无罪，闻者足戒者也。

萧按：《有正味斋日记》，吴锡麒撰。锡麒字圣征，号谷人。钱塘（今浙江杭州）人。乾隆四十年进士。曾为翰林院庶吉士、编修、国子监祭酒。著有《有正味斋集》73 卷。凡诗集 16 卷，诗续集 8 卷，外集 5 卷，骈体文集 24 卷，骈体文续集 8 卷，词集 8 卷，词续集 2 卷，词外集 2 卷。有清嘉庆间刻本。

细体文意，这次聚会当是吴谷人与屠笏岩的初次会面。其中“俞儿小骑而行，庆忌大冠而舞。执尸头之笔，绘变相之图。拜月狐惊，含沙蜮泫；金刚杵落，菩萨灯明”数语，略改后放入后来为此书所作的序中。

4. 乾隆五十九年二月六日与友朋吴谷人等会饮。

吴谷人《有正味斋日记》载：“二月六日，屠笏岩、王秋塍有婚姻之订，招同人会饮于孙渊如樱桃传舍，分韵赋诗。”赵怀玉《亦有生斋集》有《屠刺史绅、王明府复订婚姻之好，招同人集孙比部星衍寓斋，分得交字》诗，诗中有“各有新书付客钞”句，原注云：“屠有《琐蛣杂记》，王有《甲子大事表》。”

王秋塍也有诗记其事，诗载《晚晴轩诗》卷八，题为《二月六日与屠笏岩刺史定姻，召同人罗两峰山人、吴谷人编修、汪云壑修撰、张船山检讨、赵未辛舍人、殷芥舟、杨西禾、马苇舟三明府集孙渊如比部寓斋，分韵得吟字》。

萧按：孙渊如，名星衍，字伯渊，一字季逑，号渊如，阳湖人。乾隆五十二年榜眼，与洪亮吉齐名，称“孙洪”。汪云壑名如洋，字润民，号云壑，秀水人（寄籍）。乾隆四十五年会试第一，授翰林院修撰，后人值上书房，任山东乡试主考官。官至云南学政。著有《葆中书屋诗集》。赵怀玉，字亿孙，号未辛，武进人。乾隆三十年(1765)春，乾隆四巡江、浙，奏赋行在。四十五年，又南巡，召试，赐举人，授内阁中书。出为山东青州府海防同知，署登州、兖州知府。著有《亦有生斋文集》五十九卷，续集八卷。王秋塍名复，字秋塍，一字敦初，浙江秀水人，尝官河南浚县县丞，商丘、偃师知县。《乾嘉诗坛点将录》中有"矮脚虎王秋塍(一作王大岳)"之说。张船山名问陶，字仲冶，号蜀山老猿，四川遂宁人，曾为翰林检讨。杨西禾名伦，江苏阳湖人，曾任广西苍梧等县知县。其余人等，亦皆当时名人。如罗两峰，名聘，扬州人，"八怪"之一。

直到这次聚会时，十二卷印本的《琐蛣杂记》应该还没有面世。故赵怀玉《屠刺史绅、王明府复订婚姻之好，招同人集孙比部星衍寓斋，分得交字》诗有"各有新书付客钞"，下注云："屠有《琐蛣杂记》，王有《甲子大事表》。"若书已出，不会只说抄而不说送。王复的《甲子大事表》就未见存书，很可能是未曾刻印过。

另外，该年春天屠绅还曾与吴谷人、汪如洋等会饮联句。汪如洋《葆冲书屋集》外集卷二古今体诗六十一首，有《银槎联句》(甲寅)记其事，诗中有"客到乘春醉"句。

5. 乾隆五十九年三月十九日与吴谷人、翁凤西、杨西禾、马苇舟、谢梅农饮于梦烟(见《有正味斋日记》)。

6. 乾隆五十九年三月二十一日与吴谷人、汪云壑、翁凤西、杨西禾饮于葆仲书屋(见《有正味斋日记》)。

7. 乾隆五十九年四月十四日吴谷人"为屠笏岩作《〈琐蛣杂记〉序》"(见《有正味斋日记》)。

萧按：吴谷人《〈琐蛣杂记〉序》[6]在介绍小说的主要内容和写作目的、意义后，说："余与笏岩，论交日下，结分尊前。念万里之将还，尚一编之不置。向使挟嗅金之技，唱得宝之歌，则点苍之石，邛竹之杖，洱茶蒟酱之美，赤铜石绿之饶，厥土所生，郄车可载，而道人("道人"，《有正味斋》本作"笏岩")空囊如漉，一钱莫名，惟是弄墨晨书，燃脂冥写，投袂贡愤，扪襟选("选"《有正味斋本》作"送")

悲,扉履糗粮,未知所跱,吾恐窃窃然且不勉(免)为若辈所揶揄也。""论交日下,结分尊前",是说二人在京师筵席上相识,证明前面我所说"乾隆五十九年一月二十五日初识吴谷人"的推测没错。"万里之将还",先前我以为指屠笏岩从云南回内地⑦,现在看来,应该是指屠笏岩从京师返回云南。"念万里之将还,尚一编之不置","置"摆放也,用法同"几于家置一编"之"置"。是说作者要从京师回到万里之遥的云南,连一部摆放家中的书也没有。自然,这书是指自己的书。以下几句,是说作者清廉,点出"尚一编之不置"的原因。"向使"是假设语;"郄车可载"之"郄",一同"却","却车可载"即回车可载,极言当地物产丰富;一指《郄书》,《广韵藻》载:"隆州跨鳌李先生,著书名《郄书》。"若为第一种意思,则数句谓:在这样富庶的地方为官,如果笏岩稍有贪念,决不会"空囊如漉,一钱莫名",以致一部书也没能刻印出来;若为第二种意思,则数句谓:假如屠绅稍有贪念,在这么富庶的地方为官,则所出书当可车载了。

说这"向使"以下数语,是在说明那"尚一编之不置"的原因——无钱刻书,还可找到旁证。汪如洋《葆冲书屋集》诗集卷二《连夕在郡城与笏岩会饮,抵广通,复至县齐剧谈。翌日,笏岩送予至舍,资以七言见投,次韵志别》诗中有句云"未遣萍纹中路散,还携笋束短亭钞",下注曰:"时余钞《琐蛣杂记》未竟。"后又有句云:"怪变《睽车》行续志,飞扬渐陆罢占爻。""续志"当亦指《琐》书。上诗作于汪如洋云南学政任上。如洋先至寻甸州,故云:"连夕在郡城与笏岩会饮。"(时寻甸州属曲靖府,然州治所在亦可称郡城)后由寻甸至广通(时属楚雄)。屠绅是陪汪如洋至广通的。二人盘桓半月,时间应在乾隆五十三年。该年,屠绅的学生师范亦曾在广通县署谒见屠绅,而屠亦曾以《琐蛣杂记》相示(见沈夔元《屠绅年谱》,但《年谱》谓时屠"在广通任",殆误)。这说明,那时《琐蛣杂记》已经完成,或已基本完成。但付印却一直拖到乾隆五十八年,为什么?资金怕是个中重要原因。

再回到上述的解释,当可说是圆通无阻。这"尚一编之不置"一语,正是其时屠笏岩尚未出版过任何著作的最有力的证明。若十二卷印本的《琐蛣杂记》已经面世，吴谷人序怎么还会说“尚一编之不置”这样的话呢？屠笏岩请吴谷人作序，明显是准备放在这尚未出版的第一部书——十二卷本的《琐蛣杂记》中的。之所以未见于十二卷印本的《琐蛣杂记》，只有一个解释，那就是书已经刻印好，或者是已经印出来，“交稿迟了”。这十二卷印本的《琐蛣杂记》送到屠笏岩手中，应在该年四月十四日以后的若干时间里。再证以上面引及的“二月六日”屠绅与友朋吴谷人等会饮，赵怀玉诗中“各有新书付客钞”语，事情更其明显。而且我认为，后来增订本《琐蛣杂记》中的吴序，也不是屠绅亲自编进去的，明明以《增订〈琐蛣杂记〉》为名，序中却有“尚一编之不置”这样的话，岂不自相矛盾？若是屠绅自己所编，他岂不是太糊涂了？而“念万里之将还”，则似乎说明，其时屠绅已有回云南的打算，大约是公务未了，或发生了什么大事，才未成行。

宋翔凤《朴学斋文录》卷四载：

> 甲寅岁，大计以卓异荐引，见奉旨交军机处记名。同时记名者必候和珅门，叩头桥前。独先生与云南知州屠君绅不往。屠君以知州升通判，实则降一阶；先生记名签为和珅所彻（撤？）。

这则资料说明，此次屠绅运铜进京，亦曾“奉旨交军机处记名”。他之所以淹留京师，或与这“记名”也有关系。他后来迁广州通判，似也透出了此种消息。这又是题外话了。

8. 乾隆六十年春天，屠绅回滇。

《九柏山房诗》（杨伦撰，嘉庆十七年刻本）卷十一有《王秋塍大令与屠笏岩刺史结婚姻之好，同人会宴，即席分韵得羊字》。这首诗的下面一首为《送王秋塍回河南并寄徐大尚之》，说明这姻亲缔结后不久，王秋塍便已经回河南。上引汪如洋《银槎联句》诗中没有王秋塍联句也是证明。次年，即乾隆六十年，屠绅亦自京还滇。《有正味斋词集》卷三有《齐天乐·送屠笏岩州牧绅还寻甸》词：

东风又绿今番柳，一枝拼为君折。烛醉前宵，云吟万里，带去长安春色。光阴转瞥。料细雨蛮天，跳歌声歇。草长花飞，冶情都仗旧莺说。奇书续成满箧。早灯窗读罢，肠更萦结。小店听鸡，荒山说虎，定念故人新别。天涯短发。怕冷絮相寻，一簪催雪。梦入苍茫，竹王祠下月。

萧按：沈燮元《屠绅年谱》谓此词作于乾隆五十二年，误。词中有"奇书续成满箧，早灯窗读罢，肠更萦结"句，"奇书"当指《琐蛣杂记》，说明此词写作的时间应在吴谷人见到《琐蛣杂记》之后，而乾隆五十二年《琐蛣杂记》是否成书尚在未知之数。又据前引《有正味斋日记》"还京日记"，吴谷人初识屠绅在乾隆五十九年一月二十五日。故此词写作的时间应在乾隆六十年(1795)，而且是在春天，故云："东风又绿今番柳，一枝拼为君折……带去长安春色。"

说"奇书续成"，似乎能让人联想到那种二十卷本的《琐蛣杂记》。但这里说的是续成，非"补成"。吴谷人说屠笏岩"所著《琐蛣杂记》多骂鬼，讵本《搜神》"，他是把《琐蛣杂记》当成续《搜神记》。就像汪如洋《葆冲书屋集》诗集卷二《连夕在郡城与笏岩会饮，抵广通，复至县齐(斋?)剧谈。翌日，笏岩送予至舍，资以七言见投，次韵志别》诗中"怪变《睽车》行续志，飞扬渐陆罢占爻"，把《琐》书当成王明清《睽车志》的续书一样。在古人那里，把一种新著的小说，说成是续某种书的很多，只要他们有相似的地方。

屠笏岩返滇，途径"大梁"，屠绅的亲家王复恰也在大梁，两人再次相遇。徐书受(徐大尚)设宴为屠送行，筵上众人曾分韵赋诗。徐诗《笏岩刺史自京还滇，偕秋塍癯仙留斋小饮，予分韵得六鱼二首》"莫嫌纸贵费抄胥"句下注云："时君以《琐蛣杂记》见贻，君亦索予所著《谈薮》。"王复也有诗记其事，诗题《笏岩自都门返滇，相遇大梁，邀集尚之寓斋，分韵得七阳二首》："春明分袂惜流光，万里途中暂卸装。箧里新编多所怪，尊前故态尚能狂。""多所怪"句下注云："笏岩出示新刻《杂记》。"所谓"新刻"、"新编"者，新近所刻、新近所编也。在中国古代小说中这种说法极多，不赘言。王复的诗说明两点：一，他从京师回河南是在乾隆五十九年的春天；二，他也是此时才得到《琐蛣杂记》的，所得显然也就是十二卷本，若前一年屠、王两家缔姻时十二卷本的《琐蛣杂记》已出，他，包括缔姻时参加聚会的其他人，得了书，断不会无一语提及，而只说"各有新书付客抄"。

直到此时，屠笏岩方有书送人，不再是"尚一编之不置"了。

另外，《双佩斋诗集》卷八《送屠笏岩刺史绅回云南寻甸州任》：

> 二分春色雨濛濛，送客言旋六诏中。孤馆梦牵桃叶冷（原注：刺史解铜来京，携一姬已殁），长亭诗斗棼花红。率真情性官如寄，志怪文章老更雄。我亦一麾思远去，他时尊酒傥能同（原注：君著《琐蛣杂志》二十卷）。

萧按：《双佩斋詩集》，嘉庆十年（1805）刻本。王友亮撰。友亮字景南，号葑亭，又号东田。婺源（今属江西）思口漳溪（村）人。乾隆辛丑（四十四年）进士。

与上诗同在一叶的《甘西园侍御招集尺五园，时金冢宰久下世，风景渐寥落矣》注云："以下丙辰。"丙辰为嘉庆元年，则上诗的写作时间在乾隆六十年无疑。上诗亦指屠绅的回滇时间是在乾隆六十年的春天。《苏曼殊诗词集》"花朝"说："江头青放柳千条，知有东风送画桡。但喜二分春色到，百花生日是今朝。"花朝节的日期虽各地略有不同，有二月初二、十二、十五之别（清汪灏《广群芳谱·天时谱二》）；清蔡云则有诗云："百花生日是良辰，未到花朝一半春。红紫万千披锦绣，尚劳点缀贺花神。"可见屠绅回滇的时间还是在早春——二月二日到二月十五日之间。

这诗里说《琐蛣杂志》二十卷，似乎二十卷本的《琐蛣杂记》已经出来，但有两个疑点：一、说《琐蛣杂志》而不说《琐蛣杂记》，误"记"为"志"，这"二十卷"会不会也是十二卷之误呢？二、按一般规律，这注应置于"老更雄"之下，"孤馆梦牵桃叶冷"下注云："刺史解铜来京，携一姬已殁。"便是遵循此例；而上面提及的注却被置于诗末，会不会是后来刻印时所加？《双佩斋诗集》刻印时，王友亮已辞世八年，屠绅已故去四年，二十卷本的《增订琐蛣杂记》或已印行。

说前面提到的《琐蛣杂记》皆系十二卷本，而非二十卷本，除了已经陈述的种种理由之外，还因为前引《古堂琅县呈屠笏岩先生》一诗“江南草长心愁溶，堂背新寒夕照斜”语下有注云：“时先生俔夫人下世。”而《移居西林书院次韵呈屠笏岩师》“金樽银烛又伤情”下也注云：“时师有悼亡之戚。”两诗一作于乾隆五十七年的春天，一作于该年的夏天。《双佩斋诗集》卷八《送屠笏岩刺史绅回云南寻甸州任》诗又有注云：“刺史解铜来京，携一姬已殁。”则乾隆五十八或五十九年，屠绅又有丧妾之痛。而且这丧妾的时间在乾隆五十九年的二月六日之后的可能性更大，因为乾隆五十九年二月六日“屠笏岩、王秋塍有婚姻之订”。此前若又丧“姬”——推测起来，这“姬”还应该是屠绅颇为宠爱的女人——这“婚姻之订”似不应举行。我在前面还曾推测：“‘念万里之将还’则似乎说明，其时屠绅已有回云南的打算，大约是公务未了，或发生了什么大事，才未成行。”丧姬怕就是这“大事”了。这也说明，屠绅丧妾的时间应在乾隆五十九年四月吴谷人为屠绅《琐蛣杂记》作序之后到六十年的二月之间。正是这“记名”和丧妾，使得屠绅耽误了行程。迭遭发妻、爱妾丧亡之痛的屠绅，哪来补作小说的心情？更何况算算时间，补写八卷文字的可能也是很小很小。即使从乾隆五十九年的四、五月间，到次年的二月十五日之前，屠绅有可能增写八卷《琐蛣杂记》文字，他也不可能如此快地刻印出来。

特别有一点可注意的是，增订本《琐蛣杂记》内封，题“乾隆乙卯仲春新镌”，刻板时间，加上印刷时间，再加班加点，至少也应到该年的三月底四月初方能出书，其时屠笏岩早已在回云南的路上了。这其中是否也透出一点假来呢？

据《双佩斋诗集》卷八《送屠笏岩刺史绅回云南寻甸州任》诗“二分春色雨濛濛，送客言旋六诏中”云云，则最迟（注意“至迟”二字）早春，王友亮就应已读到这本书；《有正味斋词集》卷三《送屠笏岩州牧绅还寻甸》词云“奇书续成满箧，早灯窗读罢，肠更萦结”，一个"早"字,说明吴谷人获得此书也在送别屠绅之前好些时候,都与所谓的"乾隆乙卯仲春新镌"不合。要之,这里的"志怪文章"、"奇书"都不是二十卷本的《琐蛣杂记》,否则上述的疑问、矛盾,便都无法解释。二十卷本的《琐蛣杂记》不过是坊贾的伪托之刻罢了。

当然,这一问题的最终解决,并在学界取得共识,可能还有待于更多更新资料的发现。

【注】

①《南京大学学报》2004 年第 2 期。

②《文学遗产》2004 年第 3 期。

③《明清小说研究》2005 年第 3 期。

④《中国古代小说研究》第 2 期,人民文学出版社 2007 年版。

⑤《明清小说研究》2009 年第 2 期。

⑥⑦ 详参《〈琐蛣杂记〉与〈六合内外琐言〉叙考》,《中正大学中文学术年刊》2007 年第 2 期。

(原载《明清小说研究》2010 年第 1 期,后收入江苏省社会科学院专家文集《中国古代小说考论编》,凤凰出版社 2010 年版)

屠绅宦滇时期交游事迹考述

王进驹

关于屠绅的生平研究，在清代师范、金武祥和民国间鲁迅、赵景深等学术前辈的努力下奠定了良好的基础。20 世纪 50 年代，沈燮元先生撰编了《屠绅年谱》一书[①]，这是搜采最富、条贯明辨的屠绅生平研究成果。它反映了屠绅一生中重要之行事、与友人的唱和等基本情况。《年谱》后还附录了《屠笏岩先生诗文辑存》及《屠笏岩先生轶事》两种资料，给屠绅研究提供了方便。从目前见及的屠绅研究论著来看，所依据的生平资料基本上未有超出于此书者，而五十年来屠绅生平研究方面亦几无新的进展。不过，《年谱》对屠绅生平事迹的述列仍有不少空缺，可以增补充实，特别是对屠绅一生最重要也最长的的时期即云南为官时期，屠绅与众多在滇官员们的交往关系及唱和情况均无涉及，对其具体的为官活动及任职变化原因也少有反映。

屠绅一生大体可分为四个时期：一为出生至中举前（1744—1761，1—19 岁）；二为中举、成进士后至出仕前（1762—1772，20—29 岁）；三为任云南师宗令至赴粤前（1773—1795，30—52 岁）；四为任广州通判至在北京候补卒（1796—1801，53—58 岁）。从《屠绅年谱》来看，第一、第四时期屠绅之事迹甚少；第二时期其江南友人集中存有与之唱和诗颇多，而屠绅本人行事则稀；第三时期即宦滇时期事迹和引用材料较多，但所列屠绅交游仅限于屠绅之门生师范[②]以及原来的江南友好如洪亮吉、赵味辛、徐书受等，所引材料亦主要来自于此数人与屠绅之唱和。师范虽为滇人，却长期在京，至乾隆五十二年丁未(1787)才返云南任官，在滇任职七年，只有戊申(1788)年经广通和庚戌(1790)年过寻甸，两次与屠绅会面有诗唱和，师范其余有关屠绅的诗作都是在京所写。因而，有关屠绅在云南活动的材料，基本上均来自于在京或江南的友人与出滇的屠绅在外地相会时之闻传，而非在滇人士的直接载录，这对于多方面地深入了解屠绅在云南的活动就有较大的局限性。

笔者查读了多种乾嘉文士的诗文集，其中颇有与屠绅相关的材料，而尚未被发掘利用。这些材料反映了屠绅在滇期间的交游、诗歌创作及其他方面的活动，从中可见屠绅之品性才情和在滇南诗坛的地位，对了解屠绅小说《蟫史》、《琐蛣杂记》、《六合内外琐言》和杂说《鹗亭诗话》的创作成书情况也很有帮助，还保存了屠绅诗文十余首(篇)。据此，笔者于2002年撰写了《屠绅宦滇时期交游事迹初考》一文，曾在学术会议上交流(参见王立、韩林《2002年全国青年学者古代小说学术研讨会综述》，载《南通师范学院学报》2003年第2期)，后又撰有《〈蟫史〉〈琐蛣杂记〉和〈六合内外琐言〉版本演变及作者考》一文。现整理历年搜集的材料，对原稿作增删修改，暂以其主要部分成文，请专家们指正。

一　与檀萃等云南官员的交游及《滇南集》、《滇南诗话》等所载屠绅在滇事迹

檀萃，字岂田，一字默斋，号废翁，安徽望江人。生于雍正三年(1725)，乾隆二十六年辛巳恩科(1761)进士，乾隆三十五年庚寅(1770)选贵州青溪知县，到任三月即丁外艰。后数年间游于岭南、吴下，乾隆四十二年丁酉(1777)补云南禄劝知县，有政声。因故触怒上官，以运铜船沉致亏，被劾落职为徒，配滇阳驿。后主持云南成材书院，滇中士子从游者盛。嘉庆四年离滇返里，楚抚留掌晴川书院，嘉庆六年(1801)至金陵，没于旅邸，年七十七[3]。檀氏著述甚丰，现知其著作有：《檀氏仪礼韵言熟课藏本》、《穆天子传注疏》、《楚庭稗珠录》、《番禺志》、《滇海虞衡志》、《黔囊》、《采真汇稿》、《滇

南集》、《滇南诗话》、《草堂外集》等。

檀萃著作中反映出与屠绅交游及屠绅在滇活动者，主要是《滇南集》和《滇南诗话》，另在《草堂外集》中有少量文字涉及。现将这三种集子先做一简要介绍。《滇南集》为昆明书院藏板，内封右栏题“檀默斋先生著，及门诸弟子校评”，中栏题“滇南诗前集”，左栏镌“前集分古今体古体五卷律体七卷共十二卷，续集嗣出，石渠阁主人识”，首有《滇南集屠序》，这是目前所见的屠绅为人诗集所作二篇序跋之一，另一篇为《跋南北史乐府后》，见于洪亮吉《拟两晋南北史乐府》，沈燮元先生《屠绅年谱》附录一《屠笏岩先生诗文辑存》收录；而言及此序的有二：一为袁行云先生《清人诗集叙录》卷三十四“《滇南集》”条云“有嘉庆元年屠绰序”，“屠绰”或为笔误；二为柯愈春《清人诗文集总目提要》“《滇南诗集》”条云“有嘉庆元年屠绅序”。二者均未提及其内容或载引原文，现将此序钞录于下：

滇南集屠序

宋淳熙十四年戊申，放翁《剑南诗稿》出，又六百年为今乾隆五十三年戊申，而废翁《滇南诗集》兴。两翁生年同，窜处同，豪情胜概同，推其同者而托焉，后翁之偃蹇胜于前翁，诗格亦胜，同时未必信，后来必知之。放翁之诗，天下呼为小李白；废翁之诗，豪放近李，而沉郁顿挫近杜，然皆自开生面，不受前人牢笼，必传于后无疑也。放翁初稿刊行于守严州时，门人郑师尹为之纂次，而废翁初稿其编次亦门人王吴严段辈为之。又数年递增以至于壬子止，分古今体古诗五卷、律诗七卷，如《长庆集》例，而自癸丑后则合古今体如放翁焉。放翁年十二能诗而其稿则断自三十二岁乙亥起，诗稿八十卷内自乙亥至壬子二十八年中仅二十五卷，自癸丑至己巳十七年中遂有五十五卷，约计每年可三卷，故愈老愈多。废翁前作亦多付诸水火，今零星补缀得十二卷，自是以往如放翁之年，能六十八卷耶。竹勿山石人将自滇往粤，读之而序其首，时嘉庆初元也，江阴屠绅。

此序除介绍檀萃诗集外，于屠绅本人的情况也有透露：此时“将自滇往粤”；自号为“竹勿山石人”，这是现知将屠绅之姓名与其号直接对应并同时出现的唯一材料。

屠序之后有王藩、吴毓宝、严烺和段时恒的“《滇南集》四门人序”，据诸序，知檀萃前在海南时订有《执宜堂诗集》，诸生录为正副两本，正本藏于家，副本挟以行，入滇后门人戴圣哲和冯承恩多有抄录。癸卯(1783)年运铜途中副本与新作数百篇悉沉于川江，而家中藏本又遭火毁，后从戴、冯二生所钞存得十之二三，益以续作，成此《滇南集》。序之后又有门人梁金等所撰之《默斋先生寿谱图》，按年叙檀萃之生平行事甚详。

袁行云先生《清人诗集叙录》卷三十四对《滇南集》有叙介，对檀萃其人其集的特征概括简明得当，惟其中个别地方或可探讨：① 据现知材料未见有檀萃官普洱、永昌知县的记载；② 檀萃游粤是其任官云南前中年之事，主讲云南书院紧接在罢官为徒之后，此前未有游粤之事；③ 檀萃运铜北上是乾隆四十八年癸卯(1783)，非乾隆十九年。另可补充的是：集中还可见檀萃与同宦滇南诸人之交游唱和；对运铜所经惊险苦辛和被劾遭难之经过情形叙写极详；在被谪落官后诗作中多有愤激怨嗟之语。

《滇南诗话》十四卷，蕴经堂藏板，此集内封右栏题“檀默斋先生辑”，中栏题“滇南诗话”，左栏镌“草堂诗话嗣出、门弟子校刊、蕴经堂藏板”，框上横刻“嘉庆庚申新镌”，知刻于嘉庆五年(1800)。首有“滇南草堂诗话序”，末署“门愚弟钱棨湘舲序”。钱棨，字振威，号湘舲，江苏长洲人。乾隆四十六年状元，是清代两位连中“三元”(乡试、会试、殿试均为第一名)的“三元公”之一，与檀萃同出于谢金甫(名墉)师门，乾隆五十七年壬子(1792)典云南学政，“悉其谪居中诸大撰著以为必传于后无疑”，“因序此刻”。檀萃言及作《滇南诗话》本意云：“草堂平日尝言：诗话愈出愈失其宗，诗格愈低。后见《随园诗话》而感之，谓著录皆同时人，得微显阐幽之义。自伤播徙荒陬，行十余年，所与游者皆老耋伴侣患难相从之辈，一知半解，可为宣扬，即为录之，不使其无闻。故以语其门人以为教，

俾著于后世也。"(卷一)

《诗话》十四卷,以"滇会"、"滇宦"、"滇友"、"滇客、""滇徒"、"滇庭"、"滇淑"、"滇外"、"滇记"为目记人论诗,所叙录皆为作者吏滇期间与自己有交往之同寅、上官、诗友、门弟子,兼及亲人和宦友之眷属,还有一些方外之士。对被收录者生平经历间有述介,主要叙述被录者与作者及宦滇友人之交往唱和活动,选录诸人诗歌作品,评论其内容、本事和艺术风格,时有叙及云南吏治宦况、人物关系以及文化风物等,此书对了解乾隆中后期在滇南任官的一批文人之交游和诗歌创作活动、为官情状及思想情绪,还有滇南的士风民俗等均有相当的参考价值。许多于史无传、本人之诗文集未有流传的吏滇人物,有赖于此书而使后人得以略知其人其诗。就屠绅而言,此集是云南文献中除《师荔扉先生诗集》以外保存其宦滇期间事迹最多也较为集中的著作。

檀萃另有《草堂外集》,滇阳驿楼藏板,主要收集作者后期特别是罢官居草堂之后的各体文章,共十五卷,此集正文未见有与屠绅相关之篇章,惟于几篇文章之眉批处言及屠笏岩,但其中有关于檀萃和屠绅二人之共同友好程抑谷的材料,另此书首几篇序文对了解檀萃落职后之生活、交游、思想情绪及写作状况均可资参考。

以上简介了檀萃三个集子的情况,下面即据此考述屠绅宦滇时的部分交游和事迹,其交游中如尚有诗集留存者,一并参以证之。

(一)与檀萃交往时间长,关系密切;屠绅对檀萃之遭遇深表同情和关切

檀萃与屠绅之交往始于何时,今未能确知。但据檀萃为师范《考绩吟》所作序云"赵州师君荔扉以甲午举于乡,为亚元,出老友屠公笏岩门",又《滇南诗话》中亦称屠绅为"老友",可知二人交往已久,且关系密切。《滇南集》卷之三《壬寅五首吏滇作》中有《宿罗次时笏岩赴省与陈东序饮竹下》:

主人吾旧好,斋竹正檀栾。只为因他出,相招得细看。新

尘琴挂壁，圆魄玉飞盘。却对陈惊坐，酣谈尽夜阑。

此称笏岩为“旧好”，说明二人相交已多年；而诗作于壬寅（乾隆四十七年 1782），自壬寅至嘉庆元年屠绅离滇赴广州任又有十三年，故檀萃称得上是屠绅在滇相交最久的好友之一。乙巳年檀萃至京，知屠绅亦将来京，在与人留别的诗中还让对方将诗转呈屠绅，其诗题为《出都别江映川二律属留待屠笏岩到呈之》（诗略）。正因二人有此交情，故当檀萃被劾去官为徒，以草堂寄身时，屠绅慨然为之题联。《滇南诗话》卷之一：

乙酉之春移寓如意巷，得屋几间，前授生徒，后安女侍，中筚草堂，招诸老落成之，而草堂之称传矣。……是时内馆外馆诸生又极多，草堂一开从此流传，遂以草堂相目矣。屠刺史绅题草堂云：“桃李门中环狄相，桄榔树下住坡仙。”……

当檀萃诗集付梓，屠绅又为之作序，将檀萃与陆游相比，对其诗揄扬有加，谓“豪放近李，而沉郁顿挫近杜，然皆自开生面，不受前人牢笼，必传于后无疑也”。《滇南集》和《草堂外集》中一些篇章还在眉间录有屠绅的批语。屠绅对檀萃的同情、称道，对比某些人在檀萃落难时之态度更显可贵。《滇南诗话》卷之四“滇宦三”：

乾隆丙午，汪云壑状元督滇学，即书问草堂索《蕴经堂稿》，谓当以蔷薇露浣手读之，其钦迟如此，时未相见也。明年草堂奉讳去官，旋被诬论，谒云壑，神情殊不相关，蔷薇露晞矣。落落漠漠，彼此无甚往来……其诗及文颇有流传于滇，向以交未洽不之收，为其无乡情也。

《滇南诗话》卷之五“滇宦四”：

邵镜堂得昆明，舆（兴）正高，而草堂落网，几不视为全人。

笏岩责之,即回脸,凡可以为草堂者,无不至。

屠绅对檀萃的情谊,无疑令檀萃感念不已。《滇南诗话》刻于嘉庆五年,此时屠绅已离滇五载,而檀萃于集中屡屡道及笏岩,不为无因也。

(二)与檀萃及崇尺遗唱和极多,同为“滇南三家”;屠绅诗集为何不传之原因

以往只从屠绅江南友好之诗文中知屠绅有诗名,至其在云南的诗歌创作则几无了解,而通过檀萃的诗文集则可知颇详之情形,特别是屠绅“滇南三家”之诗坛地位及其诗集不传的原因,尚未见有言及者。

云谷每谓采摭发□亦有关乎数。草堂之至滇南,与屠笏岩、崇尺遗两刺史称三家,尺遗集又经选定为之序,顾尺遗已移中州,今辑诗话无从录,似此大著作手反见遗,而鞣线铨才均逢掇拾,以光发简端,岂非有数乎。(《滇南诗话》卷之二)

滇宦诗友草堂与崇尺遗士锦、屠笏岩绅臭味契合,称三家,尺遗有集属草堂序之,而尺遗究未见草堂集也。笏岩与草堂唱酬最多,草俱沉于川江,笏岩亦不自收拾,其集无闻。后尺遗宦豫,笏岩宦粤,俱未有梓集信,而惟草堂以《滇南集》刊布于士林。(《滇南诗话》卷之三)

滇南三大家不入于诗话,旁见侧出者,笏岩略有数章,此亦古人选唐诗而遗李杜意也。尺遗气高,不为人作序;笏岩间作,但以数语了之。而草堂好与人序,有请即塞,且沉思旁讯,发凡起例,必使其言足以传。……崇尺遗纵横浩荡,往往于难处见奇,至其五排动数十韵,凌厉超腾,故当雄视一代。屠笏岩七律沉郁顿挫,百折窅深,而成之又速,此不可测也。尺遗前后集皆付草堂订,其去滇也,且属草堂序之以行,而草堂之序其推之尤至。笏岩与草堂唱酬为多,皆不存,问其集,则随作随散,无集也。(《滇南诗话》卷之五)

《草堂外集》卷之八《澮溪诗集序》眉批：

黄云谷曰："……默斋入滇与屠笏(岩)绅、崇尺遗士锦为诗友,与笏岩唱和尤多,皆沉于川江。……"

据以上《滇南诗话》及《草堂外集》所载可知,屠绅与檀萃、崇尺遗在当时诗坛被称为"滇南三家",三人唱和频繁,趣味相投,三人诗歌各有风格特点。笏岩与檀萃酬唱最多,可惜因檀萃原诗草沉于川江,而笏岩随作随散,不自收拾,无集可存,以致两人唱和之作无由得见。这也使我们明白屠绅宦滇时之诗作未有集子流存之故。按,金武祥《粟香室丛书》序言笏岩有《笏岩近稿》,庚申乱后已难觅,此集为笏岩早年居乡及成进士后而未出仕前之创作,而非为官后之作品,此可据赵味辛为其所作序中得知。

关于崇尺遗其人,于史无传,除可从檀萃集中有所了解外,另有相关载述,亦简介于下。据《明清进士题名碑录》、《备修天长县志稿》:崇尺遗,名士锦,江南天长人。乾隆十八年癸酉科举人;乾隆二十五年庚辰科进士,三甲第三十三名,此科状元是毕沅。《备修天长县志稿》载其"历仕贵州贵筑县知县,云南独山州知州,河南光州知州",著作有"《滇吟》、《黔吟》、《燕吟》、《豫吟》、《白下吟》共十卷";又据《清代官员履历档案全编》知其曾任云南宁州知州,后任河南开封府禹州知州④。

檀萃《草堂外集》卷之六有《天长崇箬亭翁寿序》,题下注曰:"崇赵州士锦之尊人居里同官为赵州遥祝序之。"文中有眉批曰:"崇为天长大族,衣衿极多,而不得开科,翁每恨之,极力磨厉,尺遗果开科上江。"文后"附记"云:"崇君尺遗言其先本宗泽后,以避金齐之祸改氏崇。……"《滇南集》卷之五《题道靖图》中有一首为崇尺遗而作,诗云:

白石先生作放歌,送君词似决黄河。更邀崇伯堙洪笔,四咏裒收妙绪多。崇尺遗刺史和五言四章甚高古。

上有眉批:"天长崇士锦尺遗牧滇,雄于诗,与屠刺史及先生并称三家。"又同卷有《送崇尺遗东归即次前赠韵》(诗略),附有崇尺遗原韵诗并序:

> 予以诗稿属檀默斋点定,默斋以集中步韩杜韵太多,恐难尽筌蹄,故论次诗源,探本经学,及索观檀诗,云运铜之役,为河伯取去,而余牧天水时,拙集亦为偷者所攫,已而恕留作此以志,并传寄旧作二卷求笔削焉。 崇士锦
>
> 指搔韩杜步遗尘,护短凭愚错认真。昨日谈经遭折角,现前活法示全身。水中龙攫堪知己,梁上君抛失笑人。端的雅轮扶有道,吾衰犹得及时陈。

另外,同为屠绅和檀萃诗友的萧霖(参"5.与宁洱令萧霖之交游唱和"一节),在其《昆海集》卷六有《崇尺遗以燕黔滇诸吟见示,即次集中用韩韵送朱饱雨北上原韵题于卷后》,诗中赞美崇尺遗才华横溢,气概豪迈,称雄诗坛,这可与《滇南诗话》所言相印证。诗作者还提起自已与崇尺遗后先举于乡,同出于介受祉先生(待考)之门,尺遗到云南为官,政声传扬。另从诗题看,迟遗在吏滇前曾在河北、贵州任职,而《滇南诗话》称他"已移中州"、"宦豫",当指后来调任禹州,可见其宦迹甚广。

崇尺遗与屠绅的交往,除了《滇南诗话》所见外,屠绅的《蟫蛣杂记》、《琐蛣杂记》和《六合内外琐言》将其作为评者之一,有数篇署"尺遗子"、"崇尺遗"的评语,这也可说明二人有着较密切的关系。

(三)与大姚知县程抑谷之交游唱和

程抑谷是屠绅作品《蟫蛣杂记》中署名最多的评者和《鹗亭诗话》最后一篇《双鹤堂》的署名作者,然关于其人及与屠绅之关系,迄未见有人言及,而在檀萃集中,我们可以有较详之了解。

《滇南集》卷之四有《长歌赠程大姚》(诗略)题下注:"程应璜,字抑谷,云梦人。由举人除山西令,归起补云南,知大姚县,改蒙

自,未上卒。”

《草堂外集》卷之十五有《祭程大姚二夫子文》及《附传》,可见程之生平为人及与檀萃的关系,《祭文》甚长且内容与《附传》颇有重合,故不录,仅将《附传》抄录于下:

程君应璜,字抑谷,云梦举人。初官于晋,所历皆有名迹,以艰归。丁酉赴补发滇,始相见于戊戌之夏,即殷殷,忽从不见则又以艰回。已而再至,其殷殷益甚。徐公两松最重抑谷与予,且语予于人曰:“默斋不独文章学问,其于吏治亦佳。”而某公雅不喜吾二人,会予避常德,欲去禄劝,中丞将以抑谷代,某公阻之,徐公每为言,其不喜愈甚。会徐公将移闽,东院饯之,某公在坐,徐公复理前语,从容谓某公曰:“旧政告新政亦当然,况在儿女亲戚?此二君者皆可靠,奈何摧挫之?”某公拂然。徐公平日极含容,无疾言遽色,是日亦动怒,有不学无术之讥。东院因挽徐公于别坐。明日某公谢徐公,公且行。公所心疼两属员,吾自不刻他,吾送徐公于归化寺之右,徐公谓吾:“亟去此,从吾于闽,吾资君。”徐公去而予以铜差行,君亦继其役,役罢而回,彼忌予者犹谓予恃徐公眷,其后竟至于挂弹章。闻徐公在闽犹念予不置,每语其表弟王君东宁既平,后徐公竟道殂。戚有于某无依丽,亦来滇,抑谷客之,盖感徐公之知而不忘旧也。今徐公已前没而抑谷亦化去,独遗予岿然存,今年五月旅榇始至滇,寄厝于西门外之妙应寺,予趋而哭之,乃为此文。抑谷身短而巨,如李雪堂,而涵养纯粹,不露圭角,颇近大程,而以程二夫子呼之者,循其家派也。所著有随笔数十卷。其子齐诰与沐清同年拔贡,今来滇将扶榇归。自叹穷老羁离,又失一臂,奈何奈何!壬子冬月草堂记。

据上述材料并结合《湖北通志》、《云南通志稿》、《大姚县志》,可知程抑谷为湖北云梦人,生于雍正九年辛亥(1731),乾隆二十四年己卯科举人,初官于山西,乾隆四十二年丁酉(1777)入滇,四十九年任大姚县知县,后改蒙自知县,未上任而卒,时为乾隆五十六年辛亥(1792),年六十。其宦历亦波折,而为人醇厚,涵养纯粹,为政清慎不烦,被列入"循吏"中。程抑谷与檀萃相善,同受时任云南按察使后调福建布政使、升福建巡抚的徐嗣曾(号两松)器重,而不见用于徐之后任。当檀萃"落网"时,程"尤慷慨"。

抑谷既与檀萃相善,又与屠笏岩交情密迩。前引《滇南诗话》卷一言屠绅题草堂之后紧接着说:"程明府应璜题草堂云:'邢真人居终南,汲水砍樵,皆是名士;苏学士迁海外,嬉笑怒骂,莫匪文章。'盖实录也。"在《滇南集》中有的与程抑谷赠答的篇章同时提起屠绅,如卷之五《抑谷生日辛亥夏》:

> ……兹暮忽来儿辈请,挑灯索句笔苦涩。涩极忽如倾琅函,瑰语连犿那能芟。书罢自读还自笑,君应笑示屠笏岩。

又如卷之六有《题程三平甫顾梅画扇面缀屠笏岩刺史后兼寄抑谷明府》:

> 自从倾盖逢程子,便爱挥毫得顾痴。素扇月明通雨面,老梅霜点散多枝。先教刺史题唐句,亦许羁徒写楚辞。官阁幽岩俱有兴,阿髯持报乃兄知。

这都说明程抑谷与屠笏岩有着亲密的关系,在《滇南诗话》中更有程、屠二人唱和的直接记载,如卷之四"滇宦三"目录中便有"程屠唱和诗"一条,其具体内容为:

> 戊申之秋,程抑谷自大姚,屠笏岩自广通以省聘下,张君鸣铎亦罢剑川来,同宿于安宁之云滔寺。寺有上林僧者善谈吐,逢迎冠盖以矜广交。张君不得意乃隐卧,笏岩为二律呈抑谷,首云:"相逢尔尔见如如,双树林中十笏居。空鉴满山悬选佛(时方与分校事),智珠出水媚浮屠(村上松公妙谈理)。岂

真觉处难登岸，亦叹喧场误结庐。不及拂衣沧海客(谓剑川牧张君)，黑甜犹得避钟鱼。”盖讥僧善谈似觉而不能登岸，由逐喧扬以误之，而已与抑谷被其强聒，不及张君之卧，免于相嬲也，立言良深至矣。”次云：“几尘得度乞金仙，乘兴同随瓶钵缘。遂有人天秋去恨，非无风雨夜来禅。螳螂水上琴方急，蟋蟀床头句可联。童仆不忘离垢地，使君心在濯缨前。”笏岩诗深刻耐人思，盖得玉溪生之深者，顾为之辄咄嗟办，若不经意，然亦奇矣。从前与草堂唱和甚多，其本悉沉川河，而笏岩有作不存稿，则俱亡之矣。此诗盖抑谷并已属和，梓而散于朋友间者。按抑谷和云(诗略)……二家格律可谓势均力敌。

由于抑谷与笏岩相得甚欢，故笏岩的小说集《蟛蜞杂记》(十二卷本)乾隆癸丑王雨谷序末云：“……是说也，予未知有合于刺史之志与否，盍归而与抑谷子评之。”书中署程抑谷之评语最多；屠绅另一著作《鹗亭诗话》的最后一篇《双鹤堂》，署名亦为“程应璜抑谷”，从《双鹤堂》的内容，我们也可看到屠绅与程抑谷的关系：此篇说明“鹗亭”由“双鹤堂”而来，而《鹗亭诗话》之取名又由“鹗亭”而起，与程抑谷密切相关，《诗话》即以抑谷识语为终篇，“笏岩与仆其合之为一鹗，分之为双鹤者哉”。两人趣味相投，互为信重，此可概见矣。

(四) 与昆明令邵伦清之交游唱和

邵伦清，字景葵，号鉴堂，江苏常熟人。他也是屠绅几部著作中的署名评者、诠者和作者，如《鹗亭诗话》《稗赋》篇之署名作者(署邵伦清鉴堂)，《蟫史》卷之七《锁骨菩萨下世》之诠者(署鉴庭邵氏诠)，《蟛蜞杂记》、《琐蛣杂记》和《六合内外琐言》中多篇之评者(署邵鉴庭〔堂〕)，可知邵伦清与屠绅有着密切的交往。邵伦清于史无传，据《苏州府志》、《明清进士题名碑记》，伦清为乾隆二十一年丙子科举人，二十八年癸未进士，三甲第八十九名，与屠绅为同年。又据《清代官员履历档案全编》、《元江志稿》等知其于乾隆三十九年始出仕，历官河南渑池县知县、云南昆明县知县、元江府知府、云南广西州直隶州知州、广西思恩府通判。

檀萃《滇南诗话》将其著录于“滇宦四”(卷之五),邵与檀萃、屠绅皆交往甚密。据檀集中有述其为昆明令前后情形:

草堂以文名见忌遭诬陷,放逐于昆池。先后为昆明者,皆文吏也。以气类相同,岁时馈问不绝,草堂乐之,因邀流寓诸老,共称寓公,瞻仰于池主,其例则开于邵镜堂,而施畊霞承之,许定轩又承之,至于今不替。……邵镜堂得昆明,舆(兴)正高,而草堂落网,几不视为全人。笏岩责之,即回脸,凡可以为草堂者无不至。(此二行上有眉批:邵镜堂伦清,常熟人,癸未进士。)然草堂之中祸,人尽冤之,究不知中祸之所自来,即草堂千思百计意为揣摩,亦不自信。时镜堂亦以文名见眷重,兴愈高。明年忽大嗔,欲参镜堂,且比例于仇,誓不同方而官。镜堂亦千方百计,不知嗔为何发,徐意度之。一日独见出所为黑龙潭诗,镜堂且读且赞,旋置之,忘为立碑,乃大见衔,至不可解。益信草堂中祸,实以西江派为三字狱也。镜堂遭此劫,驱之于百色烟瘴,将陷于死地而弃之,濒死者数矣。幸生回,此公已入觐,方伯公来,乃得有活机。因为诗寄草堂云:“西江派险莫轻谈,君略谈之便被参。我不敢谈长噤口,依然坑在黑龙潭。唐梅岁老背驻弯,精祟依然惯作奸。虽减十年诗客累,即经九死鬼门关。为废雕镌怒不平,置之死地得重生。免教日阔仍衔口,玷尔丹崖翠壑清。临川硕鼠分宜蠹,贤哲无如啮蚀何。谁识丰城狱逾险,宝光动被暗埋多。”呜呼!读之当共为痛哭矣。……

可知邵伦清后来亦因“西江派”遭谗被逐,故与檀萃同有切肤之痛。

单学傅《海虞诗话》中选录邵诗多篇,并有小传云:

邵直刺伦清,字景葵,号鉴堂。乾隆二十八年进士,知江西弋阳、云南永善等县,仕至广西直隶州知州。工长律,尤擅七言，采烈兴高，风雄义峻，诚卓荦才也。……年过八十，家门寥落，或劝其镌稿行世，答曰："黄金难得，正不如欢筵中作缠头具矣！"豪狂之兴及老如此。檀默斋《滇南诗话》尝称之。《柏古堂诗钞》三册，存诗八百余首，钞本当所自订，道光甲申张止箴以百钱得之世上，距其殁才星周耳。余读而悲之，因再摘录，犹恨长律不能及也。……

邵氏《柏古堂诗钞》仅存一种钞本，今藏于常熟图书馆⑤，题"柏古堂诗稿"，不署撰者。据书后署名"敬庐"之题识知此稿非完帙，存诗一百二十六首，中有两首与屠绅唱和之作：

赠屠笏岩仍用前韵

秋光萧瑟噪昏鸦，商息俄惊雁影赊。雨脚乍悬观蚌鹬，雷声忽震斗龙蛇。他山未必能攻玉，此日何心学艺花。同谱少年君努力，老夫耄矣眼糊纱。

笏岩将行以折枝梅花册索题即次云岩方伯韵

君是罗浮梦里人，此行领袖百花春。和羹已负平生志，且向泷头一问津。侬家亦有百花潭，如海幽香愧未探。此日离亭吹玉笛，一齐回首望江南。新换头衔亦适然，旧联车笠惜遥迁。相思一夜花何处，总到窗前已来年。

前一首接《闱中和刘澄斋韵》二章之后，以诗中内容参之，当为刘、屠、邵诸人于戊申年乡试闱中阅卷时唱酬之作，与刘澄斋、翁凤西诗正相合（详后）。后三首七绝则系笏岩将赴广州时为其送别所作。

檀萃《滇南诗话》卷之一对屠绅与邵伦清酬答情形有叙录，保存了笏岩诗二首：

草堂既开，声闻四远，时萧曙堂明府在宁洱，闻而伤之，首唱用修字，盖以升庵贶草堂也。其用乌嘴狗对白浮鸠，旦以老坡相贶，而及当家事也。草堂喜甚，即和以复之，并邀同人属和。会屠笏岩来省，亦属其作和。安福梁鉴亭金，学道者也，游于草堂，先为和之……笏岩因索，亦写诗二章送草堂。玩其韵则是，而题则为《和邵大镜堂九日诞辰》也，讶其误，然下有小序，谓："来诗研雅，曙堂原韵似不及也；《邵大九日诞辰》既依韵，却简矣。旅夜倦不成寐，勉副先生索和之意。"中多微词，云："七宝妆成玉斧修，清光难彻古梁州。元黄血冷云微现，金碧形空水倒流。饥甚岂无衔草鹿，音多为有在桑鸠。恼公已恨投荒大，会觅凌波太乙舟。""好道何年获禁方，枕中鸿宝秘山堂。不愁妖雾迷风后，终见文星谒玉皇。送难弥天居士座，拾遗蒲地矮人场。请看羽客荷衣重，合谢高堂十二章。"初不解，徐思之乃哑然笑也。草堂为西公所衔，将摧挫之，庶几归我。不意一发不能收，具挫镜堂也亦然。溯其由，为以游黑龙潭诗示镜堂，不为刻石耳。怒甚，几律以兄弟之仇。镜堂间住莱海边，无聊甚，故以酬草堂者祝镜堂，其词微矣。首章从镜堂字起，言镜堂道不得行，由值元黄交□时也；镜堂多内，故以衔灵草之鹿比之，谓聊可与娱也。结谓已亦欲告去也，写镜堂即写草堂，亦即以自写。次章正草堂现在之景况也。其言曲而中，其事肆而隐，岂乍读能悉哉！云谷见而笑曰："此即吕仲悌与嵇叔夜书，托云赵景真与嵇茂齐，以避司马之知耳。笏岩精细乃尔，彼尚有官，不似吾辈之无官，故事事怕人也。呵呵！"

从中可见屠笏岩与邵伦清和檀萃之关系，既对他们的遭遇表示同情和不平，而作诗之方式和手法又曲折深隐，涉及官场中具体人事则不免防谗避祸，于其特殊环境中显得精明深细，表现出性格之另一方面。

（五）与宁洱令萧霖之交游唱和

《蟆蛣杂记》和《琐蛣杂记》中有署名萧曙堂的评语。前引《滇南诗话》卷一中已语及萧曙堂其人，且眉批有云："萧曙堂著《昆海集》，入'滇宦'。"在卷之五"滇宦四"目录中列有"萧宁洱霖"。萧霖，字雨垓，号曙堂，江都人。《江都县续志·人物》有其小传："萧霖，字雨垓，举丙子乡试，年甫及冠，以大挑分发云南为知县。诗才甚工，疏放恬畅，不屑屑于描头画角，竟为新巧。浮沉一令以终，远宦久羁，未得归里。所刻诗集遍行滇中，而乡邦流传绝少。"乾隆五十二年任宁洱知县(《云南县志》)。

萧霖有《昆海集》八卷，本衙藏板，首有自序，其中云："岁壬辰余承乏云南，戊戌缘事镌级，赋闲五载，及癸卯始开复。十二年中三迤之地，经历过半，人情风土访览几周，往往触绪萦怀，临风寄兴。今年夏，编辑旧稿若干首汇成八卷，同人请付之梓。……至甲辰以后诗，俟续刻以质同志。时乾隆丙午季夏书于云阳之柏香书屋。"

据序及卷一(编年为"壬辰")首篇《落第后拣发云南过扬州展墓濒行留别兄酉塘弟贲村》以及前引《崇尺遗以燕黔滇诸吟见示即次集中用韩韵送朱饱雨北上原韵题于卷后》知萧霖于乾隆三十七年(壬辰，1772)入滇，曾被降级，赋闲五年，仕途颇坎坷。此集所收为甲辰(乾隆四十九年，1784)前之作，甲辰后诗另集编刻，今未见传。

《昆海集》中有诗二篇赠屠笏岩，其一为卷四之《闻屠笏岩举卓异诗以庆之》：

> 毗陵才子神仙吏，兀若天闲出骐骥。平生嗜弈兼嗜歌，谈笑时时露真意。兴来落笔华莱敷，坼补紫凤纫天吴。群籍纷披萃狐腋，险韵独出开鱼凫。闻君政绩亦矫矫，日计不足岁有余。眼看衅沐破资格，褒诏旁午来金铺。笑我心情懒无匹，屈指不堪何止七。鸿飞冥冥樊笼宽，谬许幽人卜贞吉。忆昨棘院歌同袍，连床剪烛谈谐豪。评珠品玉日稍暇，狂吟一曲秋天高。论诗意见每参错，犹如岐路分扬镳。相知之深正坐此，宁比蝘蜓群儿曹。时惟八人君最厚，神亲道合非形交。期年风

景多幻忽，晨星半陨寒叶凋（卜素堂、王春山、宫钝斋、柳瑶圃先后作）。余亦濩落同系匏（李浚亭、姚賨圃虽存，迹韬晦），赖君一柱撑洪涛。雄者自飞雌者伏，人生聚散如棋局。他时北翥过邗江，可有足音向空谷。

其二为卷八之《邵鉴堂招同人集昆明吴西园螺峰山房，屠笏岩作酒人歌，余因仿其体赠鉴堂西园兼示笏岩》（诗略）。

第一首之编年为己亥，即乾隆四十四年（1779），据此可知屠绅举卓异之确切时间。按师范《师荔扉先生诗集》卷二《笏岩师复以卓异至都，夜过寓邸，赋呈四十韵》（《原金华山樵诗前集》、《芙蓉馆存稿》编年为庚子），洪亮吉《卷施阁诗》卷一（《庸书东观集》编年为庚子）《屠大令绅以报最入都话旧，赋赠四首》均言笏岩以卓异入都事，而萧霖己亥年已闻屠绅举卓异，说明是先在滇考核，督抚题报送吏部，次年入京，由吏部引见，正合清朝大计卓异之制。由此诗我们可以看到屠绅性格、才情、兴趣、政绩等多方面的情况，以及与萧霖的交谊，对了解笏岩其人颇具价值。

第二首则可知屠绅与邵镜堂、萧霖等友人欢聚赏景，纵酒狂歌的情形，反映出笏岩在滇生活的一个侧面。

（六）与吏滇老人白蠡峰之唱和

《滇南诗话》卷之四叙及屠绅与白蠡峰唱和事：

西公事事立异不测而可笑，于时白蠡峰贻远、庞勉斋兆懋，年已老迈，必檄之来，闭于悯忠寺，二老恚甚，会蠡峰七十生辰，屠笏岩为诗四章祝之，皆怨叹之音也："七十谁言是老翁，神如逸鹤气如虹。家于灵夏音尘隔，官到巴滇臭味同。我亦无田归不得，人皆作郡感何穷。却寻萧寺攀情话，尽引秋声起桂丛。""每因西笑爱在夫，有几南人识腐儒。老去罪皮浑不忘（公司训二十年），后来鸡肋竟何辜（今牧亦二十年）。君黎疾苦真蒿目，小友衣冠半将须。聊而一觞兼一曲，慰君清梦到华胥。""兼金须锻玉须磨，人未庸庸福未多。淫预作堆愁奉使，飞蓬在□笑驱魔。花虽无赖惊常在，树若相思唤奈何。辛苦一官与古郡，友真同患力同科（余疲于铜运者再矣）。”“今宵顶礼古先生，以介期颐有弟兄（文事也知需我辈时称）。觞者率与滇试事，德星不用祝公卿。贫难作馔供黎枣，醉即题襟谱瑟笙。岂合放吟徒坦率，重君高义薄时名（闱事毕后即假大计除蠡峰名，闻至今犹羁于陆凉不得归也，年且七十四五矣。役之则不以为老，弃之则以为老，哀哉）。”笏岩诗极沉郁，而此四章独流漓，文心固不可测也。

白蠡峰其人除《滇南诗话》所载，另从《云南通志稿》知其为甘肃宁州人，举人出身，乾隆四十七年任曲靖府陆凉州知州。从上引文中可知，蠡峰是一位沉抑下僚，仕途坎坷，备受凌辱苦辛的吏滇老人。屠笏岩当其生日作诗慰之，诗达四章之多，对其遭遇深表不平和同情，并致以敬重之意。可见笏岩与同为下层滇吏的宦友之情谊。另诗中小注“余疲于铜运者再矣”，亦有助于考证屠绅第二次运铜的确切时间。

（七）与王刚之交游

《蟫蛣杂记》、《琐蛣杂记》和《六合内外琐言》中有署名“月樵子”和“王月樵”的评语，《滇南诗话》卷之二言及此人：

李非山、欧阳石坪、刘晓园三君，题月樵子词最雅健。月樵子者，颍上王立夫刚也。其先从北平徙颍州卫，盖与平卢檀氏同徙者。世有九松园，闻于淮颍间，自立夫兄弟谋仕，而园遂易主。立夫不能忘，乃画九松园，身坐其中，若欲因图存园者，求草堂题之，其情亦可怜矣！会年五十，为大素纸十二幅，拟相好者各题一幅，然相好者多，竞投诗词，十二幅竟不能容也，亦遂已矣。立夫乞号于屠二笏岩，笏岩为号曰“月樵”，盖用其名以谑之。世传吴刚斫树，乌偷其饭，拔斧逐乌则桂合，提斧斫桂则饭亡，饿不得休，树不能倒，立夫之景况犹是也。立夫大喜，竟以自号，寿月樵者甚多，特著三君之诗焉。

王刚其人除上引文所载外，别无可考。从其乞号于笏岩，为之号曰“月樵”，遂大喜竟以自号看，他对笏岩甚为敬重，同时笏岩为人之诙谐风趣及在同人中之声望亦可见。

（八）为汪处士《抚松图》题咏

> 休宁汪处士铉雪斋亦作《抚松图》于里门，吴下人士争咏之……于时龚勖堂国用为赋《菩萨蛮》，屠笏岩绅为赋《减字木兰花》以题此图。勖堂发端有劲不可当之势……笏岩之词韵短情长，味之不尽。词曰：“此间快活，白眼青天。尘境豁，不买溪山，乞取松荫一笑间。　天涯游屐，独鹤归来应唤客，试问名场若个，披襟侍夕凉。”每咏此词，几度木兰舟上望矣，何可到耶？（《滇南诗话》卷之六）

这是目前仅见的一首屠绅词作。

（九）与迤南道翁凤西之交游唱和，正式抵任寻甸州知州的时间

在屠绅小说集《蟫蛣杂记》、《琐蛣杂记》和《六合内外琐言》中，有数篇作品之篇后评者署名为“翁凤西”或“凤西氏”，此人即笏岩宦友翁元圻。元圻字载青，号凤西，浙江余姚人。乾隆辛丑四十六年进士，授礼部主事，历官云南嵩明州知州、广南府知府、迤南兵备道、贵州按察使、湖南布政使、护理湖南巡抚事，以太常寺少卿致仕，年七十六卒[⑥]。翁元圻是有名学者，其《困学纪闻注》最为世人所称。其在世时诗文不欲存，任其散失，季孙学涵遵父命钞录编次成集，名《佚老巢遗稿》，刻于同治间。集中有与屠绅唱和诗多首。

翁元圻在云南任官时，曾与校乡闱，与典试冯集梧（鹭庭）、刘锡五（澄斋）及屠绅等同考官互有唱和，如与屠绅酬答之作《屠笏岩夜分不寐用澄斋韵见赠三叠前韵奉酬》：

> 撤棘明朝等散鸦，迤东西隔路程赊。分无佳丽歌随凤，剩有文章说捕蛇（笏岩所著杂记甚夥）。愁里对将蒙雾月，暗中

搜得隔帘花。苦吟更尽频添烛，巧胜机中韵字纱。

暂对华簪合早抽，马驰峻坂急难收。敢求国士无双目，漫作名场第一流。不断云山频望远，乍寒风雨又惊秋。欲归未得曾何补，空对同心咏四愁。

何关得失佩弦韦，阅尽人情自觉非。弱羽空怀鸿鹄志，微官漫与庙堂几。尘封面目难医俗，诗到清新不爱肥。一月联床容易别，暂时相赏莫相违(杜句)。

从诗中可看到，在撤棘散闱前夜，笏岩添烛吟诗的豪兴，与宦友抒怀惜别的情形；也得知笏岩已将其《蟫蛣杂记》传示与人。按，此次秋闱是戊申年，联系其他几位友人的诗歌，可证此年为小说成集时间。

翁凤西与笏岩及他们的共同宦友邵鉴堂都有唱和，如《读东坡和刘道原咏史之作有感于心，因依韵作四首寄示邵鉴塘屠笏岩属和》、《次鉴堂笏岩韵》，此录前者的第三首：

任评才尽复才狂，不计乌号得与亡。乍喜一官还故我(笏岩以罪迁寻甸，今四年矣，近日始得抵任)，难医三折觅新方。挥毫莫负菅蘧赠，伏枥焉知骐骥良。日饮无何真得计，拼教俗眼笑聊浪。

此诗除了写出屠绅的狂放个性和不俗才情外，还记载了屠绅的一段宦历：屠绅在升迁为寻甸州知州后，过了四年才正式到任。据《清代官员履历档案全编》有关材料[⑦]及清代铨选制度，屠绅是在乾隆五十一年(丙午)九月带运京铜到京，然后与其他候选官员一起由吏部带领引见，九月二十九日经旨派大臣会同科道官验看后请旨委任官职的，但吏部的委任文凭是五十二年(丁未)发出，所以屠绅此年才回滇，到省后委任文凭交督抚查验，故《云南通志》记载是屠绅五十二年任寻甸州知州。但虽然得到了委任，能否实际到任又是另一回事。为什么师范有诗记戊申年在广通县与屠绅相会[8]，檀萃《滇南诗话》说到"笏岩曾治广通"（卷七），汪如洋也有诗记督云南学政时，于戊申年在广通县与笏岩相唱和的情况（见后文），这都说明屠绅此年不在寻甸任上。而广通县属楚雄府，与属曲靖府的寻甸州并不同地，因此也不可能是兼管两州县事。凤西诗注"以罪迁寻甸今四年矣近日始得抵任"，明确说出屠绅在丁未年被任命为寻甸州知州后，并未能真正抵任的事实，为我们弄清其真实情况提供了重要依据，同时也透露出对下层官员升迁之难的叹慨。因为屠绅是在乾隆四十五年大计举"卓异"的，当年进京引见后"旨着回任"，至乾隆四十九年（甲辰）六月份才掣签得到寻甸州知州缺，但还须"解甲辰年三运二起京铜"，缴铜事竣后才获赴部引见。之后总算被任为寻甸州知州，却又因故被拖延了四年才得以正式到任，前后长达十年。

翁元圻与笏岩、邵鉴堂他们的共同宦友檀萃亦有唱和，如《和笏岩次檀默斋韵》、《和鉴堂次默斋韵》，诗中对檀萃及邵鉴堂的遭遇表示了同情和不平。

有一段时间翁元圻与屠绅同在昆明寓居，集中有《屠笏岩移寓莱海之滨奉简二首》记其事：

如此湖山各寄家，湖光山色为谁赊。营巢自分同鸠拙（余寓五华山上亦借居也），支俸何缘向鹤夸。墨渖淋漓翻翠袖，歌声慷慨咽红牙。多生结习除难尽，净洗铜瓶待养花。

难向风尘暂息肩，春光底事羡莺迁。藏身得地缘无幕，索句惊人为入禅。红药花残犹艳艳，碧荷叶小正田田。此间何处容狂客，著个郫筒寄蜀笺。

诗中描述了屠绅寓居昆明莱海之滨，流连湖山，歌舞欢娱，诗酒遣兴的生活，也为我们提供了屠绅某个阶段的情况：因无固定居处，曾经寓居昆明莱海之滨。尽管现在暂不清楚屠绅是何时因何故寓居昆明的，但此诗仍为了解屠绅的生活经历留下了可作进一步追踪的线索。

《佚老巢遗稿》中还有些诗反映出屠绅与翁凤西其他一些友人的交往情况，为了解屠绅小说的创作和版本演变提供了依据。如《谭兰楣来琴馆宴集次屠笏岩韵》、《寒食西园会饮呈谭五兰楣屠二笏岩汪二耦唐许十定甫》，其中的谭兰楣是《琐蛣杂记》和《六合内外琐言》的篇后评者，也是《蟫史》卷十七的诠者；许定甫也是《蟥蛣杂记》、《琐蛣杂记》和《六合内外琐言》的篇后评者，可根据这种关系去探求屠绅小说集的创作和版本演变的情况⑨。

乾隆五十九年屠绅运铜抵京，此时翁元圻也在京，他们与吴锡麒、汪如洋等友人多有聚会唱和(详后)。

二　与在京任官之友人交游唱和及所见事迹

(一) 与汪如洋之交游唱和

汪如洋，字润民，号云壑。浙江秀水人。曾祖以下，数世文望辉赫，禄位踵于朝。祖父官云南大理知府。如洋于乾隆四十五年以第一名进士及第，授翰林院编修，曾充三通馆纂修官，奉旨入直上书房，五十一年典山东学试，是年冬督云南学政，后仍入直。乾隆五十九年卒，年四十，时人皆惜才不竟其用⑩。檀萃《滇南诗话》卷四"滇宦三"以"汪状元如洋云壑学使"著录其诗一章，叙述与汪之交往，对汪有微词(见前所引文)。而汪如洋诗集《葆冲书屋诗集》收录有多首与屠绅唱和之作，从中得知二人相交颇洽，特别是透露出屠绅《鹗亭诗话》与《蟥蛣杂记》之情况，尤为重要。

据程恩泽撰之墓志铭云"先生著述甚夥，多散逸，惟葆冲书屋诗集若干卷手自编也，诗奄有唐宋诸大家风，卓焉可传"，《葆冲书屋集》为南京图书馆所藏，无封面、序跋及刊刻年代，南图书目卡片著录为"葆冲书屋集四卷外集 2 卷诗余 1 卷，嘉庆刻本"，从集中可知，乾隆五十一年冬，云壑赴滇督学，于所经州县多有吟咏。五十二年春，至楚雄、广通，与屠绅、程抑谷相交游应和。共有诗五题八首，依次为《题屠笏岩刺史〈鹗亭诗话〉后兼柬程抑谷明府》二首、

《笏岩复作感事言怀二律见贻师次其韵》二首、《次笏岩不寐成韵兼示抑谷》二首、《笏岩抑谷复联句见贻依韵答谢》、《连夕在郡城与笏岩会饮,抵广通复至县斋剧谈,翌日笏岩送予至舍资以七言见投次韵志别》。从这些诗可以见到如洋与笏岩及抑谷的交游唱和活动,在半个月里,他们频频唱咏应和,一泄其才情,常欢聚痛饮至深夜,意趣相投。其中的两题三首于屠绅之"诗话"和小说创作甚有关系,兹录于下,第一题为:

题屠笏岩刺史《鹗亭诗话》后兼柬程抑谷明府

谪仙身堕古哀牢,痛饮终年不读骚。炊剑语危山鬼哭,然犀地惨稷狐嗥。长沙可但宜宣室,柯古端应废诺皋。底藉猪肝供累日,屠门小嚼兴先豪。

一钱不值气吞虹,牛脰何烦响应宫。径有羊求无日间,舟如李郭旧来同。大槐典郡真犹幻,修竹弹奸罪亦功。叹息光阴付雕篆,天涯都是可怜虫。

从这两首诗中,我们了解到几点情形:① 屠绅《鹗亭诗话》在此时(戊申,乾隆五十三年,1788)已成书,汪如洋是此书最早读者之一,也是目前所见文献中第一个道及此书的人。按,师范收刻此书于《二余堂丛书》是嘉庆九年甲子(1804),而在此前的师范诗文中未发现提及此书的文字。②《鹗亭诗话》虽名"诗话",但其内容多涉怪异幻诞,如洋以语怪之书视之。③ 屠绅与程抑谷的密切关系以及程抑谷与《鹗亭诗话》的联系由此诗亦可佐证。

第二题为《连夕在郡城与笏岩会饮,抵广通复至县斋剧谈,翌日笏岩送予至舍资以七言见投次韵志别》(诗长不录),此诗除了描叙与屠绅等友人聚会酬唱情形,称赞笏岩之诗才治具外,还披露了笏岩小说创作方面的重要情形:在"还携笄束短亭钞"句下注:"时余钞《蟫蛣杂记》未竟。"说明此时(戊申,乾隆五十三年,1788)《蟫蛣杂记》已成书,但尚为手稿本,而最初之书名就是《蟫蛣杂记》而非《琐蛣杂记》。今存王雨谷序于乾隆癸丑(1793)的十二卷本题

“蟥蛣杂记”，正是根据屠绅手稿之原名。按：高洪钧先生《〈六合内外琐言〉校读记》中说到“《琐蛣杂记》书分十二卷，收文102篇”；程毅中先生《关于〈六合内外琐言〉的校读》指出：“《琐蛣杂记》的十二卷本原作《蟥蛣杂记》，‘蟥’字是‘虫’字旁。”[11]程先生之说，除了有今存的十二卷刻本作为依据外，现还可以从汪如洋诗注中所言之作者手稿书名得到佐证。

汪如洋以状元出身之学政对《蟥蛣杂记》甚感兴趣，亲手抄录，说明此书在当时友人中确以为新奇可读，亦可见在文人中一种好奇嗜怪的趣味。此书多篇篇末以“云壑曰”、“汪云壑曰”作评，这些评语虽非真为汪如洋所作，但却可说明如洋与笏岩之交往及与《蟥蛣杂记》的关系。

另从如洋第二首诗可知，屠绅曾在广通任职，时为戊申年，这与师范之诗及翁凤西诗相合。

汪如洋回京后与屠绅还曾会聚。《葆冲书屋集》卷四有《秋塍与屠笏岩刺史缔姻》：

> 云外飞凫各化身，燕台春酒故留人。新声小雅思求友，古谊周官重睦姻。五狱何时付禽向，一树还拟绘朱陈(时有罗山人两峰绘图纪事)。牵连倘作平原住，我亦鹴裘不讳贫。

此诗编年为“甲寅”，此年笏岩运铜到京并等待由部引见候选，正好王复(字秋塍)亦在京，他们原是旧友，此时结成儿女亲家，许多朋友均与宴祝贺，除如洋之诗纪其实外，王复《晚晴轩稿》、吴锡麒《还京日记》、杨伦《九柏山房诗集》、赵味辛《亦有生斋集》中均有诗或文记此事[12]。

笏岩在京期间与如洋等在京友人常欢聚酬唱，《葆冲书屋外集》卷二有诗《银槎联句》(甲寅)可见，联诗唱和的吴锡麒、孙星衍、张问陶、钱清履、汪如洋诸人皆负文名。

(二) 与吴锡麒的交游唱和及《琐蛣杂记》序

吴锡麒，字圣徵，号谷人，浙江钱塘人。乾隆四十年进士，由编修官至国子监祭酒，入直上书房。嘉庆二年乞养归，后主讲于扬州安定书院[13]。锡麒曾于乾隆五十八年请假回乡，假满于九月二十六离家返京，从此日开始写《还京日记》，止于乾隆六十年五月十八日。从《还京日记》可了解到屠绅在京与吴锡麒及其他友人交往唱和的情况：

(五十九年一月)二十五日　杨西禾招饮于大隐庵寓舍，晤屠笏岩刺史。笏岩名绅，江阴人，癸未进士。今任云南寻甸州知州，以解铜来京。所著《琐蛣杂记》，言多骂鬼，记本搜神，俞儿小骑而行，庆忌大冠而舞，执尸头之笔，绘变相之图，拜月狐惊，含沙蜮泣，金刚杵落，菩萨灯明。所谓言者无罪，闻者足戒者也。

(二月)六日　屠笏岩王秋塍有婚姻之订，招同人会饮于孙渊如樱桃传舍分韵赋诗。

(三月)十九日　招翁凤西、屠笏岩、杨西禾、马苇舟、谢梅农饮于梦烟堂。

(三月)二十一日　汪云壑招同凤西、笏岩、西禾饮于葆冲书屋。

(四月)十四日　为屠笏岩作《琐蛣杂记序》。

(九月)十九日　邀罗两峰、王葑亭、赵味辛、孙渊如、张船山、魏春松、叶琴柯作展重阳会，屠笏岩自山右来，欢聚至二更而散。

(十月)二十一日　晴。王葑亭给谏、屠笏岩刺史、孙渊如比部、朱沧湄比部文翰、尹墨卿比部、张船山检讨、魏春松员外同集梦烟舫，合尊促席行看钱之令，凡字所向者饮酒，落幕则揭者请令，藏阄压指，斗捷逞机，又王征福《拇战阵谱》所未能悉载也。

(十一月)二十一日　晴，甚寒。招屠笏岩、孙渊如、尹墨卿、朱沧湄、魏春松、叶琴柯清寒小饮，同以醉司命分体，余得三言。

(六十年二月)六日　晴。孙渊如、魏春松踵消寒之会,招同罗两峰、屠笏岩、邵二云、王葑亭、汪剑潭、尹墨卿、方荼山、朱沧湄、张船山、叶琴柯集于樱桃传舍。[14]

从上引材料我们可以了解到:屠绅于乾隆五十九年一月运铜抵京,其友人杨西禾招吴锡麒等与之聚会。吴与屠是首次相见,因为只有初见才会在日记里详载其名号里籍,科第出身,从宦经历等,若已是熟人就无必要了,如在几天前的一月十七日所记与孙渊如、罗两峰、王秋塍、马苇舟、杨西禾等人的聚会就说"喜遇故人,溯十年之绮怀,话二分之明月"。另遍检吴锡麒诗文集,除了《有正味斋词集》中有一首《齐天乐》为笏岩送行而作外,别无与笏岩酬赠之作,而这一首词的写作又是在此次会面的一年之后(详后文),故可以推断乾隆五十九年一月二十五日所记的会面是第一次相见。两人见面之后,吴知道屠著有《琐蛣杂记》一书,了解到其内容,于是在日记里做了简要评论(这几句话后来略经改动写进了《琐蛣杂记序》中)。屠绅到京后不久,便与王复订儿女亲家,友人皆与宴祝贺。吴锡麒于四月十四日为《琐蛣杂记》作了序,这就是收在《吴谷人骈体文》中的《屠笏岩琐蛣杂记序》,此序屠绅用于后来的增订本《琐蛣杂记》及复加编订的《六合内外琐言》。在一年多里屠绅除了有时到京外(如"山右")去,主要时间都在京。锡麒日记并非天天写,有时间隔数日至一二十日不等,但从上所引已可知屠绅与锡麒及其他友人常相聚会。

这次屠绅在京滞留时间较长(因除了交办铜差外还同时在京候选),至六十年二月六日还相聚,直到这个春天里才离开京城。此时锡麒又写了一首词为他送别,这就是《有正味斋词·伫月楼琴言》卷三的《齐天乐·送屠笏岩州牧绅还寻甸》[15]:

东风又绿今番柳,一枝拚为君折。烛醉前宵,云吟万里,带去长安春色。光阴转瞥,料细雨蛮天,跳歌声歇。草长花飞,冶情都仗旧莺说。　　奇书续成满箧,早灯窗读罢,肠更萦结。小店听鸡，荒山说虎，定念故人新别。天涯短发，怕冷絮相寻，一簪催雪。梦入苍茫，竹王祠下月。

《有正味斋词》虽未标明编年时间，但从卷三中此词前后的作品看，其编排顺序是与《还京日记》中的时间先后一致的，如在《齐天乐》前面相隔六首的《绕佛阁·腊八日游长椿寺》正与《日记》乾隆五十八年十二月八日所记的"八日，过长椿寺礼佛"相合；前三首的《长相思·王秋塍复招集孙渊如比部星衍樱桃传舍是歌者陈郎旧居感赋此阕》又与《日记》乾隆五十九年二月六日所记的"屠笏岩王秋塍有婚姻之订，招同人会饮于孙渊如樱桃传舍分韵赋诗"人物地点相应；编在《齐天乐》之前一首的《永遇乐》有词序云："京师以十月一日为开炉节，民间皆作暖炉会，从此毡簾火炕，花户油窗足支风雪之辰，小占屏帷之福，士大夫退直余暇结侣消寒，关东鱼肥，津门蟹大，合尊促席，排日为欢，刻烛捶琴，吟事斯起矣。"这段文字与《日记》乾隆五十九年十月一日所记，除"十月一日"为"是日"外，其余完全相同，说明此词写于五十九年十月一日，而紧接在此词之后的《齐天乐》时间应后于又接近此词，从《齐天乐》中"东风又绿今番柳，一枝拚为君折"，"云吟万里，带去长安春色"看，应为乾隆六十年春天[16]。"奇书续成满箧"指的就是屠绅在京续写其小说集，成为二十卷的《增订琐蛣杂记》，这与书内封所署的"乾隆乙卯仲春新梓"相吻合。

吴锡麒《还京日记》中与屠绅相关的文字及词作《齐天乐·送屠笏岩州牧绅还寻甸》成为考辨屠绅小说集的写作与版本演变过程的重要材料[17]。

三　与云南上官之关系及不晋见和珅而被降级事

屠绅吏滇长达二十一年，其壮年可谓度于云南。他任师宗令后六年举卓异，后迁寻甸州知州；甲寅年又被荐入部引见，迁广州通判，虽然此次官位实未加升（详后文），但其被荐部选本身说明：

他在云南为官是受到重视和推举的，与其诸多宦友相比，境遇已属顺通。这跟他颇具吏才，政绩不俗有关，同时也与他同上官维持较为谐和之关系分不开。因其集不存，有关这方面的材料已不易看到，但在檀萃集中尚有零星可见。

（一）与滇抚孙士毅之关系

檀萃《草堂外集》卷六有《滇抚孙大中丞补山先生寿序》，文上有眉批云："已亥补山相国自藩□抚，时年六旬生日，屠笏岩进四六，相国以示默斋。"

孙士毅，字智冶，一字致远，号补山，浙江仁和人。乾隆二十六年进士，历官广西布政使、云南巡抚、广西巡抚、两广总督、工部尚书、四川总督、文渊阁大学士。孙士毅于乾隆四十一年丙申至四十四年己亥任云南布政使，己亥年内又由布政使升任巡抚，而屠绅此年举卓异（见前引萧霖《昆海集》中诗），不能说与孙之赏识推举无关。从上引文看，孙对笏岩所进四六祝寿文似颇为欣赏喜爱，故以之传示檀萃，亦说明孙对笏岩之态度。

（二）受云南粮道永雨村（慧）之器重

> 永粮道雨村慧，文章政事高出群流，至其德器深醇，举止详雅，见人一善即称道不衰，望而知为金玉君子。诗格清新雅畅，和平乐易如其为人。……永公爱惜气类，于所属中最重笏岩与草堂，计典先后举二贤，每自喜曰："吾所举二君称举矣。"顾笏岩得选，草堂究谗于上官子兰。……（《滇南诗话》卷之二）

屠绅与檀萃同受永雨村器重，计典举荐之，然笏岩得选而檀萃"谗于上官子兰"。这说明屠绅在滇较为善于处理与上司之关系。

永雨村，名慧，据《清代官员履历》知其为镶黄旗蒙古人，由举人出仕。

（三）不晋见和珅而被降级事

屠绅虽与滇省上官关系颇洽，但他并非夤缘之辈，相反，在关系自己仕途升迁的关键时刻，表现出鲜明的好恶态度和刚直不阿的性格。汪喜荀《且住庵文集》[18]中有《庄葆琛家传》一篇，在记庄述祖的仕宦经历时连带谈到了屠绅：

> （述祖）乾隆丁酉举江南乡试，庚子成进士，相国阿文成公以君故人子欲罗致之，避嫌不往谒。时和相用事，阿公之门下士稍稍去，亦以是疑君。殿试卷已拟进呈，后卒置十卷后引见，归班铨选，君遂归奉母以居……部檄至，谒选得甘肃崇信县，以亲老例改山东昌东县调潍县……治潍五年……大计卓异引见，奉旨交军机处记名，同时记名者必候和珅门叩头轿前，独君与云南知州屠君绅不往，屠君以知州升通判实则降一阶，君记名签为和珅所撤，仁宗亲政，章京有知其事者始补入，而君已乞终养……

这是一条涉及屠绅生平的重要材料，就目前所见，只有美国学者艾尔曼教授言及。艾氏为治中国思想史专家，其《经学、政治和宗族——中华帝国晚期常州今文学派研究》[19]在论常州今文学派兴起的政治背景时，将庄述祖殿试及选官受和珅阻抑的遭遇，置于当时大学士庄存与（述祖叔父）和大学士、军机大臣阿桂同和珅集团相对立的政治态势中作考察，故汪喜荀《庄葆琛家传》所载被作为魏氏论述依据之一，魏氏文中以评述方式利用此材料，未引出原文，而在注释中注明了材料来源[20]。

据庄述祖《珍艺宧遗书·珍艺宧文钞》卷七《先妣彭恭人行述》云"五十九年述祖以卓异送部引见……"，而屠绅亦于乾隆五十九年甲寅在京。《庄葆琛家传》说庄、屠二人为同时被部引见，由军机处记名应是确切的；至谓被引见诸人中独此二人不往晋见和绅，目前虽无另外之佐证，但以此次引见后之选官结果观之，述祖落选显因和珅所主军机处所为；笏岩从寻甸知州迁广州府通判，虽然任所广州优于滇南荒鄙之地，府之级别比起散州来也高出一级，但通判只是知府的佐贰官，品级为正六品，而散州知州为从五品[21]，因此屠绅由知州迁通判其官位实际上是降了一级，故汪喜荀说“实则降一陛”，屠绅此次被荐部引见未得升迁反而降级，此与和珅应有直接关系。按，由知州迁通判，官位属于降级，还可从屠绅的宦友邵伦清嘉庆九年的降调事得到佐证。邵伦清于嘉庆三年任元江府知府，后任广西州直隶州知州，至嘉庆九年却被降调为广西思恩府通判，《清代官员履历全编》的吏部引见奏折中明确使用“降调”一词：

邵伦清，江苏苏州府长洲县进士，年五十九岁，原任广西州直隶州知州，降调候补，嘉庆九年十一月分签掣广西思恩府通判缺。

邵伦清呈奏的履历也按此缮写：

臣邵伦清，江苏苏州府常熟县进士，年五十九岁，原任广西州直隶州知州，降调引见，着以通判用，嘉庆九年十一月分签掣广西思恩府通判缺，敬缮履历恭呈御览，谨奏。嘉庆十年正月二十八日。[22]

直隶州知州为正五级，比散州知州还高一级，因此邵伦清之降级比起屠绅来还要大，现暂还不清楚其降调的原因。

从汪喜荀之经历、志趣看，所记人物事迹当有可靠依据。陈奂《师友渊源记》谓其人云：

汪喜荀，原名喜孙，字孟慈，扬州甘泉人。嘉庆十二年丁卯举人，官河南怀庆府。容甫先生中即世，孟慈才九龄耳，朱太恭人亲口教读，以至成人，既长，乐与父执诸老游，故先人之绪言得闻最多，先人之遗墨孤简虽片纸只字必珍而藏之，又记而录之，复博求名公巨卿铭咏以表扬其先德之美，故当年父执诸老有幸哉，有子为容甫庆也。……

喜荀所著《国朝名臣言行录》、《经师言行录》、《尚友记》等均为人所采用。喜荀在《尚友记》中为孙星衍所作《孙粮道家传》亦叙孙星衍不见和珅事，而此事在《清史列传》卷六十九《儒林传》下二便有记载，可见喜荀所记不虚。关于庄述祖与屠绅不晋见和珅之事，在和珅擅权时虽未形诸文字记录，而在和珅败后，当时知此内情者便会披露于世，喜荀"乐与父执诸老游"，因而获知此事亦在情理之中，因此《庄葆琛家传》所记庄述祖与屠绅不晋见和珅事，应具有史料价值。孙星衍与洪亮吉、赵味辛等都是屠绅的好友，诸人不满甚至抵拒和珅是江南士人集团的一种共同政治态度，因此屠绅与庄述祖不晋见和珅除了个人性格之刚直不阿外，亦包含着一定的政治倾向性。此问题有待进一步探讨。

特别值得注意的是，屠绅的这次选官被降级对其后来创作文言长篇小说《蟫史》产生了重要影响，这一问题笔者在《乾隆时期自况性长篇小说研究》[23]第七章有初步论述，但还需要做更深入的研究。

以上根据几种乾嘉间的诗文集对屠绅宦滇时期部分交游和事迹作了考述，有关屠绅宦滇及宦粤时期的其他交游事迹，笔者尚有数种材料未及整理成文，留俟他日再呈请专家们指教。

【注】

①《屠绅年谱》，古典文学出版社 1958 年版。按，此书多所高校未见藏，2002 年春笔者承书作者南京图书馆沈燮元先生指引，于南图历史文献部查阅到此书。沈先生并为笔者介绍研究经过，提供所撰研究论文线索，又赐告《文教资料》所刊程毅中先生之有关论文，对沈先生的热情帮助及其屠绅生平研究的开创性工作深表感谢和敬意。

② 师范，字端人，号荔扉，又号金华山樵，云南赵州人。生于乾隆十六年(1751)，乾隆三十九年甲午科举人，云南乡试第二名，为屠绅首次校士所荐者。后七会礼闱不第。乾隆五十二年丁未(1787)大挑授云南剑川州学司训，时当西南用兵，受命委理州事，以军功获举授安徽望江知县，令望江八载，循声卓著，后以疾去官，嘉庆十六年(1811)卒于官舍，士民为之悲

泣。生平重气节，笃于师友之谊。工诗文，勤著述。有《金华山樵前后集》、《二余堂诗稿文稿》、《抱瓮轩文汇稿》、《滇系》等。（据师范《金华山樵前后集》、檀萃《考绩吟序》、张登瀛《师荔扉先生传》、刘开《师荔扉先生传》、文钟云《朝天集序》等）。

③ 据檀萃《滇南集》、《滇南诗话》、《草堂外集》有关内容和师范为《滇海虞衡志》所作序、师范编《雷音》中檀萃小传等。

④《清代官员履历档案全编》第二十二册，第231、237页，华东师范大学出版社1997年版。

⑤ 此书的查阅得到常熟市图书馆李晔先生的热情帮助，谨致谢意。

⑥ 据《佚老巢遗稿·翁凤西公传》、《明清进士题名碑录》、《清代官员履历档案全编》、《嵩明州志》、《广南府志》等。

⑦《清代官员履历档案全编》第22册，第112—124、117、127页，华东师范大学出版社1997年版。

⑧《屠绅年谱》"乾隆五十二年"条下引有此诗。

⑨⑰ 参见拙作《〈蟫蛣杂记〉〈琐蛣杂记〉和〈六合内外琐言〉版本演变及作者考》，载《第四届中国古代小说国际学术研讨会会议论文集》2009年8月、《文学遗产》网络版2009年第3期。

⑩ 据汪如洋《葆冲书屋诗集》、程恩泽撰汪如洋墓志铭、《国朝耆献类征初编》。

⑪ 高洪钧《清代笔记小说二题》，《文教资料》2001年第3期；程毅中《关于〈六合内外琐言〉的校读》，《文教资料》2000年第5期。

⑫ 王复（字秋塍）《晚晴轩稿》卷八有《二月六日与屠笏岩刺史订姻……》，吴锡麒《还京日记》乾隆五十九年二月六日，杨伦《九柏山房诗集》卷十一《王秋塍大令与屠笏岩刺史结婚姻之好同人会宴即席分韵得羊字》，赵味辛《亦有生斋集》卷十三《屠刺史绅王明府复订婚姻之好……》。

⑬ 据吴锡麒《有正味斋集》、《清史稿》、《国朝耆献类征初编》。

⑭ 吴锡麒《还京日记》，广东省立中山图书馆、中山大学图书馆编《清代稿钞本》第一辑第一册，据广东省立中山图书馆藏稿本影印，广东人民出版社2007年版。

⑮ 此词为赵景深先生于1945年最先看到并加以介绍，见《中国小说丛考》，齐鲁书社1980年版。

⑯ 此词在沈燮元先生《屠绅年谱》中被系于乾隆五十二年下，以为作于屠绅迁寻甸州知州之时，误。

⑱《且住庵文集》，台北世界书局 1971 年版。此书系据抄本原稿影印，承日本庆应大学种村和史先生专为笔者联系购得此书并惠赐，在此向种村先生表示感谢。

⑲ 中文版，赵刚译，江苏人民出版社 1998 年版。

⑳ 其书中有关文字为："……庄述祖又一次受到和珅的阻挠。按规定，所有新中进士应被列入军机处候补官员目录，供任命之用。这些候补官员，包括有担任要职资格的人选，当时都要晋见和珅，向他鞠躬下跪，行致敬礼。庄述祖和云南人屠绅拒绝晋见和珅，和珅借此机会，将庄述祖从候补官员名单中除名。……"（第 75 页）按，庄述祖此次候选是在已任官数年后因举卓异而荐部引见，非新进士之铨选，艾氏文中理解有误。又屠绅任云南知州，而说"云南人"亦未确。但其书对所用材料均详注出处，使读者能有线索寻找原文。谨向艾尔曼先生致以敬意。

㉑ 据清黄本骥《历代职官表》、张德泽《清代国家机关考略》（文苑出版社 2001 年版）。

㉒《清代官员履历档案全编》第二十四册，第 154、160 页，华东师范大学出版社 1997 年版。

㉓ 中国社会科学出版社 2006 年版。

（原载《明清小说研究》2010 年第 1 期）

汤显祖戏曲对屠绅小说的影响

邹自振

一　屠绅及其《六合内外琐言》

屠绅(1744—1804),字贤书、笏岩,号磊砢山人,亦署黍余裔孙、竹勿山石道人,江苏江阴人。屠绅出身农家,资质聪颖,年十三(1746)入县学,年十九(1752)中举,次年(1753)进士及第。年三十(1773)署云南广西州师宗县知县,年四十四(1787)迁云南曲靖府寻甸州(今寻甸县)知州(县级),年五十三(1796)任广东广州府通判(又说同知)。嘉庆初,在京候补,暴卒,享年五十八岁。交游有洪亮吉、黄景仁、张问陶、赵味辛等著名的学者文人。据载,屠绅在知县任上治民刻酷。在云南期间曾五次充任乡试考官,颇称得士。为官清廉,豪放嫉俗。

屠绅少有文名,企慕汤显祖的为人和作品。所著除《六合内外琐言》外,还有著名的文言长篇小说《蟫史》二十卷,《鹗亭诗话》一卷,附诗一卷。诗作多散佚,有《笏岩近稿》等,未知是否存世。洪亮吉在《北江诗话》中称屠绅为诗有隽才,其诗如"栽盆红药,蓄沼文鱼"。

文言小说集《六合内外琐言》初版于乾隆五十八年(1793),全书一百六十五篇,篇后各有评语一至二则。参加作评的有数十人之多,多为当时的学者名流,如洪亮吉等。其中还有一些满族文人,如曾为和邦额《夜谭随录》作评的兰岩(恭泰)等。鲁迅在《中国小说史略》中指出此书“故作奇崛奥衍之辞，伏藏讽喻，其体式为在先作家所未尝试，而意浅薄”。大体上把握了本书的某些艺术特点，并看出了其独创性。但评价未尽公允。倒是清人陆祁生的哀屠绅诗“游戏文章都奥衍，猖狂意气是酸辛”等句，道出了书中“猖狂”、“酸辛”的意味。

《六合内外琐言》确有“奇崛奥衍”之处。作为一部志怪短篇小说集，此书多非一般的故事体或记传体的传奇小说，而是一种出以鬼神怪诞方式的隐喻、象征小说。其形象和情节，往往别有含义，不能使人一目了然。如《海市舶》一篇，写一个人在东海鳌背上生活了数十年，受尽了颠簸惊恐之苦。作者的用意不是要写一篇什么海上奇谈，而是隐喻宦海风波。联系到屠绅所敬仰的前辈剧作家汤显祖，在他的“临川四梦”后“二梦”——《南柯梦》和《邯郸梦》中“淳于棼树下蚁穴奇遇”，透过一层佛教的烟雾，写了一个曾经风云一时、建功树绩的豪侠人物，后来却被官场所摄，由堕落沉沦到失势被逐的悲剧；“痴卢生宦海沉浮”，则诉说的是一个痴迷功名却屡试不中的穷儒钻营有术、荣辱无常的梦中宦海生涯。汤氏之戏曲与屠氏之小说，其主旨何其相似！

《六合内外琐言》具有“衍古”性，喜好用典，所写的人物和情节往往是由前代故事生发出来的。所用的典故，不仅出自经史子集等书，还有许多来自上古神话、晋唐小说等。这一点与汤显祖的创作也很类似。“临川四梦”中，除《牡丹亭》出自同时代拟话本《杜丽娘慕色还魂》外，其他三部都源于唐人小说：《紫钗记》（及其前身《紫箫记》）取材蒋防传奇小说《霍小玉传》，《南柯记》取材李公佐传奇小说《南柯太守传》，《邯郸记》则取材沈既济传奇小说《枕中记》。《六合内外琐言》中的形象系列，虽仍属于志怪、传奇小说范畴，但多师心独创，不落前人窠臼，乍一寓目，也许会觉得佶屈聱牙，不知所云，给人以一种怪诞而又朦胧的艺术感受。但只要仔细披读，也还不难明白并有所获益。特别是某些内容较为深刻的作品，还颇耐玩味。

从总体上看，《六合内外琐言》并非一般的讽喻、劝惩之作，而实在是一部关心国运民生、伤时骂世、指奸责佞的"孤愤"之作。与汤显祖的"临川四梦"一样,书中的大多数作品触及了当时社会上存在着的各种各样的黑暗腐朽现象,对贪官污史尤多指斥。这种指斥,主要集中在贪、酷、淫等几个方面。在一定程度上,写出了封建统治集团的腐朽没落和道德沦丧及其对人民造成的严重危害。

屠绅宦海浮沉,对于大清王朝盛极而衰、人民生计日窘、阶级斗争日趋尖锐这样一种"山雨欲来风满楼"的政治形势,是有深切感受的。出于对国家前途、人民疾苦的关切,他在书中流露出一种强烈的忧患意识。在汤显祖笔下,《牡丹亭》对于"情"的渲染和"情"以格"理"的哲学深度的开掘固然具有无与伦比的美学价值,而像《邯郸记》那样带有强烈批判精神并表现出惊人的敏锐性和深刻性的讽世之作,作为封建末世"挽歌"的"序曲",也堪垂千秋。屠绅小说受汤显祖戏曲的影响是显而易见的,可用以下二例说明之(因《六合内外琐言》尚无铅印本,现以清石渠阁刻本整理标点二则附后)。

二 《牡丹亭》与《梅自然》

汤显祖在《牡丹亭·题词》里写道:"天下女子有情,宁有如杜丽娘者乎!梦其人即病,病即弥连,至手画形容,传于世而后死。……情不知所起,一往而深。生者可以死,死可以生。生而不可与死,死而不可复生者,皆非情之至也。"整个题词,强调了一个"情"字。《牡丹亭》写杜丽娘在游园时,梦见了自已理想中的男子柳梦梅,醒后日夜思念,以致生病,病中把自己的真容画下,然后死去。三年之后,复生成人,与柳梦梅终成眷属。汤显祖认为,"情"有巨大的力量,它不受任何约束,能冲破种种枷锁,因而是不可遏制的。

生平酷慕汤显祖之为人的屠绅,在他的志怪小说集《六合内外琐言》中也塑造了这样一个冲决一切力量的、超现实的人物梅自然。《梅自然》在艺术构思上模仿《牡丹亭》的痕迹是显而易见的。

主人公姓梅，便直接从《牡丹亭》里的“情种”柳梦梅派生而来。梅自然，即“煤自燃”，即是说明“情”是本能的、发自内心的，也是不可扑灭、不可战胜的，更是不能用常理去衡量的。所不同的是，汤显祖写的天下最有情的杜丽娘是美丽女子，而屠绅写的却是英俊少年。但杜丽娘“死三年矣，复能溟莫中求得其所梦者而生”，梅自然“在煤窑中，死十年而生”；杜丽娘“年已二八，未逢折桂之夫”，梅自然“年二十矣，尚孑立未有室也”。不是抄袭，便是暗合。汤显祖在《题词》中云“第云理之所必无，安知情之所必有邪”——为了表现情，可以出现超现实的情节，不必拘泥于常理，不要为生活真实所局限。《牡丹亭》是这样，《梅自然》也是这样。梅自然是“家在陶穴中”，“取炭食之”而长大的少年，他“吞炭能言，知嗜欲”，与常人一样，自然也就有七情六欲。所以，当他遇到“年及笄矣，红过夭桃，白欺艳雪”的女子后，这种情爱便不可遏制了。文中写到“妩媚非常”的梅自然“见女，目逆而送”，而“女亦笑焉”。一个含情脉脉，一个暗送秋波，安能不产生感情？女子在父母怪梅自然“食炭之说”，辞却其求婚之情后，便“疾作，大呼非自然医治不活”。而梅自然在后来冷天师向他“责供状”时，对曰：“女不应顾我而笑，故魅之。”梅自然带走及笄女子，这是“情”的发展的必然结果。在这里，作者着重强调的是“情”的巨大力量。

与汤显祖一样，屠绅崇尚的是人的本性。文中的主人公表白“自号梅自然，即煤之义也”。除此之外，我以为还有“媒”之意。梅自然与女子的恋爱，没有第三人从中穿针引线（《西厢记》里尚有红娘），完全是一见钟情；要说有媒人，便是他们自己。所以，这种情是男女之间自然（男主人公就叫自然）而合理的要求，是天经地义的。与具有浓厚的浪漫主义的戏曲《牡丹亭》一样，《梅自然》不是一般的爱情小说。作为志怪与言情相糅合的作品，《梅自然》虽然歌颂了男主人公“为情而生，为情而死”的感人至情，但更含蓄更隐约地反映了现实生活中的“情”与封建正统观念“理”的势不两立。屠绅在这里显然是借鬼神来针砭时弊。作品中的冷天师无疑是作为“以情抗理”的梅自然的对立面而出现的，他就是现实生活中的以“理”制“情”、压抑情爱、压抑人性的封建势力的代表。这位“冷面”天师，以“冰霜之法，不为梅自然所熔，卒以擒灭”，以冷治热，以冷酷的“理”压制自然的“情”。这种象征主义手法最好不过地证明了“情”与“理”的冰炭不相容。虽然，在“理”的强大压力下，梅自然与女子的恋情被活活拆散了，梅自然的追求遭到了毁灭性的打击，但这种超乎生死的男女之情，却显示了它冲决一切的力量。“得自然所遗盒，内和炭屑焉，冷愕然曰：‘此物难治矣！’”世间只有情难诉，世间只有情难治！在“情”的巨大力量面前，“理”显得多么藐小与无能！

屠绅与汤显祖一样，讴歌和向往“有情之天下”，用以反对理学家们所维护的封建秩序，批判了腐朽不堪的假道学，这是他的积极思想之所在。在这一方面，他私淑汤显祖，得汤氏真髓，是值得称道的。

三 《南柯记》与《獠僵卧》

志怪小说所反映的现实主义内容，在表现形式和艺术手法上，是以记怪为特点，往往通过浪漫主义手法来加以反映的。屠绅“生平慕汤显祖之为人……为文则务为古涩艳异，晦其义旨”（鲁迅《中国小说史略》）。如果说，他的《梅自然》是刻意效法汤氏的杰作《牡丹亭》，那么这篇《獠僵卧》就是脱胎于汤氏的另一部佳作《南柯记》了。

汤氏的这部戏曲出自唐人李公佐的传奇小说《南柯太守传》：淳于棼屋子南面有一棵老槐树。一天，他在树下睡觉，梦见被人引进“大槐安国”，招为驸马，任南柯太守二十余年。后敌国入侵，他抗敌失败，公主也死了，遂遭疑忌被国王送回。醒来后，在槐树下发现一个大蚂蚁窝，有个螳螂正在吃蚂蚁。原来在槐树南枝下的蚂蚁窝即南柯郡。

《南柯记》虽取材于唐人小说，但却明显地带有当时现实社会的种种痕迹。它以“大槐安国”的蚂蚁世界为背景，淋漓尽致地揭露了封建社会最高统治集团内部任人唯亲、争权夺利、穷奢极欲、尔虞我诈、无事生非、冷酷无情、为达目的不择手段的种种丑态，表现了汤显祖对封建官场中广泛存在着的一系列丑恶现象的极度蔑视。

屠绅笔下的《獠儓卧》，则写宠生梦中游历“旁风国”的所见所闻。这也是一个以“小人”、“虮姓公族”、“黑白蚁”、“蜗角蛮触”、“萤火人”等组成的异域世界。作者以“人鬼殊途同理”的创作原则，用鬼怪世界来影射人世，用梦幻和异境的形式批判世风，由虚幻的异境，表达了对污浊现实的厌恶和反感。文中最可贵之处是刻画了一个虽面貌丑恶却富有反抗精神的“獠儓卧”形象，面对吃人肉喝人血的“国君”，他置生死于度外，公然抵制和反抗。无疑，作品一方面暴露了统治者的暴虐和凶恶、专横与残酷，另一方面则通过鬼怪的形式，表达了一种积极、进步的思想，即对暴政的反抗、对英雄人物的歌颂，以及对幸福生活的向往和追求。作品借庞生之口谴责“国君”的“惟师中少仁义名”，也在一定程度上反映了作者的重民轻君的“民本”思想和政治观。

文中描写最令人发指的莫过于写獠儓卧被“群沥其血于榼，以进王。王歠之而甘曰：‘此吾国中酿也。’”它通过鬼怪世界来写现实，体现了作品积极的思想内容。其中悲剧的现实，则完全是现实主义的，而结局(所谓“儓卧獠扑杀我兵数十，擒壮士数十，畀之火军中，皆鸟兽散”)则是表达了人民群众对黑暗统治的积极解脱，它无疑也是人民群众理想和愿望的体现，因而是浪漫主义的。它说明人民并未在苦难中沉沦，而是在不断的斗争之中。这种深化对社会生活的反映和批判的内容，正是志怪小说最可宝贵之所在。

从这篇《獠儓卧》可以看出，屠绅小说确好以古涩的文字写荒诞的内容，正如鲁迅所说，“特缘勉造硬语，力拟古书，成诘屈之文，遂得掩凡近之意”(《中国小说史略》)，所以，其作品无论在思想上和艺术上，都不如他所敬仰的前辈汤显祖。

《六合内外琐言》问世后毁誉不一。晚清著名文学家谭献在评定乾、嘉以来文言小说的次第时，曾将本书列为第一。“五四”以后,有些学者则持否定态度。文学史家郑振铎就曾指责本书“怪诞无聊”。这是用通俗小说的标准来衡量隐喻、象征体的文言小说,实在是一种苛求。实际上,《六合内外琐言》的内容并非都是浅薄无聊的,从许多作品的倾向看,所提出的问题大都是值得注意的,总的影响也是积极的、进步的,值得我们做进一步的认真的探讨和研究。

附:《六合内外琐言》二则(屠绅原著　邹自振校点)

梅自然

太行山下妇功村,逼近煤窑,人家有女,年及笄矣,红过夭桃,白欺艳雪,而无偶,其父母甚怜之。女以春月倚门,一丈夫过,妩媚非常,见女,目逆而送,女亦笑焉。旬日,复踵门谒女父母,言欲为婿。问其氏族里居,曰:“梅自然,家在陶穴中,北行五十里可至。某生五岁,遭窑覆之患,父母隐没,先人坟墓,皆化黑土,某独自匍匐出险山,腹空虚,无橡栗可拾,因取炭食之,始能长成,今年二十矣,尚孓主未有室也。”女父母怪其食炭之说,以他辞却其请。未几,女疾作,大呼非自然医治不活。父母骇惑,忽自然来视,不觉登女床,若诊脉状。女霍然病起,告于父母,将与梅郎去隐陶穴中,毋恋我。父母不许也。既昏黑,自然与女俱失所在。询之村人,五十里窑中,有少年梅自然否?皆云:“不识。”往北入穴,行不十里,却塞其径。知为妖异,诉于王屋道士冷天师。冷来家周视房栊,得自然所遗盒,内和炭屑焉。冷愕然曰:“此物难治矣,彼称五十里,浮词也,殆五里耳。当就其地,有穴隙处,为坛致之。”女父母从命,行将及五里,见一穴,如狐鼠所营,旁植枯杨数株。冷曰:“此枯杨,其所设屏风也,斧之必有异。”树遭斧,果出黑血,冷结茅坛焉。先施丹篆,令其女出。三日而无踪,探窑穴,刚容一手,冷抚然曰:“吾术疏矣,不炼其形至于藐小,女欲出不能也。”女父母云:“若是其窄也,吾女又何以得入?”冷云:“初入,穴本大,继燮之使窄,即其物为孽也。吾不难以震雷扩其穴，恐闻而曳女他遁，转费心神耳。”方夜索女旧衣襦，以手呵指之，倏短小为孩提服。书梵字其上，叱咤呼风者三。其父母伺穴外，隐隐闻女作啼声，若为人引出者，才及尺人也。向冷拜，冷喝曰：“行鬼穴，归人类，幻躯灭，得大还。”又呼风者三，女就地长大，复其蓉面柳眉焉。见父母，各悲不自胜。冷曰：“无令物觉。”复朱书女两手，遣入缚自然。女至穴，忽身小而入；须臾，牵一白人如柔蚕者，出于穴；其人目不瞬，而口流涎。冷坐坛上责供状，其人曰：“吾在煤窑中，死十年而生，吞炭能言，知嗜欲，自号梅自然，即煤之义也。女不应顾我而笑，故魅之。然吾然火也，遇冷即不复然矣，殆十年，而仍死乎？”即仆地，柔者复僵，白者旋黝，不知何鬼道也。

敦砥园曰：“炭实其腹，而靦然为人为魅，真复然之死灰矣。冷天师冰霜之法，不为梅自然所熔，卒以擒灭，由于指使女戎也，以其所狎饵之，自然安得复活？”

獠僵卧

沙河县一古寺，出尘堁中。宠生者，携箧来读，清秋白月，细吟如壁虫，若有笑于墙下者。生题诗著窗纸云：“夜寂有疏意，秋空生小言。那堪萧寺冷，刺促动精魂。”倦而假寐，恍惚达一函者，展视之，云：“旁风君长，将行秋狝于沙丘之地，惟先生肯来，登高赋之，殊快事也。”阅毕，不觉为旷野行；见小人于豆者，千百为鲜；其人腹圆如鼓，行甚速。介士喝揖，延生入帐，王执礼甚恭，置生高座。视王无礼，肿而蹒跚，而指弹腹，作琵琶声也。王曰：“予小子濡濡别部，旁风国弹丸一隅耳。沙丘人民，拥而立之，诚不敢依附大人之庭，为指爪所算。远祖游戏人间，缘相须览，经御不至，扑灭幸免也。族子无赖，效文士占毕，诵《阿房宫赋》，以即于难，吁可惜哉！今者，率虮姓公族游猎于斯，先生视其戎行，有可以授孺子教者，幸之甚矣！”爰有军司马执旗前曰：“请为黑白蚁阵。”王命鼓之，白卒如雪，黑卒如漆，分两队，左旋右抽，鸣金皆退。司马又呼曰：“请为蜗角蛮触阵。”其卒皆斑黄衣，往复逃掷，不离分寸。王曰：“此古人超乘之遗。”司马又呼曰:“请为萤火人立阵。”其卒衣绯,肩叠层累,如长狄然,闻金则碎为无数萤火。王曰:“是非妖幻也,以之攻城,皆克矣。”旋命合围,欠之野无所掠。虮姓之民启王曰:“荒野细虫,皆闻金鼓逃遁,惟一獠僵卧,殆尸居气焉,请军士就飧。”王曰:“可。”生视其人,似丐而倒地者,食或未餍,辄入其肤,群沥其血于榼,以进王。王歠之而甘曰:“此吾国中酿也,不以辱先生。”生因慨然切谏曰:“王之度不肯寄裈中,可谓雄矣。惟师中少仁义名,奈何?”王愕然!生曰:“人为物灵,寝食之均非国是,若蚤居于狗皮,蚁巢于蛇足,虽狼藉,为有名矣。”王怃然久之!生以诗示王云:“南征无奈六千休,叱咤风沙号小侯。皮骨早教怜惜大,高谈景略使人愁。”王浩叹方已,忽报云:“僵卧獠扑杀我兵数十,擒壮士数人,畀之火军中,皆鸟兽散。”王不知所至,宠生寻窟。

晋山观察曰:“困兽犹斗,况丐乎? 细虫而嗜人肉,祸即随之。杀人盈城野,其遭天殊也,亦若虱焉而已。”

（原载《福州师专学报(社会科学版)》1999 年第 4 期）

附录一　近百年"才学小说"研究论著论文目录

朱锐泉　编

一　论　著

清代四大才学小说　王琼玲　台湾商务印书馆 1997 年版
野叟曝言研究　王琼玲　台湾学海出版社 1988 年版
夏敬渠与《野叟曝言》研究　杨旺生　安徽教育出版社 2004 年版
夏敬渠与《野叟曝言》考论　王琼玲　台湾学生书局 2005 年版
野叟曝言作者夏敬渠年谱　王琼玲　台湾学生书局 2005 年版
屠绅年谱　沈燮元　古典文学出版社 1958 年版
镜花缘公案辨疑　孙佳讯　齐鲁书社 1984 年版
李汝珍与镜花缘　朱眉叔　辽宁教育出版社 1992 年版
李汝珍及其《镜花缘》　李时人　春风文艺出版社 1999 年版
《镜花缘》丛谈　李剑国、占骁勇　南开大学出版社 2004 年版
探索西游记与镜花缘　周芬伶　台湾商务印书馆股份有限公司 2006 年版
镜花缘丛考　赵建斌　山西人民出版社 2010 年版
李汝珍师友年谱　李明友　凤凰出版社 2011 年版
话说李汝珍　徐永斌　江苏人民出版社 2012 年版
中国古典小说研究资料汇编·李汝珍与镜花缘　朱传誉主编　台湾天一出版社 1982 年版
中国古典小说研究资料汇编·镜花缘杂考　朱传誉主编　台湾天

一出版社 1982 年版
中国古典小说研究资料汇编·镜花缘的主题与结构　朱传誉主编　台湾天一出版社 1982 年版
传记资料第七辑·中国小说戏剧家专辑(一)·李汝珍传记资料(一)至(三)　朱传誉主编　台湾天一出版社 1982 年版
镜花缘研究第一辑　江苏省连云港市文学艺术界联合会《镜花缘》研究小组编　1983 年版
镜花缘研究第二辑　江苏省连云港市文学艺术界联合会编　1984 年版
2009 海峡两岸夏敬渠、屠绅与中国古代才学小说学术研讨会论文集
2010 中国镜花缘学术学术研讨会会议论文集

二　论　文

(一) 总　论

1994 年

炫学小说的产生与古代小说观念　冯保善　社会科学研究第 5 期

2002 年

才学小说炫学方式及其文化根源　张蕊青　苏州大学学报(哲学社会科学版)第 4 期
小说的学术化——清中叶才学小说刍议　鲁小俊　载冯天瑜主编《人文论丛》2002 年卷　武汉大学出版社 2003 年版

2003 年

清中叶小说创作中的炫学之风　雷勇　汉中师范学院学报(社会科学版)第 3 期
才学小说成因的文化心理分析　张蕊青　求索第 6 期

2005 年

清代朴学与才学小说的学术化　张蕊青　学海第 6 期

2007 年

才学小说与自况——《野叟曝言》的小说类型研究 王进驹 暨南学报(哲学社会科学版)第 5 期

2009 年

海峡两岸夏敬渠、屠绅与中国古代才学小说学术研讨会论文集所收论文:

清代才学小说三论 苗怀明 又载南京师范大学学报(社会科学版)2010 年第 6 期

清代学术与才学小说的兴起 赵兴勤 又载曹虹、蒋寅、张宏生主编《清代文学研究集刊》第三辑 人民文学出版社 2010 年 10 月版

才学小说与佳人才子书关系新探 苏建新

附:江阴 2009 年海峡两岸夏敬渠、屠绅与中国古代才学小说学术研讨会会议综述 乔光辉 明清小说研究 2009 年第 4 期

(二) 野叟曝言

1931 年

夏二铭与《野叟曝言》 孙楷第 大公报文学附刊第 165 期 3 月 9 日

1935 年

谈"野叟曝言" 悍膂(聂绀弩) 太白第 1 卷第 12 期

1936 年

"野叟曝言"评议 焦木 晨报(北平)2 月 19 日、21 日

1937 年

《野叟曝言》作者夏二铭年谱 赵景深 东方杂志第 34 卷第 13 期

1941 年

《野叟曝言》与夏氏宗谱 赵景深 收入氏著《小说戏曲新考》 世界书局 1943 年版

1962 年

野叟曝言考　赵苕狂　收入台北世界书局出版《野叟曝言》

1966 年

野叟曝言新评价　方骥龄　“中央”日报 6 月 18 日、19 日

野叟曝言受不起新评价　陈香　“中央”日报 7 月 24 日、25 日

野叟曝言——一部怪书　杨汉之　“中央”日报 7 月 25 日、26 日

野叟曝言新评价补述　方骥龄　“中央”日报 8 月 4 日

周越然 《野叟曝言》 收入氏著《书·书·书》 汉学图书供应社出版

1974 年

《野叟曝言》的变态心理　侯健　(台湾)中外文学 2 卷 10 期

1986 年

鲁迅论《野叟曝言》《儿女英雄传》 王永生　青海师范大学学报(哲学社会科学版)第 2 期

1988 年

《野叟曝言》版本辨析　欧阳健　明清小说研究第 1 期

论五个清儒——吕留良、胡师璞、夏敬渠、朱用纯、张履祥——兼评冯天瑜《明清文化史散论》(一)(二)(三)　王煜　(香港)新亚生活第 15 卷第 5 期　1 月 15 日、2 月 15 日、3 月 15 日

1989 年

读书人做了二千年的梦——从传统文化心理看《野叟曝言》 卢兴基　明清小说研究第 4 期

1990 年

新校本《野叟曝言》序　栾星　中州学刊第 6 期

1992 年

光绪辛巳和壬午刻《野叟曝言》 萧相恺　收入氏著《珍本禁毁小说大观——稗海访书录》 中州古籍出版社 2 月出版

《野叟曝言·前言》　石昌渝　附于作家出版社9月出版《野叟曝言》

1994年

关于《野叟曝言》的两篇文章——兼及《品花宝鉴》　王方宇　《“国立中央”图书馆馆刊》新27卷第1期　1994年7月　同文亦发表于大陆《文献》当年第3期　后刊于香港《明报月刊》第30卷第3期　1995年3月号

《野叟曝言》的版本　胡适　文献第3期　又发表于香港《明报月刊》第30卷第3期　1995年3月号

给王方宇的两封信　胡适　文献第3期

王方宇藏《野叟曝言》和《品花宝鉴》　夏志清　文献第3期　又发表于香港的《明报月刊》第30卷第3期　1995年3月号

《野叟曝言》　李梦生　收入氏著《中国禁毁小说百话》　上海古籍出版社出版

1995年

《野叟曝言》光绪四年精钞本析论——兼论《野叟曝言》版本问题　王琼玲　（台湾）东吴中文学报第1期

1996年

《野叟曝言》中的戏曲剧目叙考　朱恒夫　艺术百家第1期

由《浣玉轩集》看夏敬渠生平、著作及创作——《野叟曝言》素材、动机（上）王琼玲　明清小说研究1996年第4期

1997年

由《浣玉轩集》看夏敬渠生平、著作及创作——《野叟曝言》素材、动机（下）王琼玲　明清小说研究第1期

文明时代新的英雄神话——《野叟曝言》神话意象及思维研究　黄燕梅　文学遗产第2期

道学先生的黄粱梦——说夏敬渠《野叟曝言》　黄克　博览群书第9期

1998 年

《野叟曝言》与孔庙文化　黄进兴　(台湾)当代第 126 期

1999 年

论《野叟曝言》在中国小说史上的地位和影响　杨旺生　江淮论坛第 5 期

江阴才子夏敬渠　杨旺生　古典文学知识第 6 期

《浣玉轩集》与《野叟曝言》互见内容考述　杨旺生　文教资料第 6 期

论《野叟曝言》的创作动机及对文本价值的影响　杨旺生　明清小说研究第 3 期

《野叟曝言》辟佛斥道思想论　杨旺生、周彪　南京理工大学学报(社会科学版)第 6 期

2000 年

《野叟曝言》"托于有明"的叙事谋略　杨旺生　东方论坛第 1 期

2001 年

落寞文士的心声——夏敬渠诗论　杨旺生　南京农业大学学报(社会科学版)第 1 期

2003 年

由《江阴夏氏宗谱》看夏氏先人对夏敬渠与《野叟曝言》的影响——夏敬渠与《野叟曝言》补论之一　王琼玲　明清小说研究第 3 期

2004 年

《野叟曝言》:中国封建文士的心灵独白　万方　书屋第 2 期

论《野叟曝言》的封建理想主义色彩　杨旺生　南京农业大学学报(社会科学版)第 4 期

夏敬渠生平补证——夏敬渠与《野叟曝言》补论之二　王琼玲　明清小说研究 2004 第 3 期

晚清上海的报馆与《野叟曝言》小说　潘建国　2004 年北京香山"小说文献与小说史国际研讨会"

2005 年

论《野叟曝言》的创作人格　程安庸　湖南医科大学学报(社会科学版)第 2 期

论《野叟曝言》的反佛老思想　孙开东　青岛大学师范学院学报第 2 期

“儒家超人”文素臣——神话建构及消解　杨旺生　南京农业大学学报(社会科学版)第 2 期

《野叟曝言》的性描写艺术及对文本价值的影响　杨旺生　明清小说研究第 2 期

新发现《野叟曝言》同治抄本考述　潘建国　文学遗产第 3 期

2006 年

《野叟曝言》象声词初探　赵爱武　武汉大学学报(人文科学版)第 5 期

从余波汇成汪洋——《野叟曝言》的流传与改编　王琼玲　明清小说研究第 3 期

论《野叟曝言》对世情小说的仿拟和改造　王进驹　明清小说研究第 4 期

2007 年

《野叟曝言》创作人格批判　杨旺生　南通大学学报(社会科学版)第 1 期

江阴夏先生或野叟的医学政治　费振钟　苏州杂志第 1 期

一部有创见的古代小说论著——评王进驹的《乾隆时期自况性长篇小说研究》　郭豫适　明清小说研究第 1 期

才学小说与自况——《野叟曝言》的小说类型研究　王进驹　暨南学报(哲学社会科学版)第 5 期

2009 年

《野叟曝言》中的僧徒形象及其文化意蕴　熊佐琴　长江工程职业技术学院学报第 3 期

2009年《海峡两岸夏敬渠、屠绅与中国古代才学小说学术研讨会论文集》所收论文：

《澄江旧话》中有关夏敬渠《野叟曝言》的资料　吴新雷

夏敬渠著作考论　王琼玲　后载《明清小说研究》第1期

炫学寄慨：夏敬渠著《野叟曝言》　王汝梅

夏敬渠《野叟曝言》与晚明清初实学思潮　冯保善　后载《南京师范大学学报》(社会科学版)2010年第6期

清代才学小说的文体特征——以《野叟曝言》为例　冯汝常　后载《集美大学学报》(哲学社会科学版)2010年第3期

言志小说，还是才学小说？——试论《野叟曝言》的性质　董国炎　又与蔡之国合撰《言志小说，还是才学小说？——试论〈野叟曝言〉性质及小说分类细化之得失》　后载《明清小说研究》2009年第1期

佛教圣殿的无尽追寻——论《野叟曝言》中的排佛书写　谢玉玲

对程朱理学思想的推崇——《野叟曝言》思想论　常雪鹰

《野叟曝言》创作追求的悖谬性呈现　伏涤修

散论《野叟曝言》兼与《歧路灯》比较　张弦生　后载《昆明学院学报》2010年第4期

从文素臣形象设定看"素臣是孔子"　杜贵晨

民间制度取胜的本质：符合国家利益的伦理内涵——以《野叟曝言》中文素臣的奋斗轨迹为例　韩希明　后以《论〈野叟曝言〉中文素臣与民间制度的博弈》为题载《明清小说研究》2010年第2期

文素臣的一个侧面：作为肉体生活形象的圣贤英雄　韩石

试论《野叟曝言》中的幻境描写　曹炳建

《野叟曝言》评点研究　张小芳　后载《明清小说研究》2010年第2期

《文素臣》——周信芳对于海派连台本戏之实践　侯云舒

幽谷生花，缔果海澜——论黄海岱布袋戏《忠勇孝义传》对《野叟曝言》的演绎　陈兆南

清小说家夏敬渠与《野叟曝言》　薛仲良
《野叟曝言》版本数字化及研究　周文业

2010年

《野叟曝言》文本解读　王增斌　厦门广播电视大学学报第1期
《野叟曝言》写水夫人为“水”试论　张宏　时代文学(上)第3期
《野叟曝言》“太阳”意象的文化解读　张宏　南都学坛第3期

2011年

《野叟曝言》与清代才学小说　秦川　明清小说研究第1期

（三）蟫　史

1940年

关于《蟫史》　赵景深　收入氏著《小说戏曲新考》　世界书局1943年版

1945年

关于小说家屠绅　赵景深　收入氏著《小说戏曲新考》　世界书局1943年版

1948年

屠绅年谱略　沈燮元　俗文学第66期　5月21日

1990年

新野叟曝言(按:即《蟫史》)　萧相恺　明清小说研究第2期

1992年

《蟫史》前言　徐朔方　上海古籍出版社《古本小说集成》本《蟫史》

1994年

《蟫史》　李梦生　中国禁毁小说百话　上海古籍出版社出版

1995年

《蟫史》的作者与版本　王琼玲　(台湾)世界新闻传播学院人文学报第2期

《蟫史》初探　王琼玲　(台湾)世界新闻传播学院人文学报第 3 期

1996 年

《蟫史》所反映之乾嘉时事并论此书之得失　王琼玲　(台湾)世界新闻传播学院人文学报第 1 期

幻奇怪谲写忧患——对屠绅《蟫史》的再认识　金声　喀什师范学院学报第 1 期

1999 年

汤显祖戏曲对屠绅小说的影响　邹自振　福州师专学报第 4 期

2001 年

清代笔记小说二题·《六合内外琐言》校读记　高洪钧　文教资料第 3 期

关于《六合内外琐言》的校读　程毅中　文教资料第 5 期

2002 年

屠绅宦滇时期交游事迹初考　王进驹　全国青年学者古代小说学术研讨会提交

2004 年

《屠绅》　王琼玲　载萧相恺主编《中国文言小说家评传》　中州古籍出版社出版

2005 年

论《蟫史》的构思与文体特征　詹颂　明清小说研究第 2 期

2007 年

《琐蛣杂记》与《六合内外琐言》叙考　萧相恺　(台湾)中正大学中文学术年刊第 2 期

论清代作家屠绅独特写作风格之成因　施媛　浙江树人大学学报(人文社会科学版)第 5 期

清代作家屠绅写作风格的成因　施媛　南京师范大学文学院学报第 4 期

2009 年

屠绅和小说《蟫史》——从作者生平思想解读《蟫史》的"三性"　蒋婷玉　青年文学家第 20 期

《蟛蜞杂记》、《琐蛣杂记》与《六合内外琐言》版本演变及作者考　王进驹　第四届中国古代小说国际学术探讨会论文汇编

2009 年《海峡两岸夏敬渠、屠绅与中国古代才学小说学术研讨会论文集》：

读《蟫史》札记　程毅中

关于屠绅几则新资料的介绍与说明——乾隆五十六年到乾隆六十年屠绅的行踪　萧相恺　后以《从乾隆五十六年到六十年屠绅的行踪看二十卷增订本〈琐蛣杂记〉为后人伪托之刻》为题载《明清小说研究》2010 年第 1 期

屠绅宦滇时期交游事迹考述　王进驹　后载《明清小说研究》2010 年第 1 期

屠绅《蟫史》的思想寄托　王众

清代小说家、诗人屠绅　薛仲良

2010 年

《蟫史》的历史贡献　侯忠义　明清小说研究第 1 期

（四）燕山外史

1987 年

骈体文小说《燕山外史》　褚家伟　褚家伟校点《燕山外史》（与《孤山再梦》合编）一书附录　春风文艺出版社 11 月出版

为《燕山外史》一辩　方胜、褚家伟校点《燕山外史》（与《孤山再梦》合编）一书附录　春风文艺出版社 11 月出版

1993 年

清代骈体小说《燕山外史》初探　王琼玲　1993 年中国古代小说国际研讨会发表　开明出版社 1996 年出版《论文集》

1997 年

韩国藏中国稀见珍本小说　稗秋　社会科学战线第 4 期

2003 年

《燕山外史》与性灵文学思潮　张蕊青　江海学刊第 6 期

2005 年

陈球《燕山外史》探析——兼论其反映的文人价值观　汤崇玲（台湾）东吴中文学报第 11 期

2007 年

浅析骈文小说《燕山外史》——兼与《游仙窟》作比　张梅　消费导刊第 7 期

2008 年

新见《燕山外史》清稿本考略　潘建国　明清小说研究第 1 期

《燕山外史》小说版本考——兼论骈体小说的流传与影响　潘建国《中国古代小说研究》第三辑　中国社会科学院文学研究所中国古代小说研究中心编　人民文学出版社出版

（五）镜花缘

1915 年

《镜花缘》之名句　颠公　文艺杂志（扫叶山房）1 月第 1 期

1921 年

通信："镜花缘"底价值如何？　民国日报·觉悟第 8 卷第 12 期

通信：希望重印"镜花缘"的是谁？　民国日报·觉悟第 8 卷第 18 期

镜花缘　作人（周作人）　晨报副镌 3 月 31 日

1923 年

《镜花缘》的引论　胡适

中国最早的一部讨论妇女问题的书——《镜花缘》　胡适

1925年

《镜花缘》与中国神话 沅君 语丝第54期

1926年

关于女儿国的考证 张若谷 文学周报228期

1933年

读《镜花缘》传说辨的反响 许绍蘧 海州《连云报》副刊《海市》连载7月

海属镜花缘传说辨证 孙佳讯 青年界4卷4期"中国文学特辑"

1934年

《镜花缘》和妇女问题 陈望道 《女青年月刊》第十三卷三期《妇女与文艺专号》

1940年

再辨《镜花缘传说》——附李汝珍杂考 孙佳讯 学术第三辑

1943年

关于几种旧小说的作者(下):镜花缘的作者是李汝珍?是许乔林?新亚第8卷第3期

1944年

《红楼梦》《水浒传》《镜花缘》到底都出自谁的手笔 华雯 全家福第6卷第7期

1948年

一个女性同情者 徐若萍 妇女月刊第7卷第4期

1955年

《镜花缘》的价值 李辰冬 为台湾世界书局当年出版的《镜花缘》所作序文

两面国:读《镜花缘》笔记 王安 读书月报创刊号

《镜花缘》的倾向性 文言 文学书刊介绍第8期

《镜花缘》的反对科举制度 鸣皋 文学书刊介绍第8期

《镜花缘》可能不是李汝珍一人所作　傅逵　文学书刊介绍第 8 期
《镜花缘》的原刊初印本　张友鹤　文学书刊介绍第 8 期
《镜花缘》试论　李长之　新建设　光明日报社
对《镜花缘》注释的几点意见　王开济　光明日报 11 月 13 日

1956 年

新版的《镜花缘》　李长之　光明日报 3 月 4 日
《镜花缘》的反封建倾向　刘世德　读书月报第 8 期

1957 年

谈谈《镜花缘》　徐士年　中国古典小说评论集　北京出版社

1960 年

《镜花缘》的幻境和我们的现实　时雍　湖北日报 4 月 17 日

1961 年

关于《镜花缘》作者的传说　孙佳讯　雨花 5 月号

1962 年

李汝珍和《镜花缘》　魏雨　河北日报 2 月 28 日
李汝珍的《蔬庵诗草序》　试得(刘世德)　光明日报 11 月 18 日

1963 年

镜花缘和漂洋船　范剑平　(台湾)中国时报第 7 期
李汝珍与《镜花缘》　希明　(香港)文艺世纪第 74 期

1965 年

《镜花缘》杂考　梁镇乾　(香港)新亚书院中文系年刊

1968 年

李汝珍和《镜花缘》　姚晓天　青年战士报第 6 期

1969 年

镜花缘的研究　孙旗　见于台北文化图书公司当年出版的《镜花缘》

1971年

《镜花缘》中的传统中国社会　谢继芳　（台湾）现代文苑第8卷第8期8月

1972年

镜花缘　杜念殊　（台湾）今日中国 第10期

李汝珍著《镜花缘》　杜念殊　（台湾）中国文选第70期

李汝珍的男女平等思想　鲍家麟　（台湾）食货月刊复刊1卷12期

镜花缘与格列佛游记之比较研究　黎登鑫　（台湾）师大英语研究所

从施耐庵到徐志摩　蔡义忠　李汝珍的镜花缘　（台湾）远流出版社

1973年

李汝珍和镜花缘——中国古典小说漫谈之七　殷霞明　（香港）广角镜第7期

《镜花缘》及其作者　思兼　新文艺第217期

文人小说家和中国文化——《镜花缘》研究　[美]夏志清撰，黄维樑译　幼狮月刊第40卷第3期

1975年

《镜花缘》中的传统中国社会　谢继芳　文人小说

李汝珍——为女性争口气小说家　杜宗霖　励进

1976年

镜花缘述评　尹文汉　（香港）文史学报第12期

1977年

蓬莱诡戏——论《镜花缘》的世界观　乐蘅军　（台湾）现代文学第49期

1978年

寓社会讽刺于传奇小说——《镜花缘》与《乌有乡》之比较研究　汤雄飞　（台湾）中外文学第7卷第7期

1979年

《镜花缘》的主旨及其成就　尤信雄　（台湾）国文学报第8期

《镜花缘》和作者李汝珍　李悔吾　长江日报 7 月 15 日

1980 年

《镜花缘》里的“君子国”哪里寻　文满林　文汇报 2 月 28 日

《镜花缘》里谈反切　刘承智　语文教学第 6 期

《镜花缘》字母图探微　许金枝　（台湾）中正岭学术研究集刊第 9 期

《镜花缘》作者的疑案　孙佳讯　中华文史论丛 1980 年第 3 辑

1981 年

《镜花缘》结构探索　林连祥　（台湾）中外文学第 9 卷第 8 期 1 月

1982 年

李汝珍用寓言表示讽刺的创作精神　苏淑芬　中国古典小说研究专集(5)　台湾联经出版事业公司

1983 年

《红楼梦》与《镜花缘》　柯大诩　红楼梦学刊第 1 期

李汝珍《音鉴》里的人声字　俞敏　北京师范大学学报(社会科学版)第 4 期

《镜花缘研究》第一辑(江苏省连云港市文学艺术界联合会《镜花缘》研究小组编，1983 年 11 月)收录论文：

《镜花缘》和古代神话传说　孙佳讯

《镜花缘》和海州许氏　李洪甫

《镜花缘》这部书　张传藻

小蓬莱初探　彭云

《镜花缘》中的海外世界　李洪甫

满脸书卷秀气的《镜花缘》　王天化

《镜花缘》版本见闻录　孙佳讯

《镜花缘》研究的历史回顾　张传藻、余克超

《镜花缘》的研究为何沉寂　木木

清代医药生活的历史画卷　魏宗荣

《镜花缘》研究论文索引(部分)　李时人

"泻痢散"的来源　朱良春

1984 年

《镜花缘》《格列佛游记》比较简论　王捷　徐州师范大学学报(哲学社会科学版)第 4 期

《镜花缘研究》第二辑(江苏省连云港市文学艺术界联合会编,1984 年 10 月)收录论文:

忽闻海上有仙山,山在虚无缥缈间——试论《镜花缘》的思想认识意义　胡邦炜、沈伯俊　后载《湖北大学学报(哲学社会科学版)》1984 年第 6 期

《镜花缘》和《红楼梦》　王天化

《镜花缘》中的音韵学　李时人、杨亦鸣

我对《镜花缘》研究的回顾　孙佳讯

《海属〈镜花缘〉传说辨证》侧记　杨石青

《镜花缘》与海属乡土研究　张传藻

李汝珍未老死海州　孙佳讯

《镜花缘》地方风物索隐　刘兆元

埠苴寻墓记　彭云

李汝珍和他的文友们　余克超、张传藻

《镜花缘》的外文翻译及研究论著　王丽娜

《镜花缘的传说》序　端木蕻良

《镜花缘的传说》选载　曹晋杰、朱步楼

《镜花缘》作者李汝珍生平初探　曹晋杰、朱步楼

李许年谱考略　李洪甫

遗文钩沉:蕨庵诗草序　(清)李汝珍

清人论《镜花缘》　方悟

1985 年

《镜花缘》成书与初刻时间考　孙佳讯　文学遗产增刊第 15 期

论《镜花缘》对科举制度的批判　沈伯俊、胡邦炜　西南师范大学学报(人文社会科学版)第 2 期

试比较《格列佛游记》和《镜花缘》的创作动机和表现手法　叶胜年　江苏大学学报(高教研究版)第 4 期
《镜花缘》与《格列佛游记》　宋任远　书林第 6 期
海外奇国对照谈《镜花缘》　宋致新　中国古典文学鉴赏 1985 年创刊号

1986 年

《镜花缘》和《格列佛游记》的讽刺艺术　李奇林　盐城师范学院学报(人文社会科学版)第 4 期
借镜花水月,写世道人心——《镜花缘》的笔法和读法　闻起　文史知识第 4 期
《镜花缘公案辩疑》补说　孙佳讯
谈大村有无李汝珍墓　孙佳讯　二文提交于 1986 年 8 月连云港首届全国《镜花缘》学术研讨会
古代小说退潮期的别格——"杂家小说"——《镜花缘》肤说　何满子　提交于首届全国《镜花缘》学术研讨会,后刊于《社会科学战线》1987 年第 1 期
说文学遗产的借鉴:为胡邦炜、沈伯俊《〈镜花缘〉研究》所作的序　何满子　明清小说研究第 3 期　中国文联出版公司

1987 年

李汝珍与卞銮——读《镜花缘》杂记一则　曹晋杰　盐城师范学院学报(人文社会科学版)第 1 期
《儒林外史》与《镜花缘》　沈伯俊　社会科学研究第 1 期
《镜花缘》中传良方　邓嘉成　中医药研究第 3 期
海的探险和海外世界的发现——《镜花缘》历史价值刍论　欧阳健　青海社会科学第 5 期
《镜花缘公案辨疑》补说　孙佳讯　明清小说研究第 6 期
李汝珍"河南县丞"之任初考　李时人　明清小说研究第 6 期
首届《镜花缘》学术讨论会综述　王同书　明清小说研究第 6 期
郑振铎与《镜花缘》研究　余克超、张传藻　明清小说研究第 6 期

《儒林外史》和《镜花缘》　沈伯俊　中国古典小说新论集　西南师范大学出版社 11 月版

1988 年

《镜花缘》与儒道文化　陈文新　明清小说研究第 1 期

《镜花缘》和《红楼梦》　张训　淮阴师范学院学报(哲学社会科学版)第 4 期

漫话小人国　王永宽　文史知识第 4 期

李汝珍及其《镜花缘》　孙一珍　文史知识第 9 期

1989 年

《格列佛游记》《镜花缘》比较浅谈　昊旻　喀什师范学院学报第 3 期

怎样评价《镜花缘》　秦瘦鸥　书林第 4 期

《镜花缘》对《红楼梦》女性问题的反思　毛忠贤　人文杂志第 11 期

1990 年

《镜花缘》对《红楼梦》的继承与突破——兼论明清小说中女性形象的演变　毛忠贤　人文杂志第 2 期

论《镜花缘》的武则天形象　李奇林　明清小说研究第 3—4 期

幻想国度中的理想和现实:《镜花缘》和《格列佛游记》　沈海燕　比较文学三百篇　上海文艺出版社

1991 年

论《镜花缘》对中国古典文学美学标准的新拓展　邵士权　人文杂志第 3 期

李汝珍评传　同甦　盐城师范学院学报(人文社会科学版)第 4 期

二百年前的围棋公赛——李汝珍棋谱著述的发现　李洪甫　中国图书评论第 5 期

《镜花缘》之幽默——清中叶中国幽默文学之分析　黄克武　(台湾)汉学研究第 9 卷第 1 期

脉承与超越:论《镜花缘》　钟明奇　明清小说研究第 4 期

1992 年

李汝珍的《镜花缘》 李汉秋、胡益民 古典小说十讲 中华书局

1993 年

并非“狗尾”、“蛇足”——寓言小说《新镜花缘》简论 李奇林 明清小说研究第 1 期

蕴含讽刺的奇幻世界——《镜花缘》《格列佛游记》与《猫城记》 夏晓明 长江大学学报(社会科学版)第 6 期

反传统与拥传统:论《镜花缘》中的女权思想 李玉馨 (台湾)中外文学 22 卷 8 期

1994 年

论《镜花缘》的武则天形象 李奇林 明清小说研究第 3—4 期

《镜花缘》海、灌方言浅释 张训 明清小说研究第 4 期

《红楼梦》与《镜花缘》对“缠足”问题的态度 侍守恩、姚梦芹 明清小说研究第 4 期

《镜花缘》的时代精神和地方特色 夏兴仁 明清小说研究第 4 期

1995 年

试论《镜花缘》中蕴含的民族思想 罗时君 阜阳师范学院学报(社科版)第 2 期

《镜花缘》为妇女大唱歌赞 吕晴飞 北京社会科学第 3 期

两部《新镜花缘》之优劣比较 李奇林 江苏教育学院学报第 3 期

《镜花缘》论 李昌华 连云港师范高等专科学校学报第 4 期

《镜花缘》与中国古典小说的终结 胡益民 安徽大学学报(哲学社会科学版)第 4 期

《镜花缘》简论 欧阳光 中山大学学报(社会科学版)第 4 期

从《格列佛游记》和《镜花缘》看中西传统文化的差异 王向辉、王丽丽 外国文学研究第 2 期

乌托邦与女性主义——近四十年有关《镜花缘》研究回顾 黎活仁 (台湾)古典文学第 13 集

《镜花缘》研究在韩国 [韩]郑荣豪 明清小说研究年第 4 期

1996年

《格列佛游记》与《镜花缘》在前文学遗产继承上的比较　周岩壁　南都学坛第1期

《镜花缘》的詈骂语言艺术　许利英　修辞学习第2期

《镜花缘》中大贤妙药　沈庆法　医古文知识第2期

“弃智崇心”和“遁世”——《镜花缘》与《格列佛游记》主题比较　任一鸣　苏州大学学报(工科版)第2期

李汝珍在《镜花缘》中所展现之技艺　王琼玲　(台湾)东吴中文学报5月

1997年

从《镜花缘》看李汝珍的女子教育理想　孙玫璐　华东师范大学学报(教育科学版)第1期

男所不欲 勿施于女——论《镜花缘》之女儿国　王宜庭　中华女子学院学报第2期

《镜花缘》中的医药　王琼玲　(台湾)古典文学第14期

出入“乾嘉”:李汝珍及其《镜花缘》创作　李时人　国学研究第4卷

《镜花缘研究论文选》(1997年连云港市《镜花缘》研究会编，与前文去其重复者)收录论文：

花样全翻旧稗官——论《镜花缘》的艺术性　李德身

如何评价《镜花缘》　龚际平

《镜花缘》中多九公的艺术形象分析　林备战、王朝阳

论唐敖——中国封建社会末期进步知识分子的形象　戴筱苓

多九公的形象塑造雏(刍)议——《镜花缘》人物创造探秘之一　畅征

《镜花缘》、《西游记》文化审美管窥　蔡显良、王群、徐向阳

芥子园藏版绣像《镜花缘》——市博物馆又获善本　李洪甫

《镜花缘》创作年代析　张卫怀

《镜花缘》写了多少年　许可

浅谈《镜花缘》的创作源泉　王统余

各领风骚半边天　彭云
读《镜花缘》看海州地区的戏剧渊源　夏兴仁
《镜花缘》中海州风俗的描写　刘世潭
《镜花缘》海属风物葛藤的研究　吴舟
《镜花缘》与海州民俗　刘兆元

1998 年

百戏杂艺 神采纷呈——试论《镜花缘》沙龙文化意蕴　刘振球　明清小说研究第 2 期
《镜花缘》妇女观浅说　张勤　江苏广播电视大学学报第 4 期

1999 年

李汝珍和《镜花缘》　陈美林　南京师范大学文学院学报第 3 期
《镜花缘》与清代中期的学术思潮　张蕊青　宁波大学学报第 4 期
《镜花缘》与清代文化习气　张蕊青　江海学刊第 6 期
《镜花缘》:中国第一部长篇博物体小说　陈文新　明清小说研究第 2 期
为女性谋解放的"先锋"小说——《镜花缘》　张蕊青　明清小说研究第 2 期
论《镜花缘》思想倾向的复杂性　彭增玉　明清小说研究第 4 期
《镜花缘》与盐文化　吴中成　明清小说研究第 4 期
百花齐放与枯枝牡丹——《镜花缘》反封建专制的政治寓意　李明发　明清小说研究第 4 期
淮楚气息与齐莒风概——《镜花缘》成书时代背景研究　李明友　明清小说研究第 4 期
我对张友鹤先生校注本《镜花缘》两条词注的商榷意见　张可　明清小说研究第 4 期

2000 年

李汝珍年谱　徐子方　文献第 1 期
宋明理学与乾嘉考据——《镜花缘》成书时代的思想文化冲突　李明发、李明友　明清小说研究第 1 期

《镜花缘》的结构　郑荣豪　明清小说研究第1期

女儿国的两个系统——兼论吴承恩与李汝珍的女性审美观　毛志勇　明清小说研究第1期

李汝珍与海州风物　张蕊青　苏州大学学报(哲学社会科学版)第3期

20世纪《镜花缘》研究述评　汪龙麟　东北师大学报(哲学社会科学版)第4期

《镜花缘》前结构的神话叙述　赖素玫　(台湾)“国立”中兴大学中文研究生论文集第5辑9月

2001年

护花倾情 稗坛新声——论《镜花缘》的才女群像　李灿朝　中华女子学院学报第1期

《镜花缘》才女群像新论　李灿朝　南华大学学报(社会科学版)第1期

《镜花缘》韵学谈　倪永明　镇江师专学报(社会科学版)第1期

《镜花缘》里的茶文化　胡长春　农业考古第2期

斯威夫特的《格列佛游记》及与《镜花缘》的比较　郑贤军　甘肃教育学院学报(社会科学版)第2期

沦降暨遐升——论《镜花缘》所望终虚的天路历程　骆水玉　(台湾)中国文哲研究集刊 第十八期3月

妄续新篇愧昔贤——《续镜花缘》研究　王琼玲　明清小说研究第4期

2002年

《镜花缘》引用《山海经》神话手法浅析　单有方　殷都学刊第2期

《镜花缘》中的语气副词“毕竟”、“再”　顾海芳　沙洋师范高等专科学校学报第3期

《镜花缘》海州方言词汇例释　顾海芳　咸宁师专学报第4期

试论《红楼梦》对《镜花缘》的影响　余莹　水浒争鸣——2002中国水浒学会联会暨全国明清小说研讨会论文集

性别与表述:重读《镜花缘》 [美]罗鹏(Carlos Rojas) 收入陈平原等编《晚明与晚清:历史传承与文化创新》 湖北教育出版社出版

2003 年

《镜花缘》、李汝珍与连云港 彭云 板浦淮海工学院学报(人文社会科学版)第 1 期

《镜花缘》与《红楼梦》才女意识之比较 阎续瑞 淮海工学院学报(人文社会科学版)第 2 期

从“惟善为宝”的标榜看李汝珍思想的局限 许卫全、李昌华 中国典籍与文化第 3 期

千幻万化 难离其宗——《镜花缘》的异国形象分析 袁盛财 新余高专学报第 3 期

从儿童文学视角比较《镜花缘》和《格列佛游记》 蒋玉兰 浙江师范大学学报(社会科学版)第 5 期

论道教思想对《镜花缘》的影响 刘雪梅 明清小说研究第 2 期

《镜花缘》中“君子国”的道德问题 敦玉林 淮阴师范学院学报(哲学社会科学版)第 6 期

女性意识的高扬——《镜花缘》女性解放思想之探讨 吴淑玲 三峡大学学报(人文社会科学版)第 6 期

《镜花缘》比较探源 张思齐 西南民族大学学报(人文社科版)第 6 期

《镜花缘》中的“定数”观念及其叙事方法 敦玉林 明清小说研究第 3 期

红楼镜花终虚幻,难忘世间女儿情——《红楼梦》、《镜花缘》比照解读 管仁福、李卿 红楼梦学刊第 3 期

2004 年

略论《镜花缘》中多九公的形象 顾建新、刘媛媛 淮海工学院学报(人文社会科学版)第 1 期

《镜花缘》和《山海经》 袁世硕 长江大学学报(社会科学版)第

1 期

《镜花缘》、李汝珍与板浦　彭云　连云港师范高等专科学校学报第 2 期

《镜花缘》价值的重新认识　龚际平　淮海工学院学报(人文社会科学版)第 2 期

《镜花缘》和《山海经》　袁世硕　东岳论丛第 3 期

从《镜花缘》看清代男权话语中的女性理想　聂欣晗　连云港职业技术学院学报第 3 期

《镜花缘》“君子国”里“让”与“争”的道德解析　敦玉林　淮海工学院学报(人文社会科学版)第 3 期

浅论《镜花缘》的现实世界与理想王国　袁淑俊　天中学刊第 4 期

一部反映清代海外贸易信息的佳作——《镜花缘》　陈松喜　图书馆论坛第 4 期

《新镜花缘》:反女权主义文本　魏文哲　明清小说研究第 2 期

建构男女平等的反叛传统文化的模式——谈《镜花缘》寄寓的社会理念　马济萍　长春师范学院学报第 9 期

2005 年

试析中国诗性智慧语境下的《镜花缘》　张兴龙　淮海工学院学报(人文社会科学版)第 1 期

胆识与贤智兼收,才色与情韵并列——从女性关怀的视角看《镜花缘》　马济萍　连云港师范高等专科学校学报第 1 期

《山海经》对《镜花缘》的影响　刘琴　许昌学院学报第 1 期

梦幻民主——《格列佛游记》与《镜花缘》的民主思想之比较研究　阮朝辉　贵州社会科学第 1 期

同中有异 异中有同——《镜花缘》与《聊斋志异》　齐慧源　蒲松龄研究第 2 期

从《镜花缘》看李汝珍的医药养生观　陈贻庭　中华医史杂志第 3 期

从王国维人格美育思想探析《镜花缘》女性形象　张兴龙　淮海工学院学报(人文社会科学版)第 4 期

试论《镜花缘》与道教“谪仙修道”母题的因缘　马济萍　华南农业大学学报(社会科学版)第4期

隐寓于幻想中的思索——试论《格列佛游记》与《镜花缘》的异同　林晓清　安徽警官职业学院学报第5期

《源氏物语》与《镜花缘》女儿国的比较　顾俊芳　和田师范专科学校学报第6期

“人性”与“臣性”的冲和——从《镜花缘》看中国封建末期的启蒙思想　潇潇、魏光谱　继续教育研究第6期

秉持公心 讽时刺世——浅评《儒林外史》、《镜花缘》的讽喻主题　范义臣、林伦才　重庆工学院学报第7期

镜中看花——《镜花缘》思想艺术摭拾　施新　黑龙江高教研究第9期

金玉其质 冰雪为心——论《镜花缘》中女性形象的塑造及其思想价值　马琰、闫新艳　中国古代小说戏剧研究丛刊甘肃教育出版社出版

2006年

“神化”的实质是“误读”——对《镜花缘》中妇女观念的再认识　王洪泽　宜宾学院学报第1期

对《镜花缘》女性意识的审视　王瑜　湖南工程学院学报(社会科学版)第1期

修真求道,否弃凡俗人生——论道教思想对《镜花缘》的影响　马济萍　涪陵师范学院学报第1期

李汝珍的自寓与觉悟——《镜花缘》新论　王学钧　连云港师范高等专科学校学报第1期

女性的重写与重读——试论三维视野中的《镜花缘》　马勤勤　长春工业大学学报(社会科学版)第2期

琐谈《镜花缘》与明清六大小说的关系　李德身　连云港师范高等专科学校学报第3期

海洋迷思——《三宝太监西洋记通俗演义》与《镜花缘》海洋观念的比较研究　唐琰　明清小说研究第1期

东“缘”与西“游”的不同——《镜花缘》与《格列夫游记》的文化探异　魏光谱、潇潇　襄樊职业技术学院学报第4期
天朝女试:李汝珍的理想科举　何求斌　湖北师范学院学报(哲学社会科学版)第4期
从《镜花缘》看李汝珍的女性观　蓝启翔　河南商业高等专科学校学报第4期
试论《镜花缘》异国形象的本土意识　唐慧丽　邵阳学院学报(社会科学版)第4期
李汝珍的女性意识评价　李景云　新余高专学报第5期
从《镜花缘》看李汝珍的女性观　刘保忠　广西社会科学第9期
一部独特的“万宝全书”——谈《镜花缘》蕴涵的知识世界　林凤春　阅读与写作第9期
从《聊斋志异》、《红楼梦》到《镜花缘》看才女形象的演进　王喆　党史博采(理论)第12期
融现实于幻想 寄愤懑于讽刺——《镜花缘》与《格列佛游记》之比较　贾晓霞　中国古代小说戏剧研究丛刊　甘肃教育出版社出版

2007年

《镜花缘》里的“大同世界”　柳杨　文教资料第1期
略论《镜花缘》里的“谪世”托生母题　柳杨　辽宁行政学院学报第1期
《格列佛游记》与《镜花缘》之比较　庞奕　云梦学刊第1期
《镜花缘》版本知多少　陈炜　藏书报1月29日
《镜花缘》中副词运用古今对照　苏卉　吕梁教育学院学报第3期
《镜花缘》版本补叙　李雄飞、郭琼　中国文化研究第3期
从《镜花缘的引论》等文看胡适的妇女观　朱文华、孟晖　晋阳学刊第4期
《镜花缘》女性形象局限性的解读　刘志凤　沧桑第4期
自我形象的映照——《镜花缘》中的“他者”形象透视　袁盛财　河北理工大学学报(社会科学版)第4期

《镜花缘》所建构的理想世界　孙颖、田岩稳、马秀丽　沈阳农业大学学报(社会科学版)第 6 期
《镜花缘》的多彩女性世界　史梅　文学教育(下)第 6 期
男权意识下的女性神话——《西游记》、《镜花缘》的“女儿国”探析　赵青　琼州学院学报第 6 期
试论《镜花缘》的艺术成就　雷逢春　山东文学第 7 期
试论《镜花缘》中女性形象的局限性　黄弋生　电影文学第 10 期

2008 年

论《镜花缘》的寻根文化内涵　杨龙、孙秀中　厦门广播电视大学学报第 2 期
不满化为谐趣——李汝珍《镜花缘》“游戏心态”探析　谢丹　长春理工大学学报(社会科学版)第 3 期
女性主义乌托邦之旅——吉尔曼的《她乡》与李汝珍的《镜花缘》中女儿国之比较　陈榕　解放军外国语学院学报第 3 期
论《镜花缘》“奇不入幻”的叙事选择　刘莲英　中国青年政治学院学报第 4 期
从朦胧走向明朗的女儿世界——论《聊斋志异》、《红楼梦》、《镜花缘》女性观的演进　袁华玲　时代教育(教育教学版)第 4 期
破解《镜花缘》作者之谜　于继增　人民政协网 4 月 24 日、5 月 1 日，又刊《文史精华》2010 年第 7 期
《镜花缘》对《山海经》的发展　邱海珍　中州大学学报第 5 期
《镜花缘》的两面人　卢纲锴　(香港)公教报 5 月 18 日
寓讽喻于书 崇善美于笔——《镜花缘》中的现实与理想社会探析　谢丹　湖南医科大学学报(社会科学版)第 6 期
从《镜花缘》看李汝珍的女性才德观　刘凤霞　牡丹江大学学报第 7 期
《镜花缘》中“百花仙子”的领导艺术浅析　朱军　现代语文(文学研究版)第 8 期
《镜花缘》的现代意识　夏颖、王同书　明清小说研究第 3 期
从禽鱼物象看《镜花缘》的想象　刘晶　文学教育(下)第 11 期

《镜花缘》所体现的奇幻思维方式的双重性　王志芳　现代语文(文学研究版)第12期

《镜花缘》与《格列佛游记》的异同分析　刘凌　考试周刊第26期

2009年

《红楼梦》《镜花缘》女性意识的艺术表现方式比较　姜平　福建教育学院学报第1期

《镜花缘》的儒家文化探析　马济萍　连云港师范高等专科学校学报第1期

奇特的想象,绝妙的讽刺——《格列佛游记》和《镜花缘》讽刺手法之比较　刘骥　东北农业大学学报(社会科学版)第1期

从唐小山看《镜花缘》中的女性观　戴媛媛　边疆经济与文化第1期

《镜花缘》与鲁迅　王吉鹏、高明明　盐城工学院学报(社会科学版)第2期

镜花水月女儿国——论《镜花缘》进步的女性观　罗尚荣、朱菲菲　华东交通大学学报第2期

《镜花缘》中的海属特色探析　谢丹　牡丹江大学学报第2期

《镜花缘》中的养生观　贡树铭　中医药文第2期

胡适对《镜花缘》的“女权”解读　杨建民　博览群书第3期

从他者想象到自我镜像——谈《镜花缘》对殊方异域传说的继承与发展　王青　南京师大学报(社会科学版)第3期

从社会现实的视角比较《镜花缘》和《格列佛游记》的异同　赵利娟　忻州师范学院学报第3期

融现实于幻想 寄愤懑于讽刺——《镜花缘》与《格列佛游记》讽刺艺术之比较　王礼、贾晓霞　兰州工业高等专科学校学报第3期

浅析《镜花缘》连词“第”　伍黎黎　绵阳师范学院学报第4期

《天雨花》与《镜花缘》女性问题比较研究　童李君　长城第4期

《格列佛游记》与《镜花缘》中的乌托邦文学现象解读　刘骥、杨雅　东北农业大学学报(社会科学版)第5期

《镜花缘》炫学现象解读　安凤琴　长城第 6 期
《镜花缘》的神话寓言结构与儒家修身理想　阿运锋　华章第 7 期
浅谈《镜花缘》中的杂学　王谡　安徽文学(下半月)第 8 期
《镜花缘》的道德说教和正统价值实践　阿运锋、王倩　安徽文学(下半月)第 8 期
《镜花缘》的隐晦意愿——从文本分析李汝珍的创作心理　王韬　明清小说研究第 3 期
《红楼梦》《镜花缘》对传统性别观挑战的比较　姜平　现代语文(文学研究版)第 9 期
矛盾与幻灭——《镜花缘》思想的复杂性　陈冰　中学语文园地(高中版)第 9 期
析《镜花缘》的喜剧色彩　宋毅萌　语文学刊第 9 期
《镜花缘》的阴阳象征结构和正统叙事　阿运锋　吉林省教育学院学报第 10 期
《镜花缘》与经典白话小说　阿运锋、王倩　消费导刊第 10 期
《镜花缘》中“女儿国”的解读　宋海舸　科技信息第 11 期
《镜花缘》中女性理想探讨　赵金川　飞天第 24 期
章回体长篇小说对百韵长律的接受——以《镜花缘》为例　沈文凡　华夏文化论坛第三辑
解群花之文化底蕴 探百花之排名玄机——《镜花缘》中百花排名研究　[韩]铁徽　2009 年 7 月 5 日至 9 日南京大学主办“中国语言文学与社会文化”研究生国际学术研讨会提交

11 月《海峡两岸夏敬渠、屠绅与中国古代才学小说学术研讨会论文集》收录论文：

《镜花缘》是别具一格的世情小说　王永健
论《镜花缘》中的武则天　曹亦冰
《镜花缘》与旅游文化　徐永斌　后载《明清小说研究》第 1 期
再论《镜花缘》思想的局限性　许卫全
论《镜花缘》与《天雨花》对女性问题的思考　童李君

论《镜花缘》中的神仙与仙境　田同旭

《镜花缘丛考》体例论要　赵建斌

2010 年

《镜花缘》“铺地锦”指谬　赵建斌　连云港师范高等专科学校学报第 1 期

传统文士人格的末路写照——《镜花缘》和《聊斋志异》文士形象比较　尚继武　连云港师范高等专科学校学报第 1 期

《镜花缘》文化资源开发摭谈　王传高　连云港师范高等专科学校学报第 1 期

“四周眺望，眼界为之一宽”——《镜花缘》对于海的关注和海外交通的探索　欧阳健　连云港师范高等专科学校学报第 1 期

《镜花缘》与海州地域文化　李传江　连云港师范高等专科学校学报第 2 期

《镜花缘》研究引发的思考　许卫全　连云港师范高等专科学校学报第 2 期

《镜花缘》叙事时间初论　孟宪浦　连云港师范高等专科学校学报第 2 期

别具一格的世情小说——《镜花缘》新论　王永健　连云港师范高等专科学校学报第 2 期

从《镜花缘》四个战阵看李汝珍的才学释放　曹亦冰　连云港师范高等专科学校学报第 2 期

文人经商的典型——《镜花缘》林之洋形象刍议　杨光玉　连云港师范高等专科学校学报第 2 期

“镜花水月”中的仁智追求——谈《镜花缘》的创作宗旨　马济萍　合肥学院学报(社会科学版)第 2 期

《格列佛游记》和《镜花缘》中的空间论　郝静迪　淮北职业技术学院学报第 2 期

浅论《镜花缘》中的女性崇拜思想　王礼　兰州工业高等专科学校学报第 2 期

荒诞背后的理性思考——《格列佛游记》、《镜花缘》对读　朱永宏

读与写(教育教学刊)第 2 期
从“女儿国”看时代——古典文学作品《西游记》和《镜花缘》对比赏析　黄冬冬　时代文学(上)第 3 期
“西洋三书”与《镜花缘》中的社会风俗　张祝平　南通大学学报(社会科学版)第 3 期
李汝珍生平若干事迹考辨　李明友　连云港师范高等专科学校学报第 3 期
相同的题材，别样的书写——论《镜花缘》与《红楼梦》不同的女性审美与塑造　冯保善　连云港师范高等专科学校学报第 3 期
小议《镜花缘》的“妇女观”　王会丹　魅力中国第 3 期
“色”、“刀”或是“巴刀”——从关联翻译理论看《镜花缘》四关关名之译　曾凤凰　福建教育学院学报第 4 期
功名情结的幻梦:《镜花缘》主题论　王学钧　明清小说研究第 3 期
大人国的史实与传说　王青　南京师范大学文学院学报　第 4 期
《镜花缘》与儿童文学　王毓容　文学教育(上)第 11 期
《镜花缘》之写心与遣兴品性论　徐大军　连云港师范高等专科学校学报第 4 期
论《镜花缘》作者的创作心态　彭增玉　连云港师范高等专科学校学报第 4 期

11 月中国《镜花缘》学术研讨会会议论文集所收论文:
相同的题材，别样的书写　冯保善
李汝珍《受子谱》及其与《镜花缘》的关系　乔光辉
《镜花缘》与清代朴学思潮　梁瑞霞
论《镜花缘》对俗弊的批评　韩希明
“才学小说”《镜花缘》的小说学意义　张小芳　后载《南京师范大学学报(社会科学版)》第 6 期
读《镜花缘》札记　田同旭
《镜花缘》“铺地锦”新考　赵建斌

论父权文化意识叙事视点下的《野叟曝言》女性　齐慧源
《镜花缘》故事背景史实考辨　蔚然
关于新世纪《镜花缘》研究的几点思考　陈桂声
稗官之师　朱锐泉
李汝珍生平若干事迹考辨　李明友
论《镜花缘》艺术的承传　曹亦冰
《镜花缘》之写心与遣兴论略　徐大军
才学小说的源流、定义、成就与缺失　王琼玲
言志小说，还是才学小说？　董国炎
才学化与《镜花缘》中唐敖出游部分的创作　徐永斌
《镜花缘》文化资源开发摭谈　王传高、许卫全
《镜花缘》研究引发的思考　许卫全、王传高
《镜花后缘》的比较与诠释　[新加坡]辜美高　又以《〈镜花后缘〉的发现、比较与诠释》为题刊于《连云港师范高等专科学校学报》当年第4期
《镜花缘》与海州地域文化　李传江
《镜花缘》叙事时间初论　孟宪浦
“四周眺望，眼界为之一宽”　欧阳健
传统文士人格的末路写照　尚继武
别具一格的世情小说　王永健
清乾嘉时期海属地区的清明上河图　杨光玉
从他者想象到自我镜像　王青
李汝珍与海州风物（摘要）　张蕊青
《镜花缘》与儿童文学　王毓容、郑厚权
论《镜花缘》中的商人形象　童李君
试论许祥龄与李汝珍之交游及其对《镜花缘》的评点　乔光辉、卞慧、陈洵

2011年

从目的论看《镜花缘》四关典故的翻译　曾凤凰　宜宾学院学报第1期

论《镜花缘》纵横交错的结构特征　杨龙　淮海工学院学报(社会科学版)第5期

《镜花缘》女性观平议　李新灿、林海燕　湛江师范学院学报第2期

《镜花缘》的女子形象　徐永斌　收入10月四川内江师范学院《文化视野下的中国古代小说》国际研讨会论文集

三　英语论文

(一) 野叟曝言

1988年

A Case for Confucion Sextuality: The Eighteenth-Century Novel *Yesou Puyan* McMahon. R. Keith　*Late Imperial China* 9, no. 2(体现儒家性观念的一个案例:18世纪小说《野叟曝言》[美]马克梦　晚清中华帝国)

(二) 镜花缘

1924年

A Chinese Declaration of The Rights of Woman　Dr. Shih Hu　*The Chinese Social Political Science Review*(中国的女权宣言　胡适　中国社会及政治评论)

1934年

中国女权的一种宣言　胡适　人民论坛第7期

A Chinese "Gulliver" on Woman'Rights　Dr. Shih Hu　*Social Changes in China*(女权运动的中国"格列佛"　胡适　人民论坛增刊第7卷第3期)

1935年

中国的"格列弗"论女权　胡适　中国评论第4期

Feminist Thought in Ancient China　Lin Yutang　*T'ien Hsia*

Monthly(古代中国男女平等主义者的思想　林语堂　天下月刊第 1 期)

1964 年

Ideas about Social Reforms in the Novel*Ching Hua Yuan* Wolfram Eberhard Festschrift für AD. E. Jensen Klaus Renner Verlag(《镜花缘》社会变革的设想　[德]艾伯华　《严森先生纪念文集》第一卷)

1970 年

Social Criticism in the Ch'ing: The Novel *Ching-hua Yuan* Nancy J. F. Evans *Papers on China* 7(清代的社会批评:小说《镜花缘》　南希 · 埃文思　《中国研究论丛》7 月)

1974 年

The Scholarly-Novelist and Chinese Culture: A Study of *Ching Hua Yuan* Chih-tsing Hsia(夏志清) *Tamkang Review*(《淡江评论》)10

Physical Immortality in the Early Nineteenth-Century Novel *Ching-hua-yuan* Peng-Yoke Ho、Wang-luen Yu *Oriens Extremus* 21(19 世纪早期小说《镜花缘》中的“长生不老”　何丙郁、余望伦　《远东学报》)第 21 期)

《镜花缘》中的科学与数学知识　Wang-luen Yu(余望伦) *Oriens Extremus*(《远东学报》)第 21 期

1977 年

Women in *Ching-hua yuan*: Emancipation toward a Confucian Ideal　Frederick P. Brandauer *Journal of Asian Studies* 8(《镜花缘》中的才女们:一种符合儒家理想的解放　[美]白保罗　《亚洲研究学刊》8 月)

1985 年

《镜花缘》中的“存在与虚无”:重新考虑它的神话与叙事结构　[新

加坡]T. Siu-han Yip　亚洲文化第 13 卷第 3 期

2001 年

Emotion and decorum: filial piety, ritual and self-representation　Maram Epstein Emotions and the Analysis of Historical Sources in China（感情和礼仪:孝、仪式和自我表现　[美]艾梅兰　11 月 5 日至 9 日"中国情感与史料分析"国际研讨会）

The expression of love in the Novel Jinghuayuan　Donatella Guida(《镜花缘》中的爱的表现　11 月 5 日至 9 日"中国情感与史料分析"国际研讨会）

四　俄语论文

镜花缘

1959 年

俄文译本《镜花缘》译后记　费施曼　费施曼等译《镜花缘》　1959 年分别于莫斯科、列宁格勒出版

1970 年

李汝珍长篇小说《镜花缘》对若干儒家教条的批判　斯科罗包加托娃　远东文学研究的理论问题

1972 年

李汝珍小说与斯威夫特小说实例比较　斯科罗包加托娃　远东文学研究的理论问题

1977 年

李汝珍小说中的中国与其他民族　斯科罗包加托娃　远东文学研究的理论问题

五　日语论文

（一）野叟曝言

2005 年

《野叟曝言》の评价——台湾布袋戏の源流　渡边幸彦　同朋文学第 33 期

（二）燕山外史

1999 年

《舞姫》と《燕山外史》——才子佳人の奇遇を中心として　平冈敏夫　森鸥外研究第 8 期

（三）镜花缘

1952 年

《镜花缘》:女天子と百才女の話　藤林広超　人文学第 9 期

1953 年

李汝珍と"女の王国"　村松暎　三田文学第 2 期

1962 年

《镜花缘结び》草稿と刊本の异同　村松定孝　学苑第 264 期

1966 年

小说《镜花缘》具有的特异性:专论妇人问题　小原一雄　松山商大论集第 17 卷第 3 期

1974 年

《镜花缘》考　太田辰夫　东方学第 48 期

1976 年

镜花缘:その妇人问题と女性たち　駒林麻理子　东海大学纪要

第 7 辑

1984 年

《镜花缘》の世界——清朝考证学者のユ—トピア像　小野和子　思想第 7 期

1992 年

《风流志道轩伝》における寓话の样相——《镜花缘》との比较を通して见る(日本文化における翻译〔特集〕)　刘玉兰　文学第 3 卷第 1 期

2000 年

中国怪异ものがたり(11)空想旅行記　井波律子　月刊しにか第 11 卷第 2 期

2006 年

《镜花缘》を読む——〈半〉字について(1)　加部勇一郎　饕餮第 14 期

2007 年

《镜花缘》を読む——〈半〉字について(2)　加部勇一郎　饕餮第 15 期

六　韩语论文

1980 年

李汝珍的生平和著作　河正玉　淑明女大论文集第 20 辑

1983 年

镜花缘的研究史　河正玉　中语中文学报(成均馆大学)第 1 辑

镜花缘的小说方面的构造　河正玉　中国语文学第 6 辑

镜花缘在书志学方面的考察　河正玉　出版学研究第 25 号

1984 年

关于《第一奇谚》　丁奎福　中国语文论丛(高丽大学)第 1 期第 1

辑 4 月

镜花缘中反映的儒道释思想　河正玉　大东文化研究第 18 辑

1985 年

镜花缘的主题和内容　河正玉　葛云文璇奎博士华甲纪念论文集

1992 年

镜花缘对于九云记的影响　陆宰用　岭南语文学第 21 辑

1995 年

《镜花缘》的象征性研究——葛藤样相为中心　房永寅　庆南情报大学论文集第 23 辑

《镜花缘》研究(1)——对于研究现况和分类问题的检讨　郑荣豪　中国小说论丛第 4 辑

《镜花缘》研究情况　郑荣豪　中国小说研究会报第 22 号

《镜花缘》的讽刺对象研究　郑荣豪　中国人文科学第 14 辑

1997 年

《镜花缘》的构造与叙述特点　郑荣豪　中国小说论丛第 6 辑

《镜花缘》研究　房永寅　庆南情报大学文集第 25 辑

1999 年

《红楼梦》与《镜花缘》女性形象的比较研究　郑荣豪　中国小说论丛第 9 号

《镜花缘》的样式与主题 홍주연　中国小说论丛第 10 辑

2000 年

《红楼梦》对《镜花缘的影响》　郑荣豪　中国小说论丛第 12 辑

2001 年

《镜花缘》中的游戏收容样相　郑荣豪　中国小说论丛第 14 辑

《镜花缘》中的神话收容样相　郑荣豪　中国人文科学第 23 辑

2002 年

《镜花缘》的女性认识与《第一奇谚》的收容方式研究　서경희　韩

国古典女性文学研究 5 卷

《镜花缘》中的 feminism 要素　郑荣豪　中国语文学论集第 21 号

2003 年

《镜花缘》与《格列佛游记》的可比性　房永寅　庆南情报大学论文集第 31 辑

《格列佛游记》与《镜花缘》中的社会批判和安乐乡　郑荣豪　中国小说论丛第 18 辑

清代小说里的科举制度批判与知识分子——《聊斋志异》、《儒林外史》、《镜花缘》为中心　郑荣豪　中国人文科学第 27 号

2007 年

《镜花缘》与韩语译本《第一奇谚》的比较研究　郑荣豪　中国小说论丛第 26 辑

2008 年

19 世纪长篇汉文小说与清末才学小说的知识提示方式—《玉仙梦》与《镜花缘》的比较为中心　전성운　语文研究第 58 卷

七　学位论文

(一) 总　论

1996 年

清代四大才学小说　王琼玲　(台湾)东吴大学中国文学研究所博士

(二) 野叟曝言

1986 年

《野叟曝言》研究　王琼玲　(台湾)东吴大学中国文学研究所硕士

1999 年

夏敬渠与《野叟曝言》研究　杨旺生　南京师范大学　博士

2004 年

《野叟曝言》研究　周勇　湖南师范大学　硕士

2008 年

《野叟曝言》与儒家正统思想　王慧秀　青岛大学　硕士

（三）蟫　史

2005 年

屠绅及其作品研究　施媛　南京师范大学　硕士

2006 年

屠绅及其《六合内外琐言》研究　董璨　（台湾）成功大学中国文学研究所　硕士

2009 年

屠绅及其《蟫史》研究　王众　南京师范大学　硕士

（四）镜花缘

1978 年

《镜花缘》研究　苏淑芬　（台湾）东吴大学中国文学研究所　硕士

1979 年

《镜花缘》神话国度研究　王季文　（台湾）辅仁大学中国文学研究所　硕士

1980 年

李汝珍研究　黄云芳　（台湾）文化大学中国文化研究所　硕士

西游记与镜花缘之比较研究　周芬伶　（台湾）东海大学中国文学研究所　硕士

《格列佛游记》与《镜花缘》再探：曼氏讽刺理论诠释　王安琪　台

湾大学外国语文研究所　博士

1983 年

镜花缘研究　[韩]河正玉　成均馆大学校　博士

1988 年

追寻意义之旅:《天路历程》与《镜花缘》的寓言探索　姜台芬　台湾大学外国语文研究所　博士

1993 年

镜花缘的主题意识和讽刺艺术　[韩]李甲男　岭南大学校　硕士

镜花缘中表现的女权意识研究　[韩]文惠贞　淑明女子大学校　硕士

1995 年

弗森堡与镜花缘中的乌托邦　黄渼婷　(台湾)辅仁大学德国语文学研究所　硕士

1997 年

《镜花缘》的主题研究　吕觐芬　(台湾)中山大学中国文学系研究所　硕士

镜花缘神话原型与叙事技巧研究　黄淑侦　(台湾)东海大学中国文学研究所　硕士

李汝珍的镜花缘研究　[韩]郑荣豪　全南大学　博士

1998 年

有趣的阅读与辩证的省思:格列佛游记与镜花缘中的游记、幻想以及寓言形式之运用　陈英琪　(台湾)静宜大学英国语文学系　硕士

四部具有乌托邦视境的清代小说——《水浒后传》、《希夷梦》、《红楼梦》、《镜花缘》研究　骆水玉　台湾大学中国文学研究所　博士

1999 年

《镜花缘》研究　[韩]홍주연　首尔大学　硕士

2000 年

《格列佛游记》与《镜花缘》文体特征比较研究　陈幸子　山东师范大学英语语言文学　硕士

《红楼梦》与《镜花缘》的才女意义析论　宋孟贞　暨南国际大学中国文学研究所　硕士

2001 年

《镜花缘》中百花仙子谪凡历程之结构析论　赖宛敏　（台湾）辅仁大学宗教学系　硕士

2002 年

《镜花缘》语言现象散论　顾海芳　南京师范大学　硕士

《镜花缘》中女性生命的主体性研究　殷肇霙　南华大学文学研究所　硕士

李汝珍的女性认同——析论《镜花缘》之解构性别角色定规　韩佩锦　（台湾）彰化师范大学国文学系在职进修专班　硕士

2004 年

才学小说《镜花缘》　林晓茹　香港浸会大学哲学　硕士

镜花缘修辞艺术探微　张有政　台湾师范大学　硕士

《格列佛游记》与《镜花缘》中的反讽　江舒桦　清华大学　硕士

2005 年

清代才学小说成因审视与价值重估——以《镜花缘》为中心的才学小说研究　王世立　天津师范大学　硕士

《镜花缘》医药书写研究　庄晏淳　（台湾）中山大学中国文学系研究所　硕士

《镜花缘》与儿童文学　陈丰味　（台湾）台东大学儿童文学研究所　硕士

2006 年

女儿国:男权社会的反讽　曾鸣　四川大学　硕士

《镜花缘》论稿　刘莲英　北京师范大学　博士

2007年

《镜花缘》结构和正统价值实践　阿运锋　陕西师范大学　硕士

清代小说中高扬女性意识的两部杰作——社会性别视野下《红楼梦》《镜花缘》的比较研究　姜平　福建师范大学　硕士

《镜花缘》儿童文学改写研究　李芷慧　(台湾)佛光大学文学系　硕士

2008年

《镜花缘》中的鸟兽草木及海外异国考　王赟馨　吉林大学　硕士

《镜花缘》针砭现实之意义及其思想性研究　詹静怡　(台湾)彰化师范大学国文学系　硕士

2009年

《镜花缘》归类问题研究　杨龙　曲阜师范大学　硕士

论《镜花缘》中的女性形象　宋海舸　山东师范大学　硕士

小说《镜花缘》的女性视角　戴媛媛　华东师范大学　硕士

论《镜花缘》才女形象对《红楼梦》的借鉴与创新　刘凤霞　重庆师范大学 硕士

时间、结构及天命——试论《镜花缘》的框架情节　郑晨　南京大学　学士

2010年

《镜花缘》疑问句研究　陈丹　西南大学　硕士

《镜花缘》女性描写词语研究　刘彤　西南大学　硕士

《镜花缘》的主题意识与讽刺性研究　[韩]서윤아　庆熙大学　硕士

2011年

既有才学,何不小说——“才学小说”产生机制整体观　朱锐泉　南京大学　硕士

附录二　江阴 2009 年海峡两岸夏敬渠、屠绅与中国古代才学小说学术研讨会会议综述

乔光辉

2009 年海峡两岸夏敬渠、屠绅与中国古代才学小说学术研讨会于 11 月 7 日至 8 日在江阴市新东亚大酒店召开。本次研讨会由江苏省江阴市人民政府、江苏省哲学社会科学界联合会、江苏省明清小说研究会联合主办，江阴市文化广电新闻出版局、江阴市暨阳名贤研究院承办，江苏省社科院文学所、南京大学文学院、南京师大学报编辑部、东南大学中文系、江阴市科技情报所等单位协办。来自北京、上海、江苏、浙江、山东、福建、河南、山西、广东、吉林、新疆、江西以及台湾地区的 69 位专家学者参加了会议。本次大会是对夏敬渠《野叟曝言》与屠绅《蟫史》为代表的中国古代才学小说一次全面系统地研讨。自鲁迅提出“以小说见才学”的观点以后，这样的专题研讨还是第一次。

本次大会收到论文 41 篇，其中宏观研究论文 3 篇，夏敬渠与《野叟曝言》研究论文 23 篇，屠绅以及《蟫史》研究论文 5 篇，其他才学小说研究论文 10 篇。研讨内容基本涵盖鲁迅在《中国小说史略》中所列举的四大才学小说，也涉及到其他才学小说以及才学小说的源流与理论。本次大会取得了丰硕的研究成果。

从宏观研究来看，赵兴勤《清代学术与才学小说的兴起》从清代学术的走势与作家的个人诉求、时代思潮以及小说传统的接纳等方面，剖析了清代才学小说兴起原因，并对清代才学小说的形态

作了分类。该文高屋建瓴,论述周到、全面,颇见力度。苗怀明《清代才学小说三论》一文,对才学小说的两种倾向,即“炫学”与“逞才”作了区别,并提出才学小说的出现动机源于小说表达所需、人生价值体现以及保存个人学术见解等因素。苏建新《才学小说与佳人才子书》认为这两者之间存在交叉关系,源头也十分接近。这三篇论文从不同角度,加深、廓清了学界对才学小说概念、理论、特点诸方面的认识。

夏敬渠与《野叟曝言》的研究是本次会议的核心议题之一。从会议提交论文来看,一半以上论文(23 篇)就此专题展开了深入研究。

从文献来看,夏敬渠生平资料以及著述考论在本次研讨会上有新的进展。吴新雷《〈澄江旧话〉有关夏敬渠〈野叟曝言〉的资料》一文,从《澄江旧话》中检索出赵景深、王琼玲二家夏氏年谱中从略或忽略的资料,特别是对夏霈、夏霖与夏敬渠的关系作了专门考述,从而拓展、深化了有关夏氏文献方面的研究。而王琼玲《夏敬渠著作考论》一文,对夏氏见存与未见著述分别考述,引证丰富,使学界明晰了夏氏著述以及其与作品《野叟曝言》之间的关系。

从思想研究方面来看,冯保善《夏敬渠〈野叟曝言〉与明清之际实学思潮》一文,梳理出夏氏家族与东林学派之间的渊源联系,从而将东林实学与夏氏思想以及作品联系起来,将明清之际实学与夏敬渠关系落到了实处。张蕊青则剖析了《野叟曝言》与扬州学派之间的关联。谢玉玲《野叟曝言中的排佛书写》以及常雪鹰《对程朱理学思想的推崇》二文,分别探讨《野叟曝言》排佛与崇理现象,并阐述此种现象产生之原因。二文可以互为补充,从不同角度加深对作品思想的认识。另外,伏涤修《〈野叟曝言〉创作动机的悖论显现》认为,文本表现与创作动机之间存在偏离悖论,暴露出“借幻想来过瘾”的无奈与臆想。

从人物形象来看,主角文素臣成为学者关注的重点。杜贵晨《从文素臣形象设定看“素臣是孔子”》一文,从主角的身世、禀赋、名字等有取于孔子,认为小说按照“素臣是孔子”来设定形象。韩石《文素臣的一个侧面》认为，主角文素臣形象始终没有脱离肉体生活的方方面面，是一个被世俗化、被降格的世俗英雄。韩希明《民间制度取胜的本质——以〈野叟曝言〉中文素臣的奋斗轨迹为例》认为，文素臣的成功在于他合理利用了民间制度的庇护功能。

另外，《野叟曝言》中的女性以及婚恋观也成为学者关注的对象。齐慧源《父权文化叙事视点下的〈野叟曝言〉女性》认为，《野叟曝言》中的女性整体丧失了女性的主体意识，婚恋也极为被动。该文从女性主义以及作者晚年际遇出发，阐释了这一现象产生原因。胥惠民《从〈野叟曝言〉看夏敬渠的婚恋观》则指出了夏敬渠的通变之处，认为《野叟曝言》有表现自主择姻、自由恋爱的成分，而这种思想是难能可贵的。

从艺术方面来看，董国炎、冯汝常、邱江宁、秦川等分别就《野叟曝言》文体特征展开论述。董国炎《才学小说，还是情志小说？》认为，《野叟曝言》主要表现作者理想、抱负，称之为"情志小说"更合适；冯汝常《清代小说的文体特征》则以《野叟曝言》为例，认为才学小说除炫耀才学之外，人物常被塑造为异人或超人，结构上侧重描写人物游历。邱江宁《文人趣味与文体选择》指出，才学小说在创作时间上要比通俗小说长，作家有时间把玩文法、炫陈才学与词藻，因而引起小说文体巨变。秦川《〈野叟曝言〉与清代才学小说》一文，认为《野叟曝言》具有小说类型的兼具性、艺术手法的多样性、内容情节的奇异性等文体特征，论文还对清代才学小说的兴盛原因作了分析。这一组文章有助于加深对《野叟曝言》以及才学小说文体的认识。

曹炳建与张小芳则分别就《野叟曝言》的艺术手段与小说评点展开探究。曹炳建《论〈野叟曝言〉的幻境描写》指出，幻境描写增加了作品的可读性，但这些描写违背因果关系。张小芳的《〈野叟曝言〉评点研究》从粉本说、奇正观、文法论几个方面分析了《野叟曝言》的评点，认为评点切合文本，可以称是"才学小说的理论总纲"。王汝梅《炫学寄慨：夏敬渠著〈野叟曝言〉》认为，《野叟曝言》具有章回小说框架、史传小说之结构，对《金瓶梅》是一个颠覆。

从比较与改编研究来看,张弦生《散论〈野叟曝言〉》认为,《野叟曝言》与《歧路灯》具有可比性,二书都受说唱文学以及《金瓶梅》影响,也都有不足。侯云舒《文素臣——周信芳对于海派连台本戏之实践》一文,从海派京剧艺术的求新求变、连台本戏的特征以及周信芳反雅为俗等方面剖析了连台本戏《文素臣》的成功秘诀。陈兆南《幽谷生花,缔果海澜》介绍了台湾地区黄海岱先生布袋戏《忠勇孝义传》,并分析《忠勇孝义传》对《野叟曝言》的再诠释,使学者了解了《野叟曝言》在台湾地区的影响。

从研究手段来看,周文业《〈野叟曝言〉版本数字化及研究》一文,从数字化角度研讨《野叟曝言》版本数字化以及计算机自动对比对于《野叟曝言》研究的意义,显示出现代科技与传统研究相结合的学术研究态势。

本次大会研讨的另一重点是屠绅及其《蟫史》研究。在提交大会的论文中,有2篇涉及屠绅新资料与交游考。其中萧相恺的《关于屠绅几则新资料的介绍与说明》一文,从相关新资料中,考订出屠绅自乾隆五十七年(1792)到乾隆六十年(1795)之间的行踪,并对屠绅的交游、《琐蛣杂记》等作了详细辨正。王进驹《屠绅宦滇时期交游事迹考述》一文,梳理了屠绅与檀萃等云南官员交游之事迹,并考述了屠绅与在京官员的交游唱和等。萧、王二作从不同角度提供了有关屠绅的新资料,进一步廓清了屠绅之生平交游事实。程毅中《读〈蟫史〉札记》从标点、断句、典故以及对唐传奇借鉴等,分析了《蟫史》奇奥晦涩文风产生的原因,并认为《蟫史》的创作实践,为章回小说创作提供了经验教训。王众在《屠绅〈蟫史〉的思想寄托》提出,《蟫史》除了炫才,其主旨还有探索"召乱之源"与平乱之法之用意。

必需指出的是,江阴本地的领导——暨阳名贤研究院院长薛仲良先生也为本次大会提交了两篇论文,分别是《清小说家夏敬渠与〈野叟曝言〉》以及《清代小说家诗人——屠绅》。这两篇论文介绍了夏敬渠与屠绅及其作品,文笔流畅,显示了江阴本地学者弘扬地方文化的强烈责任心。

另外，尚有几位先生在会上作了精彩发言，如侯忠义先生从小说史的角度指出：屠绅的《蟫史》创建了文言小说的长篇体制、创建了文言小说的章回体制，这是一次大胆的尝试，是文言小说史上的一件大事。欧阳健先生则指出，对古人应该宽容，对小说不能只赞扬那些揭露腐朽的作品，对主旨在建设的作品，也应该给予关注和积极的评价，歌颂忠孝节义的作品有什么不好？

本次大会还就《镜花缘》等其他才学小说展开了学术讨论，其中《镜花缘》论文7篇，涉及《镜花缘》的文体、思想、形象等。王永健《〈镜花缘〉是别具一格的世情小说》认为，从历史发展、艺术描写来看，《镜花缘》当属"世情小说"。曹亦冰《从〈镜花缘〉四个战阵看李汝珍的才学释放》以为，李汝珍在"战阵"内释放了儒家、道家、酒、典故等传统文化。田同旭《论〈镜花缘〉中的神仙与仙境》认为，《镜花缘》借炫耀才学为手段，道教仙境是李汝珍寄托社会理想所在。许卫权《再论李汝珍思想的局限性》一文，认为李汝珍对人欲、人性、人情和个性严重漠视，《镜花缘》的思想与艺术有重大缺陷。童李君《论〈镜花缘〉与〈天雨花〉对女性问题的思考》从反对男子纳妾、尊重女性才能等方面探讨了《镜花缘》与《天雨花》的差异，并分析了差异产生的原因。徐永斌《〈镜花缘〉与旅游文化》提出，《镜花缘》不仅是才学小说，还是一部出色的游记小说，它体现出旅游的反叛性、探险性等特征。赵建斌则对其《〈镜花缘丛考〉体例》作了介绍。

在其他相关才学小说研究方面，乔光辉《才学化倾向与剪灯系列小说的演进》从才学化角度，剖析了剪灯系列小说由"诗文小说"到"何嫌乎不文"的《觅灯因话》之间的演进。周锡山《〈红楼梦〉作为才学小说的特点》对《红楼梦》表现才学的具体内容作了分类，认为由于才学与情节紧密关联，故《红楼梦》无法让读者产生故意卖弄才学的印象。

提交大会交流的论文还有张进德、张扬的《试论红楼梦对"情"传统的颠覆》等。

综观本次大会，学术交流紧张热烈，自由民主，思想碰撞、学术切磋无处不在，可谓是才学小说研究上的“江阴论剑”。无论学术讨论还是会议组织与安排，均体现了本次大会是一次高规格、高品位、高层次的学术研讨大会。

首先，从学术史意义来看，本次大会是鲁迅先生提出才学小说概念后，第一次就才学小说展开的专门讨论。内容极为丰富，研讨也极为深入，涉及才学小说的方方面面。检索期刊网(1911—2009)，以“才学小说”为关键词检索，得到10篇；以“夏敬渠”为关键词检索，得到41篇；以“屠绅”为关键词检索，得到3篇。本次会议提交论文在数量上接近以往论文的总和。毫无疑问，本次会议将既有的研究推向深入，并且还启发着以后中国古代小说研究的新领域、新方向。

其次，本次大会是专门就明清小说名著以外的小说展开的专题研讨，对于推进非名著小说的研究必然产生极大推动。它表明，明清小说的研究格局将进一步合理化、精深化。

再次，本次大会是集海峡两岸专家、学者之智慧而进行的一次学术交流与文化交流的大会，任职于逢甲大学、政治大学、海洋大学、台湾大学、中正大学、铭传大学的台湾地区学者参与了大会，提交了学术论文并向大会赠送了极为珍贵的学术资料。这对于加深海峡两岸之学术交流，推动两岸文化交往也极具意义。

最后，才学小说与江阴地区文化结下了不解之缘，本次大会中心议题是“夏敬渠与《野叟曝言》”、“屠绅与《蟫史》”，其中，夏、屠均是江阴籍作家，也可以称之为一种“江阴现象”。海峡两岸学术界如此深入专门地研究江阴籍小说作家，描述“江阴现象”，这在学术界还是第一次，对于江阴地域文化建设意义重大。因此，本次大会必将有力促进江阴地域文化发展。

（原载《明清小说研究》2009年第4期）